U0877158

CHINA DEVELOPMENT ZONES YEARBOOK

中国开发区年鉴

2019

中国开发区协会 编

首都经济贸易大学出版社

·北京·

图书在版编目（CIP）数据

中国开发区年鉴．2019 / 中国开发区协会编．-- 北京：首都经济贸易大学出版社，2020.7
ISBN 978-7-5638-3105-0

Ⅰ．①中… Ⅱ．①中… Ⅲ．①经济开发区－中国－2019－年鉴
Ⅳ．①F127.9-54

中国版本图书馆 CIP 数据核字（2020）第 120481 号

中国开发区年鉴 2019
中国开发区协会 编
Zhongguo Kaifaqu Nianjian

责任编辑	乔剑
装帧设计	周子人
出版发行	首都经济贸易大学出版社
地　　址	北京市朝阳区红庙（邮编 100026）
电　　话	(010)65976483　65065761　65071505（传真）
E-mail	publish@cueb.edu.cn
网　　址	http://www.sjmcb.com
经　　销	全国新华书店
印　　刷	北京炫彩印刷有限责任公司
开　　本	787 毫米 ×1092 毫米　1/16
字　　数	813 千字
印　　张	31.75
版　　次	2020 年 7 月第 1 版　2020 年 7 月第 1 次印刷
书　　号	ISBN 978-7-5638-3105-0
定　　价	400.00 元

图书印装若有质量问题，本社负责调换
版权所有　侵权必究

编　委　会

■ 主　编

师荣耀　中国开发区协会会长

■ 副主编

李国良　中国开发区协会特聘专家

■ 编　委

广州市委常委，黄埔区委书记，广州开发区党工委书记、
管委会主任　周亚伟

嵩明杨林经济技术开发区党工委书记、管委会主任　杨相来

廊坊市委常委、廊坊开发区党工委书记　王金忠

黑河边境经济合作区党工委书记、管委会主任　王海东

河北唐山海港经济开发区党工委书记、管委会主任　黄三刚

宿迁经济技术开发区党工委副书记、管委会主任　王瑞

库车经济技术开发区党工委副书记、管委会主任　俞红海

德州经济技术开发区党工委副书记、管委会副主任　沈四立

赣州经济技术开发区党工委委员、管委会副主任　华晓斌

博乐边境经济合作区党工委委员、管委会副主任　成勇

长春汽车经济技术开发区党工委副书记、纪工委书记　张世杰

靖江经济技术开发区党工委副书记　刘定邦

北京经济技术开发区管委会副主任　绳立成

武清经济技术开发区工委副书记　张书月

河南西华经济开发区管委会主任　宋广良

河北清河经济开发区党工委副书记、管委会副主任　刘国林

广东江门新会经济开发区管委会副主任　李文斌

嘉善经济技术开发区管委会县管干部　居祥荣

芜湖经济技术开发区党工委委员、工委管委办公室主任　何学东

昆山经济技术开发区党政办公室主任　管文乾

长春经济技术开发区政策研究室主任　侯永楠

宁波大榭开发区管委会办公室主任　冯伟业

张家港经济技术开发区党政办主任　黄明

南昌经济技术开发区政研信息中心主任　胡常发

贵阳经济技术开发区党政办公室副主任　刘惠俊

甘泉堡经济技术开发区经贸招商局副局长　苟彦忠

■ **特约编辑**

卜成士　于新峰　万志平　马　龙　马建强　王　卓　王　洋

王　皓　王　澄　叶　霁　田　果　冯千芮　成　勇　吕　萌

朱　铭　刘　坤　江婷婷　江震中　那扎尔·巴哈提别克

孙　洁　纪小叶　李东华　李　欣　李金朋　李学建　李振军

李鹏亮　李群伟　连柏宇　肖子树　吴龙海　吴　洋　吴素云

余　清　张子佳　张双宝　张世杰　张红丹　张春明　张维新

张慧鸣　陈列松　陈　林　陈　晓　陈晓华　陈海鹏　陈雪峰

陈淮贵　陈　鹏　林晔雯　林煜杰　周文亭　赵宏伟　贲　海

郝胜华　柳文娇　施晓嵩　姜　雯　贺亚洲　袁宏丽　钱佳祎

倪　伟　徐　超　徐勤友　高宜兵　高振永　郭雪鹏　唐　蕊

陶　鑫　黄远东　黄　燕　黄翠萍　曹　莉　戚成铁　彭　昕
葛才华　蒋碧辉　覃春生　程　军　程　杨　程济元　曾　鼎
廉　淇　蔡宗凯　蔡海林　薛宝华　魏瑞华

（按姓氏笔画排序）

■ **编辑部**

主　　任：李国良

编　　辑：吴乃光　郭勇

图片设计：周子入

卷首语

《中国开发区年鉴》（以下简称《年鉴》）是由中国开发区协会主编的大型资料性实用工具书。这部工具书全面、系统、准确地记载了我国开发区的发展历程与光辉成就，面向国内外公开发行，至今已有近30年历史，具有独特的史料价值。

多年来，依托翔实的统计数据和严谨规范的文字记叙，《年鉴》全面介绍了我国各级各类开发区的基础条件、投资环境及有关政策法规等，向海内外投资商、研究机构、科技界及各界人士全方位展示了开发区经济社会发展的整体情况，也为各有关机构和部门提供了良好的媒介服务，成为保留我国开发区历史的重要载体、汇集我国开发区各方面信息的百科全书，以及我国开发区领域公认的具有较高研究价值的年度资料性文献。在各方的协同努力下，《年鉴》的年度特征愈加鲜明，资料信息系统更加详实，框架结构日臻完善，装帧设计独具特色，编校质量趋于一流。

《年鉴》（2019卷）重点围绕我国开发区2018年经济社会发展的主要目标和任务，收集整理了政治经济、区域协调发展、投资促进、科技创新、体制机制创新、人才引进、文化建设、生态文明建设、国际合作等方面的基本情况、重要举措、重大成就和重要经验。经过几近一年的精心编纂，《年鉴》（2019卷）共收录了涵盖北京市、上海市、浙江省、江苏省、山东省、福建省等部分省市开发区的年度综合发展情况，国家级开发区、省级开发区及其他各类型开发区资料近百篇，形成了层次分明、内涵丰富、数据翔实的整体框架。在此，《年鉴》编辑部特向各参编单位在资料搜集整理工作中一贯坚持的“严、细、深、实”的工作作风，积极提供的全面、翔实的高质量内容，以及所有参编人员的高水准、高精度的文字把控和积极的奉献精神表示衷心的感谢和诚挚的敬意。

《年鉴》编纂工作任务艰巨，意义重大，使命光荣。为更好地全方位记录我国各级各类开发区的发展情况，汇编形成权威资料，望各参编单位要一如既往地贯彻执行“求真存实”的编纂原则，牢固树立精品意识、创新意识，站在对历史负责、对未来负责的高度，重视调查研究和深入细致的资料考证，把好《年鉴》质量第一关。同时，请参编人员进一步统一思想，坚持高标准、严要求，齐心协力，密切配合，结合工作特点，按照时间节点，把握撰写要求，严谨整理资料，科学规范记述，提高《年鉴》的内容质量。愿我们共同携手，开拓创新，努力提升和扩大《年鉴》的社会影响力，汇聚起全面记录我国开发区发展历程的强大力量。

《中国开发区年鉴》编辑部

2020年6月

目　录

文献法规篇

国务院关于积极有效利用外资推动经济高质量发展若干措施的通知
国发〔2018〕19号 …… 3

国务院关于沈抚改革创新示范区建设方案的批复
国函〔2018〕116号 …… 7

国务院关于印发优化口岸营商环境 促进跨境贸易便利化工作方案的通知
国发〔2018〕37号 …… 8

国务院关于进一步支持杨凌农业高新技术产业示范区发展若干政策的批复
国函〔2018〕133号 …… 12

国务院关于同意乌鲁木齐、昌吉、石河子高新技术产业开发区建设国家自主创新示范区的批复
国函〔2018〕145号 …… 14

国务院关于做好当前和今后一个时期促进就业工作的若干意见
国发〔2018〕39号 …… 15

国办关于印发进一步深化"互联网＋政务服务"推进政务服务"一网、一门、一次"改革实施方案的通知
国办发〔2018〕45号 …… 18

国务院办公厅转发商务部等部门关于扩大进口促进对外贸易平衡发展意见的通知
国办发〔2018〕53号 …… 23

国务院办公厅关于聚焦企业关切 进一步推动优化营商环境政策落实的通知
国办发〔2018〕104号 …… 26

国务院办公厅关于推进政务新媒体健康有序发展的意见
国办发〔2018〕123号 …… 32

国家发展改革委关于创新和完善促进绿色发展价格机制的意见
发改价格规〔2018〕943号 …… 36

《国家安全产业示范园区创建指南（试行）》印发实施
工信部联安全〔2018〕213号 …… 40

工业和信息化部 发展改革委 财政部 国资委印发《促进大中小企业融通发展三年行动计划》的通知
工信部联企业〔2018〕248号……45

工业和信息化部关于加快推进虚拟现实产业发展的指导意见
工信部电子〔2018〕276号……50

科技部关于印发《科学技术部科技统计工作管理办法》的通知
国科发规〔2018〕272号……55

江苏省开发区条例
江苏省人大常委会公告 第68号……58

中共贵州省委办公厅 贵州省人民政府办公厅关于印发《促进开发区改革和创新发展的意见》的通知
黔委厅字〔2018〕25号……63

宁波市人民政府办公厅关于进一步推进开发区改革和创新发展的实施意见
甬政办发〔2018〕76号……67

西安经济技术开发区管委会关于印发《西安经济技术开发区促进人工智能与机器人产业发展暂行办法》的通知
西经开发〔2018〕110号……71

广州市黄埔区 广州开发区知识产权专项资金管理办法
穗埔府规〔2018〕14号……73

烟台开发区出台关于进一步加快创新型开发区建设的意见
烟开〔2018〕30号……78

关于2018年六安经济技术开发区招商引资工作的意见
六开管〔2018〕29号……86

廊坊经济技术开发区党政办公室关于印发《廊坊开发区产学研用对接工作机制的实施办法》的通知
廊开办〔2018〕89号……87

北京经济技术开发区领军人才创业发展基金实施细则
京技管〔2018〕95号……89

苏州工业园区管委会关于印发《关于进一步加强存量工业用地管理 促进企业转型升级的实施意见》的通知……93
苏园管〔2018〕93号……93

天津经济技术开发区关于促进民营经济、中小企业发展实施方案……98

专题研究篇

"一站式"金融服务体系助推中小微企业加快发展……105

从中以合作看国际合作园区的运营管理 …… 107
实现知识产权创造与知识产权服务业“两翼齐飞” …… 111
优化服务流程　实现全链合作 …… 115
数字化和智能化的“智慧工地” …… 118
探索内外贸一体化发展新模式
——关于昆山综保区一般纳税人资格试点改革进展的思考 …… 120
近在身边的合作：创新商业模式的“禾雀花”工程 …… 123
浅析兰州生物医药产业创业投资基金 …… 125
实行公司化运作　深化职员制改革 …… 127
突出主业 正向激励　推进体制机制深层次改革 …… 129
建设多功能、高效能的“人才之家” …… 132
立足打造“五型”园区　努力建设国际化、现代化产业新城 …… 135
打造向西开放、面向欧亚的国际陆港区 …… 137
打造开放前沿高地　全力建设东北亚跨境电商核心区 …… 139
创新“晨扫描”机制　探索群众工作新模式 …… 141
全覆盖、平台化的企业服务新模式 …… 143
产学研用融合发展的临港之路 …… 145
老树新枝更著花：产城融合下的开发区城市更新 …… 148
开发区人事体制机制改革的有效方案 …… 151
立足特色小镇　聚力打造下沙科技城 …… 155
全面推动绿色发展的新思 …… 157
盘活资源　释放空间　积极稳妥处理“僵尸企业” …… 161

综　合　篇

2018 年北京市开发区发展情况综述 …… 165
2018 年上海市开发区发展情况综述 …… 167
2018 年江苏省开发区发展情况综述 …… 171
2018 年浙江省经济开发区发展情况综述 …… 173
2018 年福建省开发区发展情况综述 …… 179
2018 年山东省经济开发区发展情况综述 …… 181

国家级经济技术开发区篇

金普新区（大连经济技术开发区）…… 185
秦皇岛经济技术开发区…… 191
天津经济技术开发区（南港工业区）…… 195
烟台经济技术开发区…… 200
青岛经济技术开发区…… 203
南通经济技术开发区…… 205
连云港经济技术开发区…… 208
闵行经济技术开发区…… 212
宁波经济技术开发区…… 215
温州经济技术开发区…… 218
广州开发区…… 221
湛江经济技术开发区…… 226
昆山经济技术开发区…… 229
福清融侨经济技术开发区…… 233
长春经济技术开发区…… 236
杭州经济技术开发区…… 240
芜湖经济技术开发区…… 243
惠州大亚湾经济技术开发区…… 246
北京经济技术开发区…… 248
乌鲁木齐经济技术开发区（头屯河区）…… 253
合肥经济技术开发区…… 256
长沙经济技术开发区…… 259
贵阳经济技术开发区…… 263
南昌经济技术开发区…… 267
西宁经济技术开发区…… 271
南京经济技术开发区…… 275
宁波大榭开发区…… 279
厦门海沧台商投资区…… 283
石河子经济技术开发区…… 286

廊坊经济技术开发区…… 288
张家港经济技术开发区…… 291
九江经济技术开发区…… 294
嘉善经济技术开发区…… 296
如皋经济技术开发区…… 300
漳州招商局经济技术开发区…… 303
泉州经济技术开发区…… 306
沧州临港经济技术开发区…… 309
德阳经济技术开发区…… 312
赣州经济技术开发区…… 315
长春汽车经济技术开发区…… 319
临沂经济技术开发区…… 321
江宁经济技术开发区…… 323
海安经济技术开发区…… 326
靖江经济技术开发区…… 329
宁国经济技术开发区…… 331
嘉兴经济技术开发区…… 334
衢州经济技术开发区…… 337
四平红嘴经济技术开发区…… 340
黄石经济技术开发区…… 343
吴江经济技术开发区（同里镇）…… 347
宿迁经济技术开发区…… 352
义乌经济技术开发区…… 355
金华经济技术开发区…… 358
井冈山经济技术开发区…… 361
安庆经济技术开发区…… 363
六安经济技术开发区…… 366
武清经济技术开发区…… 369
池州经济技术开发区…… 372
滁州经济技术开发区…… 374
宣城经济技术开发区…… 376
德州经济技术开发区…… 378
大同经济技术开发区…… 382

库尔勒经济技术开发区……386
奎屯—独山子经济技术开发区……392
嵩明杨林经济技术开发区……395
准东经济技术开发区……399
甘泉堡经济技术开发区……404
库车经济技术开发区……406
鹤壁经济技术开发区……410
浒墅关经济技术开发区……412

其他开发区篇

黑河边境经济合作区……417
博乐边境经济合作区……419
伊宁边境经济合作区……421
畹町边境经济合作区……424
长沙高新技术产业开发区……426
燕郊高新技术产业开发区……432
漳州高新技术产业开发区……435
福州出口加工区……439
河北唐山海港经济开发区……441
广东江门新会经济开发区……444
河北清河经济开发区……447
河南西华经济开发区……453
吉林柳河经济开发区……455

统计资料篇

2018 年国家级经济技术开发区主要经济指标情况……459
2017 年国家级经济技术开发区主要经济指标情况……461
2016 年国家级经济技术开发区主要经济指标情况……463
2015 年国家级经济技术开发区主要经济指标情况……465
2014 年国家级经济技术开发区主要经济指标情况……467

文献法规篇

国务院关于积极有效利用外资推动经济高质量发展若干措施的通知

国发〔2018〕19号

各省、自治区、直辖市人民政府，国务院各部委、各直属机构：

利用外资是我国对外开放基本国策和构建开放型经济新体制的重要内容。当前我国经济已由高速增长阶段转向高质量发展阶段，利用外资面临新形势新挑战。为贯彻落实党中央、国务院关于推动形成全面开放新格局的决策部署，实行高水平投资自由化便利化政策，对标国际先进水平，营造更加公平透明便利、更有吸引力的投资环境，保持我国全球外商投资主要目的地地位，进一步促进外商投资稳定增长，实现以高水平开放推动经济高质量发展，现将有关事项通知如下：

一、大幅度放宽市场准入，提升投资自由化水平

（一）全面落实准入前国民待遇加负面清单管理制度。2018年7月1日前修订出台全国和自由贸易试验区外商投资准入特别管理措施（负面清单），与国际通行规则对接，全面提升开放水平，以开放促改革、促发展、促创新。负面清单之外的领域，各地区各部门不得专门针对外商投资准入进行限制。（发展改革委、商务部牵头，各有关部门、各省级人民政府按职责分工负责）

（二）稳步扩大金融业开放。放宽外资金融机构设立限制，扩大外资金融机构在华业务范围，拓宽中外金融市场合作领域。修订完善合格境外机构投资者（QFII）和人民币合格境外机构投资者（RQFII）有关规定，建立健全公开透明、操作便利、风险可控的合格境外投资者制度，吸引更多境外长期资金投资境内资本市场。大力推进原油期货市场建设，积极推进铁矿石等期货品种引入境外交易者参与交易。深化境外上市监管改革，支持符合条件的境内企业到境外上市，稳妥有序推进在境外上市公司的未上市股份在境外市场上市流通。支持外资金融机构更多地参与地方政府债券承销。（财政部、商务部、人民银行、银保监会、证监会按职责分工负责）

（三）持续推进服务业开放。取消或放宽交通运输、商贸物流、专业服务等领域外资准入限制。加大自由贸易试验区范围内电信、文化、旅游等领域对外开放压力测试力度。（中央宣传部、中央网信办、发展改革委、工业和信息化部、交通运输部、农业农村部、商务部、文化和旅游部、粮食和储备局等有关部门按职责分工负责）

（四）深化农业、采矿业、制造业开放。取消或放宽种业等农业领域，煤炭、非金属矿等采矿业领域，汽车、船舶、飞机等制造业领域外资准入限制。（发展改革委、工业和信息化部、自然资源部、农业农村部、商务部等有关部门按职责分工负责）

二、深化“放管服”改革，提升投资便利化水平

（五）持续推进外资领域“放管服”改革。

外商投资准入负面清单内投资总额10亿美元以下的外商投资企业设立及变更，由省级人民政府负责审批和管理。支持地方政府开展相对集中行政许可权改革试点。在全国推行负面清单以外领域外商投资企业商务备案与工商登记“一口办理”。（商务部、市场监管总局等有关部门、各省级人民政府按职责分工负责）

（六）提高外商投资企业资金运用便利度。进一步简化资金池管理，允许银行审核真实、合法的电子单证，为企业办理集中收付汇、轧差结算业务。放宽企业开展跨国公司外汇资金集中运营管理试点备案条件。支持跨国企业集团办理跨境双向人民币资金池业务。（人民银行、外汇局按职责分工负责）

（七）提升外国人才来华工作便利度。研究出台支持政策，依法保障在华工作外国人才享有基本公共服务。为符合国家支持导向的中国境内注册企业急需的外国人才提供更加便利的外国人来华工作许可管理服务。积极推进外国高端人才服务“一卡通”试点，进一步简化工作许可办理程序。（外交部、司法部、人力资源社会保障部、外专局等有关部门按职责分工负责）

（八）提升外国人才出入境便利度。中国境内注册企业选聘的外国人才，符合外国人才签证实施办法规定条件的，可凭外国高端人才确认函向驻外使馆、领馆或者外交部委托的其他驻外机构申请5～10年有效、多次入境，每次停留期限不超过180天的人才签证，免除签证费和急件费，可在2个工作日内获发签证。（外交部、外专局等有关部门按职责分工负责）

三、加强投资促进，提升引资质量和水平

（九）优化外商投资导向。积极吸引外商投资以及先进技术、管理经验，支持外商全面参与海南自由贸易港建设，强化自由贸易试验区在扩大开放吸引外资方面的先行先试作用。（商务部牵头，国务院自由贸易试验区工作部际联席会议成员单位按职责分工负责）引导外资更多投向现代农业、生态建设、先进制造业、现代服务业，投向中西部地区。进一步落实企业境外所得抵免、境外投资者以境内利润直接投资以及技术先进型服务企业的税收政策。（发展改革委、财政部、商务部、税务总局按职责分工负责）

（十）支持外商投资创新发展。积极落实外商投资研发中心支持政策，研究调整优化认定标准，鼓励外商投资企业加大在华研发力度。进一步落实高新技术企业政策，鼓励外资投向高新技术领域。（科技部、财政部、商务部、海关总署、税务总局按职责分工负责）

（十一）鼓励外资并购投资。鼓励地方政府根据市场化原则建立并购信息库，引导国内企业主动参与国际合作。允许符合条件的外国自然人投资者依法投资境内上市公司。比照上市公司相关规定，允许外商投资全国中小企业股份转让系统挂牌公司。完善上市公司国有股权监督管理制度，进一步提高国有控股上市公司及其国有股权流转的公开透明程度，为符合条件的国内外投资者参与国有企业改革提供公平机会。（发展改革委、商务部、国资委、证监会等有关部门、各省级人民政府按职责分工负责）

（十二）降低外商投资企业经营成本。允许各地支持制造业企业依法按程序进行厂房加层、厂区改造、内部用地整理及扩建生产、仓储场所，提升集约化用地水平，不再增收地价款。支持外商投资企业科学用工，通过订立以完成一定工作任务为期限的劳动合同、短期固定期限劳动合同满足灵活用工需求。完善外商投资企业申请实行综合计算工时工作制和不定时工作制的审批流程，缩短审批时限。加快推进多双边社会保障协定商签工作，切实履行已签署社会保障协定的条约义务，依据协定内容维护在华外国劳动者的社会保障权益，免除企业和员工对协定约定社会保险险种的双重缴费义务。（人力资源社会保障部、自然资源部、住房城乡建设部按职责分工负责）

（十三）加大投资促进工作力度。鼓励各地

提供投资促进资金支持，强化绩效考核，完善激励机制。支持各地在法定权限范围内制定专项政策，对在经济社会发展中作出突出贡献的外商投资企业及高层次人才给予奖励。充分运用因公临时出国管理有关政策，为重大项目洽谈、重大投资促进活动等因公出访团组提供便利。各地在招商引资过程中，应遵守国家产业政策、土地利用政策、城乡规划和环境保护等要求，注重综合改善营商环境，给予内外资企业公平待遇，避免恶性竞争。（中央外办、外交部、发展改革委、财政部、自然资源部、生态环境部、商务部、外专局、各省级人民政府按职责分工负责）

四、提升投资保护水平，打造高标准投资环境

（十四）加大知识产权保护力度。推进专利法等相关法律法规修订工作，大幅提高知识产权侵权法定赔偿上限。严厉打击侵权假冒行为，加大对外商投资企业反映较多的侵犯商业秘密、商标恶意抢注和商业标识混淆不正当竞争、专利侵权假冒、网络盗版侵权等知识产权侵权违法行为的惩治力度。严格履行我国加入世界贸易组织承诺，外商投资过程中技术合作的条件由投资各方议定，各级人民政府工作人员不得利用行政手段强制技术转让。加强维权援助和纠纷仲裁调解，推进纠纷仲裁调解试点工作，推动完善知识产权保护体系。（中央宣传部、最高人民法院、全国打击侵权假冒工作领导小组办公室、司法部、市场监管总局、知识产权局按职责分工负责）

（十五）保护外商投资合法权益。完善外商投资企业投诉工作部际联席会议制度，协调解决涉及中央事权的制度性、政策性问题。建立健全各地外商投资企业投诉工作机制，各部门要加强对地方对口单位的指导和监督，及时解决外商投资企业反映的不公平待遇问题。各地不得限制外商投资企业依法跨区域经营、搬迁、注销等行为。（商务部牵头，有关部门、各省级人民政府按职责分工负责）

五、优化区域开放布局，引导外资投向中西部等地区

（十六）拓宽外商投资企业融资渠道。允许西部地区和东北老工业基地的外商投资企业在境外发行人民币或外币债券，并可全额汇回所募集资金，用于所在省份投资经营。在全口径跨境融资宏观审慎管理框架内，支持上述区域金融机构或经批准设立的地方资产管理公司按照制度完善、风险可控的要求，向境外投资者转让人民币不良债权；在充分评估的基础上，允许上述区域的银行机构将其持有的人民币贸易融资资产转让给境外银行。（发展改革委、财政部、人民银行、银保监会、外汇局按职责分工负责）

（十七）降低外商投资企业物流成本。在中西部地区和东北老工业基地建设陆空联合开放口岸和多式联运枢纽，加快发展江海、铁空、铁水等联运。支持增加中西部和东北老工业基地国际国内航线和班次。加强中欧班列场站、通道等基础设施建设，优化中欧班列发展环境，促进中欧班列降本增效。完善市场调节机制，调整运输结构，提高运输效率，加强公路、铁路、航空、水运等领域收费行为监管，进一步降低西部地区物流成本。（发展改革委、交通运输部、海关总署、市场监管总局、铁路局、民航局、中国铁路总公司按职责分工负责）

（十八）加快沿边引资重点地区建设。鼓励地方统筹中央有关补助资金和自有财力，支持边境经济合作区、跨境经济合作区、边境旅游试验区建设。鼓励政策性、开发性金融机构在业务范围内加大对边境经济合作区、跨境经济合作区企业的信贷支持力度。积极支持注册地和主要生产地均在边境经济合作区、跨境经济合作区，符合条件的内外资企业，申请首次公开发行股票并上市。（财政部、商务部、文化和旅游部、人民银行、银保监会、证监会、各省级人民政府按职责分工负责）

（十九）打造西部地区投资合作新载体。在有条件的地区高标准规划建设若干个具有示范引领作用的国际合作园区，试点探索中外企业、机构、政府部门联合整体开发，支持园区在国际资本、人才、机构、服务等领域开展便利进出方面的先行先试。（中央财办、外交部、发展改革委、科技部、人力资源社会保障部、商务部、人民银行、海关总署、市场监管总局、外专局等有关部门、各省级人民政府按职责分工负责）

六、推动国家级开发区创新提升，强化利用外资重要平台作用

（二十）促进开发区优化外资综合服务。省级人民政府依法赋予国家级开发区地市级经济管理权限，制定发布相应的赋权清单，在有条件的国家级开发区试点赋予适宜的省级经济管理审批权限，支持国家级开发区稳妥高效用好相关权限，提升综合服务能力。支持国家级开发区复制推广上海市浦东新区“证照分离”改革经验，创新探索事中事后监管制度措施。借鉴国际先进经验，鼓励外商投资企业参与区中园、一区多园等建设运营。（自然资源部、住房城乡建设部、商务部、市场监管总局等有关部门、各省级人民政府按职责分工负责）

（二十一）发挥开发区示范带动提高利用外资水平的作用。省级人民政府依法制定支持国家级开发区城市更新、工业区改造的政策，优化土地存量供给，引进高技术、高附加值外商投资企业和项目。各地在安排土地利用计划时，对国家级开发区主导产业引进外资、促进转型升级等用地予以倾斜支持。在国家级开发区招商引资部门、团队等实行更加灵活的人事制度，提高专业化、市场化服务能力。进一步提升国家级开发区建设的国际化水平。（人力资源社会保障部、自然资源部、住房城乡建设部、商务部、各省级人民政府按职责分工负责）

（二十二）加大开发区引资金融支持力度。引导各类绿色环保基金，按照市场化原则运作，支持外资参与国家级开发区环境治理和节能减排，为国家级开发区引进先进节能环保技术、企业提供金融支持。地方政府可通过完善公共服务定价、实施特许经营模式等方式，支持绿色环保基金投资国家级开发区相关项目。鼓励设立政府性融资担保机构，提供融资担保、再担保等服务，支持国家级开发区引进境外创新型企业、创业投资机构等，推进创新驱动发展。（发展改革委、科技部、工业和信息化部、财政部、生态环境部、商务部等有关部门按职责分工负责）

（二十三）健全开发区双向协作引资机制。在东部地区国家级开发区建设若干产业转移协作平台，推进产业项目转移对接合作。支持地方制定成本分担和利益分享、人才交流合作、产业转移协作等方面的措施，推动东部地区国家级开发区通过多种形式在西部地区、东北老工业基地建设产业转移园区。支持东部与中西部地区国家级开发区合作引入国际双元制职业教育机构，增加外商投资企业人力资源有效供给。（发展改革委、教育部、工业和信息化部、人力资源社会保障部、自然资源部、住房城乡建设部、商务部等有关部门、各省级人民政府按职责分工负责）各地区、各部门要充分认识新时代推动扩大开放、积极有效利用外资对于建设现代化经济体系、促进经济升级的重要意义，高度重视，主动作为，狠抓落实，注重实效，确保各项措施与已出台政策有效衔接，形成合力。涉及修订或废止行政法规、国务院文件、经国务院批准的部门规章的，由原牵头起草部门或商务部会同有关部门报请国务院修订或废止。商务部、发展改革委要会同有关部门加强督促检查，重大问题及时向国务院请示报告。

国务院

2018 年 6 月 10 日

来源：中国政府网

国务院关于沈抚改革创新示范区建设方案的批复

国函〔2018〕116号

辽宁省人民政府、国家发展改革委：

你们关于沈抚改革创新示范区建设方案的请示收悉。现批复如下：

一、原则同意《沈抚改革创新示范区建设方案》(以下简称《方案》)，请认真组织实施。

二、沈抚改革创新示范区建设要全面贯彻党的十九大和十九届二中、三中全会精神，以习近平新时代中国特色社会主义思想为指导，坚持稳中求进工作总基调，坚持新发展理念，按照高质量发展要求，坚持以供给侧结构性改革为主线，全面落实新一轮东北地区等老工业基地振兴战略，以改革创新为引领，着力推进体制机制改革，深入实施创新驱动发展战略，培育现代产业体系，推进绿色低碳发展，建设东北地区改革开放的先行区、优化投资营商环境的标杆区、创新驱动发展的引领区和辽宁振兴发展的新引擎。

三、辽宁省人民政府要加强对沈抚改革创新示范区建设的组织领导，抓紧完善工作机制，尽快制定配套措施，落实工作责任，确保《方案》确定的目标任务如期实现，形成对辽宁乃至东北地区强有力辐射带动作用。重要政策和重大建设项目要按规定程序报批。

四、国务院有关部门要按照职责分工，加强协调指导，在政策实施、资金安排、体制机制创新、重大项目建设等方面给予积极支持，帮助解决《方案》实施中遇到的问题和困难，为沈抚改革创新示范区建设创造良好的政策环境。

五、国家发展改革委要加强对沈抚改革创新示范区建设的指导，协调解决重点和难点问题。要强化对《方案》实施情况的跟踪分析，适时组织开展《方案》实施情况评估，重大问题及时向国务院报告。

国务院

2018年9月13日

来源：新华社

国务院关于印发优化口岸营商环境促进跨境贸易便利化工作方案的通知

国发〔2018〕37号

各省、自治区、直辖市人民政府，国务院各部委、各直属机构：

现将《优化口岸营商环境 促进跨境贸易便利化工作方案》印发给你们，请认真贯彻执行。

国务院

2018年10月13日

优化口岸营商环境 促进跨境贸易便利化工作方案

为贯彻落实党中央、国务院决策部署，深化“放管服”改革，进一步优化口岸营商环境，实施更高水平跨境贸易便利化措施，促进外贸稳定健康发展，制定本工作方案。

一、总体要求

（一）指导思想

全面贯彻党的十九大和十九届二中、三中全会精神，以习近平新时代中国特色社会主义思想为指导，统筹推进“五位一体”总体布局和协调推进“四个全面”战略布局，按照党中央、国务院决策部署，坚持稳中求进工作总基调，坚持新发展理念，深入推进“放管服”改革，对标国际先进水平，创新监管方式，优化通关流程，提高通关效率，降低通关成本，营造稳定、公平、透明、可预期的口岸营商环境。

（二）基本原则

简政放权，改革创新。进一步削减进出口环节审批事项，规范审批行为，优化简化通关流程，取消不必要的监管要求，清理不合理收费，加快完善与我国经济社会发展要求相适应的跨境贸易管理体系。

对标国际，高效便利。充分利用信息化、智能化手段，提高口岸监管执法和物流作业效率。借鉴国际经验，建立符合我国口岸管理实际、与国际通行做法对接并可比的口岸营商环境评价机制。

目标导向，协同治理。充分发挥国务院口岸工作部际联席会议制度作用，加强各有关部门、各地方协作配合，找准制约口岸营商环境持续优化的短板，从企业和社会实际需要出发，着力压缩整体通关时间，降低进出口环节合规成本。

（三）工作目标

到2018年底，需在进出口环节验核的监管证件数量比2017年减少三分之一以上，除安全保密需要等特殊情况外，全部实现联网核查，整体通关时间压缩三分之一。到2020年底，相比2017年集装箱进出口环节合规成本降低一半。到2021年底，整体通关时间比2017年压缩一半，世界银行跨境贸易便利化指标排名提升30位，初步实现口岸治理体系和治理能力现代化，形成更有活力、更富效率、更加开放、更具便利的口岸营商环境。

二、工作任务

（一）简政放权，减少进出口环节审批监管事项

1. 精简进出口环节监管证件。取消一批进出口环节监管证件，能退出口岸验核的全部退出。2018年11月1日前需在进出口环节验核的监管证件减至48种；除安全保密需要等特殊情况外，通过多种形式全部实现联网、在通关环节比对核查。（相关部门按职责分工负责）

2. 优化监管证件办理程序。除安全保密需要等特殊情况外，2020年底前，监管证件全部实现网上申报、网上办理。（相关部门按职责分工负责）

（二）加大改革力度，优化口岸通关流程和作业方式

3. 深化全国通关一体化改革。推进海关、边检、海事一次性联合检查。海关直接使用市场监管、商务等部门数据办理进出口货物收发货人注册登记。加强关铁信息共享，推进铁路运输货物无纸化通关。2018年底前，海关与检验检疫业务全面融合，实现“五统一”：统一申报单证、统一作业系统、统一风险研判、统一指令下达、统一现场执法。（海关总署牵头，商务部、市场监管总局、移民局、交通运输部、民航局、中国铁路总公司按职责分工负责）

4. 全面推广“双随机、一公开”监管。从进出口货物一般监管拓展到常规稽查、保税核查和保税货物监管等全部执法领域。推进全链条监管“选、查、处”分离，提升“双随机”监管效能。（海关总署牵头，相关部门按职责分工负责）

5. 推广应用“提前申报”模式。提高进口货物“提前申报”比例，鼓励企业采用“提前申报”，提前办理单证审核和货物运输作业，非布控查验货物抵达口岸后即可放行提离。（海关总署牵头，民航局、中国铁路总公司按职责分工负责）

6. 创新海关税收征管模式。全面创新多元化税收担保方式，推进关税保证保险改革，探索实施企业集团财务公司、融资担保公司担保改革试点。全面推广财关库银横向联网，加快推进税单无纸化改革。（海关总署、银保监会、财政部、人民银行、税务总局按职责分工负责）

7. 优化检验检疫作业。减少双边协议出口商品装运前的检验数量。推行进口矿产品等大宗资源性商品“先验放后检测”检验监管方式。创新检验检疫方法，应用现场快速检测技术，进一步缩短检验检疫周期。（海关总署负责）

8. 推广第三方采信制度。引入市场竞争机制，发挥社会检验检测机构作用，在进出口环节推广第三方检验检测结果采信制度。（海关总署牵头，相关部门按职责分工负责）

（三）提升通关效率，提高口岸物流服务效能

9. 提高查验准备工作效率。通过“单一窗口”、港口电子数据交换（EDI）中心等信息平台向进出口企业、口岸作业场站推送查验通知，增强通关时效的可预期性。进境运输工具到港前，口岸查验单位对申报的电子数据实施在线审核并及时向车站、码头及船舶代理反馈。（交通运输部、海关总署、移民局、中国铁路总公司按职责分工负责）

10. 加快发展多式联运。研究制定多式联运服务规则。加快建设多式联运公共信息平台，加强交通运输、海关、市场监管等部门间信息开放共享，为企业提供资质资格、认证认可、检验检疫、通关查验、信用评价等一站式综合信息服务。推动外贸集装箱货物在途、舱单、运单、装卸等铁水联运物流信息交换共享，提供全程追踪、实时查询等服务。2019年底前，沿海及长江干线主要港口实现铁水联运信息交换和共享。2020年底前，基本建成多式联运公共信息平台。（交通运输部、发展改革委、商务

部、中国铁路总公司牵头，海关总署、市场监管总局、民航局等相关部门按职责分工负责）

11. 创新边境口岸通关管理模式。推进与毗邻国家和地区共同监管设施的建设和共用，推动工作制度和通关模式的协调，支持陆路边境口岸创新通关管理模式。在毗邻港澳口岸实施更便利的通关措施，在有条件的口岸推广粤港澳“客、货车一站式通关”模式。（相关省、自治区人民政府牵头，交通运输部、海关总署、移民局按职责分工负责）

12. 加快鲜活商品通关速度。在风险可控的前提下优化鲜活产品检验检疫流程，加快通关放行。总结推广合作经验，与毗邻国家确定鲜活农副产品目录清单，加快开通农副产品快速通关“绿色通道”。（海关总署、交通运输部、移民局及各省、自治区、直辖市人民政府按职责分工负责）

（四）加强科技应用，提升口岸管理信息化智能化水平

13. 加强国际贸易“单一窗口”建设。将“单一窗口”功能覆盖至海关特殊监管区域和跨境电子商务综合试验区等相关区域，对接全国版跨境电商线上综合服务平台。加强“单一窗口”与银行、保险、民航、铁路、港口等相关行业机构合作对接，共同建设跨境贸易大数据平台。推广国际航行船舶“一单多报”，实现进出境通关全流程无纸化。2018 年底前，主要业务（货物、舱单、运输工具申报）应用率达到 80%；2020 年底前，达到 100%；2021 年底前，除安全保密需要等特殊情况外，“单一窗口”功能覆盖国际贸易管理全链条，打造“一站式”贸易服务平台。（海关总署牵头，相关部门按职责分工负责，各省、自治区、直辖市人民政府配合）

14. 推进口岸物流信息电子化。制定完善不同运输方式集装箱、整车货物运输电子数据交换报文标准，推动在口岸查验单位与运输企业中应用。实现口岸作业场站货物装卸、仓储理货、报关、物流运输、费用结算等环节无纸化和电子化。推动海运提单换提货单电子化，企业在报关环节不再提交纸质提单或提货单。2019 年 6 月底前，实现内外贸集装箱堆场的电子化海关监管。2019 年底前，在主要远洋航线实现海关与企业间的海运提单、提货单、装箱单等信息电子化流转。（海关总署、交通运输部、民航局、中国铁路总公司按职责分工负责，各省、自治区、直辖市人民政府配合）

15. 提升口岸查验智能化水平。加大集装箱空箱检测仪、高清车底探测系统、安全智能锁等设备的应用力度，提高单兵作业设备配备率。扩大“先期机检”、“智能识别”作业试点，提高机检后直接放行比例。2021 年底前，全部实现大型集装箱检查设备联网集中审像。（海关总署、移民局按职责分工负责）

（五）完善管理制度，促进口岸营商环境更加公开透明

16. 加强口岸通关和运输国际合作。加快制修订国际运输双边、多边协定，推动与相关国家在技术标准、单证规则、数据交换等方面开展合作。扩大海关“经认证的经营者”（AEO）国际互认范围，支持指导企业取得认证，2020 年底前，与所有已建立 AEO 制度且有意愿的“一带一路”国家海关实现 AEO 互认。加快实施检验检疫证书国际联网核查，重点推进与欧盟签署电子证书合作协议，2021 年底前，与所有已签署电子证书合作协议且建有信息系统的国家实现联网核查。（交通运输部、海关总署、市场监管总局按职责分工负责）

17. 降低进出口环节合规成本。严格执行行政事业性收费清单管理制度，未经国务院批准，一律不得新设涉及进出口环节的收费项目。清理规范口岸经营服务性收费，对实行政府定价的，严格执行规定标准；对实行市场调节价的，督促收费企业执行有关规定，不得违规加收其他费用。鼓励竞争，破除垄断，推动降低报关、货代、船代、物流、仓储、港口服务等环节经营服务性收费。加强检查，依法查处各类违法违规收费行为。2018 年底前，单个集装箱进出口环节合规成本比 2017 年减少 100 美元以上。

（财政部牵头，交通运输部、发展改革委、海关总署、市场监管总局、商务部、工业和信息化部等相关部门按职责分工负责，各省、自治区、直辖市人民政府配合）

18. 实行口岸收费目录清单制度。建立价格、市场监管、商务、交通、口岸管理、查验等单位共同参加的口岸收费监督管理协作机制。2018 年 10 月底前，对外公示口岸收费目录清单，清单之外不得收费。加强行业管理和行业自律，引导口岸经营服务企业诚信经营、合理定价。（各省、自治区、直辖市人民政府负责）

19. 公开通关流程及物流作业时限。制定并公开通关流程及口岸经营服务企业场内转运、吊箱移位、掏箱和货方提箱等作业时限标准，便利企业合理安排生产、制定运输计划。公布口岸查验单位通关服务热线，畅通意见投诉反馈渠道。（各省、自治区、直辖市人民政府牵头，交通运输部、海关总署、移民局配合）

20. 建立口岸通关时效评估机制。加强对整体通关时间的统计分析，每月通报各省（自治区、直辖市）整体通关时间。开展口岸整体通关时效第三方评估，适时向社会公布评估结果。将各省（自治区、直辖市）整体通关时间和成本纳入全国营商环境评价体系，科学设定评价指标和方法，初步建立常态化评价机制。（海关总署、发展改革委、发展研究中心按职责分工负责）

三、组织实施

（一）加强组织领导

充分发挥国务院口岸工作部际联席会议制度作用，明确各项任务的实施步骤和完成时限，统筹推进落实，协调解决推进过程中的重大问题。联席会议办公室要加强政策研究和协调，重大情况及时向国务院报告。优化口岸营商环境工作情况纳入国务院督查范围，督查考核结果向社会公布，对推进不力的地区和部门进行问责。

（二）强化责任落实

各有关部门要认真落实任务牵头和配合责任，加强协作配合，合理安排进度，确保各项任务有措施、能落实、可量化，并加快改革措施所涉法律法规的修改修订工作。各省（自治区、直辖市）人民政府要强化对本地区优化口岸营商环境工作的领导和统筹协调，研究制定配套措施，加大政策宣传力度，建立健全督导考核机制，确保各项任务落实到位。

来源：中国政府网

国务院关于进一步支持杨凌农业高新技术产业示范区发展若干政策的批复

国函〔2018〕133号

科技部、陕西省人民政府：

你们《关于进一步支持杨凌农业高新技术产业示范区发展若干政策建议的请示》（国科发农〔2018〕68号）收悉。现批复如下：

一、着力推动杨凌农业高新技术产业示范区实现高质量发展

要深入贯彻习近平新时代中国特色社会主义思想和党的十九大精神，坚定实施创新驱动发展战略、乡村振兴战略，以农业供给侧结构性改革为主线，切实落实新发展理念，按照“核心示范、带动旱区、服务全国”的定位，进一步加快以科技创新为核心的全面创新，力争到2025年把杨凌农业高新技术产业示范区（以下简称杨凌示范区）建设成为干旱半干旱地区农业科技创新推广核心区，新时代乡村振兴、特色现代农业发展引领示范区，具有国际影响力的现代农业创新高地、人才高地和产业高地，为推动我国干旱半干旱地区农业现代化作出更大贡献。

二、继续加大对杨凌示范区发展的政策支持力度

（一）持续强化农业科技创新

支持杨凌示范区依托区域农业高校和科研院所，建设面向干旱半干旱地区农业科技创新的国家级科研平台。积极支持西北农林科技大学开展世界一流大学和一流学科建设，办好全国农业农村干部教育培训基地和农民发展学院，深化科研管理改革，赋予科技人员更大自主权。引导地方加大对杨凌职业技术学院的支持力度。支持中国科学院等国内外科研单位在杨凌示范区设立研发机构。支持杨凌示范区参与实施国家种业自主创新相关重大科技项目，支持企业、科研机构和高校加大引进海内外高层次人才力度。

（二）积极开展涉农改革创新试点

支持杨凌示范区开展“三农”领域试验试点，探索构建农业绿色发展技术体系，加强现代农业技术标准创新，组建面向旱区的国家级农业标准化研究推广服务机构，开展农村集体产权制度改革试点，探索公益性和经营性农技推广融合发展机制，面向集中连片特困地区探索农业科技扶贫新模式。

（三）开展金融改革创新

研究推动杨凌示范区开展国家产融合作试点，探索农业产业与金融合作的有效形式。支持杨凌农村商业银行开展农业科技特色金融服务。进一步加大对科技金融的政策支持力度，积极推动将杨凌示范区纳入投贷联动试点。依法依规引导商业银行将杨凌示范区分支机构按地市级机构申请设立。探索开展大型农机具、农业生产设施、农林畜牧生物资产抵押贷款业务。开展农业保险创新示范，探索开展气象指数、价格指数等农业保险产品，支持农业保险承办机构通过农产品期货、期权等优化风险管理。积极支持杨凌示范区内符合条件的企业上市融资。

（四）发挥在实施乡村振兴战略中的示范带动作用

支持杨凌示范区建立健全城乡融合发展体制机制和政策体系，探索产城融合、镇村互动的新机制，打造新业态引领的农业高新技术产业集群。支持杨凌示范区创新农业建设用地模式，探索适度放活农民宅基地和农民房屋使用权的有效形式，促进农村一二三产业融合发展，支持杨凌示范区全面建立职业农民制度，探索职业农民教育培训标准体系。

（五）扩大农业对外开放

加大对中国（陕西）自由贸易试验区杨凌示范区片区的支持力度，围绕建设“一带一路”现代农业国际合作中心，全面扩大农业领域国际合作交流。支持西北农林科技大学发起成立的丝绸之路农业教育科技创新联盟充分发挥作用。支持杨凌示范区进境种质资源保护中心、植物品种权交易中心建设。支持杨凌示范区在条件成熟时设立综合保税区，健全海关等机构，建设肉类等食品进境指定口岸。

三、进一步加强对杨凌示范区建设的组织领导

要不断完善杨凌示范区建设领导小组工作机制，继续实行科技部、陕西省人民政府“双组长制”，协调支持杨凌示范区建设相关事项。有关部门要切实加大对杨凌示范区的支持力度，落实好相关政策措施。陕西省人民政府要出台相应政策，支持杨凌示范区进一步发挥好示范引领作用。国务院有关部门、陕西省人民政府要充分认识进一步支持杨凌示范区发展的重要意义，强化举措，集聚资源，协同推动杨凌示范区实现高质量发展、迈上新台阶。

国务院

2018 年 10 月 26 日

来源：中国政府网

国务院关于同意乌鲁木齐、昌吉、石河子高新技术产业开发区建设国家自主创新示范区的批复

国函〔2018〕145号

科技部、新疆维吾尔自治区人民政府、新疆生产建设兵团：

你们关于支持乌鲁木齐、昌吉、石河子高新技术产业开发区建设国家自主创新示范区的请示（国科发高〔2018〕235号）收悉。现批复如下：

一、同意乌鲁木齐、昌吉、石河子3个高新技术产业开发区（以下统称“乌鲁木齐、昌吉、石河子高新区”）建设国家自主创新示范区，区域范围为国务院有关部门公布的开发区审核公告确定的四至范围。要深入贯彻党的十九大精神，以习近平新时代中国特色社会主义思想为指导，按照党中央、国务院决策部署，全面实施创新驱动发展战略，充分发挥乌鲁木齐、昌吉、石河子区位优势、创新资源优势和产业基础优势，积极开展创新政策先行先试，着力培育良好的创新创业生态，激发各类创新主体活力，深入推进大众创业、万众创新，打造丝绸之路经济带创新创业新高地，全面提升区域创新体系整体效能，努力把乌鲁木齐、昌吉、石河子高新区建设成为科技体制改革和创新政策试验区、创新创业生态优化示范区、科技成果转化示范区、新兴产业集聚示范区、转型升级引领区、科技创新国际合作先导区。

二、同意乌鲁木齐、昌吉、石河子高新区享受国家自主创新示范区相关政策，同时结合自身特点，不断深化简政放权、放管结合、优化服务改革，积极开展科技体制改革和机制创新，加强资源优化整合，在培育优势特色产业集群、科技创新重大平台建设、科技成果转化、人才培育引进、科技金融结合、知识产权运用与保护、面向中西亚合作创新等方面探索示范，努力创造出可复制、可推广的经验。

三、同意将乌鲁木齐、昌吉、石河子高新区建设国家自主创新示范区工作纳入国家自主创新示范区部际协调小组统筹指导，落实相关政策措施，研究解决发展中的重大问题。国务院有关部门要结合各自职能，在重大项目安排、政策先行先试、体制机制创新等方面给予积极支持。

四、新疆维吾尔自治区人民政府和新疆生产建设兵团要加强组织领导，建立协同推进机制，搭建创新合作的联动平台，认真组织编制实施方案，细化任务分工，集成推进乌鲁木齐、昌吉、石河子高新区建设国家自主创新示范区各项工作。

国务院

2018年11月23日

来源：中国政府网

国务院关于做好当前和今后一个时期促进就业工作的若干意见

国发〔2018〕39号

各省、自治区、直辖市人民政府，国务院各部委、各直属机构：

就业是最大的民生，也是经济发展的重中之重。当前，我国就业局势保持总体稳定，但经济运行稳中有变，经济下行压力有所加大，对就业的影响应高度重视。必须把稳就业放在更加突出位置，深入贯彻习近平新时代中国特色社会主义思想和党的十九大精神，全面落实党中央、国务院关于稳就业工作的决策部署，坚持实施就业优先战略和更加积极的就业政策，支持企业稳定岗位，促进就业创业，强化培训服务，确保当前和今后一个时期就业目标任务完成和就业局势持续稳定。为此，提出以下意见：

一、支持企业稳定发展

（一）加大稳岗支持力度。对不裁员或少裁员的参保企业，可返还其上年度实际缴纳失业保险费的50%。2019年1月1日至12月31日，对面临暂时性生产经营困难且恢复有望、坚持不裁员或少裁员的参保企业，返还标准可按6个月的当地月人均失业保险金和参保职工人数确定，或按6个月的企业及其职工应缴纳社会保险费50%的标准确定。上述资金由失业保险基金列支。（人力资源社会保障部、财政部负责。列第一位者为牵头单位，下同）

（二）发挥政府性融资担保机构作用支持小微企业。充分发挥国家融资担保基金作用，引导更多金融资源支持创业就业。各地政府性融资担保基金应优先为符合条件的小微企业提供低费率的担保支持，提高小微企业贷款可获得性。（财政部、工业和信息化部、人民银行、银保监会负责）

二、鼓励支持就业创业

（三）加大创业担保贷款贴息及奖补政策支持力度。符合创业担保贷款申请条件的人员自主创业的，可申请最高不超过15万元的创业担保贷款。小微企业当年新招用符合创业担保贷款申请条件的人员数量达到企业现有在职职工人数25%（超过100人的企业达到15%）并与其签订1年以上劳动合同的，可申请最高不超过300万元的创业担保贷款。各地可因地制宜适当放宽创业担保贷款申请条件，由此产生的贴息资金由地方财政承担。推动奖补政策落到实处，按各地当年新发放创业担保贷款总额的一定比例，奖励创业担保贷款基金运营管理机构等单位，引导其进一步提高服务创业就业的积极性。（财政部、人力资源社会保障部、人民银行、银保监会负责）

（四）支持创业载体建设。鼓励各地加快建设重点群体创业孵化载体，为创业者提供低成本场地支持、指导服务和政策扶持，根据入驻实体数量、孵化效果和带动就业成效，对创业孵化基地给予一定奖补。支持稳定就业压力较大地区为失业人员自主创业免费提供经营场地。（人力资源社会保障部、科技部、财政部、住房城乡建设部、市场监管总局，各省级人民政府按职责分工负责）

（五）扩大就业见习补贴范围。从2019年1月1日起，实施三年百万青年见习计划；将就业见习补贴范围由离校未就业高校毕业生扩展至16～24岁失业青年；组织失业青年参加3～12个月的就业见习，按规定给予就业见习补贴，并适当提高补贴标准。（人力资源社会保障部等有关部门和单位负责）

三、积极实施培训

（六）支持困难企业开展职工在岗培训。2019年1月1日至12月31日，困难企业可组织开展职工在岗培训，所需经费按规定从企业职工教育经费中列支，不足部分经所在地人力资源社会保障部门审核评估合格后，可由就业补助资金予以适当支持。（人力资源社会保障部、财政部负责）

（七）开展失业人员培训。支持各类职业院校（含技工院校）、普通高等学校、职业培训机构和符合条件的企业承担失业人员职业技能培训或创业培训。对培训合格的失业人员给予职业培训补贴，补贴标准根据培训成本、培训时长、市场需求和取得相关证书情况等确定；2019年1月1日至2020年12月31日，对其中就业困难人员和零就业家庭成员在培训期间再给予生活费补贴。生活费补贴政策每人每年只享受一次，且不可同时领取失业保险金。（人力资源社会保障部、财政部、教育部等有关部门和单位负责）

（八）放宽技术技能提升补贴申领条件。2019年1月1日至2020年12月31日，将技术技能提升补贴申领条件由企业在职职工参加失业保险3年以上放宽至参保1年以上。参保职工取得职业资格证书或职业技能等级证书的，可在参保地申请技术技能提升补贴。所需资金由失业保险基金列支。（人力资源社会保障部、财政部负责）

四、及时开展下岗失业人员帮扶

（九）实行失业登记常住地服务。失业人员可在常住地公共就业服务机构办理失业登记，申请享受当地就业创业服务、就业扶持政策、重点群体创业就业税收优惠政策。其中，大龄、残疾、低保家庭等劳动者可在常住地申请认定为就业困难人员，享受就业援助。（人力资源社会保障部、财政部、税务总局，各省级人民政府按职责分工负责）

（十）落实失业保险待遇。对符合条件的失业人员，由失业保险基金发放失业保险金，其个人应缴纳的基本医疗保险费从失业保险基金中列支。（人力资源社会保障部、医保局负责）

（十一）保障困难群众基本生活。对符合条件的生活困难下岗失业人员，给予临时生活补助，补助标准根据家庭困难程度、地区消费水平等综合确定。对符合最低生活保障条件的家庭，及时纳入最低生活保障范围。对符合临时救助条件的，给予临时救助。通过综合施策，帮助困难群众解困脱困。（财政部、人力资源社会保障部、民政部等有关部门和单位按职责分工负责）

五、落实各方责任

（十二）落实地方政府主体责任。地方各级人民政府要切实承担本地区促进就业工作的主体责任，建立由政府负责人牵头、相关部门共同参与的工作机制，因地制宜，多措并举，统筹做好本地区促进就业工作，分级预警、分层响应、分类施策。各省、自治区、直辖市人民政府要在本意见印发之日起30日内，制定出台具体实施办法，组织有关部门结合本地实际和财力水平合理确定享受政策的困难企业范围，突出重点帮扶对象，合理确定补贴等标准，确保各项政策尽快落地。（各省级人民政府负责）

（十三）明确部门组织协调责任。人力资源社会保障部要统筹协调促进就业政策制定、督促落实、统计监测等工作。财政部要加大资金支持力度，保障促进就业政策落实。其他有关部门和单位要立足职能职责，积极出台促进就业创业的政策措施，开展更多有利于促进就业

的专项活动，共同做好促进就业工作。（各有关部门和单位按职责分工负责）

（十四）切实抓好政策服务。各地各有关部门要积极开展政策宣传，向社会公布政策清单、申办流程、补贴标准、服务机构及联系方式、监督投诉电话，深入企业宣讲政策、了解困难、做好帮扶。对申请享受就业创业扶持政策和就业创业服务的困难企业、下岗失业人员，要建立实名制管理服务信息系统。要优化流程，精简证明，加强监管，确保各项政策资金规范便捷地惠及享受对象。（各有关部门和单位，各省级人民政府按职责分工负责）

（十五）指导企业等各方履行社会责任。要引导困难企业更加注重运用市场机制、经济手段，通过转型转产、培训转岗、支持“双创”等，多渠道分流安置职工，依法处理劳动关系。引导职工关心企业生存与发展，困难企业与职工协商一致的，可采取协商薪酬、调整工时、轮岗轮休、在岗培训等措施，保留就业岗位，稳定劳动关系。引导劳动者树立正确就业观，主动提升就业能力，通过自身努力实现就业创业。广泛调动社会各界积极性，形成稳定、扩大就业的合力。（各有关部门和单位，各省级人民政府按职责分工负责）

从工业企业结构调整专项奖补资金中安排部分资金并适时下达，由地方统筹纳入就业补助资金，专项用于当前稳就业工作。各地要对现有补贴项目进行梳理，在保持政策连续性、稳定性的基础上，对补贴项目、补贴方式进行归并简化，提高资金使用效益。各地贯彻落实本意见的有关情况及发现的重要问题，要及时报送人力资源社会保障部。

来源：中国政府网

国办关于印发进一步深化“互联网+政务服务”推进政务服务“一网、一门、一次”改革实施方案的通知

国办发〔2018〕45号

各省、自治区、直辖市人民政府，国务院各部委、各直属机构：

《进一步深化“互联网＋政务服务”推进政务服务“一网、一门、一次”改革实施方案》已经国务院同意，现印发给你们，请认真贯彻执行。

国务院办公厅

2018年6月10日

进一步深化“互联网＋政务服务”推进政务服务“一网、一门、一次”改革实施方案

进一步深化“互联网＋政务服务”，充分运用信息化手段解决企业和群众反映强烈的办事难、办事慢、办事繁的问题，是党中央、国务院作出的重大决策部署。为加快推进政务服务“一网通办”和企业群众办事“只进一扇门”、“最多跑一次”，根据党中央、国务院关于推进审批服务便民化、“互联网＋政务服务”、政务信息系统整合共享等重要工作部署，制定本实施方案。

一、发展现状和总体要求

党的十八大以来，以习近平同志为核心的党中央高度重视以信息化推进国家治理体系和治理能力现代化，强调要加快推动电子政务，打通信息壁垒，构建全流程一体化在线服务平台，助力建设人民满意的服务型政府。国务院将“互联网＋政务服务”作为深化“放管服”改革的关键环节，专门印发文件，作出全面部署。一些部门和地方积极探索，深入推进“互联网＋政务服务”，加强信息共享，优化政务流程，一批堵点难点问题得到初步解决，服务创新典型不断涌现，引领政务服务创新改革不断取得新成效。同时也应看到，目前政务服务“一网通办”、“只进一扇门”、“最多跑一次”等改革仍是局部区域和部分领域的探索实践，不少地区、部门、领域仍大量存在困扰企业群众的“办证多、办事难”等现象，与构建方便快捷、公平普惠、优质高效的网上政务服务体系目标相比仍有较大差距。

民之所望，改革所向。党的十九大对决胜全面建成小康社会、开启全面建设社会主义现代化国家新征程作出了全面部署。要深入贯彻党的十九大和十九届二中、三中全会精神，以习近平新时代中国特色社会主义思想为指导，牢固树立和贯彻落实新发展理念，深化“放管服”改革，进一步推进“互联网＋政务服务”，

加快构建全国一体化网上政务服务体系，推进跨层级、跨地域、跨系统、跨部门、跨业务的协同管理和服务，推动企业和群众办事线上“一网通办”（一网），线下“只进一扇门”（一门），现场办理“最多跑一次”（一次），让企业和群众到政府办事像“网购”一样方便。

二、基本原则和工作目标

（一）基本原则

需求导向、聚焦问题、分类施策。坚持以人民为中心的发展思想，聚焦企业和群众办事的难点、政务服务的堵点和痛点，因事制宜，对各类办事事项分别提出有针对性的推进方案，不断满足人民群众的需求。

重点先行、总结经验、加快推广。选择与企业和群众生产生活关系最密切的重点领域和办理量大的高频事项，分阶段、分步骤推进，总结各地政务服务工作成功经验和创新做法，加强成果复制和宣传推广，形成高效有序推进局面。

整合共享、优化流程、创新服务。坚持联网通办是原则、孤网是例外，政务服务上网是原则、不上网是例外，加强政务信息资源跨层级、跨地域、跨系统、跨部门、跨业务互联互通和协同共享。运用互联网、大数据、人工智能等信息技术，通过技术创新和流程再造，增强综合服务能力，进一步提升政务服务效能。

统筹推进、条块结合、上下联动。注重政府管理和服务的系统性、整体性，加强行业主管部门业务指导和政策支持，充分调动地方政府的积极性和主动性，加强制度衔接，有效整合各方资源，促进纵横协同、上下联动，构建一体化联合推进机制，提升协同服务能力和综合管理水平。

（二）工作目标

到2018年底，“一网、一门、一次”改革初见成效，先进地区成功经验在全国范围内得到有效推广。在“一网通办”方面，省级政务服务事项网上可办率不低于80%，市县级政务服务事项网上可办率不低于50%；在“只进一扇门”方面，市县级政务服务事项进驻综合性实体政务大厅比例不低于70%，50%以上政务服务事项实现“一窗”分类受理；在“最多跑一次”方面，企业和群众到政府办事提供的材料减少30%以上，省市县各级30个高频事项实现“最多跑一次”。

到2019年底，重点领域和高频事项基本实现“一网、一门、一次”。在“一网通办”方面，省级政务服务事项网上可办率不低于90%，市县级政务服务事项网上可办率不低于70%；在“只进一扇门”方面，除对场地有特殊要求的事项外，政务服务事项进驻综合性实体政务大厅基本实现“应进必进”，70%以上政务服务事项实现“一窗”分类受理；在“最多跑一次”方面，企业和群众到政府办事提供的材料减少60%以上，省市县各级100个高频事项实现“最多跑一次”。

三、以整合促便捷，推进线上“一网通办”

按照政务服务“一网通办”的要求，加快建设国家、省、市三级互联的网上政务服务平台体系，推动政务服务“一次登录、全网通办”，大幅提高政务服务便捷性。

（一）整合构建全国一体化网上政务服务平台

按照党中央、国务院关于推进审批服务便民化有关要求，加强顶层设计，加快构建以国家政务服务平台为枢纽、以各地区各部门网上政务服务平台为基础的全流程一体化在线服务平台。加强各省（自治区、直辖市）平台一体化、规范化建设。整合各级政府部门分散的政务服务资源和网上服务入口，加快推动各级政府部门业务信息系统接入本级或上级政务服务平台。依托国家政务服务平台为全国各地区各部门网上政务服务提供公共入口、公共通道和公共支撑，实现全国网上政务服务统一实名身份认证，让企业和群众网上办事“一次认证、全国漫游”。发挥好中国政府网总门户作用。

（二）推动更多政务服务事项网上办理

切实提高政务服务事项网上办理比例，除法律法规另有规定或涉密等外，原则上各级政务服务事项均应纳入网上政务服务平台办理，并按照国家政务服务平台相关标准规范组织实施。根据推进审批服务标准化有关要求，推动各地区各部门网上政务服务平台标准化建设和互联互通，实现政务服务同一事项、同一标准、同一编码。拓展网上办事广度和深度，延长网上办事链条，实现从网上咨询、网上申报到网上预审、网上办理、网上反馈“应上尽上、全程在线”。

（三）拓展政务服务移动应用

推动政务服务向“两微一端”等延伸拓展，为群众提供多样性、多渠道、便利化服务。结合国家政务服务平台建设，加强和规范政务服务移动应用建设管理，推动更多政务服务事项提供移动端服务。调动社会资源力量，鼓励开展第三方便民服务应用。加强政务新媒体监管，提升服务水平。

四、以集成提效能，推进线下“只进一扇门”

以企业和群众办事“只进一扇门”为目标，大力推行政务服务集中办理，实现“多门”变“一门”，促进政务服务线上线下集成融合，不断提升政府服务效能。

（一）推动实体大厅“多门”变“一门”

优化提升政务服务大厅“一站式”功能，完善省、市、县、乡镇综合性政务大厅集中服务模式，推动将垂直管理部门在本行政区域办理的政务服务事项纳入综合性政务大厅集中办理，加快实现“前台综合受理、后台分类审批、综合窗口出件”，实现企业和群众必须到现场办理的事项“只进一扇门”。除因安全等特殊原因外，原则上不再保留各地政府部门单独设立的服务大厅。

（二）推动线上线下集成融合

依托网上政务服务平台，实时汇入网上申报、排队预约、现场排队叫号、服务评价、事项受理、审批（审查）结果和审批证照等信息，实现线上线下功能互补、无缝衔接、全过程留痕，为企业和群众办事线下“只进一扇门”提供有力支撑。

五、以创新促精简，让企业和群众“最多跑一次”

以企业和群众办事“少跑腿”为目标，梳理必须到现场办理事项的“最多跑一次”目录，精简办事环节和材料，推动政务服务入口全面向基层延伸，力争实现企业和群众办事“最多跑一次”。

（一）大力推进减材料、减环节

整合涉及多部门事项的共性材料，推广多业务申请表信息复用，通过“一表申请”将企业和个人基本信息材料一次收齐、后续反复使用，减少重复填写和重复提交。充分依托网上政务服务平台，以与企业生产经营、群众生产生活密切相关的重点领域和办理量大的高频事项为重点，通过优化办事系统、简化办事材料、精简办事环节，让更多政务服务事项“最多跑一次”。

（二）推进“最多跑一次”向基层延伸

按照推进审批服务便民化“马上办、网上办、就近办、一次办”的要求，加强乡镇（街道）便民服务中心、村庄（社区）服务站点建设，推动基于互联网、自助终端、移动终端的政务服务入口全面向基层延伸，打造基层“一站式”综合便民服务平台，进一步提高基层响应群众诉求和为民服务的能力，推动实现“最多跑一次”省市县乡村全覆盖。

六、以共享筑根基，让“数据多跑路”

（一）建立完善全国数据共享交换体系

构建全国统一、多级互联的数据共享交换平台体系，强化平台功能、完善管理规范，使其具备跨层级、跨地域、跨系统、跨部门、跨业务的数据调度能力。按照“统一受理、平台授权”的原则，建立数据共享授权机制。对于无条件共享且服务接口不需要管控参数的数据，由平台直接提供；对于有条件共享，或者无条件共享但服务接口需要管控参数的数据，由平台推送给部门受理。建立限期反馈机制，对于数据需求申请，平台管理部门应于3个工作日内完成申请规范性审查，并通过平台回复受理意见，不予受理的应回复原因；由平台直接提供的数据，应于受理后3个工作日内提供；由部门受理的数据，数据提供部门应在受理后10个工作日内完成审批。

（二）加快完善政务数据资源体系

遵循“一数一源、多源校核、动态更新”原则，各级政府要构建并完善政务数据资源体系，持续完善数据资源目录，动态更新政务数据资源，不断提升数据质量，扩大共享覆盖面，提高服务可用性。完善数据共享责任清单机制，进一步明确各部门共享责任，在落实国务院部门第一批数据共享责任清单的基础上，制定发布第二批数据共享责任清单，新增拓展1000项数据共享服务，加强数据共享服务运行监测，全面清理并制止仅向特定企业、社会组织开放公共数据的行为。

（三）做好政务信息系统改造对接

按照谁建设系统、谁负责对接的原则，各级政务部门要加快改造自有的跨层级垂直业务信息系统，并与各级政务服务平台对接，实现跨层级、跨地域、跨系统、跨部门、跨业务数据互联互通，避免数据和业务“两张皮”，减少在不同系统中重复录入，提高基层窗口工作效率。各级政务信息化建设项目审批部门和运维经费审批部门要联合建立政务信息系统清单制度，加强清单式管理，对于未按要求进行改造对接的，不审批新项目，不拨付运维经费。原则上不再批准单个部门建设孤立信息系统。

（四）推进事中事后监管信息“一网通享”

积极推进跨部门“双随机、一公开”监管信息共享，依托“信用中国”网站和国家企业信用信息公示系统，提供登记备案、行政许可、行政处罚、经营异常名录、严重违法失信企业名单、监督检查、质量抽检等信用信息查询和共享服务。推进事中事后监管信息与政务服务深度融合，整合市场监管相关数据资源，加强对市场环境的大数据监测分析和预测预警，推进线上线下一体化监管。

（五）加强数据共享安全保障

依法加强隐私等信息保护。研究政务信息资源分类分级制度，制定数据安全管理办法，明确数据采集、传输、存储、使用、共享、开放等环节安全保障的措施、责任主体和具体要求。提高国家电子政务外网、国家数据共享交换平台和国家政务服务平台的安全防护能力。推进政务信息资源共享风险评估和安全审查，强化应急预案管理，切实做好数据安全事件的应急处置。

七、保障措施

（一）建立健全“一网通办”的标准规范

研究制定人口、法人、电子证照等基础数据共享的国家标准。加快完成电子证照库、人口综合库、法人综合库、公共信用库等规范编制工作，加快电子证照应用推广和跨部门、跨区域互认共享。建立健全政务信息资源数据采集、数据质量、目录分类管理、共享交换接口、共享交换服务、平台运行管理等方面的标准。

（二）加快完善相关法规制度

各部门要抓紧梳理“互联网+政务服务”急需的以及与开展“一网通办”不相适应的法律法规和规章制度，加快推动立改废。推动制定完善信息保护的法律制度，切实保护政务信息资源使用过程中的个人隐私和商业秘密。研究制订政务服务事项电子文件归档规范，推动开展相关试点，逐步消除电子化归档的法规制度障碍。

（三）建立监督举报投诉机制

依托中国政府网及各地政府网站、各级政务服务平台、政务服务热线等，畅通互动渠道，方便群众咨询办事和投诉举报，接受群众监督。建立政务服务举报投诉平台，统一受理企业和群众对未实现政务服务"一网通办"、办事不便利等突出问题的举报投诉，并及时开展核查处理。

（四）开展百项问题疏解和百佳案例推广行动

开展百项问题疏解行动，聚焦企业和群众关注的身份和教育证明、商事服务、社保低保、就业创业、居住户籍等方面的堵点难点问题，形成分级覆盖、热点聚焦的百项问题清单，逐项研究解决。开展百佳案例推广行动，深入分析总结先进经验，统筹组织对口帮扶工作，推动百佳案例先进经验复制落地。

各地区、各部门要认真贯彻落实党中央、国务院决策部署和推进审批服务便民化的要求，层层压实责任，加强统筹协调，结合实际精心组织落实本实施方案，推动"互联网+政务服务"取得更大实效。

来源：中国政府网

国务院办公厅转发商务部等部门关于扩大进口促进对外贸易平衡发展意见的通知

国办发〔2018〕53号

各省、自治区、直辖市人民政府，国务院各部委、各直属机构：

商务部、外交部、发展改革委、工业和信息化部、财政部、生态环境部、交通运输部、农业农村部、文化和旅游部、卫生健康委、人民银行、海关总署、税务总局、市场监管总局、国际发展合作署、能源局、林草局、外汇局、药监局、知识产权局《关于扩大进口促进对外贸易平衡发展的意见》已经国务院同意，现转发给你们，请认真贯彻执行。

国务院办公厅
2018年7月2日

关于扩大进口促进对外贸易平衡发展的意见

商务部　外交部　发展改革委　工业和信息化部　财政部　生态环境部　交通运输部　农业农村部　文化和旅游部　卫生健康委　人民银行　海关总署　税务总局　市场监管总局　国际发展合作署　能源局　林草局　外汇局　药监局　知识产权局

为贯彻落实党中央、国务院关于推进互利共赢开放战略的决策部署，更好发挥进口对满足人民群众消费升级需求、加快体制机制创新、推动经济结构升级、提高国际竞争力等方面的积极作用，在稳定出口的同时进一步扩大进口，促进对外贸易平衡发展，推动经济高质量发展，维护自由贸易，现提出以下意见：

一、总体要求

（一）指导思想。全面贯彻党的十九大精神，以习近平新时代中国特色社会主义思想为指导，统筹推进“五位一体”总体布局和协调推进“四个全面”战略布局，坚持稳中求进工作总基调，牢固树立新发展理念，坚持以供给侧结构性改革为主线，以“一带一路”建设为统领，以提高发展质量和效益为中心，统筹国内国际两个市场两种资源，加快实施创新驱动发展战略，在稳定出口的同时，主动扩大进口，促进国内供给体系质量提升，满足人民群众消费升级需求，实现优进优出，促进对外贸易平衡发展。

（二）基本原则。

一是坚持深化改革创新。深化体制机制改革，营造创新发展环境，以制度、模式、业态、服务创新提高贸易便利化水平，以扩大进口增强对外贸易持续发展动力。

二是坚持进口出口并重。在稳定出口国际市场份额的基础上，充分发挥进口对提升消费、调整结构、发展经济、扩大开放的重要作用，推动进口与出口平衡发展。

三是坚持统筹规划发展。坚持内外需协调、

内外贸结合，推动货物贸易与服务贸易、利用外资、对外投资、对外援助互动协同发展，遵循市场化原则，内外资一视同仁，促进经常项目收支平衡。

四是坚持互利共赢战略。将扩大进口与推进“一带一路”建设、加快实施自贸区战略紧密结合，增加自相关国家和地区进口，扩大利益融合，共同推动开放型世界经济发展。

二、优化进口结构　促进生产消费升级

（三）支持关系民生的产品进口。适应消费升级和供给提质需要，支持与人民生活密切相关的日用消费品、医药和康复、养老护理等设备进口。落实降低部分商品进口税率措施，减少中间流通环节，清理不合理加价，切实提高人民生活水平。完善免税店政策，扩大免税品进口。（商务部、发展改革委、工业和信息化部、财政部、农业农村部、文化和旅游部、卫生健康委、海关总署、税务总局、市场监管总局、外汇局、药监局等按职责分工负责）

（四）积极发展服务贸易。调整《鼓励进口服务目录》。加快服务贸易创新发展，大力发展新兴服务贸易，促进建筑设计、商贸物流、咨询服务、研发设计、节能环保、环境服务等生产性服务进口。（商务部、发展改革委、工业和信息化部、生态环境部、交通运输部、卫生健康委、人民银行、海关总署、外汇局等按职责分工负责）

（五）增加有助于转型发展的技术装备进口。结合国内产业发展情况确定进口重点领域，充分发挥《鼓励进口技术和产品目录》的作用，支持国内产业转型升级需要的技术、设备及零部件进口，促进引进消化吸收再创新。优化鼓励进口的成套设备检验模式。（发展改革委、工业和信息化部、财政部、生态环境部、商务部、海关总署、能源局等按职责分工负责）

（六）增加农产品、资源性产品进口。配合国内农业供给侧改革和结构调整总体布局，适度增加国内紧缺农产品和有利于提升农业竞争力的农资、农机等产品进口。加快与有关国家签订农产品检验检疫准入议定书，推动重要食品农产品检验检疫准入。鼓励国内有需求的资源性产品进口。（农业农村部、发展改革委、财政部、商务部、海关总署、市场监管总局、能源局等按职责分工负责）

三、优化国际市场布局

（七）加强“一带一路”国际合作。充分发挥多双边经贸合作机制的作用，将“一带一路”相关国家作为重点开拓的进口来源地，加强战略对接，适度增加适应国内消费升级需求的特色优质产品进口，扩大贸易规模。（商务部、发展改革委、外交部、工业和信息化部、农业农村部、海关总署、市场监管总局、能源局等按职责分工负责）

（八）加快实施自贸区战略。继续维护多边贸易体制，坚定不移支持全球贸易自由化。积极推进与有关国家和地区的自贸区谈判，加快建设立足周边、辐射“一带一路”、面向全球的高标准自贸区网络。引导企业充分利用自贸协定优惠安排，积极扩大进口。加大促贸援助力度。（商务部、发展改革委、财政部、工业和信息化部、农业农村部、海关总署、税务总局、市场监管总局、国际发展合作署等按职责分工负责）

（九）落实自最不发达国家进口货物及服务优惠安排。继续落实有关给予同我建交最不发达国家97%税目输华产品零关税待遇的承诺。继续在世界贸易组织框架下给予最不发达国家服务贸易市场准入优惠措施。在南南合作框架下，向最不发达国家提供援助。（财政部、外交部、发展改革委、商务部、国际发展合作署等按职责分工负责）

四、积极发挥多渠道促进作用

（十）办好中国国际进口博览会。坚持政府引导、市场运作、企业化经营，努力把中国国际进口博览会打造成为世界各国展示国家发展

成就、开展国际贸易的开放型合作平台，推进"一带一路"建设、推动经济全球化的国际公共产品，践行新发展理念、推动新一轮高水平对外开放的标志性工程。（商务部牵头负责）

（十一）持续发挥外资对扩大进口的推动作用。完善外商投资相关管理体制，优化境内投资环境。积极引导外资投向战略性新兴产业、高技术产业、节能环保领域，进一步发挥外资在引进先进技术、管理经验和优化进口结构等方面的作用。促进加工贸易转型升级和向中西部地区转移。（商务部、发展改革委、工业和信息化部、财政部、生态环境部、人民银行、海关总署、税务总局、外汇局等按职责分工负责）

（十二）推动对外贸易与对外投资有效互动。加快推进签订高水平的投资协定，提高对外投资便利化水平。深化国际能源资源开发、农林业等领域的合作，推动境外经贸合作区建设，带动相关产品进口。（商务部、发展改革委、农业农村部、能源局、林草局等按职责分工负责）

（十三）创新进口贸易方式。加快出台跨境电子商务零售进口过渡期后监管具体方案，统筹调整跨境电子商务零售进口正面清单。加快复制推广跨境电子商务综合试验区成熟经验做法，研究扩大试点范围。加快推进汽车平行进口试点。积极推进维修、研发设计、再制造业务试点工作。支持边境贸易发展。（商务部、发展改革委、工业和信息化部、财政部、生态环境部、人民银行、海关总署、税务总局、市场监管总局等按职责分工负责）

五、改善贸易自由化便利化条件

（十四）大力培育进口促进平台。充分依托海关特殊监管区域、高新技术产业开发区等各类区域，不断推进监管创新、服务创新，培育形成一批进口贸易特色明显、贸易便利化措施完善、示范带动作用突出的国家进口贸易促进创新示范区。（商务部、海关总署、税务总局、市场监管总局等按职责分工负责）

（十五）优化进口通关流程。加快实施世界贸易组织《贸易便利化协定》，推进全国通关一体化改革，打造具有国际先进水平的国际贸易"单一窗口"。推进海关预裁定制度，开展海关"经认证的经营者"（AEO）国际互认，推动检测报告和认证证书的国际互认，提高进口贸易便利化水平。（商务部、工业和信息化部、农业农村部、海关总署、市场监管总局等按职责分工负责）

（十六）降低进口环节制度性成本。进一步规范进口非关税措施，健全完善技术性贸易措施体系。加强进口行政审批取消或下放后的监管体系建设。落实国家对企业减税降费政策，严格执行收费项目公示制度，清理进口环节不合理收费。（发展改革委、财政部、交通运输部、商务部、海关总署、税务总局、市场监管总局等按职责分工负责）

（十七）加快改善国内营商环境。加强外贸诚信体系建设和知识产权保护，维护公平竞争。推进以缺陷进口消费品召回体系为核心的进口消费品质量追溯体系建设，建立和完善进口消费质量安全投诉平台。严厉打击假冒伪劣商品，规范和完善国内市场秩序。（商务部、发展改革委、工业和信息化部、农业农村部、海关总署、市场监管总局、知识产权局等按职责分工负责）

各地区、各部门要高度重视新形势下扩大进口工作，根据本意见，按照职责分工，明确责任，抓紧制订出台具体政策措施，推进政策落实。商务部要切实发挥牵头作用，加强指导，督促检查，确保各项政策措施落实到位。

来源：中国政府网

国务院办公厅关于聚焦企业关切进一步推动优化营商环境政策落实的通知

国办发〔2018〕104号

各省、自治区、直辖市人民政府，国务院各部委、各直属机构：

党中央、国务院高度重视深化“放管服”改革、优化营商环境工作，近年来部署出台了一系列有针对性的政策措施，优化营商环境工作取得积极成效。但同时我国营商环境仍存在一些短板和突出问题，企业负担仍需降低，小微企业融资难融资贵仍待缓解，投资和贸易便利化水平仍有待进一步提升，审批难审批慢依然存在，一些地方监管执法存在“一刀切”现象，产权保护仍需加强，部分政策制定不科学、落实不到位等。目前亟需以市场主体期待和需求为导向，围绕破解企业投资生产经营中的“堵点”、“痛点”，加快打造市场化、法治化、国际化营商环境，增强企业发展信心和竞争力。经国务院同意，现将有关事项通知如下：

一、坚决破除各种不合理门槛和限制，营造公平竞争市场环境

（一）进一步减少社会资本市场准入限制。发展改革委、商务部要牵头负责在2018年底前修订并全面实施新版市场准入负面清单，推动“非禁即入”普遍落实。发展改革委要加强协调指导督促工作，有关部门和地方按职责分工尽快在民航、铁路、公路、油气、电信等领域，落实一批高质量的项目吸引社会资本参与。发展改革委、财政部要牵头继续规范有序推进政府和社会资本合作（PPP）项目建设，在核查清理后的PPP项目库基础上，加大对符合规定的PPP项目推进力度，督促地方政府依法依规落实已承诺的合作条件，加快项目进度。发展改革委要组织开展招投标领域专项整治，消除在招投标过程中对不同所有制企业设置的各类不合理限制和壁垒，严格落实《必须招标的工程项目规定》，赋予社会投资的房屋建筑工程建设单位发包自主权。

（二）推动缓解中小微企业融资难融资贵问题。人民银行要牵头会同有关部门疏通货币信贷政策传导机制，综合运用多种工具，细化监管措施，强化政策协调，提高政策精准度，稳定市场预期。抓好支小再贷款、中小企业高收益债券、小微企业金融债券、知识产权质押融资等相关政策落实。银保监会要抓紧制定出台鼓励银行业金融机构对民营企业加大信贷支持力度，不盲目停贷、压贷、抽贷、断贷的政策措施，防止对民营企业随意减少授信、抽贷断贷“一刀切”等做法；建立金融机构绩效考核与小微信贷投放挂钩的激励机制，修改完善尽职免责实施办法。财政部、人力资源社会保障部、人民银行要指导各地区加大创业担保贷款贴息资金支持。各地区要通过设立创业启动基金等方式，支持高校毕业生等群体创业创新。银保监会、税务总局要积极推进“银税互动”，鼓励商业银行依托纳税信用信息创新信贷产品，推动税务、银行信息互联互通，缓解小微企业融资难题。银保监会要督促有关金融机构坚决取消和查处各类违规手续费，除银团贷款外，不得向小微企业收取贷款承诺费、资金管理费，

严格限制向小微企业收取财务顾问费、咨询费等费用，减少融资过程中的附加费用，降低融资成本。

（三）清理地方保护和行政垄断行为。市场监管总局、发展改革委要在2018年底前组织各地区、各有关部门完成对清理废除妨碍统一市场和公平竞争政策文件、执行公平竞争审查制度情况的自查，并向全社会公示，接受社会监督；2019年修订《公平竞争审查制度实施细则（暂行）》。市场监管总局要牵头负责在2018年底前清理废除现有政策措施中涉及地方保护、指定交易、市场壁垒等的内容，查处并公布一批行政垄断案件，坚决纠正滥用行政权力排除、限制竞争行为。

（四）加强诚信政府建设。各地区、各部门要把政府诚信作为优化营商环境的重要内容，建立健全"政府承诺+社会监督+失信问责"机制，凡是对社会承诺的服务事项，都要履行约定义务，接受社会监督，没有执行到位的要有整改措施并限期整改，对整改不到位、严重失职失责的要追究责任。发展改革委要监测评价城市政务诚信状况，组织开展政府机构失信问题专项治理。各地区要梳理政府对企业失信事项，提出依法依规限期解决的措施，治理"新官不理旧账"等问题，研究建立因政府规划调整、政策变化造成企业合法权益受损的补偿救济机制。同时，要加大政府欠款清偿力度。

二、推动外商投资和贸易便利化，提高对外开放水平

（五）切实保障外商投资企业公平待遇。发展改革委、商务部要在2019年3月底前，全面清理取消在外商投资准入负面清单以外领域针对外资设置的准入限制，实现市场准入内外资标准一致，落实以在线备案为主的外商投资管理制度，并组织对外资企业在政府采购、资金补助、资质许可等方面是否享有公平待遇进行专项督查。商务部要督促各地区2018年底前在省级层面建立健全外资投诉处理机制，及时回应和解决外资企业反映的问题。商务部、发展改革委、司法部要组织各地区和各有关部门，2019年完成与现行开放政策不符的法规、规章和规范性文件的废止或修订工作。司法部、商务部、发展改革委要加快推动统一内外资法律法规，制定外资基础性法律。

（六）进一步促进外商投资。发展改革委要会同有关部门积极推进重大外资项目建设，将符合条件的外资项目纳入重大建设项目范围，或依申请按程序加快调整列入相关产业规划，给予用地、用海审批等支持，加快环评审批进度，推动项目尽快落地。发展改革委、商务部要在2019年3月底前完成《外商投资产业指导目录》和《中西部地区外商投资优势产业目录》修订工作，扩大鼓励外商投资范围。财政部、税务总局、发展改革委、商务部要在2018年底前制定出台征管办法等政策文件，督促各地区严格执行外商再投资暂不征收预提所得税政策适用范围从鼓励类外资项目扩大至所有非禁止项目和领域的要求。

（七）降低进出口环节合规成本和推进通关便利化。财政部要会同市场监管总局、海关总署、交通运输部、发展改革委、商务部抓紧建立并启动相关工作机制，指导督促各地区认真落实国务院确定的降低集装箱进出口环节合规成本的要求，抓紧制定公布口岸收费目录清单，加强督促检查，确保落实到位。海关总署要牵头商有关部门进一步优化通关流程和作业方式，推动精简进出口环节监管证件，能退出口岸验核的退出，2018年底前整体通关时间比2017年压减1/3，到2021年压减1/2。商务部要尽快完成进口许可管理货物目录调整，减去已无必要监管的产品。

（八）完善出口退税政策，加快出口退税进度。财政部、税务总局要抓紧制定出台完善出口退税政策的操作文件，简并退税率，提高部分商品出口退税率，推动实体经济降成本、保持外贸稳定增长。税务总局、海关总署等部门要加强合作，进一步加快出口退税进度，对信用评级高、纳税记录好的企业简化手续、缩短退税时间；全面推行无纸化退税申报，提高退税审核效率，确保2018年底前将办理退税平均时间由目前13个工作日缩短至10个工作日；尽快实现电子退库全联网全覆盖，实现申报、证明办理、核准、退库等业务网上办理。同时，要采取切实有效的措施防范和坚决打击骗取出口退税行为。

三、持续提升审批服务质量，提高办事效率

（九）进一步简化企业投资审批。发展改革委要牵头优化投资项目审批流程，2018年底前公布投资审批事项统一名称和申请材料，2019年实现各类投资审批在线并联办理；2019年出台指导地方开展投资项目承诺制改革的文件，实现政府定标准、企业作承诺、过程强监管、失信有惩戒，大幅压缩投资项目落地时间。住房城乡建设部要牵头推进工程建设项目审批制度改革，会同发展改革委、人力资源社会保障部、应急部等有关部门，在2018年底前完成《房屋建筑和市政基础设施工程施工图设计文件审查管理办法》、《建设工程消防监督管理规定》、《关于进一步做好建筑业工伤保险工作的意见》等部门规章、规范性文件和标准规范修订工作，精简取消部分审批前置条件，推动将消防设计审核、人防设计审查等纳入施工图联审，进一步压减工程建设项目审批时限；同时，再提出一批优化精简工程建设项目审批相关法律法规和政策文件的修改建议。2019年在全国开展全流程、全覆盖的工程建设项目审批制度改革，指导地方统一审批流程，通过精简审批事项和条件、下放审批权限、合并审批事项、调整审批时序、转变管理方式、推行告知承诺制等措施，完善审批体系，努力实现“一张蓝图”统筹项目实施、“一个系统”实施统一管理、“一个窗口”提供综合服务、“一张表单”整合申报材料、“一套机制”规范审批运行。有条件的地方可探索试行新批工业用地“标准地”制度，用地企业可直接开工建设，不再需要各类审批，建成投产后，有关部门按照既定标准与法定条件验收。

（十）深化商事制度改革。国务院审改办、市场监管总局要会同有关部门按时在全国范围内对第一批106项涉企行政审批事项开展“证照分离”改革，逐一制定出台直接取消审批、审批改为备案、实行告知承诺或优化准入服务的具体办法和加强事中事后监管的措施，并于2018年11月10日前向社会公开。要按照涉企许可证全覆盖的要求，抓紧梳理形成中央设定的涉及市场准入的行政审批事项清单，并组织各地区梳理地方设定的各类审批事项，在自贸试验区率先实现“证照分离”改革全覆盖，条件成熟后在全国推广。市场监管总局要会同税务总局、人力资源社会保障部等有关部门，在全面梳理企业注销各环节办理事项基础上，2018年底前研究提出疏解“堵点”、优化流程的改革措施，编制公布统一的企业注销操作指南，破解企业注销难题。

（十一）进一步压减行政许可等事项。2018年底前，国务院审改办要牵头组织各部门对现有行政许可事项进行一次全面清理论证，再推动取消部分行政许可事项，2019年3月底前修订公布新的行政许可事项清单，清单外许可事项一律视作违规审批。国务院审改办要在2019年组织各地区、各有关部门清理各类变相审批和许可，对以备案、登记、注册、目录、年检、监制、认定、认证、专项计划等形式变相设置审批的违规行为进行整治。国务院审改办要组织有关部门试点开展现有行政许可的成本和效果评估，充分听取企业、公众、专家学者的意见，并根据评估结果，及时调整完善相关许可。

（十二）加快制定政务服务事项清单和推进政务服务标准化。国务院办公厅要督促各地区抓紧以省为单位公布各层级政府“马上办、网上办、就近办、一次办”审批服务事项目录，协调各有关方面加快编制全国标准统一的行政权力事项目录清单，推动各地区、各部门编制公共服务事项清单。国务院办公厅、发展改革

委要督促各地区、各部门提升政务服务质量，加快推进全国一体化在线政务服务平台建设，制定统一的审批服务事项编码、规范标准、办事指南和时限，消除模糊条款，优化审批服务流程，制作易看易懂、实用简便的办理流程图（表），2019年统一事项办理标准。同时，督促各地区、各部门建立政务服务满意度调查机制，并纳入绩效考核。

四、进一步减轻企业税费负担，降低企业生产经营成本

（十三）清理物流、认证、检验检测、公用事业等领域经营服务性收费。发展改革委、交通运输部、公安部、市场监管总局、生态环境部要组织落实货车年审、年检和尾气排放检验“三检合一”等政策，2018年底前公布货车“三检合一”检验检测机构名单，全面实现“一次上线、一次检测、一次收费”。公安部、市场监管总局要查处整治公章刻制领域行政垄断案件，严禁各地公安机关指定公章刻制企业，纠正和制止垄断经营、强制换章、不合理收费等现象。市场监管总局要在2018年底前再取消10%以上实行强制性认证的产品种类或改为以自我声明方式实施，科学合理简化认证管理单元，减少认证证书种类，提升认证、检测“一站式”、“一体化”服务能力；增加认证机构数量，引导和督促认证机构降低收费标准。对教育、医疗、电信、金融、公证、供水供电等公共服务领域收费，各行业主管部门要加强监督检查，重点检查是否存在收费项目取消后继续收取或变相收取、越权违规设立收费项目、擅自扩大收费范围和提高收费标准等行为，发现问题要严肃整改问责。

（十四）整治政府部门下属单位、行业协会商会、中介机构等乱收费行为。发展改革委、市场监管总局要牵头会同有关行业主管部门，依法整治“红顶中介”，督促有关部门和单位取消违法违规收费、降低收费标准，坚决纠正行政审批取消后由中介机构和部门下属单位变相审批及违法违规收费、加重企业负担等现象。发展改革委、市场监管总局要督促指导各有关部门在2019年3月底前，对本部门下属单位涉企收费情况进行一次全面清理，整顿政府部门下属单位利用行政权力违规收费行为。人民银行、银保监会、证监会要推动中国银行间市场交易商协会、中国支付清算协会、中国证券投资基金业协会、中国互联网金融协会等金融类协会规范合理收取会费、服务费，减轻企业负担。民政部、市场监管总局、发展改革委、财政部、国资委要在2018年底前部署检查行业协会商会收费情况，纠正不合理收费和强制培训等行为，并建立健全行业协会商会乱收费投诉举报和查处机制。

（十五）规范降低涉企保证金和社保费率，减轻企业负担。工业和信息化部、财政部要牵头组织有关部门，清理没有法律、行政法规依据或未经国务院批准的涉企保证金，严格执行已公布的涉企保证金目录清单，进一步降低涉企保证金缴纳标准，推广以银行保函替代现金缴纳保证金。市场监管总局要牵头会同有关部门，加强对厂房租金的监督检查和指导工作，各地区要落实管控责任，切实做好管控工作，严厉打击囤积厂房、哄抬租金等违规行为，对问题严重的地方要严肃追究责任。财政部要抓紧研究提出进一步降低企业税负的具体方案。人力资源社会保障部、财政部、税务总局、医保局等部门要根据国务院有关部署，抓紧制定出台降低社保费率的具体实施办法，做好相关准备工作，与征收体制改革同步实施，确保总体上不增加企业负担。

五、大力保护产权，为创业创新营造良好环境

（十六）加快知识产权保护体系建设。知识产权局要采取措施提高专利、商标注册审查质量和效率，全面推进商标注册全程电子化，确保2018年底前将商标注册审查周期压缩至6个月、高价值专利审查周期压减10%以上。市场监管总局要会同公安部、农业农村部、海关总署、知识产权局等有关部门在2018年底前制定出台对网购、进出口等重点领域加强知识产权执法的实施办法；对侵犯商业秘密、专利商标地理标志侵权假冒、网络盗版侵权等违法行为开展集中整治。知识产权局要牵头实施“互联网+”知识产权保护工作方案，引导电商平台运用“互联网+”高效处理侵权假冒投诉，在进出口环节知识产权保护工作中推进线上信息共享、办案咨询、案件协查。司法部、市场监管总局、知识产权局要积极配合加快推进专利法修订实施工作，推动建立侵权惩罚性赔偿制度，解决知识产权侵权成本低、维权成本高问题。商务部、知识产权局要加强对中小微企业知识产权海外维权的援助。

（十七）加快落实各项产权保护措施。发展改革委、司法部要督促各地区、各部门抓紧完成不利于产权保护的规章、规范性文件清理工作，2018年底前将清理情况汇总报国务院。发展改革委要配合高法院继续加大涉产权冤错案件甄别纠正力度，2019年6月底前再审理公布一批有代表性、有影响力的产权纠纷申诉案件。

六、加强和规范事中事后监管，维护良好市场秩序

（十八）加强事中事后监管。国务院办公厅、市场监管总局要会同有关部门抓紧研究制定加强和规范事中事后监管的指导意见，落实放管结合、并重的要求，在持续深化简政放权的同时，进一步强化事中事后监管，建立健全适合我国高质量发展要求、全覆盖、保障安全的事中事后监管制度，夯实监管责任，健全监管体系，创新监管方式，完善配套政策，寓监管于服务之中，不断提高事中事后监管的针对性和有效性，规范市场秩序，进一步激发市场活力。

（十九）创新市场监管方式。各有关部门要进一步转变理念，创新工作方法，根据自身职责加强和创新事中事后监管，积极推进“双随机、一公开”监管、信用监管、大数据监管、“告知承诺+事中事后监管”等新型监管方式，既提高监管效能，又切实减少对企业的干扰。市场监管总局要在2018年底前研究制定在市场监管领域全面推行部门联合“双随机、一公开”监管的指导意见。加快深化质量认证制度改革，规范认证行业发展，通过质量认证和监管、完善标准规范，促进企业提品质、创品牌，让群众放心消费。发展改革委要会同有关部门加快信用体系建设，2018年底前完成50个以上重点领域联合奖惩备忘录。国务院办公厅要牵头会同各有关部门和各地区加快推进“互联网+监管”系统建设，力争2019年9月底前与国家政务服务平台同步上线运行。

（二十）坚决纠正“一刀切”式执法，规范自由裁量权。生态环境部要加强分类指导、精准施策，及时纠正一些地区以环保检查为由“一刀切”式关停企业的做法，并严肃追责。生态环境部、交通运输部、农业农村部、文化和旅游部、市场监管总局等部门要依法精简行政处罚事项，分别制定规范执法自由裁量权的办法，指导各地区细化、量化行政处罚标准，防止执法随意、标准不一等现象。财政部要督促将各级行政执法机关办案经费按规定纳入预算管理，禁止将罚没收入与行政执法机关利益挂钩，对违规行为进行整改和问责。

七、强化组织领导，进一步明确工作责任

（二十一）提高认识，进一步明确抓落实的责任。各地区、各部门要以习近平新时代中国特色社会主义思想为指导，认真贯彻落实党中央、国务院决策部署，坚持稳中求进工作总基调，将优化营商环境、减轻企业负担、解决企业反映的突出问题作为稳就业、稳金融、稳外贸、稳外资、稳投资、稳预期的重要措施，想企业所想，急企业所急，消除制约企业发展的各种障碍，进一步增强企业发展信心和动力，确保今年经济社会发展各项目标任务全面如期完成。主要领导同志要亲自负责，分管领导同志要具体抓到位，并层层明确落实责任。各有

关部门要进一步细化抓落实的措施，制定落实上述政策的具体实施办法，明确责任人、实施主体、实施时间、实施要求，确保各项政策取得实效。

（二十二）落实地方政府责任。各省（区、市）政府要按照本通知精神，认真梳理分析本地区营商环境存在的突出问题，找准政策落实中的“堵点”，切实承担优化本地区营商环境的职责，结合实际有针对性地制定出台落实有关政策的具体办法。同时，要主动对标先进，相互学习借鉴，进一步深化“放管服”改革，探索推出更多切实管用的改革举措，降低制度性交易成本，不断优化营商环境。

（二十三）组织开展营商环境评价。发展改革委要牵头在2018年底前构建营商环境评价机制，通过引入第三方等方式在22个城市开展试评价；2019年在各省（区、市）以及计划单列市、副省级城市、省会城市、若干地级市开展营商环境评价，编制发布《中国营商环境报告》；2020年在全国地级及以上城市开展营商环境评价。

（二十四）增强政策制定实施的科学性和透明度。各有关部门要加强调查研究和科学论证，提高政策质量，增强政策稳定性。对企业高度关注的行业规定或限制性措施调整要设置合理过渡期，防止脱离实际、层层加码。科学审慎研判拟出台政策的预期效果和市场反应，统筹把握好政策出台时机和力度，防止政策效应叠加共振或相互抵消，避免给市场造成大的波动。各地区、各有关部门要在2018年底前建立健全企业家参与涉企政策制定机制，制定出台政府重大经济决策主动向企业家和行业协会商会问计求策的操作办法，完善与企业的常态化联系机制。

（二十五）强化政策宣传解读和舆论引导。各地区、各部门要对已出台的优化营商环境政策措施及时跟进解读，准确传递权威信息和政策意图，并向企业精准推送各类优惠政策信息，提高政策可及性。对于市场主体关注的重点难点问题，要及时研究解决，回应社会关切，合理引导预期。要总结推广基层利企便民的创新典型做法，借鉴吸收国内外有益经验，进一步推动形成竞相优化营商环境的良好局面。

（二十六）加强对政策落实的督促检查。凡是与上述政策要求不符的文件，要及时进行修订，防止出现惠企政策被原有规定堵住、卡壳等现象。各地区、各部门要按照规定时限，向社会公布落实政策的具体措施，接受社会监督，并进行自查。各地区要在2018年底前设立营商环境投诉举报和查处回应制度，及时纠正发现的问题，并公开曝光营商环境反面典型案例。各地区、各部门要将有关落实情况报国务院。

国务院办公厅
2018年10月29日

来源：中国政府网

国务院办公厅关于推进政务新媒体健康有序发展的意见

国办发〔2018〕123号

各省、自治区、直辖市人民政府，国务院各部委、各直属机构：

政务新媒体是移动互联网时代党和政府联系群众、服务群众、凝聚群众的重要渠道，是加快转变政府职能、建设服务型政府的重要手段，是引导网上舆论、构建清朗网络空间的重要阵地，是探索社会治理新模式、提高社会治理能力的重要途径。近年来，各地区、各部门认真践行网上群众路线，积极运用政务新媒体推进政务公开、优化政务服务、凝聚社会共识、创新社会治理，取得了较好成效。但同时一些政务新媒体还存在功能定位不清晰、信息发布不严谨、建设运维不规范、监督管理不到位等突出问题，“僵尸”、“睡眠”、“雷人雷语”、“不互动无服务”等现象时有发生，对政府形象和公信力造成不良影响。为推动政务新媒体健康有序发展，经国务院同意，现提出如下意见。

一、总体要求

（一）指导思想

以习近平新时代中国特色社会主义思想为指导，全面贯彻党的十九大和十九届二中、三中全会精神，坚持以人民为中心的发展思想，牢固树立新发展理念，认真落实党中央、国务院关于全面推进政务公开和优化政务服务的决策部署，实施网络强国战略，落实网络意识形态责任制，大力推进政务新媒体工作，明确功能定位，加强统筹规划，完善体制机制，规范运营管理，持续提升政府网上履职能力，努力建设利企便民、亮点纷呈、人民满意的“指尖上的网上政府”。

（二）工作目标

到2022年，建成以中国政府网政务新媒体为龙头，整体协同、响应迅速的政务新媒体矩阵体系，全面提升政务新媒体传播力、引导力、影响力、公信力，打造一批优质精品账号，建设更加权威的信息发布和解读回应平台、更加便捷的政民互动和办事服务平台，形成全国政务新媒体规范发展、创新发展、融合发展新格局。

（三）基本原则

1. 坚持正确导向。增强“四个意识”，坚定“四个自信”，坚决做到“两个维护”，围绕中心，服务大局，弘扬主旋律，传播正能量，讲好中国故事，办好群众实事。

2. 坚持需求引领。围绕公众需要，立足政府职能，切实解决有平台无运营、有账号无监管、有发布无审核等问题，优化用户体验，提升服务水平，增强群众获得感。

3. 坚持互联融合。按照前台多样、后台联通的要求，推动各类政务新媒体互联互通、整体发声、协同联动，推进政务新媒体与政府网站等融合发展，实现数据同源、服务同根，方便企业和群众使用。

4. 坚持创新发展。遵循移动互联网发展规律，创新工作理念、方法手段和制度机制，积极运用大数据、云计算、人工智能等新技术新应用，提升政务新媒体智能化水平。

二、明确工作职责

本意见所称政务新媒体，是指各级行政机关、承担行政职能的事业单位及其内设机构在微博、微信等第三方平台上开设的政务账号或应用，以及自行开发建设的移动客户端等。

国务院办公厅是全国政务新媒体工作的主管单位，地方各级人民政府办公厅（室）是本地区政务新媒体工作的主管单位，国务院各部门办公厅（室）或指定的专门司局是本部门政务新媒体工作的主管单位，实行全系统垂直管理的国务院部门办公厅（室）或指定的专门司局是本系统政务新媒体工作的主管单位。主管单位负责推进、指导、协调、监督政务新媒体工作。行业主管部门要加强对本行业承担公共服务职能的企事业单位新媒体工作的指导和监督。政务新媒体主办单位按照“谁开设、谁主办”的原则确定，履行政务新媒体的规划建设、组织保障、健康发展、安全管理等职责。可通过购买服务等方式委托相关机构具体承担政务新媒体日常运维工作。

各级政务新媒体按照主管主办和属地管理原则，接受宣传、网信部门的有关业务统筹指导和宏观管理。

三、加强功能建设

各地区、各部门要遵循政务新媒体发展规律，明确政务新媒体定位，充分发挥政务新媒体传播速度快、受众面广、互动性强等优势，以内容建设为根本，不断强化发布、传播、互动、引导、办事等功能，为企业和群众提供更加便捷实用的移动服务。中国政府网政务新媒体要发挥龙头示范作用，不断提升政务公开和政务服务水平。

（一）推进政务公开，强化解读回应

积极运用政务新媒体传播党和政府声音，做大做强正面宣传，巩固拓展主流舆论阵地。围绕中心工作，深入推进决策公开、执行公开、管理公开、服务公开、结果公开。做好主题策划和线上线下联动推广，重点推送重要政策文件信息和涉及群众切身利益、需要公众广泛知晓的政府信息。做准做精做细解读工作，注重运用生动活泼、通俗易懂的语言以及图表图解、音频视频等公众喜闻乐见的形式提升解读效果。要把政务新媒体作为突发公共事件信息发布和政务舆情回应、引导的重要平台，提高响应速度，及时公布真相、表明态度、辟除谣言，并根据事态发展和处置情况发布动态信息。注重发挥专家解读作用。对政策措施出台实施过程中出现的误解误读和质疑，要迅速澄清、解疑释惑，正确引导、凝聚共识，建立网上舆情引导与网下实际工作处置相同步、相协调的工作机制。县级政务新媒体要与本地区融媒体中心建立沟通协调机制，共同做好信息发布解读回应工作。

（二）加强政民互动，创新社会治理

畅通政务新媒体互动渠道，听民意、聚民智、解民忧、凝民心，走好网上群众路线。认真做好公众留言审看发布、处理反馈工作，回复留言要依法依规、态度诚恳、严谨周到，杜绝答非所问、空洞说教、生硬冷漠。加强与业务部门沟通协作，对于群众诉求要限时办结、及时反馈，确保合理诉求得到有效解决。要善于运用大数据、云计算、人工智能等技术，分析研判社情民意，为政府决策提供精准服务。注重结合重大活动、重要节日及纪念日、主题日等设置话题、策划活动，探索政民互动新方式。政务新媒体、政府网站、政务热线等应依托政府网站集约化平台完善和使用统一、权威、全面的咨询答问库，不断提升答问效率和互动质量。推动省级政府和国务院部门的咨询答问库与中国政府网对接联通。鼓励采用微联动、微直播、随手拍等多种形式，引导公众依法有序参与公共管理、公共服务，共创社会治理新模式。

（三）突出民生事项，优化掌上服务

强化政务新媒体办事服务功能，围绕利企便民，聚合办事入口，优化用户体验，推动更多事项“掌上办”。要立足工作职责，重点推动与群众日常生产生活密切相关的民生事项向政务新媒体延伸。着力做好办事入口的汇聚整合和优化，统筹推进政务新媒体、政府网站、实体政务大厅的线上线下联通、数据互联共享，简化操作环节，为公众提供优质便捷的办事指引，实现数据同源、服务同根、一次认证、一网通办。注重把握不同形态政务新媒体分众化、差异化的特点，创新服务模式，扩大服务受众，提升服务效果。政务新媒体提供办事服务应依托本地区、本部门已有的办事系统或服务平台，避免重复建设，防止形成新的信息孤岛和数据壁垒。

四、规范运维管理

（一）开设整合

县级以上地方各级人民政府及国务院部门应当开设政务新媒体，其他单位可根据工作需要规范开设。一个单位原则上在同一平台只开设一个政务新媒体账号，鼓励在网民集聚的新平台开设政务新媒体账号。严格按照集约节约的原则统筹移动客户端等应用系统建设，避免“一哄而上、一事一端、一单位一应用”，移动客户端要全面支持 IPv6（互联网协议第 6 版），支持在不同终端便捷使用。政务新媒体名称应简洁规范，与主办单位工作职责相关联，并在公开认证信息中标明主办单位名称，主办单位在不同平台上开设的政务新媒体名称原则上应保持一致。集中力量做优做强主账号，构建整体联动、集体发声的政务新媒体矩阵。对功能相近、用户关注度和利用率低的政务新媒体要清理整合，确属无力维护的要坚决关停。建立政务新媒体分级备案制度，开设、变更、关停、注销应向主管单位备案。政务新媒体主办单位发生变化的，应及时注销或变更账号信息，并向社会公告。

（二）内容保障

严格内容发布审核制度，坚持分级分类审核、先审后发，明确审核主体、审核流程，严把政治关、法律关、政策关、保密关、文字关。规范转载发布工作，原则上只转载党委和政府网站以及有关主管部门确定的稿源单位发布的信息，不得擅自发布代表个人观点、意见及情绪的言论，不得刊登商业广告或链接商业广告页面。建立原创激励机制，按照规范加大信息采编力度，提高原创信息比例。发布信息涉及其他单位工作内容的，要提前做好沟通协调。建立值班值守制度，加强日常监测，确保信息更新及时、内容准确权威，发现违法有害信息要第一时间处理，发现重大舆情要按程序转送相关部门办理。政务新媒体如从事互联网新闻信息服务或传播网络视听节目，须按照有关规定具备相应资质。

（三）安全防护

严格执行网络安全法等法律法规，落实安全管理责任，建立健全安全管理制度、保密审查制度和应急预案，提高政务新媒体安全防护能力。加强对账号密码的安全管理，防止账号被盗用或被恶意攻击等安全事件发生。加强监测预警和应急处置，对于泄露后会危及国家安全、公共安全、经济安全、社会稳定的信息和国家秘密、商业秘密、个人隐私，要加强管理，确保不泄露。强化用户信息安全保护，不得违法违规获取超过服务需求的个人信息，不得公开损害用户权益的内容。

（四）监督管理

加强政务新媒体的日常监管，定期组织检查，积极运用技术手段进行实时监控，及时通报、督促整改存在的突出问题。对发现的假冒政务新媒体，要求第三方平台立即关停，并通报有关部门依法依规处置。严禁购买“粉丝”等数据造假行为，不得强制要求群众下载使用移动客户端等或点赞、转发信息。第三方平台要强化保障能力，持续改进服务，为政务新媒体工作开展提供便利。

五、强化保障措施

（一）加强组织领导

各地区、各部门要充分认识移动互联网环境下做好政务新媒体工作的重大意义，提高认识，转变观念，完善政务公开协调机制，将政务新媒体工作纳入重要议事日程。明确分管负责人，统筹推动政务新媒体与政府网站整体协同发展。加强政务新媒体管理，提供必要经费保障，配齐配强工作人员，专岗专责，抓好工作落实。建立完善与宣传、网信、公安等部门的沟通协调机制，共同做好发布引导、舆情应对、网络安全等工作。

（二）加强人员培训

各地区、各部门要将政务新媒体工作纳入各级领导干部和公务员教育培训内容，着力强化运用政务新媒体履职能力。认真组织开展业务培训和研讨交流，增强信息编发能力、舆情研判能力、回应引导能力、应急处置能力，打造一支政治立场坚定、熟悉政策法规、掌握传播规律、具备较强能力的专业队伍。积极开展试点示范，选择发展基础好的地方和部门，开展规范发展、创新发展和融合发展试点，探索可借鉴、可推广的典型经验。

（三）加强考核评价

各地区、各部门要将政务新媒体工作情况列入年度绩效考核，制定考核评价办法。树立重实干、重实绩导向，对政务新媒体工作成效好的单位和个人，按照有关规定予以激励表扬。对违反规定发布转载不良或有害信息、破坏网络传播秩序、损害公众权益等突出问题，要严肃追责问责。国务院办公厅将对各地区、各部门政务新媒体进行网上监测和抽查，并通报有关情况。

来源：中国政府网

国家发展改革委关于创新和完善促进绿色发展价格机制的意见

发改价格规〔2018〕943号

各省、自治区、直辖市发展改革委、物价局：

绿色发展是建设生态文明、构建高质量现代化经济体系的必然要求，是发展观的一场深刻革命，核心是节约资源和保护生态环境。为深入学习贯彻习近平生态文明思想，认真落实全国生态环境保护大会精神，助力打好污染防治攻坚战，促进生态文明和美丽中国建设，现就创新和完善促进绿色发展的价格机制提出以下意见。

一、重要意义

党的十八大以来，在以习近平同志为核心的党中央坚强领导下，各级价格主管部门认真落实党中央、国务院决策部署，积极推进资源环境价格改革。出台支持燃煤机组超低排放改造、北方地区清洁供暖价格政策，对高耗能、高污染、产能严重过剩行业用电实行差别化电价政策，全面推行居民用电、用水、用气阶梯价格制度，完善水资源费、污水处理费、垃圾处理费政策，出台奖惩结合的环保电价和收费政策，为加强生态环境保护做出了积极贡献。但与生态文明建设的时代要求和打好污染防治攻坚战的迫切需要相比，还存在价格机制不够完善、政策体系不够系统、部分地区落实不到位等问题，资源稀缺程度、生态价值和环境损害成本没有充分体现，激励与约束相结合的价格机制没有真正建立。需要通过进一步深化价格改革、创新和完善价格机制加以解决。

当前，我国生态文明建设正处于压力叠加、负重前行的关键期，已进入提供更多优质生态产品以满足人民日益增长的优美生态环境需要的攻坚期，也到了有条件有能力解决生态环境突出问题的窗口期。面对新时代生态文明建设和生态环境保护的新形势、新要求，要充分运用市场化手段，推进生态环境保护市场化进程，不断完善资源环境价格机制，更好发挥价格杠杆引导资源优化配置、实现生态环境成本内部化、促进全社会节约、加快绿色环保产业发展的积极作用，进而激发全社会力量、共同促进绿色发展和生态文明建设。

二、总体要求

（一）指导思想

全面贯彻落实党的十九大和十九届二中、三中全会精神，以习近平新时代中国特色社会主义思想为指导，牢固树立和落实新发展理念，按照高质量发展要求，坚持节约资源和保护环境的基本国策，加快建立健全能够充分反映市场供求和资源稀缺程度、体现生态价值和环境损害成本的资源环境价格机制，完善有利于绿色发展的价格政策，将生态环境成本纳入经济运行成本，撬动更多社会资本进入生态环境保护领域，促进资源节约、生态环境保护和污染防治，推动形成绿色发展空间格局、产业结构、生产方式和生活方式，不断满足人民群众日益增长的优美生态环境需要。

（二）基本原则

——坚持问题导向。重点针对损害群众健康的突出环境问题，紧扣打赢蓝天保卫战、城市黑臭水体治理、农业农村污染治理等标志性战役，着力创新和完善污水垃圾处理、节水节能、大气污染治理等重点领域的价格形成机制，理顺利益责任关系，引导市场，汇聚资源，助力打好污染防治攻坚战。

——坚持污染者付费。按照污染者使用者付费、保护者节约者受益的原则，创新资源环境价格机制，实现生态环境成本内部化，抑制不合理资源消费，鼓励增加生态产品供给，使节约资源、保护生态环境成为市场主体的内生动力。

——坚持激励约束并重。针对城乡、区域、行业、不同主体实际，在价格手段可以发挥作用的领域和环节，健全价格激励和约束机制，使节约能源资源与保护生态环境成为单位、家庭、个人的自觉行动，形成共建共享生态文明的良好局面。

——坚持因地分类施策。支持各地结合本地资源禀赋条件、污染防治形势、产业结构特点，以及社会承受能力等，研究制定符合绿色发展要求的具体价格政策；鼓励有条件的地区制定基于更严格环保标准的价格政策，更好促进生态文明建设和绿色发展。

（三）主要目标

到 2020 年，有利于绿色发展的价格机制、价格政策体系基本形成，促进资源节约和生态环境成本内部化的作用明显增强；到 2025 年，适应绿色发展要求的价格机制更加完善，并落实到全社会各方面各环节。

三、完善污水处理收费政策

加快构建覆盖污水处理和污泥处置成本并合理盈利的价格机制，推进污水处理服务费形成市场化，逐步实现城镇污水处理费基本覆盖服务费用。

（一）建立城镇污水处理费动态调整机制

按照补偿污水处理和污泥处置设施运营成本（不含污水收集和输送管网建设运营成本）并合理盈利的原则，制定污水处理费标准，并依据定期评估结果动态调整，2020 年底前实现城市污水处理费标准与污水处理服务费标准大体相当；具备污水集中处理条件的建制镇全面建立污水处理收费制度，并同步开征污水处理费。

（二）建立企业污水排放差别化收费机制

鼓励地方根据企业排放污水中主要污染物种类、浓度、环保信用评级等，分类分档制定差别化收费标准，促进企业污水预处理和污染物减排。各地可因地制宜确定差别化收费的主要污染物种类，合理设置污染物浓度分档和差价标准，有条件的地区可探索多种污染物差别化收费政策。工业园区要率先推行差别化收费政策。

（三）建立与污水处理标准相协调的收费机制

支持提高污水处理标准，污水处理排放标准提高至一级 A 或更严格标准的城镇和工业园区，可相应提高污水处理费标准，长江经济带相关省份要率先实施。水源地保护区、地下水易受污染地区、水污染严重地区和敏感区域特别是劣 V 类水体以及城市黑臭水体污染源所在地，要实行更严格的污水处理排放标准，并相应提高污水处理费标准。

（四）探索建立污水处理农户付费制度

在已建成污水集中处理设施的农村地区，探索建立农户付费制度，综合考虑村集体经济状况、农户承受能力、污水处理成本等因素，合理确定付费标准。

（五）健全城镇污水处理服务费市场化形成机制

推动通过招投标等市场竞争方式，以污水处理和污泥处置成本、污水总量、污染物去除量、经营期限等为主要参数，形成污水处理服务费标准。鼓励将城乡不同区域、规模、盈利水平的污水处理项目打包招投标，促进城市、建制镇和农村污水处理均衡发展。建立污水处理服务费收支定期报告制度，污水处理企业应于每年 3 月底前，向当地价格主管部门报告上年度污水处理服务费收支状况，为调整完善污水处理费标准提供参考。

四、健全固体废物处理收费机制

全面建立覆盖成本并合理盈利的固体废物

处理收费机制，加快建立有利于促进垃圾分类和减量化、资源化、无害化处理的激励约束机制。

（一）建立健全城镇生活垃圾处理收费机制

按照补偿成本并合理盈利的原则，制定和调整城镇生活垃圾处理收费标准。2020 年底前，全国城市及建制镇全面建立生活垃圾处理收费制度。鼓励各地创新垃圾处理收费模式，提高收缴率。鼓励各地制定促进垃圾协同处理的综合性配套政策，支持水泥、有机肥等企业参与垃圾资源化利用。

（二）完善城镇生活垃圾分类和减量化激励机制

积极推进城镇生活垃圾处理收费方式改革，对非居民用户推行垃圾计量收费，并实行分类垃圾与混合垃圾差别化收费等政策，提高混合垃圾收费标准；对具备条件的居民用户，实行计量收费和差别化收费，加快推进垃圾分类。鼓励城镇生活垃圾收集、运输、处理市场化运营，已经形成充分竞争的环节，实行双方协商定价。

（三）探索建立农村垃圾处理收费制度

在已实行垃圾处理制度的农村地区，建立农村垃圾处理收费制度，综合考虑当地经济发展水平、农户承受能力、垃圾处理成本等因素，合理确定收费标准，促进乡村环境改善。

（四）完善危险废物处置收费机制

按照补偿危险废物收集、运输、贮存和处置成本并合理盈利的原则，制定和调整危险废物处置收费标准，提高危险废物处置能力。综合考虑区域内医疗机构总量和结构、医疗废物实际产生量及处理总成本等因素，合理核定医疗废物处置定额、定量收费标准，收费方式由医疗废物处置单位和医疗机构协商确定。加强工业危险废物和社会源危险废物处置成本调查，合理确定并动态调整收费标准；在确保危险废物收集、运输、贮存、处置全流程监控，违法违规行为可追溯的前提下，处置收费标准可由双方协商确定。

五、建立有利于节约用水的价格机制

建立健全补偿成本、合理盈利、激励提升供水质量、促进节约用水的价格形成和动态调整机制，保障供水工程和设施良性运行，促进节水减排和水资源可持续利用。

（一）深入推进农业水价综合改革

农业水价综合改革试点地区要将农业水价一步或分步提高到运行维护成本水平，有条件的地区提高到完全成本水平，全面实行超定额用水累进加价，并同步建立精准补贴和节水奖励机制。完成农业节水改造的地区，要充分利用节水腾出的空间提高农业水价。2020 年底前，北京、上海、江苏、浙江等省份，农田水利工程设施完善的缺水和地下水超采地区，以及新增高效节水灌溉项目区、国家现代农业产业园要率先完成改革任务。

（二）完善城镇供水价格形成机制

建立充分反映供水成本、激励提升供水质量的价格形成和动态调整机制，逐步将居民用水价格调整至不低于成本水平，非居民用水价格调整至补偿成本并合理盈利水平；进一步拉大特种用水与非居民用水的价差，缺水地区二者比价原则上不低于 3∶1。适时完善居民阶梯水价制度。

（三）全面推行城镇非居民用水超定额累进加价制度

对标先进企业，科学制定用水定额并动态调整，合理确定分档水量和加价标准，2020 年底前要全面落实到位。缺水地区要从紧制定或修订用水定额，提高加价标准，充分反映水资源稀缺程度。对“两高一剩”等行业实行更高的加价标准，加快淘汰落后产能，促进产业结构转型升级。

（四）建立有利于再生水利用的价格政策

按照与自来水保持竞争优势的原则确定再生水价格，推动园林绿化、道路清扫、消防等公共领域使用再生水。具备条件的可协商定价，探索实行累退价格机制。

六、健全促进节能环保的电价机制

充分发挥电力价格的杠杆作用，推动高耗

能行业节能减排、淘汰落后，引导电力资源优化配置，促进产业结构、能源结构优化升级。

（一）完善差别化电价政策

全面清理取消对高耗能行业的优待类电价以及其他各种不合理价格优惠政策。严格落实铁合金、电石、烧碱、水泥、钢铁、黄磷、锌冶炼等7个行业的差别电价政策，对淘汰类和限制类企业用电（含市场化交易电量）实行更高价格。各地应及时评估差别电价、阶梯电价政策执行效果，可根据实际需要扩大差别电价、阶梯电价执行行业范围，提高加价标准，促进相关行业加大技术改造力度、提高能效水平、加速淘汰落后产能。鼓励各地探索建立基于单位产值能耗、污染物排放的差别化电价政策，推动清洁化改造。各地出台的差别电价、阶梯电价政策应及时报国家发展改革委备案。

（二）完善峰谷电价形成机制

加大峰谷电价实施力度，运用价格信号引导电力削峰填谷。省级价格主管部门可在销售电价总水平不变的前提下，建立峰谷电价动态调整机制，进一步扩大销售侧峰谷电价执行范围，合理确定并动态调整峰谷时段，扩大高峰、低谷电价价差和浮动幅度，引导用户错峰用电。鼓励市场主体签订包含峰、谷、平时段价格和电量的交易合同。利用峰谷电价差、辅助服务补偿等市场化机制，促进储能发展。利用现代信息、车联网等技术，鼓励电动汽车提供储能服务，并通过峰谷价差获得收益。完善居民阶梯电价制度，推行居民峰谷电价。

（三）完善部分环保行业用电支持政策

2025年底前，对实行两部制电价的污水处理企业用电、电动汽车集中式充换电设施用电、港口岸电运营商用电、海水淡化用电，免收需量（容量）电费。

在推进上述改革任务的同时，鼓励各地积极探索生态产品价格形成机制、碳排放权交易、可再生能源强制配额和绿证交易制度等绿色价格政策，对影响面大、制约因素复杂的政策措施可先行试点，摸索经验，逐步推广。

七、狠抓政策落地

创新和完善促进绿色发展价格机制，是当前和今后一个时期价格工作的一项重要任务，各地要加强组织领导，采取有力措施，确保各项政策落地生根。

（一）强化政策落实

各地价格主管部门要全面梳理现行资源环境价格政策落实情况，发现问题及时改进，对落实不力的要强化问责。对新出台的政策要建立落实台账，逐项明确时间表、路线图、责任人，扎实推进。规范市场交易价格行为，强化价格信用体系建设，督促市场主体严格履行价格合约。加强对政策落实情况的跟踪评估，找准政策执行中的痛点、难点、堵点，及时调整完善政策，以“钉钉子”的精神抓好落实。

（二）加强部门协作

推进绿色发展，需要全社会共同参与。各级价格主管部门要主动与相关部门加强协作，统筹运用价格、环保、财政、金融、投资、产业等政策措施，形成政策合力，共推绿色发展。

（三）兜住民生底线

正确处理推进绿色发展与保障群众生活的关系，充分考虑社会承受能力尤其是低收入群体承受能力，完善并执行好社会救助和保障标准与物价上涨挂钩的联动机制，采取有效措施，对冲价格调整对困难群众生活的影响。

（四）注重宣传引导

切实做好宣传引导工作，将宣传工作与政策制定放在同等重要位置，同研究、同部署、同落实，最大限度凝聚社会共识，强化全社会节约资源、保护环境、促进绿色发展的共同责任，提高执行促进绿色发展价格政策的积极性、主动性，推动将绿色发展的要求转化为自觉行动，共同建设美丽中国。

国家发展改革委

2018年6月21日

来源：发展改革委网站

《国家安全产业示范园区创建指南（试行）》印发实施

为指导国家安全产业示范园区建设工作，促进安全产业集聚发展，工业和信息化部、应急管理部日前印发实施《国家安全产业示范园区创建指南（试行）》，对国家安全产业示范园区的申报条件和评价指标，申报、评审和命名，以及示范园区和创建单位管理等内容进行了明确规定。

关于印发《国家安全产业示范园区创建指南（试行）》的通知

工信部联安全〔2018〕213号

各省、自治区、直辖市及计划单列市、新疆生产建设兵团工业和信息化主管部门、应急管理部门、安全生产监督管理局：

现将《国家安全产业示范园区创建指南（试行）》印发给你们，请遵照认真贯彻执行。

工业和信息化部

应急管理部

2018 年 10 月 18 日

国家安全产业示范园区创建指南（试行）

第一章　总则

第一条　为落实《中共中央　国务院关于推进安全生产领域改革发展意见》和《安全生产“十三五”规划》部署，指导国家安全产业示范园区建设工作，促进安全产业集聚发展，按照《关于加快安全产业发展的指导意见》（工信部联安全〔2018〕111 号）要求，制定本指南。

第二条　本指南所指国家安全产业示范园区（以下简称示范园区）是指依法依规设立的各类开发区、工业园区（聚集区）以及国家规划重点布局的产业发展区域中，以安全产业为重点发展方向，具有示范、支撑、带动作用，特色鲜明的产业集聚、集群区域。

第三条　本指南适用于示范园区和示范园区创建单位 [以下统称示范园区（含创建）] 的申报、评审、命名和管理等工作。

第四条　示范园区（含创建）建设工作要统筹布局、因地制宜、合理定位、有序推进。

第五条　工业和信息化部会同应急管理部负责示范园区（含创建）的命名和指导工作。各省、自治区、直辖市及计划单列市、新疆生产建设兵团工业和信息化主管部门会同当地应急管理部门（以下分别统称省级工业和信息化主管部门、省级应急管理部门）负责组织本地区示范园区（含创建）的初审和上报等工作，并配合工业和信息化部、应急管理部指导示范园区（含创建）的建设工作。各类开发区、工业园区（聚集区）等管理机构负责示范园区（含创建）的建设、申报和管理等工作。

第二章　申报条件和评价指标

第六条　申报示范园区（含创建）应当具备以下基本条件：

（一）产业规划。具有明确的产业发展规划和目标，发展内容符合相关政策要求。

（二）产业实力。具有一定区位优势、产业基础和创新能力；有特色鲜明的发展区域，示范园区（含创建）内企业年销售收入须达到一定规模。其中，示范园区不低于100亿元（特殊类型地区不低于80亿元），创建单位不低于40亿元（特殊类型地区不低于30亿元）。

（三）产业集聚。安全产业相对集中，有一定企业数量，其中骨干企业位居同行业前列或具备良好发展潜力，行业带动性强，市场前景良好。

（四）组织体系。有负责园区建设和管理的组织体系，有相应的工作机制、园区信息化管理制度和具体工作方案。

（五）安全服务。具有为周边区域提供安全教育培训、演练体验等安全服务的能力，安全服务基础较好。

（六）公共服务。具有公共服务机构，服务标准规范；投融资、保险、科技成果交易、现代物流、人才引进等产业服务体系较为完善。

（七）安全管理。园区内安全生产管理规范，企业安全生产责任制健全，安全生产管理体系完善，近三年内未发生较大及以上生产安全事故。

（八）发展环境。园区所在地各级政府在发展规划、技术创新、财政政策、政务服务和人才发展等方面有明确支持安全产业发展的要求。

第七条　示范园区（含创建）的评价指标体系包括产业规模、创新能力、安全保障和发展环境4类一级指标和19个二级指标。（指标评价体系见附件1）。

第三章　申报、评审和命名

第八条　申报材料包括：

（一）申报单位所在省级工业和信息化主管部门、应急管理部门的联合上报文件和初审意见。

（二）示范园区（含创建）建设方案（编制要点见附件2）。

（三）示范园区（含创建）申报表（在国家安全产业大数据平台 http://safety.bigdata.org 申报系统中打印）。申报表中涉及的产业规模数据，以当地统计部门确认的数据为准。

（四）园区内安全产业领域相关企业和科研机构信息（需企业和科研机构在国家安全产业大数据平台上填报）。

第九条　根据评价指标体系设置的条件和要求，申报单位结合自身情况自愿向所在省级工业和信息化主管部门提出申报示范园区或创建示范园区的申请，并通过国家安全产业大数据平台申报系统在线提交申报材料。省级工业和信息化主管部门会同应急管理部门联合审查后，通过在线申报系统提交审查意见扫描件，并将所有申报材料纸质版原件一式3份送工业和信息化部。

第十条　工业和信息化部会同应急管理部委托第三方机构组织专家对申报单位进行评审。

第十一条　评审采用专家打分制，必要时可组织现场考察。未通过评审的申报单位可对材料补充完善，报工业和信息化部和应急管理部申请复审。复审仍未通过的，本年度不再受理申报。

第十二条　对通过示范园区评审的申报单位，评审结果在工业和信息化部、应急管理部网站及国家安全产业大数据平台公示7天。符合要求的，工业和信息化部和应急管理部联合命名为“国家安全产业示范园区”。

第十三条　对于通过示范园区创建单位评审的申报单位，以及对于未通过示范园区评审但已达到创建条件的申报单位，评审结果在工业和信息化部、应急管理部网站及国家安全产业大数据平台公示7天。符合要求的，工业和信息化部、应急管理部联合命名为“国家安全产业示范园区创建单位”。

第四章 示范园区和创建单位管理

第十四条 创建单位应遵循培育和发展相结合的原则，达到示范园区条件后，按照第九条规定进行申报。

第十五条 每年3月底前，命名的示范园区（含创建）应将上一年度工作总结和本年度工作计划上报至所在省级工业和信息化主管部门与应急管理部门，并由省级部门核实汇总后分别报工业和信息化部、应急管理部。

第十六条 工业和信息化部、应急管理部每三年委托专家或第三方机构对示范园区（含创建）建设情况进行评估。评估办法另行制定。

第十七条 示范园区（含创建）名录、年度发展情况和定期评估结果将在工业和信息化部、应急管理部网站和国家安全产业大数据平台上公布。

第十八条 示范园区（含创建）未按规定上报年度工作总结和计划的，工业和信息化部和应急管理部可要求其限期提交；仍不提交的，可撤销其命名。

第十九条 评估结果不合格的，评估单位可提出限期整改要求。未落实整改措施或经整改仍不符合要求的，工业和信息化部和应急管理部撤销其命名。

第二十条 对上报资料弄虚作假的示范园区（含创建），工业和信息化部、应急管理部给予警示，并责其限期改正；情节严重的，撤销其命名，并暂停其所在省份下一年度的申报工作。

第二十一条 示范园区（含创建）所提供的安全产品和服务或企业行为对社会造成重大不良影响的，工业和信息化部、应急管理部给予警示，造成严重后果的，撤销其命名。

第二十二条 示范园区（含创建）近三年发生两次及以上一般生产安全事故的，或发生较大及以上生产安全事故的，撤销其命名。

第二十三条 工业和信息化部、应急管理部对示范园区（含创建）建设和发展予以支持。根据实际情况组织制定相关政策，在产学研合作、技术推广、应用示范、标准制定、项目支持、资金引导、交流合作等方面给予重点指导和支持，加快引导产业集聚，推动产业升级，并适时将其纳入安全生产保障支撑体系支持范围。

第二十四条 对安全产业发展迅速、经济效益突出、社会效益显著的示范园区，支持其申报安全产业类国家新型工业化产业示范基地。

第五章 附则

第二十五条 本指南由工业和信息化部、应急管理部负责解释。

第二十六条 本指南自发布之日起施行。

附件1

国家安全产业示范园区指标评价体系

一级指标（分值）	二级指标（分值）	申报示范园区创建单位	申报示范园区
1. 产业规模（30）	1.1 园区安全产业领域内企业年销售收入（20）	≥40亿元，特殊类型地区[①]≥30亿元	≥100亿元，特殊类型地区≥80亿元
	1.2 安全产业规模和水平处于国内同行业水平，拥有业内骨干企业数量（10）	产业规模和水平处于国内同行业前列，拥有2家以上业内骨干企业	产业规模和水平处于国内同行业领先，拥有5家以上业内骨干企业

① 特殊类型地区包括革命老区、民族地区、边疆地区、困难地区（资源枯竭地区、产业衰退地区、生态严重退化地区等）。

续表

一级指标（分值）	二级指标（分值）	申报示范园区创建单位	申报示范园区
2. 创新能力（15）	2.1 研发机构数量（5） （1）国家级工程技术研究中心数量 （2）省级工程技术研究中心数量 （3）国家级企业技术中心数量 （4）省级企业技术中心数量	省级不少于 2 家 省级以上重点实验室、院士工作站、博士后工作站等研发资源作参考	国家级不少于 1 家或省级不少于 3 家。省级以上重点实验室、院士工作站、博士后工作站等研发资源作参考
	2.2 研发投入占销售收入的比例（6）	≥ 1%	≥ 2%
	2.3 有效发明专利拥有量（4）	企业每亿元主营业务收入有效发明专利数≥ 0.3 件	
3. 安全保障能力（15）	3.1 园区内企业近三年生产安全事故发生情况（5）	无较大生产安全事故（一票否决项），一般生产安全事故＜ 2 起	
	3.2 园区内安全管理机构和工作机制建设情况（5）	园区安全生产管理机构健全，具有比较完善的安全生产管理工作机制	
	3.3 园区内企业安全管理体系和安全生产责任体系建设情况（5）	企业安全生产管理体系完善，安全生产责任制健全	
4. 发展环境（40）	4.1 安全产业发展体制机制创新（5）	所在地政府在发展规划、财政政策、政务服务、创新创业等方面对安全产业发展给予支持	
	4.2 人才体系建设情况（3）	所在地有完善的人才培养、引进、激励机制和政策保障，劳动关系和谐	
	4.3 拥有的投资机构和金融机构数量（3）	拥有不少于 1 家投资机构，并满足园区发展需要	拥有不少于 2 家投资机构，其中参与安全产业投资的金融机构不少于 1 家
	4.4 地方政府有无安全产业资金投入（4）	在专项资金、产业引导基金、技术改造经费等方面有投入	
	4.5 地方政府制定产业政策情况（5）	制定了产业发展规划、指导意见等政策	
	4.6 产学研合作开展情况（3）	建立了产学研合作机制，对园区发展有重要作用，建有共性技术研发和推广应用平台	
	4.7 产业服务体系建设情况（3）	初步建成支撑产业发展的公共服务平台，具备一定的服务能力	具有投融资、保险、科技成果交易、市场开拓、现代物流、人才培养等公共服务能力，设施完善
	4.8 骨干企业在业内发展水平（4）	企业规模、技术、产品等在业内具有一定竞争优势；重点产品列入国家相关产业推广目录	
	4.9 品牌情况（2）	拥有一批国际国内知名品牌，区域品牌建设成效显著	
	4.10 社会公益服务能力（4）	安全产品演示、体验与安全教育培训基地建设列入园区建设规划	安全产品演示、体验与安全教育培训基地初步建成，可面向企业、社会公众提供教育培训、体验等公共服务
	4.11 应用水平（4）	编制安全产品示范应用项目建设规划，制定了保障示范应用工程建设的政策措施	开展先进安全产品示范应用工程建设，成效显著，有效提升了社会本质安全水平

备注：以上表中各项指标均限定于园区内安全产业。

附件 2

国家安全产业示范园区（含创建）建设方案编制要点

一、基础与现状

1. 自然环境、经济和社会发展概况。

2. 安全产业发展现状。

3. 建设基础。主要包括建设示范园区（含创建）的优势和有利条件、制约因素和存在的问题等。

4. 建设意义。结合需求分析建设示范园区（含创建）的意义。

二、总体设想

1. 总体思路。包括指导思想、工作原则、发展定位等。

2. 发展目标。包括总体目标和具体发展指标。

三、发展重点与主要任务

1. 发展重点。包括园区主要发展方向、重点发展领域、重点技术与产品、品牌和企业培育等。

2. 主要任务。围绕设定的发展目标，为有效提升园区发展水平，拟开展的主要工作，包括但不限于：扩大产业规模、提升创新能力、企业培育、品牌建设、完善投融资服务体系、产业链协作、示范工程建设以及社会服务等内容。

四、保障措施

1. 示范园区建设的组织保障措施。

2. 示范园区建设的政策保障措施。

3. 示范园区建设的工作机制保障措施。

4. 其他有关保障措施。

五、进度计划

方案规划期内，各时间节点主要任务分解安排。

六、附件清单

1. 园区内骨干企业列表。

2. 园区内省级以上研发机构列表。

3. 园区内企业发明专利列表。

4. 园区安全管理机构和工作制度相关文件。

5. 园区内达到安全生产标准化的企业列表。

6. 地方政府支持安全产业发展的相关政策文件。

7. 园区在人才体系建设方面的相关政策文件。

8. 园区内金融机构和投资机构列表。

9. 地方政府在资金方面支持安全产业发展的政策文件。

10. 地方政府制定的安全产业发展规划、指导意见等。

11. 国内外知名品牌列表。

12. 示范应用项目建设规划或相关方案等。

来源：工业和信息化部安全生产司

工业和信息化部 发展改革委 财政部 国资委印发《促进大中小企业融通发展三年行动计划》的通知

工信部联企业〔2018〕248号

各省、自治区、直辖市及计划单列市、新疆生产建设兵团中小企业主管部门、发展改革委、财政厅（局）、国资委：

为贯彻落实《国务院关于推动创新创业高质量发展打造“双创”升级版的意见》（国发〔2018〕32号）提出的实施大中小企业融通发展专项行动计划，制定《促进大中小企业融通发展三年行动计划》。现印发给你们，请结合实际认真贯彻实施。

工业和信息化部　国家发展和改革委员会
财政部　国务院国有资产监督管理委员会
2018年11月21日

促进大中小企业融通发展三年行动计划

大中小企业融通发展是落实党中央、国务院为中小企业发展创造更好条件、推动中小企业创新发展的决策部署，贯彻创新驱动发展战略、建设制造强国和网络强国、推动经济高质量发展、促进大企业创新转型、提升中小企业专业化能力的重要手段。为营造大中小企业融通发展产业生态，鼓励大中小企业创新组织模式、重构创新模式、变革生产模式、优化商业模式，进一步推动大中小企业融通发展，制定本行动计划。

一、总体要求

以习近平新时代中国特色社会主义思想为指导，全面贯彻党的十九大精神，统筹推进“五位一体”总体布局和协调推进“四个全面”战略布局，以构建大企业与中小企业协同创新、共享资源、融合发展的产业生态为目标，着力挖掘和推广融通发展模式。通过夯实融通载体、完善融通环境，发挥大企业引领支撑作用，提高中小企业专业化水平，培育经济增长新动能，支撑制造业创新，助力实体经济发展。

用三年时间，总结推广一批融通发展模式，引领制造业融通发展迈上新台阶；支持不少于50个实体园区打造大中小企业融通发展特色载体；围绕要素汇聚、能力开放、模式创新、区域合作等领域培育一批制造业“双创”平台试点示范项目；构建工业互联网网络、平台、安全三大功能体系；培育600家专精特新“小巨人”和一批制造业单项冠军企业。到2021年，形成大企业带动中小企业发展，中小企业为大企业注入活力的融通发展新格局。

二、主要行动

行动一：挖掘和推广融通发展模式

聚焦重点行业领域，围绕供应链整合、创新能力共享、数据应用等当前产业发展关键环节，推广资源开放、能力共享等协同机制，为建设融通发展生态提供有益指引和参考。

（一）深化基于供应链协同的融通模式

构建大中小企业深度协同、融通发展的新型产业组织模式，提高供应链运行效率。发挥龙头骨干对供应链的引领带动作用，在智能制造、高端装备制造领域形成10个左右带动能力突出、资源整合水平高、特色鲜明的大企业。推动建立联合培训、标准共享的协同管理体系；打造多方共赢、可持续发展的供应体系，带动上下游中小企业协同发展。

（二）推动基于创新能力共享的融通模式

打造产研对接的新型产业创新模式，提高产业创新效率，提升产业自主创新能力。形成10个左右创新引领效应明显的平台，发挥平台对各类创新能力的集聚整合作用。鼓励大企业建立开放式产业创新平台，畅通创新能力对接转化渠道，实现大中小企业之间多维度、多触点的创新能力共享、创新成果转化和品牌协同，引领以平台赋能产业创新的融通发展模式。围绕要素汇聚、能力开放、模式创新、区域合作等领域，培育一批制造业“双创”平台试点示范项目，促进平台成为提质增效、转型升级、跨界融通的重要载体。

（三）推广基于数据驱动的融通模式

加速构建数据协同共享的产业数字化发展生态，提高中小企业获取数据、应用数据的能力，推动中小企业数字化转型。鼓励企业进一步完善数据平台建设，在云计算、大数据、人工智能、网络安全等领域形成10个左右数据规模大、集聚能力强的企业。集成具有较好数据服务基础的中小企业，支持中小企业依托平台对外提供服务，通过共享平台计算能力和数据资源，扩大数据规模，强化中小企业品牌影响力。鼓励平台为中小企业提供数字化系统解决方案，支撑中小企业智能制造，引领行业数字化转型。

（四）打造基于产业生态的融通模式

选择10个左右创新资源集聚、产业生态完善、协作配套良好的地区，推动基于融通模式的区域产业生态。鼓励建立龙头骨干带动的专业化配套集群。探索建立产学研协同区域创新网络，推动大中小企业针对产业、区域的共性技术需求展开联合攻关，加快共性技术研发和应用。打通区域内外企业信息链和资金链，加速区域内外大中小企业创新能力、生产能力、市场能力的有效对接，推动资源能力的跨行业、跨区域融合互补，提升产业协同效率。强化品牌意识，制定区域品牌发展战略，探索共建共享区域品牌的路径和方式，促进企业品牌与区域品牌互动发展。

行动二：发挥大企业引领支撑作用

鼓励大企业利用“互联网+”等手段，搭建线上线下相结合的大中小企业创新协同、产能共享、供应链互通的新型产业创新生态，促进生产制造领域共享经济新模式新业态发展，重构产业组织模式，推动中小企业高质量发展，降低自身创新转型成本，形成融通发展的格局。

（五）推动生产要素共享

支持制造业龙头企业构建基于互联网的分享制造平台，有效对接大企业闲置资源和中小企业闲置产能，推动制造能力的集成整合、在线共享和优化配置。鼓励大企业为中小企业提供一揽子的信息支持，包括上游产品供给、下游产品需求、产品质量及流程标准，提高全链条生产效率。推进工业强基、智能制造、绿色制造、服务型制造等专项行动，推动制造业龙头企业深化工业云、工业大数据等技术的集成应用，实现制造业数字化、智能化转型。

（六）促进创新资源开放

鼓励大企业联合科研机构建设协同创新公共服务平台，向中小企业提供科研基础设施及大型科研仪器，降低中小企业创新成本。鼓励大企业带动中小企业共同建设制造业创新中心，建立风险共担、利益共享的协同创新机制，提高创新转化效率。鼓励国有企业探索以子公司等形式设立创新创业平台，促进混合所有制改革与创新创业深度融合。

（七）提供资金人才支持

鼓励大企业发展供应链金融，开展订单和应收账款融资、仓储金融等服务，帮助上下游中小供应商提高融资效率、降低融资成本。推动大企业以股权投资、股权质押融资等形式向中小企业提供专业金融服务。推动大企业与中小企业通过建立人才工作站、合作开发项目等方式开展人才培养使用的全方位合作。

行动三：提升中小企业专业化能力

推动中小企业“专精特新”发展，培育600家细分领域专业化“小巨人”和一批制造业单项冠军企业；开展“互联网+小微企业”行动，提高中小企业信息化应用水平。

（八）培育专精特新“小巨人”企业

以智能制造、工业强基、绿色制造、高端装备等为重点，在各地认定的“专精特新”中小企业中，培育主营业务突出、竞争能力强、成长性好、专注于细分市场、具有一定创新能力的专精特新“小巨人”企业，引导成长为制造业单项冠军。鼓励中小企业以专业化分工、服务外包、订单生产等方式与大企业建立稳定的合作关系。

（九）实施“互联网+小微企业”计划

实施中小企业信息化推进工程，推动大型信息化服务商提供基于互联网的信息技术应用。推广适合中小企业需求的信息化产品和服务，提高中小企业信息化应用水平。鼓励各地通过购买服务等方式，支持中小企业业务系统向云端迁移，依托云平台构建多层次中小企业服务体系。推动实施中小企业智能化改造专项行动，加强中小企业在产品研发、生产组织、经营管理、安全保障等环节对云计算、物联网、人工智能、网络安全等新一代信息技术的集成应用。

行动四：建设融通发展平台载体

提升载体平台融通发展支撑能力，支持不少于50个实体园区打造大中小企业融通发展特色载体；建设500家国家中小企业公共服务示范平台和300家国家小型微型企业创业创新示范基地；加快推进工业互联网平台体系建设。

（十）建设大中小企业融通型特色载体

依托特色载体打造大中小企业融通发展的新型产业创新生态。支持实体园区打造大中小企业融通发展特色载体，引导行业龙头企业发挥在资本、品牌和产供销体系方面的优势，打造有特色的孵化载体，开放共享资源和能力，推动大中小企业在创新创意、设计研发、生产制造、物资采购、市场营销、资金融通等方面相互合作，形成大中小企业协同共赢格局。

（十一）提升平台融通发展支撑能力

加快构建工业互联网网络、平台、安全三大功能体系，增强工业互联网产业供给能力；加快推进工业互联网平台体系建设，引导培育若干跨行业、跨领域平台和面向特定行业、特定区域的企业级平台；推动建设工业互联网安全公共服务平台，面向广大中小企业提供网络安全技术支持服务。发挥国家中小企业公共服务示范平台、国家小型微型企业创业创新示范基地等平台的资源整合和对接能力，畅通大中小企业融通发展渠道。依托全国信用信息共享平台，为大中小企业提供“信易贷”等创新信用产品和服务。

行动五：优化融通发展环境

进一步夯实网络基础、建立完善的知识产权管理服务体系、深化对外合作，打造有利于大中小企业融通发展的环境和机制，释放融通发展活力。

（十二）夯实网络基础

发挥互联网对融通发展的支撑作用。提升网络速率、降低资费水平，继续推进连接中小企业的专线建设。加快宽带网络基础设施建设与改造，扩大网络的覆盖范围，优化升级国家骨干网络，为实现产业链各环节的互联与数据顺畅流通提供保障。打造工业互联网网络体系，加快工业互联网网络体系建设，组织实施工业企业内网、工业企业外网和标识解析体系的改造升级。

（十三）建立完善的知识产权管理服务体系

发挥知识产权制度对企业创新的引导作用，强化知识产权保护，提高创新成果利用效率。推动建立大中小企业共创、共有、共享知识产权激励机制，提升知识产权转化运用效率。加快推进中小企业知识产权战略推进工程试点城市建设，加强知识产权保护意识、提高知识产权保护能力、降低企业维权成本。

（十四）深化对外合作

鼓励中小企业参与“一带一路”投资贸易合作，在大型跨境电商的带动下充分利用跨境网络交易平台进行跨境产品交易、技术交流、人才流动，融入大型跨国公司的产业供应和产业创新体系。依托中德、中欧等中外中小企业合作区和合作交流平台，围绕绿色制造、生物医药、新材料等重点领域开展国际经济技术交流和跨境撮合，吸引高端制造业、境外原创技术孵化落地，推动龙头企业延伸产业链，带动专精特新“小巨人”企业融入全球价值链，促进单项冠军企业迈向全球价值链中高端，积极参与国际产业竞争。

三、保障措施

（一）强化组织保障

建立工业和信息化、发展改革、财政、国资等跨部门协调联动工作机制，调动行业组织、产业联盟和智库形成合力，统筹协调融通发展中的重大问题、重大政策和重大工程，动态跟踪、宣传推广融通发展新模式。各级要结合本地实际，制定推进方案，明确任务分工，加强分类指导，保障顺利实施。要依托大众创业万众创新示范基地、国家新型工业化产业示范基地、国家信息消费示范城市等优势资源，加快模式案例总结和经验推广。

（二）营造公平市场环境

进一步深入推进简政放权、放管结合、优化服务改革，加快政府职能转变，落实中小企业与大型企业平等市场主体地位。清理制约人才、资本、技术、数据等要素自由流动的制度障碍。规范市场主体交易行为，推动开展大企业拖欠中小企业资金调查工作，并清理以政府、大企业为源头的资金拖欠。落实政府采购支持中小企业发展，政府机构应预留本部门年度采购预算总额30%以上面向中小企业，其中预留给小型和微型企业的比例不低于60%（中小企业无法提供的商品和服务除外）。鼓励大型企业与中小企业组成联合体共同参加政府采购，联合体中约定小型、微型企业的协议合同金额占到联合体协议合同总金额30%以上的，可给予联合体2%～3%的价格扣除。推进政府采购信用担保试点，鼓励为小型微型企业参与政府采购提供履约担保和融资担保等服务，营造融通发展良好外部环境。

（三）加大财政支持

充分发挥财政资金的引导带动作用。通过中小企业发展专项资金、国家新兴产业创业投资引导基金、中小企业发展基金等，拉动各类产业基金、社会资本，引导融资担保和再担保机构支持大中小企业融通发展。中央财政连续三年支持实体经济开发区打造大中小企业融通型特色载体，有条件的地方可专门安排资金予以支持，促进涌现更多创新创业企业并不断扩大集聚效应，加快形成“产业创新＋孵化”的共生共赢机制。

（四）加大融资支持

各地相关部门建立融通发展重点企业和重点项目的融资信息对接清单，金融机构增加融资供给。鼓励设立各类创业投资引导基金、风险投资基金，引导股权投资机构加大支持。开展小微企业应收账款融资专项行动，充分发挥应收账款融资服务平台等金融基础设施作用，推动供应链核心企业支持小微企业供应商开展应收账款融资。开展中小企业知识产权质押融资和专利质押融资。

（五）加强宣传推广

组织宣传大中小企业融通发展典型案例，加大对各类融通发展模式、专精特新“小巨人”企业、制造业单项冠军和平台载体的宣传力度。举办大中小企业融通发展模式交流，引导企业树立融通发展观念。

来源：工业和信息化部网站

工业和信息化部关于加快推进虚拟现实产业发展的指导意见

工信部电子〔2018〕276号

各省、自治区、直辖市及计划单列市、新疆生产建设兵团工业和信息化主管部门，有关行业组织，有关单位：

虚拟现实（含增强现实、混合现实，简称VR）融合应用了多媒体、传感器、新型显示、互联网和人工智能等多领域技术，能够拓展人类感知能力，改变产品形态和服务模式，给经济、科技、文化、军事、生活等领域带来深刻影响。全球虚拟现实产业正从起步培育期向快速发展期迈进，我国面临同步参与国际技术产业创新的难得机遇，但也存在关键技术和高端产品供给不足、内容与服务较为匮乏、创新支撑体系不健全、应用生态不完善等问题。为加快我国虚拟现实产业发展，推动虚拟现实应用创新，培育信息产业新增长点和新动能，现提出以下意见：

一、总体要求

（一）指导思想

以习近平新时代中国特色社会主义思想为指导，全面贯彻党的十九大精神，把握虚拟现实等新一代信息技术孕育发展机遇，坚持市场主导、应用牵引、创新驱动、协同发展，以加强技术产品研发、丰富内容服务供给为抓手，以优化发展环境、建立标准规范、强化公共服务为支撑，提升产业创新发展能力，推动新技术、新产品、新业态、新模式在各领域广泛应用，推动我国信息产业高质量发展，为我国经济社会发展提供新动能。

（二）发展目标

到2020年，我国虚拟现实产业链条基本健全，在经济社会重要行业领域的应用得到深化，建设若干个产业技术创新中心，核心关键技术创新取得显著突破，打造一批可复制、可推广、成效显著的典型示范应用和行业应用解决方案，创建一批特色突出的虚拟现实产业创新基地，初步形成技术、产品、服务、应用协同推进的发展格局。

到2025年，我国虚拟现实产业整体实力进入全球前列，掌握虚拟现实关键核心专利和标准，形成若干具有较强国际竞争力的虚拟现实骨干企业，创新能力显著增强，应用服务供给水平大幅提升，产业综合发展实力实现跃升，虚拟现实应用能力显著提升，推动经济社会各领域发展质量和效益显著提高。

二、重点任务

（一）突破关键核心技术

加强产学研用协同合作，推动虚拟现实相关基础理论、共性技术和应用技术研究。坚持整机带动、系统牵引，围绕虚拟现实建模、显示、传感、交互等重点环节，加强动态环境建模、实时三维图形生成、多元数据处理、实时动作捕捉、实时定位跟踪、快速渲染处理等关键技术攻关，加快虚拟现实视觉图形处理器（GPU）、物理运算处理器（PPU）、高性能传感处理器、新型近眼显示器件等的研发和产业化。

——近眼显示技术。实现30PPD（每度像素数）单眼角分辨率、100Hz以上刷新率、毫秒级响应时间的新型显示器件及配套驱动芯片的规模量产。发展适人性光学系统，解决因辐合调节冲突、画面质量过低等引发的眩晕感。加速硅基有机发光二级管（OLEDoS）、微发光二极管（MicroLED）、光场显示等微显示技术的产业化储备，推动近眼显示向高分辨率、低时延、低功耗、广视角、可变景深、轻薄小型化等方向发展。

——感知交互技术。加快六轴及以上GHz惯性传感器、3D摄像头等的研发与产业化。发展鲁棒性强、毫米级精度的自内向外（inside-out）追踪定位设备及动作捕捉设备。加快浸入式声场、语音交互、眼球追踪、触觉反馈、表情识别、脑电交互等技术的创新研发，优化传感融合算法，推动感知交互向高精度、自然化、移动化、多通道、低功耗等方向发展。

——渲染处理技术。发展基于视觉特性、头动交互的渲染优化算法，加快高性能GPU配套时延优化算法的研发与产业化。突破新一代图形接口、渲染专用硬加速芯片、云端渲染、光场渲染、视网膜渲染等关键技术，推动渲染处理技术向高画质、低时延、低功耗方向发展。

——内容制作技术。发展全视角12K分辨率、60帧/秒帧率、高动态范围（HDR）、多摄像机同步与单独曝光、无线实时预览等影像捕捉技术，重点突破高质量全景三维实时拼接算法，实现开发引擎、软件、外设与头显平台间的通用性和一致性。

（二）丰富产品有效供给

面向信息消费升级需求和行业领域应用需求，加快虚拟现实整机设备、感知交互设备、内容采集制作设备、开发工具软件、行业解决方案、分发平台的研发及产业化，丰富虚拟现实产品的有效供给。

——整机设备。发展低成本、高性能、符合人眼生理特性的主机式、手机式、一体机式、车载式、洞穴式、隐形眼镜式等形态的虚拟现实整机设备。研发面向制造、教育、文化、健康、商贸等重点行业领域及特定应用场景的虚拟现实行业终端设备。

——感知交互设备。研发自内向外（inside-out）追踪定位装置、高性能3D摄像头以及高精度交互手柄、数据手套、眼球追踪装置、数据衣、力反馈设备、脑机接口等感知交互设备。

——内容采集制作设备。加快动作捕捉、全景相机、浸入式声场采集设备、三维扫描仪等内容采集制作设备的研发和产业化，满足电影、电视、网络媒体、自媒体等不同应用层级内容制作需求。

——开发工具软件。发展虚拟现实整机操作系统、三维开发引擎、内容制作软件，以及感知交互、渲染处理等开发工具软件，提升虚拟现实软硬件产品系统集成与融合创新能力。

——行业解决方案。发展面向重点行业领域典型应用的虚拟研发设计、虚拟装配制造、虚拟检测维修、虚拟培训、虚拟货品展示等集成解决方案。

——分发平台。发展端云协同的虚拟现实网络分发和应用服务聚合平台（CloudVR），推动建立高效、安全的虚拟现实内容与应用支付平台及分发渠道。

（三）推进重点行业应用

引导和支持“VR+”发展，推动虚拟现实技术产品在制造、教育、文化、健康、商贸等行业领域的应用，创新融合发展路径，培育新模式、新业态，拓展虚拟现实应用空间。

——VR+制造。推进虚拟现实技术在制造业研发设计、检测维护、操作培训、流程管理、营销展示等环节的应用，提升制造企业辅助设计能力和制造服务化水平。推进虚拟现实技术与制造业数据采集与分析系统的融合，实现生产现场数据的可视化管理，提高制造执行、过程控制的精确化程度，推动协同制造、远程协作等新型制造模式发展。构建工业大数据、工业互联网和虚拟现实相结合的智能服务平台，提升制造业融合创新能力。面向汽车、钢铁、高端装备制造等重点行业，推进虚拟现实技术在数字化车间和智能车间的应用。

——VR+ 教育。推进虚拟现实技术在高等教育、职业教育等领域和物理、化学、生物、地理等实验性、演示性课程中的应用，构建虚拟教室、虚拟实验室等教育教学环境，发展虚拟备课、虚拟授课、虚拟考试等教育教学新方法，促进以学习者为中心的个性化学习，推动教、学模式转型。打造虚拟实训基地，持续丰富培训内容，提高专业技能训练水平，满足各领域专业技术人才培训需求。促进虚拟现实教育资源开发，实现规模化示范应用，推动科普、培训、教学、科研的融合发展。

——VR+ 文化。在文化、旅游和文物保护等领域，丰富融合虚拟现实体验的内容供应，推动现有数字内容向虚拟现实内容的移植，满足人民群众文化消费升级需求。发展虚拟现实影视作品和直播内容，鼓励视频平台打造虚拟现实专区，提供虚拟现实视频点播、演唱会、体育赛事、新闻事件直播等服务。打造虚拟电影院、虚拟音乐厅，提供多感官体验模式，提升用户体验。建设虚拟现实主题乐园、虚拟现实行业体验馆等，创新文化传播方式。推动虚拟现实在文物古迹复原、文物和艺术品展示、雕塑和立体绘画等文化艺术领域应用，创新艺术创作和表现形式。

——VR+ 健康。加快虚拟现实技术在医疗教学训练与模拟演练、手术规划与导航等环节的应用，推动提高医疗服务智能化水平。推动虚拟现实技术在心理辅导、康复护理等环节的应用，探索虚拟现实技术对现有诊疗手段的补充完善，发展虚拟现实居家养老、在线诊疗、虚拟探视服务，提高远程医疗水平。

——VR+ 商贸。顺应电子商务、家装设计、商业展示等领域场景式购物趋势，发展和应用专业化虚拟现实展示系统，提供个性化、定制化的地产、家居、家电、室内装修和服饰等虚拟设计、体验与交易平台，发展虚拟现实购物系统，创新商业推广和购物体验模式。

（四）建设公共服务平台

依托行业龙头企业、行业组织和金融机构等其他第三方机构，面向虚拟现实产业发展需要，建设和运营产业公共服务平台，提供技术攻关、资金支持、成果转化、测试推广、信息交流、创新孵化等服务，推动构建集规模化创新、投资、孵化和经营为一体的虚拟现实生态系统，优化产业发展环境。

——共性技术创新服务。围绕虚拟现实产业技术创新需求，以基础研究和共性关键技术研发支撑为重点，集聚骨干企业、知名高校院所及虚拟现实领域专业实验室、研究院、研发中心、技术中心、工程中心等创新机构资源，共同推进虚拟现实共性技术创新。指导和帮助企业、专业机构申报国内、国际专利，及时形成知识产权。探索建立虚拟现实科技成果转化和激励机制，推动跨行业、跨部门、跨地域的成果转化。

——创新创业孵化服务。整合创新创业要素资源，提供开放式、低成本、便利化的全要素综合服务，推动虚拟现实创新资源共建共享，提供虚拟现实研发资源。支持各类企业孵化器、众创空间等载体面向虚拟现实领域打造专业化、全流程覆盖的创新创业服务体系，为初创企业和创新团队提供创业辅导、创新资金、辅助技术、法律帮扶、教育培训等服务。

——行业交流对接服务。集聚行业组织和第三方机构服务资源，建立虚拟现实产业信息交流与合作对接公共服务体系，提供虚拟现实产业咨询培训、项目对接、应用促进、技术交易、成果转化、知识产权、会展商务、融资租赁、人力资源、行业研究等服务，促进产业信息共享，推动产业生态发展。

（五）构建标准规范体系

发挥标准对产业的引导支撑作用，建立产学研用协同机制，健全虚拟现实标准和评价体系。加强标准体系顶层设计，着力做好基础性、公益性、关键性技术和产品的国家 / 行业标准制修订工作，有效支撑和服务产业发展。着力推动标准国际化工作，加快我国国际标准化进程。

——建立标准规范体系。研究确定虚拟现实综合标准化顶层设计，构建虚拟现实领域标准化体系，提出标准化路径和时间表。鼓励发展具有引领促进作用的团体标准，完善团体标准转化机制，形成政府主导制定的标准与市场自主制定的标准协同发展、协调配套的新型标准体系机制。积极引导和支持国内企业、科研机构、高等院校参与国际标准制定。

——加快重点标准研制。加大基础类、安全类、应用类等标准制定力度，规范接口数据、程序接口、互联互通等标准，推进不同产品和应用系统间互换互认。制定符合人体视觉、听觉习惯和满足生理、心理健康要求的虚拟现实产品安全和健康等标准，提高虚拟现实产品基本安全保障能力。完善制定根据儿童、青少年、成人、特殊人群等不同受众人群划分的内容分级标准体系。

——开展检测认证工作。研究建立虚拟现实产品检验检测与评估机制，构建涵盖虚拟现实技术、产品、服务等方面的测试评估体系，支持第三方机构开展虚拟现实重点标准宣贯和产品质量评估测试工作。组织开展对市场主流虚拟现实产品的标准符合性测试，发布质量分析报告。

（六）增强安全保障能力

强化虚拟现实系统平台安全防护能力建设。研究针对虚拟现实的攻击监测及防御技术，推动针对虚拟现实重点产品的安全风险监测预警能力建设，加强安全威胁信息共享，及时发布虚拟现实安全漏洞风险和预警信息，推动政府、行业、企业间的虚拟现实安全信息共享和协同联动。

加强虚拟现实领域重要数据和个人信息保护。落实数据安全和用户个人信息保护规定等政策文件要求，针对虚拟现实产业技术及产品特点，指导企业规范对用户个人信息的收集、存储、使用和销毁等行为，提升企业在开展虚拟现实业务过程中对用户个人信息的保护水平。

三、推进措施

（一）加大政策支持力度

紧密结合国家相关产业政策，利用现有渠道，创新支持方式，重点支持虚拟现实技术研发和产业化。加强对产业发展情况的跟踪监测和发展形势研判。鼓励金融机构开展符合虚拟现实产业特点的融资业务和信用保险业务，进一步拓宽产业融资渠道。

（二）发挥地方政府作用

加强对地方工作的指导协调，引导地方结合实际出台配套政策和具体落实措施，支持地方建设产业发展公共服务平台，开展地区间交流合作。各地要加大投入力度，集中力量突破关键核心技术，丰富产品供给，在民生、公益项目中积极选用虚拟现实产品和解决方案。

（三）推进示范应用推广

鼓励重点地区、重点行业企业，瞄准特色应用需求，加快虚拟现实应用技术和行业解决方案应用。支持地方、企业组织实施虚拟现实应用项目，探索形成可推广、可复制的应用模式和商业模式，及时总结优秀案例和发展经验向全国推广。

（四）建设产业发展基地

支持有条件的地方建设虚拟现实产业发展基地，引导虚拟现实企业向基地集聚。组织开展虚拟现实产业特色基地认定工作，引导差异化的建设方向。统筹布局虚拟现实产业载体、创新中心建设，形成网络化、协同化发展促进体系。

（五）加强产业品牌打造

加大对优秀虚拟现实企业、产品、服务、平台、应用案例的总结宣传力度，提高我国虚拟现实品牌的知名度。加强对优秀产业发展基地、行业组织的推广，激发各界推动产业发展的积极性。

（六）加强专业人才培养

依托国家重大人才工程，实施优秀人才引

进计划，加快引进一批高端、复合型虚拟现实人才。依照产业发展需求进行课程体系设置改革试点。鼓励高校和企业创新合作模式，共建实训基地，积极开展互动式人才培养。健全虚拟现实人才使用、评价和激励措施，推动完善从研发、转化、生产到管理的人才生态结构。

（七）促进行业组织发展

支持产业联盟、研究机构等行业组织的创新发展，打造产业发展促进平台，在技术攻关、标准制定、人才对接、应用推广、投资促进、品牌宣传和国际合作等方面发挥组织协同作用。支持行业组织开展虚拟现实相关创新促进活动、展示体验活动以及应用推进活动。

（八）推动国际交流合作

加强虚拟现实领域国际交流合作，推进技术、人才、资金等资源互动，提升全球资源聚合能力，加快提升研发创新能力。支持虚拟现实企业加大海外市场拓展力度，建立以专业化、市场化为导向的海外市场服务体系，提高产业国际化发展能力。

工业和信息化部

2018 年 12 月 21 日

来源：工业和信息化部网站

科技部关于印发《科学技术部科技统计工作管理办法》的通知

国科发规〔2018〕272号

各省、自治区、直辖市科技厅（委），新疆生产建设兵团科技局；部机关各厅、司、局，直属机关党委，各直属事业单位；自然科学基金委，科技日报社：

《科学技术部科技统计工作管理办法》已于2018年11月13日经科技部第17次部务会议审议通过，现予印发实施，请认真贯彻执行。

科技部

2018年11月23日

附件

科学技术部科技统计工作管理办法

第一章　总则

第一条　为了做好科技统计工作，建立健全常规科技统计工作体系，根据《中华人民共和国统计法》《中华人民共和国统计法实施条例》，以及国家统计局《部门统计调查项目管理办法》，制定本办法。

第二条　科技统计工作坚持党的领导，依法统计，遵循统计发展规律，维护统计工作科学性、权威性，确保统计数据真实性、准确性，构建现代统计调查体系。

第三条　科技统计工作的基本任务是对我国科学技术活动基本状况、政策效果等进行统计调查和分析，开展指标研究，为科学决策提供支撑服务，为社会提供公共产品。

第四条　科技部依法部署并组织地方科技管理部门和科技统计调查的组织实施单位开展的科技统计工作适用本办法。科技统计工作实行统一部署、分工负责的管理体制。

（一）科技部科技统计工作主管司局负责组织、指导和协调全国科技系统的科技统计工作，相关司局及直属事业单位负责组织实施所属领域的科技统计工作。

（二）地方科技管理部门和科技统计调查的组织实施单位负责本地区的科技统计工作。

第二章　统计调查管理

第五条　本办法所称的统计调查是指经国家统计局批准或者备案、科技部执行的科技统计调查制度。

第六条　科技部组织实施的统计调查分为综合科技统计调查和专项科技统计调查。

（一）综合科技统计调查是涉及国家科技发展全局的统计调查。由科技部会同其他部门及有关单位共同拟订，经科技部领导审定，报国家统计局审批，以科技部文件形式下达后实施。

（二）专项科技统计调查是涉及某一领域或某项工作的统计调查。由科技部相关司局及直属事业单位拟订，科技统计工作主管司局会签，经科技部领导审定，报国家统计局审批，以科技部文件形式下达后实施。

第七条 制定或修订科技统计调查制度，应当明确组织、人员和经费保障。严格控制新增科技统计调查项目，降低调查成本，减轻统计人员和统计调查对象的负担。涉及其他部门职责的，应当事先征求相关部门意见。新增和有重大调整的应当开展试填试报等工作。其中，重要的统计调查应当进行试点。

第八条 科技统计调查制度包括调查目的、调查对象、统计范围、调查内容、调查频率、调查时间、调查方法、组织实施方式、质量控制、报送要求、信息共享、资料公布等，采用抽样调查方法的还包括抽样方案。

科技统计调查对象应当取自国家统计局的国家基本单位名录库或科技部全国科技统计调查基本单位名录库。

第九条 科技统计调查应当制定数据质量控制方案，明确审核要求与流程，建立统计数据质量监控和评估制度。

第十条 建立健全统计数据质量责任制。各级科技管理部门和科技统计调查的组织实施单位对本级统计数据质量负责并承担相应的领导责任，各级科技统计调查的具体实施单位及其相关人员承担直接责任，形成科技统计数据质量追溯和问责机制。

第三章 统计机构与统计人员

第十一条 科技部科技统计工作主管司局主要职责是：

（一）制定和修订综合科技统计调查制度，审核专项科技统计调查制度，统一组织向国家统计局的报批程序，以及科技部的发文程序；

（二）组织实施综合科技统计调查制度，管理和协调科技部专项科技统计调查；

（三）管理科技统计资料，组织开展统计分析、指标研究和预测，提供数据和信息咨询服务；

（四）组织开展科技统计人员的业务培训；

（五）推动科技统计信息化建设；

（六）对口协调国家统计局及其他相关部门；

（七）组织开展科技统计国际合作交流。

第十二条 科技部相关司局及直属事业单位主要职责是：

（一）制定和修订所属领域的专项科技统计调查制度，组织实施专项科技统计工作；

（二）管理专项科技统计资料，开展统计分析、指标研究，提供数据和信息咨询服务；

（三）组织开展专项科技统计人员业务培训；

（四）建设和维护科技统计信息系统。

第十三条 地方科技管理部门和科技统计调查的组织实施单位，负责组织完成本地区综合科技统计调查任务或专项科技统计调查任务以及相关工作。

第十四条 科技统计调查对象应当在规定的期限内完成综合科技统计调查或专项科技统计调查的填报任务，对填报内容的真实性、准确性和完整性负责。

第十五条 各级科技管理部门和科技统计调查的组织实施单位应当明确主管统计工作的职能部门或岗位，选配责任心强、具有统计专业知识的人员从事科技统计工作，统计人员应当保持相对稳定。

第十六条 各级科技管理部门和科技统计调查的组织实施单位应当将科技统计工作经费列入本级财政预算，为统计人员创造良好的工作条件，确保科技统计工作顺利实施。

第四章 资料的管理和发布

第十七条 科技统计调查中取得的数据和资料应当妥善保管，健全和完善科技统计资料登记、报送、提供和档案管理等制度，严格落实保密管理要求，杜绝泄密或遗失等现象发生。

第十八条 以科技部名义公布的综合科技统计调查资料，由科技部科技统计工作主管司局报科技部领导审定；以科技部名义公布的专项科技统计调查资料，经科技部科技统计工作主管司局会签，报科技部领导审定；以科技部相关司局及直属事业单位名义公布的专项科技统计资料，由其自行公布，并报科技统计工作主管司局备案。

第五章 奖 惩

第十九条 各级科技管理部门和科技统计调查的组织实施单位应当对下列人员或单位给予表彰或奖励。

（一）在科技统计工作中做出显著成绩的；

（二）坚持依法统计，抵制统计违法行为有突出表现的。

第二十条 各级科技管理部门和科技统计调查的组织实施单位应当建立向本级人民政府统计机构移送统计违纪违法案件或线索的机制。有下列情形之一的，按照《中华人民共和国统计法》以及相关规定惩处。

（一）伪造、篡改科技统计数据的；

（二）拒报或者故意迟报科技统计数据的；

（三）授意、指使、强令统计调查对象、其他机构及其人员提供不真实统计资料，侵犯科技统计机构、科技统计人员行使法律法规赋予职权的；

（四）泄露属于国家秘密统计资料，泄露统计调查对象商业秘密，对外提供、泄露能够识别或者推断单个统计调查对象身份资料的；

（五）未按照统计调查制度规定公布统计资料的；

（六）其他统计违纪违法行为。

第六章 附则

第二十一条 本《办法》由科技部负责解释。

第二十二条 本《办法》自发布之日起施行。2007 年 9 月 29 日科技部发布的《科技部科技统计工作管理暂行办法》同时废止。

来源 科技部网站

江苏省开发区条例

江苏省人大常委会公告 第68号

《江苏省开发区条例》已由江苏省第十二届人民代表大会常务委员会第三十四次会议于2018年1月24日通过，现予公布，自2018年5月1日起施行。

第一章 总 则

第一条 为了加强开发区建设，规范开发区管理和服务，提升开发区发展质量和水平，发挥开发区功能优势和开放引领作用，促进经济社会发展，根据有关法律、行政法规，结合本省实际，制定本条例。

第二条 本省行政区域内开发区的规划建设、管理服务以及相关活动，适用本条例。

本条例所称开发区，包括经国务院批准设立的国家级经济技术开发区、高新技术产业开发区和省人民政府批准设立的省级经济开发区、高新技术产业开发区。

第三条 开发区应当坚持创新、协调、绿色、开放、共享的发展理念，遵循改革创新、规划引领、集聚集约、特色发展的原则，把握高质量发展要求，加快向现代产业园区转型，成为践行新发展理念和培育发展新动能的引领区、高水平营商环境和便利创业创新的示范区、先进制造业和现代服务业的集聚区、深化改革开放和体制机制创新的先行区。

第四条 县级以上地方人民政府领导开发区工作，将开发区的建设和发展纳入国民经济和社会发展规划，制定促进开发区发展的政策措施，建立议事协调机制，解决开发区建设和发展中的重大问题，落实目标责任制和奖惩制度，推动开发区健康有序发展。

县级以上地方人民政府开发区主管部门负责开发区的指导、服务、协调和管理工作，推动落实开发区建设和发展的各项政策措施。

县级以上地方人民政府其他有关部门按照各自职责，做好开发区的相关工作。

第二章 规划与建设

第五条 省人民政府负责组织编制省开发区总体发展规划，明确开发区的数量、规模、产业布局和发展方向。

设区的市人民政府应当根据省开发区总体发展规划，结合本地区经济基础、产业特点、资源和环境条件，组织编制本市开发区总体发展规划，科学确定开发区的空间布局、产业定位和建设运营模式。

省、设区的市开发区总体发展规划应当符合本地区国民经济和社会发展规划、主体功能区规划、土地利用总体规划、城市总体规划、城镇体系规划和生态环境保护规划。

第六条 开发区管理机构应当根据省、设区的市开发区总体发展规划等有关规划，编制开发区产业发展等相关规划，明确战略目标、产业特色、空间布局、生态环保等内容。设区的市、县（市、区）人民政府应当加强对开发区管理机构编制产业发展等相关规划的指导。

开发区应当科学规划功能布局，突出生产功能，统筹核心区与生活区、商务区和办公区等城市功能建设，促进新型城镇化发展，推进特色化、智慧化发展。

第七条 开发区所在地人民政府应当在城乡规划中统筹安排开发区基础设施和公共服务设施建设。

第八条 开发区应当依法合理、节约集约开发利用土地资源，提升土地产出率。在开发区内可以通过收购储备、鼓励流转、协议置换、合作经营、自主开发等方式，对闲置土地、低效用地等存量建设用地进行再开发。

鼓励支持开发区建设地下综合管廊、海绵城市。

第九条 对开发区列入省级年度投资重大项目的产业项目，应当在土地利用年度计划中优先安排建设用地。

优先保障开发区内重大基础设施、先进制造业、现代服务业项目的合理用地，对科技创新、民生和文化创意等新型产业用地给予倾斜支持。

第十条 对利用现有工业用地新建厂房或者改造原有厂房、增加容积率的，不增收土地出让价款。

经批准后允许工业用地使用权人按照有关规定对土地进行重大产业项目再开发，涉及原划拨土地使用权转让需补办出让手续的，可以采取规定方式办理并按照市场价格缴纳土地出让价款。

第十一条 省人民政府应当建立健全开发区土地集约利用评价制度，评价结果纳入全省开发区综合考核评价体系。对发展较好、集约用地成效显著的开发区，给予用地方面倾斜支持。

第十二条 开发区因开发建设需要征收、征用土地的，开发区管理机构应当配合开发区所在地国土资源、房屋征收等部门依法组织实施。

第十三条 开发区应当按照国家和省有关规定，严格建设项目产业政策、规划选址、环境评价、安全评价、用地标准等方面的条件，鼓励科技含量高、投资强度高、质量效益高、产业关联度高、具有自主知识产权的项目进入开发区。

第十四条 开发区应当发挥规划、环境影响评价在优化空间开发布局、推进区域环境质量改善、推动产业升级转型中的作用，落实生态保护红线制度，严格资源节约和环境准入门槛，推动开发区循环化改造和资源循环利用，促进清洁生产，健全环境安全监测监控体系，引导产业结构向低碳、循环、集约方向发展。

第十五条 开发区应当建立安全风险评估论证机制，确定重点危险区域安全风险等级和风险容量，合理规划企业选址和基础设施建设、生活空间布局，并完善重大安全风险联防联控制度。

第十六条 支持开发区开展横向合作，与其他经济体以合作共建、委托管理等方式，建设跨区域合作产业园区或者产业合作联盟。

鼓励开发区与其他国家（地区）、跨国公司开展国际合作。

第三章 整合优化

第十七条 开发区的设立、升级、调整规划面积或者区位，应当符合省开发区总体发展规划要求，具备国家和省规定的条件。

第十八条 国家级开发区的设立和省级开发区升级为国家级开发区，由设区的市人民政府向省人民政府提出申请，由省商务、科技主管部门按照职责分工会同有关部门共同研究，提出审核意见报省人民政府转报国务院审批。

省级开发区的设立，由设区的市人民政府向省人民政府提出申请，由省商务、科技主管部门按照职责分工会同有关部门提出意见，报省人民政府审批，并报国务院备案。

开发区更名、调整规划面积或者区位的，应当符合规定条件，并按照设立申报程序报请批准。

第十九条 省人民政府应当建立开发区统一协调机制，推动全省开发区协调发展，形成有特色、差异化的发展格局，避免同质化和低水平恶性竞争。

第二十条 开发区应当加快转型升级，增强内生发展动力，提高改革创新能力，提升资源配置和使用效益，率先实现质量变革、效率变革、动力变革。

第二十一条 开发区所在地县级以上地方人民政府应当根据国家和省主体功能区规划、区域发展规划、土地利用总体规划、产业发展规划以及当地经济和社会发展需要，开展开发区整合优化工作，推动开发区空间整合、资源整合和产业调整，优化开发区空间布局和产业结构。

根据开发区发展阶段、区位条件和城市化进程需要，位于中心城区、工业比重低的开发区，可以向城市综合功能区转型；发展规模较小的开发区，可以并入区位相邻近的国家级开发区或者发展水平高的省级开发区，建立统一的管理机构、实行统一管理。

第二十二条 省商务、科技主管部门应当按照职责分工会同有关部门，加强对开发区的分类指导，建立健全开发区综合考核评价体系，并根据综合考核评价结果，按照奖优罚劣的原则实行动态管理。

支持经济综合实力强、产业特色明显、发展质量高的省级开发区扩大规划面积或者升级为国家级开发区。

对资源利用效率低下、环境保护不到位、发展滞后的开发区，由省或者设区的市商务、科技主管部门按照职责分工会同有关部门向开发区所在地县级以上地方人民政府提出整改建议；对整改达不到要求或者无法完成整改任务的，按照有关规定进行撤并整合。

开发区动态管理办法由省人民政府制定。

第四章 管理体制

第二十三条 开发区管理机构作为所在地县级以上地方人民政府的派出机关，在规定的职责范围内行使经济管理权限，提供投资服务。

开发区管理机构应当根据工作职责，按照精简、统一、效能的原则，科学合理设置职能机构，具体承担相应职责。

对于开发区管理机构与行政区人民政府合并的开发区，应当完善政府职能设置，体现开发区精简高效的管理特点。

鼓励开发区创新管理体制，探索建立市场化管理模式。

第二十四条 开发区管理机构依法履行下列主要职责：

（一）负责组织实施省、设区的市开发区总体发展规划和政策措施，编制开发区产业发展等相关规划；

（二）根据国家和省有关产业政策，编制产业发展目录，统筹产业布局，按照有关规定负责审批或者审核开发区内的投资建设项目；

（三）健全招商引资制度，整合招商引资资源，搭建招商引资平台；

（四）健全创新创业制度，搭建招才引智平台，加强创新资源集聚，构建创新创业服务体系；

（五）协调落实区域内基础设施和公共服务设施的建设和管理；

（六）发布公共信息，为企业和相关机构提供指导、咨询和服务；

（七）所在地县级以上地方人民政府赋予的其他与经济管理和投资服务相关的职能。

开发区应当依托所在地人民政府开展社会管理、公共服务和市场监管工作。

第二十五条 设区的市、县（市、区）人民政府按照国家和省有关规定，可以将经济管理、投资服务等权限依照法定程序赋予开发区管理机构。

第二十六条 开发区管理机构应当在法定权限范围内依法履行行政执法职责。

按照国家和省有关规定，经批准可以在开发区成立综合执法机构。

第二十七条 开发区管理机构应当按照国家和省有关规定，依法制定并公布权力清单、责任清单、收费清单，健全权力监督、制约、协调机制，加强事中事后监管。

第二十八条 开发区所在地县级以上地方

人民政府职能部门一般不在开发区设置工作机构，确因工作需要设立的，应当严格按照程序报批。

第五章　服务保障

第二十九条　开发区所在地县级以上地方人民政府及其有关部门应当在规划编制、要素供给、项目安排、招商引资、科技创新、基础设施建设、体制创新、政策实施等方面支持开发区的发展。

第三十条　县级以上地方人民政府以及开发区管理机构应当健全与企业的沟通机制，提升金融服务和投资贸易便利化水平，建立公平竞争、运行规范、监管透明、便捷高效的营商环境。

第三十一条　县级以上地方人民政府应当健全开发区财政机制，完善开发区财政预算管理和核算制度。

开发区应当加强债务管理，提升稳健发展能力。开发区所在地县级以上地方人民政府应当加强对开发区债务的举借、使用和管理情况的监督。

第三十二条　开发区应当建立和完善投资主体多元化、融资渠道多样化、投资管理市场化的资产运营管理机制。

发挥政府投资基金在开发区建设和发展中的作用。支持开发区按照市场化原则研究设立产业投资基金、创业投资基金、转型升级投资基金。鼓励和引导外资和社会资本参与开发区建设。

第三十三条　县级以上地方人民政府以及开发区管理机构可以在法定权限范围内制定招商引资优惠政策，加大对高新技术产业、战略性新兴产业、资源禀赋优势产业和绿色高端产业的支持力度。

开发区管理机构应当完善重大招商项目跟踪服务机制，推动优质资源向优势企业集聚。

第三十四条　开发区管理机构对权限范围内的审批事项，应当简化审批流程，推行一个窗口受理、集中办理、限时办结，为企业、投资创业者提供一站式、代办制等优质、便捷服务。

开发区管理机构对受理的权限范围外的审批事项，负责统一向审批部门转报。

开发区可以经批准成立集中审批机构，集中承办审批事项。

第三十五条　开发区管理机构应当建立健全知识产权创造、运用、保护、管理等全链式服务体系，依法保护自然人、法人和非法人组织的知识产权。

第三十六条　支持在开发区内设立金融服务、资产评估、信用评级、投资咨询、知识产权交易、人力资源服务等中介服务机构，为开发区的生产经营和创新创业活动提供服务。

第三十七条　开发区应当加强创新创业服务体系建设，构建创新创业公共服务平台。

发挥企业创新主体作用，加强企业研究开发机构建设，打造创新型企业集群，建立以企业为主体、市场为导向、产学研深度融合的技术创新体系。

鼓励科学家、海外高层次人才创新创业团队、科研机构和高等院校在开发区内设立研究开发机构。

第三十八条　开发区应当建立健全人才培养、引进机制，通过政策和资金扶持，吸引高层次人才在开发区创新创业，支持开发区内企业与高等院校、研究开发机构联合培养高层次人才。

支持开发区通过设立科技孵化资金、知识产权作价入股等方式，搭建科技人才与产业对接平台，支持科技成果转化。

对引进高层次人才的企业，鼓励开发区通过奖励补助方式予以支持；对企业发展做出突出贡献的人才，开发区应当给予一定的奖励补助。

第三十九条　对于开发区管理机构或者其所属事业单位因特殊需要聘用的高层次管理人才和招商人员，可以按照有关规定探索实行年薪制、协议工资制等多种分配形式。

鼓励开发区创新选人用人机制，支持开发区按照规定实行聘任制、竞争上岗制、绩效考核制。支持开发区探索试行外籍雇员制度，引进需要的外籍专家、技术人员等。

第四十条 任何单位不得在开发区内违规设立收费项目，并收取相关费用。

第四十一条 开发区管理机构应当建立健全投诉协调机制，受理企业和投资者反映的诉求及其对各类违法、违规行为的投诉和举报。

第四十二条 任何国家机关及其工作人员不得滥用职权干扰开发区管理机构正常行使管理职权。

第六章 附 则

第四十三条 本省行政区域内经国务院和省人民政府批准设立的海关特殊监管区域、旅游度假区等其他类型的园区，可以参照本条例执行。

第四十四条 本条例自2018年5月1日起施行。1986年12月20日江苏省第六届人民代表大会常务委员会第二十三次会议通过的《江苏省经济技术开发区管理条例》同时废止。

来源：江苏省人民代表大会常务委员会

中共贵州省委办公厅 贵州省人民政府办公厅关于印发《促进开发区改革和创新发展的意见》的通知

黔委厅字〔2018〕25号

我省开发区经过多年发展，规模不断壮大、效益逐年提升，已经成为我省经济发展的重要增长极、扩大开放的重要窗口和产业集聚的重要平台，对促进全省经济社会持续快速健康发展作出了积极贡献。但我省开发区在发展过程中，还存在经济总量小、产业集聚不强、开放水平不高、空间布局不合理、管理体制机制不活等问题。为贯彻落实习近平总书记对我省解放思想有新进步、改革开放有新突破、后发赶超有新成效、全面建成小康社会有新跨越的重要指示和《国务院办公厅关于促进开发区改革和创新发展的若干意见》（国办发〔2017〕7号）精神，促进全省开发区改革和创新发展，提出如下意见。

一、科学把握开发区功能定位

指导思想。以习近平新时代中国特色社会主义思想为指导，全面贯彻党的十九大精神和习近平总书记在贵州省代表团重要讲话精神，牢固树立“四个意识”，坚定“四个自信”，紧紧围绕统筹推进“五位一体”总体布局，协调推进“四个全面”战略布局，深入贯彻创新、协调、绿色、开放、共享的发展理念，大力推动现代化经济体系建设，进一步明确开发区发展定位，增强开发区功能优势，促进开发区高质量发展。

功能定位。开发区要坚持以产业发展为主，大力发展制造业、高新技术产业和生产性服务业，努力成为新型工业化发展的引领区。开发区要强化精简高效的管理特色，创新运营模式，不断探索发展新路径、新经验，促进要素自由流动和优化配置，努力成为体制机制创新和开放型经济建设的先行区。开发区要为企业投资贸易经营提供优质高效的服务，学习先进经验，主动对接国际通行规则，从企业开办、建设许可、信贷获得、税务管理、合同履行等方面着手，查找差距、补齐短板，努力成为良好营商环境的示范区。开发区要进一步搞好招商引资、选商引产，引进和培育更多的市场主体，增加市场的活力、动力和竞争力，创造更多的新产品、新技术和新市场，提高经济发展的质量和效益，努力成为大众创业万众创新的集聚区。

二、大力推进开发区改革创新

提升开发区行政管理效能。能够下放给开发区的审批、土地、环保等管理权限，要依照法定程序下放给开发区，放管结合、优化服务，切实去除权力下放的隐形门槛。对于开发区内企业投资经营过程中需要由所在地人民政府有关部门逐级转报的审批事项，探索取消预审环节，简化申报程序，可由开发区管理机构直接向审批部门转报。缩短办事流程，推进并联审批、网上办理等模式创新，提高审批效率。入区具体建设项目工程设计、施工和工程验收管理等依法委托开发区负责。不动产登记发证等事项，按照规定履行相关手续后，依法委托开发区实施。开发区规划环境影响报告书由相应环保行政主管部门组织审查通过后，按照规划环境影响评价的要求，坚持高标准、严格筛选入区项目，对符合规划环评结论及审查意见要求的入区项目，可采取引用规划环评结论、减少项目环评内容和章节等方式，简化其环境影响评价内容和评价方式。（责任单位：省商务厅、省发展改革委、省编委办、省经济和信息化委、省科技厅、省财政厅、省国土资源厅、省住房城乡建设厅、省环境保护厅、省水利厅、省工商局、省质监局、省地税局、省国税局，各市［州］人民政府、贵安新区管委会，相关县［市、区］人民政府）

加大财政政策支持力度。完善开发区财政预算管理体制和独立核算机制，在财政预算管理体制和独立核算机制明确的国家级和市（州）直管开发区设立独立金库。支持开发区与地方财政实行独立核算，按照“基数留存、增量分成”的原则，对收入增量按比例分成。在现行分税制财政管理体制框架内，开发区和地方政府合理划分财政事权和支出责任，确定基期年、财政收支基数等。（责任单位：省财政厅、人行贵阳中心支行，各市［州］人民政府、贵安新区管委会，相关县［市、区］人民政府）

促进开发区优化整合。积极探索建立开发区统一协调机制，避免开发区同质化和低水平恶性竞争，形成各具特色、差异化的开发区发展格局。鼓励以国家级经开区、高新区和发展水平高的省级经开区、高新区为主体，对区位相邻、相近的开发区进行空间整合、资源整合和产业调整，优化产业结构和布局，实行统一管理、统一规划、统一政策。被整合的开发区的地区生产总值、财政收入等可按属地原则进行分成。（责任单位：省商务厅、省发展改革委、省科技厅、省经济和信息化委、省住房城乡建设厅、省国土资源厅、省环境保护厅、省水利厅、省编委办、省统计局，各市［州］人民政府、贵安新区管委会）

鼓励探索市场化运营模式。引导社会资本参与开发区建设，探索多元化的开发区运营模式。支持以各种所有制企业为主体，按照国家有关规定投资建设、运营，或者托管现有的开发区，享受开发区相关政策。鼓励开发区逐步把建设、招商、运营、服务等事务通过市场化方式委托给专业公司或专业团队管理。对区域功能相对单一、地城面积相对较小的开发区，可以探索实行企业化管理模式。鼓励开发区与周边区域和经济功能区采取异地共建、飞地经济等形式联动发展，以多种模式跨区域合作开发运营“区中园”。确定收益回报、统计指标分享和风险分担机制，享受开发区相关政策。开发区可结合产业发展方向，在政策允许和权限范围内制定相应的招商引资优惠政策。（责任单位：省商务厅、省发展改革委、省财政厅、省统计局、省投资促进局，各市［州］人民政府、贵安新区管委会，相关县［市、区］人民政府）

优化土地利用政策。建立健全开发区土地节约集约利用评价、考核和奖惩制度，优先支持符合条件的重大产业项目建设用地。各地新增工业用地和生产性服务业用地计划原则上安排在开发区。加强开发区公共配套服务、基础设施建设等用地保障，提高生产性服务业用地比例，适当增加生活性服务业用地供给。支持开发区加大对闲置用地、低效用地和批而未供用地的处置力度，推进存量用地高效开发。鼓励工业用地通过提高容积率等方式提高土地利用率，改造开发需变更土地用途的，可依法办理规划修改和用地手续。开发区每年提前提出用地计制。当地政府在批次用地申请时予以重点保障。在开发区试行“先租后让、租让结合”的土地供应方式。探索工业用地出让弹性年期制。（责任单位：省国土资源厅，各市［州］人民政府、贵安新区管委会，相关县［市、区］人民政府）

高效利用园区资源。开发区按照产业集聚、企业集中、土地集约的要求，采取扎实有效的措施，盘活闲置土地和标准厂房、做好再利用文章，提高标准厂房利用率。对市场前景不好、生产不正常、管理不规范、科技含量低、产出贡献率低的企业，支持开发区加强土地和标准厂房使用的清理整顿，提高再利用率。在招商引资、选商引进过程中，优先考虑闲置标准厂房的利用。鼓励将闲置标准厂房等改造为双创基地和众创空间，突出体旅融合等多产业融合发展，着力引入一批厂房占用小、创新能力强、附加值高的高端、高质、高效企业入驻闲置标准厂房。引导和鼓励天使投资、创投基金等入驻双创基地和众创空间。（责任单位：省国土资源厅、省旅游发展委、省体育局、省投资促进局，各市［州］人民政府、贵安新区管委会，各县［市、区］人民政府）

三、推动开发区规范发展

加快开发区转型升级。开发区要贯彻落实创新驱动发展战略，促进科技创新、制度创新，推动由要素驱动向创新驱动转变，营造大众创业万众创新良好氛围。要适应新一轮产业变革趋势，加快实施“中国制造2025”战略，加快传统制造业通过技术改造向中高端迈进，促进信息技术与制造业结合，努力形成一批战略性新兴产业集聚区。要不断提高对外开放水平，完善外贸综合服务体系和促进体系，积极吸引外商投资和承接国际产业转移，持续发挥开放型经济主力军作用。要积极推行低碳化、循环化、集约化发展，推进绿色工厂建设，实现厂房集约化、原料无害化、生产洁净化、废物资源化、能源低碳化；推进园区循环化改造，按照循环经济“减量化、再利用、资源化”的理念，推动企业循环式生产、产业循环式组合，搭建资源共享、废物处理、服务高效的公共平台，促进废物交换利用、能量梯级利用、水的分类利用和循环使用，实现绿色循环低碳发展。要整体规划建设开发区基础设施，配套电力、燃气、供热、供水、通信、道路、消防、防汛、人防、治污等设施，并将为企业服务的公共信息、技术、物流等服务平台和必要的社会事业建设项目统一纳入整体规划。（责任单位：省发展改革委、省商务厅、省科技厅、省经济和信息化委、省住房城乡建设厅、省国土资源厅、省环境保护厅、省水利厅，各市［州］人民政府、贵安新区管委会，相关县［市、区］人民政府）

强化环境、资源、安全监管。开发区布局和建设必须依法执行环境影响评价制度，在空间布局、总量管控、环境准入等方面运用环境影响评价成果，对入区企业或项目设定环境准入要求，积极推行环境污染第三方治理。落实最严格水资源管理制度，实行水资源消耗总量和强度双控，严格执行取水许可管理，严格水土保持监督管理，防控废弃渣土水土流失危害，加强节约用水管理。推动现有开发区全面完成污水集中处理，新建开发区必须同步配套污水集中处理设施和废水在线监控系统并与环保部门联网。开发区规划、建设要加强安全管理，强化安全执法能力建设和安全监管责任体系建设，严格执行建设项目安全设施“三同时”制度。加强开发区各相关规划的衔接，严格落实安全生产和环境保护所需的防护距离，促进产业发展与人居环境相和谐。（责任单位：省环境保护厅、省住房城乡建设厅、省国土资源厅、省水利厅、省安全监管局，各市［州］人民政府、贵安新区管委会，各县［市、区］人民政府）

完善科学发展评价体系。进一步完善《贵州省开发区综合发展水平评价办法》，建立健全开发区统计体系，把经济总量、增长速度、开放创新、集约发展、区域带动、生态环保、转型升级、营商环境、招商引资、就业、工业增加值、用电量、税收等作为考核评价的重要内容，引导开发区走高质量发展之路。将考评结果作为开发区绩效工资、评先评优、奖励激励、职务调整、岗位变动以及聘任合同续订、终止的重要参考。开发区综合评价排名纳入地方政府绩效考核。（责任单位：省商务厅，各市［州］人民政府、贵安新区管委会）

建立开发区动态管理机制。建立开发区动态管理机制，逐步实现“有进有退”的动态管理。在控制新增数量、提升发展质量的原则下，稳步有序推进开发区设立、扩区和升级工作，建立条件清单，原则上每个县（市、区）的开发区不超过1家。支持经济综合实力领先、产业特色明显、内生动力突出的省级开发区按规定程序升级为国家级开发区。对土地资源利用效率低、环保不达标、发展长期滞后的开发区，予以警告、通报、限期整改、黄牌警告、退出等处罚。从2018年起，对排名靠前的开发区优先给予2年培育期，推荐申报国家级开发区；对综合考核位列全省前3位的开发区给予奖励；对综合考核名次同比上升速度前3位的开发区给予奖励；对综合考核位列全省后5位的开发区进行约谈和督促整改；对连续2年综合考核位列全省后5位的开发区予以黄牌警告；对连续3年综合考核位列全省后5位的开发区按程序报请批准后退出省级开发区管理序列，并责成市（州）对开发区机构建制和空间布局作相应调整和整合。（责任单位：省商务厅、省财政厅，各市［州］人民政府、贵安新区管委会，相关县［市、区］人民政府）

各市（州）政府、贵安新区管委会和省有关部门要切实加强组织领导和协调，按照责任分工，尽快制定具体实施意见和配套政策措施，确保我省开发区改革创新发展取得实效。

本意见适用于全省范围内县级以上人民政府管理的高新技术开发区、经济技术开发区、综合保税区和航空港经济区，其他工业园区、产业园区可参照本意见执行。

来源：贵州省人民政府办公厅

宁波市人民政府办公厅关于进一步推进开发区改革和创新发展的实施意见

甬政办发〔2018〕76号

各区县（市）人民政府，市直及部省属驻甬各单位：

为贯彻落实《国务院办公厅关于促进开发区改革和创新发展的若干意见》（国办发〔2017〕7号）、《中共浙江省委浙江省人民政府关于以“一带一路”建设为统领构建全面开放新格局的意见》（浙委发〔2018〕20号）和《浙江省人民政府办公厅关于印发全面优化开发区建设促进开发区深化改革扩大开放和创新发展的实施意见》（浙政办发〔2018〕9号）精神，进一步推进我市开发区（包括经济技术开发区、高新技术产业开发区和海关特殊监管区等列入市重点开发区域管理的各类园区）改革创新和整合提升，实现开发区高质量发展，经市政府同意，现提出如下实施意见。

一、总体要求

（一）指导思想。深入贯彻党的十九大精神，高举习近平新时代中国特色社会主义思想伟大旗帜，坚持创新、协调、绿色、开放、共享发展理念，按照市委、市政府“六争攻坚、三年攀高”行动决策部署，以体制机制创新为突破口，以“亩产论英雄”为发展导向，强化统筹规划、专业化招商和要素资源保障，促进开发区特色发展、转型发展和创新发展，为我市推进新一轮对外开放和建设“名城名都”提供有力支撑。

（二）发展目标。努力把各级开发区建设成为我市产业转型升级示范区、国际合作先行区、科技创新集聚区、改革创新试验区，在全市经济社会发展中的贡献度进一步提升，争取在全国、全省同类开发区中走在前列。到2020年，全市重点开发区域地区生产总值、一般公共预算收入、实际利用内资、实际利用外资、进出口总额分别占全市的45%、50%、60%、65%和65%；建成地区生产总值超过500亿元的开发区3个，超过300亿元的开发区8个，国际产业合作园5个。

二、促进开发区特色发展

（三）明确各类开发区发展方向。坚持以产业发展为主，打造成为本地区制造业、高新技术产业和生产性服务业集聚发展的平台。国家级经济技术开发区、高新技术产业开发区、海关特殊监管区要发挥示范引领作用，突出先进制造业、战略性新兴产业、国际贸易等产业特色，主动对接国际通行规则，建设具有国际竞争力的高水平园区。国家级经济技术开发区和海关特殊监管区要主动谋划，积极参与浙江自贸区建设，探索和推进建设能源交易中心和大宗商品跨境交易中心。省级开发区要依托区域资源优势，推动产业要素集聚，提升营商环境国际化水平，向主导产业明确、产业链配套完善的方向发展，成为区域经济增长极，带动区域经济结构优化升级。（市发改委、市商务委和各开发园区管委会负责）

（四）完善开发区功能规划。按照全市产业布局引导规划要求，明确各自定位，打造特色功能，实现错位发展，切实提高经济发展质量和效益。要根据发展需要，适时完善和调整本区域国民经济和社会发展总体规划、土地利用总体规划、城乡规划，形成“多规合一”的规划体系。（市商务委、市规划局、市国土资源局和各开发园区管委会负责）

（五）主动融入“大湾区”建设。积极参与“大湾区”建设，围绕环杭州湾、象山港湾、三门湾的开发保护，主动谋划、找准定位、协同推进，加快构建现代产业体系，推动港湾业城互动融合，争取打造5个以上高质量外资集聚地和新型贸易中心，“大湾区”成为推动我市新一轮开放发展的主平台，推动市域开放层次全面提升。（市发改委、市商务委和相关开发园区管委会负责）

（六）积极参与“一带一路”综合试验区创建工作。以“一带一路”建设为统领，积极参与“16+1”经贸合作示范区、中国—中东欧贸易便利化检验检疫试验区和中国（宁波）跨境电子商务综合试验区建设，在打造新型贸易中心和国际人文交流基地等方面走在前列。推进口岸大通关建设，积极推广应用国际贸易“单一窗口”，力争实现贸易便利化程度率先达到世界先进水平。支持梅山保税港区建设宁波“一带一路”综合试验区核心承载区、大榭开发区建设国际能源贸易岛、宁波保税区建成中国—中东欧贸易物流园，支持宁波杭州湾新区打造我省标志性、战略性改革开放大平台。（市发改委、市商务委、市口岸打私办、宁波海关和各开发园区管委会负责）

三、推进开发区转型发展

（七）增强创新驱动能力。根据自身的产业定位，加快建设一批服务于产业发展的创业创新服务平台。支持开发区与国内外知名高校、科研院所建立战略合作关系，引进创建一批工程（技术）研究中心、工程实验室、制造业创新中心等重大科技平台。鼓励各级开发区建设海外创新孵化中心，更好利用国际创新资源。支持创建科技成果转移中心和国际合作创新园，建立以运行绩效为导向的政策体系。支持开发区内企业建设技术研发中心，推进知识产权保护示范区建设。鼓励开发区深入落实“3315计划”“资本引才计划”和“泛3315计划”，集聚一批能够突破关键技术、引领高新产业、带动新兴学科的海内外高层次人才和高端创业创新团队。（市科技局、市经信委、市委组织部、市财政局、市人力社保局和各开发园区管委会负责）

（八）推进开发区绿色生态发展。探索建立开发区绿色建设体系和建设模式，健全环境风险防范长效机制，促进开发区绿色低碳、安全及可持续发展。支持开发区创建生态工业示范园区、循环经济改造示范试点园区等绿色发展园区。鼓励开发区推进绿色工厂建设，实现厂房集约化、生产洁净化、废物资源化、能源低碳化。（市经信委、市环保局、市商务委和各开发园区管委会负责）

（九）加快国际产业合作园建设。加强与欧美日等发达国家政府机构、商协会的交流合作，聚焦高端装备、新材料、新能源等重点发展产业，建设5个以上外资来源地相对集中的国际产业合作园，争取国际产业合作园在国家级开发区实现全覆盖。加快推进中意（宁波）生态园、中捷（宁波）产业合作园和中瑞（宁海）生产技术中心等国际产业合作园建设。支持国际产业合作园在对应的国家设立经贸办事处，并在派驻人员出国方面给予支持。凡批准为省级国际产业合作园的，可享受市级特色小镇支持政策。推进“走出去”和“引进来”相结合，在全市开发区中打造2个以上境外并购回归产业集聚地。（市商务委、市发改委、市财政局、市外办和各开发园区管委会负责）

（十）提升海关特殊监管区开放水平。推动宁波出口加工区、慈溪出口加工区整合优化为综合保税区。发挥海关特殊监管区域政策优势，积极复制推广仓储货物按状态分类监管、委内加工、保税展示交易、期货保税交割等自贸试验区创新监管制度。推进海关特殊监管区内企业一般纳税人资格、高附加值项目境内外维修业务等试点工作，推动海关特殊监管区向加工制造中心、贸易销售中心、交易结算中心和物流配送中心方向发展。（市商务委、市国税局、宁波海关和各开发园区管委会负责）

四、推进开发区产业招商

（十一）强化主导产业研究。根据全市产业布局引导规划要求，主动开展主导招引产业研究，编制产业招商地图，明确招引方向、主攻的重点区域和重点企业，切实发挥产业研究在招商引资工作中的引领作用，提升招商工作的精准性。（市商务委、市经合局和各开发园区管委会负责）

（十二）强化主导产业招商。切实根据产业定位，以主导产业的“建链”“延链”“补链”“强链”为主线，以产业招商地图为指引，实施“挂图作战”，突出对产业链龙头骨干企业的招引，推进园区产业集约化、集群化发展。支持开发区与国际咨询机构、中介机构开展系统化、长期性的招商合作，重点引进一批世界500强和行业龙头企业、“隐形冠军”企业、高科技企业。（市商务委、市经合局和各开发园区管委会负责）

（十三）强化招商政策支持。结合产业发展方向，在政策允许和权限范围内制定有竞争力的招商引资优惠政策，对重点招商项目可实行“一事一议”。鼓励市场主体参与招商引资工作，对符合相关招商引资政策条件的重大项目引荐机构、引荐人给予奖励。（市商务委、市经合局和各开发园区管委会负责）

（十四）强化招商队伍建设。进一步优化招商队伍结构，打造一支有一定规模的国际化、专业化、市场化招商队伍。探索建立招商队伍全员绩效考核机制，实施工资收入与招商业绩相挂钩，并对重大招商项目引进有突出贡献的人员，给予适当的行政奖励。探索试行外籍招商雇员制度。根据各地各单位需求，加大招商干部挂职选派力度。[市委组织部、市人力社保局、各区县（市）政府和各开发园区管委会负责]

五、强化开发区要素保障

（十五）完善开发区土地利用机制。推进工业项目向开发区集聚，对纳入我市“3511”产业体系的项目，优先进入市级项目用地储备库，年度计划指标按市、县两级实行“应保尽保”。全面推进开发区土地集约利用综合评价工作，建立规模以上工业企业“亩产论英雄”评价体系，国家级经济技术开发区“亩产效益”达到全省领先水平，省级经济开发区“亩产效益”达到全省平均水平以上。到2020年，省级以上经济开发区已开发土地亩产税收争取达到22万元/亩以上。建立健全“供而未用”土地处置盘活长效机制，建立新增建设用地指标计划分配与存量建设用地盘活、批而未供土地消化利用挂钩机制。对发展较好、用地集约的开发区，在安排年度新增建设用地指标时给予适度倾斜。严格产业项目准入管理，产业主管部门和开发区管委会可将产业类型、生产技术等要求作为工业用地供应的前置条件，并明确设置理由、具体内容、监管措施和违约处理方式。（市经信委、市发改委、市国土资源局、市规划局、市商务委和各开发园区管委会负责）

（十六）优化开发区土地利用政策。鼓励开发区建设和持有标准厂房，引导中小企业租用标准厂房，对10万平方米以上标准厂房项目给予土地政策支持。各地要深入贯彻国办发〔2017〕7号和《国土资源部发展改革委科技部工业和信息化部住房城乡建设部商务部关于支持新产业新业态发展促进大众创业万众创新用地的意见》（国土资规〔2015〕5号）等文件精神，支持利用存量工业房产发展生产性服务业以及兴办创客空间、创新工场等众创空间，积极引导土地用途兼容复合利用。（市国土资源局、市规划局和各开发园区管委会负责）

（十七）构建金融和资本支撑体系。鼓励开发区设立科技创新、创业投资和产业投资等基金，支持产业发展。加快推进投融资机制改革，鼓励和引导社会资本参与开发区基础设施和公共服务类项目建设运营。推动符合条件的开发区开发、运营企业发行企业债、短期融资券、中期票据、资产支持票据等进行融资，推动区域内企业上市或在新三板、宁波股权交易中心挂牌。(市财政局、市金融办和各开发园区管委会负责)

六、深化开发区体制机制改革

(十八) 完善开发区管理体制。按照“精简、高效、统一”的原则，科学设置内设机构，集中精力抓好经济建设和投资服务工作，进一步焕发体制机制活力。各开发区要充分依托属地政府开展社会管理、公共服务和市场监督，各级政府减少向开发区派驻部门。对有条件的省级开发区依法赋予县级经济管理权限。理顺开发区财税管理体制，完善开发区财政预算管理和独立核算机制。[市编委办、市财政局、各区县(市)政府和各开发园区管委会负责]

(十九) 创新开发区运行模式。探索多元化的开发区运行模式，鼓励有条件的开发区实施公司化管理、市场化运行，鼓励开发区与国内外专业运营机构开展合作，探索“区中园”公司化管理模式，建立与园区发展相适应的运行体制。结合政府职能转变，逐步尝试将园区开发、建设、招商、服务等事项通过政府购买服务方式委托市场主体，降低行政成本，提高市场活力。[各区县(市)政府和各开发园区管委会负责]

(二十) 推进开发区整合提升及区域合作。加强统筹规划，按照“一个平台一个主体一套班子”的原则，以区域内最高层级平台为核心，整合相邻、相近的各类开发区，打造新时代高能级开放开发大平台。支持国家级开发区与省级开发区按照“共建、共管、共享”的原则开展跨区域合作，共建合作园区，探索实行跨区域的税收收益和经济指标分成共享机制。鼓励开发区之间实行紧密型的产业招商合作，在人、财、物不变的情况下，探索实行统一招商规划、统一招商政策、统一招商队伍，对提供项目信息、协助推动项目落地的开发区，由承接项目的开发区给予另一方利益分成。支持有条件的开发区在外建立“飞地”园区，开拓发展空间。[市编委办、市发改委、市商务委、市经合局、市财政局、市国土资源局和各区县(市)政府及各开发园区管委会负责]

七、提升开发区管理水平

(二十一) 完善综合考核评价制度。按照公平、公正、公开的原则，坚持全面性和导向性、发展和创新相结合，建立科学的考评体系，由市重点开发区域工作领导小组办公室每年对全市开发区实行综合考评。对历年考核名列前茅的省级开发区，优先推荐申报国家级开发区。对于年度考核位次在最后一位的开发区实行约谈制度。各区县(市)政府要把各省级开发区在全市开发区考核中的名次进位情况列入年度考核内容。各级政府要加强考核成果应用，将其作为开发区领导班子和领导干部实绩考核的重要依据。(市委组织部、市商务委、市人力社保局、市财政局、市统计局负责)

(二十二) 进一步优化营商环境。以简政放权、放管结合、优化服务为主线，贯彻落实“最多跑一次”改革部署，推进行政审批集成服务改革，积极实施“多证合一”改革试点。加大知识产权保护力度，优化外籍人员来甬工作许可证和工作签证审批、许可流程，积极营造“亲商、安商、富商”的良好氛围。(市行政审批管理办公室、市编委办、市市场监管局、市科技局、市公安局负责)

宁波市人民政府办公厅

2018年5月31日

来源：宁波日报

西安经济技术开发区管委会关于印发《西安经济技术开发区促进人工智能与机器人产业发展暂行办法》的通知

西经开发〔2018〕110号

各局（室、中心）、直属事业单位，各垂直管理机构，各直属国有公司、直属公办学校、区内各企业：

现将《西安经济技术开发区促进人工智能与机器人产业发展暂行办法》印发给你们，请认真贯彻执行。

西安经济技术开发区管委会
2018年4月28日

西安经济技术开发区促进人工智能与机器人产业发展暂行办法

人工智能的迅速发展将深刻改变人类社会生活、改变世界，机器人是“制造业皇冠顶端的明珠”，大力发展并加快人工智能与机器人深度应用，既是西安经开区实施“三新战略”助力“建强创佳”，实现“追赶超越”行动计划的需要，也对促进产业转型提质增效具有重要推动作用。为了推进西安经开区人工智能与机器人产业跨越发展，为西安经开区经济发展注入新动能，特制定本办法。

第一条　企业落户奖励

积极吸引国际国内著名人工智能与机器人企业和研究机构设立的企业、区域总部和研发中心，一次性最高奖励1 000万元。

第二条　创业企业奖励

支持人工智能与机器人创业企业发展，对获得创业投资机构投资的人工智能与机器人企业，参照获得实际投资总额不超过10%的标准给予奖励，最高奖励200万元。

第三条　研发奖励

支持人工智能与机器人企业开展高新技术企业认定，首次通过高新技术企业认定奖励5万元；再次通过高新技术企业认定奖励3万元；鼓励规模以上工业企业加大研发投入力度，参照企业全年R&D投入强度增长，最高奖励200万元。

第四条　专利奖励

支持人工智能与机器人企业取得国内外专利，每件专利最高奖励5万元。

第五条　标准化奖励

支持人工智能与机器人企业参与国际、国家及国家军用标准制修订，每件最高奖励50万元。

第六条　企业融资补助

支持人工智能与机器人企业通过购买小额贷款保证保险获得银行贷款、知识产权质押贷款、购买科技保险或出口信用保险等方式融资发展，对于符合条件的企业，按照《促进金融业发展、以金融支持实体经济十条措施》给予补助。

第七条　服务平台补助

支持企业建设人工智能创新平台、智能制造云服务平台、机器人产业公共技术研发平台等第三方服务平台，参照平台实际建设费用不超过10%的标准给予补助，最高补助200万元。

支持平台为区内企业提供服务，参照实际服务费用不超过10%的标准给予补助，每年最高补助100万元。

第八条　市场开拓补助

支持企业参加境内外人工智能与机器人展会、取得产品国际认证，参照展位费、认证费不超过50%的标准给予补助，每家企业每年最高补助30万元。

第九条　推广应用奖励

支持企业实施人工智能及机器人应用、数字化生产车间及自动化生产线应用等智能化升级项目，参照项目实际投资额5%的标准给予奖励（采购区内产品标准提高到10%），每个项目最高奖励500万元。

第十条　实施时间

本办法自2018年1月1日起施行，有效期5年，由西安经济技术开发区管委会科技创新局负责解释。

来源：西安开发区

广州市黄埔区 广州开发区知识产权专项资金管理办法

穗埔府规〔2018〕14号

第一条 为贯彻落实国家知识产权战略，进一步推动黄埔区、广州开发区知识产权工作的全面发展，规范知识产权专项资金管理，根据《国务院关于同意在中新广州知识城开展知识产权运用和保护综合改革试验的批复》（国函〔2016〕122号）、《广东省人民政府关于印发广东省建设引领型知识产权强省试点省实施方案的通知》（粤府〔2016〕56号）、《广州市人民政府关于印发广州市加强知识产权运用和保护促进创新驱动发展实施方案的通知》（穗府〔2017〕4号）以及《广州市知识产权局广州市财政局关于印发广州市专利工作专项资金管理办法的通知》（穗知规字〔2017〕4号）等有关规定，结合本区实际，制定本办法。

第二条 广州市黄埔区、广州开发区（以下简称本区）及其受托管理和下辖园区范围内的知识产权资助和奖励等工作适用本办法。

第三条 本办法所称的知识产权专项资金，纳入本区知识产权行政主管部门年度财政预算，用于促进本区知识产权创造、运用、保护、管理和服务工作全面、协调、可持续发展，推进知识产权战略实施。

区知识产权行政主管部门负责知识产权专项资金的管理工作，主要职责如下：

（一）负责编报知识产权专项资金的预算、结算。

（二）制定知识产权专项资金使用计划。

（三）做好知识产权专项资金的日常管理、使用指导和统筹协调。

（四）负责知识产权专项资金申请的审核审批，办理专项资金拨付等工作。

（五）对使用知识产权专项资金的项目进行跟踪和管理，掌握项目实施情况，协调解决项目实施中出现的问题。

（六）与知识产权专项资金管理工作有关的其他事项。

区财政部门负责将知识产权专项资金列入区知识产权行政主管部门预算，监督、检查资金使用情况，对资金整体使用情况进行绩效考核和评价。

第四条 符合下列条件之一的企业、个人或其他组织可申请知识产权专项资金资助：

（一）在本区注册登记、办理税务登记、具有独立法人资格的企业，并有实际研发、生产、经营行为，有健全的财务制度和实行独立核算的企业。

（二）在本区企业工作且连续购买一年以上社会保险的个人或本区户籍人员或本区全日制学校学习的学生。

（三）在本区设立的知识产权代理机构（仅含专利、版权代理机构，以及经相关知识产权行政主管部门备案的专利代理机构的分支机构，以下统称代理机构）。

（四）在本区设立的，经各级科技或知识产权行政主管部门认定的孵化器。

（五）在本区注册的，以推动知识产权发展为目的，并由区知识产权行政主管部门作为业务主管单位的社会团体组织。

专利授权应以本区生产或经营场所、经常居住地作为专利权人地址。专利申请为共同申请的，第一专利申请人应符合本条规定。

第五条 知识产权专项资金主要用于以下情形：

（一）职务发明创造资助标准为：

1．国内（包括港澳台）发明专利获得授权：资助 9 000 元 / 件；实用新型专利获得授权：资助 1 000 元 / 件；外观设计专利获得授权：资助 500 元 / 件。

2．通过 PCT 途径申请专利进入国家阶段（国外）的：资助 1.2 万元 / 件。

3．国外发明专利获得授权：资助 4 万元 / 件，每件发明最多资助 6 个国家。

（二）非职务发明创造资助标准为：

1．国内（包括港澳台）发明专利获得授权：资助 4 000 元 / 件；实用新型专利获得授权：资助 800 元 / 件；外观设计专利获得授权：资助 400 元 / 件。

2．通过 PCT 途径申请专利进入国家阶段（国外）的：资助 8 000 元 / 件。

3．国外发明专利获得授权：资助 4 万元 / 件，每件发明最多资助 3 个国家。

（三）归国留学人员作为第一发明人（职务发明）或第一申请人（非职务发明）申请国内（包括港澳台）或国外发明专利获得授权的，额外资助 2500 元 / 件。

（四）从未获得国内发明专利授权的企业，连续前 5 件依申请并获得发明专利授权的，额外资助 1 万元 / 件。

（五）向版权行政主管部门申请著作权登记的企业，在获得计算机软件著作权登记证书后资助 300 元 / 件；获得其他作品著作权登记证书后资助 150 元 / 件，同一法人每年申请其他作品著作权登记资助不超过 500 件。

（六）向国家知识产权行政主管部门申请集成电路布图设计登记的，在获得公告后资助 3 000 元 / 件。

（七）对区内农产品以地理标志作为证明商标并注册成功或者获得“地理标志产品保护”的，给予一次性 10 万元资助。

（八）对通过国家知识产权规范化管理标准认证的企业，申请本款资助时，累计拥有 5 件以上有效专利或 1 件以上有效发明专利，且在区内专利申请量达 20 件或发明专利申请量达 5 件的，给予一次性 5 万元资助。

（九）对知识产权代理机构进行资助：

1．在区内设立的专利代理机构，自批准或备案之日起运作满一年且代理区内企业或个人专利申请总数达 20 件的，给予一次性 10 万元落户奖励。

2．在区内设立的版权代理机构，运作满一年且申请奖励的上年度代理区内企业或机构的著作权登记数量达 1 000 件的，其中软件著作权登记数量达 300 件的，给予一次性 10 万元落户奖励。版权代理机构与专利代理机构为同一机构的，仅能获取一次代理机构落户奖励。

3．对区内设立的专利代理机构上年度代理区内企业或个人发明专利获得授权的，奖励 1 000 元 / 件；对上年度代理区内企业前 5 件发明专利的，额外奖励 1 000 元 / 件；对上年度代理区内企业或个人实用新型获得授权的，奖励 500 元 / 件；对上年度代理区内企业或个人外观设计获得授权的，奖励 300 元 / 件。

4．对区内设立的版权代理机构代理区内企业或机构软件著作权登记获得证书的，奖励 100 元 / 件。

5．对年代理专利申请量超过 200 件、300 件、500 件以上的专利代理机构，相应给予 1 万元、3 万元、5 万元一次性奖励。

6．对区内设立的版权代理机构上年度代理区内企业或机构著作权登记量超过 1 500 件、3 000 件、5 000 件以上的，相应给予 1 万元、3 万元、5 万元一次性奖励。

（十）鼓励区内孵化器管理机构发挥平台优势，加大知识产权相关服务力度，共同推进知识产权工作。

1．孵化器内入驻企业上年度申请发明专利总数满 20 件的，奖励孵化器管理机构 5 万元，每新增 5 件递增 1 万元，每年每个孵化器管理机构最高奖励 30 万元。

2．孵化器内入驻企业上年度著作权登记数满 1 000 件的，奖励孵化器管理机构 5 万元，每新增 300 件递增 1 万元，每年每个孵化器管理机构最高奖励 20 万元。

3．鼓励孵化器设立知识产权综合服务平台。对于经认定设立本区知识产权综合服务平台的孵化器管理机构，给予 5 万元奖励；知识产权综合服务平台每年复审一次，通过年度复审的，每年给予孵化器管理机构 5 万元奖励。

4．采取政府购买服务方式，加强对孵化器知识产权创造的支持力度。

（十一）对发明专利数量排名靠前的企业予以奖励。每年对区内上年度发明专利申请数量排名前 20 名的企业给予奖励，第一名奖励 30 万元，依次递减 1 万元；对上年度发明专利授权数量排名前 20 名的企业给予奖励，第一名奖励 30 万元，依次递减 1 万元；对上年度 PCT 申请数量排名前 10 名的企业给予奖励，第一名奖励 20 万元，依次递减 1 万元。

（十二）对专利权人发明专利年费给予资助。申请资助时已授权且处于有效状态的国内（包括港澳台）发明专利，维持 6 年的，一次性资助 1 500 元 / 件；对在美国、英国、欧盟、日本、韩国获得授权的 IAB（新一代信息技术、人工智能、生物医药）产业发明专利前 6 年的年费予以支持，每年给予上年度实际发生费用 50% 的资助，每件专利最多资助 3 个国家。

（十三）本办法实施后，区内企事业单位在职人员获得国家专利代理人资格证书或中级以上广东省知识产权专利研究员资格证书，按照 2 000 元 / 人的标准，给予单位一次性奖励。

（十四）为实施本办法委托各类专业机构提供论证、评审、审计、法律等服务以及开展知识产权管理及相关软科学研究等相关费用。

（十五）经区政府、管委会审批的其他知识产权项目支出事项。

（十六）为实施知识产权战略制定颁布的相关知识产权扶持政策，所需资助经费从知识产权专项资金中列支。

第六条 鼓励企业申报国家、省、市知识产权项目。对获得国家、省、市知识产权行政主管部门立项资助的项目，采用后补助的方式予以配套资助：

（一）对国家级知识产权项目，给予 100% 的资金配套，最高 500 万元。

（二）对省级知识产权项目，给予 70% 的资金配套，最高 300 万元。

（三）对市级知识产权项目，给予 50% 的资金配套，最高 100 万元。

本条款配套资助的专利项目应为广东省专利技术实施计划项目、广州市专利技术产业化项目等对本区专利产业化及对本区经济发展具有促进作用的上级知识产权行政主管部门立项资助的项目。

本条款配套资助的版权项目应为对本区版权产业化及对本区经济发展具有促进作用的上级版权行政主管部门立项资助的项目。

同一项目获得上级多项资助的，可选择区最高资助额度申请配套资助；配套资助不叠加，但可申请补差。

第七条 对获得国家、省、市专利奖和广州市保护知识产权市长奖及其他相关奖励的企业，按照国家级 100% 配套、省级 70% 配套、市级 50% 配套的标准予以奖励；对撰写前述获奖专利的知识产权代理机构，按照本区配套奖励金额 10% 的标准给予奖励。

同一奖项获得上级多项奖励的，可选择区最高资助额度申请配套奖励；配套奖励不叠加，但可申请补差。

第八条 同时符合以下条件的企业，经向区知识产权行政主管部门提出申请，可认定为区知识产权优势企业：

（一）具有专门的知识产权管理机构和专职工作人员，已建立较为健全的知识产权管理和保护制度，有一定比例的知识产权专项经费用于专利申请、维持、保护、培训和奖励等工作。

（二）已建立科技开发专利检索制度，其主要研发人员能熟练使用专利信息系统查阅和分析专利文献，具有开展知识产权评议或者运营的能力。

（三）企业拥有有效专利 10 件以上，其中发明专利 5 件以上，且专利产品年销售额占总销售额的 30% 以上且不低于 2 000 万元；或企业已获得计算机软件著作权 10 件以上，且已获得软件著作权登记的软件产品的上年销售额占企业产品年销售额的 30% 以上且不低于 500 万元。

（四）企业已建立知识产权培训制度，并纳入岗前培训内容。全员知识产权培训率达 80% 以上。

同等条件下，优先考虑通过国家知识产权规范化管理认证企业。

第九条 经认定为区知识产权优势企业的，以区政府、管委会名义授予称号，给予一次性 10 万元奖励；各级优势企业获得国内（包括港澳台）发明专利授权的，额外资助 1 000 元 / 件。

第十条 区知识产权优势企业称号有效期为 3 年。期满后企业可申请重新认定，企业相关知识产权总量无增长或到期不申请重新认定的，取消区知识产权优势企业称号。

第十一条 同时符合下列条件的企业，经向区知识产权行政主管部门提出申请，可认定为区知识产权示范企业：

（一）被认定为区知识产权优势企业满 2 年。

（二）企业拥有有效专利 20 件以上，其中发明专利 10 件以上，且专利产品年销售额占总销售额的 30% 以上且不低于 3 000 万元；或企业已获得计算机软件著作权 20 件以上，且已获得软件著作权登记的软件产品的上年销售额占企业产品年销售额的 30% 以上且不低于 1 000 万元。

（三）对知识产权工作的投入（指对知识产权创造、运用、管理和保护的投入）占企业研发投入 5% 以上。

（四）知识产权战略运用初见成效，企业把知识产权战略融入企业经营管理总体战略之中，运用知识产权制度和规则谋求自身发展、参与市场竞争的能力较强。

第十二条 经认定为区知识产权示范企业的，以区政府、管委会名义授予称号，给予一次性 20 万元奖励；各级示范企业获得国内（包括港澳台）发明专利授权的，额外资助 3 000 元/件。

凡被认定为国家、省、市知识产权示范或版权示范企业（单位、基地、园区）的，分别给予 30 万、25 万、20 万元的奖励。同一企业（单位、基地、园区）获得上级知识产权示范或版权示范企业（单位、基地、园区）的，可选择区最高资助额度申请配套奖励；配套奖励不叠加，但可申请补差。

第十三条 区知识产权示范企业有效期为 3 年。期满后企业可申请重新认定，对再次认定为区示范企业的，每年再组织考核，对知识产权工作成绩突出的企业，奖励 10 万元，奖励企业数量不超过被考核企业总数的 30%；企业有效专利或计算机软件著作权总量 3 年内未实现增长或期满后不申请重新认定的，取消区知识产权示范企业称号。

第十四条 对各级知识产权优势、示范企业一次性投入 5 万元以上购买专利数据库的，按照实际投入 50% 的标准给予一次性资助，最高不超过 5 万元。

第十五条 对符合本办法第四条第一款第（五）项规定的社会团体组织，每年给予 10 万元扶持。

第十六条 区内企业在专利、版权受到不法侵害或不实侵权指控时，开展维权行动并胜诉的，根据有关生效法律文书，按案件实际发生诉讼代理费的 30% 给予资助，每家企业每件国内（包括港澳台）维权案件最高资助 100 万元，每件国外维权案件最高资助 200 万元，每家企业每年最高资助 500 万元。

申请本款专利维权资助的区内企业，应为本区生产性企业和经认定的研发机构。

申请本款版权维权资助的区内企业，应为本区申报上年度自主版权登记数累计达 50 件以上的企业。

第十七条 申请知识产权专项资金资助应将有关申报材料上报区“一门式”政策兑现窗口，

具体程序如下：

（一）符合本办法第五条第（一）、（二）、（三）、（四）项资助申请条件的企业和个人，每两个月定期集中申报；符合本办法第五条第（五）、（六）、（七）项资助申请条件的企业和个人，每个季度定期集中申报。申请国内（包括港澳台）专利资助的应当在取得相关证书后9个月内提出，申请PCT或国外资助的应当在取得相关证书后12个月内提出，申请著作权资助的应当在取得相关证书后6个月内提出，逾期不予受理。

（二）符合本办法第五条第（八）项资助申请条件的企业在获得知识产权管理规范认证证书后12个月内，每个季度定期集中申报，逾期不予受理。

（三）符合本办法第五条第（九）、（十）、（十一）项资助条件的机构和企业，每年定期集中申报一次，由区知识产权行政主管部门进行公示，公示期满后符合条件的发放资助。

（四）符合本办法第五条第（十二）项资助条件的企业，每年定期集中申报一次，逾期不予受理。

（五）符合本办法第五条第（十三）项资助条件的单位，应当在取得相关证书后9个月内提出，每个季度定期集中申报，逾期不予受理。同一人的前述证书只给予一次性奖励。

（六）符合本办法第六条、第七条配套或奖励的企业，每年定期集中申报一次，逾期不予受理。

（七）区内知识产权社会团体组织应当在依法成立后提出扶持申请，每年定期集中申报一次，逾期不予受理。

（八）符合本办法第十六条规定的情形，企业应当自有关法律文书生效之日起6个月内提出维权费补贴申请，每个季度定期集中申报，逾期不予受理。

第十八条 申请资助的企业、机构和个人如存在弄虚作假，截留、挪用、挤占项目经费或其他理由足以认定为套取资助等违反财经纪律的行为，区知识产权行政主管部门应当追回已发放的奖励扶持资金，取消有关企业、组织或个人今后3年内知识产权专项资助申请权，并向社会公告，同时建议有关部门按照《财政违法行为处罚处分条例》（国务院令第427号）有关规定处理。情节严重构成犯罪的，依法移送司法机关处理。

第十九条 区内机关、事业单位、社会团体组织向区知识产权行政主管部门申请知识产权相关资助或奖励的，可参照本办法有关规定执行。

第二十条 本办法所称的“以上”“最高”“不超过”“满”“达”均包括本数。

符合本办法规定的同一项目、同一事项同时符合上级及区内其他扶持政策规定的，按照从高不重复的原则予以支持，另有规定的除外。

第二十一条 本办法涉及的政策兑现事项采用“一门受理、内部流程、集成服务、限时办结”政策兑现办理模式。区政策研究室负责形式审核和跟踪督办，区知识产权行政主管部门负责实质审核。

第二十二条 本办法自印发之日起实施，有效期5年。有效期届满或有关法律政策依据变化的，将根据实施情况予以评估修订。原《广州开发区 黄埔区知识产权专项资金管理办法》（穗开管办〔2016〕30号）同时废止。

原《广州开发区 黄埔区知识产权专项资金管理办法》（穗开管办〔2016〕30号）生效期间，已提出申请但尚未办结的事项，按照原规定办结。

来源：广州市黄埔区人民政府

烟台开发区出台关于进一步加快创新型开发区建设的意见

烟开〔2018〕30号

为全面贯彻落实中央、省、市关于深化科技体制改革、加快创新驱动发展战略、山东省新旧动能转换重大工程的系列决策部署，充分发挥科技创新支撑引领作用和支持新旧动能转换的重要作用，建立完善以企业为主体、市场为导向、产学研深度融合的技术创新体系，加速培育具有区域核心竞争力的经济和产业体系，加快实现建设烟台市现代化经济中心和科技创新中心战略目标，制定本意见。

一、指导思想、主要目标和重点任务

1. 指导思想。以习近平新时代中国特色社会主义思想为指导，认真贯彻落实党的十九大关于科技创新的新思想新战略，牢固树立“创新、协调、绿色、开放、共享”发展理念，坚持人才引领、产业依托、企业主体、平台支撑、机制保障，健全完善多层次创新政策体系、多元化创新载体平台、市场化创新激励机制，加快构建以企业为主体、以人才为核心的最优创新生态，持续打造区域发展核心竞争力，积极培育新技术、新产业、新业态、新模式，以“四新”促“四化”，推进新旧动能转换，率先形成创新发展、持续发展、领先发展新格局。

2. 主要目标。到2020年，科技创新中心框架体系基本形成，科技创新人才、创新要素、创新企业、创新组织数量和创新质量位居全市前列。全社会研发经费支出占地区生产总值比重达到3.2%；高新技术产业产值占规模以上工业总产值比重达到68%，高新技术企业总数达到200家，市级以上科技型中小企业达到300家；市级以上研发平台达到200家，公共技术服务平台达到20家；万人有效发明专利拥有量超过40件；国家“千人计划”、省“泰山”系列、市“双百计划”等各级高层次人才分别达到100名；各类孵化载体（基地）达到20个，孵化面积达到100万平方米，在孵企业超过600家。

3. 重点任务。聚焦科技创新，树立全球视野，对标国内领先水平，推进“烟台市科技创新中心”建设，重点围绕产业链部署创新链，围绕创新链完善资金链，强化科技同经济对接、创新成果同产业对接、创新项目同现实生产力对接，打造创新人才聚集区、创新能力引领区、协同创新示范区、科技金融先行区、科技创新服务区，在实施创新驱动发展战略中发挥好示范引领作用。

打造创新人才聚集区。围绕人才发展战略，以八角湾国际人才港建设为抓手，不断吸引聚集各类人才来区创新创业，打造国际一流的人才汇聚之地、事业发展之地、价值实现之地。

打造创新能力引领区。围绕创新主体的培育，加快提升企业核心创新能力，以总量做优、规模做大、实力做强为目标，依据科技企业初创期、成长期、成熟期等不同发展阶段的需求，搭建小升规、规改股、股上市的成长阶梯，呈现“成长型、骨干型、示范型”三类企业有序分布、梯级式发展格局，加快培育经济增长新动能。

打造协同创新示范区。围绕新型创新体系构建，大力引进高端创新资源，推进八角湾蓝色种业硅谷、业达科技园、国际生物医药创新中心等载体建设，加快构建综合性和专业化共同支撑的创新平台，重点打造专业资本集聚型、大中小企业融通型、科技成果转化型、高端人才创业型等不同类型的创新创业特色平台，推动各类特色平台集聚服务资源、拓展服务功能、创新服务手段，努力提升企业孵化和成果转化能力，实现创新创业升级。

打造科技金融先行区。围绕科技与金融深度融合，探索科技与金融结合的新模式新路径，综合运用科技信贷、科技保险和科技创投等手段，促进人才、科技、金融与产业的有机结合，构筑起覆盖企业全生长周期的投融资体系。

打造科技创新服务区。围绕创新环境建设，实施知识产权发展和保护战略，探索知识产权区域发展新路径、新模式。大力促进科技成果转移转化，支持建立各类技术转移示范机构，开展各类科技服务，畅通科技成果转化通道。

二、建立更具竞争力的人才发展机制，打造创新人才聚集区

4. 加快引进创新创业领军团队。以新一代信息技术、生物医药、新光电、新材料等领域为重点，面向海内外大力引进高水平人才团队，以人才优势打造创新优势、产业优势、发展优势。新进区且具备世界一流水平、对我区产业发展有重大影响、能带来重大经济效益和社会效益的创新创业团队，经评审，给予1 000万元至3 000万元的项目经费资助；国内顶尖水平、国际先进水平的创新创业团队，给予500万元至1 000万元的项目经费资助；国内先进水平的创新创业团队，给予300万元至500万元的项目经费资助。项目经费经评审后根据合同约定，按照启动、中试、产业化分阶段拨付。对入选的团队项目，给予相应的管委直投基金支持。核心成员（不超过5人）来区工作满一年后，在区内购买自住商品房的，可分别享受50万元、30万元、20万元的购房补助。

团队带头人属于全职引进、在开发区签订劳动合同并参加社会保险的，可获得200万元、100万元、50万元奖励作为生活补贴，主要用于改善工作、学习和生活条件等，按照20%、30%、50%的比例分年度逐年发放。

5. 大力引进海内外顶尖人才。新进区的创业领军人才，其创业项目经评审确定为A类、B类和C类的，分别给予500万元、300万元、100万元的创业资金支持（按照30%、40%、30%分阶段评估后拨付）。对入选的人才项目，给予相应的管委直投基金支持。3年内，提供相应的工作场所房租补贴和每年2万元住房房租补贴；来开发区工作满一年后，在区内购买自住商品房的，可分别享受50万元、30万元、20万元的购房补助。

区内企业新引进的创新领军人才，创新项目经评审确定为A类、B类和C类的，分别给予200万元、150万元、100万元的项目经费资助（按照30%、40%、30%分年度评估后拨付）；与用人单位签订3年及以上劳动合同，稳定工作满一年后，在区内购买自住商品房，可分别享受50万元、30万元、20万元的购房补助。创新领军人才属于全职引进、在开发区签订劳动合同并参加社会保险的，可获得100万元、50万元、30万元奖励作为生活补贴，主要用于改善工作、学习和生活条件等，按照20%、30%、50%的比例分年度逐年发放。

创新创业团队政策与领军人才政策不重复享受。

6. 加快引进产业紧缺急需人才。拓展紧缺急需人才遴选引进范围，对我区高新技术产业发展急需新引进的优秀人才，规范签订劳动合同并参加社会保险，国家杰出青年科学基金获得者、百千万人才工程国家级人选、国家有突出贡献中青年专家、“长江学者”“百人计划”、享受国务院特殊津贴人员、省级突出贡献中青年专家可享受每人每年6万元的补贴，博士研究生（或正高级技术职称者）可享受每人每年2.4万元的补贴，硕士研究生（或副高级技术职称者）可享受每人每年1.2万元的补贴，本科可享受每人每年6 000元的补贴，补贴期限2年。在开发区工作满一年以上，首次在区内购买自住商品房，分别可享受20万元、10万元、5万元、2万元的安家费资助。

对进入我区院士工作站工作的院士每月补贴10 000元，期限2年。建立科技顾问制度，对我区聘任的科技顾问每年给予5万元工作津贴，聘期不超过3年。

高新技术产业急需人才与创新团队、领军人才政策不重复享受。

7. 鼓励申报国家、省高层次人才称号。在我区工作期间，入选“两院”院士、国家“千人计划”或“万人计划”、科技部“人才推进计划”或省“泰山”系列或“外专双百计划”，分别给予个人奖励100万元、50万元和20万元，并分别给予所在单位200万元、100万元、50万元的配套科研经费资助。同时入选以上称号的，按最高标准进行奖励和配套科研经费支持。

8. 对个人年收入地方贡献予以奖励。我区企业新引进（认定）、符合高新技术领域的年薪30万元以上的高层次人才，按其上一年度个人年收入（指工资、薪金、劳务报酬和稿酬所得，其他所得不计入范围）地方贡献部分以工作津贴的方式给予等量补助。补贴期限不超过3年。

9. 完善人才计划及人才荣誉制度。实施“八角湾英才”计划，对上述高层次人才、团队，授予“八角湾英才”或“八角湾英才（团队）”称号，并给予相应扶持。大力培育企业家精神和工匠精神，建立健全支持人才创新创业的长效机制和荣誉机制，完善联系服务专家工作体系，提升人才精细化服务水平，构筑引才、育才、助才、成才、留才的可持续发展的人才生态，定期组织开展优秀人才评选，对获奖人才进行表彰。

三、提升企业核心竞争力，打造创新能力引领区

10. 鼓励企业承担国家、省、市重大科技创新项目。列入国家重点研发计划项目、国家重大专项、重大国防科技专项，给予100%的资金配套；列入山东省重点研发计划（重大项目）给予80%的资金配套；列入烟台市重点研发计划（重大项目）给予50%的资金配套。（按上级实际到位资金配套，配套资金为各级财政配套资金总额，单个项目获各级财政资助总额不超过项目承担单位自筹资金总额，同一项目不重复匹配）

11. 支持关键共性技术研发。围绕新旧动能转换重点领域，支持企业开展基础性、前沿性科研攻关，突破一批关键共性技术，每年在每个产业领域重点梳理1～2个技术链条，支持10项左右重大攻关项目。

12. 加大科学技术奖励力度。对获得国家技术发明或科技进步一等奖、二等奖且在我区产业化的创新成果，投产后分别给予500万元、200万元的奖励；对获得山东省技术发明或科技进步一等奖、二等奖且在我区产业化的创新成果，投产后分别给予150万元、100万元的奖励（同一获奖成果按最高标准执行）。

13. 加大对一类新药和三类医疗器械研发及成果转化支持。生物医药企业在开发一类新药和三类医疗器械过程中发生的研发费，在其取得临床研究批件后，按临床前研究费用20%的比例予以资助，最高不超过50万元；取得国家一类新药证书并且在我区实现产业化的，按总研究费用10%的比例予以资助，最高不超过500万元；取得国家三类医疗器械产品注册证书并且在我区实现产业化的，按总研究费用10%的比例予以资助，最高不超过200万元。

14. 大力培育高新技术企业。鼓励科技企业积极申报国家高新技术企业，及时兑现税收等优惠政策。备案为国家科技型中小企业的，给予5万元奖励；进入烟台市高新技术企业培育库的，给予10万元奖励；首次认定高新技术企业，给予30万元奖励，重新认定的给予5万元奖励；对新引进或经认定的高新技术企业因租用办公、研发、生产场地而产生的租金，自认定之日起按实际缴纳房租给予连续24个月的补助。补助标准最高420元/平方米•年，补助总

额最高 100 万元。

15. 鼓励企业加大研发投入。引导企业建立研发准备金制度，对企业的研发投入，按上级规定给予最高 1 000 万元后补助支持基础上，对其研发费用比上一年度增长部分，再给予 10% 的补助（增长部分补贴最高不超过 200 万元）。

四、搭建各类新型创新创业载体，打造协同创新示范区

16. 加大高端创新资源引进力度。大力引进国内外一流科研院所、高校和知名企业，以区内优势龙头企业为纽带，共建先进技术研究院、协同创新中心等高端研发机构，建设国内一流、世界先进的科技创新基地体系。国家级科研院所、国家重点大学以及国际知名高校和科研院所等高端科技资源，在我区设立或共建分支机构或研究院，给予最高 5 000 万元的支持；国家实验室、国家技术创新中心等国家级重大创新载体在我区设分支机构或研发机构，予以最高 3 000 万元支持；中央直属企业、国内行业龙头企业、知名跨国公司在我区设立独立法人资格、符合我区产业发展方向的研发机构或研发总部，引入核心技术并配置核心研发团队的，予以最高 3000 万元支持；企业、国内外高层次人才团队等各类主体发起以产业技术创新为主要任务，多元化投资、市场化运行、现代化管理且具有可持续发展能力的新型研发机构，予以最高 5 000 万元支持。扶持资金按照研发机构科研条件建设、项目研发先进程度、人才引进数量及层次、成果转化目标及效果等方面评审确定，确定后拨付 30% 的启动资金，剩余资金按建设进度分年度拨付。

研发机构正式入驻后，根据实际需要提供研发办公用房，并给予全额或部分房租资助。

17. 支持多元化主体建设各类创新创业载体。进一步完善“众创空间—孵化器—加速器—专业科技园区”全链条科技企业孵化育成体系，依托高等院校、优势企业、社会团体等打造一批高质量创新创业载体。鼓励和支持多元化主体投资建设各类孵化器，对新建设的大型专业创新创业载体，管委可采取股权或投资补贴等方式给予支持。其中，股权投资比例不超过 50%，投资补贴按照每平方米不超过 500 元的标准给予补贴，补贴金额最高 2 000 万元；鼓励企业、社会团队、高校院所利用我区闲置场所兴办创新创业载体，经批准改造建设的，给予每平方米不超过 100 元的改造装修补贴；对新引进的孵化载体专业运营团队，经认定后，给予不超过 5 年的房租差额补贴；对在创新创业载体内配套建设并为全区企业服务的大型公共技术平台和检测平台，按照其建设投资额和服务程度、范围等给予公共技术平台和检测平台服务机构仪器设备投资补贴，最高不超过 5 000 万元。

创新创业载体经评审认定后，给予基本运行经费补贴和绩效考核奖补。基本运行经费补贴不超过 5 年，同一载体每年可享受累计最高 300 万元补贴（生物医药类孵化器为 600 万元）。绩效考核奖补根据孵化企业数量、科技型中小企业和高企培育数量、引进人才数量及层次、创新服务水平等进行绩效考核，根据考核结果，对载体给予每年最高 200 万元奖励，其中，每新增一家国家高新技术企业和科技型中小企业，分别给予创新创业载体 2 万元和 2 000 元奖励。

对创新创业载体新引进的创新创业企业，经认定后，给予 5 年房租补助（前 3 年全额补助，后两年 50% 补助）和最高不超过 50 万元创业启动资金补贴，自注册之日起 5 年内，按其地方贡献部分给予奖励（前两年 100%，后三年 50%）。

对新认定为国家级、省级、市级科技企业孵化器（大学科技园 / 创业孵化示范基地 / 创业示范园区）的，分别奖励 100 万元、50 万元、20 万元；众创空间分别奖励 50 万元、25 万元、10 万元，用于公共技术服务平台建设和补充其孵化资金。

18. 建设公共科技创新服务平台。经管委批准，企业研发平台升级为区级公共技术服务平台和检验检测平台，建设期内给予不超过该平

台总投入30%的资助，最高不超过3 000万元，主要用于软硬件设备购置。建设期满正式运转后，对平台实行目标责任考核，根据考核结果给予一定的补贴。

19. 加强企业研发平台建设。支持重点企业围绕新旧动能转换重点领域，布局建设在产业技术创新中发挥核心引领作用的研发平台，支撑引领产业创新发展。列入国家实验室、国家重点实验室、国家工程研究中心、国家技术创新中心、国家临床医学研究中心等国家级重大创新载体的企业，当年给予1 000万元配套补助；列入国家级企业技术中心、国防科技重点实验室的企业，当年给予200万元的配套补助经费；列入院士工作站的企业，当年给予100万元的配套补助经费；列入博士后工作站的企业，当年给予50万元配套补助经费；列入省级工程研究中心、技术创新中心、（重点）实验室、临床医学研究中心、企业技术中心等省级创新载体的企业，当年给予50万元配套补助经费；列入省级一企一技术研发中心或创新企业，当年给予2万元配套补助经费。

企业与国家级重大创新载体共建分中心，与高等院校、科研机构、世界500强企业联合建立实验室或研发中心，区内外资企业新设立的研发中心或区内企业在国外设立研发中心，经评审，给予最高1 000万元仪器设备购置费补助。

20. 鼓励牵头组建产业技术创新联盟。牵头组建以本企业为核心的全国、全省产业技术创新战略联盟，获批后分别给予100万元、50万元的奖励。鼓励区内科技企业成立区域性的产业技术创新战略联盟，经认定，3年内每年给予10万元的活动费用支持，用于开展产业研究、组织示范应用、市场对接等活动。

五、建立完善的投融资体系，打造科技金融先行区

21. 设立政府股权投资引导基金。发挥股权投资引导基金杠杆作用，营造基金集聚资源优势。制定基金引资金、项目、人才和向区内企业投资的激励政策，丰富创新创业资源、拓宽融资渠道；进一步建立健全引导基金收益分配让利机制，对投资种子期、初创期的科技型中小企业、中小高新技术企业等创新创业企业的参股基金，投资比例达到资金总规模的50%及以上的，以项目投资收益的一定比例给予让利；加强对各类基金的引进、培育和服务，强化调度绩效考核，依据投向区内早期创新创业领域、引进创新创业项目等结果，作为政府基金与其合作和推荐项目资源的优先依据；建立健全直投、引导基金投资管理退出决策机制，按照“项目跟着人才走、基金跟着项目走、扶持跟着基金走”的原则，以直投、联投或跟投等形式，支持区内经评审确定的新兴产业领域的重大科技创新和成果转化项目，以及创新创业团队或科技领军人才领衔的高科技项目。

22. 建立完善的科技企业投融资体系。根据科技型企业种子期、初创期、成长期、成熟期等不同发展阶段，构建起覆盖全成长阶段融资需求的科技创新投融资体系。鼓励金融机构设立科技支行、科技金融事业部、科技信贷中心等科技信贷服务专营机构，为科技型中小企业提供专属服务；鼓励金融机构创新适合科技型企业的金融产品，重点开展知识产权、股权质押贷款，积极探索应收账款质押贷款、订单质押贷款、存货抵押贷款等新型抵质押贷款，广泛开展“税易贷”“科信贷”等无抵质押、无担保的信用贷款，为科技型中小微企业提供多样化融资支持；支持金融机构开展投贷联动业务或与政策性担保公司、保险公司、创业投资、产业投资基金等结成投保贷联动战略联盟，实现贷款、担保、保险、投资联动；完善金融支持科技创新政策体系，建立健全我区风险分担、贷款贴息、保费费率补贴等系列政策，推动开展“政银担”“政银保”合作，提高金融服务的可获得性。

高新技术企业实施的重大产业化项目，可申请最高5 000万元贷款额度、以实际发生贷款

按人民银行公布的同期贷款基准利率的50%的贴息支持，贴息期限最长3年，贴息总额上限为200万元。对利用知识产权质押向银行获得并按期正常偿还贷款的企业给予贷款基准利率贴息扶持，每个企业每年贴息额不超过100万元。高层次人才和团队在我区创办的小微企业，可申请最高额度300万元的创业担保贷款。

23. 完善信贷周转和担保制度。进入成长期和壮大期的科技型民营中小企业，符合资助条件的创新项目，经专家委员会评审后，提供信贷周转金支持。对高新技术企业通过信用担保机构担保获得银行贷款而承担的流动资金融资担保费用，按担保费用的30%给予补贴。

24. 深化科技保险服务。科技型企业购买知识产权类保险、科技保险和首台（套）重大技术装备及关键核心零部件保险，给予保险费用30%的补贴，单个企业年补贴最高不超过100万元。

六、畅通科技成果转化通道，打造科技创新服务区

25. 支持专利研发创造。进一步优化“国家知识产权示范园区”“国家知识产权质押融资试点园区”“国家专利导航产业发展实验区”三大国字号园区体制机制。设立专利扶持专项资金，主要用于专利技术研发创造资助、专利研发大户奖励、获奖专利奖励、专利转化运用扶持、知识产权优势企业奖励等（另行制定办法）。其中，对获得“中国专利金奖”“中国专利银奖”或“山东省专利特别奖”的企业分别给予100万元、50万元奖励；获得“中国专利优秀奖”“山东省专利一等奖”的企业给予30万元奖励。对新认定的国家知识产权优势企业、国家知识产权示范企业分别给予20万元、30万元奖励。区内企业入选国家、省、市级专利分析评议项目，分别给予20万元、15万元、12万元奖励。

单位或个人申请国际专利（不包括港澳台专利），按申请和授权两个阶段资助：PCT国际申请阶段，单位每件资助1万元，个人资助4 000元；获得美国、日本和欧盟授权的每件每个国家资助5万元，其他国家每件每个国家资助3万元，同一件专利最多资助5个国家。

26. 支持高价值专利转化和产业化。对通过知识产权领域专家和产业领域专家评审论证的高价值专利转化和产业化项目，给予20万～50万元的资助资金。

27. 加大知识产权维权援助力度。区内企业应对知识产权纠纷获得胜诉或维权成功的，对实际发生的合理费用给予全额资助，包括调查取证费、司法鉴定费、公证费、诉讼费、律师费、仲裁费、调解费等，每个企业维权资助每年累计不超过50万元。

28. 加大质量建设支持。对通过马德里商标国际注册体系取得注册商标的申请人，每件商标奖励2万元，超过指定10个国家和地区的，每多1个再奖励2 000元，奖励总额最高不超过5万元，每件商标每个企业只能奖励一次；对通过单一国家（不含马德里成员）注册方式取得注册商标的申请人，每件商标每个国家奖励3 000元，每件商标奖励总额最高不超过4万元。对新取得国内注册商标的企业每件商标奖补1 000元，每户企业奖补总额不超过4万元。

对新获得中国驰名商标、山东省著名商标的企业，分别给予100万元和30万元奖励，通过续展的山东省著名商标给予5万元奖励。同一商标同时获得国家和省两级称号的，按国家级进行奖励。对新获得山东省名牌产品和山东省服务名牌的企业，给予30万元奖励，通过续展的山东省名牌产品和山东省服务名牌给予5万元奖励。对获得市长质量奖、省长质量奖、中国质量奖的企业给予奖励。

对主持制修订（前两位）国际标准、国家标准、行业标准的企业，在标准颁布实施后，分别给予100万元、50万元、20万元奖励，同一项技术只奖励最高级别标准。

29. 支持软件产品开发。软件企业获得CMM（软件能力成熟度模型）或CMMI（软件能力成熟度集成模型）二级至五级认证，分别给予10万元、15万元、25万元和50万元的资助；获得软件产品登记证书，且年销售额超过20万元的软件产品，每项资助2 000元。

30. 鼓励科技成果转移转化。鼓励引进国内外高等学校、科研院所技术成果并在我区实现转化，对购买技术成果的企业，按技术合同中实际发生的技术交易额的20%给予补助，最高不超过50万元。企业提供技术转让、技术开发和与之相关的技术咨询、技术服务，技术合同经认定登记后按照合同交易额的5%给予补助，最高不超过30万元。

支持国内外高校科研院所在我区建立技术转移中心，为企业自主创新和高校院所科技成果转化提供全方位服务。对经认定的，合同期内每年给予30万～200万元的工作经费补助。大力引进国内外知名技术转移机构，对具备一定规模及服务能力的，根据其绩效每年给予20万～100万元补助（不超过3年）。

31. 实施科技创新券制度。在区内科技企业孵化器、公共服务平台、科技服务机构联盟实施创新券制度。上年度主营业务收入5 000万元以下的科技型中小微企业，购买研发设计、检验检测、知识产权等科技服务，每家企业可获得不高于15万元的“科技创新券”，用券额度不高于合同金额的30%。

支持引进研发设计、技术交易及咨询、软件与信息技术、知识产权、科技金融等各类专业性科技服务机构，经认定，根据其绩效每年给予20万～50万元的资金扶持（不超过3年）。建立科技特派员服务体系，根据工作业绩，每人每年给予不高于2万元的工作经费。

32. 创新政府采购机制。对首次投向市场、暂不具备市场竞争力，但具有较大的市场潜力，需要重点扶持的创新产品，通过政府采购方式由采购人首先采购，将掌握国际领先核心技术的企业尽快将产品推向市场。

33. 支持创建科普教育示范基地。鼓励社会参与、综合利用社会教育资源，努力提高全民科学素质。对获得国家级、省级、市级命名的科普教育示范基地，当年分别给予30万元、20万元、10万元的资金奖励。

七、创新科技管理体制，营造良好创新环境

34. 改革财政科技资金管理制度。实施财政科技投入供给侧结构性改革，加大对基础性、公益性、共性关键技术研究的支持力度，重点支持电子信息、机械制造、新材料、生物医药、新光电等全区产业发展的重点领域。完善财政科技资金股权投资、贷款贴息、风险补偿等手段支持技术创新机制。转变政府科技部门管理职能，推动政府职能从研发管理向创新服务转变，逐步建立依托专业机构管理科技计划项目，科技、财政等部门做好事前事中事后监督和评估制度。

35. 完善科技创新决策咨询评价机制。设立由科技、经济、金融、管理和法律等方面专家组成的专家委员会，加强对发展战略、产业规划、创新团队、科技领军型人才及重大项目等决策咨询。依托高校院所、企业、社会机构建立高水平科技智库，提高决策科学化、民主化水平。建立公正、科学、明确的项目评审工作规则，保证项目评审公开公平公正。探索实行市场、社会和行业认可的第三方科技评价方式，逐步拓展社会化、专业化评价渠道。建立以科技创新质量、贡献、绩效为导向的分类评价体系，科学评价科技创新成果的科学、技术、经济和社会等价值，绩效评价结果作为管委财政后续滚动支持的重要依据。

36. 构筑诚实守信的科技创新环境。对科研不端行为零容忍，完善调查核实、公开公示、惩戒处理等制度。建立科技创新信用记录信息系统，加强科技项目相关责任主体信用管理。对列入严重失信行为记录的责任主体，阶段性或永久取消其申请财政资金资格，并按程序向社会公布。推进科研信用与其他社会领域诚信信息共享，实施联合惩戒。

八、组织实施

37. 适用范围。本《意见》适用于在区内注册并正常运营的科技型企业、各类科技型研发机构，以及创新创业人才和其他符合本《意见》扶持条件的项目和活动。

38. 专项资金。管委每年根据实际情况，在财政预算支出中设立"创新驱动发展专项资金"。本《意见》中所有的各项政策扶持、资助和奖励均在该"专项资金"中列支。

企业及个人获得的各类扶持资金应按照科技资金管理的相关要求专款专用，凡涉及弄虚作假、擅自改变资金用途的，5 年内不得申报各类扶持事项。

上级奖励扶持政策资金需要区级财政负担的，按政策高者执行，不重复扶持；同一项目（平台）符合多个奖补政策的，不重复支持，按最高标准予以补助；已享受管委重点产业扶持政策的，不重复扶持。

39. 责任部门。科技知识产权局会同组织、人社、财政、发改经信、市场监管等部门负责本《意见》的组织实施，制定配套实施细则和操作规程，简化操作流程，加强考核监督，定期开展绩效评估，并适时提出对本《意见》的修订建议。财政局会同科技知识产权局等部门制定专项资金管理办法。

对促进我区科技进步、经济建设和产业发展具有特别重大意义的研发机构、创新团队等，按相关程序报管委审核同意后，可实行"一事一议"给予特别支持。

40. 实施时间。本《意见》自发布之日起实施，有效期 5 年，有效期满将根据实施情况予以评估修订。自本《意见》生效之日起，原《烟台经济技术开发区关于进一步加快创新型开发区建设的意见》（烟开〔2013〕47 号）同时废止。

来源：烟台开发区

关于2018年六安经济技术开发区招商引资工作的意见

六开管〔2018〕29号

2018年是全面贯彻党的十九大精神的开局之年，全区上下要围绕打造“工业强市主阵地、高质量发展增长极”目标，牢固树立“产业为纲、项目为王”理念，坚持招商引资主战略，进一步解放思想，转变方式，推动招商引资提质增效，着力构建产业新体系，加快培育发展新动能。实现境内到位资金增长10%以上，外商直接投资增长10%以上，引进亿元以上项目不少于25个，其中5亿元以上项目不少于8个，10亿元以上项目不少于1个。

一、**把握招商定位**。开发区作为全市发展工业、招商引资的主战场，招商组负责人、部门主要负责人都要把招商引资扛在肩上，真正树立“项目为王”的理念，将招商引资作为开发区发展的第一要务落到实处。建立健全外出招商制度，各级领导干部特别是主要负责人要亲力亲为，带头外出招商，协调推进项目，加大对招商工作的组织领导和统筹协调。坚持将无会招商周落到实处，务实开展高规格、小规模、针对性的外出招商推介活动，各招商组负责人每月外出招商不少于1次。

二、**明确任务责任**。开发区要将市级安排的任务指标作为完成年度目标的最低标准，自我加压，高标准设定新目标。加强任务目标的工作安排，各招商组引入2个5亿元以上项目或1个5亿元项目及3个1至5亿元项目，引入总投资1 500万美元的外资项目视为完成全年小组目标任务。管委分管招商引资工作负责人牵头的招商组在以上目标任务基础上，要引入1个10亿元以上项目。

三、**拓宽信息渠道**。全面落实招商信息全员化要求，拓宽以商招商、产业链招商、中介机构招商、经销采购渠道招商等多种途径，获取招商线索；加强与市直驻外联络处、招商顾问、经济发展顾问联系，实现信息渠道多元化。要做好出国招商工作，各招商组要加强与国外经济组织、商会、跨国公司等机构沟通对接，至少开展1次境外招商活动并确保取得成果。

四、**实行落地有责**。高度重视安商工作，加强跟踪调度，充分运用“三重两上”项目（重大招商项目、重点建设工程、重要遗留问题，规模以上工业企业、限额以上商贸企业）和招商组调度机制，推进项目及时开工建设。建立线索、意向、签约、开工项目台账，实行动态管理服务和调度分析。按月汇总重点线索项目，项目签约后由牵头招商组和招商局负责协调推进，直至项目正式投产。投产之后，移交其他部门负责服务企业运营生产。

五、**强化招商保障**。做好招商引资培训安排，邀请招商引资理论和实战专家对招商队伍进行系统培训。做好考核正向激励，突出奖惩导向，针对招商引资目标任务制定考核办法，考核要有精神奖励和物质奖励，对超额完成目标任务的要有额外奖励。招商业务部门要坚持“四个围绕”（围绕产业基础、资源禀赋、区位优势、本土人才），完善“三库一图”（目标企业信息库、规模以上企业数据库、重点招商项目库，产业招商路线图）、招商宣传片、招商手册等基础性工作，为服务招商引资做好保障。

来源：六安开发区管委办公室

廊坊经济技术开发区党政办公室关于印发《廊坊开发区产学研用对接工作机制的实施办法》的通知

廊开办〔2018〕89号

各有关部门、单位：

《廊坊开发区产学研用对接工作机制的实施办法》已经开发区工委、管委研究通过，现印发给你们，请结合工作实际，认真抓好贯彻落实。

廊坊开发区党政办公室

2018年8月27日

廊坊开发区产学研用对接工作机制的实施办法

为深入贯彻习近平新时代中国特色社会主义经济思想，全面实施创新驱动发展战略，促进开发区经济实现高质量发展，特制定本实施办法。

一、总体目标

通过充分发挥开发区管委会桥梁纽带作用，积极构建“三大平台”、建立“三项机制”、推动“三个转化”、完善“四项制度”，促进人才、科技、资本等生产要素整合对接，实现产学研用有机结合，激发人才创新创造活力，提高科技成果转化水平，为加快建设“一体两翼”产业体系，提升开发区发展能级、实现高质量发展，提供科技支撑。

二、工作措施

1. 积极构建“三大平台”。一是建设研发创新平台。以吸引和集聚京津冀区域乃至全国和全球创新人才、创新成果、创新资金和创新项目，加快提升科技研发、技术转移和成果转化能级。二是建设产业孵化平台。推动中关村互联网文化创意产业园（廊坊园）、清华科技园（廊坊）科技企业孵化器、艾普艾科蓓企业孵化器、腾讯众创空间（廊坊）双创社区等区内10多家孵化器及众创空间建设再上新台阶，提升创新创业培育孵化能力。三是建立科技资源开放共享平台。健全科技创新保障体系，为各类创新主体提供高标准、全方位服务。引导中科空间信息（廊坊）研究院、中科廊坊过程工程研究院、河北省计量监督检测研究院廊坊分院、新奥科技发展有限公司建立科技资源共享服务基地或各类开放实验室，加快提升公共科技服务水平，把开发区加快建设成为自主创新核心区、科技创新辐射源、产业发展引导区。

2. 整合建立“三项机制”。一是建立科研资源共享机制。引导燕山大学、北华航天工业学院、中科院“五所一局”、河北清华发展研究院、新奥大学等院校、科研院所开放科研资源，依托开发区网站、人力资源网，设立产学研用合作专栏，建立产学研用合作微信平台，多渠道、点对点发布和推送人才供需、政策咨询、项目推介、技术服务等各类供求信息，实现资源互通共享，为区内企业和在孵项目提供专利导航和特色服务推介。二是建立校企人才合作培养和引进机制。紧密对焦创新链、产业链，设立需求导向人才培育模式，完善校企协同育人机制。每季度面向区内企业开展用工需求调查，及时将相关信息提供给院校并向社会发布。三是建立院校企优势资源剥离运营机制。通过遥感所的空间信息资源、华为的“云服务”、华日家具、英博电气、科森电器、百冠包装、利仁电器的工业设计剥离运营，加快优势资源面向社会开放。

3. 扎实推动“三个转化”。一是推动产业需求向科技攻关转化。每季度发布区内省级以上研发机构和院校、科研院所的研发课题或技术攻关项目指南，以及企业转型升级技术需求或技改项目计划目录，推动省级研发平台、高校、科研院所早期介入企业研发活动，鼓励和引导企业、科研院所按照产业规划和市场需求先行投入开展项目研发，扩大产学研用联合承担科技攻关计划比例，推动区内产学研用联盟和企业研发机构数量、品质再上新台阶。二是推动科技攻关成果向中试成果转化。设立500万元的知识产权质押融资风险补偿金，与廊坊银行股份有限公司开发区科技支行开展战略合作，通过提供知识产权质押贷款和贷款贴息等形式，推动高校、科研院所科研成果（专利）向中试成果转化，早日投入市场运营。三是推动中试成果向产业化转化。充分利用廊坊开发区政银企对接工作机制，为项目找资金，为资金找项目，为科技成果定制融资服务，加快科技成果优先在区内转化。

4. 加快完善“四项制度”。一是完善高层次人才评价制度。每年设立1 000万元的人才发展专项资金，建立以创新质量和实际贡献为导向的科技人才评价标准，促进高层次人才引进和培育。二是完善产学研用人才互派员制度。通过挂职、兼职、技术咨询、周末工程师等柔性方式支持科技人员到企业兼职技术专家、管理顾问等，帮助企业攻克技术难关和管理难题。同时鼓励区内企业推荐专业技术人才、管理人才、高技能人才到院校担任兼职教师、教学顾问，承担专业课或实习指导教学任务，加快双师双能人才队伍建设。三是完善人才载体建设制度。通过项目合作、联合攻关等形式，鼓励企业自建或联合院校、科研院所共建院士工作站、博士后工作站、博士后创新创业实践基地，加快创新人才培养。四是完善创新创业扶持制度。与高校合作开展双创基地建设，在金融服务、创业辅导、创业场所等方面提供扶持，为高校生提供实习、实践、就业、创业的综合服务平台，打造创新人才基地。

三、组织保障

5. 加强组织领导。成立廊坊开发区产学研用对接工作领导小组，建立产学研用合作联席会议制度，每季度召开会议研究、协调、解决产学研用合作的重大问题，积极推进产学研用合作顺利开展。组织高校、科研院所、企业建立产学研用合作联络员制度，加强日常信息交流，共同做好产学研用合作工作。

6. 营造良好氛围。加大宣传力度，每年两次向企业、高校、科研院所宣讲开发区有关产业发展和技术创新政策举措，引导企业、高校、科研院所结合本地发展实际和转型升级方向开展合作。及时总结推广产学研用合作的有效做法和成功经验，激发各类创新主体活力。

7. 强化政策引领。加强政策推动，全面落实国家和省、市及开发区各项科技、人才优惠政策。完善资金使用绩效评价制度，提高资金使用效益。

8. 本实施办法最终解释权归经济发展局、人力资源和社会保障局所有。

9. 本实施办法自印发之日起执行。此前有关规定凡与本办法不一致的，按照本办法执行。

来源：廊坊开发区

北京经济技术开发区领军人才创业发展基金实施细则

京技管〔2018〕95号

第一章 总则

第一条 为深入实施《首都中长期人才发展规划纲要（2010—2020年）》，根据《关于北京经济技术开发区建设高端产业领军人才发展示范区的实施意见》《北京经济技术开发区促进高精尖产业发展实施办法（试行）》等相关政策，特制定本细则。依托北京亦庄国际投资发展有限公司（简称“亦庄国投”）等投融资平台，北京经济技术开发区（简称“开发区”）设立“北京经济技术开发区领军人才创业发展基金”（简称“人才基金”或“基金”），以可转债投资和股权投资等方式投资领军人才创新项目，扶持领军人才创业。

第二条 本细则适用于具有独立法人资格、由领军人才创办的，在开发区注册经营并纳税的企业，或对开发区人才创业发展具有促进作用的服务机构或平台。

第三条 本细则所指领军人才是指经开发区认定或符合开发区标准拟引入开发区的领军人才。

第二章 基金设立原则

第四条 政府引导、市场运作。基金采取政府财政资金出资，由专业机构按照市场化原则进行运营管理，最大效用发挥财政资金的使用效率。

第五条 聚焦人才、方式创新。人才基金的投资标的为开发区内或拟引入开发区的领军人才创办的创业项目、中早期项目、关联项目或关联企业，对开发区人才创业发展具有促进作用的服务机构或平台。基金以优秀人才为项目储备源，将优秀人才及其企业作为投资标的，可根据企业不同的发展阶段采取灵活的投资方式。

第六条 扶持为主、科学考评。人才基金以扶持优秀人才创业创新为核心目标，聚焦于创新创业项目发展，对人才基金的考评不以财务收益作为考评目标。

第三章 组织职责

第七条 开发区管理委员会（简称“管委会”）负责审定人才基金设立方案及相应实施细则，审定人才基金投资方案，审定人才基金年度运营预算及其他重大事项的决策。

第八条 工委组织部、科技局负责监督人才基金投资和管理，及对基金运营机构的绩效考评；财政局负责人才基金资金的拨付。

第九条 设立人才基金投资决策委员会（简称“投决会”），负责审议人才基金投资方案，并独立出具投资决策意见。

第四章 基金设立

第十条 人才基金以有限合伙企业形式设立。由财政局向亦庄国投设立的人才基金专项账户每年拨付1亿元，亦庄国投作为基金有限合伙人向人才基金进行出资。

第十一条 亦庄国投作为人才基金的实施主体，负责人才基金的组建、实施及运营。主要职责包括：依据管委会决定，组建人才基金相关主体并按计划提供出资；指定基金运营机构作为基金普通合伙人及基金管理人，按照市场化原则，负责人才基金的具体运营；监督基金运营机构的日常运营；督促基金运营机构提交年度运营报告及其他要求的重大事项报告等。

第十二条 人才基金运营费用在人才基金中列支，由亦庄国投根据实际运营情况报管委会审批，实报实销。基金运营费用包括：基金投资项目以及投后管理产生的专家评审费、差旅费、人才会议开办费、宣传费、培训费等。

第五章 基金投资方向及方式

第十三条 人才基金重点投资于新一代信息技术、生物技术与大健康、机器人及智能制造、新能源智能汽车等开发区重点发展产业，围绕开发区产业发展规划适当布局其他战略新兴产业。

第十四条 人才基金可投资于以下三种类型的项目：

（一）开发区内的创业项目、中早期项目、关联项目或关联企业，重点支持“亦麒麟”领军人才创办的项目；该部分的资金规模投入不得低于基金规模的80%。

（二）拟引入开发区，符合开发区“亦麒麟”领军人才要求的人才创办的企业。

（三）对开发区人才创业发展具有促进作用的服务机构或平台。

第十五条 人才基金主要采取可转债投资和股权投资运作方式。具体如下：

（一）可转债投资方式：聚焦初创期项目，原则上单笔投资额不高于100万元。

（二）股权投资方式：聚焦中早期项目，原则上单笔投资额不高于300万元，单一项目累计投资额不高于1000万元。

（三）具有行业引领作用的重大项目、具有重大经济效益或社会效益的项目，根据项目资金需求及对开发区贡献程度给予基金支持，最高不超过3000万元。

第十六条 任何情形下，人才基金都不能成为被投资企业单独或并列的第一大出资人。

第六章 基金投资决策

第十七条 人才基金的投资决策机构包括管委会和投决会。

第十八条 人才基金设立投决会，负责独立出具投资决策意见。投决会由5名委员组成，其中工委组织部委派1名委员，科技局委派1名委员，财政局委派1名委员，亦庄国投委派2名委员。投决会审议之项目由投决会委员一人一票进行表决，获五分之三及以上的委员同意方可通过。

第十九条 人才基金的投资决策流程如下：

（一）项目申报。相关企业根据要求向基金运营机构提交申报材料。

（二）项目预审。基金运营机构对企业所提交申报材料进行预审。

（三）专家评审。由基金运营机构组织专家建立专家评审委员会，对投资项目进行评审，形成初步投资建议。

（四）部门协查。经专家评审通过的投资项目，由基金运营机构提报工委组织部、科技局，由工委组织部、科技局征询开发区发改、工商、税务、公安、人劳、企服等委办局的意见。对协查中发现问题的项目，人才基金不予合作。

（五）社会公示。经专家评审通过的投资项目，在有关媒体上公示，公示期为1周。对公示中发现问题的项目，人才基金不予合作。

（六）投资决策。由投决会对基金运营机构提交的初步投资方案进行审议，并出具投资决策意见。

（七）管委会审定。由管委会主任办公会议对经投决会审议通过的投资方案进行审定，并出具会议纪要。

（八）方案实施。由基金运营机构按照管委会审定通过的投资方案，组织实施相关投资工作，包括协议谈判及签署、出资等。

第七章 基金投后管理机制

第二十条 基金运营机构负责对人才基金

已投项目进行投后管理，促进已投项目或企业更好发展。

第二十一条　投后管理主要包括信息收集、项目分析、增值服务、意见反馈等内容。

（一）信息收集。基金运营机构应适时跟进已投项目的运营情况，建立走访调研机制、长效沟通机制，与已投项目进行充分沟通，定期收集企业重要信息，重要信息包括但不限于人才发展情况、科研创新情况、公司财务报表、运营发展情况等。

（二）项目分析。基金运营机构应在信息收集的基础上，编制人才基金半年度、年度运营报告，报送工委组织部和科技局；关注企业发展运营情况，出现特殊或重大事项应及时向工委组织部和科技局报告。

（三）增值服务。基金运营机构应根据已投项目的实际发展需求，帮助解决问题，提升投资项目价值。应不定期向企业宣贯开发区人才发展政策、企业扶持政策、产业引导政策、招商引资政策以及其他相关政策；应不定期组织已投项目或拟投项目企业高管进行创业发展、工商管理、企业运营、市场开拓、科技研发等方面的交流或培训；应不定期组织已投项目或拟投项目参与开发区及北京市、行业协会、投资机构组织的路演交流；应积极协调开发区政府部门、金融机构、上市公司等相关资源协助已投项目或拟投项目的融资、并购及上市工作；应积极协助已投项目或拟投项目在开发区内或区外拓展市场、客户资源等。

（四）意见反馈。基金运营机构应适时收集已投项目在开发区运营发展中遇到的实际问题、意见及建议等，并反馈开发区有关部门。

第八章　基金退出机制

第二十二条　人才基金形成的债权或股权可采用被投资企业还款、股权转让、股东回购及破产清算等方式适时退出，原则上基金对单个项目的投资期不超过5年。

第二十三条　人才基金投资项目后，企业可根据退出时间选择不同的退出方式，原则上所投资项目退出时投资收益单独核算。具体如下：

（一）第一阶段［1年（含）以内］

若企业选择在获得资金支持1年（含）内退出，转让价格参照基金投资额与按照转让时中国人民银行公布的1年期存款利息计算的收益之和。

（二）第二阶段［1～3年（含）］

若企业选择在获得资金支持1～3年（含）内退出，转让价格参照基金投资额与按照转让时中国人民银行公布的同期贷款利息计算的收益之和。经被投资企业与人才基金协商，人才基金可以在规定的时间范围内将债权转换成公司股权。

（三）第三阶段［3～5年（含）］

若企业未选择在获得资金支持3年（含）内退出，转让价格参照基金投资额与6%/年固定收益计算的收益之和，或经被投资企业与人才基金协商，人才基金可以在规定的时间范围内将债权转换成公司股权。

对于将债权转换成股权的企业，原则上应在获得资金支持5年（含）内退出，转让价格参照基金投资额与6%/年固定收益计算的收益之和。

第二十四条　若基金已投项目进行清算，基金退出按照相关法律法规要求进行处理。

第二十五条　人才基金支持项目原则上采用上述方式退出，若人才基金与被投资企业约定其他退出方式的，经管委会审议通过，可以从其约定。

第九章　基金绩效考评

第二十六条　工委组织部和科技局负责对亦庄国投运营管理基金的情况进行绩效考评。

第二十七条　工委组织部和科技局主要参照以下标准对亦庄国投进行绩效考评：

（一）按照管委会要求，组织专业管理团队运作基金。

（二）根据投资方案行使相应股东权利，承担股东义务，行使对基金扶持企业的管理权和参与决策权。

（三）要求参股企业定期提供被投资项目发展情况、资金使用情况以及企业经审计的财务报告等，由基金运营机构定期向工委组织部和科技局汇报。

（四）应根据工委组织部和科技局要求提交人才基金半年度、年度运营情况报告以及其他重大事项报告。

第十章　附则

第二十八条　本细则有效期3年，自发布之日起生效。

第二十九条　本细则由北京经济技术开发区管理委员会负责解释。

来源：北京开发区

苏州工业园区管委会关于印发《关于进一步加强存量工业用地管理 促进企业转型升级的实施意见》的通知

苏园管〔2018〕93号

各功能区、各部委办局、各派驻机构、各公司、各直属单位、各街道、各社工委：

《关于进一步加强存量工业用地管理 促进企业转型升级的实施意见》经园区党工委会议审议通过，现印发你们，请认真贯彻执行。

苏州工业园区管理委员会

2018年10月25日

关于进一步加强存量工业用地管理 促进企业转型升级的实施意见

为进一步加强存量工业用地管理，引导存量工业用地有序流转，保障产业用地发展空间，促进企业转型升级，推动高质量发展，根据《国务院办公厅关于促进开发区改革和创新发展的若干意见》（国办发〔2017〕7号）、《国务院关于苏州工业园区开展开放创新综合试验总体方案的批复》（国函〔2015〕151号）等文件精神，现就加强园区存量工业用地管理，提出如下实施意见。

第一条 本实施意见所称存量工业用地，是指园区范围内已完成不动产登记且土地用途载明为工业、仓储，以及包括工业（研发）在内的专项服务产业用地。

第二条 适用范围

1．存量工业用地用途依法变更。

2．存量工业用地不动产权利人股权（结构）变更登记。

3．存量工业用地转让。

4．存量工业用地房屋出租。

第三条 全面实施工业用地项目准入管理，新项目须符合园区产业准入条件，并与管委会授权单位签订《产业发展协议》。《产业发展协议》主要内容包括产业准入类型、规划要求、投产时间、投资强度、产出效益、节能环保、股权变更约束、违约责任等相关条款，协议文本由管委会授权相关单位拟定。

第四条 监管职责。建立园区存量工业用地的联动监管机制，管委会成立存量工业用地管理领导小组，由管委会主要领导任组长，分管领导任副组长，相关部门负责人为小组成员。领导小组负责存量工业用地管理过程中的决策问题，小组下设办公室，办公室设在经济发展委员会。成员单位及职责如下：

1．各功能区。聚焦产业发展职能，动态掌握区域内存量工业用地产业项目实际运行状况，并对项目实施准入管理。按属地管理原则，负责区域内存量工业用地企业申请事项的在线受理、审核上报和产业发展服务等工作。根据管委会授权扎口统一与存量工业用地企业签订《产业发展协议》，牵头开展产业项目绩效评价。

2．法制办。负责意见制定、修编、执行过程中的合法性审查。

3．经济发展委员会。负责园区存量工业用地资源集约利用综合评价工作的牵头和指导，综合评价对象由原"注册在园区工业地块上实际占地3亩以上的工业企业"扩展到所有已取得园区工业用地不动产权证的企业。负责开发建设"苏州工业园区企业转型升级服务平台"，实现企业在线申请、属地和部门在线办理。

4．投资促进局、科技和信息化局。结合招商项目对产业用地的实际需求提前介入，引导不动产权利人将工业用地及地上建筑物（构筑物）流转给优质企业和优质项目。协助指导功能区与存量工业用地企业签订《产业发展协议》，配合做好产业项目绩效评价等工作。

5．行政审批局。负责根据不动产登记部门提供的工业用地不动产登记信息，对存量工业用地不动产权利人股权（结构）变更登记开展行政审批。对涉嫌违法违规项目提供认定所需的规划批准等材料。

6．规划建设委员会。根据园区产业发展要求，对存量工业用地再开发涉及的规划条件调整等事项提出意见，对违章改扩建项目进行认定。

7．国土环保局。负责存量工业用地跟踪管理，对项目的环境保护和污染控制进行监管。办理存量工业用地依法改变土地用途、存量工业用地转让的用地及不动产登记手续。

8．劳动和社会保障局。负责对存量工业用地企业劳资关系进行监管。

9．综合行政执法局。负责对存量工业用地范围内土地方面的违法行为进行查处。对各街道（社工委）依法查处存量工业用地范围内规划方面的违法行为工作进行指导和考核。

10．市场监督管理局。负责依法对提交虚假材料骗取存量工业用地公司股权（结构）变更登记的违法行为进行查处。

11．园区消防大队。负责对存量工业企业项目消防安全进行监管。

12．房地产交易管理中心（不动产登记中心）。负责存量工业用地房屋出租备案工作。

13．各街道办事处（社工委）。建立土地利用动态巡查机制，及时发现、制止存量工业用地范围内土地方面的违法行为，并上报相关部门；街道（社工委）综合执法部门具体实施对存量工业用地范围内规划方面违法行为的查处。

第五条 申请办理存量工业用地用途改变、存量工业用地股权（结构）变更、存量工业用地转让、存量工业用地房屋出租手续的，不动产权利人须符合下列条件：

1．未擅自改变土地使用权出让合同约定或土地使用权划拨决定书规定的土地用途、规划建设条件。

2．土地权属无争议、无违法用地、无违法建筑物（构筑物）。

3．无环境保护、安全生产、消防等方面的违法违规行为。

第六条 核准流程

（一）存量工业用地用途依法变更

经相关部门认定，存量工业用地转型升级引入新项目的，在符合战略性新兴产业、生产性服务业等国家支持发展的新产业、新业态和相关规划的条件下，可依法申请用途变更。

1．企业申请。不动产权利人登录企业转型升级服务平台，在线提交拟改变工业用地用途申请书，有关土地权属资料（包括不动产权证、土地使用权出让合同），建筑工程规划建设资料（规划、施工许可证、建设项目平面布置图等），企业营业执照、组织机构代码证、税务登记证，近3年完税证明或近3年财务审计报告，原《产业发展协议》签订单位意见，新投资项目可行性研究报告，相关部门产业认定意见。

2．属地初审。属地功能区登录企业转型升级服务平台进行受理，对企业申请事项严格把关。功能区根据属地城乡规划用途管制要求和区域产业发展规划等，提出初审意见，并与企业签订《产业发展协议》后，将相关材料提交至存量工业用地领导小组办公室审查。

3．合法性审查。存量工业用地领导小组办公室收到审查申请后，分送行政审批局、规划建设委员会、国土环保局、劳动和社会保障局、综合行政执法局、园区消防大队等相关部门，各职能部门在5个工作日内完成合法性审核。其中，规划建设委员会对原规划条件履行情况进行审查，并对存量工业用地规划性质变更进行预审，提出相关意见。园区消防大队对原审批用途的履行情况和拟变更用途的合规情况分别予以审查。对存在规划建设、环境保护、安全生产等违法行为的，严格限制其改变土地用途行为，待违法行为处理后，方可继续受理。通过合法性审查的项目，由存量工业用地领导小组办公室形成合法性审查结论。

4．领导小组决策。存量工业用地领导小组办公室将合法性审查结论报领导小组决策，经领导小组决策后在系统内抄告相关功能区和部门。

5．行政程序办理。功能区收到合法性审查意见书后，启动地块城市控制性详规和土地用途调整的行政程序，相关职能部门按照法律法规和调整程序，开展地块的规划调整和用地手续完善等工作。

（二）存量工业用地不动产权利人股权（结构）变更登记

建立工业企业资源集约利用综合评价数据、企业工商营业执照注册登记数据、不动产登记数据互通互查共享机制。对涉及存量工业用地不动产权利人申请股权（结构）变更登记的，启动以下合法性审查程序：

1．企业申请。不动产权利人登录企业转型升级服务平台，在线提交企业股权（结构）变更申请书，有关土地权属资料（包括不动产权证、土地使用权出让合同），建筑工程规划建设资料（规划、施工许可证、建设项目平面布置图等），原企业和新股东企业营业执照、组织机构代码证、税务登记证、近3年完税证明或近3年财务审计报告，新企业提供名称预核准通知书，原《产业发展协议》签订单位意见。涉及新投资项目的，还须提供新项目可行性研究报告。

2．属地初审。属地功能区登录企业转型升级服务平台进行受理，并根据区域产业发展规划，对企业实际发展情况及引入新股东企业情况进行评价，提出初审意见。涉及新投资项目的，功能区与企业签订《产业发展协议》，并将相关材料提交至存量工业用地领导小组办公室审查。

3．合法性审查。存量工业用地领导小组办公室收到审查申请后，分送行政审批局、规划建设委员会、国土环保局、劳动和社会保障局、综合行政执法局、园区消防大队等相关部门，各职能部门在5个工作日内完成合法性审核。对存在规划建设、环境保护、安全生产等违法行为的，严格限制其变更行为，待违法行为处理后，方可继续受理。通过合法性审查的项目，由存量工业用地领导小组办公室形成合法性审查结论。

4．领导小组决策。存量工业用地领导小组办公室将合法性审查结论报领导小组决策，经领导小组决策后在系统内抄告相关功能区、行政审批局等部门。

5．行政程序办理。合法性审查通过后，企业方可向行政审批局提交股权（结构）变更登记申请，行政审批局按照相关程序办理企业股权（结构）变更登记手续。

对于下列情况可按简易程序办理：控股股东不变、直系亲属间股权转让、同一集团旗下公司吸收合并等不改变工业用地房屋实际控制人的股权（结构）变更、增资项目，且无违法违规情况存在。园区国资公司、功能区、街道下属集体公司，因资产调整划转或产业调整等原因发生股权转让行为，或参股、收购企业股权，经属地功能区审查同意后，行政审批局可直接按照相关程序办理股权（结构）变更登记手续。

（三）存量工业用地转让

将各类导致建设用地使用权转移的行为都视为建设用地使用权转让，包括买卖、交换、赠予、出资等，以及司法处置、资产处置、法人或其他组织合并或分立等形式涉及建设用地使用权转移。存量工业用地转让时，地上建筑物（构筑物）、其他附着物所有权一并转移，《国有土地使用权出让合同》和登记文件中所载明的权利、义务也随之转移。

1．企业申请。原不动产权利人登录企业转型升级服务平台，在线提交转移登记申请书，有关土地权属资料（包括不动产权证、土地使用权出让合同），建筑工程规划建设资料（规划、施工许可证、建设项目平面布置图等），不动产权属转移双方企业营业执照组织机构代码证、税务登记证，双方近3年完税证明或近3年财务审计报告，原《产业发展协议》签订单位意见，新投资项目可行性研究报告。

2．属地初审。属地功能区登录企业转型升级服务平台进行受理，对企业申请事项严格把关。功能区根据区域产业发展规划，提出初审意见，与企业签订《产业发展协议》，并将相关材料提交至存量工业用地领导小组办公室审查。

3．合法性审查。存量工业用地领导小组办公室收到审查申请后，分送行政审批局、规划建设委员会、国土环保局、劳动和社会保障局、综合行政执法局、园区消防大队等相关部门，各职能部门在5个工作日内完成合法性审核。对存在规划建设、国土、环境保护、安全生产等违法行为的，严格限制其转让行为，待违法行为处理后，方可继续受理。对通过合法性审查的项目，由存量工业用地领导小组办公室形成合法性审查结论。

4．领导小组决策。存量工业用地领导小组办公室将合法性审查结论报领导小组决策，经领导小组决策后在系统内抄告相关功能区和国土环保局等部门。

5．行政程序办理。合法性审查通过后，企业方可到国土环保局办理工业用地转让备案及不动产登记手续。

（四）存量工业用地房屋出租

1．企业申请。不动产权利人登录企业转型升级服务平台，在线提交拟出租房屋申请书，有关土地权属资料（包括不动产权证、土地使用权出让合同），建筑工程规划建设资料（规划、施工许可证、建设项目平面布置图等），出租与承租企业营业执照、组织机构代码证、税务登记证，出租与承租企业近3年完税证明或近3年财务审计报告，原《产业发展协议》签订单位意见。承租企业涉及新投资项目的，须提交新项目可行性研究报告。

2．评审。属地功能区登录企业转型升级服务平台进行受理，并根据区域产业发展规划，对企业实际发展情况和承租企业情况进行评价，提出评审意见，并与存量工业用地不动产权利人签订《产业发展协议》。对存在规划建设、环境保护、安全生产等违法行为的，严格限制其出租行为，待违法行为处理后，方可继续受理。评审通过后，功能区将相关材料提交平台并抄告房地产交易管理中心等部门。

3．手续办理。经功能区评审同意承租人租赁相关厂房设施后，企业方可向房地产交易管理中心提交房屋出租备案申请，房地产交易管理中心按照相关程序办理备案。

第七条 对有《产业发展协议》约束的项目，按照“谁提出标准、谁评估考核、谁履责监管”的原则，产业项目用地的绩效评价由管委会授权签订《产业发展协议》的单位依据协议约定具体组织绩效评价，对违约情况采取措施，督促企业整改，并根据具体整改情况追究违约责任。

第八条 工业用地必须按照批准用途、规划建设条件使用，不得擅自改变土地用途。规划建设、国土环保、综合执法、消防等部门各司其职，强化工业用地用途管制，对擅自改变工业用地土地用途或地上房屋建筑使用功能等违法违规行为进行查处。土地用途变更为商住用地或城市基础设施、公共设施用地，以及其他重要特定区域（城市中心节点、公益功能配套区域）用地的，原则上均由园区管委会依法收回后再按照现行土地供应政策办理。

第九条 实行存量工业用地分割许可制度。

用地批准文件或土地使用权出让合同未明确约定可以分割转让的存量工业用地，原则上不得分割转让，不得变相分割销售进行房地产开发。对部分存量工业用地，在企业编制科学、合理、可行的分割转让方案的基础上，经管委会批准并补缴土地增值收益后，可参照存量工业用地转让流程办理相关手续。

第十条 园区存量工业用地被人民法院拍卖或变卖的，存量工业用地管理领导小组办公室获悉拍卖信息后，及时将土地利用产业政策反馈给相关法院，并建议法院在拍卖或变卖存量工业用地资产相关公告中明确所处置不动产的产业准入要求等情况。

第十一条 强化企业主体责任。工业用地企业涉及上述事项应及时登录平台提交材料报属地功能区审查，并依法到相关职能部门办理手续。对实际投资项目与可行性研究报告不符合的、未按程序办理手续的，一旦查实将列入园区信用平台中的失信企业名单，并由各部门按职责分工，依法依规实施联动惩戒。

第十二条 附则

本意见自发布之日起施行。原《苏州工业园区工业用地转让管理规定（试行）》（苏园管规字〔2017〕8号）即行废止。

本意见由管委会存量工业用地管理领导小组办公室负责解释。

来源：苏州工业园区

天津经济技术开发区
关于促进民营经济、中小企业发展实施方案

为深入贯彻落实国务院促进中小企业发展工作领导小组会议精神，按照“津八条”、《中共天津市委 天津市人民政府关于大力推进民营经济发展的意见》（津党发〔2017〕22号）和《中共天津市滨海新区委员会 天津市滨海新区人民政府印发〈关于大力促进民营经济发展的三年实施方案（2018—2020年）〉的通知》（津党发〔2018〕19号）文件要求，营造促进民营经济、中小企业发展的良好环境，实现民营经济和中小企业持续健康稳定发展，制定本实施方案。

一、指导思想

全面贯彻党的十九大精神，以习近平新时代中国特色社会主义思想为指导，全面贯彻执行党中央、国务院、天津市及滨海新区关于加快民营经济、中小企业发展的决策部署。始终坚持基本经济制度和“两个毫不动摇”，进一步发挥市场对资源配置的决定性作用，高度重视民营经济、中小企业当前面临的突出问题，更好发挥政府作用，着力构建适合民营经济、中小企业发展的营商环境，为民营经济、中小企业发展保驾护航。

二、工作目标

着力转思想、化难题、强支持、优服务、重培育，充分发挥民营经济、中小企业在开发区经济和社会发展中的生力军作用，将开发区打造成为促进民营经济、中小企业发展的沃土。实现民营及中小企业数量不断增加，经济规模日益扩大，质量效益稳步提升，就业带动能力稳步增强，转型升级取得巨大进展，创新能力大幅提高，进一步推动民营经济、中小企业做优做大做强，不断增强整体实力和竞争力，将民营经济、中小企业打造成为开发区创新发展的新引擎。依法保护民营经济、中小企业权益，全面增强民营经济、中小企业家的信心决心，让他们经济上有效益、社会上有地位、政治上有荣誉。

三、任务分工

（一）践行新型政商关系，为民营经济、中小企业送关怀

结合“双万双服促发展”活动，健全与民营企业、中小企业制度化、常态化交流机制，着力构建与民营企业和中小企业的“亲”“清”新型政商关系。一是高度重视民营经济、中小企业在经济发展中的重要地位，坚持基本经济制度，对国有经济和民营经济一视同仁，对大中小企业平等对待。二是推行“专家＋管家”企业服务模式，建立与民营企业特别是中小企业的联系点制度。一方面通过专职“服务管家”与民营企业、中小企业进行日常联络和服务；另一方面针对民营企业、中小企业反映问题抽调各职能部门业务骨干成立“服务专家”团队，推动问题落实解决。三是打造新型政企互动平台，定期组织职能部门与民营企业、中小企业的见面会、同桌会、企业座谈会等政企交流活动，引导民营企业家、中小企业家积极主动同我区相关职能部门沟通交流，共同营造政商关系“新生态”。（责任部门：商务局、商会）

（二）加大财政支持力度，为民营经济、中小企业送政策

整合促进民营经济、中小企业发展的支持政策，加大财政支持力度，健全激励机制，确保已出台的政策落地见效，提升民营经济活跃度。一是整合天津市、滨海新区特别是开发区关于促进民营经济、中小企业发展的相关政策，将开发区现已出台的促进产业发展、科技创新、人才引进等领域的政策文件整理成册，定期更新发布，加大政策公开力度，为民营经济、中小企业提供全方位政策信息服务。下一步将继续健全政策体系，重点支持民营经济和中小企业发展。二是定期开展政策培训会、宣讲会，分行业、分类别将政策及实施方案精准推送到民营企业家、中小企业家和企业相关对接部门，加大政策宣传培训力度，提升企业了解运用政策的能力，切实将已出台政策落实到位，使民营经济企业充分享受政策利好。（责任部门：发改局、科工局、人社局）

（三）优化投资融资环境，为民营经济、中小企业送资金

完善资本市场，加强银企对接，拓宽民营经济、中小企业直接融资渠道，更好地满足融资需求，缓解民营经济、中小企业融资难融资贵问题。一是激发对民营经济、中小企业的投资活力，充分利用开发区天使投资和创业投资引导资金，发挥财政资金的引导作用，吸引投资机构参与民营企业投资。二是落实国务院促进中小企业发展工作领导小组第一次会议精神，与区内银行中小企业部联系，鼓励银行积极服务民营经济、中小企业，提高企业融资效率。同时发挥开发区融资环境建设资金作用，对取得融资的民营经济、中小企业提供贴息及奖励扶持，为民营经济、中小企业提供融资担保，对为民营经济、中小企业融资的银行、知识产权运营机构等金融（服务）机构提供政策支持，提升民营经济、中小企业融资的可获得性。三是针对暂时困难或者需要及时购买设备扩大生产规模的民营企业，充分运用租赁公司融资方式灵活的特点，鼓励支持区内外融资租赁机构为民营经济、中小企业提供研发、生产设备的融资租赁服务。四是加强对民营经济、中小企业股改上市挂牌的扶持力度，积极推进民营企业上市，为民营企业股改、上市提供全流程咨询和指导服务。同时对于民营企业在境内外资本市场上市、“新三板”挂牌交易及融资、利用天津市区域性股权市场创新发展及融资方面给予政策支持。鼓励支持民营挂牌上市企业通过开展再融资、并购重组等方式整合资金、行业资源。五是切实将开发区外贸专项资金落实到位，对出口贸易持续增长、快速增长以及实现破零、复苏的民营经济、中小企业给予资金支持。（责任部门：商务局、科工局、金融局）

（四）推进企业产需对接，为民营经济、中小企业送市场

充分发挥市场机制作用的同时，积极引导民营经济、中小企业发展，组织产需对接，衔接企业上下游，帮助民营经济开拓市场，激发民营经济活力。一是支持民营企业、中小企业参加交流活动。积极组织民营企业、中小企业参加中国国际进口博览会、广交会等展会活动，开拓国内外市场，并为参展企业提供政策支持。二是搭建区内民营经济、中小企业交流平台。举办区内民营企业家座谈会、中小企业家交流活动、智能改造需求对接会等企业交流活动，促进民营企业家、中小企业家之间相互学习、互通有无，为企业发展搭建平台，开拓商机。三是依托“互联网+”扩大民营经济、中小企业销售渠道，支持民营企业、中小企业搭建电商平台，鼓励民营经济、中小企业开展网络销售，开拓国内外市场，推动贸易转型升级。四是推进民营企业参与国有企业混改，把民营企业发展和国有企业全部混改结合起来，全面推进竞争性国有企业引进社会资本进行股权结构改革，优先推荐符合条件的民营企业参与国有企业混合所有制改革试点，落实非公有制企业在投融资、招投标方面与公有制企业同等待遇。（责任部门：商务局、国资局、贸促中心）。

（五）完善人才梯度培育，为民营经济、中小企业送人才

围绕民营经济、中小企业发展需求，加大对民营经济和中小企业人才支持力度，多方面为民营经济、中小企业提供人才，多角度为民营经济、中小企业培养人才，为民营经济、中小企业提供人才保障和支撑。一是促进对民营企业家、中小企业家的培养和聚集，鼓励民营大企业、大集团和优秀中小企业的企业家及高级管理人员参加民营企业清华高端总裁研修班、青年企业家港澳研修班、滨海新区领航企业家训练营等系列培训，支持民营企业家开拓视野思路，提升战略，提高市场运作和开拓创新能力。二是加大民营经济、中小企业高层次人才培养。支持民营经济、中小企业进行博士后、紧缺人才培养，对新建技能大师工作室的单位、对取得技师或高级技师职业资格的人才分别给予技能培训费补贴等支持。支持民营企业职工参加经开发区人力社保局认定的培训机构组织开展的技能培训。三是拓宽人才供给渠道。通过建立海外智力离岸开发利用、对接机制，设立“泰达海外人才引进合作组织”、高校科研专家柔性引进等手段为民营企业引进高端人才。通过海河英才计划、组织泰达人才市场专场招聘会等为企业提供人才资源。（责任部门：人社局）

（六）实施创新发展战略，为民营经济、中小企业送技术

积极打造创新驱动引擎，提高民营经济、中小企业的专业化能力，鼓励民营经济、中小企业聚焦主业、打造优势、以质取胜、勇于创新，激发民营经济、中小企业的积极性和创造性。一是充分利用开发区科技创新专项扶持资金，引导民营经济、中小企业积极申报创业企业起航工程、科技重点企业腾飞工程、高新技术企业培育工程、创新能力提升工程、重点科技领域突破工程，确保资金落实到位，促进民营经济、中小企业不断优化升级。二是发展支持科技服务载体，打造一批高精尖的众创空间、孵化器及公共技术服务平台，鼓励民营经济、中小企业优先入驻，优化民营经济、中小企业办公环境，降低运营成本。三是将开发区创新能力扶持资金落实到位，引导民营科技企业整合系统内各类创新资源，深化上中下游、大中小企业合作，推进企业与高校、科研院所构建产学研联合体，重点支持企业升级研发平台、市科技领军企业和领军培育企业实施重大创新项目及建设创新平台，提升民营经济、中小企业的研发创新能力。四是鼓励民营经济、中小企业完成自动化、信息化、智能化改造，支持民营经济、中小企业通过购置先进研发生产设备、完成“互联网＋智能制造”实现智能化转型升级；鼓励民营经济、中小企业在机器人产业、集成电路产业、软件和信息服务业、大数据产业发展重点项目，推进自动化、信息化产业发展；重点支持民营经济、中小企业实现核心业务系统和重点设备“上云上平台”。五是组织民营经济、中小企业积极申报滨海新区“卓越成就奖”，支持民营经济、中小企业开展产品创新，培育一批拥有一项以上专精特新产品、市场占有率高的特色企业，提升产品质量和核心竞争力（责任部门：发改局、商务局、科工局）。

（七）支持知识产权保护，为民营经济、中小企业送品牌

实施民营企业品牌发展战略，加强知识产权保护，加大执法力度，提高违法成本，保护民营经济、中小企业创新研发成果。一是奖励知识产权申请，利用好开发区知识产权发展资金，对民营经济、中小企业国内外专利申请、授权给予奖励，鼓励专利代理机构为开发区民营企业服务，支持区内民营企业参与制定技术标准。二是加强知识产权保护，联合天津市知识产权局、滨海新区科委定期开展打击侵犯知识产权专项执法检查，建立健全专利行政执法工作长效机制，支持民营经济、中小企业开展维权行动。三是支持知识产权融资，对取得知识产权质押融资的民营经济、中小企业给予奖励扶持。四是掌握支持知识产权动态，积极与

市知识产权服务平台对接，建立开发区专利动态数据库，扎实做好知识产权保护工作。(责任部门：科工局)

(八) 深入推进"放管结合"，为民营经济、中小企业送便利

深入推进简政放权，坚持"放管结合"，放宽市场准入，加强事中事后监管，为民营企业松绑减负提供便利。一是探索审批制度改革，简化审批环节，加强事中事后监管。加快推进投资项目联合审批；探索建立"容缺后补"服务机制，完善联合审批流程；积极探索和尝试"证照联办"审批登记制度，提高审批时效；加速推进"互联网+政务服务"，整合重复性申请要件，加速实现部门之间的审批要件共享。二是加大信息公开力度，依托信息化服务系统，通过政务网站"天津经济技术开发区政务服务平台"、微信公众号"天津经济技术开发区微时讯"为民营经济、中小企业提供便捷、高效的全方位信息服务，有效解决政策和服务等信息不对称等问题。三是进一步发挥开发区企业服务直通车服务平台作用，通过"线上+线下"服务模式提供全方位、全覆盖、全时效的政企互动服务。四是为民营经济、中小企业提供境外市场、项目和政策信息服务，开展涉及法律、税务、商务、风险防控等培训，及时发布经贸摩擦动态、境外风险预警信息。(责任部门：商务局、审批局、中国贸促会天津分会自由贸易试验区法律服务中心)。

(九) 完善法律服务体系，为民营经济、中小企业送保障

针对民营企业、中小企业急需提高法律风险意识、防范及控制法律风险能力的问题，完善开发区公共法律服务体系，降低民营经济、中小企业法律需求成本，帮助其规避公司经营过程中的法律风险，及时维护企业的合法权益，为民营经济、中小企业依法健康发展提供法律服务和法治保障。一是面向民营经济、中小企业开展普法宣传活动。为民营经济、中小企业提供具有针对性的法治宣传，就民营经济、中小企业共同关心的法律问题或法治热点问题定期举办讲座或培训，对企业高管、人力、财务、技术等人员进行专项法律培训，增强民营经济、中小企业的法律意识，提高企业对法治环境的认知度。二是为民营经济、中小企业搭建"法治体检"专业服务平台。充分发挥司法局和开发区法律援助中心的职能作用，创新拓展公共法律服务项目，依托公共法律服务平台组织律师为民营经济、中小企业提供全面的法律服务，做好以法律风险专业诊断为重点的"法治体检"工作。帮助民营经济、中小企业解决运营中相关实体和程序方面的法律问题，有针对性地为民营经济、中小企业经营决策提供法律意见；对符合条件的重点民营经济、中小企业存在的各种法律风险进行全面的查摆、识别，出具评估报告，就企业法律风险防控提出解决方案；为企业提供合同、协议审查服务，帮助企业建立健全法律风险防控体系，避免民营经济、中小企业因涉法问题陷入经营困境。三是有效提供司法保障，滨海新区法院功能区审判委员会坚持严格公正司法的同时，建立完善诉讼、调解、仲裁有效衔接的多元化纠纷解决机制，做好法律案例提供，总结经典实务审判要点，提供有效参考。四是支持民营经济、中小企业开展海外维权，与中国贸促会天津分会自由贸易试验区法律服务中心、中国国际经济贸易仲裁委员会（天津）自由贸易试验区仲裁中心和中国海事仲裁委员会（天津）自由贸易试验区仲裁中心合作，帮助民营经济、中小企业在境外应诉、提起诉讼、仲裁或申请执行，鼓励民营经济、中小进行商标维权。[责任部门：司法局、开发区法律援助中心、滨海新区法院功能区审判委员会、中国贸促会天津分会自由贸易试验区法律服务中心、中国国际经济贸易仲裁委员会（天津）自由贸易试验区仲裁中心、中国海事仲裁委员会（天津）自由贸易试验区仲裁中心]

(十) 大力弘扬企业家精神，为民营经济、中小企业送荣誉

大力弘扬民营企业家、中小企业家精神，

健全有效激励和保护机制，为民营企业家、中小企业家成长创造良好环境。一是表彰先进典型民营企业、中小企业，对入选“中国500强”“中国民营500强”“中国质量奖”“天津市百强企业”“天津质量奖”“滨海新区明星民营企业”以及“开发区企业100强”“泰达科技50强”的民营企业及中小企业，给予专项奖励，进一步树立企业榜样，营造干事氛围。二是树立优秀民营企业家、中小企业家典型，积极推荐民营企业家、中小企业家参评天津市和滨海新区“五一”劳动奖章、全国和天津市劳动模范、各项技能大赛、“三八”红旗手、“三八”红旗集体、“创新创业创优”先进个人和先进集体等荣誉评选，提升民营企业家、中小企业家荣誉感。三是充分发挥媒体作用，加强对民营企业家、中小企业家的宣传报道，弘扬企业家精神，把握正确舆论导向，营造重视、关心和支持民营经济发展的强大氛围。[责任部门：工委（管委会）办公室、两新办、开发区总工会、团委、妇联、经济运行局、商会]

四、保障措施

加强组织保障和财政保障，实行监督问责，切实抓好政策落实，满腔热忱地支持民营经济、中小企业健康发展。

（一）组织保障

1. 成立开发区促进民营经济、中小企业发展工作领导小组

将原开发区民营经济工作领导小组调整为开发区促进民营经济、中小企业发展工作领导小组（简称“领导小组”），指导开发区民营经济、中小企业发展工作，主要是贯彻落实中央、天津市和滨海新区促进民营经济、中小企业发展的部署要求；研究制定和提出开发区关于促进民营经济、中小企业发展的政策措施；开展调查研究，不定期分析开发区民营经济、中小企业发展形势；统筹谋划、综合协调、督查推动开发区民营经济、中小企业发展工作，解决发展过程中遇到的各种问题。

组 长：郑伟铭

副组长：张青、张国盛、王俊明、王威、杨德宏、于梅、刘钺、徐庆和、孙津、马建军。

成员单位：工委（管委会）办公室、两新办、开发区总工会、团委、妇联、发改局、经济运行局、商务局、科工局、财政局、金融局、人社局、国资局、审批局、司法局、商会、贸促中心、法律援助中心、滨海新区法院功能区审判委员会、中国贸促会天津分会自由贸易试验区法律服务中心、中国国际经济贸易仲裁委员会(天津)自由贸易试验区仲裁中心、中国海事仲裁委员会(天津)自由贸易试验区仲裁中心。

2. 领导小组办公室及成员单位职责

开发区民营经济、中小企业发展工作领导小组下设办公室（简称“民营中小企业办”），办公室设在商务局，主要负责领导小组的日常工作，做好相关综合协调、服务保障、调查研究和督促检查，推动领导小组各项部署和任务的贯彻落实，做好年度总结工作和考核工作。

领导小组各成员单位紧密结合部门职能，认真落实相关责任分工，积极服务民营经济发展。各成员单位须明确专人负责对接民营中小企业办相关工作，负责报送本单位涉及民营经济、中小企业工作的动态信息、实施方案落实情况及半年、全年工作总结。

（二）财政保障

每年从财政预算安排专项资金，为民营经济、中小企业在解决融资需求、开拓市场、培育人才、科技创新、法律援助、荣誉奖励等方面提供资金保障。

来源：天津经济技术开发区商务局

专题研究篇

“一站式”金融服务体系助推中小微企业加快发展

文/长沙经济技术开发区管委会　秦道永

长沙经济技术开发区现有注册企业超过4 500家，其中，中小微企业数量占到企业总数的90%。这些企业技术含量高、市场前景好，是园区未来发展的重要推动力量；但与此同时，由于大多数企业处于快速成长期，对资金需求旺盛，也普遍存在着融资难、融资贵的问题。对此，长沙经开区加快建设“一站式”金融服务体系，不断构建和完善融资担保、小额贷款、风险补偿等平台，积极为中小微企业的融资贷款提供多种支持和服务，使企业“足”不出园，便可找到最为适宜的金融服务解决方案。

完成融资最后“一公里”

早在2009年，长沙经开区便成立了投资担保有限公司，专门为区内中小微企业提供融资担保业务。担保公司成立以来，始终坚持以市场为导向，以扶持区内中小微企业发展为己任，遵循“严控风险”的思路，严格操作流程，以优良的资产质量和极低的担保代偿率获得区内企业信赖。2012—2016年，担保公司连续五年被评为“湖南省优秀融资性担保机构”。截至2017年9月末，担保公司累计为709家企业和个体工商户提供了894笔融资担保，融资担保总额超过40亿元；受保企业在担保期内累计实现销售收入200.41亿元、税收10.02亿元，保障就业岗位3万余个。目前，担保公司已与建设银行、招商银行、长沙银行等13家银行建立了良好的长期合作伙伴关系，授信总额达到21.3亿元。

完善小额贷款机制

为解决企业的短期资金需求，2012年2月，开发区成立了经沣小额贷款公司，确定了“支持实体企业、服务中小企业、促进园区发展”的目标定位，并只专注做好一件事：即贷款百分之百地投向以园区为主的实体中小企业，主要为企业提供6个月以内的短期贷款；做银行补充业务，不做类银行业务。由此，小贷公司设计了过桥转贷、流动资金贷款、垫资摆账贷款、保证金贷款四个信贷产品。

经沣小贷公司成立后，对区内企业进行了“地毯式”拜访，及时了解企业动态需求，为客户提供综合性金融服务；并且，针对不同类型企业，量身定制特色化信贷产品。如果企业在区内与政府有预付款项目，便无需任何抵押物即可在经沣获得借款，由此极大地简化了企业贷款手续，提高了工作效率，降低了融资难度。

在同类产品中，经沣小贷可比市场平均价格低30%左右，始终保持着相对优势。特别是在小贷行业发展较为艰难的大环境中，近3年累计发放贷款近30亿元，为100多家企业提供了优质的融资服务，稳定了社会就业岗位近2万个，拉动GDP近300亿元。良好的管理能力和突出的风险控制能力，也使经沣小贷在近三年中无一笔不良贷款、未发生一笔诉讼。

推出多样化服务，做融资“好帮手”

为整合园区金融团队力量，为企业提供专业化金融服务，长沙经开区于2015年成立金融服务中心，并出资2 000万元设立风险补偿基金，按照1∶10的比例放大，最高可发放2亿元贷款，以此撬动金融杠杆支持园区企业发展。

金融服务中心不以抵押、担保作为授信及

额度评估的唯一判断标准，而是通过专业团队“一对一”的实地走访，以企业经营实际状况作为风控评估的主要依据；并且，从工商、税务等相关渠道对企业实施动态分析，摆脱了单纯依靠财务报表进行风险识别的局限性。金融服务中心成立两年来，累计持续走访企业500余家，帮助园区企业获得超过3亿元的融资授信；风险补偿业务开展仅一年时间，已累计帮助园区企业获得授信1.75亿元，业务量已放大到出资额的8.5倍。

金融服务中心还建立了园区企业大数据库，旨在挖掘企业的业务共性，目前已建立企业数据库500余项，建立金融产品数据库201项；并且，结合合作金融机构的业务特点，不断创新开发服务产品，以更好地满足不同企业的多层次业务需求。针对企业缺乏抵押物的特点，开发设计了“税金贷”融资产品；对接股权投资机构及贷款机构，为企业提供包括战略投资、投资路演、商业模式辅导、上市辅导、银行融资、小贷融资等股权及债权综合服务，并兼顾为企业提供项目申报、企业咨询、资产管理等非金融服务，成为企业的“融资保姆”。与此同时，精心打造“金服论坛”特色品牌，为各大专业机构与园区企业提供展示和交流平台，已成功组织各项活动13场次，参与企业超过300家，较好地满足了企业的金融需求。

用好专项资金，支持企业成长

为鼓励“大众创业、万众创新”，长沙经开区设立了科技创新、现代服务和专利驱动等专项资金2.5亿元，充分激发了社会创新潜能和创业活力。目前，长沙经开区正在全力打造三一众创、远大P8星球、德普·企业公元和长沙新长海等一批孵化载体及众创基地。其中，三一众创致力于打造国际知名的智能制造产业集聚区，通过引进智能制造龙头企业，实现与园区企业的互动协作，提升本地企业在研发、营销和资源配置等方面的水平，从而培育一批本土优势企业；远大P8星球聚焦于文化创意产业，目前已引进17家企业和团队；新长海众创空间重点发展移动互联网和软件设计产业。

此外，为降低中小企业融资成本，长沙经开区从2010年开始便实施中小微企业贷款贴息政策，向符合要求的区内中小微企业给予不超过30万元的贷款利息补贴。6年来，共有400余家中小微企业提出贴息申请，累计发放贴息资金1 843万元。同时，为鼓励企业上市（挂牌），对上市（挂牌）企业给予专项补助，成功上市（挂牌）企业最高可获得300万元的财政专项资金支持，现已向14家上市（挂牌）企业拨付财政补助资金1 840万元。

2017年7月，长沙市出台《关于振兴长沙工业实体经济的若干意见》，长沙经开区积极响应，千方百计为企业降低融资成本，目前正在筹建新的担保公司和小额贷款公司。今后，凡是符合条件和要求的区内中小微企业，均可申请免费的贷款担保和小额贷款；并且，100亿元规模的智能制造基金已开始运营，将引导社会资本投入到园区企业，不断促进产业发展壮大。

从中以合作看国际合作园区的运营管理

文/黄埔文化（广州）发展集团有限公司总经理 周成就

按照2013年中以两国建立的经济技术合作机制，国家发改委作为牵头单位，确定了常州、大连、东莞、广州四个高技术领域的重点合作区域。其中，广州试点以广州开发区为核心，主要围绕生物和智能装备两大领域。

目前，广州开发区中以高技术产业合作进展迅速，整体机制较为成熟，合作模式可以总结为“两个基地、两只基金、两种机制、两个伙伴”。具体而言，一是建立中以生物产业孵化基地和中以机器人产业基地；二是设立中以生物产业基金和中以机器人产业基金；三是构建中以生物科技之桥和中以机器人大会两种对接机制；四是分别与以色列G.L.K.公司（由以色列贸工部首席科学家办公室前任主任成立的专门针对中以合作项目的公司）和以色列机器人协会建立战略合作伙伴关系。

完备集中的基地环境

基于对诸多园区产业规划的研究，广州开发区曾提出一个观点：开发区应沿循“大混合、小集聚”的理念进行规划开发，即区域的整体产业布局应是混合型的，但可围绕某些细分产业领域打造若干专业化特色园区，使之具备完整产业链条的集聚功能，以更好地为企业提供研发、试验、生产的基础条件，以及为员工提供居住、生活环境。此类特色园区无需动辄占地几平方公里，仅需5 000～10 000平方米的楼宇即可成为一个“园区”，且此类小规模的园区往往更具生命力和竞争力。广州国际生物岛上的中以生物产业孵化基地，便是基于这样的思路进行开发建设的。

中以生物产业孵化基地选址于生物岛标准产业单元三期1栋，重点聚焦眼科治疗、医疗影像、康复治疗以及人工智能和生物健康结合等领域。基地首期面积3 300平方米，截至2017年6月，已有1 000平方米投入使用。除广州市政府划拨的2 000万元场地支持专项资金外，运营单位也将为以方从业人员和专家团队配套免费公寓。

独立高效的运营模式

中以生物产业孵化基地最初由广州国际生物岛科技投资开发有限公司注资成立的全资国有控股公司中以生物产业基地管理公司负责运营管理，之后又吸收了以方专业化管理团队入股，通过利益绑定，植入以色列全套管理机制。与此同时，基地管理公司以300万元/年的价格聘请以色列顾问团队，提供管理、运营、政策等方面的咨询服务。在3年合同期内，以色列顾问团队将协助基地管理公司复制以色列孵化器服务模式，打造一个真正能够使以色列企业“拎包入驻”的良好载体。

近期，该基地管理公司再次开放适当股份，吸引社会资本入股。由于在组织运营过程中，基地管理公司扮演着“项目评审员”的角色，可以对入驻项目的发展情况、技术优劣、市场前景等进行权衡，且对于项目下一阶段的投资也拥有较大的话语权，因此，截至目前，许多有限合伙人提出了积极参股进入基地管理公司的意向。

尤为值得一提的是，由基地管理公司组建的基地评审委员会，是独立于发改、科技、财政等政府部门的机构。政府将对基地入驻项目扶持资金的评审工作交由基地评审委员会负责，由其组织专家团队对项目进驻和项目资助等提出更为客观、更具专业性的意见，意见将决定项目入驻后能否得到政府资助或投资。

便捷高端的对接渠道

为更好帮助以方入区企业快速寻找中国合作伙伴或具体市场对接方，开发区建立了“中以生物科技之桥”对接机制并将其常态化，先后于2016年11月和2017年3月，联合G.L.K.公司举办了第二届、第三届“中以生物科技之桥”活动，邀请中以共19个生物技术项目、40余家投资机构和近百位生物产业专家开展项目路演，取得了较好成效。

类似地，“中以机器人大会”始于2015年，第一届大会仅邀请了以色列机器人协会主席以及一位机器人企业创始人，但会场气氛十分热烈，许多广东省业内企业均表示出极大兴趣。在2016年12月举行的第二届中以机器人大会上，10家以色列企业举行了专题B2B对接，并对省内相关企业进行考察，成果十分显著。即将于2018年举办的第三届中以机器人大会，预计将邀请20位顶级专家和近40家顶级机器人企业，将成为中以产业合作的又一盛事。

创新运作的产业基金

早在2012年首届“中以生物科技之桥”活动中，以方即已提出建立广州中以生物产业基金的构想，希望以色列企业入区后，地方政府能够提供每个项目6 000万元的专项资金支持，由于预计2 ~ 3年内约引入10个项目，专项资金规模初定为6亿元。为此，广州市发改委经请示市政府同意，决定从40亿元的战略新兴产业主导基金中，每年安排5 000万元，3年共计1.5亿元；广州开发区配套5 000万元；广药集团、冠昊生物两家广州市龙头生物科技企业各出资1.5亿元，上市公司恒运集团出资1亿元，共同组建了6亿元基金的规模。相关决策及协议谈判历时两年，于2015年6月签订最终协议，同年12月正式设立广州中以生物产业投资基金，存续期为9年，专注于投资注册在广州的以色列及以色列相关公司。

按照协议，基金设立后由苏格·基莱特曼博士团队建立的以色列G.L.K.投资公司主导管理(股比60%)。2016年6月，基金开始投资运作，首批投资项目均为监测类、仪器类项目，其大多为非初创型企业，已有成熟产品，且进入中国市场后审批周期短、市场风险低，极易在短时间内树立信心。

参照国际经验，如果进入国内的以色列公司在中国区效益较好、收益较高，则其以色列母公司的估值也会随之提升，并可能被其他国家相关公司收购。但由于基金投资项目的权益范围仅限于中国市场，因此，中国基金很难分享到母公司在他国享有的相关权益。为避免此种情况发生，中方要求以方同步设立了一个同等规模、利益联动的美元基金，按照平行基金的利益分享机制，广药集团、冠昊生物等中方基金合伙人可直接参与海外美元基金，并投资以方母公司。

前置有效的政策扶持

传统的政府对科技企业和项目的扶持方式，大都是在创业成功后对企业进行补贴，“锦上添花”多而“雪中送炭”少，特别是政府出于对资金安全管控的考虑，在实际操作中，往往待项目验收后才进行资金拨付，这就使企业在急需支持的创业阶段，扶持资金难以发挥出应有效用；并且，扶持项目普遍规模较小，支持额度较少，通常在百万元以内，甚至一些研发补助仅数万元，力度十分有限。由于无偿扶持的资金无法收回，致使政府投入也并无收益。

近年来，创新推广的另一种政府扶持方式为股权直投，其特点是通常在项目落地前和推进过程中即可实施，且投资规模较大，能够极大地改善企业资金条件，由此受到许多企业欢迎。由于股权直投能够收回本金，且超过一定年限还可溢价收回，在一定程度上确保了财政资金的安全。但股权直投方式的缺陷在于，政府在企业初创期的投资占比较大，可能对其后续融资特别是进入“新三板”产生影响；加之国有资本的退出程序较为复杂，因此，从长远发展角度考虑，企业在选择股权直投方式时表现得格外谨慎。

相比之下，广州开发区借鉴以色列孵化器及科技政策的成功经验，制定了《广州开发区中以生物产业孵化基地专项资金管理办法》，以中以生物产业基地为试点，探索政府“附带条件有偿支持”初创型科技企业的新模式。依照此种模式对创业企业进行投资后，若企业创业失败，投资相当于风险投资，不收回成本；若企业创业成功，创业企业不仅需要归还之前的投资，还需与投资方分享企业盈利。

按照相关管理办法，区内项目在启动期即可申请“附带条件有偿支持”，通过评审后，可获取全部支持资金的50%，真正发挥“雪中送炭”作用；在项目运作过程中，剩余的50%支持资金也将分两年、与项目实施同步划拨。

项目的征集范围十分广泛，包括中国公司、以色列公司、中国和以色列创业者以及中以合资公司，项目领域涵盖智慧医疗、眼科、糖尿病、康复治疗和医学整形等，均属能够快速进入和拓展市场的领域。其中，初创型医疗器械项目可获得最高200万元资金支持，初创型生物医药项目可获得最高300万元资金支持。

值得关注的是，在以色列“原版”的“附带条件有偿支持”项目审核过程中，并未将项目是否成功、资金能否收回作为权衡投资与否的重要标准，而是更为看重投资的溢出效应与社会效应，强调其在创新氛围营造、人才队伍培养、前沿技术突破、创业者孵化中的促进作用。有偿资助与无偿资助、股权直投的优劣对比见下表。也正因为如此，以色列的政府投资大都集中在最前沿的试行技术以及从未涉足的全新领域，虽然投资回收率较低(仅40%左右)，但对于全国创新生态的构建，发挥了至关重要的推动作用。

绿色畅通的审批流程

总体而言，开发区发改部门负责专项资金的审批、发放和监督工作，基地管理公司负责中以生物产业基地项目的征集、评审和专项资金监管工作。基地公司组建的基地项目评审委员会包括以方顾问1名、基地管理公司代表1名及外部评审专家5名。其中，外部评审专家包括生物技术专家、生物企业高管、创业投资专家、财务专家等，发改部门则根据评审意见和申报材料最终出具审批意见。

在审批材料方面，除《项目投资预算情况表》外，申请方还需提供《基地评审委员会评审意见》及基地公司与项目申报方签署的投资协议，即参与申报的项目必须为已通过基地公司评审的项目。同时，参考以方成功经验，在项目获得政府资助的同时，基地公司也需对项目进行跟投，实现与项目方的利益捆绑，因此，

有偿资助与无偿资助、股权直投的优劣对比

方式	资金投入阶段	投入规模	财政资金效益	综合分析
有偿资助	项目启动期，事前、事中	200万元或300万元，能较好解决初创企业初期资金需求	财政资金可以全额或部分回收	资金支持力度较大，可以回收循环使用，在企业初创期起到雪中送炭、解决燃眉之急的作用
无偿资助	一般为事后	较小，目前对企业的无偿资助金一般在100万元以内	财政资金不予收回	资金支持力度较小，企业无需归还扶持资金。资金为事后资助，在企业急需支持时难以发挥资金的有效支持作用
股权直投	事前、事中	资金规模较大，能够极大改善企业资金条件	财政资金可按本金收回，超过一定年限可溢价收回	与企业利益捆绑，因股权直投需占初创期企业较大股权，对企业后续融资有一定影响，且会涉及对企业日常运营管理等问题

申请方还需提供基地公司对投资项目持股时间不低于2年的承诺函。换言之，基地公司需要为其帮助申请资金支持的项目进行背书，以保证该项目具有可观的发展前景和经济效益。

在资金拨付时，开发区要求：入驻基地项目已成立实体企业且在基地办理工商和税务注册登记；项目公司已在区发改部门指定的银行开设专款账户和公司基本户；基地管理公司对项目公司的投资已全部到位，且到位投资额达到项目专项资助额的20%，即：申请200万元资金支持的初创型医疗器械项目需得到基地公司40万元的跟投，申请300万元资金支持的初创型生物医药项目需得到基地公司60万元的跟投。

申请首次资金拨付的项目，需提供《基地管理公司与项目申报方签署的投资协议》和《基地管理公司入资项目公司的资金证明》，通过区政策研究室政策兑现窗口初审的项目，区发改部门将对其进行复审，并将首批50%资金拨付至其银行专户。对于剩余的资金划拨，项目方需每6个月提出申请，并提交《基地管理公司同意资金拨付的支持性文件》，以证明基地管理公司对项目足够了解，且完成了对项目的日常监督管理。

此外，开发区还对专项资金的适用范围作出了严格规定，要求其将财政专项资金用于项目公司运营、研发及产业化等方面。在这一过程中，基地管理公司需对资金的使用范围进行监控，最终对区财政部门和审计部门负责。

科学灵活的返还模式

中以生物产业孵化基地专项资金的返还模式是开发区的重要创新点之一，项目方可选择逐步返还或一次性返还两种方式。

选择逐步返还，需在项目公司产生营业收入后，于每年1月31日前按照上年营业收入的3%返还资助资金，直至还清所有资助资金为止。当项目公司累计获得资助资金10倍以上、20倍以下的股权投资时，在股权投资全部到位日起40个工作日内，需一次性返还50%的资助资金；在累计获得资助资金20倍以上的股权投资，且当期投资金额全部到位后，在股权投资全部到位日起40个工作日内，返还剩余50%的资助资金。项目公司向第三方出售或者授权使用知识产权且获得收益的，需于签署相关协议后的40个工作日内按收益的10%返还财政资助资金，直至所有资助资金还清为止。

选择一次性返还方式的企业，需在项目公司一次获得资助资金20倍以上的股权投资时，在股权投资全部到位日起40个工作日内，一次性全额返还所获资助资金。项目公司被另一家非关联企业收购或并购，出售本公司全部或绝大部分股份（资产）导致企业实际控制人发生变化的，需于签署相关交易协议后的40个工作日内一次性返还资助资金；如入驻基地项目所获得的收购或并购金额低于资助资金，其所获全部收购或并购资金用于偿还资助资金。项目公司成功在国内外首次公开发行股票（IPO），需在正式上市交易日起40个工作日内一次性返还全部财政资助资金。

资金管理办法还规定，返还金额不超过政府给予的已拨付资金金额，返还期限为获批资助之日起10年内；项目公司按上述方式正常返还财政资助资金，但10年期满后仍未还清财政资助资金的，未还清部分无需返还。

实现知识产权创造
与知识产权服务业"两翼齐飞"

文/广州开发区发改局副局长 黄孝恕

作为后发超越型新兴经济体，新加坡全面实施国家层面的知识产权战略仅十余年时间，从时间节点上与大多数开发区情况相似。因此，充分借鉴新加坡的知识产权发展经验对我国开发区而言，具有一定意义。

知识产权发展失衡问题较为突出

发展理念层面存在重工具性、轻战略性问题。目前，许多发达国家将知识产权作为国家核心战略加以推进，制订和实施了完善的知识产权发展阶段性计划；新加坡更是将实施知识产权战略作为推动经济转型的重要引擎，致力于打造世界级知识产权枢纽。这一目标的确定源于新加坡坚实的文化基础、人才基础和产业基础——拥有近于欧美的法制和语言环境，跨国公司密集；在25～34岁人口中，有74.9%的人口接受过高等教育；在7000家跨国公司中，有60%的企业将全球总部或区域总部设在新加坡；在18万家中小企业中，年收入超过1亿新元的企业多达1000家。

相比之下，我国的知识产权事业一定程度上是改革开放后在对外经济交往中被动发生的，虽然我国目前对知识产权的重视程度已发生了根本改观，但与发达国家相比，将知识产权作为国家战略实施的主动性和统筹谋划能力仍显不足。在开发区领域，"把知识产权作为增强区域核心竞争力的关键"的理念并未真正在实际工作中作为生产力和战略资源加以利用；在企业层面，知识产权管理策略仍较为粗放，被动应对维权事件多，而主动运用知识产权策略促进发展的案例少。

发展思路层面存在重知识产权管理保护、轻知识产权服务业发展的问题。近年来，发达国家在知识产权服务领域、版权领域、特许经营和许可领域等知识产权服务业的营业收入增速较快，新加坡的知识产权服务业更是创造了可观价值。早在2014年，新加坡即已实现知识产权服务领域年营业额2.3亿新元，版权领域年产出300亿新元，拥有从业者12万人；特许经营领域年营业额60亿新元；研发领域年营业额72亿新元，拥有4.5万名研究人员；许可领域年产生23亿新元特许费用和许可费。

从我国现状看，开发区往往将知识产权保护视为对投资环境与创新环境的优化，以及吸引高端产业和高端人才的一个重要元素，即对知识产权保护关注较多，而忽视了知识产权服务业的发展；对专利申请等知识产权创造的扶持较多，而忽视了知识产权的价值实现即商业化推动。对于企业而言，则更多着眼于知识产权自身较为狭小的范围，尚未形成整体的知识产权战略。

政策实施层面存在知识产权全周期需求与政策工具单一性的失衡问题。新加坡十分注重知识产权促进政策的持续性，已围绕知识产权生命周期实施了全过程的扶持政策，包括针对中小企业的知识产权管理计划，针对国际化企业的知识产权管理计划、知识产权管理诊断计划、创新与能力赠券、生产力创新及优惠计划、知识产权策略能力发展计划、知识产权融资扶持等。

新加坡知识产权促进政策体系

政策名称	主要内容
针对中小企业的知识产权管理计划	扶持企业开展整体知识产权运用策略评估、知识产权培训，支持企业利用拥有的知识产权进行有偿许可和特许经营。具体方式为：对企业支付的知识产权顾问费用、参与项目的员工工资、申请注册产权的费用，按实报实销方式资助 70%
针对国际化企业的知识产权管理计划	针对在海外拓展业务的新加坡企业的扶持计划，支持对象为以新加坡为基地的企业，要求拥有清晰的国际化计划，且在聘员工中至少拥有 3 位新加坡籍管理人员
知识产权管理诊断计划	由商务和知识产权咨询专家完成，主要是帮助企业评估知识产权布局与知识产权管理系统、确定商业活动中知识产权管理的空白领域、确定关键知识产权资本、评价现有知识产权管理程序能否有效扶持公司策略，以及向企业推荐建立知识产权管理能力的方法和手段，由国家承担 50% 的咨询费
创新与能力赠券	对科技创新企业而言，需要在知识产权、人力资源、财务管理、法律咨询等方面寻求社会中介机构和专业人士的服务，这些企业可以向新加坡政府申请创新与能力赠券，用以支付从事这些活动所需的费用，以此减轻创新企业的财务负担，也可支持知识产权服务业的发展。每份赠券价值 5 000 新元，每个中小企业可申请最多 8 个赠券
生产力创新及优惠计划	扶持企业尤其是中小企业，提高在创新方面的投资，重点支持企业注册知识产权、购置知识产权、购置租用指定的自动化设备、员工培训、研究与开发、获新加坡设计委员会批准的设计项目六大领域。其中，注册知识产权，包括注册的官方费用、专利检索与审查费用、聘请专业顾问费用。获得支持的企业可享有 400% 税额扣除，也可选取相等于 60% 投资开支的现金津贴
知识产权策略能力发展计划	支持企业开展知识产权审计、知识产权教育和培训、知识产权情报和研发、知识产权许可等活动。对企业从事这些活动过程中发生的人力资源支出、咨询费用、生活成本（如机票）等，最多给予 50% 补助。这项计划涉及面较广，餐饮、制造业、电子软件、教育、零售、工程、酒店、物流等行业都有参与
知识产权融资扶持	扶持企业将知识产权作为质押获得银行贷款，鼓励金融机构接受知识产权作为贷款质押物。申请公司必须拥有 1 项以上的专利，申请程序由参与的金融机构决定，政府承担部分风险

相比之下，国内开发区的知识产权促进政策覆盖面不广、整体性不足，且服务机构专业化水平不高，在帮助企业提升知识产权商业化运作方面存在一定欠缺。部分开发区对于知识产权服务业作为一种特殊的高技术服务业的特性认识不足，只是单纯利用招商引资和发展制造业的政策来发展知识产权服务业，甚至以营业额和实现税收等指标评价知识产权服务机构的业绩。

人才培养层面存在人才专业性需求与培养机制缺失的失衡问题。发达国家普遍注重知识产权人才培养与储备，制定人才培养战略规划，积极培养本地产业人才并吸引国际专业人才，尤为注重对研发人员和工程师的知识产权能力培训，将知识产权贯穿企业研发和生产一线，以提高知识产权创造率和运用效能。但目前，国内开发区知识产权人才的国际化水平仍显不足，并未全面建立起知识产权人才培养机制，加之未能设立知识产权领域的学位课程，也没有知识产权专业职称评级，致使从业人员流动过快，难以形成稳定、专业的知识产权人才队伍。

加快推进制度创新与政策制定

实现知识产权战略性与工具性的统一。要将知识产权置于创新发展的战略高度，作为助推经济转型升级的重要引擎，着力开展知识产权战略专题研究，制定知识产权战略规划，盘活知识产权运营市场，充分发挥知识产权在市场配置创新资源中的重要作用。引导和推动企业增强知识产权能力，构建知识产权与开发区整体发展和产业成长的内在联系，帮助企业寻找合作客户，采取许可、风险投资等方式，实现知识产权价值套现，从而建立竞争优势，开拓市场机遇，提高财务业绩，吸引更多资本投入。建立企业知识产权服务网络，提升企业的知识产权管理能力、知识产权分析决策能力和知识产权与商业策略整合能力，引导企业将知识产权摆在企业发展战略的核心位置，由法律或营销部门主管转向由总裁和首席财务官管理。

建立对应知识产权全生命周期的多样性扶持政策体系。针对知识产权不同发展阶段需求，设计全过程、差异化、连续性的扶持政策。在知识产权创造阶段，企业层面应注重搜集技术情报，开展市场和竞争分析，制定知识产权策略；政府层面要积极开办面向企业的知识产权讲座，为企业进行知识产权诊断，培养企业的知识产权意识。在知识产权保护阶段，企业层面应加大事前技术调研力度，撰写申请材料并提交申请；政府层面要建立专利审查工作机制，试点推进重点产业专利常态审查、加快审查与延迟审查相结合的审查机制，建设知识产权综合业务受理平台，实现知识产权“一站式”服务。在知识产权运用阶段，企业层面要更加重视知识产权管理、产权许可和产权购置、知识产权融资等；政府层面要依托股权交易、知识产权交易机构，创新知识产权债务融资、保险、信托等知识产权金融产品和衍生品，探索建立知识产权金融体系，加强知识产权评估、登记、托管、流转服务能力建设。在知识产权执行阶段，企业层面要谨慎对待产权诉讼；政府层面则应进一步完善知识产权的仲裁、诉讼机制，帮助企业维护知识产权权益。

在具体的政策制定过程中，要坚持市场化、产业化发展方向。一方面，改进和优化专利扶持办法。由于各地扶持专利的政策多为按量计奖，导致目前实用新型专利多，发明专利少；下一阶段，应将专利扶持的重点由量的扩张转向质的提升，更加注重对发明专利的资助，特别是对在发达国家注册的专利的资助。另一方面，大力开展专利导航分析。按照产业分类发布专利导航分析报告，共享产业专利导航分析工具，指导各类创新主体开展专利导航分析，提高创新效率；从专利运作角度，要观察和把握区域内创新型企业的发展动态，从中找寻现有专利的特点，为有关产业发展提供依据，同时向社会公开发布，便于投资者了解区域内高新技术产业的发展状况。

推进知识产权服务业发展的政策创新。探索实行知识产权创新券制度，向符合条件的企业发放政府创新券，大力培育和发展知识产权中介服务机构，支持和鼓励从事知识产权信息服务、知识产权战略研究、知识产权资产评估和许可转让业务的各类中介服务机构发展，发挥服务机构在知识产权创造、运用、保护和商业化等方面的积极作用。促进知识产权服务管理制度创新，在开发区范围内，探索允许在中国境内设立的外国律师事务所代表处和国内律师事务所聘用的外国律师从事中国知识产权方面的法律业务。加快培养知识产权服务业国际化人才，加强对知识产权中介服务从业人员的执业培训，尽快培养一批熟练掌握国内知识产权法律法规和相关业务、且熟悉相关国际规则和主要贸易伙伴国知识产权法律与实务技能的高水平知识产权服务人才，特别是专利代理人才；考虑与发达国家有关机构共同提供奖学金，培养知识产权或科技创新领域的专业人才，并与其签订就业和服务协议。

推动知识产权国际化发展。一是突破跨国公司进入国内创新体系的政策障碍。在创新全球化趋势下，我国既要融入全球创新网络，也要允许和支持跨国公司在中国开展创新活动，只要企业创造的知识产权为在中国境内注册的企业所有，且中国员工参与了知识产权创造活动，就应属于自主创新范畴。二是建设满足跨国公司研发中心实际需求的环境条件。现阶段，国内许多开发区出台政策，对新进入的跨国公司研发中心给予资金资助，但实际上，跨国公司对于研发中心的选址更多考虑所在区域品牌、城市形象、生活便利化程度，以及是否拥有适应研发机构需求的人才池等。因此，应在这些方面多加关注。三是积极拓展引进跨国研发机构渠道。特别应注重建立知识产权国际合作发展新机制，丰富知识产权国际合作内涵，探索以知识产权为纽带的新型国际合作关系。比如，世界知识产权组织已在北京、新加坡等世界5个城市设立办事处，国内具备条件的地区可以考虑与世界知识产权组织建立联系，探索建立世界知识产权组织纠纷调解和仲裁机构办事处，以扩大本地的知识产权国际影响力。

**完善知识产权人才的专业化培养和使用机

制。目前，国家知识产权局在江苏、广东等地建立了多家审查协作中心，这些机构大多设在国家级经开区和高新区内，平均每家中心拥有工作人员 1 000 ～ 2 000 人。为此，开发区要充分发挥知识产权审查协作中心的人才溢出效应，对愿意转到企业从事专利工作的人才实行一定的激励措施；还可考虑依托其优质资源，开展知识产权特派员工作，参与重大科研项目的知识产权全过程管理，协助企业实施知识产权战略。与此同时，针对现有问题，应大力开展知识产权专业职称评定。按照国内部分城市的试点经验，可考虑由有关部门对企业的知识产权从业者进行培训辅导，协调企业为其申报专业职称提供便利条件。

优化服务流程　实现全链合作

文/天津经济技术开发区管委会

以“投资者是帝王、项目是生命线”“环境是泰达生命、我就是泰达环境”“7×24”“100—1=0”的服务理念，配备“一站式、一条龙、一贯制”的服务模式，以及完善的交通路网体系和优美的区域自然环境，如今，“泰达”的园区品牌与内涵已然享誉中外。

近年来，从关注硬环境到提升软环境的质变，更让天津开发区的政策环境、创新环境、法律环境与社会环境日新月异。于是，在更为精细化的专业拓展后，开发区开始以制度化为先导，通过领导联系和服务企业责任制、大项目合作委员会制度、企业服务无缝衔接制度、问题调查研究制度、应急响应预警制度和监督反馈制度等机制更新与制度创新，形成了独具特色的企业服务长效机制，有力增强了开发区的投资吸引力。

重燃制造业引资引擎

制定行之有效的支持政策。按照《国务院关于扩大对外开放积极利用外资若干措施》的精神，重新修订支持企业落户相关政策，以更好鼓励新项目落户与老项目增资扩建。出台人才政策，帮助制造业企业吸引和招纳领军人才、管理层、高级蓝领等各类人才；与此同时，鼓励企业加强研发和培训，进一步稳定生产团队，做好转型升级。

发挥龙头企业引领作用。坚持实施重大项目带动战略，按照“抓龙头、聚产业、延链条”原则，引进水平高、产出大、潜力足的大项目、好项目。帮助大型支柱性企业引进配套商，在企业间建立起上下游和周边产品相互配套的产业共生体系，全面提升在高端市场领域的竞争力，保持区域竞争优势。比如，伴随一汽大众华北基地项目的推进，开发区积极与相关配套企业对接，促进配套企业招商工作。

大力发展智能制造。规划建设智能产业区，重点发展人工智能、智能制造、智能金融、智能健康医疗、智能物流等高端智能产业集群，初步形成了包括基础研发、技术展示、专业设备服务、行业集成解决方案在内的较为完善的智能产业链条。促进智能制造的行业应用，美克美家通过装备工业机器人和建设自动化控制系统，实现产品按需生产，效率提升300%；康师傅引进智能生产线后，员工人数减少至原来的1/3，生产效率却达到原来的1倍以上；新建的整车项目大量引进自动上线小车、自动化检测设备、机器人等智能生产设备，实现柔性生产。

构建绿色制造体系。以生态工业示范园区、低碳工业园区、循环经济示范区、循环化改造示范区为依托，持续推进产业绿色发展。推动企业在能效提升、清洁生产、节水治污、循环利用等领域实施专项技术改造，支持企业建立能源管理中心，建设一批示范性绿色工厂和绿色企业。丰富完善电子信息、生物医药、汽车制造、食品饮料4条现有循环经济产业链，积极构建石油化工、装备制造等新的循环经济产业链，打造南港国家循环经济示范试点园区。开展区域工业共生识别，积极推行绿色供应链体系建设，完善产业共生信息管理平台。

推行贸易投资便利化

开展行政审批制度改革。2015年便已成立行政审批局，实行“一枚印章管审批”，实现“园区事园区结”。如今，一方面，进一步完善现场审批平台，高效完成咨询初审、接件、录入、送件、证照发放等工作，实现审批流程可视化；另一方面，统一建设网上审批平台，对外商投资项目核准与备案、外商（含港澳台侨）投资企业设立及变更等相对简单的事项推行网上审批，实现“先批后审、一次办结”，大力提升审批效率。

打造国际化营商环境。搭建区内企业沟通机制平台，引导企业间互相搭桥、配套，鼓励制造业企业和服务业企业开展实质合作。落实项目服务联动工作机制，重整“招商联合协调小组”，制定服务标准，使各级各部门的服务载体及其服务内容深度融合，从而推动传统的分区域、分层级、分部门的分散服务模式向跨区域、跨层级、跨部门的立体服务模式转型，从单一的保姆式服务演变为立体的、覆盖企业全生命周期的智能化企业服务。

切实降低企业经营成本

降低企业税费负担。全面落实“营改增”政策，自2013年开始，到2016年5月完成，累计有效降低了4 026家企业税负。针对永旺梦乐城（中国）商业管理有限公司天津滨海分公司提出的六大问题，开发区国税局重点从优惠政策、适用税率和进项税额抵扣三个方面开展辅导。继续探索完善利用“互联网+”的税收管理模式，依托税收大数据管理平台，多措施开展“营改增”纳税人辅导，帮助纳税人充分享受“营改增”带来的减税红利，实现“服务大局、税企共赢”。与此同时，免征部分行政事业性收费。2016年至今，开发区积极落实国家和天津市暂停征收部分行政事业性收费相关政策，取消了环境监测服务费、房屋转让手续费、卫生防疫防治收费、出入境检验检疫费等行政事业性收费项目。

主动降低制度性交易成本。2016年7月，行政审批服务信息化平台正式上线，纳入开发区全部230项审批业务，其中一半以上事项可实现全流程网上办理。通过网上预审、网上帮办、证照快递等方式，有效解决了审批要件不明确、相关表格难填写、审批进程不清晰、补件领证多跑路等困扰。截至目前，共为企业开展线上帮办事项4 328个，提供线上咨询4 800余次，全流程远程办件近700项。2016年12月，开发区审批局开展建设项目联审工作，设立联审综合窗口，实现审批要件“一口进、一口出”，企业可同时进行各阶段要件材料的准备；推出“审批树”功能，为企业量身打造专属审批链，提供全程帮办、协调记录查询、办理节点提醒等多项相关服务。截至目前，审批局共创建建设项目联审147个，办结47个。此外，实施公益代理服务。2017年3月，针对审批工作中“商事登记联审”和“建设项目联审”两大难点，全面打造审批代理团队，推出公益性代理服务，由部门工作人员代替企业进行联审全流程的要件准备、材料递交、流程追踪、跨部门协调等工作，实现面向企业服务时间维度前伸和服务深度纵向延展。

积极降低创新创业成本。在降低企业运营成本方面，2016年，开发区科技局根据《天津经济技术开发区促进高新技术产业政策（试行)》的有关条款，通过重点给予科技企业房租、研发费用、知识产权等领域扶持，全年共批复科技发展专项资金总计1.39亿元，支持科技企业862家，切实降低了科技企业的运营和科研成本。此外，协助企业争取天津市和滨海新区的科技政策资源，全年共获得上级有关部门立项扶持资金总额1.02亿元，涉及企业253家。在降低企业创业成本方面，通过支持众创空间和公共技术平台的建设发展，为科技创业企业提供拎包入住的科研办公环境和科技研发环境。2017年，开发区新增3家国家级众创空间，至此，国家级和市级众创空间已累计达到8家；建成电子信息、大健康、智能无人装备、节能环保四个专业化园区，各类孵化载体总面积达到115万平方米；全年累计举行京津冀创客嘉年华、CEO特训营、专题培训、沙龙、公开课等各类活动100余场，为企业免费培养科研、管理、运营专业人才。

全面降低企业融资成本。依托科技发展金、“天使之翼”投资人俱乐部及风险补偿专项资金信用贷，为企业提供多种融资渠道，针对有意向挂牌、上市的重点企业，搭建专业化融资对接服务平台，推动企业进入上市程序。2017年，累计新增上市挂牌企业23家，其中，博迈科在上交所主板成功上市，凯莱英在深交所中小板成功上市，商科数控等11家企业在“新三板”成功挂牌，利安隆创业板IPO首发申请获得批准。

数字化和智能化的“智慧工地”

文/温州经济技术开发区党政办 戚成铁

2017年2月，国务院办公厅出台《关于促进开发区改革和创新发展的若干意见》明确提出，要“科学制定开发区权责清单，优化开发区行政管理流程，积极推进并联审批、网上办理等模式创新，提高审批效率”；同年3月，住建部宣布开展工程质量安全提升行动，并在《工程质量安全提升行动方案的通知》中指出，要“加强工程质量安全监管信息化建设，推行工程质量安全数字化监管”。

在实现绿色建造和生态建造成为发展趋势的当下，温州经济技术开发区紧密结合经济社会发展的实际需要，由区建设工程质量安全监督站牵头，联合温州市勘察测绘研究院共同研究并建设完成“智慧工地监管审批一体化平台”（以下简称“平台”），将地理信息、互联网+、物联网、工程全生命周期管理等先进技术和理念融入建设工程行政审批和质量安全监管工作中，不仅强化了政府对建设工程项目的监督力度，提高了管理的科学性和服务便捷性，而且推动了建筑工地的标准化与规范化，实现了区内项目的绿色建造和生态建造。

独辟蹊径搭建“智慧平台”

过去，在编仅8人的开发区建设工程质量安全监督站，需要面对全区近160个建设工程项目，实际运行中难免捉襟见肘。“智慧工地”监管审批一体化平台的问世，彻底改变了人员少、任务重的问题，创新打造出基于SOA系统架构设计与应用，以“智慧+互联+协同”为理念，以用户需求为核心，包括集成门户、网上报建、智慧工地“一张图”、业务审批、工程项目监管、日常办公、工地视频监控、检测监管、移动办公、运维管理、智慧工地大数据分析、智慧工地实名考勤共12个子系统在内的全新平台，实现了工地项目的高效审批、智能监管和科学决策，不仅解决了住建、国土等相关10余个部门信息互联互通和数据共享问题，切实响应了“放管服”改革要求和“最多跑一次”改革目标，而且构建起政府部门、五方责任主体（建设单位、勘察单位、设计单位、施工单位、监理单位）、其他技术服务机构相协同的工作机制，有效提升了建设工程业务审批、工程质量安全监督、“双随机一公开”抽查抽测、督促整改、竣工验收等环节的全方位的动态质量管理和安全监控。自2017年9月1日平台上线运行以来，建设工程业务审批时长平均减少40%，安全事故数量同比下降30%，有力保障了全区建设工程项目的平稳运行。

全面统筹实现“智慧监管”

实现项目远程监控。为进一步加大工地安全生产监管力度，提高监管实时性，全区各建筑工地按照施工面积大小，分别在出入口、加工场、塔吊等处设置高清视频监控系统，并对监控布点、视频远近景图像、录像存储3个月以上、损坏及时修复等方面作出规定，以确保平台远程监管的有效性。基于地理信息技术和视频技术，平台打破应用时空限制，利用视频监控、智能门禁、通道闸管理、人脸识别等物联网技术，将建设工程五方主体、机械设备、人员出入、质量检测等信息从工地一线“搬到”信息平台，实现对现场情况的实时监管。

与此同时，着重关注如何强化和落实建筑工程各责任主体的质量安全监管行为，涵盖建设项目日常监督执法、专项检查、问题督改、材料检测、工程验收、现场监督记录、信息统计分析等质量安全管理的主要环节。各环节根据预设的质量安全管控目标，全面监控工程实体的质量安全状态。截至目前，全区通过平台发现并督促整改的工程质量安全管理问题已达230余个，整改率达100%。

提供准确数据信息。建立系统主平台与各子平台的数据录入机制，以企业为主体同步做好工地一线监控实时数据传输、材料检测数据等在建工程项目的数据录入工作。比如，针对材料检测这一工程质量监管核心环节，平台通过与检测机构、检测仪器的在线对接，实现了检测实验工作视频和检测原始数据的实时获取，并对数据进行及时存档，提高了材料检测的科学性和真实性，有效杜绝了检测报告的篡改行为。截至目前，国土部门的土地利用规划数据及住建部门的地下管线、基础地形图、最新影像等数据均已实现第一时间上传平台；平台总体已录入专题数据85类、规划数据43个，接收建设工程项目相关数据1 500余条。

以工程项目用地地块及相关业务信息为核心，融合“智慧开发区政务信息云平台”提供的矢量地图、影像地图、2.5维地图和规划等专题数据服务，建立工地综合信息“一张图”展示分析系统，实现了工程项目管理、质量管理、安全管理、宏观决策等业务应用可视化和便捷化，辅助管理者准确把握经开区工程分布情况，有效提高了业务人员的工作效率和精细化管理能力。目前，平台可通过大屏幕展示开发区内所有工地的空间分布情况，并及时掌握各个工程的“开工、竣工、停工”，审批业务的“报建、办理”和工程施工过程的“进度、监管、处罚、整改”等综合信息；同时，还可通过深度挖掘和研究建筑施工现场监管数据，出具“诊断报告”和下一阶段重点监管事项，实现工程项目的精准监管，为阶段性安全监管和科学决策提供依据。

实现工程考核监管。平台预设质量安全管控目标，实施专人负责制，工作人员可利用移动终端APP实现建设项目在线审批、日常巡检、必控部位现场监督、视频回放抽查、现场取证以及开具整改通知书等功能。并且，建立企业诚信积分、问题工地整改“销号”等工作机制，确保问题及时发现、责任有效落实、整改迅速到位。

实现流程在线审批。建立跨部门协同审批机制，在规划审批、土地利用规划、地下管网、基础地形图等相关部门数据共享的基础上，实施网上申请、网上审查、网上审批的全流程网络操作，实现部门间沟通交流网络化、业务审批协同化，使原先跑多次的业务办理过程转变为“最多跑一次”。比如，企业办理建设工程质量监督注册、开工安全条件审查等相关前置业务审批，以往需要7个工作日以上，如今依托平台网络技术，企业只需在网上提供相应材料的扫描件，待网络审查通过后，再行携带材料原件至指定窗口取回审批件即可，业务审批时长缩短至3个工作日以内，有效提高了工程建设项目审批效率。在线审批自2017年9月运行以来，全区已对130余个项目实施了业务审批“最多跑一次”。

探索内外贸一体化发展新模式
—— 关于昆山综保区一般纳税人资格试点改革进展的思考

文/ 昆山经济技术开发区财政分局 唐嘉文 昆山经济技术开发区党群部 翟晓诤

从 2000 年 2 月率先封关运作出口加工区，到 2006 年 12 月拓展保税物流功能及开展研发、检测、维修业务试点；从 2009 年 12 月获批升级成为综合保税区，到 2016 年 11 月开展“境内关外”企业一般纳税人资格赋予的试点改革等，对于昆山经济技术开发区乃至昆山市而言，多年来以“大进大出”“保税加工”为主要特征的昆山综合保税区，曾在产业集聚、功能创新、政策支撑等多个方面发挥了不可替代的先导作用。但是，受到国际金融危机、国际市场需求萎缩、国际贸易综合成本上升等不良因素的影响，近年来，昆山综保区内企业“两头在外”的加工贸易业务发展愈加困难，亟待通过拓展经营业态和贸易方式，破解生存与发展压力。

曾经，在昆山综保区内，企业面临着诸多操作“瓶颈”：由于不具备增值税一般纳税人资格，不能直接开具增值税发票，自然无法拓展内销市场；按照制成品征税产品直接内销致使税收成本较高，难免削弱市场竞争力；服务业增值税不能抵扣，额外增加企业成本；出入关区货物实行全监管，监管和运行成本相对较高。

2016 年 11 月 1 日起，随着昆山综保区正式实施海关特殊监管区内企业增值税一般纳税人资格试点改革，不仅有效突破了上述政策限制，而且还首次从法理上解决了综保区内企业的境内市场经济主体身份争议，赋予了企业境内经济活动的“增值税一般纳税人”的税务身份，打通了关税、国内增值税（流转税）的税收管理链条，及时拓展、完善、优化了综保区的功能、政策以及监管理念和制度流程，从此，综保区从重点促进加工贸易发展向有利于进出口分销、转口贸易、国际采购配送等全方位贸易发展。截至 2017 年 10 月底，区内共有 12 家企业获准开展增值税一般纳税人资格的内销业务。

打通境内贸易的“双向通道”

为适应和满足综保区内部分企业的内销需求，经开区有针对性地探索对内贸易便利化和运营成本控减化，主要体现为海关特殊监管区内企业开展直接内贸税收模式的突出变化。截至 2017 年 10 月底，占地 5.86 平方公里的昆山综保区内，共注册各类“境内关外”企业 90 家，其中，加工制造类企业 42 家（分别包括仁宝系下属各企业和纬创系下属各企业），物流仓储类企业 41 家，贸易类企业 7 家；参与试点改革的企业共开具增值税专用发票金额 10.86 亿元，税额 1.82 亿元；开具增值税普通发票金额 93.35 亿元，税额 285.23 万元。

企业税负成本大幅下降。赋予试点企业一般纳税人资格的改革，打通了综保区内企业增值税“免抵退”通道，使过去因无法抵扣而必须列入成本的物流、劳务、金融等项下的增值税进项税，能够得到认定并落实抵扣，形成“免抵退”政策执行的完整链条。自此，试点企业可以通过拓展经营业态、开辟内销市场，更加高效地配置内外销产能，有效降低企业税负成本。据扬皓光电测算，试点施行后，增值税抵扣和退税可为公司节省成本300万元左右，整合区内外两个公司、两套人员所需的综合营运费用也可降低600万～700万元。

助推制造企业转型升级。虽然综保区具备海关特殊监管区综合改革试点中的保税加工、保税物流和保税贸易三大功能，但由于功能与政策执行上的一系列限制，使综保区内的一般贸易一直无法双向深入展开。试点实施后，能够在更好发挥综保区统筹国内外两个市场、两种资源作用的同时，助推企业发展模式由外购、外销、两头在外的V型，向内购、内销、外购、外销相结合的X型转变提升，从而满足企业进行全球采购、分拨、销售的多样性与多元化贸易需求，对综保区引进高端新业态、加快内外贸一体化发展具有重要意义。

地方财政税收相应变化。企业参与试点后，将从国税、地税两个方面对地方财政产生直接影响。在国税方面，截至2017年10月底，12家试点企业缴纳增值税总计15 343.13万元。与此同时，由于试点企业出口适用“免抵退”政策，当期免抵退税额不低于期末留抵税额时，无法退税部分即产生了“免抵税源”，按照规定程序审批后，国库部门可以同时办理调增增值税收入和出口退税，并将免抵调增增值税的约定比例部分由中央国库划入地方国库，直接影响地方财政收入。自试点以来，共有6家试点企业产生免抵税源11 568.41万元。

在地税方面，获批改革试点后，相关企业出口外销货物适用“免抵退”政策，产生免抵税额。根据税法规定，经国家税务局正式审批批准的当期免抵的增值税税额也应纳入城市维护建设税和教育费附加的计征范围，需以免抵税额为基数征收城建税（7%）、教育费附加（3%）、地方教育附加（2%）等地方税费。截至2017年10月底，12家试点企业共缴纳地税附加总计1 083.46万元。其中，城建税632.03万元，教育费附加270.84万元，地方教育费附加180.59万元。

企业视角的问题困惑

目前，在综保区内90家企业中，仅有13%的企业申请了改革试点，大部分企业仍存观望心态。特别是占综保区产值、出口销售和进口额3/4以上的仁宝系、纬创系企业和世硕电子等“两头在外”的规模型龙头代工制造企业，并没有参与到试点中来。究其原因，一方面，此类企业大都完全按照品牌商指令将产品出口至上海外高桥保税区交货，并无自主品牌、内销需求和内销渠道，如果参与试点，不仅必须因贸易方式、交货模式的改变而获得品牌商认可，而且还需为此花费大量时间和精力，与其配套的上游数百家内地供应商沟通协调，以构建新的供需贸易模式，并相应提升管理成本。另一方面，过去综保区内企业货物贸易不征收增值税，因此，其城建税、教育费附加和地方教育费附加的计税基础是营业税和消费税，税额较小。但试点后，外销货物执行“免抵退”政策，产生免抵税款，计税基础大幅增加，新增的城建税和教育费附加也会随之大幅增加。根据仁宝、纬创、世硕3家龙头企业2017年销售收入情况测算，如参与试点，预计可增加免抵调库源指标12.7亿元，但也相应增加企业地税负担。并且，试点改革后，区外销售给试点企业的货物（不包括区外销售给试点企业的加工贸易货物），不再适用出口退税政策，需按照规定缴纳增值税和消费税。如此一来，虽与原来的退税相比，出口产品的进项税可以通过销项抵扣，但要在企业销售后才能实现，又不可避免地增加了资金占用成本及时间成本。

与昆山综保区情况相似，苏州工业园区在试点过程中也遇到了上述问题，只是由于产业形态、发展方向不同，企业试点意愿有所差异。苏州工业园区既有“两头在外”的百得科技等企业，也有内外销均衡的康普科技以及以外销为主，但采购以国内为主的三星电子等企业，各种类型的企业产能相对较为平均，致使区内的生产制造型企业参与试点的意愿和积极性更为乐观。与此同时，财政部、海关总署、国家税务总局关于在苏州工业园综合保税区、重庆两路寸滩保税港区开展促进贸易多元化政策试点的政策更具优势——注册于上述两个区域贸易功能区的贸易企业不仅可被赋予一般纳税人资格，而且仍然享有水、电、气等货物的出口退税优惠，且无须在内销时补缴缓税利息，自然对企业更具吸引力。

进一步放大试点政策效应

无论是扬皓、六合轻合金等申请试点企业，还是纬创、仁宝等未申请试点企业，均对准入退出机制的缺失存在顾虑，加之现有软硬环境与政策的适应度亟待重试调配，因此，未来试点政策的落地工作依然任重道远。

重构产业发展新动能。以综保区为主要承载平台，重新建构昆山 IT 产业链，推进经开区 IT 产业主导产品转型、产业内部结构转型和产业营运模式转型。在既有高新技术产业政策、重大科技项目政策、创新创业人才政策的基础上，对综保区引进和培育的 IT 关键产业项目，给予落地政策支持。通过引进新的面向“两大市场”的企业和引导更多的存量企业开展直接内销业务，促进企业拓展经营业态、转变贸易方式，进一步扩大试点范围。

打造政策吸引新磁场。坚持问题导向，从试点企业角度出发，针对政策推进过程中的问题和难点，进一步优化政策体系。建议国家对试点区域的城建税、教育费附加和地方教育费附加进行调整，对外销部分的“免抵额”不纳入征税依据，或由地方政府制定过渡政策，降低企业地税成本。完善试点企业在一定条件下的暂停和退出机制，打消企业顾虑，提高区内企业参与试点的积极性。参照苏州工业园区经验，叠加多元贸易功能，形成政策综合效应。推进金融创新，开展外商投资企业资本金意愿结汇，规避人民币升值带来的汇兑损失。发挥区内品牌商的龙头带动作用，促进品牌商将交货地点设于昆山。

促进软硬环境新提升。在设施配套等硬环境方面，按照试点工作要求，调整完善综保区卡口、场站、围网等基础设施；加快建设承接贸易、物流等企业开展试点工作的办公楼等硬件载体，以及供海关开展监管工作的硬件设施，为下一阶段试点对象扩展至贸易、物流企业夯实基础。在体制机制等软环境方面，构建“海关特殊监管区域外汇监测服务系统”，提升贸易和监管便利化水平；加快建设海关与企业的信息化联网及建立电子账册，优化监管信息平台和辅助监管系统，明确操作流程，确保分类监管试点工作顺利推进。

形成部门推进新合力。一般纳税人试点政策涉及部门众多，海关、综保区、国税、地税、检验检疫等部门均直接参与其中，这对各部门间的分工协作提出了更高要求。下一阶段，应尽快出台政策实施细则，明确各部门职责分工，使市级层面相关部门在处理解决问题时有法可依、有理可循。同时，应进一步加强对企业的科学引导，定期组织业务部门对企业开展政策解读和操作指导，推进一般纳税人资格试点取得预期成效。

近在身边的合作：创新商业模式的“禾雀花”工程

文/ 吴佳禾

禾雀花是广州市黄埔区的特色之花，花蕊呈连串造型，花形宛若禾雀，每到春天便呈现一藤成景、千藤闹春、百鸟归巢、万鸟栖枝的热闹景象。近日，在企业云集的广州开发区，正式启动了以“禾雀花”命名的企业服务工程，旨在打破信息壁垒，最大程度激发区内企业的购销对接需求，通过全方位提供精准对接服务，盘活整合企业合作资源。

根据《实施企业服务“禾雀花”工程工作方案》，“禾雀花”工程将最大程度连通上下游产业链，使分散的企业和零星的需求缀连成串，通过促进企业紧密合作、优势互补、抱团发展，实现资源配置最优化；通过将中外合作机构、行业协会、孵化器等各种自发的企业服务资源进行整合，实现服务企业网络的最大化；通过“禾雀花”工程这一载体，广泛宣传与营商环境改革创新相关的系列政策，充分发挥“产业联动发展奖励”政策的引导作用，实现优惠政策示范效应的最大化。截至 2018 年 5 月底，已有 42 家企业、机构配对成功或签订战略合作协议，2018 年，企业相互采购金额预计将达 37.5 亿元。

破解“信息不对称”难题

广州开发区现有企业逾 3.8 万家，世界 500 强企业投资项目 170 个，上市企业 46 家，每年为广州市工业总产值的贡献达 2/5，为规模以上高技术产业产值的 4/5；2018 年第一季度，企业产销率达 98.7%。尽管拥有如此高密度、高质量的企业资源，但企业的大部分业务量却来自区外。调研结果显示，开发区内企业间相互合作业务量不足企业总业务量的 10%。比如，2017 年，瑞松北斗、瑞松智能产值达 4.3 亿元，区内企业向其采购工业机器人设备仅 2 100 余万元；广州联合钢结构营业收入 1.98 亿元，区内业务仅 2 000 万元。正所谓“也许隔壁的‘邻居’就是世界 500 强企业，或是行业龙头与‘独角兽’，只是因为互不了解，最终错失了近在咫尺的资源和机遇”。

事实上，早在 2017 年，开发区密集出台的“金镶玉”系列优惠政策中，就包括了对产业联动发展的扶持奖励：对采购区内产品与服务的企业，最高奖励达 200 万元；对区内委托加工的企业，最高给予新增经济贡献的 50% 奖励。其实，企业最为看中的并不是补贴部分，而是在政府搭台下，与区内企业建立的快速流通和高效物流。广州宝钢南方贸易有限公司负责人表示，工业品不同于快消品，一张订单的结算周期至少为 3 ~ 4 个月，以珠三角地区为例，发往佛山两个小时和发往区内半个小时的供应商车程对企业有着完全不同的意义，“最昂贵的交易成本是时间”。

考虑到信息不对称成为制约区内企业购销合作的主要因素，如果能在其间牵线搭桥，打通信息瓶颈、畅通互联渠道，自然可以通过整合区内资源，实现区内企业自给自足、供需配对。由此，不仅可为企业节约物流成本、缩短供货周期，更能够实现整体企业群落的快速成长、蓬勃发展。在开发区商务局牵头组织的区内钢铁流通行业早餐会上，20 余家区内企业在互动交流后就产生了诸多合作契机，宝钢南方贸易与兴攀公司的合作便起源于此。如今，在宝钢南方贸易的引荐下，其东莞客户豪斯特已前来开发区物色场地，计划投资20亿元就地布局，“禾雀花”工程对企业的吸引集聚作用已然辐射至全产业链条的上、中、下游各环节。

打通企业联系“最后一公里”

为更好畅通企业间的联系通道，开发区构建起“禾雀花”企业服务信息网，为企业提供“一站式”网上对接服务。以该信息网为平台，串联融合各部门、园区、孵化器、行业协会网站、QQ群、公众号、微信群，能够“一网多群”推送对接服务信息，实现即时互动。与此同时，开发区还组建了由2个牵头单位、11个主办协办单位、5个事业单位、4个交流合作机构、24个行业协会、68个孵化器管理机构、167位“企业服务专员”及其分管领导组成的对接服务队伍，专门提供企业筹建、企业交流、区内购销、展会服务、银企合作、国际合作等六大类线上线下对接服务。通过部门、群团、组织、机构牵线搭桥，定期或不定期举办企业家沙龙、购销配对等对接活动，切实把内需留在区内。

仅在2018年5月17日举行的买卖双方见面会上，就有以生投资、阿拉金医药、中船成套设备、宝钢南方贸易等42家企业、机构举行了战略合作协议签订仪式。其中，生产智能家居产品的视源股份、生产个性化儿童家具的酷漫居，以及品牌板式家具厂好莱客齐齐配对全国知名家装企业华浔品味装饰集团；中船工业与宝钢南方贸易进一步加大合作力度，全年预计采购金额7.6亿元；兴攀公司与玹徹公司、宝钢南方贸易、鞍钢国际贸易结为合作伙伴，年内预计互相采购金额逾5亿元；广汽本田加大与斯坦雷电气合作力度，2018年预计采购斯坦雷产品金额15亿元。

“禾雀花”工程不仅使大企业间实现沟通互联，许多尚未打开市场的初创企业更是从中获益匪浅，甚至收获“第一桶金”。区经信局引荐漫云科技会见了区内数家潜在客户，最后促成其与联通（广东）产业互联网达成合作意向，2018年互相采购金额预计将达3.5亿元；个性化电脑设计供应商协手网络，经所在街道、园区推介，与七喜电子成为合作伙伴，后者为其提供电脑配件、个性定制方案及供应链平台，承担了协手网络近三成的采购，目前正在进一步与区内三一重工对接洽谈，为其提供办公电脑整体解决方案；经华南新材料园的积极引荐，智谱慧科技公司收到了同为园区在孵企业的小众环保公司、拓瑞科技公司的设备采购订单，尽管订单金额只有400万元，但对于缺乏市场推广渠道的初创企业而言无异于“雪中送炭”。

更为值得一提的是，行业协会、孵化器由于最为贴近企业，已成为实施“禾雀花”工程的基础力量，积极扮演着“月老”“红娘”的角色。以黄埔工程机械协会为例，协会促成全国液压标准化高端论坛暨“产学研用”对接会在广州开发区召开，新欧、华欣、蕴泰等一批区内企业与浙江大学、中国农业大学、华南理工大学等高校签订技术合作协议；华南新材料创新园已有成熟的对接服务机制，2018年将促成园内企业相互采购2 000万元以上，一季度已顺利完成573万元；印象黄埔宝盛园区每月举办一次企业家沙龙，至今已举办16期，不仅促成土星文化获得区内机构A轮投资近1 000万元，而且促成晶华光电、蓝月亮等企业与区内企业开展合作。

提供全方位金融解决方案

开发区金融工作局还与招商银行联合主办“禾雀花”工程银企对接活动，以有效解决企业价值发现和股权债权融资问题。招商银行广州分行为区内科技创新型及高成长型企业精心设计了“科技贷”“年审贷”“投贷联动”“股权直投”等多种金融产品，通过匹配区内企业综合金融需求，为优质的创新型企业提供专属专业的综合金融服务。目前，尚航信息、燃石医学、泰斗微电子等5家企业将享受包括供应链金融服务、企业现金管理资产增值服务、企业贷款融资、企业财务顾问，以及资本市场融资或上市公司并购方面的服务。

浅析兰州生物医药产业创业投资基金

文/兰州经济技术开发区经济发展局规划目标处处长 周继盛

生物医药产业被誉为"世界永恒的朝阳产业"。《国家中长期科学和技术发展规划纲要(2006—2020年)》明确指出，中国要在生物技术领域部署一批前沿技术，包括基因工程、蛋白质工程、动植物品种与药物分子设计等。甘肃省、兰州市也均将发展培育包括生物医药产业在内的战略性新兴产业作为当前推进产业结构升级和加快经济发展方式转变的重大举措。

发展生物医药产业的独特优势

甘肃省是我国中药材主要产地之一，生物医药研发生产在全国具有一定水平和基础，特别是省会城市兰州依托特殊的地理优势、丰富的医药资源和集中的科研能力，已经形成了以生物制药、现代中药、生物医学工程和动物用药为重点的生物医药产业体系，聚集了兰州大学、甘肃中医药大学和中科院化学物理研究所、中科院近代物理研究所、中国农科院兰州兽医研究所等11所与生物医药产业密切相关的高等院校和22家科研院所。在生物医药产业领域兰州市拥有4个国家重点实验室、1个国家工程技术研究中心、1个国家级企业研发中心、1个科技部"863"计划产业化基地、19个省级重点实验室和工程技术研究中心；从事生物医药产业相关领域研究开发技术人员6 000余人，为推进生物医药产业发展提供了坚实的人才科技基础。

依托这一优势，兰州经济技术开发区将生物医药产业作为主导产业之一，在机场北高新园区内规划7.41平方公里着力打造生物医药产业基地，重点打造面积2.83平方公里、总投资23.44亿元的西部药谷产业园。项目整体规划分为生产制造及研发、交易展示、康健医疗、公共服务、生活配套、生产配套六大功能片区，计划3～5年分两期建成。近年来，产业园先后引进了上海申联生物、四川禾邦、湖北九州通、兰州佛慈、甘肃新兰药、和盛堂制药、锦东生物等多家国内知名生物医药企业，为建设西部药谷奠定了良好基础。

以创投基金推动产业发展

生物医药类企业在创立初期一般最需要风险资金和市场支持，而伴随企业产品成熟，以至专利技术保有期限的结束，企业的成长性将大打折扣。针对这一情况，开发区城市建设投融资发展公司发起设立了甘肃省兰州生物医药产业创业投资基金。基金的设立和运营突破了甘肃省传统的财政资金支持新兴产业的模式，在创新财政资金使用方式、放大财政资金杠杆效应、完善财政资金退出机制等方面均实现了一系列创新探索，通过以市场化机制筛选投资项目，吸引社会资本跟进投资，撬动商业银行信贷资金跟进，既增强了社会资金投入的积极性，又提高了政府投资的效益和效率。目前，该项创投基金已获得甘肃省战略性新兴产业创业投资引导基金（由甘肃省国有资产投资集团有限公司代持）出资5 000万元。

组建与投资形式。创投基金以公司制形式组建，具有独立法人资格，公司以其全部财产对公司债务承担责任，各方出资人以其认缴的出资额为限对公司承担责任。公司主要投资方式为股权投资，通过认购增资、股权受让、债转股等方式向被投资企业进行投资，并取得被投资企业相应比例的股权。

创投基金投资领域。以《兰州市人民政府关于加快兰州生物医药产业发展的实施意见》和《兰州国家生物产业基地总体发展规划》所确定的以兰州生物医药产业领域为主，具体包括生物制药、化学制药、中药及天然药物、生物医学工程及医疗器械、动物用药等，部分投资于开发区“一区五园”内相对成熟的生物医药企业，也将重点投向具备原始创新、集成创新或消化吸收再创新属性，且处于初创期、早中期的创新型企业，投资此类企业的资金比例不低于基金注册资本或承诺出资额的60%。

实行公司化运作　深化职员制改革

文/日照经济技术开发区党群工作部 张文军

“让想干事的有机会、能干事的给舞台、干成事的给荣耀”。日照经济技术开发区工委杜江涛书记认为，通过职员制改革，进一步彰显了体制机制改革的新效能，有效激发了开发区的创业新活力。

“按照先例，我是聘用职员身份，没有行政编制档案，难以升职到副科级及以上岗位；但区里深化职员制改革后，打开了晋升的‘天花板’，因为一直身处招商一线并且业绩突出，副科级岗位一次就竞聘成功了。”日照开发区汽车及零部件产业园综合部部长姚俸仕如今信心满怀、干劲十足。在解决了基层职员的上升通道后，日照开发区又瞄准区内部门单位主要领导岗位大胆尝试。2018 年 2 月，在日照市委组织部的指导监督下，拿出两个享受副处级待遇的单位主要负责人岗位进行竞争上岗。

2017 年以来，从基层到高层，从职员到单位，日照开发区坚持不受职位、职级限制选贤举能，通过推动机构“既精简、又高效”，职员“既能上、又能下”，工资“既能高、也能低”，进一步破除了原有的人员编制和身份限制，向上打破“天花板”，向下解掉“保险带”，不断将职员制改革推向深入。

从“多而全”转向“精而简”

精简机构，优化服务。坚持“刀刃向内”，进一步去行政化、强市场化，实施“大部门大科室制”。着力压缩后勤岗位，扩大专业招商队伍，全力服务“三招三引”。2017 年以来，包括 4 个区直部门单位、3 个园区在内的 9 个单位被先后撤销，压减部门单位内设科室 65 个，压减率达 30%，机构设置更为扁平化，运转更加高效畅通。在整合机构的同时，不断提升职员素质，开展“每月一讲”活动，提升专业素养；分批次组织人员到先进地区学习，对标先进找差距、提能力。

奖勤罚懒，及时问责。出台效能建设“蜗牛奖”，对推进重点工作和重点项目不得力、履行行政职能不到位、解决群众关切问题不及时的责任单位进行问责，并限期整改，倒逼责任单位切实提升服务质效。“蜗牛奖”认定小组由党政办、督查考核局等多个部门组成，并根据需要邀请区内部分党代表、人大代表、政协委员以及与具体事项相关的群众代表参加。问题线索采取公开征集、专项督查、接受群众举报等方式，每半年认定一次。收到相关问题线索后，由认定小组组织核查，在认真听取被认定人的意见和解释基础上，形成书面报告。

变“伯乐相马”为“赛场选马”

畅通渠道，竞聘上岗。改革选人用人机制，坚持看能力、看实干精神、看工作成效、看现实表现和不看关系、不看背景、不看地域、不看资历的“四看、四不看”原则，推进实施“竞聘上岗制”。进一步畅通“能上、能下”渠道，2017 年以来，先后对 7 个园区和部门“一把手”岗位以及全区 23 个部门单位的 175 个中层职员岗位进行竞争上岗、双向选择，先后有 50 名职员竞聘到一级中层职员岗位。其中，4 名为聘任制人员，3 名部门单位主要负责人退出任职岗位，9 名部门单位班子成员不再担任领导职务。对 3 名落聘职员召回党校“回炉”，接受每三个月为一周期的待岗培训，第一周期发70%工资，第二周期发60%工资，培训结束后再重新竞岗。

分类考核，优绩优酬。进一步改革考核评价体系，实施多维度、多层次的“分类差异化考核制”，真正让职员既有“盼头”又有“怕头”，在全区迅速形成了你追我赶、进位赶超的良好氛围。组建督查考核局，根据职能职责和工作定位，设置侧重不同、特色突出的差异化考核指标体系及任务目标；建立任务认领、季度述职汇报、考核排名评议等机制，力求考实考准。

“由于我的岗位属于招商一线职员，所以在完成同样绩效的情况下，我的工资要比非招商一线的职员高20%。同时，我们的工资总额也直接与区财政收入、固定资产投资、规模以上工业增加值等主要经济指标挂钩。”开发区生物医药产业园职员刘方鹏介绍说。通过进一步改革薪酬分配制度，坚持“向一线倾斜、重奖重罚”，制定实施了“以岗定薪、总量控制、倾斜一线、优绩优酬、重奖重罚”的岗位绩效工资制。按照这一制度，工资总额将直接与全区财政收入、固定资产投资、规模以上工业增加值等主要经济指标挂钩，并且，在薪酬分配权重上，突出“三招三引”主责主业，实行待遇和收益向招商一线倾斜，有效调动了全体员工干事创业的积极性。

突出主业 正向激励 推进体制机制深层次改革

文/天津经济技术开发区管委会

“开发区本身就是解放思想、改革开放的产物。通过机构设置、人事制度、分配制度的改革、重组、再造，把优秀的、能力强的、符合时代发展需要的干部选拔出来，让他们在开发区的舞台上有所作为——这是一个思想解放的过程，也是一个改革开放再出发、强身躯健体魄的过程。”

在对国家治理体系和治理能力现代化提出更高要求的当下，当天津经济技术开发区这艘巨轮已然行驶到静水深流的航段时，开发区更加清楚地意识到，必须以新体制、新机制破解发展中的新矛盾、新问题，这既是深水行舟的客观规律，也是深化改革的必然要求。

2017年年底，天津开发区正式启动新一轮体制改革，进行机构整合重组、施行全员绩效考核、试水干部聘任制。2017年12月6日泰达街挂牌、12月22日中心商务区并入、12月23日开发区新的工委班子到位、2018年1月18日“三定”方案（定岗、定编、定责）出炉。一系列标志性、引领性的改革落地生根、渐次开花，正式拉开了区域深化改革的大幕。

科学设置机构 合理配置职能

机构精简化，更加突出经济功能。坚持以“管理职能界限清晰、机构设置科学高效、体制机制运行顺畅”为目标，彻底打破行政机构条块分割、对应上级为主的传统思维，转向围绕经济发展和服务企业全生命周期，突出大部制和精简高效特点，进行工委管委会机构方案设置。在历经十余次讨论、三十余稿修改后，根据现行方案，开发区工委管委会共设机构31个。其中，工委、管委会本身实际机构22个，园区管理机构9个。与整合前相比，机构数量减少十余个。与此同时，机构设置更加突出经济发展功能，立足提高招商引资和企业服务能力，成立商务局、投资促进局、智能制造产业促进局、新经济促进局、贸易促进局、科技和工业创新局、金融服务局等7个招商局，凸显产业转型、结构优化和高质量发展的改革方向。

功能板块化，职能定位更加清晰。按照滨海新区功能区体制改革方案，开发区剥离社会管理与社会事业职能至泰达街，实现“轻装上阵”；合并中心商务区，实现“强强联合”。在内设部门的职能界定上，根据党的建设、招商引资、规划建设、财政金融、综合保障等业务板块进行合理设置，由此产生行政效能倍增的“化学反应”；突出目标管理，加强职能优化整合与深度融合，打通职能交叉、重叠之处，将职权与责任充分对应，以便更好发挥综合效益。并且，按照与新区部门职能衔接顺畅、与辖区街道协作高效的原则，聚焦重点、靶向施策、精准发力，厘清与辖区街道的职责边界，推行部门职责清单制度建设，在确保各部门职责不越位、不缺位、不错位的同时，与辖区街道“拧成一股绳、合成一股劲”，确保运转高效、融合发展。

管理扁平化，企业服务更加高效。按照“强化服务质量、优化营商环境”理念，对现有工作部门进行组织再造，对工作机制进行流程再造——整合相近职能、归并分散职能，将业务范围趋同的事权集中，加强相关机构配合联动，避免政出多门、多头管理，形成纵向到底、横向到边的职能设置体系。强化“面对面”“一站式”服务，减少企业多层级沟通成本，全面提高服务效能、提升服务软环境，打通服务企业的“最后一公里”；进一步改善和优化营商环境，做到既能够满足企业的个性化服务要求，又能够为企业提供优化整合的无缝隙服务。

工作协同化，职能衔接更加顺畅。坚持问题导向，进一步减少管理层次、增加管理幅度，实行组织机构扁平化和业务流程扁平化，通过形成自上而下的高效率组织体系，打造决策层和执行层间信息沟通的快速通道，实现管理层级和管理幅度相适应、管理资源和管理跨度相匹配。理顺部门间和部门内部的衔接机制，在职能分工明晰化、精细化的基础上，突出过程控制，打破“信息孤岛”，加快推进各部门互联互通，通过内外联动、上下互动和资源统筹，确保履职到位、流程通畅、执行有力。

坚持绩效为先 突出正向激励

为政之要，唯在得人。只有打破干部终身制，建立干部全员聘任、人员能进能出、职务能上能下、待遇能升能降的干部人事制度，才能为区域经济发展提供坚强的组织保证。2018年年初，开发区结合原中心商务区并入后干部队伍的新特点，立足服务经济发展，坚持“以事定岗、以岗择人、人岗相适”原则，以选出好干部为目标，引入企业化考核和薪酬管理机制，制定了符合经济功能区的绩效考核方案，通过推动干部合理流动，最大限度激发干部队伍的内生动力。在竞聘成功的75名处级领导干部中，80后干部5名，70后干部41名，平均年龄比之前下降2岁，一批更有干事创业能力、更有利于区域未来发展的干部被选拔上来。并且，干部三年为一个聘期，不再“能上不能下”，彻底打破平均主义的“大锅饭”。

坚持绩效激励原则，激发干事创业热情。坚持定量考核与定性考核相结合，科学设置考核项目，合理细化考核内容，切实增强考核的针对性、可比性和可行性。注重客观业绩与主观努力相结合，既把握好评价内容和评价指标间的平衡，又坚持事实判断与价值判断相结合，有效区分可控因素与不可控因素，推动绩效考核从效果评价为主向效果评价与行为评价相结合转变，以更好地客观评价干部员工通过主观努力取得的实际成效。坚持红线指标和嘉奖指标相结合原则，设置廉政、安全生产、造成恶劣影响等红线指标，对被考核人实行“一票否决”；将提供重大项目信息、开辟重大项目渠道、向上级积极争取到政策或资金支持、提出创新创造性建议、获得省部级及以上奖励等突出贡献行为作为嘉奖指标，鼓励优秀人才创新竞进。

坚持收入合理分配，创新薪酬管理机制。为发挥绩效考核鼓励先进、鞭策后进的“风向标”和“指挥棒”作用，确定了“一三三二二”的总体思路，建立绩效与薪酬挂钩的收入体系，奖勤罚懒；构建合理有序的岗位和职级薪酬结构，做到薪随岗变；强化绩效考核的结果运用，以实绩比高低，凭绩效论薪酬，充分调动干部队伍的积极性，凝聚改革发展合力。

坚持科学量化考评，细化职级薪酬结构。根据开发区近年的经济发展情况，实行“五个一”（挂钩一组“经济发展指标”、确定一个“工资总额基数”、确定一个“收入构成框架”、制定一个“绩效考核办法”、建立一套“岗位薪酬体系”）总体部署，合理确定“工资总额基数”，科学划定固定工资和绩效工资的收入构成比例，合理选取经济发展指标与绩效工资挂钩，制定组织和个人绩效考核办法，建立起岗位与薪酬匹配、业绩与收入挂钩的岗位薪酬体系。

当前，泰达号这艘巨轮凭借“千里快哉风”一路破浪前行，在国家级开发区中一路领跑——传统制造业加速转型、龙头项目不断聚集，丰田、大众、长城“三辆车”年产量超过150万辆，新时代数字经济发展迅猛，“互联网+”、大数据等新经济企业和项目超过1 000家。为此，谋划新的发展，就要在进一步深化改革中增活力、促发展，不弃微末、不舍寸功，全力落实改革方案和发展战略，实现从裂变到聚变的根本性转变。

下一阶段，天津开发区将面向全国选聘具有国际视野、战略思维的人力资源咨询机构，根据开发区管理区域范围、组织机构框架、部门职责任务、工作广度强度，进行科学研究，合理定岗、定责、定薪，实现人事管理由“身份管理”向“岗位管理”转变；进一步细化绩效考核与薪酬激励制度改革方案，实现考核由“主观评价”向“量化考评”转变。

建设多功能、高效能的“人才之家”

文/ 吴佳禾 濮方平

人力资源服务业是现代服务业的重要新兴门类和最具活力的行业之一，具有基础性、引领性、溢出性和高成长性等特点，近年来，其发展也日益呈现专业化、信息化、产业化、国际化趋势，成为令人瞩目的朝阳产业。党的十九大报告首次将人力资源作为独立产业纳入其中；2017 年 10 月，人力资源和社会保障部发布《人力资源服务业发展行动计划》提出，到 2020 年，我国人力资源服务产业规模将达 2 万亿元，并重点培育一批有特色、有规模、有活力、有效益的人力资源服务产业园。

长期以来，南京经济技术开发区以发展工业为主导，支柱产业产值规模已近 3 000 亿元；但与此同时，也面临着大多数开发区共性存在的生产类与生活类服务业方面的“短板”问题。为攻克这一薄弱环节，开发区着手建设人力资源服务产业园、发展人力资源服务产业，旨在充分利用开发区既有的经济优势、人才优势和区位优势，营造广纳人才、留住人才、用好人才、鼓励人才创新创业的良好氛围，进而为光电显示、高端装备、生物医药三大传统产业的能级提升和下一代汽车、集成电路、激光制造等战略性新兴产业的培育发展提供强有力的人力资源支撑和保障。2017 年 10 月，园区获得江苏省人力资源和社会保障厅批复成立，成为南京江南区域唯一一家省级人力资源服务产业园。

截至目前，产业园已集聚 80 余家影响力大、知名度高、服务质量好的人力资源服务机构，并与一批国内外知名机构开展深度合作，初步形成人力资源外包、派遣、培训、招聘、测评、猎头、咨询、互联网平台等全产品线供应的“一站式采购中心”，年服务企业千余家，提供服务 10 万余人次。

高起点规划 建设人才资源“充电站”

为更加客观、全面地掌握企业人力资源管理现况，更具针对性地发挥人力资源产业园的支撑作用，开发区专门针对区内企业开展了人力资源现状调研，共收集来自不同行业、不同性质、不同规模的企业问卷 152 份，形成《开发区人力资源现状调研分析报告》，切实摸清了企业所需。并且，基于市场调研数据，将人力资源服务产业园定位为具备集聚产业、孵化企业、培育市场、打造高地、服务人才五大功能和高端人力资源服务产品、项目的开发及供应基地，致力于构建多层次业态，成为区域性的人力资源产品采购首选地、现代化的人力资源服务产业集聚区及具有示范引领和辐射带动作用的人力资源服务业新高地，助力建设“强富美高”新江苏和南京“创新名城”战略发展。

园区一期位于开发区兴智科技园，总建筑面积 3.5 万平方米，将按照“一园多基地”的建设思路逐步推进产业园布局延伸，遵循“助力企业发展、打造人才之家”的价值追求，努力成为现代化、多功能、高效能的专业园区。

整合资源 打造产业发展“生态圈”

通过整合省级社保经办示范窗口、省级五星级人力资源市场、省级大学生创业示范园、开发区职业技能鉴定中心等平台资源，运用“政府主导、市场化运营”模式，不断完善“五中心一平台”功能配置，进一步完善载体布局和功能板块设置，更好满足企业和员工在猎头招聘、就业创业、培训教育、社会保障、健康体检等方面的服务需求；更为重要的是，市场化的功能配置模式有效促进了公共服务和市场服务的无缝衔接，极大提升了开发区的人力资源服务水平。

目前，“一站式”服务中心的“一窗式”服务和网上自助办理服务，可为企业和职工提供方便快捷的服务和产品；人力资源市场交流中心建设“互联网＋人力资源市场”，利用线上线下平台集中开展就业政策宣传月、就业直通车、专场招聘会、精英人才招聘会、春风行动等就业服务活动，大力解决企业招聘难、群众就业难问题；教育培训中心开设“工匠培育计划”“理才培养计划”“乐业培训计划”，打造“线上＋线下、工作＋生活、理论＋实操、通用＋专业”的全方位培训体系；众创服务中心加强整合微软、创新公园、紫丁香、海创岛等平台资源，打造特色化“众创空间”和“众创社区”，深化创业辅导、项目路演、融资担保、市场开拓等活动，助力园区创新创业转型发展；健康管理中心推出养生讲座、名医义诊、推拿保健、健康保障等服务，关爱员工健康，提升人才乐业度；人力资源服务企业集聚区围绕产业园规划，突出特色，加快招商，实现服务优良、功能齐全、项目互补，打造完整的人力资源服务产业链。

完善链条 建设优质机构“大联盟”

以外引内培、公平竞争、扶优扶强、和谐共赢为原则，创新建立个人项目负责制和部门项目合作制。对内重点挖掘和培养在本土成长起来的“潜力股”；对外着重引进能够满足企业需求、人才发展需要和填补本土空白的新业态、新产品，不断丰富和完善人力资源服务产品线。着力引进与人力资源服务产业关系密切的配套机构，促进产业抱团融合发展。对接科锐国际、CDP、中智、外企德科、上海外服、万宝盛华等40余家人力资源企业；整合栖霞区社会民生资源、仙林大学城的科技和人才资源，结合开发区优质产业资源，创建资源互通共享机制，推进学业、就业、创业、置业“一体化”服务；与国家级新港高新园在载体配套、“互联网＋人力资源服务”项目的培育和引进、创新创业企业服务等方面开展联合共建，推进多个项目借助资本要素转型升级，促进“才富结合”。着重引进先进制造业外包、人工智能制造、高端人才猎寻、高技能人才培养等方面的人力资源机构，服务于开发区战略发展，切实提升核心竞争力；细分服务市场，针对创新创业科技型企业需求，引进人事代理和管理咨询类的专业机构，打造小微科技企业的“2号人事部”。

强化交流 构建供需对接“立交桥”

积极开展主题论坛、项目推介会、供需对接会、HR实训营等活动，探索产业发展切入点、找准供需双方结合点、寻求多方互惠赢利点，为供需两端企业做好服务。在帮助区内机构、企业、员工共同发展的同时，快速融入全球人力资源产业链，提升产业层级和竞争力。

通过举办“‘互联网＋’背景下的人力资源管理论坛”“‘聚新·融创’南京开发区人力资源精英论坛”，聚焦现代人力资源管理；举办“开发区首届职业技能竞赛”，设立工业机器人应用、PLC控制系统安装及调试、药品分析检验、叉车司机四个比赛项目。其中，工业机器人应用属于国家一类竞赛项目，在南京系首次举办。全区42家企业的237名选手报名参赛，通过竞赛大力弘扬了“工匠精神”，提升了开发区的整体职业技能水平。开展“名企HR交流参访”“我们的HR”等系列品牌活动，组织正大天晴、邦基粮油、熊猫电子、乐金显示、乐金化学、中建五洲、奥托立夫等企业走进江苏龙蟠科技、艾欧史密斯（中国）热水器有限公司进行互访交流，在搭建企业交流平台的同时，有效提升园区人力资源管理水平。承办南京首届国际青年交流活动，接待来自16个国家和地区的73名学生进入开发区15家企业实习交流。

智慧发展 畅通创新升级“高速路”

大力探索“互联网 + 人力资源产业”服务新模式，积极鼓励区内企业借势“互联网 +”推进创新发展，天坤国际推出的“优蓝网”为企业提供全方位的人才招聘、派遣、外包和灵活用工解决方案；金柚网研发出全国首家 100% 在线人力资源服务外包平台；《培训杂志》推出“培伴”APP，打造网上培训平台；人才金港的“网上人才市场”项目被省人力资源服务行业协会评为“2017 年度人力资源服务业优秀服务项目”；建策科技专注于非学历的 IT 培训和硬件运维服务外包，成为 Cisco、H3C、Redhat、Oracle、华为、阿里云的深度合作伙伴。

立足打造“五型”园区
努力建设国际化、现代化产业新城

文/余杭经济技术开发区管委会

春风摩托率先应用北斗卫星导航系统，分步实施智慧车联网从 1.0 向 2.0 阶段迈进；运达风电研发完善的智能运维系统，仅用一部手机便能掌握风场机组的运营概况，实现提前分析数据、智能诊断，有效提高机组的工作效率；继老板电器后，西奥电梯再次获评工信部智能制造示范项目。从“制造”到“智造”的加速转型，使余杭经济技术开发区内的大批制造企业依托智能制造的创新实践成为行业翘楚，不仅激发出发展产业的巨大热情，而且带来了提质增效的经济红利。

在实体经济着力转型升级的同时，区内企业在资本市场也风生水起。2017 年，诺邦无纺、万通智控、铁流离合器、春风动力 4 家企业先后上市，创造了开发区的“上市速度”。2018 年 4 月 27 日，天地数码成功登陆深交所，为开发区“上市军团”再添一员“虎将”。

开发区通过深度实施“互联网 +”“机器人 +”“标准化 +”“大数据 +”的融合应用，推动制造业向智能化转型。2017 年，全区实现地区生产总值 628 亿元，“四上”企业工贸总收入 2 150 亿元，实到外资 6 亿美元，进出口总额 41 亿美元，已成为全省首个智能制造示范基地和省内唯一的生物医药高新园区，成为杭州市工业经济主平台和城东智造大走廊的重要环节。如今，开发区以实体经济为主导，以双招双引为抓手，以智能制造为龙头，坚定不移地打造标杆型、创新型、品质型、人文型、服务型的“五型”园区，努力将园区建设成为国际化、现代化的产业新城。

高质量“智造”转型

着力发展智能装备、健康医疗、绿色环保、布艺家纺和现代服务业五大主导产业。根据“中国制造 2025 浙江行动”示范区建设目标，开发区全面实施“冠军企业”培育计划，打造“百亿、十亿、亿元”三级梯队，增强产业综合竞争力。深入实施数字经济“一号工程”，打造信息经济升级版，重点引进人工智能、区块链、机器人等未来产业项目；集聚做强高端装备制造、新能源汽车、医药健康等战略性新兴产业；积极推进布艺家纺等传统制造业提升，坚决淘汰印染、化工和铸钢等落后产能；加快推动以工业设计、研发创新、检验检测等为主的生产性服务业。

不断充实上市挂牌企业培育库。通过增强上市挂牌企业梯队，培育更多行业龙头和骨干企业，打破“低小散”困局。积极深化落实“凤凰行动”计划，按照“储备一批、培育一批、股改一批、上市一批”的思路，力争年内再完成上市企业 2 家，“新三板”和区域场外市场挂牌企业 20 家，全力打造上市“余杭板块”。鼓励企业利用多层次资本市场做大做强，激励上市企业对区内企业进行“并购重组”，发挥上市企业“以大带小”作用，提升上市企业服务地方经济转型升级的能力。区内龙头企业兴源环境科技股份有限公司从 2014 年至今共实施并购重组三次，总市值从 20 亿元增长至近 300 亿元。

释放创新活力因子

坚持创新驱动、人才带动、要素推动，力促创新活力加速提升、创新资源加快集聚。建设国家技术转移东部中心浙江（余杭）分中心、省药学会创新驿站等平台，与美国、英国、加拿大建立的科技人才驿站正式挂牌。创新氛围愈加浓厚，重点实施科技成果促进、产学研合作、创业创新活动等一批计划，办好“双创节”、科技成果创新创业大赛等活动，加快各类孵化器、加速器等创新载体建设。目前，全区拥有国家高新技术企业 111 家、市级以上企业研发机构 131 家；2017 年，区内发明专利授权数达 1 438 件。

创新发展，也意味着绿色发展，生态环保的绿色发展之路已成为开发区坚定不移的选择。2017 年，余杭经济技术开发区以专家评审第一名的成绩，成功入选国家级循环化改造重点支持园区。2018 年 2 月，区内唯一的热电厂宣告关停，取而代之的是更为环保的天然气供热项目；同期，一大批印染企业退出“历史舞台”。全力推进园区生态化改造，构筑循环经济产业链，实行污染物源头削减和总量控制，实施一批节能、集中供热供气、中水回用等项目，涌现出一批资源循环利用、智能制造示范的领跑企业。从事废旧衣物回收再加工的鼎缘（杭州）纺织品科技有限公司，通过与高校科研院所合作，将回收的废旧纺织品中的 30% 重新做成衣物，余下的 70% 做成附加值更高的“高仿土壤”、汽车内饰件、保温材料等。

未来五年，余杭经济技术开发区计划总投资逾 50 亿元完成 20 个以上重点支撑项目和 13 个自主实施重点项目，涉及布艺家纺产业的废水废气治理、智能制造产业的节能减排改造、生物医药产业的用水效率提升、“五水共治”的生态化治理、截污纳管和雨污分流改造等多个方面，进一步提升循环经济水平。

产城融合相互促进

在传统工业开发区纷纷向多功能、综合性区域新城转型的背景下，加快打造一个“生产、生活、生态”有机融合和配套完善的产业新城，已成为开发区提升综合竞争力的当务之急。为此，深入实践“产城融合”，加快推进经济社会全方位、深层次、实质性转型，让这片土地“适宜生产、更适合生活”。如今的余杭经开区，不仅是浙江省智能制造的代名词和全省生物医药领域的“金名片”，更是让创业者梦想成真、让老百姓安居乐业的一座“梦想之城”。

城市化进程与城市综合体开发相互助推，特别是随着“三路一环”、地铁 9 号线的加快建设，开发区即将形成轨道交通、城市快速路、高速公路、航运水路和快速公交等多种方式相互衔接的交通网络体系，有效破解多年来困扰开发区与杭州主城区和周边区域的大交通难题。

坚持城市建设与经济建设融合发展，将打造产业平台与推进城市化的有机统一，切实打破“业”“居”分离困局，真正实现从单一工业园区向宜居宜业新城的华丽转身。未来，余杭经济技术开发区将继续着力加强配套设施的建设力度，推进家纺综合体、东部技术转移中心与大健康产业园落地；加快浙江理工大学国际时尚学院开工和一批教育项目验收交付；推动公共中心区 CBD、全民体育中心、文化中心、五星级酒店等重点配套项目建设以及新奥泛能网项目建设。

打造向西开放、面向欧亚的国际陆港区

文/乌鲁木齐经济技术开发区（头屯河区）委宣传部

从1994年创立伊始，乌鲁木齐经济技术开发区积极发挥国家级开发区的引领示范作用，大刀阔斧地推进改革创新，开发区与头屯河区“区政合一”，获批设立乌鲁木齐综合保税区，一跃成为乌鲁木齐乃至新疆经济发展的重要增长极。巍巍天山脚下的这片改革创新热土，早已由荒芜之地成长为集国家级开发区、行政区、综合保税区及若干特色功能园区于一体的多功能、复合型的现代化、国际化城区。2013年，经开区（头屯河区）成为全疆首个“千亿园区”。在2017年国家级经济技术开发区综合发展水平考核评价中，开发区位列全国219家国家级经济技术开发区第36位，在5大类53项指标中，有28项指标优于全国平均水平。

借助陆港区平台 促进开放型经济高质量发展

地处亚欧大陆中心位置的乌鲁木齐，是沟通新疆南北、连接中国内地与中西亚及欧洲的交通枢纽，是中国向西开放的重要门户。作为中国到中亚及欧洲运输距离最短的商贸物流汇集地和交通枢纽中心，乌鲁木齐拥有全国中欧班列出境的最后一个编组站，是承东启西的重要枢纽节点，是国内段的末端、国外段的起点，具有吸引全国西向货物和返程货物集聚的得天独厚条件。由此，加快乌鲁木齐国际陆港区建设，可有效辐射带动全区产业发展，促进外向型经济提升，并增强与沿线国家和地区的经济文化交流。

为此，按照“集货、建园、聚产业”的发展思路，秉持“和平合作、开放包容、互学互鉴、互利共赢”的丝路精神，经开区（头屯河区）致力于建设丝绸之路经济带核心区“陆海内外联动、东西双向互济”的开放型经济示范区，以更好服务国家对外开放，打造成为我国对外开放资源汇集新枢纽、国家智慧商贸物流新典范和区域经济动力转型新支点。

乌鲁木齐国际陆港区的建设，可谓“十年磨一剑”。从最初的铁路国际物流园到国际物流枢纽基地，再到国际物流中心，最终定位为建设以中欧班列发运为核心支撑的乌鲁木齐国际陆港区，经过精心规划、筹备、建设等，一路走来，这个集聚综合物流枢纽、国际供应链组织、开放型现代产业于一体的67平方公里的产城联动发展区域，有效整合了各个联运部门资源，成为一个打破常规、勇于创新的全新陆港区。也正是这个新创举，使全国大部分省市的中欧班列向西进出口货物实现在新疆集结、分拨，不仅大幅降低了运费和时间成本，提高了班列班次的频率和效率，而且还为新疆进一步凸显产业发展后发优势、建设丝绸之路经济带核心区清除了物流通联的障碍。如今，国际陆港区的巨大潜力正转化为推动高质量发展的新动力。

随着中欧班列的开行和不断拓展延伸，传统的内陆腹地获得了“海运时代”所无法取得的口岸开放优势。作为中欧班列的重要组成部分，新疆西行班列是深化新疆与沿线国家经贸合作的重要载体和推进丝绸之路经济带核心区建设的重要抓手，是带动乌鲁木齐对外开放核心区两大中心（商贸物流中心、交通枢纽中心）建设的重要载体。2017年，全国中欧班列开行数量迅猛增长，全年开行3 673列，同比增长

116%，超过过去 6 年的总和；服务范围快速拓展，国内开行城市 38 个，到达欧洲 13 个国家的 36 个城市，较 2016 年新增 5 个国家共 23 个城市，铺画运行线路达 61 条；运行效率不断提升，铺设了时速 120 公里的中欧班列专用运行线，全程运行时间从开行初期的 20 天以上逐步缩短至 12 ～ 14 天；运行成本不断降低，整体运输费用较开行初期下降约 40%；货源品类不断丰富，由开行初期的手机、电脑等 IT 产品逐步扩大到服装鞋帽、汽车及配件、粮食、葡萄酒、咖啡豆、木材等品类，涵盖了沿线人民生产和生活的多个方面。

发挥核心区作用
构建丝绸之路经济带商贸物流中心

当前，国际陆港区建设取得初步成效，多式联运海关监管中心、综合保税区封关运营，中欧班列乌鲁木齐集结中心投入使用，铁路口岸对外开放、肉类进口指定口岸通过验收，各项国际化功能平台积极申报，全国首创的集拼集运测试班列、陆港智能场站平台建设有力推进，海关（含原检验检疫部门）、铁路等国际联运单位业已入驻，可全天 24 小时提供进出口运输组织和通关等“一条龙”综合服务。2018 年 4 月 28 日，由经开区（头屯河区）牵头成立了新疆国际陆港联盟，成为举全疆之力打造国际陆港区发展建设的又一创举。

与此同时，加强与海关、成都国际铁路港的合作，在全国率先开行“集拼集运”实单测试班列，不仅使货物重载率提高 10%、运营成本节约 10% 以上，而且疆内国际贸易企业可节省出口运费 9%、进口运费 22%。与连云港、青岛港、天津港等沿海港口合作，开行铁海联运班列，畅通多式联运通道；新疆“东联西出”集装箱公铁水联运工程已获批国家第二批多式联运示范工程。与昌吉州、喀什地区、伊犁州等主要节点城市达成陆港体系建设共识，以服务全疆各地货物集结、班列开行和物流平台建设。并且，聚焦物流网络布局，加大与德国、波兰、中亚五国等国际枢纽节点的合作联动。

下一阶段，乌鲁木齐国际陆港区将发展目标定位为实现年货运吞吐量近期 80 万 TEU、远期 400 万 TEU，健全外向型产业链，积极打造外向型产业集群，提升外向型产业发展水平，以此充分发挥陆港区辐射欧亚的国际物流通道作用，推进更多新疆产品搭乘西行班列“走出去”；争取与班列沿线国家海关建立国际合作机制，推行沿线各国海关“执法互助、监管互认、信息互换”，实现一次通关、一次报验；加强与沿线国家检验检疫合作，推行检验检疫“一体化”，实现“通检、通报、通放”；加快推进中欧班列在疆集拼集运，打造“立足新疆、整合全国资源、面向丝绸之路经济带沿线国家”的班列综合服务保障平台，推动中欧班列在乌鲁木齐开展集拼集运实单测试，以多样化的物流运输方式支撑多样化的贸易需求；创新班列监管模式，推动集装箱“成列发运”向“成组拼装快运”转变，力争将国际陆港区建设成为“口岸功能领先、物流设施先进、物流效率最高、物流成本最低、产业环境友好”的高端平台。

打造开放前沿高地 全力建设东北亚跨境电商核心区

文/长春经济技术开发区管委会

近年来，长春兴隆综合保税区不断加强开放载体建设，率先在全省发展跨境电商产业，通过一系列创新举措，跨境电商经济拉动作用凸显，形成了吉林省外向型经济发展的又一增长极。2018 年 7 月，国务院常务会议决定在长春设立跨境电商综合试验区，为以兴隆综合保税区为核心的跨境电商产业带来全新发展契机。

创新载体模式 高标准搭建多层次功能平台

上下联动，构建“双位一体”支撑平台。与省市协同建立集口岸通关执法服务与相关物流商务服务于一体的大通关统一信息平台——吉林省电子口岸；依托综保区跨境电商辅助管理平台，建设具备企业服务及政府辅助监管应用功能的吉林省跨境电子商务综合服务平台，可与吉林省电子口岸实现互联互通，并于 2017 年完成硬件升级和数据优化，承载处理能力大幅提升，成为吉林省国际贸易“单一窗口”的重要组成部分。两个平台的建立有效实现了跨境电商的系统化运营，为吉林省跨境电商产业的快速发展提供了良好支撑。

协同联动，构建“三位一体”业务平台。依托综保区开放平台，建设国际快件监管中心，预计 2019 年正式稳定运营后，快件业务总量将达到年 600 万票；集 O2O 体验、现场展示、线上单一窗口与线下综合服务于一身的进出口展示交易中心即将投入使用，将形成外贸产业综合服务体系，大幅提升综保区跨境电商竞争力；建设吉林省首个进口肉类指定查验场，可结合跨境电商模式，大力开展对外贸易，打造吉林省乃至东北地区进口肉类产品集散中心。

空间联动，构建“四位一体”开放平台。全力开辟面向东北亚、欧洲的跨境电商新通道，空、陆、海、铁四位一体的电商物流体系正在形成。中俄跨境电商货运包机已形成每周 3 架以上的固定运力，中德包机项目启动在即，长春至欧洲腹地的跨境电商通道即将打开，中美、中澳航线有望开通，这些通道将有效促进长春进出口业务平衡发展；长春至珲春、海参崴的跨境电商货物陆路运输已经启动，与阿里巴巴集团洽谈海外仓转运基地全新货运渠道建设取得重大进展；长春至大连、营口的海铁联运通道实现高效运转；“长满欧”中欧班列业务成倍增长，2017 年，承运货物 2.65 万标箱，货值超 9.91 亿美元，分别是前两年总和的 13 倍和 10 倍；纽伦堡枢纽及海外仓正式启用，跨境电商的开放带动作用进一步增强。

创新运营模式 实现进出口双轮驱动

出口业务精准发力。充分发挥综保区平台优势，重点瞄准东北亚地区市场，依托长春—莫斯科跨境电商货运包机航线，全力开展跨境电商出口业务，自 2015 年至 2017 年年底，累计实现货运包机运行 253 架次（往返 506 班），跨境电商出口货物 5 700 余万件，涵盖汽车零部件、计算机配件、化妆品等十余类近千种商品，货值超过 2.67 亿美元。2018 年上半年，长春跨境电商出口继续保持高速发展态势，出口货物 476.5 万票，同比增长 22%；货值 1 069 万美元，同比增长 11.7%。

进口业务率先突破。以国际先进的运量大、运输成本低、分拨配送速度快的保税备货模式为突破口，全力打通进口业务通道，未来可结合长春在东北地区几何中心的区位优势，抢占东北地区市场。2017年6月，兴隆综保区完成了东北地区在海关1239监管系统下的首单保税备货测试；2018年1月，吉林省首批跨境电商直购进口商品在综保区通关放行，标志着吉林省跨境电商发展进入2.0时代。

创新服务模式 加速集聚上下游全产业链条

改革服务机制。与长春海关、吉林出入境检验检疫局、省国税局、省外汇管理局等部门在商品备案、通关指引、商品退税、外汇管理、应急处置等方面开展高效合作，相继推出了商品简化归类、大包过光机等一系列创新举措，建立了“关检三个一”模式。在全国第二家实行“清单申报、汇总统计”，极大提高了跨境电商企业的通关效率和能力。

树立区域品牌。将打造一流营商环境作为支撑跨境电商发展的重要抓手，率先在全市创新实施“企业服务日”制度，高效解决企业发展难题358件，提供2.4亿元兑现对企承诺；设立项目服务局，实行项目服务“小秘书”制、代办服务、跟踪服务和项目调度制、审批容缺制；全力推进“最多跑一次”改革，实行“互联网＋政务服务”，有效提升办事效率，70%的登记和变更类审批事项均可实现当天受理、当天发证。

强化扶持政策。出台“一主八辅”政策体系，提供含金量较高的对企扶持政策，大力扶持跨境电商企业发展，有力促进了本地优势产业项目与跨境电商相结合，以汽车零部件为代表的吉林产品可远销欧洲。目前，唯品会吉林省分拨中心、阿里巴巴一达通、顺丰电商产业园、吉林省新外贸示范基地、中韩产业园兴隆综保区跨境电商产业园、亚欧非服装电商产业园等跨境电商项目集中落户。

创新“晨扫描”机制 探索群众工作新模式

文/沧州渤海新区党工委、管委会

“有些问题，特别是与人民群众日常生活息息相关的问题，坐在车上是永远也发现不了的，必须走下去，在行走中去发现并妥善解决。实践证明，‘晨扫描’走出了群众路线，打通了联系群众‘最后一公里’，确保了发展成果真正惠及广大群众。”作为“晨扫描”活动的倡导者，沧州市委常委、渤海新区党工委书记、管委会主任张国栋每天早上都会带领有关部门的领导和工作人员深入生产一线、施工现场和街道社区，了解群众所想所盼，及时解决发现的各类问题。近3年来，“晨扫描”已经关注百姓身边事近万件，落实率达100%。通过这一工作模式，显著增强了全区干部的实干作风，强化了抓落实的时间观念。如今，在“晨扫描”的示范作用下，沧州渤海新区形成了“日事日清、事不过夜”的工作常态。

优化营商环境 提升服务层级

在“晨扫描”的推动下，渤海新区在全省率先成立行政审批局，将涉及11个部门的124项行政许可事项全部划转，消减合并至108项，并实行“一个窗口对外、一枚公章审批”，承诺审批时限比法定审批时限压缩90%；建立公共资源交易平台，推行“中介服务超市”“五证合一、一照一码”“双随机一公开”等制度，实行首问负责、限时办结等举措。2017年，共办理行政审批事项4 175件，为经济发展打通了一条“快车道”。

针对一线“扫描”中发现的项目落地开工慢问题，积极探索推行“四段式工作法”，即在项目引入阶段，由招商部门为客商提供全程服务；在项目前期阶段，由投资服务中心为企业办理前期手续；在项目建设阶段，由重点项目建设领导小组办公室实行“一对一”保姆式服务；待项目竣工投产后，再由经济发展局协调生产资料供给，帮助企业尽快投产达效。近年来，已累计为企业解决各类难题856个，推动364个项目签约落户、274个项目开工建设、90个项目竣工投产。

创新工作机制 激发干事创业活力

以建章立制为突破口，不断创新方式方法，激发干事创业活力，确保全区包括“晨扫描”在内的各个事项均能落到实处。

建立沟通推进机制。每天“晨扫描”时进行工作碰头，沟通交流工作进展，研究部署下一阶段计划，将工作重心不断前移。在推进全域城市化进程中，提早启动了新村乡四村棚改工程，围绕实现“两个百分之百”和“四个零”目标，通过“晨扫描”碰头调度、白天推进落实、晚上梳理总结，有条不紊地推进了各环节工作。截至2018年8月底，实现签约2 803件、房屋腾空2 772件、房屋破拆2 751件。

建立全程督导机制。对于“晨扫描”发现的问题，按照“四个干”（干什么、谁来干、怎么干、什么时候干成）的要求，将事项、任务全部分解，建立跟踪台账，并由督查室定期梳理形成“晨扫描”落实台账，跟踪推进，直至销号。截至目前，“晨扫描”工作日志已累计记录1 000余份，涉及工作万余项，落实率达100%以上。

制定重点任务综合考评工作方案。每月对

包括“晨扫描”确定的工作完成情况进行评分排队，每季度召开一次点评问责大会，对未按时间节点完成的工作进行严肃问责。建立以“月评窗口单位、季评职能部门”为主要内容的“双评机制”，做到监督“倒置”、集中“亮牌”；在评出问题之时，按照“接受任务不讲条件、完成任务拒绝理由”的要求，确保各个重点项目按期保质推进。

谋划发展实事 优化改善社会环境

在“晨扫描”过程中，全力解决事关民生福祉、冷暖安危的实事，积极谋划推进一批事关渤海新区打基础、利长远的大事，真正让人民群众对美好生活的向往梦想成真。

针对冬季一次“晨扫描”中发现的渤海新区实验小学学生们不到规定时间不能进校、只能簇拥在校门外的情况，责令学校立即整改，建立“随时开门”制度，值班老师必须提前15分钟到校，并严格到校学生的监督管理。此后，学生上学实现了“随到随进”，家长可以“随到随离”，既保障了学生安全，又避免了校门前交通拥堵。又如，在事故多发的海防大街跨朔黄铁路桥路段，启动了投资1 200万元的跨朔黄铁路桥交通组织与辅道工程建设，并安装隔离护栏、禁止车辆调头标识，有效改善了区域交通状况。

对于群众反映强烈、初始调查满意度仅为54%的大气环境污染问题，打出大气污染治理攻坚行动系列“组合拳”。2017年，全区空气质量持续向好，全年二级以上达标天数220天，连续位列沧州19个县市区第一，群众满意率达98%。针对港城区雨水管道受污水污染问题，全面实施总投资2 000万元的雨污分流工程，在沧州市率先完成了总长7 120延米的雨污分流工程，解决了雨季排水不畅、冬季主干路沿线井盖异味溢出等问题。对于因市场变化、管理粗放、资金链断裂等造成的停工、停建工程，积极进行整改，累计投入资金3.7亿元，先后破解了贝壳湖公园、黄骅港检验检疫局办公楼、欧亚管业厂房等一批历史遗留问题。

全覆盖、平台化的企业服务新模式

文/苏州工业园区工委、管委会研究室

2009年7月，苏州工业园区成立中小企业服务中心，旨在通过整合政府及社会化服务资源，创新企业服务机制，提升企业服务效能，重点服务区内逾万家科技创新企业。2017年7月，服务中心更名为“苏州工业园区企业发展服务中心”，在前期重点服务科技企业的基础上，拓宽业务范围、延伸服务内容、完善服务体系、创新服务方式，打造独具园区特色的“全覆盖、全过程、全功能、平台化、网络化、个性化”的企业综合服务平台，目标定位于为区内超过5万家企业提供优质服务。

提供“一站式”综合政策服务

打破园区各相关局办职能分割弊端及行业限制，全面整合不同行业主管部门对中小企业的行政管理与服务职能，通过充分授权，将面向企业的政策服务在中心“一站式”实现。目前，中心已整合园区科信局、财政局、金融局、组织部、经发委等多个职能部门面向企业的有关政策、资金、项目、人才、认定、人力资源、外贸综合、公共平台等方面的200余项政策服务，使政策兑现更加高效便捷。与此同时，为精准服务园区企业，中心分类汇总了企业各类扶持政策，推出《亲商政策汇编》《亲商服务汇编》等指导手册，广获企业好评；设立企业服务热线67068000，并与22个部门建立联系，企业需求流转可实现100%限时回复。

搭建企业服务综合线上平台

积极构建省内首创、独具园区特色的企业服务智能平台，为园区企业提供线上综合服务。目前，中心授权业务申报已实现100%线上无纸化流转，资金兑现初步做到了从预算到拨付的全流程信息化管理；活动、路演、政策服务等业务也实现了不同程度的信息化。并且，围绕企业和金融机构融资需求对接，搭建了科技金融服务平台、苏南股权路演中心平台和线上企业服务超市等特色平台，针对投融资、项目申报、企业认定、知识产权等事项提供线上对接服务；着力打造面向重点企业的“代办制”服务，现已实现为全部瞪羚和独角兽企业提供全程代办服务。

打造全周期科技金融服务体系

建立以债权、股权融资为特色，覆盖科技型企业从初创期、成长期到成熟期的政策性科技金融服务体系，填补市场对新创企业投资的空白，努力为企业减负增效。在债权融资方面，成立省内首家政策性科贷公司，累计为近240家企业提供贷款总额超5亿元；设立风险补偿资金池，通过风险共担方式，与金融机构合作建立了省、市、区三级联动的苏科贷、科技贷、园科贷、扎根贷等创新产品，为1 200余家企业提供了超70亿元贷款。在股权投资方面，建立支持初创期企业的领军创投基金，现已累计出资2.14亿元直接投资于园区领军人才项目；发挥引导基金作用，通过参股28只总额超60亿元的子基金，实现财政资金吸引社会资本放大8.6倍。

集聚释放社会化服务资源活力

围绕企业共性需求，积极举办各类免费企

业沙龙和培训活动，引入社会服务资源参与企业服务，更好地释放科技服务市场的活力。全年举办企业发展联盟沙龙、产业沙龙、政企“面对面、项目路演、主题论坛等各类品牌活动 250 余场，惠及企业各类人员超 1.2 万人次。并且，搭建多层次人才培训体系，深入实施“金鸡湖创业导师”计划，为创业人才提供深度创业培训辅导。举办中国创新创业大赛、江苏科技创业大赛、苏南创客大赛等高端赛事，持续营造区域创新创业氛围。

产学研用融合发展的临港之路

文/上海临港经济发展(集团)有限公司党委副书记、总裁，
上海临港控股股份有限公司董事长 袁国华

临港产业区作为上海科创中心的主体承载区，多年来，始终把握产业发展规律，坚持以国家重大专项为导向，现已形成国家新能源装备、汽车整车及零部件、船舶关键件、海洋工程、大型工程机械、民用航空设备等高端产业集群集聚，是我国产业能级最高、相关配套最好、人才最为集聚的先进制造业园区之一。

于临港产业区而言，要继续保持领先优势，真正建成国际一流的产业园区，就必须深挖高校作为知识源头和创新高地，特别是在原创技术成果重要策源地方面的优势，通过与院校对接合作，建立研发和转化功能性平台，使其成为园区最为重要的创新依托；通过最大限度地发现可产业化的科研成果，打通从高校实验室到产业园区的“最后一公里”。

由于产业主攻方向与上海交通大学重点学科布局具有高度一致性，临港产业区更将上海交大的科研成果优势同集团的专业服务优势统筹结合，通过进一步叠加临港地区的政策优势和产业区的产业承载优势，实施产校融合、研转并举，力争产生更大的“化学反应”。与此同时，临港产业区也正在与中科院、复旦大学、华东师范大学等积极开展合作，争取孵化、转化和产业化更多高校的优质科研项目，推动产业链向创新链拓展、向生态链延伸，通过实现产学研融合发展，有效提升产业的策源力和集聚力，更好地支撑临港科创中心主体承载区建设和向世界级卓越园区发展。

打造“区校合作”的成果转化平台

2014 年，上海交大航空发动机研究院由于研发场地受限，开始寻找承载空间，恰巧临港产业区布局了上海电气、中航商发等动力行业领军企业，正在推动国家“两机”重大专项落地，力争通过健全产业链条，有效提升区域产业竞争力。为此，双方签署战略合作协议，将研究院相关大型科研设备搬迁至临港，搭建“航空发动机基础”“测试验证中心”“设计、分析和研发”“流程管控体系”和“材料与制造工艺”等六大平台，承担首批国家立项“航空发动机与燃气轮机”重大科研专项中的四项。同时，与中航商发共建“叶轮机气动传热联合 UTC”，研制 CJ1000AX 复合材料叶片，将在 C919 适航取证关键测试技术、CJ1000A 大涵道比涡扇发动机、地面燃气轮机、舰载燃气轮机部件级研发测试领域，为中国航发、上海电气、中船重工等企业提供测试技术服务与研发支撑。

2015 年，临港地区为落实全市科创中心建设意见，开始筹建国际智能制造中心。由于前期的良好合作基础，经双方协商，将能够体现上海交大学科优势、具有市场应用前景、与智能制造紧密相关的 7 个研究所全部转移到临港地区，并在此基础上成立了作为独立公司法人的智能制造研究院。临港集团从免费提供标准厂房、定制装修和产业服务等方面提供软硬件支撑；研究院则重点开展传感与物联、基础零部件、工业机器人、控制软件等核心装备部件

研发，推动智能制造共性技术攻关、前沿技术展示和成果示范运用，走完产业化的“最后一公里”。2017年，以上海智能制造研究院为基础，又建立了上海市智能制造研发和转化平台，成为全市首批18个研发和转化平台之一。

近年来，成果转化平台已实现民用航空发动机测试验证中心、汽车动力总成高端加工装备国产化与智能制造系统验证示范基地、燃料电池金属极板制造、核电装备测试验证基地、轻合金材料及制品智能热制造五个项目的产业化落地。其中，汽车动力总成高端加工装备国产化与智能制造系统验证示范基地项目充分发挥上海交大的多学科综合优势，并整合国内外优势资源，突破了我国汽车工业动力总成高端数控加工装备国产化的瓶颈，创建了动力总成智能制造的新模式、新技术、新标准，成功带动数控系统、功能部件、机器人、大数据等产业链的协同创新发展，形成我国汽车行业高端数控加工与智能制造技术产业化应用的示范标杆。燃料电池金属极板制造项目在金属双极板构型设计、超薄金属板精密成形、高速激光焊接和高性能纳米复合涂层等方面拥有十余项发明专利，正在完善中的国内首条具有完全自主知识产权的金属极板生产线，已累计为客户提供超过10万副产品，占据国内燃料电池金属极板市场的90%以上。除此以外，平台还在推进燃料电池膜电极、燃料电池系统总成、无人智能制造车间、巡检与处置机器人、智能制造实训装备等一系列新兴项目的产业化。

着眼于我国大力发展核电的重大需求，联合上海核工程研究设计院，建设蒸汽发生器汽水分离器热态试验装置、大型高温高压水通用试验装置和小型反应堆整体性能试验装置，技术和参数水平国际领先，已承担科技部大型先进压水堆核电重大专项、国防科工局军用预研等多项国家级重大科研项目，为小型智能反应堆以及第四代核能系统原创性技术提供孵化器和验证平台，为国内外核电研发机构和核电装备制造商提供装备测试验证技术服务，成为我国核电型号产品的研发引擎。并且，在轻合金精密成型国家工程研究中心临港基地，可实现热制造的智能化、绿色化、轻量化，首期将引入镁氢能源大航程无人机、复合材料环保回收、关重件绿色智能铸造、智能旋压技术与装备、可降解镁基医用耗材等五个项目。其中，镁氢能源大航程无人机项目按照2017年年底的8 000万元估值已完成A轮融资，并与神华集团、以色列化工等达成合作意向。

与此同时，临港集团还成立了工业服务中心，完成了同上海汽车、丰田纺织、上工申贝、海康威视、安吉智能等多家企业的项目需求对接。工业视觉在线检测技术及其针对汽车零部件、散乱零部件机器人的抓取识别系统在3家企业得到应用；穿戴式感知与“互联网+”健康诊疗系统通过国家检测机构的准确性和可靠性测试，进入医院临床验证阶段；汽车焊装质量监控及大数据分析系统，获得国家质检3C认证，在上汽的2家国内工厂得以批量上线应用。

打通“从1到10”的痛点与堵点

一般而言，科研成果的“从0到1”往往在高校实验室内即可完成，“从10到100”形成产品后，市场资金也能够发挥较大作用，但由于涉及产学研用的各个链条，其从“实验室”走向“市场化”的“从1到10”，却是发展过程中最为艰难的阶段。对此，临港集团进一步解放思想、提升站位，在创新产学研融合模式上下足功夫，以成果转化落地为导向，科学设计组织架构，聚焦聚力政策资源，真正打通“最后一公里”的“痛点”与“堵点”。

成立公司制的产业转化平台。合资成立的上海交大临港智能制造创新科技公司，作为科技成果转化和产业化平台的运营主体，承担着产业服务功能。一方面，在帮助学校科研项目对接行业与企业技术需求的同时，验证高校和科研院所的技术及产品是否具有市场化需求、能否通过市场检验；另一方面，为帮助研发团队进行项目产业化落地提供厂房装修、手续报批、注册选址、招觅职业经理人等专业服务，并开展成果孵化、产品中试等支持活动，以弥补研发团队经验不足的“短板”。

智能制造创新科技公司自成立以来，致力于探索不同于高校的“创新技术为源、产业应用为本、模式创新为先”的产学研融合新体制。“创新技术为源”，即通过开展研发技术遴选，选择学校最具实力和产业应用前景的项目进入平台转化；“产业应用为本”，即在明确转化项目目标后，要求 3 ～ 5 年内具有明确的市场应用需求且能够产业化；“模式创新为先”，即要求在实现团队来源多元化，形成“教授领军人物＋工程开发队伍＋工程服务队伍”的综合性工科应用队伍的同时，通过积极申请政府资金、广泛吸纳风险投资、管理团队入股、成立项目公司等方式，实现资金来源多元化。

推动以项目法人制进行产业化。一旦科研成果形成市场需求、被论证为能够进行市场化的可行项目，就可建立以技术团队、运营团队为核心的项目公司，搭建混合所有制的股权架构，并通过形成有效激励，使核心团队在市场化过程中“名利双收”。首先，以项目研发团队为主体，发起建立项目公司，持股比例一般不低于 60%；智创公司作为平台公司入股项目公司，持股不高于 15%，其他股份开放给市场和社会主体，在确保创始团队经营主导权的同时，导入发展资源。其次，根据科技成果转化法律、法规和上海交大相关规定，技术团队以项目公司为主体，通过评估、公示或挂牌等流程合法取得技术发明的所有权，并作价入股到项目公司，从源头上消除未来资本证券化可能产生的道德风险和法律纠纷。最后，在项目公司孵化发展到市场化阶段，智创公司完成孵化和加速使命后，将相关股份进行市场化退出，避免国有资产在公司未来发展中可能带来的掣肘因素。比如，对智邦汽车动力总成项目，平台与管理团队约定，在 2020 年年底委托第三方对项目公司进行评估，若评估后认为未完成可行性报告的相关经营目标，管理团队承诺将按“股本金＋股本金的同期银行利息”或“股权评估值”孰高原则回购平台股份。

多渠道筹集资金支持项目公司初创发展。临港集团专门成立了“科创和产业发展办公室”，每年投入集团利润总额的 10% 用于支持科技成果转化，主要用于支付厂房房租和装修补贴；2017 年，集团投入智邦汽车动力总成、燃料电池极板等项目的租金和厂房装修补贴共计 4 210 万元。积极争取国家和地方的专项扶持资金支持，已进行产业化的五个项目累计申请国家 04 专项、工信部智能制造专项、上海市战略新兴产业发展专项和临港地区智能制造专项资金超过 3.6 亿元，其中仅智邦汽车动力总成项目就获得各类专项支持超过 1.4 亿元。此外，实施产业技能实训支持和设备补助相结合，帮助航空发动机检验检测中心等项目向人保局申请实训资金超过 8 800 万元，可面向智能制造技术应用和航空发动机装配技术企业，开展紧缺人才的专业技能培训。由此，对于项目公司而言，将国家和上海市重大专项经费用于产业化环节，既有效改善了企业的研发费用结构，最大限度解决了创业初期研发资金不足的难题，又有效提升了国家和上海重大专项资金的使用效率，保证了“好钢用在刀刃上”。

协调各方支持项目公司成长。在临港集团方面，以智能制造创新科技公司为平台，承接政府相关扶持资金，推动知识产权的转移确权，并通过品牌经营、基金融资、项目投资，架起上海交大科技成果向临港产业区集聚和转化的桥梁，当好转化成果的加速器和倍增器。在上海交大方面，明确了平台及转化项目是校外布局的重要组成部分，学校教师在临港取得的科研成果等同于在校内取得，可减免教师的教学和科研考核指标；学校已有的相关科研仪器在所有权不变的前提下，可以转移到临港；对于在临港从事科研转化的教师，其经历和成果也可体现在职称评定上，免除了教师的后顾之忧。此外，上汽通用订购了智邦的生产线，上汽集团燃料电池车采购治臻项目生产的金属极板；临港管委会、上海市供电局免除了相关项目的电压增容费，以教育用电电价供电，降低了能源使用费用。

老树新枝更著花：产城融合下的开发区城市更新

文/北京师范大学—香港浸会大学联合国际学院 黄芷君

随着各类园区转型升级的不断深入和辐射带动作用的逐步拓展，我国开发区日益承担起城市更新改造方面的任务。这之中，能否坚持以产城融合的思路推进产业与城市的同步升级，既能够平地起高楼，在白纸上做出最新最美的画作，又能够老树开新花，在旧城改造与园区转型升级方面探寻出一条新路径，十分值得深入探究。

强化政策引导 把控城市更新的产业内涵

开展城市更新的根本目的在于解决城市建设中的历史遗留问题，通过破解土地瓶颈，推动园区转型升级。因此，一方面，必须合理确定商居比例，通过实行连片开发，更好地促进生产、生活、生态的融合发展；另一方面，要同步谋划产业发展，不仅要挖掘出更新项目的自身产业价值，而且要通过开展产业升级和产业招商，以“房地产开发为手段、产业打造为目的”，在房产项目中注入产业内涵，大力发展“楼宇经济”，确保项目在改造后能够产生更好的经济社会效益。

完善片区发展规划。要进一步明确片区的总体功能分区、产业定位与发展方向；在具体方案中制定产业专章，将产业打造作为方案上报的必要条件，特别要针对改造项目的产业发展进行专题研究，并体现在规划设计中；在审核改造方案过程中，要严把准入关口，选择具有经验和实绩的合作伙伴主导城市更新改造，并在项目推进过程中着力协助企业研究自身的产业内涵，策划形成新的产业项目。

做好环境建设的“黄金配比”。在城市更新进程中，不能过多注重单体项目，如果仅仅是建成一座商务楼宇，而没有相应提升周边环境，依然呈现“城中村”的状态，自然难以吸引高层次的总部经济项目。因此，考虑到在产城融合的现代商务区，商务人士和居住人群的“黄金配比”问题，开发区就要摒弃先行开发再进行公共配套的传统模式，率先启动建设公共绿化、市政道路、配套设施等公建项目，完善重点改造地区的道路、生态等基础设施。以上海普陀区长风生态商务区为例，在318万平方米的建筑总量中，商办面积211万平方米，住宅87万平方米，公建配套20万平方米。按照这一配比，商务人士和居住人群便可呈现出和谐共处的状态。

发挥政策叠加效应。在具体实施过程中，可考虑制定适宜政策，即将城市更新改造政策与产业发展、招商引资政策叠加，通过产业发展和招商引资政策的兑现把控城市改造的实际效果。比如，可规定企业自行改造的自持物业比例不得低于60%，或者要求企业按照改造用地的10%或改造后物业的15%的比例，交由政府负责招商，以利于开发区发展新兴产业。

坚持因地制宜 实现城市更新与产业升级互动

开发区产业转型升级的关键在于定位清晰、优势明确，要避免贪大求洋或一味效仿，须依据自我发展基础、区位条件和产业环境，选准适合自身可持续发展的产业集群，而这也成为城市更新改造的首要任务。因此，一定要从实际出发，在定位上充分对接开发区所在城市的总体目标，按照“错位竞争、扬长避短”的思路进行谋划。以合肥蜀山经济开发区为例，在2011年之前，这里还是以工业为主的传统园区，后因董铺水库成为合肥的饮用水源地，致使传统的化工产业无法继续生产。但短短六七年时间过去，这里不仅没有销声匿迹、荒废塌陷，反而成为合肥市生态环境最优、产业层次最高的区域之一。

细思其成功经验，主要源于三个方面。第一，在此轮城市更新中，蜀山经济开发区基于产业转型背景，以神来之笔变产业发展的瓶颈为转型升级的机遇，不仅培育了大数据全产业链发展新优势，形成了蓬勃发展、良性互动的大数据生态圈，而且建成了四季花海、绿色长廊，绿化率达到67%，大蜀山森林公园更是成为全市著名的休闲胜地。第二，蜀山经济开发区之所以能够险中求胜、变中求胜，完全源于对自身发展条件的清醒认知：厂地租金、住房价格、生产和生活成本相对较低，周边大学毕业生众多的先天优势，对于当时正在呈爆发式增长的电子商务产业而言，无疑是一块难得的"福地"；加之实施旧厂房改造和居住租金补贴措施，更有力激发了电商聚集。第三，勇于突破发展模式和产业定位束缚。2011年12月，蜀山开发区围绕产城一体化目标，转型发展电子商务和呼叫中心，建成呼叫坐席2.3万个，吸纳大学生就业3万余人。往日的旧厂房变身成为电子商务产业园:引进和培育电商企业240余家，中国人寿、中国邮政等一批"国字号"企业以及顺丰、携程、德邦物流等一批电商龙头企业均落户在此，成功转型成为都市产业园，并获批全国首批国家电子商务示范基地。

2014年，经安徽省政府批准，建立了安徽蜀山国际电子商务产业园，正式从国内走向国际，升级至2.0版本。2016年1月，合肥被国务院批准成为中国跨境电商综合试验区，蜀山经济开发区作为核心区，开始大力发展跨境电商；2017年，蜀山经济开发区着手布局大数据产业。由此可见，逆向思维，危中寻机，往往也是转型成功的催化剂。

活化历史文脉 将发展包袱变成转型财富

上海普陀区的百年工业文明底蕴浓厚，历史文化丰富，工业文明遗存众多。因而，其通过将城市更新与产业发展紧密结合，在工业遗产保护方面正确处理"新""旧"关系的诸多经验十分值得开发区借鉴。

提升形成新的功能定位。上海桃浦生产性服务业功能区（原名桃浦工业区）原为具有50余年历史的老工业基地。2008年，这里以功能提升为目标，定位为生产性服务业功能区，期间在对部分化工企业实行关、停、并、转后，将整个园区划分为高科技研发、商贸办公及生态居住三个片区，重点引进现代物流、印刷包装、工业设计、产品展示等生产性服务业企业，形成了以总部经济、专业会展、科技型都市产业为功能特征的生产性服务业功能区。在这一过程中，桃浦生产性服务业功能区不断加大对老工业厂房的改造提升力度，引导企业将具有历史保护价值的工业厂房通过收购、租赁、合作、合资等方式取得工业土地开发改造权，并按照规划不变、结构不变、所有权不变的要求，进行整体规划，开发改造为创意产业集聚区，成为企业布局调整、盘活存量资产、推进产业能级提升的新举措、新亮点。

文化保护与工业开发并重。普陀区的长风生态商务区充分考虑沿苏州河历史文化遗存丰富的特点，在建设沿苏州河公共绿化的同时，通过对该地区原工业区旧址进行限制性开发，兴建了"工业遗址园"和"一园十馆"，实施火柴厂、味精厂等工厂旧址系统保护，建成商标火花馆、游艇游船馆、苏州河工业文明展示馆等一批文化设施，集中展示了民族工业的历史脉络。

由此可见，对于工业方面的文化资源，一经利用得当便会成为城市的新亮点和产业的新卖点。于开发区而言，如何妥善处理珍贵的工业遗产，能否将这些资源活化利用好，同样既是机遇，也是考验。

实行政企协同 夯实产城融合的体制根基

在旧城改造中，还有一个不容忽视的问题，便是处理好长远利益、全局利益与局部效益、眼前效益的关系问题。既然实现片区的价值增值，维护地方发展的整体利益和长远利益，是开发区管理机构应当履行的职责，那么就要平衡好开发区、项目单位和群众收益间的关系，将开发区的开发建设模式引入城市更新改造，以更好发挥政府引导作用和更多发挥市场决定性作用。

对于主导实施旧城改造的管理机构，可以实行政企协同，通过充分授权，由管委会主导园区的规划建设，按照政府的总体部署和要求，编制园区规划，协调政府与开发单位间的关系，并指导开展招商；管委会可下设办公室以及国资主导的投资开发公司，按照“统分结合、各负其责”的原则，管委会办公室与公司可实行“两块牌子、一套班子”的运作模式。管委会具有管理者与开发商的双重功能，既能较好体现政府规划意志，把握区域发展主脉络，又能更为积极主动地适应市场需要、应对市场变化，在具体操作上更为灵活机动。同时，这一模式也有利于增强开发建设活力，促进园区的自我积累和发展。

仍以上海普陀区为例，作为传统工业大区，这里的纺织、医药、化工等产业布局星罗棋布，工业产品在上海乃至全国均具有举足轻重的地位，由此，其开发改造难度可想而知。多年来，普陀区采取政企合一的开发建设模式实施区域更新改造。长风投资发展有限公司是经普陀区政府授权、全面负责并实施长风生态商务区综合开发建设的区管国有企业，注册资本 3 亿元，拥有对外投资控股及参股企业 5 家。桃浦生产性服务业功能区也成立了管理委员会并设立办公室以及上海普陀产业投资有限公司。

还应看到，在推进旧城改造与园区转型的过程中，难免会遇到一些棘手问题需要加以妥善解决，这之中，既不能缺少政府的强有力引导，也不能在规模庞大的持续性投资中出现中途搁浅，因此，必须找到“平衡点”，以使项目能够在较长时期内具有持续运营的能力。

开发区人事体制机制改革的有效方案

文/正略咨询 董翔 于佳

自1984年我国首批国家级经济技术开发区建立以来，开发区作为地方经济的“主引擎”，一直扮演着推动我国经济社会发展的重要角色。但近年来，开发区在体制机制方面也出现了诸多问题，其中，“人”的问题尤为突出，人事体制机制亟待优化升级。

在2017年国务院办公厅发布的《关于促进开发区改革和创新发展的若干意见》（国办发〔2017〕7号）中，明确要求全面深化开发区体制改革，通过先行先试激发发展活力。但在实践中，当机制改革涉及一些具体操作环节时，往往因遇到政策或法律法规的模糊地带，致使“一试就违法、一试就碰线、一试就无依据”。也正因如此，亟需探索出一个合理可行、因地制宜的改革良策。

“人”的问题亟待解决

“人”不“够”用。建立之初，开发区的功能定位以招商引资和经济建设为主，遵循精简高效原则。其后，由于经济建设发展需要，开发区开始逐步代管乡镇和街道办事处，社会事务随之增多，地方政府对于开发区的定位也悄然发生变化，致使开发区向行政区体制回归的倾向日益明显。但由于早先设定的机构与人员编制数量没有相应增加，造成人员数量远远不能满足现实工作需要。

“人”不“能”用。开发区管委会人员的身份构成较为复杂，包括公务员、事业单位人员、聘用人员、借调人员、劳务派遣人员、公益岗人员等诸多种类，但由于各类人员分别适用于不同的人事管理体系或制度办法，一定程度上造成了管委会人力资源管理的混乱。与此同时，开发区管委会人员的来源也较为复杂，在机关工作人员统一招聘、管委会公开招聘、管委会内设机构招聘、人力资源公司劳务派遣等诸多渠道下，致使入口标准差异较大，从而造成各类人员在学历、专业、能力，甚至工作态度和责任心层面存在较大差异，人员能力与素质良莠不齐，“活很多，能干的就那么几个人”“鞭打快牛、忙闲不均”等现象十分突出。

“人”无“法”用。由于受限于传统的人事管理体制，造成部分开发区工作人员普遍缺乏必要合理的激励机制和职业发展路径，致使优秀人才既留不住、也引不进来，进而造成人员队伍老化严重、结构不合理、工作积极性不高、人心不稳、人浮于事倾向日趋严重等问题。加之绩效考核通常只考核到内设机构和下属事业单位，而在“组织单位—员工个人”间的压力传导缺乏业绩指标，致使开发区战略目标的承接落实发生断层；考核结果“大锅饭”“平均主义”现象较为严重，无法奖优罚劣、激发员工内生动力。还应看到，由于受人员编制和领导职数限制，岗位基本“一个萝卜一个坑”，人员缺乏上下流动和内外交流的渠道和途径，使成长发展也受到极大限制。

打造适合的人才供应体系和激励体系

针对以上问题，开发区深化创新人事体制机制改革，必然要以“有利于持续发展”为根本目标，通过确立“无差别的人力资源管理”理念，推行“岗位聘任制度”，实现由身份管理向岗位管理、由传统人事管理向现代人力资源管理的转变。从操作角度分析，可以借鉴企业人力资源的“市场化”管理经验，围绕人力资源管理的六个方面，打造适合开发区发展的人才供应体系和激励体系。

构建岗位管理体系。将企业化、市场化的以责定岗的岗位体系引入开发区管委会，是人事体制机制改革最为基础的工作。具体为实施“三定”，即根据开发区发展规划和管委会管理需要，合理确定总体人员的结构、数量和质量需求，有效核定岗位及其员额数量，其目的是推进以职级或行政职务为基础的传统岗位体系向企业化管理转变；将政府行政体系下的一人一岗的传统观念和做法改为企业化的以责定岗，并以岗位清单和岗位说明书的形式加以明确。

实行人才甄选机制。人事体制机制改革的首要难点是最大限度地打破编制身份羁绊，通过推行聘任制，变身份管理为岗位管理，对原体制内人员实行编制内任职与岗位聘任分离、档案工资与实际薪酬分离、干部人事档案管理与合同聘用管理分离的“三分离—双轨运行”机制。由于改革后，体制内外的人员一律实行企业化的人力资源管理机制，就需要建立一套完整的岗位任职资格标准体系，为“人岗相适”提供界定标准，具体包括三个部分：一是一般任职条件，即为满足岗位工作需要的最基本的资格条件，包括学历、工龄、培训、职称/资格、绩效等；二是知识和技能要求，满足岗位工作需要的专业知识与专业技能、通用知识与通用技能；三是素质能力要求，以素质模型体现，满足驱动任职者出色达成高绩效的动机、个性和兴趣等个人特征要求，可以分为岗位序列素质模型、核心素质模型、层级素质模型等。再根据任职资格标准，设计聘任工作流程、标准和方法，如按层级、按批次组织选聘、竞聘和招聘，实现“能者上庸者下”“人员优者进劣者出”。

建立绩效管理体系。人事体制机制改革的焦点是通过建立科学全面的绩效管理体系，真实有效地评价区域发展和个人业绩。根据开发区机构设置特点，绩效体系应分为开发区管委会、各部门单位和员工个人三级管理。总体而言，绩效管理要坚持考核目标与发展目标衔接、部门目标与整体目标衔接、绩效激励与人员权责衔接，并尤为强化目标的引领作用和考核的导向作用。首先，需全面界定开发区的功能定位，科学设定未来发展目标，构建目标明确、导向清晰、符合规律、量化具体的考核指标体系。其次，要建立公平合理、利于执行的绩效考核体系，较为常见的是建立以KPI为核心的绩效系统，将责任层层分解，实现绩效考核点面结合、“软硬兼施”。

优化薪酬管理体系。人事体制机制改革的第二个难点在于建立对内公平、对外具有竞争力的薪酬体系。要推行聚焦发展、倾斜一线、衔接市场、有机挂钩、优劳优得的薪酬激励机制，旨在让实干者实惠、让懈怠者羞愧，使优秀人才留得住、外部人才引得来。彻底的薪酬改革将完全打破身份壁垒，建立适合开发区发展、能够促进目标达成的薪酬结构，落实“同岗同酬”和“内外公平”，实行全员薪酬水平与开发区经济指标效益挂钩，个人薪酬水平与个人业绩指标挂钩。

建立人才培养体系。人才培养工作往往是开发区人事体制机制改革中容易被忽略的一环，当前的主流做法是建立基于岗位任职资格要求的人才培养体系，关注人才的业务和素质能力提升，持续提高工作人员的岗位胜任能力。可以借鉴成功企业的人才培养经验，建立完整、长效的人才培训体系和后备人才（核心人才）梯队机制，持续提高管理干部的领导力和其他工作人员岗位的胜任能力，如后备人才梯队计划、继任者计划、导师传帮带等。

提供职业发展路径。于员工而言，能够长期留在某一组织单位，良好的职业发展是其主要考虑因素之一。为此，开发区的人事体制机制改革可以建立职业发展双通道或多通道，明确职类横向转换和职级纵向升降的动态管理机制。通过晋升、转岗和轮岗等方式，始终保证员工职业发展与管委会的战略需求相一致，通过综合平衡管委会需求与员工发展间的关系，为不同职类的员工提供多向发展的职业通道，营造“人皆为才”的工作环境。

案 例

某高新区人事体制机制改革实践

2015年年底，某高新区在行政体制、用人机制等方面加快改革步伐，结合自身实际，参考“企业化管理、市场化运作”等新型模式，打破了行政编、事业编、聘用制的束缚，充分调动了工作人员的积极性。

2016年年初，该高新区全面实施了以“工作优先、目标量化、业绩考核”为导向、以“全员聘任制、绩效考核制、薪酬激励制”为特征的人事与薪酬制度改革，并取得显著成效。

（一）组织结构调整与岗位“三定”

为建立一套职能科学、结构优化、廉洁高效、企业和人民满意的行政管理组织结构体系，进一步提高行政效率、降低行政成本，最大限度地避免职能交叉、职能割裂、多头管理等问题，强力推行“大部制”改革。

第一，将国土、规划、建设、环保、消防、人防等建设类职能进行整合，构建“大建设”体系；第二，将发改、科技、经信、商务等部门的工业类经济职能整合，构建“大经济”体系；第三，整合发改、商务、科技、金融等部门的服务业职能，构建“大服务业”体系；第四，将涉及民生的公共服务职能整合，构建“大社会管理”体系；第五，加强行政审批与服务，提高行政审批效率，构建“大审批”体系；第六，加强大投入过程中的财政资金审计监督，构建内外协同、全面覆盖的“大审计”体系；第七，加强战略研究和宣传策划能力，为发展提供智库支持，构建“大战略”体系；第八，引入先进、成熟的管理科学与实践成果，保障高效运转，实施“大人力资源”体系。

“三定”方案的总体要求与高新区管委会的战略规划、目前的发展阶段和行政服务转变相匹配，有利于建立完整高效的管理层级，明确岗位权责，实现“扁平化”管理。高新区改革实施机构通过充分的工作分析和研读资料，结合访谈、问卷、电话和360°评价法，对工作职责进行不断拆分、解构、合并甚至重组，重新设立了700余个岗位、1 200余个员额。

（二）绩效管理

高新区原有考核工作面临诸多难题：一是管委会只有部门单位绩效考核，个人绩效系数等同部门单位系数，员工并未实际参与绩效考核；二是部门单位的考核结果通常分布在95～105分之间，差距过小，作用于绩效工资时未能产生明显的激励效果；三是由于“干好干坏一个样”，各部门单位挑战高目标要求的动力不足；四是承担经济指标的部门单位目标完成压力较大，而非经济部门单位相对轻松，几乎无目标压力。

改革方案构建了以KPI为核心，结合组织协同、党风政风行风、员工能力态度、关键加减分事项等多维要素的考核体系，并强化了绩效计划与目标制定、绩效过程监督与考核、绩效反馈与面谈的PDCA绩效管理体系。第一，引入企业常用的三级KPI考核体系，建立“重点、难点、亮点”工作计划机制和“管委会—部门（单位）— 员工个人”指标层层落实机制，进而达到“人人扛指标、人人有压力”；第二，根据管委会实际管理需求，创新提出“价值系数”及相关管控机制，即对部门（单位）、个人提报的绩效目标进行价值判定，鼓励提报高绩效目标（高目标得高价值系数，价值系数直接应用于绩效工资）；第三，对于政府经济指标考核，创新引入“指数化”“断崖式”和“阶梯式”计算方式，根据业务特性和表现情况科学计分；第四，在“大锅饭”盛行的考核文化中，引入强制分布方式、个人考核实施“剁尾巴”的末位淘汰机制。

（三）薪酬管理

以体现（市场）外部公平、（管委会）内部

公平和（员工）自我公平为总体目标，即在“保障基本、突出激励”的原则上，充分与绩效管理相配合，体现长短期激励效果。

将改革方案导入企业薪酬体系，力求体现激励与效益。第一，统一了公务员、事业人员、合同工等不同人员的薪酬体系，强调“在运行中、发展中解决历史遗留问题”；第二，极大简化了薪酬结构，将原各个体系的十余项薪酬项目进行整合，明确“基本+绩效”的薪酬激励理念，以提高人力资源管理效率；第三，根据战略目标和发展要求制订薪酬策略，重点激励专业招商人员；第四，将个人薪酬水平与个人绩效、组织绩效挂钩，部分人员的薪酬水平与管委会经济指标效益挂钩，促进组织绩效达成；第五，建立职业发展通道，突破职务编制限制，以达到“有能力就能有高薪酬”，以及责权利对等；第六，为部门（单位）核定“薪酬包”，授权各部门（单位）二次分配，鼓励组织精简高效，在合理区间控制员额。

就改革总体成效看，管委会内设部门由原来的18个精简为15个，机关正式人员分流至各园区共计200余人，绩效指标由原来仅分解到部门（单位）责任到员工个人，正式人员薪酬由“大锅饭”变成“能高能低”和“奖优罚劣”，在编人员、合同聘用人员均“唯才是举”“公平竞争”“同岗同酬”。

2015年，该高新区招商项目审定小组研究的项目40余个，2016年改革运行后增加到260余个，2017年前两个月超过100个，全年超过500个，且项目质量大幅提高。仅2017年一季度，全区新增市场主体就达2 319家，一般公共财政预算收入累计实现25.78亿元，同比增长31.7%。综合2017年全年看，全区新增市场主体1.1万家，其中，新增企业7 322家，同比增长28.9%；一般公共预算收入完成100.7亿元，固定资产投资751.7亿元，同比增长10.1%，其中，工业投资354.7亿元，同比增长29.6%，工业投资拉动效应明显；规模以上工业增加值247亿元，同比增长17.7%。主要经济指标增幅大都位居全市前列，其中，生产总值、规模以上工业增加值增幅等指标高于全市平均水平50%。

立足特色小镇　聚力打造下沙科技城

文/杭州经济技术开发区管委会办公室

近年来，紧紧围绕“城东智造大走廊的引领区、国家级开发区转型升级示范区、一流的现代化国际化新城区”三大目标，杭州经济技术开发区大力实施“创新驱动、转型升级、产城融合”三大战略，全面推进开发区的“三次创业”。2017 年，开发区获评“国家级”双创示范基地，杭州医药港小镇入选浙江省级特色小镇和省级高新技术特色小镇，成为全省生物医药领域唯一的双料省级特色小镇；建立仅一年时间的大创小镇也已成功入选市级特色小镇。

产业特色优势领航医药港小镇

杭州医药港小镇规划面积 3.4 平方公里，地处杭州经开区核心区域，毗邻杭州萧山机场、高铁东站和绕城高速，处于“长三角城市一小时交通圈”的枢纽位置。目前，已引进和培育生物医药企业 300 余家，包括辉瑞、默沙东、吉利亚等 7 家全球前十大生物医药企业，实现产值 250 亿元，年增速超过 15%，占杭州市生物医药产业比重的 40%，形成了较强的产业辐射能力。

立足高起点谋划。以创新创业高端人才集聚区、技术领先的产业引领区、全球先进医药技术的首要承载区为指引，聚焦生物技术制药、生物医学工程以及高端医疗器械三个领域，构建“一心两轴三廊五区”的空间结构。计划三年累计实现投资 100 亿元以上，亿元以上投资项目 20 个，引进生物医药企业 400 家，生物医药产值规模达到 500 亿元。

集聚海内外人才。以杭州“新药港”基地为核心，小镇聘任美国国家科学院和工程院院士、个人基因组计划首席负责人、哈佛大学医学院 George Church（乔治•丘奇）教授为荣誉镇长，并集聚了一批生物医药领域的高端人才，其中，国家“千人计划”、省“千人计划”、市“521 计划”等高层次人才 100 余名，生物医药从业人才超过 2 万名；在东京、巴黎等海外城市设立 8 个招才引智点，在波士顿设立 3 000 万美元的海外生物医药基金，在硅谷建立杭州协同创新中心，助力人才和项目引进。

打造全链式生态。目前，小镇已配置浙江省医疗器械检验员、国家新药安评中心浙江分中心，集聚新药研发、安全性评价、CRO、CMO 等一批生物医药专业化公共服务平台，为创业者提供触手可及的精准服务。

区校合作助力大创小镇国际化创新

大创小镇总规划面积 3.7 平方公里，以开发区内的新加坡（杭州）科技园和杭州高科技孵化器园区为核心，涵盖智创天地、浙江省海外留学人员创业园（下沙）、中自科技园等 20 余个园区，按照“核心圈 — 腹地圈 — 辐射圈”三个圈层格局，形成了“一镇、一街、十六社区”的空间布局。其中，核心区约 1 平方公里，由新加坡国际社区、和达高科社区、休斯顿社区、孵化器社区、中自加速器等 9 个社区环绕拇指路创业街区，形成了孵化创新的核心平台。

人才要素支撑逐步增强。目前，小镇拥有国家“千人计划”、省“千人计划”、市“521 计划”等领军型人才 88 名，产值上亿元企业 7 家；获批浙江省首批海外高层次人才创新创业基地、杭州市首批人才生态示范区。到 2020 年，将新增国家“万人计划”、国家“千人计划”、省“千人计划”入选者和领军型创新创业团队成员等尖端人才100名；新增销售额达1 000万元的高层次人才企业100家。

区校合作彰显独特优势。积极与高校合理探索“创业学院、科技园＋科研院所＋企业”等多位一体的合作模式，鼓励高校提升校内闲置空间利用率，通过改建费用资助等方式，为高校师生、校友创业搭建创新平台；通过开展平台共建、促进产业共兴、实施人才共享、推进氛围共创，实现高校、企业、科研院所、开发区的共赢发展；瞄准国内外一流科研机构，与国内的浙江大学、中国科学院、中国药科大学、清华大学，以及世界排名前100名的奥克兰大学、哈佛大学、麻省理工学院、加州大学洛杉矶分校、牛津大学及SI孵化器紧密合作，迅速建立一批高端创新研发平台。目前，开发区先后建成12个大学科创园、10所高校创业学院，共建双创资源共享服务平台、大型仪器共享平台等专业平台，累计实现区校合作项目200余个。

创新扶持政策体系。建立产业扶持基金，形成包括天使投资、创业引导、产业并购、产业扶持等在内的全方位金融扶持体系，设立首期规模20亿元的产业母基金，目前，政府参股基金8只，基金规模达80亿元。设立人才和科技的创新政策，分别投入3亿元人才专项资金和6亿元科技创新资金用于鼓励人才创业、人才安居，以及企业科技创新、两园融合和创新园区发展。出台区校合作政策，鼓励建立产业技术研究院，设立天使创投基金，重点支持区内师生创业项目、区校合作及校企合作类优质项目。

全面推动绿色发展的新思

文/苏州工业园区工委、管委会研究室

党的十九大报告明确提出要“推进绿色发展”，这是构建高质量现代化经济体系的必然要求，是解决污染问题的根本之策。2018年5月18日，习近平总书记在全国生态环境保护大会上再次强调，要全面推动绿色发展。

作为中新两国政府间的旗舰合作项目，苏州工业园区自开发建设以来，始终坚持“环境立区、生态立区”理念，逐步形成了以生态环境保护规划为龙头，以转变经济发展方式为核心，以源头控制与全过程治理为重点、以全民参与为基础，以体制机制创新为保障的绿色管理体系，探索出一条集科技创新、经济循环、资源节约、环境友好于一体的绿色发展之路，较好体现了经济发展、社会进步以及人与自然的和谐统一，为开发区生态文明建设积累了有益经验。

环境保护与生态建设互促互动

坚持规划引领，推进空间布局集约化。苏州工业园从建区之初就摒弃单一发展工业的模式，始终坚持“先规划后建设”“先地下后地上”的理念，通过科学的开发程序，实现各种资源要素的集约高效利用。尤为注重科学布局工业、商业、居住等城市功能，构成了广覆盖、多层次、全方位的科学规划体系。对区内大气、土壤、水体保护及固废处理等设定相应指标。充分关注城市建筑形态协调、各种业态合理布局以及绿色生态的有机融合，通过严格执法管理实现了“一张蓝图绘到底”。积极探索经济发展、城市建设、土地利用、生态环保等“多规融合”，实施城市更新、“退二优二”工程，建立差别化的土地资源分配制度，研究制定工业用地二次转让、产业项目用地等资源管理新办法，不断完善资源集约利用机制，有效提升城市发展的持续性和竞争力。

近年来，秉承“精明增长”理念，围绕有序控制开发强度，倡行绿色低碳生产、生活方式和城市建设运营模式，不断提升城市发展的宜居性。目前，园区人均GDP约4.5万美元，单位面积GDP产出达8.6亿元/平方公里，居全国前列；单位GDP化学需氧量、二氧化硫排放强度为全国平均水平的1/18和1/40，万元GDP能耗0.249吨标煤，接近国际先进水平。

引导转型升级，推进产业体系现代化。绿色发展的核心是处理好经济发展与资源环境间的关系，而资源环境问题，其本质是经济结构及其发展方式问题。园区在开发建设初期，坚持“开发与保护并重、源厂与基础设施先行”的理念，按照“九通一平”标准，适度超前建设了一批重大基础设施和水、电、气、热等大型源厂，创造了良好的投资环境，吸引了一大批高科技企业落户。随着区域大开发、大建设、大发展的全面展开，按照“产城融合”理念，推进生产、生活、生态的协调联动与融合发展。成立中新生态科技园，大力引进培育生态环保、绿色节能等产业，并将生态环保理念贯穿于开发建设、招商引资、生产生活等各个领域。进入产业转型升级的重要发展阶段，坚持“亲商亲民”理念，实施制造业升级、服务业倍增、科技创新跨越、生态文明优化等行动计划，工业模式由劳动密集型逐渐转向资本密集型和技术密集型，加快形成集聚化、特色化、高端化的现代产业体系。

当前，在“开放创新”理念的推动下，园区积极推进战略性新兴产业向更高层次发展，超前谋划布局战略性先导产业向产业集群方向发展，构筑“2+3”特色产业体系（即电子信息、机械制造两大主导产业和生物医药、人工智能、纳米技术应用三大特色新兴产业），区域高新技术产业产值占规模以上工业总产值的比重超过70%，正在加快形成以创新为引领和支撑的经济体系和发展模式。

注重资源节约，推进生产方式绿色化。大力发展绿色经济、低碳经济、循环经济，努力构建可持续的绿色发展模式。在推进循环经济试点方面，设立环保引导资金，引导企业在生产全程中，开展清洁生产、中水回用、节能降耗和减污增效等循环经济试点，已建成循环经济重点示范企业100余家、省级环境友好企业1家，市级绿色等级企业115家，尚美、德尔福电子成为国际绿色工厂和绿色供应链企业，园区获评全国首批国家生态工业示范园区和绿色园区示范试点。构建以电子废弃物回收综合利用为主体的静脉产业链，先后引进瑞环化工、富士施乐爱科等一批高水平资源回收企业，园区一般工业废弃物综合利用率超过98%，安全处置率和危险废物处理处置率均达100%。在推广新能源利用方面，推动区内企业建设光伏发电项目，建成并网发电的20个光伏项目，总装机容量达到47.6兆瓦；全面推广使用LED等高效照明光源产品，2007年以来，新建小高层以下住宅和改扩建公共建筑均安装太阳能热水系统；国际学校、朗诗国际街区、金龙客车等先后建成太阳能光伏发电、风能发电系统以及地源、水源热泵空调。与此同时，推进智能电网建设，鼓励合同能源管理模式，超过100家企业参与项目试点，逐步构建起数字化电网体系。在建设重大循环型基础设施方面，启动水污染防治行动计划，先后投资300余亿元，建成“污水厂— 污泥干化厂— 热电厂— 集中供热制冷中心”四位一体的循环型基础设施。通过废弃物资源化循环利用，年均削减COD排放量24 638吨、氨氮1 643吨、总磷301吨、二氧化碳8 000吨、二氧化硫70吨和氮氧化物70吨。实现雨污分流和全区域污水100%集中处理，在苏州市率先实现污水全收集、雨污全处理和管网全覆盖。

营造宜居环境，推进生活方式低碳化。建设低碳城市是推进生态文明和绿色发展的必由之路。为此，大力发展绿色建筑，以独墅湖科教创新区、中新生态科技城等区域为重点，积极推广以节能环保、自然采光、雨水收集为特色的绿色建筑，累计已有94个项目通过各级绿色建筑认证、7个项目取得绿色建筑运行标识，占全国获得运行标识项目的10%以上，获评省级建筑节能与绿色建筑示范区。积极开展环境综合治理，高标准建设环金鸡湖中央公园等十余个大型公共绿地和一批主干路网与河道绿化景观工程，绿化覆盖率达45%，初步形成“一环、三湖、四园、六带、十二苑”的生态园林新城区。全面开展“263”环保专项行动和“基层大走访、问题大普查、环境大整治、管理大提升”四大行动，抓好环保督查问题整改，全区域水环境综合整治取得明显成效。严格实施污染物排放总量控制和行业准入限制，建成大气自动监测站2座、水质自动监测站2座，实现PM2.5、臭氧、有机物等环境空气特征因子的在线监测和数据的实时发布。注重完善公共交通网络，推广普及电动汽车，通过“以桩促车、以车引桩”，累计建设电动汽车充电桩1 590个，投放清洁能源和新能源汽车2 000余辆；建成智能公交系统，实现公交车辆的统一调度、统一管理、实时定位和站点预报。累计建成公共自行车站点400余个，投放公共自行车1万余辆，每辆车使用频次8.2次 / 天，社会反响良好。

完善保障体系，推进绿色发展制度化。制度建设是引导推进绿色发展的重要“利器”。制定出台《苏州工业园区环境保护引导资金管理办法》《苏州工业园区建筑节能与绿色建筑专项引导资金管理办法》《苏州工业园区节能专项资金管理暂行办法》《中新生态科技城绿色建筑管理办法》等政策文件，规范指导区内企业、社区、学校、居民等积极参与生态文明建设。设立每年5 000万元的环保引导资金和1 500万元的节能与循环经济引导资金，鼓励支持节能环保重点示范项目430余项，累计投入资金约300亿元。建立以园区管委会主任为组长的生态文明建设工作领导小组，形成由环保、经发、规划建设部门牵头、各单位和部门协同配合的工作体系。例如，由规建委负责推进绿色建筑建设，国土部门将节约用地和推广生态住宅作为工作重点，社会事业部门、教育部门和各街道则积极开展绿色社区、绿色学校的创建工作，共同为生态文明建设夯实组织保障。重视环保全过程管理，在项目引进中严格设置环保规划准入控制关、环保审批一票否决关、项目建设污染预防关、项目投产环保验收关和企业排污实时监管关"五道关口"，坚决将污染消除在"源头"。20多年来，否决不符合园区节能环保要求的项目累计达300余个，累计投资额超过20亿美元。

诚然，尽管园区在绿色发展方面取得了一定成绩，但也在推进过程中面临着一些亟待解决的突出问题。比如，由于在发展过程中遇到的问题较新，没有先行经验可以借鉴，致使率先探索的压力与日俱增；多年快速发展以及产业集聚对环境造成的负面影响日趋加重，经济社会建设与环境容量不足之间的矛盾日益凸显，加之污染物排放总量居高不下，致使节能减排任务异常艰巨。再如，绿色技术的自主创新能力不足，有关绿色发展的核心技术专利数量较少，现有的园区绿色发展水平依然跟不上产业发展和城市发展水平；绿色生产、绿色生活意识总体薄弱，人才引进触角还未能完全从科技创新向绿色发展领域延伸等。

践行绿色发展的率先探索

当前，我国经济已由高速增长阶段转向高质量发展阶段。绿色发展理念作为新发展理念的重要一环，既是高质量发展不可或缺的有机组成部分，也是衡量经济发展是否达到"高质量"的核心标准之一。站在新的历史起点，要认真学习领会习近平总书记的生态文明思想，深刻把握"绿水青山就是金山银山"的重要发展理念，坚定不移地走生态优先、绿色发展新道路，加快建设世界一流高科技产业园区，争当高水平全面建成小康社会的标杆，争当探索具有时代特征、江苏特点的中国特色社会主义现代化道路的标杆。

坚持"六项原则"，提高政治站位。习近平总书记指出，新时代推进生态文明建设，必须坚持"六项原则"，即人与自然和谐共生的科学自然观、绿水青山就是金山银山的重要发展理念、良好生态环境是最普惠的民生福祉的宗旨精神、山水林田湖草是生命共同体的系统思想、用最严格制度最严密法治保护生态环境的坚定决心以及共谋全球生态文明建设的大国担当。这些重要论断构成了一个紧密联系、有机统一的思想体系，深刻揭示了经济发展与生态环境保护之间的关系，深化了对经济社会发展规律和自然生态规律的认识，为坚定不移地走生产发展、生活富裕、生态良好的文明发展道路指明了方向。

坚持超前思维，注重源头防控。源头防控是推进绿色发展的前提和基础。新形势下，要进一步强化"绿色发展和可持续发展"观念，并将其贯穿到各种规划战略中，作为路线指引。通过生态红线划定，发挥好规划的基础性、指导性和约束性作用，不断推动生产空间、生活空间、生态空间的科学布局、均衡发展。通过完善绿色发展指标体系、实施负面清单制度，建立"天空地"一体化的生态环境监测体系，为企业技术创新、转型升级提供引导目标。通过控制总量和控制单位生产总值能耗、水耗、建设用地强度，强化总量控制、指标管理、定额管理及环保标识认证等措施，抬高准入门槛，营造绿色产业格局。

坚持系统思维，注重协同推进。绿色变革

是一个吐故纳新、以新应新的过程。为此，要善于制定和运用推进绿色发展的系统性方案，将绿色发展作为一项系统工程科学谋划、统筹推进，避免顾此失彼、单兵突进。要以重大问题为导向，抓住影响绿色发展的关键问题进行深入分析思考，着力解决生态保护和环境治理中的一系列突出问题。此外，还要将生态文明建设融入开发区经济建设、社会建设、文化建设的各方面和全过程，确保生态文明建设与其他各项建设协同共进，以更好地推动和形成绿色发展新格局。

坚持创新思维，注重产业优化。创新思维是推动绿色发展的有效手段。要通过信息化、智能化手段的创新，开创人人参与的"绿色+"时代。积极调整产业结构，改变传统的"大量生产、大量消耗、大量排放"的生产模式，加快发展节能环保绿色产业，形成经济社会发展新的增长点。切实加强实体支撑，发展壮大生态经济，大力培育生态农业、观光旅游等生态产业和生态项目，广泛开展节约型机关、绿色家庭、绿色学校、绿色社区等创新活动，推广普及绿色建筑，做大做强商贸物流、现代服务等新型绿色产业，实现生态系统和经济系统的良性循环，实现经济效益、生态效益与社会效益的有机统一。

坚持法治思维，注重制度保障。法治是安邦固本的基石。要善于运用法治思维和法治方式谋划绿色发展，以科学立法、严格执法、公正司法、全民守法为引领，规范、促进、保障生态文明建设的有序推进。要强化环境污染执法，严格按照法律执法，做到违法必究、执法必严。要不断完善绿色发展政策机制，建立健全公众参与和监督机制，充分利用政策研究、媒体宣传、志愿者行动等方式，引导广大干部群众提高绿色发展意识，让社会公众体验到绿色发展带来的好处与实惠，使群众逐步形成绿色方向的广泛认同和自觉行为。

盘活资源 释放空间 积极稳妥处理“僵尸企业”

文/ 宁国经济技术开发区财政局预算科科长 钟小华

2013 年 3 月，经国务院批准，宁国经济技术开发区升级为国家级经济技术开发区。经过多年建设，现已形成“一区三园一拓展”的发展格局，建成区面积 19.5 平方公里，中远期规划面积 55.2 平方公里。2017 年，全区完成工业总产值 515.6 亿元，同比增长 12.1%。其中，规模以上工业总产值 494.6 亿元，同比增长 12.4%；实现工业增加值 125.0 亿元，同比增长 8.8%；固定资产投资 190.4 亿元，同比增长 11.7%；财政收入 22.1 亿元，同比增长 13.0%；进出口总额 3.7 亿美元，实际利用外资 2.3 亿美元。

发展至今，鉴于区内部分企业出现市场萎缩、产品积压、资不抵债，逐步陷入半停产、停产甚至破产的现实情况，开发区采取有效手段推动市场出清，积极清理“僵尸企业”，将有限的要素资源配置给低能耗、高效益的产业和有实力、有潜力的企业，不断优化释放发展空间。

“僵尸企业”处置工作成效初显

精准摸排，对标诊断。开发区成立“僵尸企业”处置工作领导小组，由区财政局、经发局、国土局、招商局、法制办等部门联合办公，统筹推进。通过对区内关停破产、停产、半停产企业进行全面清理，摸清企业的生产经营、项目投资、土地厂房使用、债权债务、法律诉讼、拖欠税费、职工安置等情况，并根据梳理筛查情况，“一企一策”建立“僵尸企业”“户口档案”，详细标注项目特点、闲置原因等信息。

量身定制，个性化解决。对产权明晰、债权单一、产业低端的停产、半停产企业，积极引入投资企业通过资产收购方式进行项目置换；对市场饱和、产能过剩的停产、半停产工业企业，积极帮助其引进先进技术进行转型升级，实现质量和效益“双提升”；对有资产价值的闲置企业实施兼并重组，鼓励以股权转让、产权转让、资产置换等多种方式盘活有效资产；对部分半停产企业及占地少的小型企业，实行剩余厂房设备租赁盘活方式。对已取得国有土地使用证和房产证的闲置工业企业，在评估和协调的基础上，由财政出资收储低效或闲置项目；对已供地但未能及时开发或开发进度严重滞后的项目，根据投资协议协商收回。对完全失去自我发展能力、扭亏无望、资不抵债的闲置工业企业，督促其果断履行破产程序，依法进行处置。

关联招商，促进合作。开展针对性招商活动，重点推介具有投资优势和比较优势的闲置资产项目，为区内“僵尸企业”牵线搭桥。上海市紫燕食品有限公司收购并改造原南北源公司办公楼、食堂等附属设施，新建了食品研发技术中心、食品加工车间和冷链车间。鼓励企业积极包装闲置资产项目，从关联行业入手，主动对接邀请“同链”企业实地考察，通过项目“联姻”方式，激活“休眠”土地和厂房，推进企业技改升级。

政策扶持，突出实效。研究制定《宁国市人民政府关于印发宁国市扶持产业发展“1+1+5”政策体系的通知》，设立专项资金提供“腾笼换鸟”补助，支持市内外优势企业通过股权收购、整体购买资产（并购后企业的土地、房产和其他不动产仍用于生产经营）等方式，兼并重组市内资不抵债、濒临破产和产能较为落后、竞争力较弱的企业，给予购买方成本总额的3.6%进行补助。为切实解决破产企业职工工资保障问题，以及无产可破案件和破产财产变价不足以支付管理人报酬等问题，开发区每年年初由财政设立破产企业专项经费，用于管理人报酬和相应援助。

完善“僵尸企业”处置运作体系

注重协调联动，建立“僵尸企业”防范和处置工作常态化机制。“僵尸企业”的防范和处置工作涉及公安、法院、税务、人社、银行等多个部门，单靠司法介入远远不够，需在政府层面成立专门领导小组，制定相应支持政策，并建立信息通报和沟通协调机制，调动相关职能部门共同参与到防范和处置工作中来。同时，要建立“僵尸企业”预警防范机制，通过实时监控，定期对风险企业提出预警，及时为防范和处置“僵尸企业”提供参考信息。

出台扶持政策，鼓励引入新项目盘活“僵尸企业”。一方面，可建立“僵尸企业”资产信息库，客商可根据发展需要，选择合适的“僵尸企业”进行盘活；另一方面，应制定出台“僵尸企业”盘活扶持政策，对购买、兼并“僵尸企业”的承接方给予扶持，大力支持承接方投资新项目。与此同时，也要把经济效益和生态效益放在同等重要的位置，严把“绿色关”，以优化产业结构为目标，变招商引资为招商选资，着力引进科技含量高的低能耗、低污染甚至无污染项目。

综 合 篇

2018年北京市开发区发展情况综述

一、经济总量快速增长

截至2018年年底，北京市开发区累计投产开业企业2.25万家，实现总收入7万亿元，同比增长16.7%。其中，中关村自主创新示范区实现总收入5.9万亿元，同比增长11.3%。开发区实现工业总产值13 033亿元，占北京市工业总产值的68%，同比增长13.3%。带动就业306万人。实现利润总额和税收总额分别为4 916亿元和3033亿元，同比增速分别为4.6%和11.7%。2018年，北京经济技术开发区全年实现工业总产值3 841亿元，同比增长12.5%，占全市开发区工业总产值的29.5%，成为北京市“高精尖”产业的重要承载区和经济发展的增长极。

二、土地空间集约利用

2018年，北京市开发区规划面积496平方公里。截至2018年年底，北京市开发区累计已开发土地面积和累计已供应土地面积分别为350平方公里和315.6平方公里，占规划面积的比重分别为70.6%和63.6%。国家级开发区单位土地总收入和工业总产值分别为1.91亿元/公顷和1.32亿元/公顷，市级开发区分别为0.94亿元/公顷和0.44亿元/公顷。

三、科技创新优势领先

2018年，北京市开发区规模以上国家高新技术企业数量为1.2万家，实现总收入2.6万亿元，占北京市开发区总收入的40%；从业人员规模为184.2万人，占开发区从业人数的60.2%。其中，中关村聚集了全国21%的“千人计划”人才、全国近30%的国家级重点实验室、超过20%的国家工程研究中心。北京经济技术开发区强力推进具有全球影响力的技术创新中心建设，制定了《科技创新中心建设实施方案》，围绕千亿元级产业集群建设，设立光刻机零部件、基因技术转化等10家前沿性技术创新中心。强化与大院大所合作，新组建北京亦创生物技术产业研究院、北京深知无限人工智能研究院等6家产业技术研究院。

四、招商引资成效显著

截至2018年年底，北京市开发区招商项目共计8.2万个，项目总投资3.64万亿元，注册资本3.57万亿元。其中，三资企业注册资本3 850亿元，外商实际投资322亿美元。中关村国家自主创新示范区招商项目5.45万个，项目总投资2.37万亿元，注册资本2.28万亿元，其中，三资企业注册资本3615.4亿元，外商实际投资247.4亿美元。

五、开发区工作重点

伴随着北京四个中心（全国政治中心、文化中心、国际交往中心、科技创新中心）功能定位的进一步明确，高精尖产业成为开发区发展方向。依据《北京城市总体规划（2016—2035年）》，将提升中关村国家自主创新示范区的创新引领辐射能力，规划建设好中关村科学城、怀柔科学城、未来科学城创新型产业集群和“中国制造2025”创新引领示范区，形成以“三城一区”为重点，辐射带动多园优化发展的科技创新中心空间格局。由此，北京市开发区发展将面临着新的转型升级机遇，与“三城一区”协同发展，共同构筑北京发展新高地，将成为北京市开发区重要的发展任务与目标。

六、园区合作积极推进

北京市在完善协同发展产业示范区体系方面，做大做强一批示范性强的市级共建园区，截至 2018 年，曹妃甸协同发展示范区承接平台累计签约京津产业项目 400 多个，协议总投资超过 4 400 亿元。沧州渤海新区临港经济技术开发区生物医药园，已经签约药企 137 个，总投资 438 亿元。其中，北京项目 95 个，国家 1.1 类新药项目达到 7 个。同时，北京市开发区充分发挥创新研发、政策资源、园区管理等方面的优势，围绕京津冀协同发展的国家战略，建设一批共建园区。中关村科技园区海淀园与秦皇岛经济技术开发区共同建设中关村海淀园秦皇岛分园，创新区域产业转移合作新模式；北京经济技术开发区、大兴区与河北省廊坊市合作共建北京亦庄•永清产业园，有效输出“北京亦庄”的园区服务品牌。

（北京市开发区协会）

2018年上海市开发区发展情况综述

概 况

2018 年，上海市开发区聚焦高质量发展和提升经济密度的主要任务，深度推进转型升级。在市委、市政府的领导下，围绕上海建设具有全球影响力的科技创新中心的总体目标，上海市开发区进一步发挥先行先试的改革开放排头兵和核心载体作用，大力推进战略性新兴产业、先进制造业、现代服务业发展，推进开发区产业转型升级；通过开发区二次开发，提高工业用地利用效率，提升园区产业配套服务能级。上海市开发区已成为全市推进实体经济发展的重要载体，同时也是承载上海建设具有全球影响力的科技创新中心和深化改革开放的主要战场。

2018 年，上海市开发区（开发区指包含本市国家公告开发区、两规合一规划产业园区，即 104 产业区块，下同）经济运行呈现以下主要以特点：

一、经济总量进一步增加

2018 年，上海市开发区（以下简称“本市”）实现营业收入 82 482.4 亿元，同比增长 10.3%。全市产业规模超过 1 000 亿元的园区有 18 个，中国（上海）自由贸易试验区实现营业总收入超过 2 万亿元规模。上海金桥开发区超过 7 200 亿元，国际汽车城达到 7 164.62 亿元。张江高科技园区、漕河泾新兴技术开发区、嘉定工业区、上海浦东康桥工业园区、上海青浦工业区、上海松江经济技术开发区、莘庄工业区和上海市市北高新技术服务业园区等超 2 000 亿元，成为本市开发区经济能级持续提升的龙头和重要引擎。

二、制造业保持稳定，三产比重进一步提高

2018 年，本市开发区二、三产业营业收入之比为 41.91 : 58.09，产业结构中三产所占比重比 2017 年进一步提高。2014 年，本市开发区第三产业比重首次超过第二产业。以市级开发区为代表的制造型园区的第三产业也呈现快速发展态势。2017 年，本市进一步促进制造业转型升级提升智能制造水平，提高开发区对制造业的重视，开发区第二产业比重保持稳定，但 2018 年开发区的三产比重进一步大幅提升。

三、产业规模有较大增长，规模以上工业总产值占全市的比重略有增长

2018 年，本市开发区规模以上工业企业完成工业总产值 28 518.31 亿元，占全市规模以上工业总产值的 81.85 %，可比增长 1.66%。

工业向园区集中保持稳定，园区产业规模有较大增长。本市开发区规模以上企业工业生产占全市工业生产的比重从 2010 年的 72.91% 提高到 2018 年的 81.85%，近两年比重均在 81% 以上，说明开发区是本市工业生产最重要区域。

四、单位土地产出处于较高水平

2018 年，本市开发区工业用地平均产出率为 71.13 亿元 / 平方公里（按已供应工业用地计算）。其中，国家级开发区为 109.57 亿元 / 平方公里，市级开发区为 68.78 亿元 / 平方公里。各区分析，嘉定区的单位土地产值高达 170.40 亿元 / 平方公里，排名第一位；浦东新区以 111.11 亿元 / 平方公里排名第二；闵行区以 73.33 亿元 / 平方公里紧随其后。

五、战略性新兴和高技术产业集聚，产业发展势头良好

从战略性新兴产业分析，2018 年本市开发区战略性新兴产业企业完成产值共 9 313.32 亿元，可比增长 3.8%，比开发区产值增幅高出 2.1 个百分点，占全市战略性新兴产业产值的 87.4%。本市战略性新兴产业近 9 成集聚在开发区，开发区是本市战略性新兴产业的主战场。

2018 年，战略性新兴产业产值最高的上海浦东康桥工业园区，产值约为 1 500 亿元，其次是金桥经济技术开发区和张江高科技园区，排名前九位的园区，产值均达到 330 亿元以上。战略性新兴产业产值占比最高的园区为上海海港综合经济开发区，其次是上海国际医学园区和长兴海洋工程装备和船舶制造基地，本市开发区共有 19 个园区战略性新兴产业产值占比超过 50%，占本市开发区园区的 19.19%。

从高技术产品产值分析，2018 年本市开发区高技术制造业共完成产值 6 742.66 亿元，可比增长 2.3%，比开发区产值增幅高 0.6 个百分点，占全市高技术制造业产值的 92.5%。2018 年，高技术制造业产值最高的上海松江出口加工区，产值超过 1 400 亿元，其次是上海浦东康桥工业园区和张江高科技园区，11 个园区产值超过 100 亿元。高技术制造业产值占比最高的园区为上海松江出口加工区，其次是虹桥临空经济园区和上海国际医学园区。本市开发区共有 9 个园区高技术制造业产值占比超过 50%。

六、产业集群规模化发展成效显著

2018 年，本市规模以上工业企业行业中超过 500 亿元的行业有 12 个，其中汽车制造业继续成为第一大行业，计算机、通信和其他电子设备制造业排名第二，两者的生产产值均超过 5 200 亿元，为本市开发区制造业的第一阵营。其次是化学原料和化学制品制造业、通用设备制造业、电气机械和器材制造业超过 1 800 亿元产业规模，为第二阵营。十大行业的规模以上工业企业 2018 年完成工业总产值共 23 706.41 亿元，占全市开发区完成工业总产值的 83.45%。同时，本市十大行业中前五大行业里有四个行业属于先进装备制造业，说明本市开发区产业结构调整取得一定成效。超千亿元规模的行业还有石油、煤炭及其他燃料加工业、黑色金属冶炼和压延加工业、专用设备制造业和电力、热力生产和供应业四个行业。

七、工业企业销售全年实现增长，规模以上企业利润保持增长

2018 年，本市开发区规模以上工业企业实现主营业务收入 31 807.62 亿元，同比增长 2.83%，且增幅高于全市水平 0.26 个百分点。

2018 年，本市开发区工业规模以上企业销售增幅与工业生产基本同步，呈下跌趋势。近 6 年本市开发区工业企业主营业务收入与工业生产保持高度一致。

2018 年，开发区总体产销率为 99.8%，比上年同期高 0.2 个百分点，共有 18 个行业产销率在 100% 或以上，其中造纸和纸制品业、皮革、毛皮、羽毛及其制品和制鞋业及铁路、船舶、航空航天与其他运输设备制造业排名前三，产销率超过 102%。

2018 年，本市开发区规模以上工业企业利润总额为 2 765.90 亿元，占全市规模以上工业企业利润的 82.55%，同比增长 4.79%，增幅高于全市 0.45 个百分点。国家级开发区利润总额为 1 198.95 亿元，同比增长 1.07%，是本市开发区工业利润最重要的区域。

八、引进内外资均呈下降趋势

2018 年，本市开发区引进外资项目 2 760 个，吸引合同外资金额 190.29 亿美元。其中，国家级开发区引进外资 172.85 亿美元，张江高科技园区、中国（上海）自由贸易试验区和陆家嘴金融贸易区排名前三，三个园区共引进合同外资 122.06 亿美元，占开发区引进合同外资的 64.14%。国家级开发区引进的外资以服务业为主。

2018 年，本市开发区引进内资项目 33 966 个，落户内资企业注册资金为 3 148.43 亿元，本市开发区内资项目趋向于中小型企业，开发区引进内资项目的质量持续下降。

九、上缴税金保持增长，第三产业继续保持两位数增长

2018 年，本市开发区第三产业完成营业收入 47 327.27 亿元，同比增长 11.38%。2018 年，本市共有 8 个园区第三产业营业收入超 1 000 亿元。其中，中国（上海）自由贸易试验区超过 21 194.89 亿元，排名第一；上海金桥经济技术开发区排名第二；张江高科技园区、漕河泾新兴技术开发区（合计）、国际汽车城（合计）和上海嘉定工业园区（合计）第三产业营业收入超过 2 000 亿元。

十、2018 年开发区主要工作特点

（一）坚持规划引领，加强政策统筹

上海市开发区编制并发布《上海市产业地图》。通过发挥产业地图的指南作用，推动重大项目与产业地图精准匹配、快速落地，加快构建集产业链、创新链等为一体的产业要素体系。产业地图在“一心一环两带多区”的产业总体布局基础上，明确了各区及重点区域的产业布局定位，并将 67 个重点区域（园区）作为核心区，强化园区载体平台功能，推动政策聚焦产业集聚。主要包括融合型数字产业园（重点布局人工智能、大数据、工业互联网等业态混合型产业，如徐汇滨江、市北高新、桃浦、南大等地区）、战略性新兴产业园（重点布局集成电路、机器人、航空、生物医药等国家战略产业，如张江、临港、祝桥等地区）、现代服务业园区（重点布局金融、航运、商贸、旅游等高端服务业，如北外滩、虹桥商务区、国际旅游度假区等地区）、现代农业园区（重点布局现代绿色农业，如金山廊下、崇明现代农业园）。

（二）深化推进“四新”基地建设

继续深入推进上海市“四新”经济创新基地建设试点工作。一是开展试点跟踪调研。对全市 94 家“四新”经济创新基地建设试点进行实地走访、座谈交流等形式的跟踪调研，梳理运营管理、产业培育、企业创新、服务体系等方面的典型做法、模式与亮点，并形成案例集。二是修订试点指导手册，完成上海市“四新”经济创新基地建设试点指导手册的修订工作，根据调研对“四新”经济创新基地发展情况进行总结梳理，并将相关结果通过指导手册进一步呈现。三是组织业务交流活动，加强上海市“四新”经济创新基地间经验分享、学习互动。四是加强“四新”业态跟踪和分类指导，健全和规范“四新”基地的管理制度，做好政策服务。

（三）优化园区主体培育和创新升级工作

一是推进区级园区统筹管理联动发展。加强与临港漕河泾、张江、金桥等超级主体园区的工作联系，做好日常服务。结合招商引资统筹指导意见的编制，支持推动闵行、嘉定、浦东、奉贤等区发展主力园区、镇园区管、区区合作等各类园区主体联动发展模式；对本市园区管理机构和产业定位情况开展了较为全面的梳理；加强了与市场化园区开发机构、国外园区管理机构的工作联系，积极推进本市对口支援地区的园区培训和共建工作。二是实施主导产业提升工程。及时响应工信部卓越提升计划，继续推进国家级、市级新型工业化产业示范基地建设。上海国家级新型工业化产业示范基地达到 20 家，同时培育和发展了 3 家市级新型工业化产业示范基地。配合市环保局推进产业园区创建国家生态工业示范园区。三是市区联动深化园区产业载体功能。市区围绕重大产业项目合力做好产业链上下游的项目招引以及服务体系打造等工作。

（四）开发区精细化管理水平持续提升

上海市开发区完成了《上海市开发区综合评价报告（2018 版）》《上海市开发区综合评价结果（2018 版）》，并形成《上海市开发区 2018 年综合评价报告》，形成每月工业区经济运行统计、排名与分析的简报共 12 期和覆盖全市开发

区的统计手册，全面展现全市开发区经济运行、招商引资、科技创新、土地开发、环境社会等方面的统计评价数据和结果，并进行分析研究。完成2018年度产业用地调查工作，组织各区、产业基地、工业区等开展2018年产业用地调查培训，完成总结验收工作。加强园区运行监测，编写开发区统计年报，发布《2018年本市开发区经济运行情况》。为进一步提高园区统计水平，还进行了本市各区统计上报质量的检查与调研工作，开展了统计专业知识和统计年报培训工作，并对园区统计工作先进集体和个人进行了表彰。

（上海市开发区协会）

【上接172页】

分区域业务总收入和公共财政预算收入完成情况

（单位：亿元）

地区	业务总收入	增减（%）	地方一般公共预算收入	增减（%）
全省	167 972.75	−2.5	3 500.61	5.8
苏南	98 260.40	4.4	2 220.95	7.4
苏中	39 965.10	−3.3	622.01	−7.0
苏北	29 747.25	−19.3	657.65	15.3

（江苏省开发区协会）

2018年江苏省开发区发展情况综述

江苏作为沿海开放地区，是最早建设开发区的省份。经过40年的建设，江苏开发区成为改革开放的排头兵、转型升级的主阵地、创新驱动的强引擎，对全省经济社会的贡献持续增强，成为推动全省双向开放和高质量发展的主力军。截至2018年年末，江苏省现有省级及以上开发区158个，其中，国家级46个，省级112个。在国家级开发区中，有国家级经济技术开发区26个，国家级旅游度假区2个，保税港区1个。

2018年，在江苏省委、省政府的领导下，全省开发区贯彻落实全省开发区改革创新大会精神，围绕省委、省政府高质量发展的主线，积极践行新发展理念，坚持以提高发展质量和效益为中心，加快结构调整和转型升级的步伐，努力走可持续发展之路，为全省经济社会的平稳、健康、高质量发展提供了重要支撑和坚实保障。

2018年，全省开发区（不含省级及以上高新类开发区和筹建开发区，下同）实现业务总收入167 972.75亿元，同比下降2.5%；地方一般公共财政预算收入3 500.61亿元，同比增长5.8%。国家级开发区实现业务总收入82 906.91亿元，地方一般公共预算收入1 879.55亿元，同比分别增长4.8%和7.7%。全省开发区呈现出苏南地区在高平台上快速增长，苏中、苏北地区发展速度减缓的态势。

一、工业经济

全省开发区结合自身特点，着力加快重点产业发展，产业结构进一步优化。围绕转型升级目标，全省开发区内产业不断调整、优化和集聚，产业规模稳步增长。2018年，全省开发区完成重点产业增加值同比增长7.6%。其中，国家级开发区完成重点产业增加值同比增长8.8%。

二、固定资产投入

2018年，全省开发区完成全社会固定资产投资同比增长0.89%，其中工业项目固定资产投资同比增长3.9%。国家级开发区完成全社会固定资产投资同比增长2.6%，工业项目固定资产投资同比增长0.9%。

三、招商引资

2018年，全省开发区实际使用外资167.13亿美元，同比增长5.5%，高于全省3.7个百分点，占全省的65.3%。其中，国家级开发区实际使用外资86.94亿美元，同比增长13.2%。全省开发区新批外商投资企业1 819家，同比增长2.5%，占全省的54.3%。其中，国家级开发区新批外商投资企业973家，同比下降1.6%。全省开发区引进跨国公司总部和功能性机构147家，同比增长9.7%，占全省的66.5%。其中，国家级开发区122家，同比增长10.9%。

开发区吸引内资企业快速增长。2018年，全省开发区新增内资企业注册资本11 428.25亿元，同比增长6.9%，其中工业项目注册资本3 472.74亿元，同比增长22.6%。国家级开发区新增内资企业注册资本5 758.56亿元，同比下降16.7%，其中工业项目注册资本1 007.37亿元，同比下降3.7%。全省开发区新增内资企业119 522家，同比增长11.6%，其中国家级开发区新增内资企业75 476家，同比增长6.6%。

四、对外贸易

2018年，全省开发区实现进出口总额、

出口额和进口额分别为 4 209.72 亿美元、2 475.61 亿美元和 1 734.11 亿美元，同比增长分别为 11.8%、8.8% 和 16.4%，分别占全省的 63.4%、61.3% 和 66.7%。国家级开发区实现进出口总额和出口额分别为 3 361.55 亿美元和 1 937.25 亿美元，同比增长分别为 10.8% 和 8.1%。

五、科技创新

全省开发区积极推进科技创新载体建设，区内设有高新技术孵化器、众创空间 573 家，孵化器、众创空间内共有 29 168 家企业，同比分别增长 6.9% 和 11.2%。2018 年，全省开发区当年新增授权发明专利为 15 021 项，同比下降 14.7%，占全省的 35.8%。PCT 专利申请量 1 981 件，同比增长 12.6%，占全省的 36.0%。全省开发区内现有高新技术企业 9 349 家，同比增长 22.2%，占全省的 51.9%。完成工业产值 26 465.26 亿元。其中，国家级开发区内有高新技术企业 5 165 家，同比增长 24.9%，完成工业产值 15 041.96 亿元。

六、社会贡献

2018 年，全省开发区期末从业人员达 1 285.92 万人，同比增长 13.1%。其中，工业从业人员 669.47 万人，同比下降 3.6%；境外人士在开发区从职人员 7.60 万人，同比增长 32.0%。国家级开发区期末从业人员 578.68 万人，同比增长 7.4%。其中，工业从业人员 305.01 万人，同比下降 7.7%；境外人士在开发区从职人员 4.51 万人，同比增长 2.1%。

七、生态环境

2018 年，全省共有 101 家开发区开展生态工业园的创建。其中，通过验收并正式命名的国家级生态工业示范园有 16 家，批准创建的国家级生态工业示范园区 4 家。通过省级验收并正式命名的省级生态工业园 54 家，批准创建的省级生态工业园区 27 家。

八、海关特殊监管区

全省现有 21 家海关特殊监管区，其中综合保税区 20 家，保税港区 1 家。2018 年，全省海关特殊监管区（不含保税港区）完成境外进区货值 433.16 亿美元，本区至境外货值 974.14 亿美元；国内至本区货值 1 068.59 亿美元，本区至国内货值 628.64 亿美元。

九、共建园区

共建园区是省委、省政府为加快苏北振兴、促进区域共同发展采取的一项重大举措。经过多年的努力，全省共建园区数量已达 45 家。苏南开发区共派出 343 位管理人员到共建园区工作。

共建园区主要经济指标稳定增长，南北共建园区产出快速提升。2018 年，全年完成工业产品销售收入 6 120.43 亿元，规模以上企业工业增加值 1 128.54 亿元，地方公共预算收入 126.29 亿元。共建园区完成基础设施投入 168.47 亿元，同比增长 18.8%；批准进区项目 1 182 个，项目注册资金 359.19 亿元，实际到账注册外资 11.28 亿美元。产业转移项目 506 个，开工在建项目 521 个，建成投产项目 1 785 个。

十、特色创新示范园区

紧紧围绕省委、省政府“一特三提升”的工作目标，加快打造特色创新集群。截至 2018 年年底，在全省开发区内共批准设立 162 家特色产业园区，评审认定 18 家特色创新（产业）示范园区，形成了新能源、新材料、高端装备制造、节能环保、新医药等具有特色的产业集群和特色产业基地。

十一、智慧园区

从 2018 年起，在全省开发区开展智慧园区建设，截至年底，有 6 家开发区成为第一批省级智慧园区，加快提升了开发区信息化、数字化、智慧化建设水平，进一步推动全省开发区向现代产业园区转型。【下转 170 页】

2018年浙江省经济开发区发展情况综述

2018年，浙江省经济开发区深入贯彻党的十九大和十九届二中、三中全会精神，坚定不移沿着“八八战略”指引路线，坚持以新发展理念为引领，推进经济开发区深化整合提升，加快国际产业合作园建设，实施经济开发区“亩均效益”领跑计划，全力打好高质量发展组合拳，强化改革创新，激发社会活力，全省经济开发区持续健康发展。

一、全省经济开发区建设总体情况

（一）经济开发区发展目标任务进一步明确

一是2018年召开全省开发区工作会议，总结回顾浙江经济开发区建设经验，明确新时代经济开发区的功能定位，部署新时代浙江经济开发区建设的主要举措。二是出台了《浙江省政府办公厅全面优化开发区建设 促进开发区改革开放和创新发展的实施意见》(浙政办发〔2018〕9号)，明确今后一个时期开发区建设的指导思想、发展目标和工作措施。三是制定出台了《浙江省商务厅深化开发区整合提升指导意见》，全面启动新一轮开发区整合提升工作，公布第一批37家整合提升开发区名单，进一步明确在新时代和浙江省全面推进开放强省背景下，打造对外开放、创新发展、体制机制优化的新平台的任务。

（二）经济开发区队伍进一步壮大

2018年，浙澳（安吉）经贸合作区、新昌经济开发区整合设立，钱江经济开发区区位调整获省政府批准，全省经济开发区队伍持续壮大，永嘉、南湖等地整合设立开发区工作稳步推进。“开发区+海关特殊监管区”工作持续推进，杭州出口加工区成功升级为综合保税区，湖州B型保税物流中心正式获批，慈溪出口加工区、梅山保税港区规划调整有序推进。截至2018年年末，全省共有国家级经济技术开发区21家，海关特殊监管区8家，省级经济开发区57家，参照省级开发区管理单位7家。(原金义都市经济开发区更名为高新区，不再纳入经济开发区管理序列)

（三）经济开发区开放桥头堡作用进一步凸显

一是2018年出台了《浙江省商务厅关于加快国际产业合作园发展的指导意见》，鼓励有条件的开发区建设国际产业合作园。积极推进温州、秀洲等地国际产业合作园创建工作。二是提升国际产业合作园品牌效益。三是推动成立长三角开发区协同发展联盟，推动开发区主动融入长三角一体化、一带一路等国家发展计划。四是完成首批开发区海外产业创新综合服务体（6个）试点验收工作，加快建设开发区海外产业创新服务综合体，扩大创建试点工作，支持有条件的开发区“走出去”开展海外科技孵化投资，从而带动高端项目、专家团队在开发区落地。

（四）深化改革，开发区营商环境进一步优化

持续推进开发区“最多跑一次”改革，推动数字园区建设。积极落实“深化亩均论英雄改革”部署，推进开展开发区“亩均效益”领跑行动，实现开发区亩均效益大提升。加快复制推广自贸试验区改革试点经验和开发区立法工作，推动营造国际化、法治化、便利化、数字化营商环境。

（五）推动考核结果运用，开发区考评导向作用显现

继续完善开发区综合评价体系，加强考核结果运用，推动动态管理机制，促进开发区争

先进位。一是在2018年商务部国家级经济技术开发区考核中，杭州经济技术开发区排名全国第9，取得历史最好成绩；全省国家级经济技术开发区总体排名平均前移8位，取得自2016年国考重启以来的最佳成绩。二是出台《浙江省国际产业合作园考核评价暂行办法》，加快建设有进有出的国际产业合作园动态管理机制。

二、全省经济开发区综合发展水平

2018年度，浙江省经济开发区经济规模稳步上升，规模以上工业总产值实现45 685.7亿元，较上年增长6.6%，规模以上工业增加值实现9 856.4亿元，较上年增长6.3%。外向型经济继续保持稳定的发展趋势，外资外贸稳健发展，高质量外资项目继续集聚。全省经济开发区加大科技投入，着力于技术、人才、项目的联动效应，发展质量显著提高。2018年度技改投入额达2 526.9亿元，实现技改投入率27.2%。全省经济开发区每百万科技人员为1 062人，较上年提高11.4%，新引进大好优项目1 992个。经济开发区综合效益明显改善，增量增速稳中有进，"亩均效益"开始领跑全省。

（一）利用外资情况

面对复杂多变的国内外经济形势，高质量外资项目持续向经济开发区集聚。

截至2018年年末，全省经济开发区实有外商投资企业共11 211家，累计利用外资1 116.1亿美元。2018年度，全省经济开发区实际利用外资111.4亿美元，引进合同外资170.4亿美元，分别占全省的59.7 %、39.6 %。实际利用外资同比上升11.7%，高于全省平均水平7.6个百分点。其中，国家级经济技术开发区利用外资66.9亿美元，较2017年度下降0.6个百分点，占全省经济开发区的60.1 %；引进合同外资95.1亿美元。省级经济开发区利用外资44.5亿美元，同比增长22.6 %，占全省经济开发区的39.9%；引进合同外资75.3亿美元。

（二）对外贸易情况

全省经济开发区对外贸易占全省近5成，对外贸易增长迅速。

2018年，全省经济开发区实现进出口总额2 241.4亿美元，同比增长21.2 %，占全省的47.2%。其中，进口总额664.3亿美元，出口总额1 577.1亿美元。

国家级经济技术开发区实现进出口总额1 197.2亿美元，占全省经济开发区的53.4%。其中，进口总额413.3亿美元，出口总额783.9亿美元。省级经济开发区实现进出口总额1 044.2亿美元。

（三）经营状况与税收收入

经济开发区规模以上企业主营业务利润总额继续高于税金总额，经济开发区利税率进一步提升。

根据考核结果显示，2018年，全省经济开发区实现税收收入4 074.0亿元，同比增长16.4%，占全省的34.7%，较上年上升1.6个百分点。其中，国家级经济技术开发区税收贡献2 506.2亿元，省级经济开发区税收贡献1 567.8亿元。

全省经济开发区规模以上主营业务利润实现5 529.7亿元，较上年上升8.4%。其中，国家级经济技术开发区规模以上主营业务利润实现3 209.3亿元，同比上升7.3%；省级经济开发区规模以上主营业务利润实现2 320.4亿元，同比下降1.1%。

从开发区利润税金比例看，全省75家参评经济开发区中，有54家经济开发区规模以上主营业务利润总额高于税金总额。其中，余杭、嘉兴、杭州湾上虞、余姚4家经济开发区利润超税金100亿元以上。嘉兴经济技术开发区规模以上主营业务利润为403.9亿元，居全省经济开发区首位。杭州湾上虞、乍浦、黄岩、龙游4家开发区利润税金比超过3，有11家经济开发区利润税金比低于1。

三、全省经济开发区产业发展情况

（一）全省经济开发区产业发展总体水平

2018年，全省经济开发区新旧动能转化速度加快，新动能加快成长，产业结构进一步优化。全年经济开发区实现规模以上工业总产值45 685.6亿元，规模以上工业增加值实现9 856.3亿元，规模以上工业新产品产值率达39.7%。全省规模以上工业总产值超千亿元级的经济开发区共有18家，开发区内2018年新增高新技术企业2 806家，全年实现规模以上高新技术企业产值达18 647.5亿元，高新技术企业产值率达40.9%。

（二）全省经济开发区产业具体情况

1. 主导产业相关分析。2018年度全省经济开发区加快创新赋能产业转型升级，深化供给侧结构性改革，推进先进制造业建设。全年经济开发区优势传统产业继续保持平稳增长，产值同比上升5.9 %，产业集聚率达64.9%。

从主导产业的产值分析，化学原料和化学制品制造业、电气机械和器材制造业、纺织业仍是全省经济开发区三大主导产业，2018年度产值分别占全省经济开发区主导产业总产值的16.8%、12.5%、10.8%。通用设备制造业、专用设备制造业和计算机、通信和其他电子设备制造业等先进制造业提升显著，2018年度产业产值分别同比上升32.0%、41.9%、20.4%。

从主导产业的覆盖率分析，全省经济开发区布局的主导产业相似度高，竞争激烈。据2018年考评结果显示，电气机械和器材制造业、通用设备制造业、化学原料和化学制品制造业等主导产业覆盖全省1/3以上参评经济开发区。

从主导产业的经济开发区所在区域分析，南北片开发区产业集聚效益进一步提高，集中优势凸显。国家级经济技术开发区对区域产业带动力较强，龙头企业偏好国家级“金字招牌”。如省开发区内纺织业、纺织服饰业等传统产业主要集中在北部绍兴、嘉兴地区，汽车制造业集中布局在宁波、台州、温州地区的经济开发区。

2. 新兴产业相关指标分析。在战略新兴产业中，全省经济开发区考核评价对新材料、高端装备、节能环保、新能源汽车、生物产业、海洋新兴产业、新技术物联网等九大产业进行综合评价。结果显示，2018年度经济开发区实现产值15 970.0亿元，同比增长11.7%，与全省战略新兴产业实现同步增长。其中，新材料产业、高端装备产业、节能环保产业三大产业占开发区新兴产业产值的比重分别为36.2%、17.5%、11.6%。

从九大新兴产业产值分析，2018年新能源汽车产业表现卓越，实现产值1 642.2亿元，同比增长155.4%，得益于嵊州、诸暨、温州3家经济开发区的新能源汽车项目产值上扬迅速。新物联网技术产业实现产值1 204.1亿元，同比增长28.7%。高端装备制造产业实现产值2 796.3亿元，同比增长14.8%。而节能环保产业、新材料产业是全省经济开发区占比较大的新兴产业，增幅分别为3.0%和2.6%。受经济开发区内产业调整影响，个别新兴产业产值增幅与全省整体新兴产业同比增幅相比波动较大，新兴产业发展不平衡。

四、全省经济开发区亩均效益情况

2018年，全省经济开发区贯彻落实省委、省政府“亩均论英雄”决策部署，实施资源要素差别化配置，积极开展经济开发区“亩均效益”领跑计划，加快推进产业创新升级。据2018年全省经济开发区综合考评结果显示，经济开发区规模以上工业“亩均效益”指标稳步提升。

2018年度纳入综合评价的75家经济开发区中规模以上工业企业共23 681家，已完成开发土地面积合计340.0万亩（约22.66万公顷），其中，规模以上工业企业实际占用92.1万亩(约6 140公顷)。综合能耗5 860.5万吨标准煤，实现规模以上工业增加值9 856.3亿元，规模以上主营业务利润实现5 529.7亿元，开发区贡献税收共4 074.0亿元。

（一）亩均税收

2018年，全省经济开发区已开发利用土地亩均税收11.9万元，较2017年度增长

11.8%。杭州、宁波两市的开发区亩均税收均值高于全省经济开发区亩均税收水平，分别为21.6 万元 / 亩、19.7 万元 / 亩。

国家级经济技术开发区已开发利用土地亩均税收 13.7 万元，领跑全省经济开发区，同比增长 18.1%，高于全省经济开发区 1.2 万元 / 亩的水平，但经济开发区间亩均税收绩效水平差异悬殊。宁波石化经济技术开发区亩均税收最高，为 113.5 万元，杭州湾上虞、柯桥经济技术开发区亩均税收仅为 3.5 万元，远远落后于全省经济开发区的平均水平。

参评的省级经济开发区 2018 年度已开发利用土地亩均税收 10.4 万元，分片省级经济开发区亩均税收同步稳定增长，其中东北片经济开发区亩均税收 10.4 万元，西南片经济开发区亩均税收 10.2 万元。

（二）亩均增加值

2018 年，全省经济开发区工业土地亩均增加值 107.1 万元，较上一年度提高 4.5 万元。全省经济开发区“机器换人”“腾笼换鸟”效果明显。其中，温州地区经济开发区的工业土地亩均增加值均值为 163.3 万元，为全省经济开发区的 1.5 倍。

国家级经济技术开发区工业土地亩均增加值 2018 年实现 125.5 万元，为全省经济开发区的 1.2 倍，同比增长 8.3%。

2018 年度，省级经济开发区工业土地亩均增加值 89.1 万元，比 2017 年度每亩增加 1.2 万元，同比增长 1.3%。其中，东北片省级经济开发区工业土地亩均增加值为 89.9 万元；西南片省级经济开发区工业土地亩均增加值为 87.9 万元。55 家参评的省级经济开发区工业土地亩均增加值发展不平衡，地区差异极大，部分省级经济开发区该指标水平接近国家级，但尚有 29 家省级经济开发区未达到省级经济开发区的平均水平，10 家经济开发区工业土地亩均增加值在 50 万元以下。

（三）全员劳动生产率

2018 年，全省经济开发区规模以上工业从业人员共 397.4 万人次，规模以上工业劳动生产率实现 24.8 万元 / 人，同比提高 6.8%，较全省规模以上工业劳动生产率增速下降 1.5 个百分点。其中，国家级经济技术开发区规模以上工业劳动生产率平均为 30.7 万元 / 人，东北片省级经济开发区劳动生产率为 21.9 万元 / 人，西南片省级经济开发区劳动生产为 17.0 万元 / 人。

（四）单位能耗增加值

2018 年，全省经济开发区坚持绿色发展理念，全年单位规模以上工业能耗呈现下降趋势，每万吨标准煤的工业增加值稳步上升。

据考评结果显示，2018 年度全省经济开发区规模以上工业单位能耗增加值为 1.7 万元 / 吨标准煤，较 2017 年度每吨标准煤增加值提高 0.2 万元。其中，国家级经济技术开发区单位能耗增加值为 1.3 万元 / 吨标准煤，较 2017 年度每吨标准煤增加值提高 0.1 万元；省级经济技术开发区单位能耗增加值为 2.5 万元 / 吨标准煤，与 2017 年度能耗产出保持不变。

（五）研究与试验发展经费支出占主营业务收入之比

2018 年，全省经济开发区研究与试验（R&D）发展经费支出占主营业务收入之比为 2.2%，比上年提升 0.6 个百分点。国家级经济技术开发区研究与试验（R&D）发展经费支出占主营业务收入之比为 2.1%；省级经济开发区研究与试验（R&D）发展经费支出占主营业务收入之比为 2.6%。

近年来，国家级经济技术开发区注重科技创新，科技研发投入产出在 2018 年的指标上得到了较好的反映，经济技术开发区整体效益优于往年。余杭、义乌、温州、杭州湾上虞、柯桥等经济技术开发区 R&D 经费支出占主营业务收入之比显示较好。

省级经济开发区注重企业科技创新，推动产业转型升级。东北片省级经济开发区中余姚、建德、海盐、秀洲等经济开发区研究与试验发展（R&D）经费支出占主营业务收入之比均高于 3.5%；瑞安、温岭等经济开发区领先西南片省级经济开发区。

五、全省经济开发区科技创新情况

（一）科技创新队伍不断壮大，科技进步贡献率提升

2018 年，全省经济开发区新增省级以上研发中心 431 个，省级以上企业技术中心 145 个，新增院士工作站、博士后工作站共 113 个。历年引进院士 321 人，国千、省千人才 1 605 人，外国专家 1 647 人。全年新增企业发明专利授权 12 007 件，占全省 2018 年新增发明专利授权的 36.4%；新增知名品牌 784 个；新增高层次人才项目 240 个。

（二）高新技术企业队伍扩大，产值增加较快

2018 年，全省经济开发区新认定高新技术企业 2 806 家，累计 6 270 家。高新技术企业产值 18 647.0 亿元，较上年增长 18.9%，规模以上高新技术企业产值占比达 40.9%，同比增长 21.4%。

（三）创新投入增大，新产品产值率上升，经济开发区呈现良好的发展态势

2018 年，全省经济开发区企业科技经费支出 1 031.4 亿元，较上年增长 12.0%，科技活动经费支出强度 10.5%，技改投入率 27.2%，新产品产值率 40.0%。

全省经济开发区在经济调整期内，重视科技创新，加大科技投入，吸引高层次人才落户，经济底气更足，科技创新投入与产出增幅情况显示出正相关性。

六、全省经济开发区发展中存在的问题

（一）国际形势总体有利，但复杂多变

全球新一轮科技革命和产业革命日益深化，数字经济、共享经济、产业协作重塑实体经济，全球产业链、价值链加速重构，经济开发区迎来了加快向产业链、价值链中高端迈进的历史机遇。美国等西方国家“逆全球化”思潮抬头，特别是中美贸易摩擦愈演愈烈，对我国贸易投资采取了一系列限制措施，一定程度上增加了经济开发区推进转型升级的难度。

（二）国内经济稳中有进，但压力不减

我国经济由高速增长转向高质量发展，经济开发区结构不断优化，新旧动能加快转换。但同时，发展不平衡、不充分现象仍然十分突出，经济开发区土地资源日趋紧张，债务负担较重，有的经济开发区债务风险凸显，化解压力较大。

（三）全省经济开发区稳步发展，但与先进地区相比差距不小

一是经济开发区单体规模不大。全省 21 家国家级经济技术开发区平均 GDP 为 464 亿元，略高于全国平均水平 408 亿元。其中，嘉兴经济技术开发区位居全省首位，为 1 261 亿元，但与苏州工业园区相比差距较大，这与浙江省在全国经济格局中的地位不相匹配。二是外向度有待提高。全省开发区引进外资 90% 集中在杭州、宁波、嘉兴、湖州地区，2018 年个别国家级开发区实际利用外资只有 2 000 多万美元，部分省级开发区甚至为 0。三是产出效率较低。从单位面积看，全国 219 家国家级经济技术开发区每平方公里生产总值为 6.1 亿元，居全国首位的国家级经济技术开发区达到 181.0 亿元。而浙江省发展较好的杭州、宁波、嘉兴、湖州经济技术开发区分别只有 9.6 亿元、5.0 亿元、4.3 亿元、2.5 亿元，其他经济技术开发区产出强度则更低。全省大部分经济开发区产业发展水平仍然较低，创新发展能力仍然较弱，在国际分工中总体上还处于较低层次。

七、提升经济开发区综合发展水平的措施

（一）深化经济开发区整合提升，释放经济开发区新活力

认真贯彻党中央、国务院部署，以国家级经济技术开发区为核心平台，实施先进制造业集群培育、建设现代产业化体系，促进推动开发区产业转型升级。推动经济开发区长三角一体化进程，推进大好优项目优先在国家级经济技术开发区布局，提升经济开发区活力，打造

改革开放新高地。

（二）推进提升经济开发区对外创新能力，提升开放水平

大力推进国际产业合作园建设，进一步扩大国际产业合作园队伍建设，深化国际产能合作。支持经济技术开发区引进民营资本和外资开发运营的特色园等，鼓励港澳地区及外国机构、企业、资本参与国际合作园运营。支持有条件的经济开发区开展资本项目收支便利化等试点，打造全省高质量外资集聚地。

（三）强化改革创新，实施经济开发区“亩均效益”领跑行动计划

以“亩均效益”综合评价为抓手，深化资源要素配置的市场化改革，推动资源要素向优质高效经济开发区集中。对土地利用率低、亩均产出不高的经济开发区进行重点梳理，形成全省经济开发区低效用地清单。推进数字化园区建设，通过亩均大数据平台，综合利用财税、环保、安监、金融等手段，倒逼区内企业转型升级，提高工作效率，盘活存量土地。

（四）实施园区有机更新，推动美丽园区创建

支持经济开发区优化营商环境，尽力抓好经济管理和投资服务，深化开发区体制机制改革。推进“最多跑一次改革”，简化投资项目审批，推行容缺审批、告知承诺制等，赋予经济开发区更大的改革自主权，放出活力，管出公平。

（五）完善经济开发区考核评价体系

坚持质量第一、效益优先原则，完善经济开发区综合考评指标体系，实施动态管理机制，加快推进经济开发区对外创新、科技创新和制度创新，激发市场活力，发挥经济开发区经济增长新动力、促进高质量发展的优势。

（浙江省开发区协会）

2018年福建省开发区发展情况综述

截至2018年年底，福建省共有省级及以上开发区97家，其中国家级24家（包括经济技术开发区、高新区、台商投资区、海关特殊监管区等类型）、省级73家（包括经济开发区、高新区、工业园区等类型）。2018年，全省开发区实现地区生产总值达到1.2万亿元，同比增长9.5%，占全省34%；实现税收收入1 105.7亿元，同比增长9.4%，占全省25.8%；实际利用外资总额152亿元，占全省49.8%；对外直接投资额129.1亿元，同比增长41.7%，占全省40%以上；进出口总额5 129.4亿元，同比增长14.8%，占全省42.3%。

一、制定发展政策

由福建省商务厅牵头起草，经省政府常务会议和省委全面深化改革领导小组第二十二次会议审议通过，省政府于2018年8月17日出台了《福建省人民政府关于促进开发区高质量发展的指导意见》（闽政〔2018〕15号，以下简称《意见》）。《意见》从创新管理体制和运行机制、强化招商和优化服务、加快产业集聚和转型升级、促进区域协作和资源整合、集约利用土地、保障措施六个方面提出二十六条改革举措。9个设区市相应制定了行动实施方案，全面贯彻落实《意见》的改革举措。

为贯彻落实《意见》提出“完善考核评价和激励约束”的举措，由省商务厅联合省科技厅、工信厅、自然资源厅、生态环境厅、住建厅、统计局7个部门印发实施《福建省开发区综合发展水平考核评价办法（暂行）》。考评办法包括总体要求、参评对象、考评指标、考评程序、结果运用、组织保障等内容。由发展规模、土地集约、科技创新、环保安全、开放合作、管理服务六大类57项指标构成考核评价体系，突出土地集约、财税收入、创新能力、生态环保等效益指标的考核。

为贯彻落实《意见》提出“集约利用土地”的举措，由省自然资源厅和省商务厅联合印发《关于严格土地节约集约利用 促进开发区高质量发展十条措施》，强化土地投入产出水平考核，提升亩均土地投资强度和税收水平。保障开发区科学合理用地，提高土地节约集约利用水平，促进开发区高质量发展。

二、培育主导产业

近年来，各开发区不断调整产业定位，加快园区产业优化，着力打造主导产业突出、服务体系健全、带动效应显著的现代工业园区。2018年，厦门火炬高新区半导体和集成电路产业、计算机与通信设备产业、软件与信息服务业、生物医药行业、新材料产业等保持高速增长；新增瞪羚企业35家，总数达60家，位列全国第8位，获批建设“大中小企业融通”特色载体。福州经开区以物联网、基金等新兴产业为引领，加快推动传统产业转型升级，切实增强产业核心竞争力；马尾基金小镇已集聚投资机构288家，是省内管理私募基金规模最大的区域。东侨经开区不断推动新能源新材料、生物科技、电机电器、食品加工等产业实现集群化、规模化发展（锂电新能源产业年均增速达144%）。

三、促进招商引资

各开发区结合自身发展实际，不断完善招

商机制和措施，推进专业公司化招商，同时借助国家、省举办的重大经贸活动平台加大招商引资力度，推进重点项目建设和管理服务优化，全面升级发展新动能。9•8 投洽会期间，全省共19 家国家级和省级开发区参展，布置 108 个展位，8 个特装展区，面积 978 平方米。各开发区精心策划，凸显“一带一路”特色，集中展示福建开发区良好的投资环境和高质量发展态势，成为投洽会展馆一道亮丽的风景线，吸引海内外宾客驻足观摩，洽谈投资合作。通过展示、推介、洽谈活动，参展开发区谈成了一批大项目、好项目。漳州高新区持续优化“商务 110”商机对接与招商服务模式，已经形成“一中心”统筹、“三平台”协作、“一系统”管理、“多部门”联动的工作架构，完善从商务对接到落地发展的全周期服务体系。

四、创新管理体制

2018 年，全省各开发区按照《福建省人民政府关于促进开发区高质量发展的指导意见》（闽政文〔2018〕15 号）要求，各地积极理顺开发区与所在县（市、区）关系，构建精简高效的开发区管委会机构，推动开发区管委会主要领导由所在地党政领导兼任。创新开发建设主体和运营主体管理机制。支持各开发区成立运营公司，实行市场化运作。目前全省 97 家开发区中管委会领导由所在地领导兼任的超过一半，设立运营公司的占 85%，成立专业化招商公司的近 1/3。同时，深入开展“放管服”改革，推动公共服务平台和功能不断完善，提升“一站式”的“互联网＋政务”服务，营商环境进一步优化。

五、创建合作园区

支持国家级经开区积极探索与境外经贸合作区开展合作，打造国际合作新载体。推动在泉州经开区设立中意国际产业合作园。泉州经开区主动对接合作，6 月 4 日与意大利— 中国新丝绸之路促进会签订合作协议，探索“两国双园”国际产能合作新模式。8 月 25 日，在北京举行由泉州经济技术开发区委托国家发改委国际合作中心编制的中意“两国双园”规划方案专家研讨会，来自外交部、商务部、发改委等部委和科研单位的相关专家出席会议，高度评价“两国双园”项目。

六、推动环保建设

按照《福建省水污染防治 2018 年度工作计划》，省商务厅大力督促开发区开展污水集中治理工作，下发通知要求各开发区管委会严格落实关于开发区环境保护工作要求，厅领导多次带队深入开发区推进污水集中处理设施建设，切实引起开发区及所在地政府的高度重视。截至 2018 年年底，全省省级以上开发区（工业集聚区）全部按要求建成污水集中处理设施，并安装自动在线监控装置及联网。

（福建省开发区协会）

2018年山东省经济开发区发展情况综述

一、主要指标完成情况

2018年，山东省经济开发区认真贯彻落实省委、省政府实施新旧动能转换重大工程部署，主动作为，锐意进取，发展质量提升，主要指标增幅均高于全省平均水平。

固定资产投资。全省经济开发区完成固定资产投资同比增长5.5%。

规模以上工业增加值。全省经济开发区实现规模以上工业增加值同比增长5.9%。

公共财政预算收入。全省经济开发区实现公共财政预算收入2 470.7亿元，增长6.8%。

对外贸易。全省经济开发区实现进出口总额11 008.5亿元，增长7.9%。

实际到账外资。全省经济开发区实际到账外资96.3亿美元，增长6.9%。

二、经济开发区转型升级情况

（一）推动开发区体制机制创新

根据山东省委、省政府决策部署和省委领导有关批示精神，省委改革办、省委编办、省商务厅等部门按照市场化方向研究促进开发区高质量发展改革措施，创新开发区管理体制，推动去行政化，探索“管委会+公司”运营模式。组织了第三批23家开发区体制机制创新试点，形成了一批可复制、可推广的经验。

（二）打造国家和省级创新创业平台载体

青岛、烟台、德州经济技术开发区被评为国家级创新创业特色载体，中央财政将拨付专项资金给予支持，推动中小企业创新创业升级。威海经济技术开发区、新泰经济开发区、兖州工业园区等10家经济开发区纳入2019年度省级扶持范围。目前全省70%的开发区拥有2个以上创新创业公共服务平台。

（三）开展全省经济开发区产才融合发展示范园区建设试点

支持东营、烟台、潍坊滨海、威海、临沂5家国家级经济技术开发区在建立招才引智机制、搭建产才融合发展平台、提升高端人才服务水平、优化人才宜居宜业环境等方面进行探索，强化开发区招才引智工作和人才支撑功能。

（四）开展东西部经济开发区合作共建工作

26家开发区已达成合作共建意向或已签订合作共建协议，在开发建设、运营管理，干部交流、人才培训及产业协助发展等方面加强合作，推动东西部开发区协调发展、联动发展。

（五）海关特殊监管区域转型升级取得新进展

日照综合保税区、济南综合保税区迁建获批，青岛西海岸出口加工区转型升级为综合保税区，潍坊综合保税区北区、威海综合保税区通过国家验收。青岛前湾保税港区获批增值税一般纳税人、汽车平行进口试点。

三、2019年工作计划

2019年是“工作落实年”，山东省经济开发区要认真对标对表，坚持问题导向和目标导向相结合，采取有力措施，再造发展优势。

（一）深化开发区体制机制改革

以市场化为改革方向，以去行政化为重点，全面推行管委会+公司运营机制，建立园区“亩均税收”领跑者激励机制，完善综合发展水平评价指标体系，适时召开全省开发区工作会议。引导开发区真正成为改革开放的先行区、创新发展的引领区和“双招双引”的示范区。

（二）加强产业集聚发展

推进产业链招商，引进有重大带动作用的龙头项目，加强纵向延伸、横向配套，培养一批具有较强国际竞争能力的产业集群。贯彻落实《国务院关于促进综合保税区高水平开放高质量发展的若干意见》，积极吸引保税加工、保税物流、保税服务企业入区发展，推进高技术、高附加值的保税维修、融资租赁、期货保税交割、大宗商品交易平台等新业态发展。

（三）建优建强创新创业载体

建设“政产学研金服用”协同创新体系，构建集产业链、投资链、创新链、人才链、服务链于一体的创新创业生态系统。建立重点园区“亩均税收”领跑者激励机制。积极盘活批而未供、供而未用、低效利用等存量土地。

（四）用好重大活动平台载体

用好跨国公司领导人青岛峰会、新动能国际合作展览洽谈会、首届山东国际友城合作发展大会、中小企业合作发展对接洽谈会等活动，深度挖掘在经贸、人才等方面的合作潜能，利用重大活动平台载体开阔视野，凝聚整合信息、人才、技术、资金等为开发区所用。

（山东省商务厅）

国家级经济技术开发区篇

金普新区（大连经济技术开发区）

【经济发展】2018 年，金普新区实现地区生产总值 2 198.7 亿元，按可比口径比上年增长 7.5%；一般公共预算收入 152.9 亿元，比上年增长 6.1%；固定资产投资 512.8 亿元，比上年增长 16%；实际使用外资 22.2 亿美元，比上年增长 9.4%；规模以上工业增加值比上年增长 17.7%；进出口总额 3 258.1 亿元，比上年增长 13.4%；社会消费品零售总额 644.2 亿元，按可比口径比上年增长 7.5%；城镇居民人均可支配收入比上年增长 7.5%；万元生产总值能耗比上年下降 3.2%。在第 17 次泛黄海中日韩经济技术交流会议上，金普新区获泛黄海经济技术交流大奖，成为唯一获此殊荣的中国地方政府部门；金普新区位列“中国工业百强区”第 16 名、东北地区第 1 名；七顶山街道梅家村被授牌“全国文明村镇”，是金普新区唯一获此殊荣的村；向应街道土门子村、炮台街道袁屯社区获国家农业部中国美丽休闲乡村称号。

【深化改革实现新突破】2018 年，《大连市金州区机构改革方案》出台。金普新区按照“管委会 + 公司制”模式研究制定功能区（园区）改革方案，将 169 个公益性事业单位整合为 16 个，精简 90.5%。以组建大连金普新区海绵城市建设投资有限公司、大连金普新区绿化造林建设投资有限公司、大连金普新区美丽乡村建设投资有限公司 3 家区属国有企业为先期试点，深化国有企业改革，探索体制机制创新。组建金融、国有资产、招商项目落地等多个专项工作组，集中力量、系统推进重点工作。土地制度改革和农村集体产权制度改革进展顺利，完成 12 个试点村集体资产清产核资工作。深化“放管服”改革，加快建设国际化营商环境。实施“证照分离”改革，深化“双随机、一公开”监管，在东北地区率先推行行政许可标准化。开通金普一号“马上办”专线，高效解决企业诉求，赢得驻区中外企业赞誉。

【自贸区制度创新取得重要进展】2018 年，金普新区完成中国（辽宁）自由贸易试验区总体方案 108 项任务、大连片区实施方案 151 项任务，形成 171 项制度创新和 82 项创新案例，其中 56 项上报辽宁省人民政府，16 项上报国家商务部，“保税混矿监管创新”案例被纳入国务院第四批自贸试验区改革试点经验在全国海关特殊监管区复制推广，“行政服务单一窗口”等 31 项制度创新成果在全省借鉴推广。辽宁自贸区大连片区全年新增注册企业 7 400 家，占辽宁自贸区新注册企业总数的 56%。大连海关进出口通关时间分别压缩 33.3%、52.8%。与中国建设银行股份有限公司大连市分行签署战略合作协议，以普惠金融扶持片区中小企业发展。辽宁自贸区大连片区被纳入世界自由区组织，成为继上海自贸区之后国内第二个加入该组织的自贸区。与广东自贸区广州南沙新区片区建立合作关系。自由贸易港申报组建工作规范推进。跨境电商 3 个线下园区正式运作，19 家平台企业入驻跨境展示交易中心。铁矿石、原油期货保税业务完成全国首单交割。新开通至黑龙江穆棱内陆港中欧班列，中外运拼箱运营平台落地，中转集拼业务正式启动。全年完成海铁联运约 40 万标箱。中日（大连）经济合作园区规划建设前期工作正式启动。

【招商引资及项目建设】2018 年，金普新区发展开放型经济，紧紧抓住“一带一路”、东北振兴、沪连对口合作、中日经济回暖等重大机遇，统筹调整优化招商引资和项目落地工作机制，初步形成全员招商格局，开展各类招商活动400余次，发掘内资项目信息线索1 022条。总投资1 036亿元的54个重点内资项目、总投资11.44亿美元的19个重点外资项目完成签约，储备总投资近千亿元的重点在谈项目200余个，74个重点项目建设加快推进。英特尔大连非易失性存储二期项目建成投产，大连松下汽车动力电池项目一期提产扩能，博格华纳汽车零部件等14个项目建成投产，东风日产大连工厂第50万辆英菲尼迪整车下线。石油化工、装备制造、汽车及零部件、电子信息、生物医药等优势产业集群保持稳步增长，金普新区位列“中国工业百强区”第16名、东北地区第1名。工业经济运行持续向好。规模以上工业总产值增长20%，占全市52%；规模以上工业企业主营业务利润总额增长30%，利润率达到11.5%。行业整体情况明显趋好，石化产业增长29.2%，汽车及零部件产业增长20.3%，电子信息产业增长35.5%，医药制造产业增长21.7%。工业用电量100亿千瓦时，增长20%。现代服务业发展势头良好。小窑湾国际商务区累计引进融资租赁企业260余家，大商所数据灾备中心和期货交易测试平台等项目入驻金融服务产业园，德泰大厦项目主体封顶。

【科技创新】2018年，金州区（金普新区）围绕打造“三创”（创意、创新、创业）中心核心区目标，加快自主创新示范区建设。全年实现高新技术产品增加值475亿元，比上年增长13.7%；规模以上工业企业研发经费支出63亿元，比上年增长35%；高新技术企业总数326家，比上年增长33%；发明专利拥有量2 300件，每万人口有效发明专利26.4件；新增科技型中小微企业1 000家，新增市级以上研发机构21个，拥有“瞪羚企业”和潜在“瞪羚企业”25家。一批重点企业在重点领域的技术创新、产业布局和标准突破位居全国前列，达到国际水平。欧姆龙（大连）有限公司研发中心项目等外资研发中心相继落户。深化与中国科学院沈阳分院等科研机构战略合作，101家新区企业与35所高校及科研院所开展产学研合作，转化成果204项。科技金融工作得到加强，推荐11个科技项目申请辽宁省产业投资基金14亿元。

相关链接——“瞪羚企业”

“瞪羚企业”的概念诞生于20世纪90年代，最初由美国麻省理工学院教授戴维·伯奇(David Birch)提出。创业企业跨越死亡谷、进入快速成长期被称为“瞪羚企业”，也被称为高成长企业。“瞪羚”是一种善于跳跃和奔跑的羚羊。“瞪羚企业”是指成长性好、具有跳跃式发展态势的高新技术企业，具有与“瞪羚”共同的特征——个头不大、跑得快、跳得高。“瞪羚企业”不仅年增长速度可以轻易超越1倍、10倍、100倍、1 000倍以上，还可以迅速实现IPO。一个地区的“瞪羚企业”数量越多，表明这一地区的创新活力越强，发展速度越快。

【城乡统筹发展全面推进】2018年，金州区（金普新区）推进新区空间规划及海绵城市建设、美丽乡村建设、战略性新兴产业发展、亮化绿化等专项规划研究编制工作。加快推进交通基础设施建设，振兴路大修工程完工并通车，渤海大道一期、屯通油路等工程进展顺利。启动“宽带金普、满格新区”建设，完成移动通信基站选址186处，中国移动5G联合创新中心辽宁（大连）开放实验室落户。坚决落实中央环保督察整改及“回头看”要求，办结环保督察信访案件294件，销号率达91%；办结“回头看”信访投诉336件，占已上报的90.8%；西海污水处理厂一期提标改造及二期工程等一批基础设施建设完工，并实现达标排放。实施碧水工程，河（库）长制得到有效落实。数字城管建设不断推进，农村环境综合整治取得阶段性成果。

【民生福祉持续增进】2018年，金州区（金普新区）坚持以人民为中心的发展思想，发展民生社会事业，11个“惠民实事”项目完工。坚持以培训创业带动就业，新增城镇就业14 510人，城镇登记失业率2.51%。落实企事业单位退休人员养老金上调政策，城乡困难居民低保标准统一提高至每人每月690元。完成202套棚户区改造和40万平方米“暖房子”工程。教育事业稳中有进，金普新区被评为首批全国德育协同创新实验区，校园足球试点区建设成效显著。医疗卫生水平稳步提升，全省国际医疗旅游实验区建设前期工作启动。创新社会治理，全国质量强区示范城区创建工作全面展开；落实“三级书记抓信访”责任，推动信访矛盾减存控增；加强食品药品安全监管，有效落实非洲猪瘟疫情防控工作。

【旅游业捷报频传】2018年，金普新区接待中外游客1 782万人次，实现旅游综合收入221亿元，分别比上年增长10.1%和15.2%。全区旅游业多次获国家级奖项：金普新区登上2018年第三届博鳌国际旅游传播论坛“年度全域旅游品牌传播榜”榜首；金普旅游微博《爱上金普的酸甜》获2018年金足迹文化旅游峰会旅游营销创新奖；金石滩国家旅游度假区获评2018年中国旅游产业影响力旅游度假区、中国最佳滨海旅游度假胜地；中国温泉协会将金石滩作为中国温泉最高奖“金汤奖”永久颁奖地；金普新区商务局官方微博“@金普旅游”关于草莓文化旅游节的创新营销获2018年政务V影响力峰会“金梧桐”县域论坛农品创新营销案例奖。旅游经济实现高质量发展，金石滩旅游度假区全年洽谈项目近30个，纳帕溪谷等8个项目签约，总投资944.2亿元，9个在谈项目总投资290亿元，储备项目27个；投资15亿元、占地8.5万平方米的东北首家国际品牌酒店——大连金石滩鲁能希尔顿海滨度假酒店投入运营。8月27日，辽宁省旅游发展委员会向国家文化和旅游部推荐金普新区创建国家全域旅游示范区，年内启动统领全域的金普新区旅游发展总体规划编制，全面谋划“多规合一”顶层设计。举办大连国际大樱桃节、草莓文化旅游节、国际沙滩文化节、国际冬泳节和温泉养生文化节，首次创办海盐文化节、森林露营大会、烟花大会等大型活动，彰显新区旅游活动的丰富性。推动民宿游快速发展，研究制定《促进全域旅游发展的奖励办法》《加快发展民宿旅游的实施意见》，助推乡村旅游由传统的“看半天吃一顿”向“玩一天住一宿”转变。逐步丰富“研学游”产品供给，推出“全国红色经典景区”关向应纪念馆、“国家文化产业示范基地”发现王国、大青文化产业集团等一批“国字号”文化旅游精品，整合博物馆、文化馆、艺术馆等科技文化资源，创建金石滩滨海国家地质公园、关向应纪念馆、发现王国和金石滩文化博览广场4个大连市首批研学旅游基地。大连电视艺术家协会创作基地落户大黑山闻香谷，创作并陆续出版讲好“大连故事”系列旅游丛书——《金普民宿》《传奇大樱桃》，散文集《城迹》及经典辞赋《金石滩赋》。

【生态环保】2018年，金普新区印发《大连城山头滨海地貌国家级自然保护区环保违规项目清理整顿工作实施方案》，调查摸底违规项目98处，实行一企一档一策管理，完成违规项目测绘及“两证”（房产证和土地证）确权工作。完成大连小黑山水源涵养生态功能自然保护区人类活动遥感监测情况核查，针对存在问题，制定整改工作方案，建立违法违规项目台账及整改档案，关停该保护区核心区环保违规建设项目2处。7月，小黑山勘界立标项目完成施工并验收。其核心区界线长8.155公里，设置界桩柱19个、警示标牌4个；缓冲区界线长24 773公里，设置界桩柱83个、警示标牌11个；实验区界线长30.747公里，设置界柱柱76个、警示标牌30个、界碑5个。该保护区界线图包含核心区、缓冲区和实验区界线界标及编号等，按界线走向区域分幅，其中核心区1幅、缓冲区4幅、实验区7幅。

完成饮用水源突发环境事件应急预案编制、

卧龙水库和鸽子塘水库水源保护区的重新划定。关迁饮用水源一级保护区环保违规建设项目7处。实施北大河水库生态环境治理，编制完成达标治理方案。发挥涵养水源、净化环境作用，开展饮用水源一级保护区隔离栏建设，预计2019年9月建设完成。

新增17个农村环境综合整治建制村（即经省、市级国家机关批准设置的村）并完成环境整治。完成农村环境连片整治，开展建制村环境综合治理，验收建制村30个，农村生活污水和生活垃圾处理、规模化畜禽养殖场、散养密集区污染治理水平进一步提高；新建生活污水集中处理系统1个。完成三十里堡街道污水收集一期工程，并投入使用。

【机构设置与党工委、管委会领导】2018年，金普新区党工委、管委会分别为市委、市政府的派出机构，分别与金州区委、区政府合署办公；金普新区党工委、管委会工作部门及派出机构和群团机关也是金州区委、区政府工作部门及派出机构和群团机关。

至年末，党工委设置6个工作部门，机构规格为正处级，分别是纪工委监察委员会机关、党工委办公室、组织部、宣传部、统战部、政法委(信访局、司法局合署办公)。管委会设置15个工作部门，机构规格为正处级，包括管委会办公室、经济发展局、商务局、社会事业局、民政局、财政金融局、人力资源和社会保障局、环境保护局、城乡建设局、城市管理综合执法局、交通局、农业局、审计局、市场监督管理局、安全生产监督管理局。设置行政服务中心，为新区管委会派出机构，正处级。群团机关设置4个部门，机构规格为正处级，包括总工会、共青团、妇联、工商联。设置功能区管委会10个，承担本区域内规划建设、财政融资、招商引资等职责。其中，4个功能区管委会分别为市政府派出机构，委托金普新区管理(暂不含保税区管委会)，机构规格为大连市正局级，包括大连经济技术开发区管委会，将大连双D港产业园区管委会、大连小窑湾国际商务区管委会、大连先进装备制造业园区管委会划归其管理；大连保税区管委会；大连普湾经济区管委会，将大连三十里堡临港工业区管委会、大连松木岛化工园区管委会、大连炮台经济开发区管委会划归其管理；大连金石滩国家旅游度假区管委会。全区辖街道办事处27个，分别是：中长街道办事处、先进街道办事处、拥政街道办事处、友谊街道办事处、光明街道办事处、站前街道办事处、登沙河街道办事处、杏树街道办事处、大魏家街道办事处、七顶山街道办事处、向应街道办事处、华家街道办事处、得胜街道办事处、大李家街道办事处、金石滩街道办事处、董家沟街道办事处、大孤山街道办事处、海青岛街道办事处、湾里街道办事处、马桥子街道办事处、三十里堡街道办事处、石河街道办事处、复州湾街道办事处、炮台街道办事处、亮甲店街道办事处、二十里堡街道办事处、大窑湾街道办事处。在其他有关事项方面，普兰店区所辖的普兰店经济开发区和铁西、丰荣、南山、太平4个街道享受金普新区政策，区域规划和产业布局等重大事项金普新区和普兰店区建立相应协商机制。

至2018年年末，金普新区党工委、管委会在职领导人员如下：大连市委常委，金普新区党工委书记、管委会主任，中国(辽宁)自由贸易试验区大连片区建设工作领导小组办公室主任李鹏宇；金普新区党工委副书记、管委会副主任，大连保税区党工委书记、管委会主任刘爱民；金州区人大常委会主任解学慧；金州区政协主席李巍；金普新区党工委副书记、管委会副主任，金州区政府区长，大连经济技术开发区管委会党组副书记、副主任丛克；金普新区党工委委员、管委会副主任，大连金石滩国家旅游度假区管委会党组书记、主任尚书臣；金普新区党工委委员、管委会副主任宋振民；金普新区党工委委员、管委会副主任，普湾经济区管委会党组书记、主任吕东升；金普新区党工委委员、管委会副主任，金州区委常委、政府副区长李晓超；金普新区党工委委员、金州区委常委，组织部部长(编委办主任)丛军；金州新区党工委委员、金州区委常委，宣传部部长柳金红；金普新区党工委委员、金州区委常委，纪(工)委书记，金州区监委主任王锡庆；金普新区党工委委员、金州区委常委，统战部部长(台办主任)佟欣秋；金普新区党工委委员、金州区委常委、政法委书记李鹏业；金普新区党工委委员、金州区委常委，金州区人民武装部部长徐相会；金普新区党工委委员、管委会副主任，金州区政府副区长李光、楚天运、张洪光；金普新区管委会副主任，金州区政府副区长，金州公安分局局长王天欣；金普新区党工委办公室主任、管委会办公室主任赵东；金普新区总工会党组书记、主席闫为宁；大连经济技术开发区管委会党组成员、副主任刘文锋、张俊广；大连保税区管委会党组成员、副主任陈玉石；大连保税区管委会党组成员、总工会主席、企业党工委书记王久飞；大连普湾经济区管委会党工委副书记、副主任王传迁；大连金石滩国家旅游度假区管委会党组副书记宋志宏；大连金石滩国家旅游度假区管委会党组成员、副主任徐明强、乔世波；金州区人大常委会党组副书记、副主任陈泽国；金州区人大常委会党组成员、副主任毛长毅、刘新君、殷杰；金州区政协党组副书记、副主席田青叶；金州区政协副主席徐晓莉、阎立明、张俊余。

2018年金州区（金普新区）经济与社会发展主要指标

项　目	单　位	数　量	比上年增减（%）
年末户籍总人口	万人	87.5	0.5
年末户籍总户数	万户	32.8	0.6
年末单位从业人员	万人	25.7	7.1
地区生产总值	亿元	2 198.7	7.5
第一产业增加值	亿元	66.7	5.8
第二产业增加值	亿元	1 203.8	12.7
第三产业增加值	亿元	928.2	1.6
一般公共预算收入	亿元	152.9	5.1
一般公共预算支出	亿元	190.7	22.5
农林牧渔业总产值	亿元	122.1	12.1
粮豆总产量	万吨	3.2	−40.7
蔬菜及食用菌总产量	万吨	36.0	30.0
水果总产量	万吨	20.7	27.8
肉类总产量	万吨	7.4	12.1
水产品总产量	万吨	37.8	4.1
规模以上工业企业	家	728	−0.7
规模以上工业企业工业总产值	亿元	3 237.7	19.4
规模以上工业企业产品销售收入	亿元	3 219.1	20.2
境内公路里程	公里	2 096.1	16.8
境内铁路营业里程	公里	162.5	—
社会消费品零售总额	亿元	644.2	7.5
出口总额	亿元	1 028.0	5.5
实际使用外资金额	亿美元	22.2	9.4
全社会固定资产投资额	亿元	512.8	16.0
房地产开发投资额	亿元	180.2	110.3

续表

项目	单位	数量	比上年增减（%）
普通中学	所	49	2.1
小学	所	60	-3.2
普通中学在校学生	万人	4.9	2.1
小学在校学生	万人	7.5	7.1
医疗机构	所	757	21.7
医疗机构实有床位	张	4 052	-21.2
城镇在岗职工年平均人数	万人	22.9	8.0
城镇在岗职工工资总额	亿元	186.1	13.6

注：年末单位从业人员、地区生产总值、农林牧渔业总产值、粮豆总产量、水产品总产量、规模以上工业企业、规模以上工业企业工业总产值、规模以上工业企业产品销售收入、境内公路里程和社会消费品零售总额增长率按可比口径计算。

（金普新区党工委、管委会）

秦皇岛经济技术开发区

【经济发展】2018年，秦皇岛经济技术开发区（以下简称“开发区”）实现地区生产总值297.22亿元，增长7.5%；规模以上工业增加值同比增长11%；固定资产投资达到106.8亿元，增长4.5%；实现进出口额39.31亿美元，增长10.6%；实际利用外资3.82亿美元；全年一般公共预算收入16.79亿元，完成调整预算的100.1%。

【项目建设】2018年，开发区实施省、市重点项目14项，年度计划投资46.78亿元，实际完成投资71.52亿元，投资完成率153%。着眼打造2个千亿元级产业园区，持续推动传统产业补链强链，中信戴卡绿色智能化生产线投入运营，金海食品后续系列蛋白项目启动，传统优势产业得到不断壮大。中信戴卡6号线等7个省、市重点计划新开工项目全部开工，同时，中菱船舶、臻鼎科技MSAP、京能热电联产、中秦兴龙产业园一期等项目开工建设，艾尔姆公司二期5号厂房项目竣工投产；德龙汽车、路能达二期、方华埃西姆等项目办理前期手续；哈电GE燃气轮机项目揭牌，2018年建成投产；沈重秦机项目正式奠基，巴威锅炉搬迁项目签署了投资框架协议。

【新兴产业】2018年，开发区着力实施创新驱动战略，研究制定了《开发区科技创新三年行动计划》《开发区推进康复辅助器具产业加快发展行动计划》，加快创新平台建设，创新主体数量稳步增长，全区拥有高新技术企业110家，科技型中小企业825家，领先生物、星箭玻璃等17家企业被评为省“专精特新”中小企业，占全市的42.5%。全区名优产品总量达到39个，2018年兴龙轮毂商标被认定为中国驰名商标，全区中国驰名商标达到5个。开发区获批筹建全国铝合金汽车轮毂产业知名品牌示范区，成为全市首个“全国知名品牌”。1～11月，高新技术产业实现主营业务收入433.9亿元，实现利润43.6亿元，分别占全区总量的62.4%和88.1%，现代化经济体系建设迈出新步伐。

【园博园建设】2018年，开发区以承办省第二届园林博览会为契机，高标准、高水平推进园博园建设。克服时间紧、任务重等重重困难，发扬担当、奉献、拼搏、协作的园博精神，组织7 000多名建设者昼夜奋战，仅用9个多月时间就完成园区工程建设，向省内外呈现了一届无处不精细、无处不精致、无处不精彩的园博盛会。深入实施城市“双修”，以“还山于民，还绿于民”为目标，综合治理栖云山及周边环境，实现与园博会同步规划、同步开发、同步建设，至2018年年底，山体复绿工程基本完成。分步实施环境改造工程，秦皇西大街及游园提升改造和楼体亮化等工程已完工，宁海大道景观建设工程正在抓紧推进，城市综合承载力显著提升。

【巩固“创城”成果】2018年，开发区制定出台《建立全国文明城市　建设长效常态机制的实施意见》，形成了覆盖各领域、各环节的管理机制。持续深化“接力沈汝波、为民做好事”“走遍秦皇岛”和部门包社区等活动，巩固提升了创城成果。孟营市场被列为全市“创卫”推荐示范单位。以无“双违”创建和“一区三边”工作为重点，拆除“一区三边”违建34处、13 912平方米。仅用9天时间就完成西外环8

个地块 35.384 亩（约 2.35 公顷）工业用地的收储工作。

【生态治理】2018 年，开发区坚持“生态优先，绿色发展”的底线，严格执行“河长制”“路长制”“片长制”“湾长制”，开展生态环境保护“提升月”活动，全年空气质量优良天数 284 天，比上年增加 25 天，PM2.5 平均浓度下降 10.42%。深入实施戴河和小潮河综合治理工程，大力推进陕西北路、龙海道污水处理厂提标改造工作，持续加强入河排污口监管和城市黑臭水体整治工作，确保了河流水域清洁。开展农村人居环境整治 3 年行动，完成了美化、亮化、绿化等整治任务，全年植树造林 2 600 亩（约 173.3 公顷），超额完成任务，为全市创森工作做出了积极贡献。

【和谐开发区】2018 年，“幸福开发区”工程取得阶段性成果。完成数据平台主体结构搭建、试点社区——明日星城社区的综合服务中心基础装修及硬件部署工作、社区综合服务管理平台和民情通 APP 开发工作。工程硬件建设基本结束，整体进入系统调试和数据接入阶段。民生工程建设成效明显。刘马坊片区 80% 住宅楼已封顶，孤家子片区进行基坑施工，天池路青年周转公寓项目 10 栋完成主体封顶，郭庄安置房二期项目 48 栋主体完工。漓江道特色食品示范街和 1984 文化产业园改造提升项目基本完成。开发区第四中学已建成并投入使用。深入开展青龙对口帮扶工作，区内建档立卡贫困户 5 户 14 人全部纳入最低生活保障范围。办理民生服务事项 646 件，回复办结率 100%，架起了党群干群的连心桥。

【投资环境】2018 年，开发区衔接落实行政权力事项 85 项，梳理“最多跑一次”事项 324 项，顺利完成“证照分离”改革任务。全年按新审批流程办理各类证件 411 个，审批时限缩短 94%，申请材料减少 16%。进一步优化工程建设项目审批流程，审批时间大幅度缩减，办理企业登记时间压缩至 3 天以内，新企业首次申领发票时间压缩至 1 天以内。制定直属国有公司投融资会商机制工作方案、降低融资成本防范金融风险方案，持续规范投融资和举债管理，有效降低了金融风险。“双创双服”向纵深推进。以“双创双服”为统揽，打造系统化、精准化服务模式。率先将重点企业、重点项目纳入领导干部包联，全区 135 家重点规模以上企业、75 项重点项目全部分包到人。全年走访企业 300 多次，协调办理事项 53 件。全面落实减税政策，共计为企业减税近 5 亿元，有效降低了企业负担。帮助旭硝子等 38 家企业获批电力直接交易用户资格，为波盾电子等 11 家企业新增贷款额度 2 212 万元，为干将自动化等 2 家企业提供低费率贷款 1 500 万元，向 6 家上市挂牌企业发放奖补资金 280 万元，帮助企业进一步做大做强。积极应对中美贸易摩擦影响，深入中信戴卡、鹏鼎控股等重点企业调研对美出口情况，为企业发展提供指导和帮助。

【对外开放】2018 年，开发区加拿大泰瑞斯工业园基础配套设施工作启动。推进开发区集团组建工作，泰秦秦皇岛开发区有限公司注册成立。出口加工区办理出口报关单 16 225 票，同比增长 33.4%；监管货值 10.16 亿美元，同比增长 68%。开发区被评为河北省开放发展十佳开发区之一。

【高新技术产业】开发区根据区内科技企业不同阶段的成长需求，进行梯度培育、差异扶持，采用常年申报、定期入库的方式，筛选符合高新技术产业重点领域、创新基础好、有发展潜力的科技型企业，壮大开发区高新技术企业后备培育库。2018 年，全区有效期内高新技术企业达到 114 家，占全市比例的 58%；高新技术产业实现主营业务收入 479.8 亿元，实现利润 48.4 亿元，同比增长 1.6% 和 27.8%，分别占全区总量的 62.4% 和 91.9%。

【大众创业万众创新】2018 年，开发区太古孵化器被认定为省级孵化器，联合创业众创空间、北科京河众创空间被认定为市级众创空间。截至年底，全区经国家、省、市各级认定的科技企业孵化器、众创空间 14 家。其中，国家级孵化器2家，国家级众创空间2家，省级孵化器2家，省级众创空间1家、市级众创空间8家。全区孵化总面积达到25万平方米，在孵企业385家，累计毕业企业159家，在孵企业员工近5 000人，累计形成专利303件。2018年，走访调研企业200余家，组织企业参加秦皇岛市“双创”高端人才主题培训、高企培训等各类培训活动20余次。

【京津冀协同发展】2018年，开发区重点推进京津冀协同发展向深度和广度拓展。积极承接京津功能转移项目，并支持中科院基地、大学研究院加快发展，向“科研+产业化”的综合性平台转型。北京化工大学秦皇岛环渤海生物产业研究院已建立院士工作站、博士后创新实践基地、河北省绿色生物产业技术研究院，并依托北京化工大学科研实力和技术基础搭建技术创新成果转化平台，建立市级众创空间，服务区域经济，被评为河北省新型研发机构。天津大学秦皇岛环保研究院依托“侯立安院士工作站”，积极承担多项省级、市级科技课题。秦皇岛纳川电子科技有限公司研发的国内首款面向商用车领域的电压调节器芯片AVR02C研制成功并完成测试。

2018年，开发区积极承接京津冀重要会议，搭建科技合作交流平台。9月6日至8日，中国康复辅助器具产业创新融合大会成功举办；通过举办康复学术交流、创新技术路演、国际产业对接、辅具产品展示、产业招商洽谈等活动，推动康复辅助器具核心技术和关键技术创新，促进创新成果转化、产业项目落地，实现社会资本与创新成果、产业需求结合，形成集政、产、学、研、金、介“六位一体”的产业体系，引领康复辅助器具产业融合创新发展。9月12日至13日，2018京津冀服务外包协同发展论坛在秦皇岛召开，开发区负责主办第三次创业与园区转型提升分论坛，深入探讨京津冀协同发展与“一带一路”大背景下，创业产业园区转型升级推动供给侧结构改革与京津冀区域融合发展、共同进步。论坛共邀请演讲嘉宾和70家域外企业、10家区内企业代表参会。

【体制机制创新】2018年，秦皇岛经济技术开发区以新发展理念和高质量发展求创新，求突破，深入推进供给侧结构性改革，全面落实“生态立市、产业强市、开放兴市、文明铸市”发展战略，大力开展创新、创业，服务发展、服务民生活动，积极打造秦皇岛市经济领头羊、增长极、排头兵。按照中央、省、市“放管服”工作要求，继续深化行政审批制度改革，认真履行职责，扎实开展工作，注重工作创新。推进“证照分离”改革试点，全年发放各类证件554个。进一步推进“互联网+政务服务”平台建设工作；压缩压减企业开办时间、项目审批时间；服务民生、落实12345市长热线工作，全年受理市长热线转办工单9 388件，办结9 186，办结率97.85%。

【节能减排环保】2018年，秦皇岛经济技术开发区聚焦大气、水、土壤污染防治和生态保护等重点领域，坚持全民共治、源头防治、标本兼治、依法施治，集中力量打好标志性战役。排查“散乱污”企业17家，全部完成分类整治。淘汰35蒸吨及以下燃煤锅炉10台，基本实现建成区燃煤锅炉清零。对全区43家涉废矿物油企业进行地毯式排查整治。对16家存在环境违法行为的企业立案查处，拟处罚款177万元。加强对辖区企业的日常监管，对秦皇岛开发区（东区）企业进行拉网式排查，共检查企业85家，对存在问题企业全面进行整治。安装远红外视频监控系统，加强了秸秆禁烧监控工作。完成区内10个农村污水处理厂监督和验收监测工作。完成各项临时性监测任务170多次，出具监测报告175份。区环境监控中心顺利通过检验检测机构资质认定，具备水和废水、气和废气以及噪声等44项检验检测能力。

【土地节约集约利用】2018年，秦皇岛市国土资源局（海洋局）经济技术开发区分局启动第三次土地调查工作。完成不动产登记房产纸质档案接收和登记窗口整合工作。处理园博会、京能热电等重点项目占地地上附着物遗留问题，共签订征地补偿协议127份。完成孤家子村房屋征收173户，拆迁面积59 808.61平方米。全年上报国务院新增城市建设用地计划指标4 288.8亩（约285.92公顷）。上报建设用地卷宗9个，总用地面积1 509.7亩（约100.65公顷）。积极推进栖云山矿山修复整治工作。10月，河北省国土资源厅在栖云山现场召开矿山整治现场会，并在省矿山环境综合治理培训交流会上重点介绍和推广栖云山生态修复工程中废弃矿坑治理利用的先进经验。

【工委、管委会领导】

秦皇岛经济技术开发区工委书记李国勇；管委会主任苏景文。

（秦皇岛经济技术开发区史志办）

天津经济技术开发区（南港工业区）

【区域简况】天津经济技术开发区（以下简称“天津开发区”）于1984年12月6日经国务院批准建立，系首批国家级经济技术开发区。1984年8月6日，天津开发区管委会成立，系天津市政府派出机构，代表市政府对开发区实行统一管理。2009年4月，天津市委、市政府决定由天津开发区管委会主导南港工业区开发建设，组建南港工业区管委会，与天津开发区管委会“一套机构、两块牌子”，全称为天津经济技术开发区（南港工业区）。

截至2018年年末，天津开发区一区多园共同发展格局包括东区、逸仙科学工业园、微电子工业区、现代产业区（含泰达慧谷）、西区、南港工业区、南部新兴产业区、中区、一汽大众基地、中心商务片区，总面积逾440平方公里。

2018年，天津开发区深化改革创新，将高质量发展理念贯穿于区域体制改革、招商引资、项目建设、生态环保、企业服务等各项重点工作的始终，经济发展稳中有进，党的建设全面加强，各项工作取得新成效。

【经济发展】2018年，天津开发区经济运行势头强劲。实现地区生产总值（GDP）2 415.57亿元，按可比价格计算，比上年增长8.2%。其中，第二产业增加值1 623.20亿元，可比增长7.8%，占比67.2%；第三产业增加值792.37亿元，可比增长9.2%，占比32.8%。全区完成全口径财政收入608.25亿元，增长3.3%。其中，税收收入556.44亿元，增长10.2%，税收占比为91.5%。固定资产投资完成407.93亿元，同比增长17.4%。2018年，与天津开发区发生贸易关系的国家和地区186个，外贸进出口总额2 472.67亿元，比上年增长1.3%。实现限额以上社会消费品零售总额68.27亿元，下降25.7%。

【产业发展】2018年，天津开发区工业实现增加值1 600.85亿元，按可比价格计算，比上年增长8.1%。其中，规模以上工业增加值1 588.04亿元，可比增长8.1%。规模以上工业总产值4 716.95亿元，增长6.6%。其中，外商及中国港澳台企业实现工业总产值3 658.41亿元，增长4.9%；内资企业实现工业总产值1 058.54亿元，增长13.2%。产业发展提质增效。开发区加快推动现有产业向产业链、价值链高端进军，鼓励龙头企业广泛应用新技术、推出新产品，引导企业优化生产流程、加快智能化改造，29个项目获2018和2019年度第一批天津市智能制造专项资金支持，支持金额1.7亿元。全区汽车制造、电子信息、现代石化、装备制造、医药健康五大主导产业实现工业总产值4 345.71亿元，增长7.0%，占全区规模以上工业总产值的92.1%，同比提高0.2个百分点；工业增加值增长8.6%，总量占全区规模以上工业增加值的93.3%。其中，汽车制造产业实现产值1 356.59亿元，增长6.8%，工业增加值增长10.7%；电子信息产业实现产值1 093.53亿元，下降4.7%，工业增加值下降0.8%；石化产业实现产值930.76亿元，增长15.5%，工业增加值增长8.1%；装备制造产业538.78亿元，增长14.8%，工业增加值增长21.2%；医药健康产业实现产值426.04亿元，增长15.1%，工业增加值增长10.1%。大众AP310动力电机、丰田卡罗拉混动车换代、一汽丰田发动机

TNGA1.5L发动机、BP润滑油、阿克苏诺贝尔过氧化物、杰士、路路达、韩国金刚涂料等一批高端项目建设有序推进。西区完成规模以上工业总产值1 332.99亿元，增长10.8%，工业增加值增长15.9%；南港工业区完成规模以上工业总产值532.92亿元，增长19.5%，工业增加值增长9.4%；微电子工业区完成规模以上工业总产值510.24亿元，下降17.6%，工业增加值下降13.1%；现代产业区完成规模以上工业总产值100.24亿元，增长16.1%，工业增加值增长10.2%；逸仙科学工业园完成规模以上工业总产值94.91亿元，增长27.9%，工业增加值增长20.8%；中区完成规模以上工业总产值22.49亿元，增长11.6%，工业增加值增长11.5%。

【科技创新】2018年，天津开发区创新环境不断优化。全面落实“泰达科技创新十条”扶持政策，全年投入泰达科技发展金2.49亿元，支持390个科技项目获上级财政扶持1.16亿元。推进国家“双创”示范基地建设，年内新增市级以上众创空间3家，总数达到11家；新建孵化转化载体面积2万平方米，累计达到120万平方米；新增在孵企业650家，累计达到2 040家；新增企业技术中心2家，总数达到62家；新增企业重点实验室3家，总数达到29家；工程技术研究中心总数达到40家。新增上市挂牌企业4家，其中科技型企业3家。举办“泰达•华博杯”华侨华人创新创业大赛和第二届于家堡国际青年双创论坛等一系列具有国际影响力的“双创”活动。

创新主体茁壮成长。新增科技型企业1 217家，居全市第一，总数达到9 423家；新增规模过亿元的科技型企业45家，总数达到595家。新认定高新技术企业188家，总数达到861家，其中新增国家级高新技术企业101家，总数达到521家。全年高新技术企业实现主营业务收入1 180亿元。26家企业通过天津市战略性新兴产业领军企业认定，数量居全市前列。实施瞪羚和领军企业培育计划，成功孵化培育在香港主板上市的独角兽企业猎聘网，刷新香港联交所最快上市纪录；助力多家科技型企业完成亿元以上融资，其中零氪科技完成由中投公司领投的10亿元D轮融资，成为医疗大数据和人工智能领域首个独角兽企业。全力打造天津市首个以独角兽企业孵化和培育为主的新经济产业载体“独角兽大厦”，吸引狮桥融资租赁、融钰互动、旺店通、帮考网等大批优质项目入驻。

创新资源加速聚集。加大挂图作战式科技招商力度，京东智慧物流科技产业基地、金桥焊材集团新智能制造基地、亚琛联合科技激光增材制造等一批重点项目签约落地或竣工投产。河北天成药业公司研发中心落户天津国际生物医药联合研究院。引进中国联通在天津市唯一的5G建设试点项目。深之蓝、一飞智控扩产，中国环科院滨海研究院、中国运载火箭技术研究院天津创新中心等项目有序推动。康希诺产业化生产基地完成建设；军事科学院人工智能军民融合创新中心揭牌运行；联合研究院抗感染药物研发中心揭牌启用；科理对标创新中心落成开业；海河标测获批成为国内唯一一家为药械厂商提供全链条服务的实验室机构。

创新成果不断涌现。中科虹星的远距离虹膜识别技术入选《科技日报》2018年国内十大技术突破；“天河三号”验证系统经过科技部分项验收；深之蓝、博迈科、科瑞泰获国家级科技创新奖项；飞旋科技自主研发制造的磁悬浮鼓风机成为我国首次进入欧美市场的同类产品；康希诺、昂赛细胞、溥瀛生物、林达生物等生物医药企业的多个创新药项目获重大突破。35个项目获天津市2017年度科学技术奖，18个项目获天津市专利金奖和优秀奖。超算天津中心“自主支撑的产业创新与公共共享大数据示范平台”入选工信部2018年大数据产业发展试点示范项目。全年技术合同登记420份，累计达到5 153份；技术交易额30.88亿元，累计达到179.77亿元；科技成果鉴定登记32项；申报专利5 500项，其中发明专利1 550项；至年末拥有有效授权专利总数14 500项，其中拥有发明专利总数3 950项。

面向全球引才聚才。全力推进“海河英才”行动计划落地，累计受理人数 11 149 人次，办理落户准迁证 7 828 张，人才落户数量领跑新区；落实“人才港湾”计划，健全高层次人才库，全年引进各类高级人才 53 人；开发应用全市首套领军企业急需型人才网上申报系统，累计认定急需型人才 1 414 人，超过全市总量的 70%。落实天津市企业家队伍建设“111”工程，5 人获评“杰出企业家”，327 人获评“优秀企业家”；35 名企业家入选天津市企业家和创新创业人才培养计划；5 名科技人员入选天津市滨海新区首批杰出科技人才培养计划。全年举办各类招聘会 75 场，吸引 7 600 家企业、10.60 万人次参加。全年培训技工 35 000 人，其中中级工以上 14 000 人。至年末，累计引进高级人才 1 747 人，建成博士后流动站 106 个、青年见习基地 152 个，聚集人力资源中介服务业机构 58 个、教育培训机构 17 个；区内就业的中级及以上职称人数达到 1.50 万人；政府公屋和各类人才公寓总面积 239.83 万平方米，可满足 20 万职工入驻需求。

【投资促进】2018 年，天津开发区新批外商及中国港澳台投资企业 118 家，48 家企业增资，合计新增外资合同金额 50.58 亿美元；全年实际利用外资 11.21 亿美元。新设立登记内资企业 5 331 家，合计认缴注册资金 1 222.41 亿元；全年实际利用内资 289.00 亿元。新批外商及中国港澳台投资企业投资总额 43.40 亿美元，合计认缴注册资本 30.34 亿美元，合同外资金额合计 26.18 亿美元。在 118 家新批企业中，投资总额 1 亿美元及以上企业 8 家。三星动力电池、三星电机 MLCC、中石化澄星芳烃及 PTA、惠生新材料、北燃 LNG、中石化 LNG 二期、三峡海上风电、华熙透明质酸钠、玛氏宠物食品、诺和诺德新生产线、金桥焊材智能化制造新基地、PPG 全球研发中心、腾讯云基地等一大批高质量项目实现落地。

2018 年，天津开发区进出口总额 2 472.67 亿元，比上年增长 1.3%。高新技术产品外贸进出口总额 1 446.41 亿元，下降 8.3%；机电产品外贸进出口总额 1 503.41 亿元，增长 2.5%。出口产品远销 176 个国家和地区。外贸出口总额 1 189.38 亿元，增长 0.3%；外贸进口总额 1 283.29 亿元，增长 2.2%。

持续加强招商工作统筹管理，打造项目决策管理、评价激励、招商培训、区域推介、资讯支撑、渠道智库六大招商支持体系；完善领导机制，成立天津开发区投资促进管理委员会，制定工作规则、优化工作流程、强化部门协同，出台《招商项目签批流程和项目协议管理暂行办法》，实现部门协同并联审批；强化“智慧招商”，建成智慧招商生态平台并上线运行，运用大数据人工智能、区块链等技术手段提高招商管理智慧化水平。“四个一批”项目成果丰硕。北燃 LNG、惠生新材料、玛氏宠物食品等 25 个协议投资额超 10 亿元的龙头项目签约，京东深拓机器人、一汽模具、金洪智造、科飞云视、安定宝智能装备、云圣智能无人机等一批智能制造项目，诚通商业保理、贝壳融资租赁、国链供应链产业投资、中国兵器工业集团基金项目等一批新金融企业，货车帮、世德集团、鄂尔多斯等一批智慧物流项目，以及爱奇艺、摩拜、途家、车好多、自如、优信等一批平台经济企业批量落户。三星 SDI、一汽丰田卡罗拉混动车换代等 14 个投资规模超 10 亿元的项目按计划开工，一汽大众天津分公司、丰田新一线等投资规模超 10 亿元的项目竣工投产。项目储备进一步夯实，重点在谈项目 636 个。强化存量企业高层拜访与跟踪服务，企业投资信心不断增强，一汽丰田、大众变速器、长城汽车、诺和诺德、维斯塔斯、艾达自动变速器等一批龙头企业增资扩产。

【绿色集约】2018 年，天津开发区环境质量明显改善。大气和水环境质量创近 5 年最好水平。全年区内达标天数占比 62.1%，在全市排名第一；空气质量综合指数 5.59，在全市 20 个区中排名第四；累计 PM2.5 浓度 51 微克 / 立方米，全市排名第三。排海污水达标率 98.3%，排海雨水达标率96.6%，污水处理厂出水达标率100%，城市绿化率21.6%，节能减排成效显著。全年全区万元地区生产总值能耗比上年下降4.1%，万元工业增加值能耗下降4.3%。万元地区生产总值电耗下降1.6%，万元工业增加值电耗下降1.3%。万元地区生产总值新鲜水耗下降6.7%，万元工业增加值新鲜水耗下降7.7%。

生态保护机制进一步完善。完成“智慧环保”顶层设计及平台一期工程上线运营。在全市率先对电器电子、汽车、铅酸蓄电池和包装物四类产品实施生产者责任延伸制度。不断健全海绵城市规划建设管理体系。推广实施开发区绿色建筑和装配式建筑。完成年度建筑节能考核实施计划。建立健全河流治理长效机制。完成中心商务片区污染源清单更新，启动中心商务区规划环评、东西区跟踪评价报告编制工作。

工业治污效果突出。推动39家火电、化工等行业企业达到大气污染物特别排放限值要求，46家VOCs企业完成治理、26家企业完成锅炉低氮改造、8家铸锻企业完成对标改造、23家汽修企业完成烤漆房废气治理、9家加油站完成双层罐改造、安装完成各类企业在线监控设备130台。

【京津冀协同发展】2018年，天津开发区完善京津冀协同发展工作机制，聚焦非首都核心功能疏解，编制生物医药等相关产业疏解需求清单，建设北京疏解数据库系统。全年累计赴京开展招商宣讲、项目洽谈500余次，引进投资方来自北京的企业463家，认缴注册资金合计612亿元，中国诚通、中国铝业、中车资本、中节能、链家总部、国美电器电商、趣头条、妙计旅行等一批“中”字头央企相关项目、科技领军企业、准独角兽相继落户。对接北京海淀区、中关村等双创资源密集区，建设各类专业化众创空间，聚集各类产学研创新机构超过130家。中心商务片区建设京津冀企业总部集聚区初见成效。南港工业区不断加强基础设施建设，中沙新材料园桩基施工快速推进，大港港区10万吨级航道疏浚完成，达到10万吨级船舶通航能力，全年接卸船舶746艘次。南港铁路列入天津市京津冀协同发展重点项目。推动京津冀协同发展工作得到主流媒体认可，获颁“京津冀协同发展创新案例”奖。

【深化改革】2018年，天津开发区顶层设计持续增强。成立开发区全面深化改革领导小组，强化改革工作总体设计、统筹协调、整体推进、督促落实机制。制订《2018年全面深化改革工作要点及任务台账》，实施项目化、清单化管理。与国际国内顶尖智库合作，开展系列战略课题研究。开展“泰达大调研”活动，全区48个单位共提交317篇调研报告。获评中国新闻社《中国新闻周刊》“影响中国”2018年度地方政府创新奖。

体制改革深入推进。全面完成开发区与原中心商务区合并，实现“1+1>2”协同效应。理清开发区管委会与泰达街的职权、事权，完成社会管理职能剥离。制订出台“三定”方案、岗位设置和人员总量控制管理办法。完成处级干部聘任制工作。革新薪酬体制，以岗定责、按绩取酬，全面推行绩效工资。

自由贸易区深化改革任务全面落实。开展金融综合监管试点，实现区内重点企业全网实时监控。推进于家堡金融创新产业园及国家首批产融合作试点城区建设。建设“一带一路”综合服务中心。加速贸易便利化改革，创新海关税款担保模式，鼓励企业建设出口产品“海外仓”和海外运营中心，推行出口加工区“客货分离”模式，实行“政府管家+海关协管员”管理。率先探索放宽服务业企业聘雇高层次和急需紧缺外籍专业人才的条件限制。

“放管服”改革进展顺利。落实“证照分离”改革事项，取消或优化一批事项。推动投资项目审批减事项、减材料、减环节、减证照、减时限，取得明显成效。建设审批服务标准化体系，纳入全国第四批社会管理和公共服务综合标准化试点。实现商事登记全程电子化，推行证照快递送达服务。优化建设项目联审机制。

试行首席审批官业务模式，建立“一件事”场景式主题审批，构建智慧审批客户服务平台，建设“无人审批”超市。

国企改革扎实推进。全面理清区属国企底数，推进“处僵去壳”（处理僵尸企业、去除空壳企业）工作。推动国有企业公司制改制，完成部分涉改企业的方案制定及法律审核。稳妥推动混合所有制改革，首批企业混改工作稳步推进。加强建章立制，梳理细化监管履职清单，实施国企负责人薪酬制度改革，完善业绩考核指标。

【机构设置与管委会领导】至2018年年末，天津开发区管委会设置22个工作部门：管委会办公室、发展和改革局、商务局、投资促进局、智能制造产业促进局、新经济促进局、行政审批局、市场和质量监督管理局、科技和工业创新局（知识产权局）、财政局、国有资产监督管理局、人力资源和社会保障局、环境保护局、金融服务局、规划和国土资源房屋管理局、建设和交通局、审计局、安全生产监督管理局、西区办公室、中区办公室、南港工业区综合办公室、南港工业区规划建设局。

2018年年末，天津开发区管委会主任郑伟铭；管委会副主任王俊明、王威、杨德宏、于梅、刘钺、徐庆和；管委会副巡视员孙津、马建军。

（天津经济技术开发区地志办）

烟台经济技术开发区

【经济发展】2018年，烟台经济技术开发区（以下简称“烟台开发区”）深入学习贯彻习近平总书记视察山东、视察烟台重要讲话精神，以“一年大突破、三年大提升、六年大变样”为奋斗目标，各条战线全面发力，经济社会继续保持稳中有进、进中向好的发展态势。全年实现全区生产总值按可比价格计算，同比增长7%。其中，第二产业增加值增长5.7%；第三产业增加值增长10.6%。第一产业增加值占地区生产总值的比重为1.3%，第二产业增加值比重为65.2%，第三产业增加值比重为33.5%。全年财政总收入增长5.5%，一般公共预算收入增长9%，一般公共预算支出增长1.8%。税收收入增长8.2%。固定资产投资增长9.5%。社会消费品零售额增长9.1%。全年货物进出口总额占烟台市的52.3%，占山东省的8.3%。

【产业发展】2018年，烟台开发区积极抢抓新旧动能转换重大机遇，加快构建现代化产业体系。全年实现工业增加值增长6.9%。工业总产值亿元以上的企业143家，100亿元以上的企业6家。高新技术产业投资增长15.3%，改建和技术改造投资增长7%。全年工业战略性新兴产业产值增长9%，占规模以上工业总产值的39%，同比提高0.3个百分点。全年规模以上工业高新技术产业产值增长2.8%，占规模以上工业总产值的76.2%，分别高于烟台市、山东省29.3和39.3个百分点。

【科技创新】2018年，烟台开发区着力构建政产学研资介协同的创新生态，不断增强经济发展的核心竞争力。全年财政性科技投入占一般公共预算支出的15.2%。新增高新技术企业50家、省级以上企业技术中心8家、市级9家。新增市级工程技术研究中心2家，新增省级工程实验室2家、市级2家，新增山东省院士工作站4家。全年新获国家技术发明二等奖1项，新获山东省科学技术奖3项，其中科技进步一等奖2项、技术发明二等奖1项。全年发明专利申请量1 586件，发明专利授权量307件。全方位打造高层次创新平台，启动建设八角湾国际人才港，规划布局服务于各类人才的三大功能区和高品质生活配套体系，哈工程研究生院开工建设，先后与烟台大学、山东省农科院、山东建筑大学等院校签订战略合作协议，加快崛起国际化人才集聚洼地、海洋科技创新基地。

【双招双引】2018年，烟台开发区持续狠抓外资、外贸和人才工作，全年新引进外商投资项目69个，总投资32.52亿美元，增长78.6%；合同利用外资增长21.8%，占全市的26.6%；实际利用外资增长20.7%，占全市的28.9%。其中，引进总投资过10亿元项目23个；引进世界500强、中国500强、民营500强等项目11个；引进各类高端项目52个、总投资近500亿元。全年合同利用市外资金589.5亿元，实际到位市外资金161亿元。年内全区共引进各类人才6 651人。获评国家“大中小企业融通型”双创特色载体和省首批国家级开发区产才融合发展示范区。

【体制机制创新】2018年，烟台开发区深入推进园区体制机制改革，全面激发转型发展新活力。大刀阔斧推进七大领域19项改革，内设机构压减1/3，启动实施全员聘用、绩效薪酬。深化“一次办好”改革，在烟台市率先推行“一枚印章管审批”，推出一窗受理、多评合一、联审联办、绿色通道、容缺预审等审批服务新机制。整合城建领域国企，组建业达建设集团，引入济南城建开展战略合作，国企混合所有制改革进入实质操作阶段。建立以全员招商为基础的市场化、专业化大招商体系，实施“多部门联动、多资介协同、多领域交互、多体系支撑”的卓越产业集群组织形态和管理模式，构建起全链条、无缝隙、闭环式的项目推进、产业服务新机制。成为“资本项目收入结汇支付便利化”全国唯一非自贸区、国家级开发区唯一试点，获批国家级外贸转型升级示范基地。

【国际合作】2018 年，烟台开发区境外投资合作活跃，涉及行业不断拓宽，新增境外企业 5 家，总投资额 1.2 亿美元，协议中方投资额 4 974 万美元，实际投资额 4 亿美元，同比增长 440.1%。建区以来，境外投资企业累计 82 家，境外机构 5 家，总投资额 10.7 亿美元，协议中方投资额 9.4 亿美元。建区以来至年末，累计引进世界 500 强投资企业 81 家，累计引进外商投资项目 1 679 个，累计合同利用外资 129.7 亿美元，实际利用外资 81.3 亿美元，外资到位率（实际利用外资占合同利用外资的比重）为 62.7%。

【投融资服务】2018 年，烟台开发区金融业增加值增长 13.8%。年末全区金融机构 36 家，其中市级分行 13 家。年末金融机构本外币各项存款余额 1 432.1 亿元，比年初增加 207.8 亿元，增长 17%，其中居民储蓄余额 361.7 亿元，比年初增加 46.5 亿元，增长 14.8%。金融机构本币各项存款余额 1 094.6 亿元，比年初增加 176.6 亿元，增长 12.8%。金融机构本外币各项贷款余额 991.4 亿元，比年初增加 110.6 亿元，增长 12.6%，其中本币贷款余额 767.4 亿元，比年初增加 133.6 亿元，增长 21.1%。全年证券期货市场交易额 1 004.3 亿元，年末累计股民开户数 14.6 万户，增长 14.1%，其中当年股民开户数 2.8 万户。年末累计上市企业、“新三板”挂牌企业和区域股权交易市场挂牌企业 80 家，累计融资 138.9 亿元。年末全区保险机构 37 家，全年保费收入 13.9 亿元，增长 3.4%。

【生态环保】2018 年，烟台开发区环境空气质量指数（AQI）优良天数为 308 天，空气质量优良天数比例为 84.4%。二氧化硫年均浓度为 9 微克 / 立方米，同比改善 30.8%，达到国家环境空气质量一级标准；二氧化氮年均浓度为 29 微克 / 立方米，同比改善 6.5%，达到国家环境空气质量一级标准；细颗粒物（PM2.5）年均值 28 微克 / 立方米，同比改善 20%，达到国家环境空气质量二级标准；可吸入颗粒物（PM10）年均浓度为 74 微克 / 立方米，同比改善 2.6%。全区降水 pH 年均值为 6.62，未出现酸雨污染。全区区域环境噪声昼夜平均等效声级为昼间 56.0 分贝，夜间 48.5 分贝，达到声环境质量国家标准。道路交通噪声年均值为昼间 65.4 分贝，夜间 52.6 分贝，达到道路交通声环境质量一级标准。

【社会事业】2018 年，烟台开发区牢固践行以人民为中心的宗旨，全年民生投入 59.1 亿元，占一般公共预算支出的 71.4%；新建中小学 3 所、改扩建 6 所；公办幼儿园增至 43 处，普惠率提高到 71.7%。争取省级首批棚改专项债券 3.5 亿元，完成房屋搬迁 4 400 处，安置房建成交付 6 148 套，2007 套省级棚户区改造开工建设。高标准推进基础设施建设，先后完成衡山路、长江路等 17 条道路新建、改造，敷设八角电厂配套高温水管和热网 23 公里，柳子河公园建成开放。全年举办 12 项全区性群众体育赛事，进一步丰富了群众文化生活。首次承办全国沙滩橄榄球冠军赛、全国青少年藤球锦标赛等 3 项国家级赛事，填补了承办全国性体育竞技赛事的空白。建成党群服务中心，乡村振兴、扶贫开发、结对共建等工作扎实推进。

【机构设置与工委管委领导】2018 年 11 月体制机制改革前，经省、市批准，烟台开发区编内工作部门共有 26 个，均为正处级，设有 4 个正科级街道办事处、1 个正科级乡镇。全区事业单位 195 个，其中工委管委直属事业单位 4 个，区属事业单位 162 个，镇街所属事业单位 29 个。2018 年 11 月，按照烟台市委、市政府《关于加快省级以上园区改革发展的意见》要求，对全区管理架构进行调整，在保留现有机构限额、编制总量的前提下进行体制创新，实施聘任制机构改革，聘任机构与档案机构“双轨运行”。全区实施聘任制行政事业单位共20个，其中工委管委直属工作机构15个。

2018年，烟台开发区工委管委领导成员为：工委书记、管委主任牟树青；工委副书记、管委副主任刘建民；工委副书记邵力波；工委委员、政法委书记吕永坤；工委委员、管委副主任杨林盛；工委委员、组织部部长王培海；工委委员、管委副主任于玲；工委委员、宣传部部长张华志；工委委员、物流园区管委主任范吉宏；工委委员、纪工委书记李守鹏；工委委员、管委副主任孙赋欣、闫庆华；工委委员、资源再生区管理局局长刘厚波；工委委员、工委办公室主任刘丛杰；管委副主任霍志刚（挂职）、陈军（挂职）。

（烟台经济技术开发区管委会）

青岛经济技术开发区

【经济发展】随着西海岸新区开发建设上升为国家战略，青岛经济技术开发区（以下简称“青岛开发区”）站在新的历史起点，深入贯彻新发展理念，聚焦高质量发展，聚力新旧动能转换，加快推进青岛开发区产城融合、转型发展。获批全国东部唯一智能化工业园区试点示范，是山东省唯一连续6年跻身全国国家级产业园区百强榜单前十强的产业园区，综合实力位居全国开发区前列、山东省首位。2018年，青岛开发区完成地区生产总值2 292亿元，增长9.6%(可比价)，占青岛市地区生产总值的比重为19.1%。实现公共财政预算收入196亿元，增长3.3%；实现税收收入349亿元，增长1.4%；完成固定资产投资695亿元，增长9%。

【产业发展】2018年，青岛开发区以“中国制造2025”为方向，牢牢把握发展实体经济这一坚实基础，加快构建以海洋经济为特色的现代化经济体系。坚持推进工业化与信息化深度融合，家电电子、石化、汽车、船舶海工四大集群产值约占青岛市的1/2。拥有家电电子、船舶和海洋工程、软件和信息服务3个国家级新型工业化产业示范基地及国家级船舶出口基地。坚持优势产业转型升级与新兴产业培育壮大“双措并举”，促进服务业跨界融合、高端发展，着力打造实体经济总部中心、智慧医疗中心、国际航运中心和信息技术基地，积极培育发展新动能和新的产业增长点。

智能化工业园区工作成效显著。深入推广智能化改造，探索制定智能制造标准，进一步加快产业转型，激发企业活力，借助清华系先进制造业专家优势，引智、引才、引技、引资并举，打造国内一流的智能制造公共服务平台。海尔集团COSMO平台获批成为首家国家级工业互联网智能制造平台。全年共认定智能工厂4家，数字化车间10个，自动化生产线7条；省级以上智能制造试点示范项目2个；省级以上“两化”融合管理体系贯标试点企业8家。新旧动能转变步伐不断加快，推动产业水平迈向中高端，加快打造全市智能制造发展先行区。新一代信息技术、高端装备制造、数字经济、海洋经济等战略性新兴产业产值占规模以上工业产值的比重达到20%。

【科技创新】2018年，青岛开发区建立产、学、研科技成果转化机制，拥有省部级以上科研机构59家，成立创新战略联盟6个、院士（专家）工作站5家。建成国家级众创空间5家，国家级孵化器3家，入孵企业超过1 200家、入驻创客突破5 000人，规模居青岛市首位。

搭建新型人才载体引智聚才，投资100亿元建设中电光谷产业园。园区累计签约落户各类企业和机构800余家，聚集带动本科以上学历人才就业约9 000人，2018年产值逾50亿元，实现税收约3亿元。

构建人才支撑体系，集聚复旦大学、石油大学、山东科技大学等9所知名高校，人才总量占全区人口的1/3以上。荣获“全国科技进步考核先进区”和“山东省人才工作先进单位”。

【投资促进】2018年，青岛开发区积极融入“一带一路”建设，适应对外开放新形势，积极推广复制自贸区试验成果。坚持“双招双引”的发展理念，突出新技术引进、新模式培育，推动招商模式由个体化、零散型招商，向“区中园”“楼宇经济”等模式转型。已有60多个国家和地区的客商来区投资，累计引进世界500强投资项目超过80个。2018年实际到账外资11.75亿美元，增长0.7%。区域内前湾港是青岛港的主港区，拥有11个全国最大水深的集装箱专用泊位，与180多个国家和地区的700多个港口建立贸易往来。2018年，青岛港货物吞吐量实现4.86亿吨，集装箱吞吐量完成1 932万TEU，分别位居世界第七位和第八位。

【投融资服务】2018年，青岛开发区完善金融市场体系，集聚金融服务机构159家。积极利用社会资金，综合运用PPP、组合融资、基金投资等方式，设立五项政策性扶持基金。鼓励企业上市，拥有海信、澳柯玛、赛轮等上市企业22家。

【绿色集约】2018年，青岛开发区牢固树立生态优先、绿色发展理念，是全国首个成功创建国家可持续发展实验区的国家级开发区。推进“区中园”项目引建模式，由原来突出工业项目招商，向总部经济、高端新兴产业、生产性服务业和现代服务业、高端研发机构“四类形态”转型。大力推进全域城市化，激发社会领域投资活力，迅速启动旧村改造工程，城市化率提升至84.5%。以绿化提升城市品质，全区林木绿化率35.6%，城区绿化覆盖率45.8%。坚持把学校、医院建成全区最好的建筑，建成山东最大、国内前五的医疗单体西海岸医院，荣获“中国人居环境范例奖”。顺利完成ISO14001环境管理体系再认证，通过国家生态工业示范园区验收。

【特色创新】2018年，青岛开发区全国首创公共区域环境责任保险。本着先行先试、积极推进的原则，健全公共区域环境风险防范体系，完善风险控制网络。保险公司承保后，主动组织专业力量对区域环境安全进行整体性跟踪分析评估，并提出整改意见和建议，进一步完善区域环境安全防控体系；保险公司负责对园区内因各种原因造成的公共区域环境污染实施无害化处理，先行赔付公共区域群众财产损失和应急救援过程产生的费用，减轻政府在污染清理等方面的财政压力负担；对因污染造成的财产损失，保险公司将依据投保协议内容，向有关责任单位提起诉讼，依法代位向污染责任主体进行追偿，有利于警示企业加强管理，杜绝侥幸心理，维护区域环境安全。

承接青岛市首个租赁型住宅建设试点。按照“国企先行，社会资本跟进”的思路，创新租赁型住宅建设运营管理模式，发挥区属国企在增加租赁住房有效供给等方面的引领和带动作用，吸引更多大学毕业生到新区就业创业、安居落户，打造人才集聚新高地。

搭建新型创新载体。在国家批准的两个智能化工业园区示范试点区域中，探索实施研发机构法人化，率先以国企民营混合制的方式推进试点工作，搭建智能制造公共服务平台，为辖区内企业智能化提升提供服务。设立了规模100亿元的青岛市首个新旧动能转换基金，新建成前湾自动化码头、上汽通用五菱SUV、斐雪派克智能互联工厂、海尔智慧厨电、澳柯玛自动化生产线、益和电气等高端智能制造示范项目，着力打造国家智能制造新模式。

【机构设置与管委会领导】2018年，青岛开发区加快服务型管委会建设，建立完善权责到位、分工明确、精简高效的管理体制和运行机制。深化行政管理体制改革，按照大部制要求，进一步精简优化机构设置，精简整合职能部门，提升行政效能和服务效率。荣获“中国最具投资潜力十强开发区”荣誉称号。

工委管委领导成员为：工委书记王建祥；工委副书记、管委主任路玉军；工委委员、管委副主任高嵘、陈国良、赵增高、闫晓峰；工委委员、纪工委书记徐全征。

（青岛经济技术开发区管委会）

南通经济技术开发区

【经济发展】2018 年，南通经济技术开发区（以下简称“南通开发区”）完成地区生产总值 767.69 亿元，增长 6.9%；规模以上工业总产值增长 15%；工业应税销售收入增长 23.6%；固定资产投资增长 8%；公共财政预算收入 58.9 亿元，增长 25.2%；进出口总额 73.45 亿美元，增长 24.4%，其中出口额 44.15 亿美元，增长 29.5%；社会消费品零售总额 179.9 亿元，增长 7.9%。在江苏省 110 家省级以上开发园区综合考核评价中保持第八位、苏中地区第一位。

【产业发展】2018 年，南通开发区继续深入实施企业“培大扶强”工程，全面落实降成本、优服务各项政策。37 家企业列入全市工业应税销售 200 强，应税销售百强工业企业累计实现应税销售 975 亿元、税收 12.2 亿元，分别占全区总量的 78%、76.5%。新材料、电子信息、医药健康等产业应税销售收入增幅近 20%；实现高新技术产业产值 430 亿元、新兴产业产值 320 亿元，分别增长 27.9%、16.8%。成功举办大数据与实体经济深度融合大会，交通银行信用卡呼叫中心等项目成功落户，文思海辉、华付金融等项目顺利开业。完成服务外包合同额、执行额持续保持全市总量的 1/3 以上。南通国际数据中心产业园获评为“国家级大型数据中心产业示范基地”；数据大厦投入使用。南通综保区全面封关验收工作有序推进，中远海运、中农物流等 7 个项目成功签约；实现进出口货值 48.4 亿元，增长 8.3%；在全省海关特殊监管区域中排名前移 2 位；通海港区一期工程顺利开港。总公司、炜赋集团等国有企业市场化转型步伐不断加快。

【科技创新】2018 年，南通开发区组建人才科技局，举办“能达杯”创新创业大赛，制定出台南通开发区“人才十五条”。获批国家高新技术企业 65 家，通过率连续两年保持全市第一；获批国家重点研发计划 3 项，争取省级以上科研经费 2 500 万元；新增上市入轨企业 2 家，“新三板”入轨企业 1 家；获批省级企业研发机构 6 家；新增授权发明专利 193 件，万人发明专利拥有量达 62.31 件，居全市第一。上海交大飞马旅（南通）科创园顺利开园。新落户高层次顶尖人才 7 名、高层次人才工作站 1 个；新入选省“双创计划”人才 10 名、市江海英才 15 名。

【投资促进】2018 年，南通开发区紧扣“1+1”特色产业发展导向，全面深化产业研究，定期组织招商培训，优化整合招商资源，切实开展招商活动，专业化、产业化招商水平进一步提升。全年完成实际利用外资 6 亿美元，增长 35.5%；新批外资项目 33 个、增资项目 17 个，其中总投资超 3 000 万美元项目 25 个。360 企业安全南通基地、虎牌生活用品、大王第二工厂、安惠生命科学、钛基数据中心等 13 个超 10 亿元重大项目成功落户。全年认定新开工亿元以上项目 61 个，上海电气国轩储能系统基地、罗博特科、中仓保税物流园等 13 个超 10 亿元重特大项目开工建设；中天海缆、美乐家等 62 个项目竣工投产；阿里巴巴江苏云计算数据中心实现当年开工、当年结构封顶。

【生态建设】2018 年，南通开发区顺利通过国家生态工业示范园区复查验收。“263”专项行动进展顺利，持续加大钢丝绳行业后续环境整治力度，68 家钢丝绳企业涉重工段全部拆除，

53 家企业完成危废处置；94 家“散乱污”企业全面实现“两断三清”；三谷镇北横河、四圩横河 2 个省考黑臭水体整治工程全面完成，3 个省考断面均达到考核要求；空气质量指数 AQI 达标率 83%，PM2.5 浓度持续下降。

【城市建设】2018 年，南通开发区累计完成城建工程实际投资 12.9 亿元。能达市民广场地下车库、永旺公交回车场等项目顺利完成，9 条重点道路建成通车；公共文化中心、建筑垃圾调配处置场等功能项目加快建设；国家森林城市创建工作顺利推进，全区绿化覆盖率达 35% 以上。集中开展“百日攻坚”拆迁扫尾活动，累计完成拆迁 56 万平方米，有效保障了中创区和重大项目建设。“5410”违建治理力度持续加大，拆除违法违章建筑面积 11.8 万平方米；深入推进能达商务区交通秩序整治、振兴西路与瑞兴路道路综合整治，文明城市长效管理水平不断提升。

【社会文化事业】2018 年，南通开发区优质幼儿园创建、老小区改造等 12 项民生实事项目全部达序时；因病致贫群体帮扶、失地农民保障、就业创业扶持等工作力度持续加大。深入推进教育现代化，中高考再创佳绩；星湖小学加快建设，小海小学三期工程顺利完成；在全市率先推行全覆盖的小学课后延时看护服务，未成年人成长指导工作有效开展。家庭医生签约服务覆盖面持续扩大，基本公共卫生服务水平不断提升。社区综合文化服务中心创建工作全面完成，全民阅读、全民健身活动广泛开展，“濠滨夏夜”开发区专场活动反响良好。对口陕西城固县扶贫协作工作深入推进，累计招引项目 5 个；“栾馨仁”爱心基金走进城固，支医支教支农、慈善帮困、干部交流、劳务协作等工作取得新成效。全面推行基层网格化治理，基层社会治理“一张网”建设不断深化。大力推进扫黑除恶专项斗争，平安法治开发区建设不断加强，2018 年度群众对政法机关和政法队伍满意率达 97.25%。

【机构设置与管委会领导】2018 年，南通开发区党工委、管委会下设办公室（宣传部、文明办、社科联、网信办）、纪工委监察工委（市纪委、市监委派出机构）、组织部（人社局、编办、两新工委、民政局、残联、老龄办）、政法委（综治办、司法局、610 办、国安办、法学会、网格办）、法院、群工部（总工会、商会、妇联、团委）、人武办公室、社会事业局（红十字会、人口计生委、教育工委、教育工会、爱卫办）、经济发展局（科学技术局、知识产权局）、招商局、投资促进局、财政局（国资办）、房产管理局（房屋征收办公室）、建设局、行政执法局、安全生产监督管理局、环境保护局、南通综合保税区管理局（区管委会派出机构）、市场监督管理局（食品药品监督管理局）、行政审批局（投资服务中心、政务服务管理办公室）、服务业发展局、上海招商局（上海联络处）、大数据产业发展局、对台招商中心、人才科技局、审计局。

2018 年，南通开发区党工委、管委会领导成员为：党工委书记羌强；党工委副书记、管委会主任顾淑英（1—7 月任职）；党工委副书记、管委会主任沈红星（7 月 30 日任职）；党工委副书记、南通苏通科技产业园党工委副书记、管委会主任王少勇；党工委副书记董克新；党工委副书记、政法委书记丁秉华；党工委副书记周建；党工委委员、管委会副主任陈强；党工委委员、综保区管理局局长范志强；党工委委员、管委会副主任李晓斌、刘锋；党工委委员、纪工委书记周静；党工委委员、管委会副主任成晓静；党工委委员、组织部部长、人社局局长曹海锋；党工委委员、开发区公安分局局长、党组书记成明；党工委委员、管委会副主任、党组书记保德林；党工委委员、管委会副主任曹维熙；党工委委员、管委会副主任、科技镇长团团长陈玉君；党工委委员苏华（2017 年 4 月至 2018 年 4 月挂职）；党工委委员、管委会副主任金海彬（挂职）。

2018年南通开发区主要经济综合指标一览表

项目		单位	2017年	2018年	增减（%）
开发区生产总值		亿元	704.06	767.69	9.0
第二产业		亿元	481.7	502.64	4.3
工业		亿元	460	477.65	3.8
第三产业		亿元	221.2	263.9	19.3
工业总产值（现价）		亿元	2 153.3	2 346.8	9.0
高新技术企业		亿元	553	745.8	34.9
销售（营业）收入		亿元	3 180.1	3 505.1	10.2
第二产业		亿元	2 269.8	2 465.2	8.6
工业		亿元	2 220.5	2 378.2	7.1
第三产业		亿元	910.3	1 038.3	14.1
利润总额		亿元	159.7	183.13	14.7
第二产业		亿元	137.5	139.5	1.5
工业		亿元	128.9	138.12	7.2
区内主导产业及产值					
主导产业	1. 化学新材料产业	亿元	583.19	610.3	4.6
	2. 现代纺织产业	亿元	249.73	268.5	7.5
	3. 精密机械产业	亿元	221.14	242.5	9.7
	4. 通用设备制造产业	亿元	147.69	162.7	10.2
进出口总额		亿美元	59.05	73.45	24.4
出口		亿美元	34.09	44.15	29.5
财政收入		亿元	143.32	196.7	37.2
税收收入		亿元	72.55	97.0	33.7
财政支出		亿元	80.53	114.3	41.9
新批企业数量		家	3 286	3 076	-6.4
外商及港澳台企业		家	50	54	8.0
内资企业		家	3 236	3 022	-6.6
新批企业投资额	外商及港澳台企业	亿美元	12.5	18.7	49.6
	内资企业	亿元	183.5	249.5	36.0
	增资企业	亿美元	5.68	24.15	325.2
规模以上企业数量		家	773	798	3.2
合同外资金额		亿美元	7.46	20.18	170.5
外商实际投资		亿美元	4.5	3.03	-32.6
固定资产投资		亿元	552.3	578.49	4.7
年末从业人员数量		万人	13.12	15.32	16.8
万元GDP能耗		吨标煤／万元	0.702	0.645	-8.0
水资源消耗总量		万立方米	7 358	7 886	7.2
单位国内生产总值取水量		立方米／万元	10.450 813 85	10.272 375 57	-1.7
研究与试验发展（R&D）经费支出		万元	179 710	203 438	13.2
研究与试验发展（R&D）经费投入强度		%	2.55	2.65	3.8
上市企业数量		家	4	4	0.0
创业创新平台数量		个	41	49	19.5
科研院所数量		家	1	1	0.0
区内职业教育学校数量		所	2	2	0.0

（南通经济技术开发区管委会）

连云港经济技术开发区

【概况】连云港经济技术开发区（以下简称“连开区”）位于连云港市东部城区，成立于1984年12月，是国务院批准设立的首批国家级开发区，规划管理面积约115平方公里，设有国家级综合保税区，辖区人口约10万人，是连云港市对外开放的主窗口和工业发展的主阵地。连开区已建成国家知识产权试点园区、国家生态工业示范园区、国家外贸转型升级基地、国家新型工业化示范基地、国家新医药产业基地、国家新材料高技术产业基地，是中国最大的对美制剂出口基地，抗肿瘤药物、抗肝炎药物、现代中药生产基地，碳纤维生产应用基地，亚洲最大的风电装备生产基地，正全力建设“中华药港”。在商务部最新公布的全国开发区综合发展水平考核评价中排名23位。

【经济发展】2018年，连开区实现地区生产总值415.2亿元，比2017年增长8.2%，第二产业增加值355.4亿元，增长8.2%，占地区生产总值比重达85.6%，第三产业增加值59.3亿元，增长8.4%，占地区生产总值比重的14.3%；规模以上固定资产投资248.8亿元，增长10.2%，其中，工业投资161.5亿元，增长11.1%；财政收入81.9亿元，增长16.2%，一般公共预算收入41.7亿元，增长14.4%；社会消费品零售总额29.2亿元，增长8.2%。地区生产总值、一般公共预算收入、进出口总额、实际利用外资占连云港全市的比重分别为15.0%、17.8%、34.5%和12.8%。

【产业发展】连开区围绕产业强市主力军定位，推动主导产业持续攀升，优势企业培大育强。2018年，实现工业总产值1 031亿元，增长8.3%。其中，外商及港澳台投资企业工业总产值463.2亿元，占全区产值的比重达44.9%；内资企业工业总产值567.8亿元，占全区产值的比重达55.1%。产业集群发展势头强劲，新医药、新材料和高端装备制造三大主导产业实现产值708.3亿元，占全区规模以上工业总产值比重的68.7%。培育产值过亿元企业共38家，其中，产值过200亿元企业1家，100亿元至200亿元企业2家，20亿元至100亿元企业4家，10家企业年产值超过10亿元，9家企业进入连云港市30强。其中，恒瑞医药荣登全球药企市值25强榜，4家企业跻身全国医药工业百强企业。获评国家新型工业化产业示范基地、江苏省特色创新示范园区。江宁经济技术开发区连云港工业园实现工业产品销售收入154.4亿元，同比增长9.7%；一般公共预算收入5亿元，增长6.3%；工业企业固定资产投资40.1亿元，基础设施投入7.8亿元。在江苏省共建园区最新年度考核评价中排名第21位，累计获取奖励资金1.32亿元。

【科技创新】2018年，连开区以科技创新为引领，全力做优产业生态，推动动能转换、产业升级。江苏省知识产权示范园区通过复核，国家知识产权试点园区通过验收，新增国家高新技术企业12家、净增国家科技型中小企业34家，帮助企业降低税负7亿元。企业研发经费支出占GDP的比重达4.62%，高新技术产业产值占比达78.8%。新获批省工程技术研究中心3家，全区大中型企业和规模以上高新技术企业研发机构建有率达93%。新增发明专利授权142件，万人发明专利拥有量达到82件。新上市吡咯替尼等一类新药2个，恒瑞医药、康缘药业分列2018年中国药品研发实力百强榜总榜、中药榜首位，百吨级T1000碳纤维生产线正式投产。康缘药业作为主要完成人单位荣获2018年度国家技术发明奖二等奖，是连云港市企业首次获得国家技术发明奖。连开区2人荣获"江苏省专利发明人奖"、2人获批省级知识产权领军人才。

【投资促进】2018年，连开区产业招商持续推进，"双季六月会战"等活动深入开展，大项目攻略初见成效，全员招商氛围浓厚，总投资75亿元的薄膜太阳能电池等34个亿元以上项目成功签约，其中10亿元以上产业项目6个。新备案境外投资项目9个，中方协议对外投资额2.1亿美元，占连云港市的53.1%。备案新设外商投资企业13家，合同外资1.04亿美元；备案增资外商投资企业9家，新增合同外资0.98亿美元。实际利用外资0.77亿美元，占连云港市比重的12.8%。完成进出口总额32.9亿美元，增长18.7%，其中出口额11.1亿美元，增长6.0%；进口额21.8亿美元，增长26.5%。新医药产业实现进出口2.36亿美元，增长0.8%；新材料产业实现进出口0.66亿美元，增长38.9%；新能源产业实现进出口1.06亿美元。

【绿色集约】2018年，连开区认真践行绿色发展理念，严格落实生态环保要求，按照"发展与环保并重"的原则，持续推进园区集中集约发展。节能减排稳步推进，投资28 760.55万元，新建开发区供热管网工程项目，投资4 000万元的中金玛泰生产工艺及环保装置技术改造等10个节能减排项目启动实施。实施黑臭水体整治21项，大浦调尾河排淡河水质稳定达标，大浦河水质持续改善。重拳整治挥发性有机物（VOCs），挥发性有机物（VOCs）排放量为2 453吨，下降4.0%。完成重点行业企业土壤污染状况现场详查工作，规范化处置危废近1万吨，全区危废库存量较2016年年底削减64%。二氧化硫（SO_2）排放量为540吨，比2017年下降5.3%；氮氧化物（NOx）排放量为1 586吨，比2017年下降0.6%；化学需氧量（COD）排放量为840.84吨，较2015年下降16.14%；氨氮（NH3-N）排放量为109.24吨，较2015年下降9.76%，较好地完成了减排任务。土地双清工作成效显著，现场核查企业24家，约谈企业11家，下发闲置土地调查通知书18份，盘活闲置低效用地23宗3 159亩（210.6公顷）。工业用地投资强度达到350万元/亩。

【投融资服务】2018年，连开区进一步加强金融监管，优化金融环境，精准提供金融服务，助力企业参与资本市场，不断推动地区经济发展。制定出台了非法集资和P2P网络借贷机构排查和监管文件，开展防范非法集资宣传和风险排查，加强对小额贷款公司、融资租赁公司等监管。精准对接国家、省、市大产业基金和各类金融机构，为产业发展注入资本要素，新增新能源产业基金、和灵基金等4只股权投资基金，基金规模84亿元。累计为千樱医疗、连外实业等15家企业解决1.27亿元银行贷款需求，帮助前沿重工、佑源医药等9家企业申请"科技贷款""苏科贷"等低息科技型贷款5 345万元。完成对上市及"新三板"挂牌扶持政策的修订，推动豪森药业香港联交所主板、诺泰生物和德源药业等境内上市进程，诺泰生物、神鹰碳车等通过"新三板"市场实现融资4.03亿元。与江苏股交中心等建立联动机制，6家企业挂牌江苏股交中心。

【设施配套】2018年，连开区启动生物医药产业园、大科学装置产业园、综合保税区产业园三个特色园区的规划建设工作，园区发展的总体布局和功能板块的定位更加清晰。积极开展土地双清工作，倒逼落后产能淘汰，实现腾笼换鸟。功能配套更加坚实，新增绿化面积80万平方米，新改建道路9条、12.8公里，新铺设污水管网18公里，西片区蒸汽供应量增至120T/h，同比增长50%，助推企业发展的能力进一步增强。21.7亿元的猴嘴片区PPP项目开展社会资本招标，恒大御峰等一批社会化项目全面铺开，车驾管服务中心等功能配套加快推进，产城融合的势态更加强劲。平台功能更加完善，医药产业公共服务平台分子医学实验室具备运营条件，和汇医药等项目成功入驻。江苏省原创化学药创新中心完成中试平台建设；碳纤维复合材料试验平台部分设备安装；中科院大科学装置项目可研报告成功获批。

【社会民生】2018年，连开区持续聚焦富民增收，大力发展现代农业，全力推进农村集体产权制度改革等惠民实事，累计创建合作社24个、家庭农场6个，合作社经营土地面积6 023亩（约401.53公顷），惠及2 509户，土地流转率达68%；完成所有涉农村居清产核资任务，新增集体产权制度改革村12个，总体完成率达92%；农民人均纯收入达2.9万元。民生实事加速推进，完成朝阳中心幼儿园异地新建等民生工程74项。推动健康城市创建，启动基层医疗机构设备配备三年行动计划，重点人群家庭医生签约率达73.95%。建成省级基层综合性文化服务中心9家，新建、改造村社居家养老服务中心2个。社会保障不断健全，“一委三会”新型社区治理模式全面推行。深化基层系列平安创建活动，切实加大信访案件化解，全区保持和谐稳定的社会局面。

【体制机制创新】2018年，连开区积极推进重点改革事项破题，机构改革方案成功获批，园区差异化绩效考核机制建立运行，新政务服务中心具备入驻条件，政务服务网正式上线，“证照分离”等省级改革试点加速推进，以“容缺预审+容错纠错”为主要内容的预审代办机制启动运行，基本实现“2335”目标，国企改革等其他重点任务加速突破。开放开发全面升级，综合保税区、国家外贸转型升级基地成功获批。新引培国家重点人才计划专家2名，新申报PCT国际专利95件、马德里国际商标注册8件。新增海外权益转让项目3个，合同转让金额达5.7亿美元，企业国际竞争力持续增强。

【党建工作】2018年，连开区全面贯彻新时代党的建设总要求，不断完善党建工作机制，提升党建工作活力，发挥好党建引领发展的核心作用。开展“园区党旗红”党建品牌创建活动，出台《园区党旗红实施方案》，制定《基层党组织标准化创建意见》。开展“星级化”党组织争创，遴选五星级党组织5家、四星级党组织21家，建立党建成效形象标识，全年改扩建村居党建阵地10个、机关阵地15个。持续推广“三题三点”工作法，通过“我为党员群众做好三件事”公示“书记项目”96项，举办“力达”村社书记讲坛2期，结合标准化创建开展党建示范点观摩会，提高书记履职服务能力。完善党建共驻共建运行机制，建立街道“大工委”3家、社区“大党委”16家，开展各类共建活动70余场。全力推进“两新”组织排查，全年共组建17家非公企业党组织，建立百人党建工作指导员队伍派驻区内“两新”组织。高标准完成创文、创卫阶段任务，文明城市创建指标达标率80%以上，市民文明素质显著提升，涌现出了“中国好人”张广娣、“万能消防员”张昊明等一批典型人物。创卫工作常态推进，完善创卫网格化管理机制，打造各类示范点55个。

【机构设置与管委会领导】2018年，连开区加速体制机制改革进程，机构设置和职能配置日益优化，服务效能不断提升。目前，连云港经济技术开发区管委会的下设机构为：党政办公室（政策研究室）、纪工委（监察局、重大事项督查推进办公室）、党群工作部（人力资源和社会保障局、总工会）、政法委（信访办）、经济发展局、科学技术局（科技招商中心）、安全生产监督管理局、社会事业局（教育局）、财政局（金融办、上市办）、规划建设局、综合行政执法支队、企业服务中心（行政服务中心）、市场监督管理局、环境保护局、出口加工区管理局（现代服务业招商局）、新医药和生物技术产业招商局、新材料和高端装备制造产业招商局、新能源和新能源汽车产业招商局。

连云港经济技术开发区党工委、管委会领导成员为：连云港市委常委，市开发区党工委书记尹哲强；开发区党工委副书记、管委会常务副主任胡传宏；开发区党工委委员、管委会副主任张昭华；开发区党工委委员，区纪工委书记、政法委书记王波；开发区党工委委员、管委会副主任王成、曹洪秋、王森（挂职）、张小海；开发区党工委委员，区党群工作部部长、总工会主席万军；开发区党工委委员，区公安分局局长、党委书记雷斌。

2018 年连云港经济技术开发区主要经济综合指标一览表

项目		单位	2017 年	2018 年	增减（%）
地区生产总值		亿元	383.7	415.2	8.21
第二产业		亿元	328.5	355.4	8.19
工业		亿元	319.2	348.3	9.12
第三产业		亿元	54.7	59.3	8.41
工业总产值（现价）		亿元	952.0	1 031	8.30
高新技术企业		亿元	696.7	758	8.80
销售（营业）收入		亿元	1 194.6	1 295	8.40
第二产业		亿元	905.7	980	8.20
工业		亿元	890.6	964.5	8.30
第三产业		亿元	287.7	313	8.79
利润总额		亿元	162.9	181	11.11
第二产业		亿元	153.6	170.3	10.87
工业		亿元	153	170.1	11.18
第三产业		亿元	9.1	10.5	15.38
区内主导产业及产值		亿元	632.2	708.3	12.04
主导产业	1. 新医药	亿元	528.2	612.1	15.88
	2. 新材料	亿元	17	17	0.00
	3. 高端装备制造	亿元	87	79.2	-8.97
进出口总额		亿美元	27.7	32.9	18.70
出口		亿美元	10.5	11.14	6.00
财政收入		亿元	70.5	81.9	16.17
税收收入		亿元	64.9	76.3	17.57
财政支出		亿元	22.6	27.6	22.45
新批企业数量		家	977	1 214	24.26
外商及港澳台企业		家	9	13	44.44
内资企业		家	783	1 201	53.38
区内世界 500 强企业数量		家	30	30	0.00
国家级高新技术企业数量		家	42	51	21.43
新批企业投资额	外商及港澳台企业	亿美元	1.9	2.83	48.95
	内资企业	亿元	40.62	245.19	503.61
	增资企业	亿美元	0.7	2.81	301.43
规模以上企业数量		家	223	267	19.73
研究与试验发展（R&D）经费支出		万元	174 617	192 165.2	10.05
研究与试验发展（R&D）经费投入强度		%	4.52	4.62	2.21
合同外资金额		亿美元	1.367 9	1.93	41.09
外商实际投资		亿美元	1.184 9	0.774 3	-34.65
固定资产投资		亿元	225.8	248.8	10.19
年末从业人员数量		万人	6.4	6.9	7.81
万元 GDP 能耗		吨标煤 / 万元	0.122 5	0.113 7	-7.18
水资源消耗总量		万立方米	898.7	988.3	9.97
单位国内生产总值取水量		立方米 / 万元	2.33	2.38	2.15
上市企业数量		家	3	3	0.00
区内建立的创业创新平台数量		个	5	5	0.00
区内科研院所数量		家	76	81	6.58
区内职业教育学校数量		所	5	5	0.00

（连云港经济技术开发区管委会）

闵行经济技术开发区

【经济发展】2018年，上海闵行经济技术开发区（简称“闵行开发区”）整体保持平稳发展态势。年内，闵行开发区实现工业总产值539.04亿元，与上年同期相比下降0.45%；销售收入644.51亿元，与上年同期相比上升8.08%；企业利润总额56.15亿元，与上年同期相比上升2.09%；财政实缴税金50亿元，与上年同期相比下降2.53%。

闵行开发区2018年度主要经济指标 （单位：亿元）

经济指标	2017年	2018年	同比增减(%)
工业总产值	541.45	539.04	-0.45
销售收入	596.32	644.51	8.08
企业利润总额	55.00	56.15	2.09
财政实缴税金	51.30	50.00	-2.53

【产业发展】截至2018年年底，闵行开发区闵行园区共有企业69家，其中40%的企业为全球500强企业投资项目，拥有强生、亨斯迈、圣戈班、米其林、艾仕得5家世界级研发中心。闵行开发区正朝着集研发、设计、制造、营运、培训等生产服务业融合一体化的创新园区、科技园区转型，现已基本形成了以先进装备制造、新材料、生物医药和研发中心为主导的产业格局。2018年，四大主导产业为开发区贡献了超过75%的销售收入、80%的上缴税收，是开发区经济发展的中流砥柱与基石。

强生（中国）李施德林项目投产。2月27日，强生李施德林商业生产启动仪式在上海闵行经济技术开发区举行。该项目是强生（中国）在闵行开发区内打造强生全球第二大科创中心的重要项目，是强生全球第一条采用新型连续化生产技术生产李施德林漱口水的生产线，投资总额超过3 000万美元。

汉高化学材料(上海)有限公司正式设立。7月2日，汉高化学材料(上海)有限公司完成工商注册，正式落户闵行开发区，注册地址在红河路30号，注册资本7 500万元人民币。

泰华施清洁用品（上海）有限公司注册完成。7月27日，闵联公司与泰华施签署租赁合同，泰华施大中华区技术研发中心正式入驻闵行开发区，注册资本100万元人民币。

不凡帝范梅勒糖果（中国）有限公司啫哩糖项目立项并试投产。7月27日，不凡帝范梅勒糖果公司投资1.2亿元人民币建造的啫哩糖生产线开始试生产，并获得1 040万元的政府扶持资金。

博朗电动剃须刀新产线项目签约。8月28日，博朗电动剃须刀新产线定制厂房项目签约仪式在闵行开发区举行。闵联公司和博朗(上海)有限公司正式签署了定制厂房租赁合同，项目厂房投资为5 000万元人民币，设备投资2 000万美元。

闵行开发区多家企业获评上海市双优百强企业。11月20日，“辉煌外资四十年，风雨同舟再出发”上海外资企业表彰暨双优百强发布会在沪召开。会上，上海市政府副秘书长马春雷、市商务委主任尚玉英等领导为一批在上海深耕30年以上的外资企业代表颁发了“基业长青”荣誉证书，为长期在外资领域服务并做出积极贡献的个人颁发“卓越贡献”荣誉奖杯。同时，还为外资企业进出口额百强、外资企业纳税百强、外资企业从业人数百强企业代表举行了授牌仪式。数十家闵行开发区园区企业受到表彰。其中，上海三菱电梯有限公司获上海外资营业收入百强企业、上海外资纳税总额百强企业、进出口总额1 000万美元以上并创利税额1 000万元人民币以上的上海外资企业、“基业长青”企业四项殊荣；上海三菱电梯有限公司董事长范秉勋获得上海外资发展“卓越贡献奖”。此外，包含三菱电梯在内，共有19家闵行开发区园区企业被认定为进出口总额1 000万美元以上并创利税额1 000万元人民币以上的上海外资企业，13家园区企业被认定为“基业长青”企业。

【绿色集约】闵行开发区绿色共建联盟成立。4月2日，“闵行区绿色共同体建设——闵行开发区绿色共建联盟成立大会”在闵行开发区召开。在闵行区环保局、江川路街道的共同推动下，闵联公司牵头成立了园区绿色共同体——闵行开发区绿色共建联盟，并以该联盟为平台，进一步推进园区生态文明建设。闵行开发区50多家企业参会。

闵行开发区通过国家生态工业示范园区现场复查评估。9月27日，生态环境部专家组来到闵行开发区，对闵行开发区国家生态工业示范园区的建设工作进行现场复查评估。经过专家组一天的工作，闵行开发区通过国家生态工业示范园区现场复查评估。

【对外交流】闵行开发区与呼和浩特开发区签署合作协议。8月22日，闵行开发区代表与呼和浩特开发区管委会代表在呼和浩特签署《区域联动发展协议》。根据协议，双方将围绕区域联动发展合作，共建高水平营商环境和转型升级示范区，在园区运行机制、招商引资、技术创新、人才交流、经贸合作等方面开展交流合作，并根据协议内容将有关工作进一步深入落实推进。

10月22日，闵行开发区与凭祥边境经济合作区签署了《闵行经济技术开发区与凭祥边境经济合作区合作框架协议》。

【营商环境】自2018年1月起，闵行开发区举办了园区企业高管沙龙系列活动，由园区运营管理公司牵头，构建园区企业与有关政府部门的直接对话平台。年内共举办了三次系列活动，园区企业在活动中反映问题和诉求，有关政府部门答疑解惑并提出一定要求。活动主要聚焦安全生产、人才引进、环境保护等方面的问题；同时，通过搭建平台，促进园区企业之间的交流。

2018年闵行经济技术开发区主要经济综合指标一览表

项目	单位	2017年	2018年	增减（%）
开发区生产总值	亿元	208.71	225.58	8.08
第二产业	亿元	203.41	219.89	8.10
工业	亿元	203.41	219.89	8.10
第三产业	亿元	5.31	5.69	7.16
工业总产值（现价）	亿元	541.48	539.04	-0.45
高新技术企业	亿元	245.57	255.68	4.12
销售（营业）收入	亿元	596.32	644.51	8.08
第二产业	亿元	581.16	628.27	8.11
工业	亿元	581.16	628.27	8.11
第三产业	亿元	15.16	16.24	7.12
利润总额	亿元	55.00	56.15	2.09
第二产业	亿元	52.36	54.09	3.30
工业	亿元	52.36	2.06	-96.07

续表

项目		单位	2017年	2018年	增减（%）
区内主导产业及产值		亿元	403.36	461.79	14.48
主导产业	1. 机电	亿元	265.11	290.71	9.66
	2. 医药	亿元	72.94	99.42	36.30
	3. 食品、饮料	亿元	65.31	71.66	9.72
进出口总额		亿美元	23.32	21.37	-8.36
出口		亿美元	9.98	12.51	25.35
税收收入		亿元	51.30	50.00	-2.53
新批企业数量		家	2	2	0.00
外商及港澳台企业		家	0	0	0.00
内资企业		家	2	2	0.00
区内世界500强企业数量		家	24	24	0.00
新批企业投资额	外商及港澳台企业	亿美元	—	—	—
	内资企业	万元	1 008.26	7 600.00	653.77
	增资企业	亿美元	—	—	—
规模以上企业数量		家	65	66	1.54
研究与试验发展（R&D）经费支出		万元	202 017.20	247 314.40	22.42
研究与试验发展（R&D）经费投入强度		%	9.68	10.96	13.27
合同外资金额		亿美元	0.024 7	0.005 0	-79.76
外商实际投资		亿美元	0.011 5	0.001 9	-83.48
固定资产投资		亿元	9.88	6.74	-31.78
年末从业人员数量		万人	3.02	2.84	-6.00
万元GDP能耗		吨标煤/万元	0.702 938	0.093 188	-86.74
水资源消耗总量		万立方米	4 009 222	3 963 490	-1.14
单位国内生产总值取水量		立方米/万元	1.920 95	1.757 031	-8.53
上市企业数量		家	1	1	0.00

（闵行经济技术开发区管委会）

宁波经济技术开发区

【经济发展】2018年，宁波经济技术开发区（以下简称“宁波开发区”）经济实力稳步提升，全年区本级实现地区生产总值1 155亿元，增长8%左右；财政总收入350亿元，增长19%；一般公共预算收入182.6亿元，增长15.6%；规模以上工业总产值3 125亿元，增长10.2%；实际利用外资9.78亿美元，约占全市的1/4；外贸进出口总额增长9%，进口和出口额首次双破百亿美元；银行贷款不良率下降至0.61%，金融生态持续保持全市最优。居民人均可支配收入增长8.7%。

转型升级量质并举。装备制造业产值占规模以上工业产值比重的41%，“新领军行业”地位日益稳固。战略性新兴产业产值增长11%，实现规模以上工业新产品产值948亿元，新产品率达30.3%。完成首批71个市级技改项目验收，兑现补助资金1.9亿元。启动“千百十亿”企业培育工程，远大物产成为全市首家本土千亿元级企业，申洲国际纳入恒生指数成分股，贝发、海伦分别获评国家单项冠军产品企业和国家服务型制造示范企业，51家企业实现小升规。成立拟上市企业联盟，25家企业进入上市流程。新增“浙江制造”品牌认证企业5家，海天精工智能工厂顺利通过工信部验收，拓普集团获评省级上云标杆企业。制定出台服务业扶持新政，营利性服务业营收增长30.9%，成为全市唯一入选的省级电子商务创新发展试点区，霞浦物流园区获评国家示范物流园区和全国优秀物流园区。

扩大开放持续发力。加快创建“一带一路”建设综合试验区核心区，积极配合做好自贸区扩区方案，全面落实“中东欧国际试验区”首批9条贸易便利化措施。穿山北港区通过国家口岸开放验收，特色贸易平台加快集聚，中商联、丹马士等项目相继开工，进口整车首破1万辆，同比翻一番。实现限额以上商品销售额4 792亿元，约占全市的1/4，类金融企业注册资本突破2万亿元。建成全市首个出口监管仓，网易考拉客服体验中心投入运营，跨境电商交易额达19.5亿美元，文具、服装两大产业入选国家级外贸转型升级基地，境外投资连续3年领跑全市，继峰公司成功收购百年德国企业。认真抓好区域对口协作，全年共实施支援项目43个，较好地完成了年度对口扶贫合作任务。

【投资促进】2018年，宁波开发区招商引资取得新成效，总投资近200亿元的台塑新材料系列项目和总投资11亿美元的敏实系列项目顺利签约，引进落户超20亿元的项目6个。浙商回归到位资金134亿元，居全市首位。芯港小镇建设加快推进，新签约落户项目13个，总投资达70亿元，中芯宁波N1项目投产，N2项目、南大光电、安集微电子等顺利开工，成功入选省级集成电路产业基地创建名单。项目攻坚取得良好成效，吉利CMA、中海油LNG二期、申洲全方位技改等30个项目顺利开工，新秀丽物流中心、康达医疗产业园等18个项目建成投产。全年184个政府投资项目建成率、投资完成率分别达90%和95%。

加大创新要素供给。北航宁波创新研究院正式揭牌，固高科技北仑区域合作中心、华科城孵化园等平台签约落户。宁波大学梅山校区正式开学，宁波公共实训中心一期建成投用。

全社会研发投入经费占比达3%，梅山产业集聚区获批创建先进制造省级高新技术产业园，6家企业入选省创新能力百强名单，新增高新技术企业11家、市级科技型初创企业136家。成功创建全市首家智能制造装备国家级质检中心，新认定省级企业研发中心6家、省级企业研究院5家、市级院士工作站4家。东方电缆成功研发生产国内首条海洋脐带缆，并获评国家技术创新示范企业和国家企业技术中心。举办首届中国海外工程师大会，“百企百千”和“名师名医”工程扎实推进，新增顶尖人才12名、特优人才15名，高层次人才150名，高技能人才5 000余名。

【改革创新】2018年，宁波开发区全面深化“最多跑一次”改革，1 324件企业办理事项实现“最多跑一次”，其中448项实现“零上门”。出台“标准地＋承诺制”改革实施方案，梳理企业投资项目审批“一件事”清单，实现项目开工前审批“最多跑一次”“最多100天”。率先开展“证照分离”改革试点，推广全程电子登记，企业开办时间压缩至3日内。深化“亩均论英雄”改革，整治“低散乱”企业112家，改造旧厂区20.4万平方米，消化“批而未供”土地5 600亩（约373.33公顷），20个“供而未建”“建而不快”项目实现对账销号。完成税务征管体制改革，国税地税顺利合并。加快投融资体制改革，积极稳妥推进政府性债务化解。

【管理与服务】2018年，宁波开发区全面打响“两整两提”行动攻坚战。启动全区54个市场综合整治，新建、改造菜场5个，农批市场、新碶和霞浦老菜场等市场整治取得良好成效。开展小微企业整合，落实新建示范小微企业园选址7个、改造提升20个。推进河道水质提标，建成全市首座出水标准类Ⅳ类污水处理厂，区控以上水质考核断面达标率90%以上，小浃江获评省级“美丽河湖”，第三次捧得“大禹鼎”，基本建成“污水零直排区”。推进城乡居住环境提升项目84个，整治老旧住宅小区200个，整改各类围挡150处、“桥头跳车”隐患桥梁65座，改造城区积水点62处，群众身边的各类“顽疾”得到有效治理。小港、戚家山和郭巨3个街道高质量完成小城镇环境综合整治省级验收。

坚决打赢城乡建设管理持久战。完成滨江新城发展战略研究，梅山湾沙滩公园、万年基业游艇港开放运营。积极打造“美丽经济”交通走廊，完成329国道大榭叉口改建、人民路拓宽、云台山路延伸等工程，轨道交通2号线二期拆迁顺利推进，甬舟高铁客专过境方案基本确定，泰山路获评省绿化美化示范路，连续3年被评为省“四边三化”行动优秀区。实行境内高速客车免费通行，完成10个城区路口拥堵点改造，新增配建5 930个停车位，部分路段交通拥堵现象得到初步缓解。

认真打好乡村振兴战略开局战。全区景区化推进美丽乡村创建，启动秀美山川沿线改造提升和北仑城郊公园、“美丽和鸽”示范村建设，积极打造“四好农村路”，新培育美丽乡村风景线1条、示范村3个、A级景区村庄15个。实施33个农村生活污水改造提升工程，完成森林抚育2 000亩（约133.33公顷）、林相彩化500亩（约33.33公顷），新建美丽森林村庄2个，农村人居环境不断提升。启动芦江省级农业园区建设，河头村获评省休闲旅游示范村，全年乡村旅游接待游客突破1 000万人次，营收达5亿元。高质量完成农村土地承包经营权确权登记颁证工作，全区12个重点薄弱村开展企业结对帮扶，消薄工作扎实推进。成功创建省级农产品质量安全放心区，地产农产品抽检合格率达99%以上。

【生态环境】2018年，宁波开发区生态创建更加扎实有力。出台生态文明示范创建三年行动计划，启动第二批街道生态示范创建工作，白峰街道获评全市首批“十佳美丽街道（乡镇）”。顺利通过国家生态工业示范园区复查评估，获得全省首批“美丽浙江”建设考核优秀单位。编制完成区域自然资源资产负债表，认真开展街道领导干部自然资源资产责任审计，绿色发展报告制度被列为省级环保改革试点。

环境治理更加科学有效。高质量完成中央环保督察“回头看”、国家海洋督察和省级环保督察问题的整改。出台打赢污染防治攻坚战三年行动计划，扎实推进工业挥发性有机物治理，推行靠港船舶“油改电”，完成宁钢烧结机等重点企业脱硫脱硝改造，空气质量优良率达88%，PM2.5浓度均值为28微克/立方米，六项空气指标首次全部达到国家二级标准。坚决打赢净土保卫战，启动电镀园区异地迁建，开展金属表面处理等五项行业污染整治，建成固废处置三期，年增危废处理能力3万吨。落实耕地保护责任，新建高标准农田1.43万亩（约953.33公顷）。

绿色发展更加深入人心。稳步推进省级低碳区试点，加强重点用能企业碳排放管理，全年规模以上工业增加值能耗下降5%。率先通过国家级园区循环化改造示范试点验收，获得国家扶持资金8 900万元，吉润汽车获评国家“绿色工厂”。全面推进节水型社会建设，获评全省实行最严格水资源管理制度成绩突出集体。倡导绿色出行，新能源出租车和清洁能源公交车比例分别提高至58%和83%。积极推进生活垃圾分类收运处置体系建设。探索“党建+环保+公益”的公众参与模式，生态文明馆列入全市首批环保公众开放示范场馆。

（宁波经济技术开发区管委会）

温州经济技术开发区

【**经济发展**】2018年，温州经济技术开发区（以下简称“温州开发区”）“一区七园”实现地区生产总值470亿元，工业总产值1 100亿元。区本级实现地区生产总值230.1亿元，增长9%；工业总产值534.6亿元，增长9.7%；规模以上工业增加值88.4亿元，按可比价格增长8.6%；财政总收入28.6亿元，增长20.7%，其中，一般公共预算收入16.7亿元，增长25.8%；固定资产投资108亿元，增长10.6%；批零住餐业销售额513亿元，增长20.1%；外贸出口总额84.5亿元，增长9.4%；R&D经费占比达3.5%；城镇和农村居民人均可支配收入分别增长8%、9.3%，万元GDP能耗下降6.5%。

【**产业发展**】2018年，温州开发区助推民营企业做大做强，人本集团、大自然钢业上榜中国民营企业500强，并获“全市制造业十大功勋企业”荣誉，与法派集团共3家企业上榜中国民营企业制造业500强；嘉泰激光获评省级“隐形冠军”；10家企业获评“市百强企业”，8家企业获评“市制造业五十强”，3家企业获评“市服务业三十强”；年度产值超10亿元企业6家，其中20亿元以上2家；年度纳税超亿元企业7家，其中2亿元以上2家。全年引进重大产业项目9个，其中总部经济项目2个。企业上市全市领先，新增上市企业2家，完成股改企业8家。

【**科技创新**】2018年，温州开发区全年数字经济增加值增长11.8%，建成1家院士专家工作站、2家博士后科研工作站；新增高新技术企业32家、省科技型中小企业167家、省级研究院6家、省级高新技术企业研发中心7家；与东方学院达成战略合作并成立浙南产教协同发展创新中心。5家企业主导制订“浙江制造品字标”标准，“品字标”认证实现零突破；3家企业获浙江名牌产品称号。“两化”融合方面，完成企业上云1 113家，认定省级工业新产品36个。

【**投资促进**】2018年，温州开发区全年完成温商回归到位资金31.7亿元，实际利用外资4 322万美元。5个市县委书记和市县长项目已全部完成签约并登记注册，特别是引进欧珑电气、国际电竞项目等4个总投资超10亿元重大产业项目。引进多弗国际集团总部项目，对市、区两级税收贡献达3.77亿元和2.5亿元。加快中意、中韩等国别园区建设，大力推动与上海嘉定工业园区战略合作，引进新加坡丰树汽车零部件、韩全画峰、耐落螺丝等一批优质外资项目，全省第三个、全国三类城市首个特斯拉销售服务项目进驻汽车时尚小镇。全力推进项目建设，推动有效投资持续扩大，工业、技改、交通、民间等结构性投资比重分别为33.3%、65%、19.8%、59.7%。

【**体制机制创新**】2018年，温州开发区开展“营商环境提升年”行动，“最多跑一次”事项基本实现全覆盖，积极推行“标准地”、承诺备案制、捆绑审批、批后公告、施工许可并联审批、容缺办理、“区域环评＋环境标准”等多项改革。“证照分离”试点成效获省政府高度肯定，颁发全市首张改革后营业执照；推行“社保＋银行”便民服务模式。全国率先实现抵押状态下产权证“两证合一”换发。开展“万名干部进万企”“营商专员”等活动，制定出台“高质量发展43条”政策，财政惠企资金支出同比增长146%，帮助企业解决问题333个。推进“亩均论英雄”改革，在全市率先启动亩均税收5万元以下企业整治提升，启动村二产留地工业园改造提升试点，带动企业“小升规”82家。持续提升国家低碳工业园区和省级循环化园区改造试点成效。推进国税地税征管体制改革，开发区税务局挂牌成立。深化国有企业改革，全力做好改革满意度迎评工作，助推各项改革举措落地生根。

【绿色集约】2018年，温州开发区新增绿地10公顷，新建生态绿道6.8公里，实施金海湖公园、纬十浦、永强塘河等景观绿化工程，“纬十浦—金海湖”荣获市级“十大美丽河湖”称号。深化“五水共治”行动，推进污水零直排区创建，开工建设环保产业园，启动全市首个“环保管家”项目试点。“三改一拆”处置违章面积50万平方米，改造旧厂区8万平方米，完成存量D级危房治理改造227户，城中村改造拆除207户。星海、沙城环境综合整治通过市级验收。

【基础设施建设】2018年，温州开发区高标准建设环金海湖核心区，西部生活区联动发展，城镇新增就业2 528人，新设立各类市场主体5 000余家。开展26个项目征迁百日攻坚行动，征地面积1 329.3亩（88.62公顷）。S2线、沈海高速复线、环山东路等重大交通项目进展顺利。天柱大道、新川大道、永沧路、海桐路、三甲街等区街干道建设稳步推进。金海北片市政一期PPP项目竣工投用。交通枢纽中心、公交停保场等项目筹备投用。全市首个5G测试基站在区内国际电竞中心开通。首个商业综合体滨海立体公园投用，碧桂园、富力城、红星美凯龙等商住项目推向市场，天玖王酒店投用。瓯飞围垦工程全年完成投资9.5亿元，累计完成投资140亿元，瓯飞起步区顺利完成各专项竣工验收工作。瓯飞一期北片海堤全线达7高程以上，北1号、北2号闸实现通水。完成滨海新城核心区城市设计及控规编制。

【社会事业】2018年，温州开发区落实年度10件民生实事，民生领域财政支出增长12.8%，占一般公共预算支出的70%以上。推动每个街道2所公办幼儿园配置建设，绣山中学分校、沙城一幼投用，杭二中树兰教育集团落户。公立医疗门急诊人次同比增长19%，沙城卫生服务中心住院楼完工，区中心医院与市中西医结合医院共建医联体扎实推进。新增文化礼堂6家，建成星海、天河百姓健身房及沙城多功能运动场，成立金海青少年活动中心，成功举办第二届文化艺术节，人均体育面积超省均水平。完成91座公厕修缮和提升。垃圾收集率和无害化率达100%。新增公交线路1条，优化社区巴士线路3条，建成专用停车位3 453个、公共停车位208个。举办各类型特色人力资源招聘活动47场次，帮助企业引进各类人才1.5万余人。沙城七五农贸市场成为省级放心农贸市场。完成天河泰河村撤村建居试点工作。6处地质灾害点治理工程提前一年完成。星海望海社区获评“全国民主法治社区”。全面铺开“雪亮工程”、“扫黑除恶”专项斗争、安全生产“四大”专项治理攻坚战和消防安全“五大”整治行动，维护社会和谐稳定。

【党建工作】2018年，温州开发区开展村社组织换届“回头看”，完成47个超大党支部整改、3个后进村整顿；建立“两新”党建星级评定机制，推进海城东门村、星海望海社区、金帝集团3个市级试点“四化”支部标准化建设，创建党建品牌12个。全面完成“老办”规范提升，推进“幸福银龄”行动，为老服务中心实现全覆盖。星海街道实现市级幸福社区全覆盖。深入实施村集体经济发展“千企结千村”专项行动，村均年收入远超全市平均水平。完善全面从严治党工作责任体系，推进“清廉集聚区”建设，持续深化纠“四风”、正风肃纪、机关效能处室和基层站所“双评议”、离任干部审计等工作。

【机构设置与管委会领导】2018年，温州开发区设置的直属机构为：党政办公室、组织宣传部（统战部、群团工作部）、社会管理综合治理委员会办公室、机关党委、人大工作联络室、经济发展局、科技局、财政局、人力资源局、文教体工作局、民政卫生和计划生育局、公安分局、住房与建设局、综合行政执法局、交通市政环保局、商务局、审计局、海洋渔业与农林局、安全生产监督管理局、瓯飞工程建设协调办公室（水利局）、行政审批局、税务局。

直属事业单位为：行政事务服务中心、建设项目前期管理中心、财政集中支付中心、金融监管中心、建设工程质量安全监督站、土地储备中心、机关事务局、档案馆、教育考试服务中心、产业研究中心、招商服务中心。

派驻机构为：纪检监察组、市场监督管理局、国土资源分局、质量技术监督分局、社会保障分局、开发区海关、司法分局、交警五大队、公安消防分局。

街道办事处为：星海街道、沙城街道、天河街道、海城街道。

2018 年，温州开发区管委会领导成员为：汪驰（任职至 10 月）、徐蓬勃、沈林杰（任职至 10 月）、黄定恩（10 月起任职）、黄伟龙、张福祯、谢忠诚、金旭东、潘国杰、董学德、朱城、姜益祥、赵立强（1 月起任职）、王长林（4 月起任职）。

（温州经济技术开发区管委会）

广州开发区

【概况】 广州经济技术开发区于1984年经国务院批准成立，是全国首批国家级经济技术开发区之一，与广州高新技术产业开发区、广州出口加工区、广州保税区、中新广州知识城合署办公（统称“广州开发区”），实行“五区合一”的管理体制。经过30多年发展，广州开发区综合实力一直在全国开发区中排名前列，是广州市重要的经济发展增长极、科技创新重大引擎、创新驱动发展核心区。2018年，黄埔区、广州开发区深度融合发展，成为广深科技走廊和粤港澳大湾区建设的重要支点。

【经济发展】 2018年，广州开发区顶住国际环境复杂多变、区域竞争日趋激烈、环境约束持续增强的巨大压力，攻坚克难、奋发有为，全市实体经济主战场地位更加稳固。广州开发区在全国综合考评中排名第二、科技创新居全国第一，质量强区领跑全市。全年完成地区生产总值2 795亿元，增长7.8%；固定资产投资1 038亿元；规模以上工业总产值5 678亿元；合同利用外资41.45亿美元，实际利用外资22.47亿美元；财税总收入1 052亿元，继续领跑全国开发区。

【广州开发区获中国十佳营商环境示范县市称号】 2018年12月15日，在第十三届中国全面小康论坛上，广州开发区获“2018年度中国十佳营商环境示范县市”称号，位列该榜单第二名，是广州市唯一摘得该殊荣的行政区。近年来，广州开发区运用国家“相对集中行政许可权”的优势，推进广东省“创新行政管理方式、加强事中事后监管”改革试点建设，加快行政审批改革。区内企业满意度高达83.3%，位居广州市首位。针对企业审批的流程，在“不破红线、不闯红灯”的前提下，黄埔区、广州开发区大胆削“繁”、治“拖”、破“堵”，打造企业服务的“高速公路”，尝试实现企业服务“时间最短”。全省首家行政审批局在此设立，集中承接8个部门的审批职能，只进一扇门，只盖一个章，推动事前审批与事中事后监管相分离，行政审批与技术审查相分离。审批时间大幅缩减，企业投资建设项目的主流程审批时间从改革前的110个工作日大幅缩减至15个工作日，财政投资项目从466个工作日缩减至75个工作日。广州开发区力图实现企业服务“程序最简”，制定了“信任审批”“来了就办、一次搞掂”“定制式审批服务”等改革方案，推行定制式审批服务、集中审批、分类审批、现场审批。在全国首推“秒批”政务服务事项清单，涵盖14个部门223个事项。实现涉企证照“44证合一”，企业开办1天内搞掂。广州开发区欲求实现企业服务“成本最低”。对企业反映集中、审批量大、专业性强的审批服务事项，由区财政统一购买服务，切实为企业“降成本”。改革后，企业投资建设项目平均每个报批事项只需提交4.8份材料，实施全信任审批模式的事项仅需提交1份信任审批承诺书即可当日取得行政审批决定。

【中新广州知识城上升为国家级双边合作项目】 2018年4月，习近平总书记在博鳌亚洲论坛期间强调，确定中新广州知识城升级为国家级双边合作项目，下一步要在政策支持和创新驱动上下功夫。2018年11月12日，李克强总理访问新加坡期间与新加坡总理李显龙共同见证了《中华人民共和国政府和新加坡共和国政府关于中新广州知识城升级合作的框架协议》的签订，中新广州知识城正式上升为国家级双边合作项目，双方将继续提升共建水平，扩展在科技创新、高端制造业、知识产权保护和人才培养等领域的合作。《框架协议》由中国商务部和新加坡贸工部共同签署。

【“民营及中小企业18条”发布】2018年11月，黄埔区、广州开发区正式发布《关于大力支持民营及中小企业发展壮大的若干措施》(以下简称“民营及中小企业18条”)，推出五个方面18条措施，全面降成本、降税费，帮助企业跨越市场的“冰山”、融资的“高山”、转型的“火山”。政策旨在破解融资难、融资贵等问题，全面减轻企业税费负担，支持企业自主创新，为民营企业、中小企业发展创造更好的条件。对于企业开办及运营涉及的执照、刻章、备案、审批等环节，开发区对企业开办提供免费服务，同时加大售电侧改革，降低用电成本，推行企业全生命周期免费服务。为了让企业享受到通关提速的红利，开发区提出实现通关环境全国最优，比照国内外先进口岸通关环境，协调降低码头场租及装卸等费用，降低企业通关查验合规成本，试点企业货物24小时全天候通关，给予中欧班列、集装箱多式联运企业经营补贴。在支持民企创新、创造、创业方面，“民营及中小企业18条”鼓励企业紧紧把握新一轮科技革命和产业变革的重大机遇，采用鼓励技术创新、加快技术改造、政府优先采购、强化人才培养等方式，支撑企业做优做强。在人才培养和引进方面，每年对100名优秀企业家、300名高级管理人员和技术人员开展专项培训，建设国家级人力资源服务产业园，每年安排专项经费落实用工补贴。在入户指标、子女入学、人才公寓等方面给予重点倾斜并放宽适用条件，优先安排。

【“文创10条”发布】2018年9月，黄埔区、广州开发区正式对外发布《广州市黄埔区广州开发区促进文化创意产业发展办法》，从企业和人才的落户、培育、平台和文化设施建设、品牌培植、重点活动等方面给予实实在在的扶持，扶持范围覆盖文化创意产业发展的全链条。由于该扶持政策共计十条条款，被业界誉为“文创10条”。叠加该区2017年出台的“金镶玉”系列政策，全区形成了一条完整、有机、高效的最佳政策链。黄埔区、广州开发区在编制“文创10条”的过程中，充分借鉴了国内其他城市在文化创意产业扶持方面的先进做法和经验，并结合本区域创新创业文化发达、高新科技企业全链条孵化器集群完善等特点，重点研究文化创意产业发展的主攻方向，主要从落户成长、集聚发展、品牌形象等方面进行突破和集中扶持，着重于扶持具有高成长性的企业，以期将潜力巨大的中小企业培育成为“大树”。将文化创意产业发展融合产生的巨大激励作用，助推黄埔区、广州开发区文化创意产业快速发展。

【全国首家省级机器人创新中心落户广州开发区】2018年12月，广东省机器人创新中心成立大会暨2018粤港澳大湾区机器人产业创新发展专家研讨会在黄埔区、广州开发区举办。广东省机器人创新中心(下称“创新中心”)是全国首家省级机器人创新中心，也是广州市成立的第三家省级制造业创新中心。创新中心由广州瑞松科技协同工业与信息化部电子第五研究所、国机智能科技股份有限公司等单位发起，与产业链上下游10家单位共同组建。创新中心是以广东省机器人创新中心有限公司为载体，完全以企业为主导，采取“企业法人+联盟”的股份制形式。创新中心将引进国内大学、科研院所以及机器人龙头企业加盟，以机器人核心零部件及周边设备、机器人应用软件、机器人工业互联网、大数据云平台服务为主线，以机器人焊接、机器人装配与智能装备研发、焊接与装配技术方案和新工艺研究为主要任务，将围绕“智能焊接与装配技术+机器人技术+应用软件技术”，探索建立符合粤港澳大湾区范围内机器人产业发展状态和特点的政、产、学、研、金、用协同创新机制，构建引领产业技术发展、促进技术成果转化、带动行业共同发展的创新平台；搭建提供测试验证、成果转化、人才培养、国家合作、标准制定等全方位产业化服务的综合性保障平台；通过协同创新，开展机器人关键共性技术、前瞻应用技术以及质量提升技术研究；通过技术成果转化，引领和带动产业发展。规划每年完成 5 ～ 10 项技术成果，3 年内预计产值 5 亿～ 10 亿元。

【中以国际生命科学平行孵化中心落户广州生物岛】2018 年 11 月 19 日，广州中以国际生命科学平行孵化中心（简称“平行孵化中心”）签约仪式在以色列海法举行。该项目的成功落地，标志着首个国际平行孵化中心同步在中国官洲生命科学中心（生物岛）和以色列海法科技园 Mindup 孵化中心快速启动运营，首批项目计划入驻官洲生命科学中心，这也是生物岛继圆满收官第二届官洲国际生物论坛后，迎来的首个生物医药领域的国际合作项目。平行孵化中心由黄埔区、广州开发区、广州中以生物产业孵化基地及以色列 Mindup 孵化中心共同推动，以政府指导、专业运营、资源互补、市场驱动为原则，充分利用双方优势资源，对中以两国初创高科技公司做到平行筛选项目，平行配置资源，平行融资服务，平行推送市场，强调双向制度化交流和深度合作，有助于进一步帮助初创公司顺利迈过价值创造的“独木桥”，缩短从种子阶段到后期上市的距离；中以官产学平行团队的联合参与，让平行孵化中心在整个孵化期间可以洞察并促进孵化项目的发展，提供项目从小到大、从慢到快的“成长缓坡”和符合中以两国国情的精准创业指导。平行孵化中心的设立，是广州与海外机构共建国际化、专业化孵化器的深度创新，是广州搭建独具特色的国际化科技创新平台过程中全新的里程碑。

【广州开发区牵手德国海德堡共建离岸创新中心】2018 年 11 月 21 日，广州开发区与德国海德堡中德科教园签订协议，在广州科学城与被称为德国大学城的海德堡之间交换创新空间，在对方园区互设离岸创新中心，从招商引智、研发孵化、产业加速等方面开展全面合作，为双方企业提供对等服务。中国综合实力排名前列的国家级开发区和欧洲研发重镇将上演“双城记”，联手打造一个共建共享的全球化资源平台。离岸中心助力“双城”创新实时在线。双方将利用各自优势，并重点结合德国创新创业、产业研发等有效资源，为培育发展新动能提供有力支撑。广州开发区将依托中德科教园在海德堡设立“广州开发区海德堡离岸创新中心”；德国海德堡中德科教园将在广州科学城设立“中德科教园广州离岸创新中心”。双方将以各自场地为载体，跨地理区域互设离岸创新中心，打造广州开发区—中德科教园两地联动的成果转化中心、孵化器中心，双向匹配科研、资本、市场资源，助力彼此在生命科学和工业 4.0 产业领域的深度合作。

【粤港澳大湾区知识产权联盟成立】2018 年 11 月 7 日，在 2018 广东知识产权交易博览会期间举办的黄埔区、广州开发区知识产权运用和保护综合改革试验高峰论坛上，粤港澳大湾区知识产权联盟宣告成立。当日，香港知识产权交易所、澳门科技大学、澳门凯旋知识产权代理有限公司、南方电网科学研究院有限责任公司、广州百济神州生物制药有限公司、北京大学粤港澳大湾区知识产权发展研究院、广东中策知识产权研究院等共 14 家发起单位的代表共同按下掌印，正式启动粤港澳大湾区知识产权联盟建设。粤港澳大湾区知识产权联盟将着重推进粤港澳大湾区知识产权的交流合作、知识产权重大共性问题的研究、知识产权贸易及成果转移转化、知识产权高层次服务集群建设、知识产权高层次人才培训等工作，旨在以知识产权促进大湾区知识产权保护及营商环境建设，汇集创新服务资源，推动经济高速发展。

【粤港澳大湾区区块链联盟成立】2018 年 11 月 9 日，粤港澳大湾区区块链联盟成立大会在广州市黄埔区、广州开发区举行。广州市区块链产业协会、香港区块链产业协会和澳门大学创新中心三方携手成立粤港澳大湾区区块链联盟。联盟总部设在黄埔区、广州开发区。继

2017 年 12 月推出国内政策力度最大的“区块链十条”扶持措施后，黄埔区、广州开发区持续发力构建区块链特色的中国软件名区。是日，广州市区块链产业协会、香港区块链产业协会和澳门大学创新中心三方签订《“粤港澳区块链发展”合作备忘录》，达成将以粤港澳大湾区区块链联盟为依托、开展粤港澳区块链交流与合作的共识。该联盟成立之后，总部设在黄埔区、广州开发区，香港、澳门分别设立联合总部(香港)、联合总部(澳门)。当天的成立大会公布了联盟的首批成员名单。首批成员单位共 54 家，来自粤港澳三地，涵盖技术、基金、孵化、培训等诸多区块链专业领域，其中不乏阿里健康、航天云网、布比等标志性企业。

【亚洲金融智库成立】2018 年 11 月 20 日，由亚洲金融合作协会主办，广州开发区管委会、广州市金融工作局支持的亚洲金融智库成立大会暨首届年会在中国广州召开。亚洲金融智库是广州市、广州开发区与亚洲金融合作协会共同打造的国际性高端金融智库。2018 年 1 月，广州市人民政府、广州开发区管委会与亚洲金融合作协会签署合作协议，亚洲金融智库永久落户黄埔区、广州开发区，亚洲金融智库年会每年在该区举行。亚洲金融智库落户广州市，将为广州添加“最强大脑”，促进深入实施“粤港澳大湾区”战略、深度参与共建“一带一路”、推动形成对外开放新格局和促进现代金融发展。来自亚洲、美洲、欧洲、非洲四大洲 19 个国家和地区的 60 余位经济学家及相关代表共 300 余人出席了会议。原韩国金融改革会议议长闵相基，中国建设银行首席经济学家黄志凌，亚洲金融合作协会副理事长、匈牙利银行业协会秘书长科瓦奇莱万特，交通银行首席经济学家连平及省、市、区各级领导出席会议。会议审议并通过《亚洲金融智库章程》《亚洲金融合作协会首席经济学家合作委员会工作规则》等六项议案，选举国家开发银行首席经济学家刘勇担任亚金协首席经济学家合作委员会主任，新加坡星展银行董事总经理兼首席经济学家 Taimur Baig 担任联席主任。

【广东省新一代通信与网络创新研究院成立】2018 年 4 月 8 日，由广东省科学技术厅、广州市科技创新委员会、广州开发区管委会共同发起的广东省新一代通信与网络创新研究院在广州科学城正式成立，国家数字交换系统工程技术中心邬江兴院士为研究院首任名誉院长及首席科学家。该研究院以部省联动组织实施国家重点研发计划“宽带通信和新型网络”重点专项为契机，按照“1 个研究院 +N 个创新中心 +M 个科研保障与促进平台”架构搭建，采用“研究院 + 投资基金 + 项目成果公司”模式运营，主要围绕新型网络、无线通信、芯片技术、空天信息技术等领域，开展基础性、前沿性、原创性和颠覆性创新研究和成果转化应用，力争为建设“自主可控、安全可信、多边共治”的国家新一代信息通信基础设施提供重要支撑。该研究院成立当年成功申报 2018 年省科技创新战略专项资金（对接国家重大科技项目方向等）项目，获得省科技厅 5 500 万元资金支持。

【第七届中国创新创业大赛生物医药行业总决赛在广州高新区成功举办】2018 年 11 月 12 日至 15 日，第七届中国创新创业大赛生物医药行业总决赛在广州高新区举行。来自全国的 235 家参赛企业在总决赛的舞台上展示风采，争夺全国桂冠。中国创新创业大赛是国内规格最高、规模最大、覆盖最广的创新创业赛事，是中国最大的众创空间和最强的众创平台。本届国赛首次到访广州，将在广州搭建各方资源融通发展的国级平台。比赛期间还为参赛企业带来生物医药领域的双创盛宴，包括主旨演讲、大企业对接会、参观考察等一系列活动。

【面向全球遴选高精尖人才】2018 年 11 月 3 日，黄埔区、广州开发区特聘雇员全球征才人才推介会举行。开发区面向全球公开遴选政府序列特聘雇员 30 名，包括首席战略规划官、全球招商总监等职位，定位为负责全区层面重大项目或专项工作的高精尖人才。所有岗位采取“一人一薪”方式，年薪 50 万元或以上不等。

这些职位将充实到开发区金融工作局、投资促进局、科技创新局、国土资源和规划局等政府职能部门，参与招商、金融、科技、信息、规划、区块链、人工智能等重点经济发展领域或重大项目的建设工作。该次公开遴选门槛不低，专门面向全球的企业高端管理人才、归国优秀留学生、外籍顶尖人才等，要求有担任高管的经历，或在相关行业有一定的知名度，属于公认的顶尖人才，还须具备完成政府项目的能力。在薪酬方面，特聘雇员定位为负责全区层面重大项目或专项工作，或协助区领导开展工作的高精尖人才，一般采取项目化考核管理，实行协议年薪制，“一人一薪”，根据职位重要程度、市场薪资水平等因素确定工资标准。各职位均推行严格的绩效考核，设定一定比例的绩效工资，并按照项目进度发放。年薪标准为50万元或以上不等。

【机构设置与管委会领导】2018年，广州开发区党工委、管委会与黄埔区委、区政府深度融合，经济功能区机构设置与行政区机构设置高度重合，设有纪工委（监察局）、党工委办公室（管委会办公室与其合署）、组织部、政策研究室、编办、老干部局、发展和改革局、财政局、人力资源和社会保障局、环境保护局、审计局、安全生产监督管理局、统计局、市场和质量监督管理局、法制办、经济和信息化局、投资促进局、商务局、科技创新局、国土资源和规划局、建设局、交通运输局、国有资产监督管理局、知识产权局、金融工作局、行政审批局、企业建设和服务局、重点项目工作办公室、口岸和联络工作办公室、产业园区开发办公室等工作部门。还设有6个功能园区管理机构：中新广州知识城开发建设办公室（中新广州知识城合作事务办公室）、西区产业园管理委员会（保税业务管理局）、长岭居管理委员会、黄埔临港经济区管理委员会（长洲生态文化旅游区管委会）、广州国际生物岛（中以合作区）管理委员会、云埔工业区管理委员会。

2018年，广州开发区领导成员为：党工委书记、管委会主任周亚伟；党工委副书记、管委会常务副主任陈小华；管委会副主任张超平、蒋宝鸿、孙学伟、严志明、黄东。

（广州开发区管委会）

湛江经济技术开发区

【经济发展】湛江经济技术开发区（以下简称“湛江开发区”）总面积356平方公里，由建成区及东海岛、硇洲岛、东头山岛和南屏岛等区域组成。2018年，湛江开发区下辖1个镇、5个街道，年末户籍人口30万人。2018年开发区经济社会发展平稳较快发展，落实“四个全面”绩效考核居湛江市第一，生产总值和地方一般公共预算收入增幅、工业总产值总量居湛江市第一，为湛江市经济加快发展作出了重要贡献。2018年，开发区全年完成地区生产总值402.04亿元，增长9.5%；规模以上工业总产值696.8亿元，增长6.5%；规模以上工业增加值159.18亿元，增长10%；固定资产投资234.66亿元，增长21.8%；社会消费品零售总额181.96亿元，增长11.7%；外贸进出口总额118.72亿元，增长7.1%；地方一般公共预算收入12.26亿元，同比增长31.3%。

【项目建设】2018年，湛江开发区重大项目生产建设进展顺利。湛江钢铁获得国际奖项“菲迪克奖”以及“国家优质工程奖”“中国安装工程优质奖”，成为广东省供给侧结构性改革的典范。全年实现产值382.8亿元、净利润38亿元，投资188.5亿元的3号高炉系统具备动工条件。钢铁配套产业园区10个投资共6亿元的配套项目建成投产，34个投资共41亿元的配套项目加紧建设。中科炼化项目进展顺利，全年完成投资100亿元，累计完成投资179亿元，正在按年底投产的目标加紧推进。

【招商引资】2018年，湛江开发区招商引资工作成效卓著，新增外商投资企业28个。实际利用外资2 836万美元，占湛江市的33%。成功引进投资100亿美元的德国巴斯夫新型一体化石化基地项目，成为中国重化工行业外商独资“第一例”。新签约项目26个，在谈项目49个。其中，择优引进7个石化配套项目和4个钢铁配套项目。全力推进全域旅游，成功推出湛江钢铁工业游，成为粤西首个工业旅游项目；与佛山国资委合作投资120亿元的龙海天升级改造项目规划调整上报工作基本完成；硇洲岛全域旅游项目初步评价报告基本完成。湛江最大的城市综合体华都汇建成运营，湛江国际邮轮港综合体项目动工建设，湛江农商行总部进驻，现代服务业中心格局逐步显现。

【暖企工作】2018年，湛江开发区主动服务重大项目，区主要领导率队调研走访重点企业，为企业排忧解难。与湛江钢铁和中科炼化共召开8次联席会议，及时解决企业生产建设过程中的难题。协助华都汇等商贸企业开展招商，协调双林制药等企业解决问题共117个。指导企业开展技术改造14家，帮助8家企业转为规模以上企业，协助南鲸海洋、金安大健康2家民营孵化器通过市级孵化器认定，协助企业争取各类扶持资金4 441.88万元，扶持外贸企业出口增长奖励资金316.1万元。民营经济发展指数考核全市第二名。

【创新发展】2018年，湛江开发区创新驱动发展战略加快实施。湛江高新区经过8年“长跑”，于2月28日经国务院批准升级为国家高新区，定位为“特色产业园区”，正在按1+N模式建设发展，高新区被评为省级“互联网+”创建小镇；出台了培育高新技术企业优惠政策，扶持高新企业发展资金457万元，获批高新企业15家，累计达到35家，推进中小企业“双创”升级项目83个；广医海洋医药研究院获批成立，启动东海岛国家级孵化器建设前期工作。实现高新技术产业产值192亿元，同比增长48%；专利申请679件，同比增长200%；专利授权397件，同比增长254%。

【深化改革】2018年，湛江开发区营商环境综合改革和体制机制创新进一步加强。一是积极推进“放管服”改革。开展复制推广省自贸区“证照分离”试点改革，涉及改革事项2 834件，惠及企业1 816家；“最多跑一次”改革扎实推进，在全市率先实行营业执照“审核合一、一人通办”登记模式，推行行政审批“容缺受理”和“申请人承诺制”；实施外商投资企业设立商务备案与工商登记“一口办理”，受到企业和群众好评。推进“双随机一公开”机制，规范和维护市场秩序。二是出台优惠政策扶持现代产业发展。发布招商引资“黄金十条”，出台促进总部经济发展等六大优惠政策；落实有关减税降费政策，共减免税收4.9亿元。优惠政策效应初显，湛江农商行总部等4家金融机构落户开发区。三是改革项目准入制度。找智库借外脑，聘请中国石化工业联合会专家对项目可行性进行严格审核，确保了项目引进的科学性。四是推动投融资、征地供地和绩效考核等制度创新。建立良性循环投融资机制，规范土地征收、财政预算、建设项目结算等制度。财政预算基本实现刚性约束，土地出让、专项资金管理进一步规范。绩效考核改革打破“普惠性”，激励鞭策作用进一步发挥。五是推进社会管理重心下移，推进以镇街为主体的城市管理和执法新模式改革，镇街“一支队伍管执法”高效运作，“两违”考核全市第一名。精简征地工作队，使100多名专业干部返回原岗位集中力量抓建设和经济管理。国务院督查组对开发区扩大改革开放给予高度评价。

【基础设施建设】2018年，湛江开发区强化发展保障，不断完善配套基础设施建设。一是有序推进东海岛规划建设。东海岛城市总体规划和6个片区控制性详细规划分别获省政府和市政府批准实施，石化园区分区规划进一步优化，启动编制石化园区控规和东简、东山圩镇区商业配套规划。采取PPP模式推动基础设施建设，14个项目纳入省项目库，总投资47亿元；东海岛路网等配套及公共服务设施建设加快推进，工业大道等7个配套项目竣工并投入使用，东海岛口岸查验中心等一批公建项目加紧建设。二是加快建成区“强芯提质”。启动智慧城市建设，数字化城市管理高效运作，考核一直保持全市前三名。扎实推进“优二进三”，全力建设现代服务业中心，建成区10家大型写字楼已建成9家，引进企业1 893家。其中，建筑面积46万平方米、湛江最大的城市综合体华都汇建成运营，湛江国际邮轮港综合体项目动工建设。继续优化市政设施，完成文东路等6条道路建设和“白改黑”改造。

【用地保障】2018年，湛江开发区加强征地和用地保障工作。全面推行“一线工作法”，干部积极担当作为，德老村1.3公里安全防护区征迁任务全面完成，湛江钢铁一期顺利通过环评验收。石化产业园区征迁工作加快推进，岛东大道、东雷高速等6个项目完成交地。巴斯夫项目用地短时间内完成签约4 700亩（约313.3公顷）、置换用地规模1 882亩（约125.5公顷）；完成3个批次2 075亩（约138.3公顷）建设用地报批。实行网格化控违，固化东头山岛现状，巴斯夫项目用地范围实现“零抢建”。实施村（居）民建房报建制度，申请430宗，审批389宗。

【社会事业】2018年，湛江开发区坚持以人民为中心，人民的获得感、幸福感和安全感进一步增强。一是统筹推进乡村振兴和“创卫”“创文”工作。出台乡村振兴战略实施方案，以120项工作清单为抓手，推进乡村振兴“七大行动”，农村土地确权工作基本完成，农村集体产权制度改革全面铺开。加强“三资”监管，四个交易平台共交易49宗、3 961万元。投入2 750万元开展“创文”“创卫”，启动东海岛四个镇街“双创”工作，“创文”工作走在全市前列。二是打好三大攻坚战。全力打好防范化解重大风险攻坚战，多方筹资保运作保发展，还款付息19.11亿元，财政风险得到有效控制；打好脱贫攻坚战，累计投入帮扶资金3 938.1万元，实施特色产业扶贫项目24个，促进733名建档立卡贫困对象稳定就业；改造危房96户，扶贫“三保障”工作落实率100%，预脱贫“八有”指标全部达标。打好污染防治攻坚战，产业园区在省环境保护专项检查工作中连续2年被评为全省5个优秀环保园区之一。三是全力办好民生实事。实现农村低保和扶贫线“两线合一”；加快推进村村通硬底化公路和自来水工程建设；基本完成中科安置小区建设，加快东山片区和石化产业园棚户区改造；新建扩建区一小等4所学校；促进东海岛籍群众700人在家门口就业；推进建成区和硇洲镇、民安街道视频监控全覆盖。各项社保指标名列全市前茅；完成8家村级卫生站公建规范化建设，改造4家镇（街）敬老院，完成48个行政村文化中心建设；“广东扶贫济困日”活动募集资金982万元；区法院一审行政案件集中管辖试点工作经验上报最高院，被广东省高院授予“集体二等功”。

【平安建设】2018年，湛江开发区狠抓中央和广东省委巡视、督察、督导整改，进一步优化发展环境。扎实做好巡视“后半篇”文章，将中央和省委巡视反馈的问题分别细化分解为52项148条和56项155条具体整改措施，层层压实责任、全面整改落实，取得了阶段性明显成效。

【2018年殊荣】一是2018年获得“国家高新技术产业开发区”和“国家海洋经济发展示范区”2块国家级牌子，实现“三区合一”，政策驱动优势更加突出。二是产业园区连续2年获广东省考评优秀，连续2年被评为全省5个优秀环保园区之一，荣膺“中国化工潜力园区10强”，成为高质量发展的重要平台。三是创文工作走在湛江市前列，第四季度综合考评全市第一，其中乐华、民安分别获得街道和镇类第一名，观海社区成为第四批省家庭文明建设示范点，城市假日B区“德美小区”成为全省粤西北文明创建工作现场会参观点。四是推进教育现代化取得重要成效，开发区被评为“广东省推进教育现代化先进区”。五是社会稳定取得新进步，在省公安厅群众安全感和公安满意度第三方测评中，开发区群众安全感为湛江市第一名。

（湛江经济技术开发区管委会）

昆山经济技术开发区

【概况】昆山经济技术开发区（以下简称“昆山开发区”）始终以扩大开放、改革创新为主题，以解放思想、抢抓机遇为先导，不断深化改革开放，引领产业多元化、功能创新化、园区城市化发展，综合保税区、光电产业园、留学人员创业园等一批国家级特色功能园区已具规模，机器人智能装备产业园、欧美科学产业城、高端食品产业园等一批特色产业园区加快建设，形成了电子信息、光电显示、精密机械、装备制造、民生轻工五大主导产业。截至2018年年底，累计引进欧美、日韩、港澳台等51个国家和地区客商投资的2 424个项目，投资总额401亿美元，注册外资211亿美元，注册内资企业31 824家，注册资本超过3 000亿元。2018年，昆山开发区获评江苏改革开放40周年先进集体，在2017年度江苏省开发区科学发展综合考核评价中名列第二，在2018年国家级开发区综合发展水平考核评价中名列第五。

【经济发展】2018年，昆山开发区充分发挥全市经济发展主力军、主战场作用，继续保持国家级开发区“第一方阵”地位。完成地区生产总值1 750亿元，同比增长7.3%；一般公共预算收入142.4亿元，同比增长11.4%；工业总产值5 302亿元，其中规模以上工业产值5 021亿元；服务业增加值575亿元，同比增长9.5%；全社会固定资产投资269亿元，其中工业投资104亿元；完成进出口总额704亿美元，同比增长7.2%，其中出口466亿美元，同比增长5.7%；新增到账外资3.1亿美元，同比增长24%；完成高新技术产业产值1 756亿元，占规模以上工业产值的36.4%。15个重大产业项目完成投资38.35亿元，12个技改项目完成投入36.5亿元。

【科技创新】2018年，昆山开发区围绕打造国家一流产业科创中心目标，实施人才科创“631”计划，完成“一带四园”夏驾河科创走廊规划。中国钢研集团“长三角”新材料检测认证与评价平台成功落户，高分子材料国家重点实验室江苏分中心开工建设，轻合金国家工程研究中心完成一期规划。推进超精密加工技术研究所、中德智能制造产业创新中心、新能源材料联合创新中心等一批创新载体建设。全区企业获省级科技计划项目5项，国家知识产权示范企业1家、优势企业4家。全年认定高新技术企业90家，列入各级“高企培育计划”企业100家。新认定昆山市级总部企业4家，获批省工程技术研究中心3家、苏州市工程技术研究中心13家。发明专利授权551件，PCT专利申请166件，4家企业跻身全省专利产出十强。组织举办哈工大“祖光杯”创意创新创业大赛、“锂电池产业创新发展论坛”等大型招才引智活动。引进阿丘机器人等科技人才项目40个、博士团队12个、博士后6名，新增国家级企业博士后科研工作站1家，新增省双创、姑苏人才17名。国显光电李源获评外专千人，实现昆山市零突破；清陶团队入选姑苏重大创新团队，实现县级市创业类团队入围姑苏重大创新团队零突破；石磊博士获中国博士后科学基金特别资助项目，填补昆山地区此类项目空白；昆山华恒焊接股份有限公司弗拉基米尔·尼古拉耶维奇院士、清陶（昆山）能源发展有限公司南策文院士团队荣获首批昆山市“头雁人才”

及团队，分别获得1 000万元和1亿元项目资助。

【投资促进】2018年，昆山开发区宝能系列项目成功落户，总投资20亿元的华天科技车用晶圆级先进封装生产线项目完成注册，之奇美增资2.52亿美元的超宽幅偏光片项目完成审批并开工建设，总投资2.5亿元的艾利C11生产线顺利投产。固铂轮胎增资1.5亿美元，牧田1亿美元增资项目完成签约，澜起新型可控数据中心平台项目办公楼投入运营，旭硝子二期、东旭光电投产运行，敏芯微电子、瑞鼎科技等一批半导体项目成功落户。台资在全区经济发展中继续保持重要地位，截至2018年年底，全区共集聚台资企业1 317家，总投资250.8亿美元，注册资本120.2亿美元。其中，制造业企业531家，注册资本89.9亿美元，占比75.36%；服务业企业786家，注册资本29.4亿美元，占比24.64%。

【相对集中行政审批改革】2018年，昆山开发区加快审批大厅环境优化改造，设立投资建设、市场准入、社会事务、税务、公安出入境、不动产登记6个“一窗办综合全链服务窗口”。完成全市首个投资建设“一网通办”平台的开发，全面铺开区、街道、社区三级便民服务体系建设，初步实现公安出入境全链条服务事项进驻并持续优化提升，逐步实现“市内事、区内办”。建立完善挂钩服务全区重大产业项目、重点民生实事工程工作机制，推行“一窗受理、内部流转、网上申请、并联审批、网端推送、全程代办、快递送达”等服务新模式。推动60个重点跟踪服务项目开工建设率超70%，平均审批时间缩短30%。通过配套设立“一站式服务中心”，确保市场准入3个工作日、不动产登记5个工作日、工业项目从立项到施工许可50个工作日完成，实现“3550”改革目标。全年累计办件量超41万件，增长约30%。自主审批市场准入、投资建设领域办件5万多件，新增企业6 000余家。截至2018年年底，全区市场主体达6万多家，其中企业3万余家。全年报建面积195.3万平方米，工程造价52亿元。

【社会事业与文化建设】截至2018年年底，昆山开发区辖区（含代管区）常住人口66.96万人，户籍人口自然增长率7.69‰。各级各类学校38所（以建制为单位），在校学生52 848人。社区卫生服务中心1个、社区卫生服务站8个。完成村级经济总收入1.94亿元，居民可支配收入1.7亿元，村均稳定性收入940万元，农民人均收入42 745元，同比增长7.0%；完成社区股份合作制改革，成立18家社区股份合作社，惠及20 182户、71 278股；2018年分红3 414万元，平均每股分红479元。组织开展改革开放40周年系列庆祝活动，顺利承办2018海峡两岸（昆山）马拉松赛、2018海峡两岸（昆山）中秋灯会慧聚广场灯区活动。慧聚广场获批国家级海峡两岸交流基地。娄江新村在全市率先挂牌“无群租小区”。创新开展“评审联动”，完成30家单位评审工作。三级党群服务体系建设扎实推进，建成1个党群服务中心、15个服务站、25个服务点。

【区域建设和管理】2018年，昆山开发区控规修编工作全面推进，完成区域城市设计，开放黄浦公园、白士浦河滨水景观带，体育公园、夏驾河景观带湿地公园等项目有序推进，完成马拉松比赛周边环境整治及提升工作。新增绿化面积120万平方米，完成闲置地覆绿85万平方米，拆除违法建设65.8万平方米。稳步推进安全生产大整治大检查“百日行动”，全年开展施工安全执法检查902次，签发安全类整改及停工通知书361份。全力推进海峡两岸马拉松比赛沿线整治、昆山“263”专项行动及“美丽昆山”总体整治等专项工作。推进省级示范区创建，完成绿色建筑规划及技术指标研究，10个绿色建筑示范项目获得绿色建筑相关标识认证，启动11个绿色施工项目。成功举办开发区绿色施工现场观摩会，新城天地花园荣获中国土木工程最高奖项——“詹天佑奖”。

【安全生产环境保护】2018年，昆山开发区成立15个安全生产专业委员会，实施29个重点领域专项整治。开展夏季安全生产百日检查、“三合一”场所整治等大检查，实施18项“三级挂牌”重大隐患整改工作，全面推进企业安全风险辨识管控工作。印发昆山开发区“两减六治三提升”专项行动工作方案及13个专项方案，“263”专项行动和河长制得到全面推进落实。开展控源截污、中水回用、雨污分流、VOCs治理等建设，完成太湖治理项目58个、控源截污企业173家、控源截污重点河道43条，全面消除黑臭水，基本消除劣V类河道；推动22家企业开展中水回用，日回用量增加5 000吨；新改建污水管网5公里，综合整治10条黑臭河道，完成VOCs整治企业106家。

【国际合作】昆山开发区积极响应习近平总书记关于“一带一路”建设重要指示精神，从2016年开始与埃塞俄比亚进行合作，积极探索“轻资产管理输出”的园区管理经验交流合作新路径，推进埃方特殊经济区的建设、人员培训等工作，并按照“政府引导、企业化运作”的思路，支持符合条件的企业抱团“走出去”发展，参与埃方相关园区的投资共建和管理，努力把昆山改革开放40年所形成的“昆山之路”经验引入“一带一路”建设中。2018年9月7日，昆山举办中国（江苏）—埃塞俄比亚深化产能合作共建“一带一路”投资发展对接会。昆山市与埃塞俄比亚德雷达瓦市正式缔结友好交流城市，昆山市政府与中土集团签署战略合作框架协议，昆山开发区与埃塞俄比亚工业园发展公司签署工业园区运营与管理经验交流合作备忘录，将持续向境外园区输出管理经验，培养园区管理人才。海王电子、AB集团、艾登箱包等7家企业与埃塞俄比亚国家投资委员会进行合作项目签约，涉及电子通信产品、纺织服装及食品加工等领域，总投资约14亿美元。

【特色园区】昆山综合保税区是在原昆山出口加工区基础上整合转型而来的。2009年12月20日，国务院批准设立昆山综合保税区。

截至2018年年底，昆山综合保税区已投产企业120家，从业人员15万余人。项目投资总额约37.39亿美元，注册资本约17.32亿美元，实际利用外资超14亿美元。2018年完成工业产值2 865.6亿元；进出口总额512.6亿美元，同比增长5.8%；其中出口350.2亿美元，同比增长3.0%。年内，参与增值税一般纳税人资格试点企业17家，其中正式运作15家；非保税货物入区金额69.94亿元，非保税货物出区金额67.90亿元；保税货物进口额15.39亿美元，保税货物出口额22.97亿美元；国税增值税发票开票金额35.01亿元，税额5.62亿元。在全国率先开展非报关货物进出区业务和返区维修出境业务试点。

昆山光电产业园于2004年开始规划建设，规划面积12平方公里，是国内唯一按照光电产业链进行规划、建设、发展的光电产业园区，形成了“原材料—面板—模组—整机”的完整产业链，同时也是国内规模最大、产业链最全、技术水平最高的光电产业基地，先后被国家科技部、国家工信部确定为“国家高新技术产业化基地”和“新型工业化产业示范基地”。2013年2月3日，国务院批准设立“昆山深化两岸产业合作试验区”，昆山光电产业园作为试验区内两岸产业合作的重中之重，将打造成海峡两岸产业合作示范基地。

昆山留学人员创业园由江苏省人事厅、科技厅和昆山开发区于1998年联合创办，是全国首家设立在县级市的留学人员创业园，也是全国唯一设在县级市的“省部共建”创业园。园区拥有孵化面积14万平方米，形成了新一代电子信息、智能装备、新材料、新环保等产业。截至2018年年底，昆山留创园累计引进留学人员908名、科技企业557家，集聚各类领军人才197名，其中国家高端人才38名（自主培养6名）、省双创人才24名、姑苏人才41名、昆山市领军人才94名，实现利税8亿元。

【夏驾河科创走廊】作为全市产业科创中心建设核心区之一，“夏驾河科创走廊”以把握“推动成果转化、促进协同创新、实现自主可控”为功能定位，以构建“一带四园”空间格局为切入点，围绕开发区已经形成和支持发展的产业链部署创新链，沿夏驾河滨水景观带、轨交S1线，整合布局“科创创意园、科创孵化园、科创总部园、科创加速园”四个核心科创功能区块，形成“产业、生活、生态”三大磁极，打造不少于100万平方米的科创承载区。“夏驾河科创走廊”以做强创新主体、培育创新业态、集聚创新资源为目标，力争到2020年年末，设立高新技术企业280家、培育瞪羚企业15家、隐形冠5～8家；新增各级各类研发中心100个，孵化器和众创空间15家，校、院、所、地共建技转功能型平台10家；万人有效发明专利拥有量60件，PCT国际专利年申请量120件；引育国内外院士等“头雁人才”和团队10个、国家级专家10名，具有重大影响力的创新创业团队3个，市级以上双创人才100人次。

【机构设置与管委会领导】昆山开发区管委会是苏州市政府的派出机关，副厅级建制，享有省辖市的经济审批管理权限，由苏州市委托昆山市管理。昆山开发区党工委、管委会内设11个正科职建制单位，分别为：党政办公室、党群工作部、经济发展促进局（招商局）、人力资源和社会保障局、规划建设局、安全生产监督管理和环境保护局、社会事业管理局、综合保税区管理局、台商投资服务办公室、科学技术局、行政审批局；3个正科职建制事业单位，分别为：招商服务中心、留学人员创业园管理处、疗养院；3个挂靠的副科职建制单位，分别为：督查室、城管分局、信访办；1个直属公司：昆山国创投资集团有限公司；5个市级机关派驻机构（开发区协助管理），分别为：公安分局、财政分局、国土分局、税务局、市场监督管理分局；上级纪委、监委派出的纪律检查工作委员会（监察工委）负责全区纪检、监察工作。

管委会主任杜小刚（任职至2018年7月）、周旭东（2018年7月起任职）；副主任：陈辰杨（主持日常工作，任职至2018年8月）、沈一平（主持日常工作，2018年8月起任职）、邹文元、石敏、潘建康、盛梦龙（任职至2018年9月）、盛雪东、黄乃宏（援疆）、姚伟宏、唐翱（援宁）、王少东（沭阳挂职）、陆宗元（任职至2018年5月）、何燕（任职至2018年6月）、钱军雄（任职至2018年10月）。

（昆山经济技术开发区管委会）

福清融侨经济技术开发区

【**概况**】福清融侨经济技术开发区（以下简称“融侨开发区”）创办于1987年，1992年经国务院批准成为全国第二批国家级经济技术开发区。园区紧邻福清市中心城区，324国道、沈海高速贯穿全区，福州新港码头、元洪码头、长乐国际机场邻近周边，区内水电路、网络通讯、排污管网等基础设施和教育、医疗卫生、文化娱乐等公共设施配套完善。经过30多年的发展，融侨开发区已经拥有“国家级经济技术开发区”“国家显示器产业园”“国家新型工业化产业示范基地”“国家平板显示高新技术产业化基地”4张国家级名片，培育了福耀玻璃、冠捷电子等一批国内外知名企业。

【**经济发展**】2018年，融侨开发区完成规模以上工业产值938.76亿元，规模以上工业企业增至151家；完成工业固定投资84.68亿元；外资到账3.09亿元；完成规模以上工业税收11.56亿元；出口总额276.54亿元，进口总额81.58亿元。园区入选福建省十大开发区，开发区的综合发展水平在全国219个国家级经济技术开发区中位列第91名。

【**转型升级**】一是落实兑现扶持政策。2018年，园区兑现企业自主创新、品牌创建、人才引进、技术改造、企业上市、智能制造等各项政策扶持资金1.36亿元；区内13家企业获得出口补助共2 732万元，京东方公司进口设备退税2.23亿元。二是加大企业研发投入。2018年，全区规模以上企业研究与试验发展经费支出17.5亿元，同比增长20%；新增省级以上研发机构5个，累计15个，同比增长50%。三是推进企业技术改造。重点推动企业引进先进设备和专业技术人才，推进“机器换工”。福州京东方光电投入6.7亿元实施铜工艺改造，进一步降低功耗、提高产品画质；福耀玻璃投入3.6亿元实施智能工厂建设，改造升级后的生产线，生产工位由75个减少到27个，生产效率提高35%，产品不良率降低30%，工厂整体能耗降低40%。2018年，全区新增3 000万元以上技改项目11项，总投资24.49亿元。四是推进企业品牌创建。2018年，全区新认定高新技术企业14家（其中6家为重新认定），累计31家，同比增长34.78%；高新技术企业实现产值251.28亿元，同比增长122.56%；新增发明专利135件，同比增长75.32%；PCT专利申请量实现零的突破，达到47个（含2017年12个未报）。五是培育孵化器和众创空间。扶持福清市互联网产业园建设发展，引进互联网企业及知识产权服务中心、创客学院、众创空间、孵化器及其他创业配套服务。截至2018年年底，产业园入驻企业达85家；园区管委会创业中心孵化器共引进8家中小微科技型企业入驻培育，其中融云物联网已孵化完成，从事高清视频监控系统和物联网技术应用研发，取得2项专利、20多项软件著作权，其产品在“智慧福清”和园区物联网建设中被推广应用；榕融芯微电子自主成功开发ARM内核的CPU图像处理芯片，拥有专利15项，处于中试和小批量出货阶段。六是推进制造业主辅分离。福耀集团剥离汽车售后服务业务，组建福建三锋汽车服务有限公司，为车主提供汽车玻璃更换、维修服务，延伸汽车养护、汽车金融等后市场服务。

【招商引资】2018年，融侨开发区以电子信息、精密汽车部件、光学三大产业作为园区重点发展的产业，开展三大产业上下游产业链精准招商。2018年新增备案项目152个，总投资608.9亿元，其中投资1亿元以上项目43个，总投资596.09亿元；列入“招商2018”项目30个，总投资574.59亿元；在谈项目27项，总投资399.99亿元。

【项目建设】2018年，融侨开发区新开工项目26个，竣工项目20个。完成京东方二期项目884.5亩（约58.97公顷）项目用地的限建区调整、林地报批、用地审批、房屋征收、养殖场拆迁、河道改造、军用光缆搬迁、坟墓搬迁、土地平整等项工作；冠捷、捷星人才公寓已建成并投入使用，为企业中高级管理人员及技术人员提供住宿配套设施；设立园区职工文体活动中心，建筑面积近2 000平方米，丰富了员工的业余生活。

【主导产业】2018年，园区电子信息产业完成产值584.63亿元，同比增长23.37%，占全区规模以上企业产值总量的62.28%；精密汽车部件产业完成产值62.70亿元，同比增长4.06%，占全区规模以上企业产值总量的6.68%；光学产业完成产值4.39亿元，同比增长5.3%，占全区规模以上产业产值总量的0.47%。三大产业的规模以上企业产值占全区总量的69.42%。

【要素资源盘活】一是着力推进“两违”整治、处置低效用地。2018年，全区历史遗留的23宗（其中，出让地4宗，道路绿化代征地和边角地19宗）批而未供用地已全部供地；9宗供而未建项目已全面开工；7宗因城市规划调整或业主原因无法建设的项目，3宗完成收储，剩余4宗正在开展收储评估。二是利用闲置厂房开展产业链“零地招商”，拉网式开展全区闲置厂房排查摸底、登记造册，通过有效对接，促进“僵尸企业”腾笼换鸟、起死回生，同时也实现园区重点产业的产业链多级配套，构筑产业发展成本洼地。

【生态环保】一是修编园区总规和规划环评，对三大产业及其配套以外的项目，原则上不引入、不供地，对现有“三高一低”（高投入、高能耗、高污染、低效益）项目，引导企业异地搬迁、改造转型。二是推进“污水零排河”百日攻坚，全区110家在产污染排放企业，具备纳管条件的92家企业已实行雨污分流纳管排放，市政管网暂未配套到位的18家企业均已达标排放，在建的22个项目分别安排相关干部跟踪督促，确保工地污水不乱排。三是推进企业节能减排，鼓励企业采用新工艺、新设备、新能源、新材料，全面完成园区企业燃煤锅炉整治工作。福耀集团屋顶分布式光伏发电项目，装机容量13.51兆瓦，发电1 023小时，年发电量1 382.73万千瓦时，相当于每年节约3 882.63吨标准煤、减少0.99万吨二氧化碳和364吨二氧化硫的排放。四是加快完善园区基础设施配套，推进南部片区污水管网建设维护以及城北组团片区水电路、污水管网、网络通讯等设施建设。2018年，全区基础设施建设的资金投入超过10亿元。

【管理服务】2018年，融侨开发区探索推行安全生产社会化服务改革，购买第三方专业机构排查企业安全隐患服务，安全标准化实现规模以上企业全覆盖；建立园区干部职工全员挂钩服务企业制度，分片区包干联系企业项目，开展服务企业“双保”行动；落实外资审批制度改革，设立外资审批服务窗口，推行网上审批，构建“部、厅、区”三级审批网络“直通车”。2018年，完成外资企业变更备案共53项、设立备案11项、增资备案1项；推进“证照分离”试点改革，承接省级下放审批事项20项，并全部对口授权；积极破解企业员工不足的难题，举办2期企业HR培训班，帮助企业引进人员约2 000名；协调处理劳资纠纷11起；协调解决453名企业员工子女入学。

【党建工作】以学习贯彻新时代中国特色社会主义思想为主线，以强党建、促发展为目标，以“红色领航工程”建设为载体，按照“一核六区”区域划分和“资源共享、活动共办、责任共抓、品牌共创”的工作模式，实现园区企业党组织和党的工作“双覆盖”。2018年，融侨开发区共组织各类专题学习培训9场，召开廉政专题教育会5场，编印《清风融侨》7期，汇编《融侨开发区党员干部应知应会学习手册》等学习材料，推进“两学一做”学习教育常态化、制度化。开展“学廉、思廉、考廉、倡廉”活动，建立党风廉政建设和机关效能建设企业监督员制度，加强园区作风效能建设，切实改进干部作风，提高服务效能。

（福清融侨经济技术开发区管委会）

长春经济技术开发区

【概况】长春经济技术开发区（以下简称“长春开发区”）成立于1992年7月，同年10月进入省级开发区序列。1993年4月，经国务院批准为国家级经济技术开发区，是国家最早设立的49个国家级经济技术开发区之一。长春经济技术开发区管辖总面积为112.72平方公里（包括长春兴隆综合保税区4.89平方公里），辖1个综合保税区、1个整建制镇、4个街道、10个行政村及27个社区，实有人口38万人。2018年，国家商务部对全国219家国家级经济技术开发区综合发展考核评价，长春开发区排名第25位。

【经济发展】2018年，长春开发区地区生产总值同比增长8%，高于长春市平均水平1个百分点；完成规模以上工业总产值同比增长10.2%，高于长春市3.3个百分点，占长春市的比重由2017年年末的8.9%提升至11.1%，扣除一汽集团占比达到25%，首位度进一步提升；规模以上工业增加值同比增长9.5%，高于全市2个百分点以上；服务业增加值同比增长6.8%，增速高于长春市平均水平，位居4个国家级开发区前列；固定资产投资同比增长23.2%，高于全市16个百分点以上；直接利用外资完成全年任务的110%，在开发区组排名第一；利用域外内资完成全年任务的101%；完成战略性新兴产业产值总量占长春市的34%，同比增长12.6%。综合来看，经过一年的努力，开发区主要经济指标增速均超过全市平均水平，在开发区板块中位居前列，其发展实现了量质并进，其综合实力实现了新跃升。

【产业发展】2018年，长春开发区强力启动春秋两季项目集中开工，掀起了新一轮的项目建设高潮。全年建设项目共323个，其中投资5 000万元以上项目139个，新建亿元以上项目69个，超额完成年度任务13%，大陆汽车电子传感器、丰田发动机、唯品会吉林省运营总部等一批大项目建成投产。加快商业服务业发展，万豪世纪广场综合体投入使用，这些项目将使开发区真正成为长春市东部的商业集聚地。此外，会展经济展现新活力，会展中心的功能、环境、知名度进一步提升，助力长春会展业竞争力指数跃居东北四市首位。

【科技创新】2018年，长春开发区全力打造综保区产业促进平台、浙大（校友）长春产业科创中心、人工智能创新中心、智能制造军民融合四大创新平台，创新创业的氛围加速形成，获得省市主要领导肯定。特别是经开科创广场的影响力不断上升，被省市授予院士长春创业园、国家技术转移东北中心长春经开分中心等7块牌子，引进了一批项目齐聚科创广场，而且这些项目都代表了国内最先进的科技创新水平，有巨大影响力，对开发区战略性新兴产业的发展具有极强的引领作用。此外，四大平台还紧盯税源型、高科技、高成长型企业，引进了吉林北斗导航、中暖新能源、潼宇科技、长光东方光电等近百个项目，为开发区产业创新注入了新动力。

【投资促进】2018年，长春开发区大力实施招商引资攻坚，严把项目入区质量，通过强化招商力量、创新招商方式、密集开展招商活动，成功引进了一批发展潜力大、市场前景广的优质项目。全年完成签约项目155个，新落位开工项目136个，增长44%；落位10亿元以上项目10个，是近3年的数量之和。落位大项目的数量、质量均创历年新高。在做好招大引强项目的同时，强化税源型、总部型项目招商。

【营商环境】2018年，长春开发区营商环境是从管委会领导到各部门工作人员，人人抓、人人关心、人人重视的一项工作。在顶层谋划上，从打造诚信政府、加大政策支持、优化服务载体、提高服务效能等方面，多角度、全方位、立体式地推进营商环境体系建设，取得了较大成效。通过减免工业厂房租金、支持企业技改扩能、减免配套费等方式使企业获得了大量真金白银的支持。以"企业服务日"为代表的载体服务为全区各类企业提供了更加全面、贴心、高效的服务，全年累计走访企业500多家次，为企业解决各类问题400多个。在全市率先推出"政策大讲堂"活动，全年举办21场，企业参加培训的人员达3 000多人次，极大地提升了企业对政策的知晓度和获得感。比如，工商分局通过政策大讲堂开展的商标权质押讲解，使区内3家企业成功取得了商标质押贷款，帮助企业融资7 200万元，有效解决了企业融资难问题。出台了《优化营商环境"十八条"措施》，多项审批事项实现在全市统一规定的基础上再压缩、再提速。深化"一门式、一张网"综合改革，投入400万元完成标准化政务大厅建设，梳理行政审批及公共服务事项600余项，全区93%的事项可实现"只跑一次"，70%的登记、变更类审批事项均可实现当天受理、当天发证，这项工作走在了全市前列。审批中心窗口被评为"长春市巾帼文明岗"。营商环境的提升，体现了打造诚信政府的决心。从效果上看，切切实实体现在项目落位上，体现在企业竞相扩能上，体现在政府与企业的和谐融洽关系上，得到了企业乃至社会各界的赞誉。市软办、市政务中心多次在开发区召开现场会，中央电视台对开发区软环境建设成果进行了宣传报道。在全市软环境建设年度综合评比中，开发区取得开发区组第一名的好成绩。软环境已经成为长春开发区一张靓丽的名片。

【国际合作】2018年以来，兴隆综保区加快打造开放发展优势，在省、市各相关部门的大力支持下，综保区园区业务不断扩大，平台功能不断丰富，通道建设稳步推进，进一步夯实了对外开放的基础，各项工作取得了新进展。

加快打造开放优势，口岸功能平台建设取得新成绩。综保区2018年园区业务实现新增长，受理报关单证同比增长29%。园区总业务额同比增长16%。与此同时，口岸、平台、通道各项建设快速推进，取得了一些新突破。一是口岸功能实现新突破。在省领导的高位推动下，在省、市商务部门的全力支持下，10月9日兴隆铁路集装箱场站正式被国家批准为汽车整车进口口岸，成为东北内陆地区唯一的整车进口口岸。2018年年底前已经完成检车线设备安装调试；引入了兴隆交通管理服务站、兴隆山税务所、国家汽车质量监督检验中心长春口岸实验室等服务机构，进一步健全了口岸服务功能；与海关等相关部门协调沟通，确定了口岸通关流程。另外，进口肉类指定查验场、冰鲜水产品口岸平稳运营，进境食用水生动物口岸申报取得实质进展。兴隆铁路集装箱场站顺利实现第二次延期，铁路临时口岸正式进入相对稳定运行阶段。口岸功能的日益完备使综保区具备了以口岸经济带动周边产业发展的基础条件。二是平台建设取得新进展。综保区跨境电商综合服务平台与珲春、吉林完成对接，承载能力和处理能力大幅提升，达到国内先进水平，综保区已成为名副其实的全省跨境电商综合服务平台。长春市跨境电商综试区于7月24日获得批复，跨境电商实现包机飞行29班（往返58架次），出口货物476.5万票；跨境电商直购进口业务共开展7批；完成了1239监管方式下东北地区首单跨境电商海运保税备货业务。进口商品展示交易中心实现常态化运营，丰富了综保区跨境电商的业务类型，不仅为电商企业提供了开展业务的平台，更使长春百姓足不出户就可购买到海外商品。三是通道建设取得新成效。"长满欧"班列平稳运行，2018年班列承运量达到9 300标箱。目前班列已累计为国内外近3 000家企业提供了优质的服务，“长满欧”入选“改革开放40年长春新名片”，成为吉林省对外开放的一块招牌。在纽伦堡设置的海外仓也已经正式启用，为省内企业“走出去”创造了公共服务平台，同时也为欧洲企业“引进来”形成对接与服务的窗口。此外，卡车航班业务实现稳定运行，“卡车航班”作为空陆联运的一种新方式，可以把各地国际航线资源延伸到综保区，拓宽了开发区对外开放的通道。

加快招商引资步伐，着力推动产业转型升级。一是综保区招商引资项目成效显著。这一年综保区严把项目入区质量，通过实施招商引资攻坚战、口岸经济攻坚战等，成功引进了一批发展潜力大、市场前景广的优质项目。首先，强化了招商力量，不仅在前期做大量的项目储备工作，而且积极推进在谈项目的落位。其次，创新了招商方式，综保区与海关建立了联合招商机制，充分利用海关各关区资源，多部门开展联合招商活动；还借助省市对口合作、干部挂职的机会，积极寻求合作机遇，拓宽招商引资渠道。综保区还积极配合省、市和开发区的各项招商工作，通过密集的招商活动，捕捉项目信息。目前唯品会项目、欧花面粉保税加工项目、兴隆中日跨境电子商务产业园项目等已经启动。综保区项目的质量和成长性有了较大提高，资源集约节约利用水平得到了提升，招商选资的思维已经形成。二是强化企业服务和通关服务。在企业服务方面，综保区牢固树立了“人人都是软环境”的理念，及时跟进建设进度，全力做好要素保障，推进项目建设；深入企业现场办公，坚持走访巡查制，及时发现和解决企业问题。为了更好地支持企业发展，还对租赁场地收费标准进行了调整。在通关服务方面，综保区与兴隆海关共同推动海关监管制度创新，致力于为企业创造更加便利的通关

2018年长春经济技术开发区主要经济综合指标一览表

项目		单位	2017年	2018年	增减（%）
开发区生产总值		亿元	631.59	692	9.6
第二产业		亿元	420.3	460	9.4
工业		亿元	374.95	410	9.3
第三产业		亿元	210.89	232	10.0
工业总产值（现价）		亿元	852	940	10.3
高新技术企业		亿元	344	356	3.5
销售（营业）收入		亿元	1 375	1 557	13.2
第二产业		亿元	979	1 098	12.2
工业		亿元	895	952	6.4
第三产业		亿元	396	460	16.2
区内主导产业及产值					
主导产业	1. 汽车及零部件	亿元	553	653	18.0
	2. 粮食深加工	亿元	103	111	7.8
进出口总额		亿美元	18.6	23	24.0
出口		亿美元	4.98	5.5	10.4
新批企业数量		家	2 587	3 230	24.8
国家级高新技术企业数量		家	34	52	53.0
年末从业人员数量		万人	19.70	19.83	0.6
上市企业数量		家	3	4	33.3
区内职业教育学校数量		所	9	9	0.0

环境。重点推进了“批次进出、集中申报”“简化无纸化通关随附单证”“仓储货物按状态分类监管”等八项制度在兴隆综保区落地。探索重庆自贸区“四自一简”制度，大力推进自贸区政策在综保区的复制推广，根据国家、省、市有关政策和《长春经济技术开发区促进经济发展若干意见》，编制了《支持各项业务加快发展的实施办法》，推动加快形成综保区全面开放的新格局。

【管委会领导】市政协副主席、开发区党工委书记、管委会主任、长春兴隆综合保税区管委会主任何泉秀。

（长春经济技术开发区管委会）

杭州经济技术开发区

【经济发展】2018年，杭州经济技术开发区（以下简称“开发区”）完成新产品产值563.3亿元，增长33.4%；完成信息经济增加值104.19亿元，增长10.1%；完成主营业务收入507.43亿元，增长12.9%。装备制造、生物医药、电子信息、食品饮料四大主导产业全年工业总产值1 335.78亿元，占全区规模以上工业企业总产值的78.8%。其中，装备制造业总产值738.76亿元，增长16.7%；生物医药业总产值179.16亿元，增长15.1%；电子信息业总产值284.28亿元，增长11.7%；食品饮料业总产值133.48亿元，下降0.49%。四大优势产业分别占全区规模以上工业企业总产值的43.6%、10.6%、16.8%、7.8%。全区规模以上工业企业301家，其中销售产值1亿元以上的企业191家，全年实现销售产值1 602亿元。

【人才科技发展】2018年，开发区新增市级以上领军型人才44人，比上年增长63%，其中院士、诺贝尔奖获得者等顶尖人才7人。新增国家高新技术企业67家，新增杭州市级高新技术企业129家。新增杭州市级及以上企业研发机构44个，至年末累计达344个。全年专利申请1.04万件，其中企业专利申请4 450件，增长25.2%；专利授权5 664件，增长11%，其中企业发明专利授权361件，增长4.4%。全年申报市级以上科技项目171项。新增省级孵化器1个、市级孵化器2个、市级众创空间3个。3个众创空间均获评省级优秀众创空间。4月，开发区“双创”工作获得国务院表彰。8月，大创小镇获评省级特色小镇，开发区被认定为杭州国际人才创业创新园。根据商务部2018年国家级开发区综合发展水平考核评价结果，杭州经济技术开发区科技创新实力位列全国219个国家级开发区第9名。

【投资促进】2018年，开发区完成实到外资2.4亿美元、浙商回归到位资金36.33亿元，市级产业个性化项目招引任务完成。全年引进实到外资1 000万美元以上大项目6个，分别是杭州裕桥电子科技有限公司、杭州康洲生物技术有限公司、杭州奕安济世生物药业有限公司、科源动力科技有限公司、百世店科技（杭州）有限公司、杭州鲸算科技有限公司，六大项目合计到位资金1.59亿美元。新引进世界500强项目1个。引进“浙商回归”1亿元以上的项目10个，10个项目合计到位资金21.55亿元。2018年，开发区对外贸易总体平衡、稳中有进。全年累计实现进出口总额688.98亿元，比上年增长7.3%。其中，出口总额349.34元，增长5.5%；进口总额339.64亿元，增长9.3%。全年出口额实现10亿元的企业5个，分别是杭州中策橡胶有限公司、东芝信息机器（杭州）有限公司、杭州顾家家居有限公司、杭州默沙东制药有限公司和泰尔茂医疗产品（杭州）有限公司。

【产业转型升级】2018年，开发区全力促进产业转型，以全市制造业区域综合试点为契机，大力推进“三化融合”和“五无企业”整治，引进“闪银”“小米智能家居”“华海药业”等一批优质项目，实施“零地技改”“机器换人”等项目66个，集中整治低效用地企业和低小散企业，9个总投资50亿元以上企业转型提升项目全面启动，战略性新兴产业、装备制造产业、高新技术产业增加值均保持两位数增长，产业结构和质效持续优化提升。医药港小镇被授予“杭州医药港”称号，新注册落户生物医药项目180余个，签约落户浙江大学临床实验中心等一批重大项目，在全省特色小镇考核中获评优秀；大创小镇新落地企业800余个，国际创博中心等一批平台建成投用，成功创建省级特色小镇；出口加工区获批综合保税区，全年跨境进口累计验放包裹6 042万单、交易金额115.3亿元，分别增长65%、56.7%。

【国家级开发区综合考评第9位】2018年12月，商务部公布2018年国家级经济技术开发区综合发展水平考核评价结果，杭州开发区综合考核排名第9位，科技创新单项排名第9位，双双进入全国十强，成为浙江省唯一进入全国开发区综合发展十强的开发区。根据考核标准，开发区人均GDP、单位面积产出、单位GDP排放、企业效益、高新企业主营业务收入比重、研发投入占比等指标均走在全国前列，成为十强中创新引领、高质量发展的典范，在国家级开发区转型示范工作中成效初显。

【出口加工区升级成为综合保税区】2018年2月13日，国务院批复同意浙江杭州出口加工区核减规划面积并整合优化成为杭州综合保税区。整合优化后的杭州综合保税区规划面积为2.007平方千米，四至范围是：东至21号大街，南至20号大街，西至杭州绕城高速公路东侧绿化带，北至21号大街。批复同意杭州综合保税区发挥区位优势和政策优势，发展保税加工、保税物流、保税服务等业务；杭州综合保税区实行封闭管理，要求按照海关特殊监管区域的有关规定组织综合保税区隔离监管设施的建设，条件具备后，由海关总署会同有关部门进行验收。杭州综合保税区封关验收后，不再保留杭州出口加工区。

【杭州医药港建设启动】2018年5月21日，中国•杭州医药港建设启动仪式暨《促进生物医药产业创新发展的实施意见》新闻发布会在杭州开发区举行。启动仪式上，杭州市委副书记、市长徐立毅与浙江省食品药品监督管理局局长陈时飞为杭州医药港揭幕，徐立毅作重要讲话，杭州市副市长陈新华主持仪式并宣布杭州市政府关于授予开发区杭州医药港称号的批复，开发区党工委书记、管委会主任邵立春就建设杭州医药港进行发言。

杭州市政府在杭州医药港召开新闻发布会，正式对外发布《促进杭州市生物医药产业创新发展的实施意见》。这项实施意见明确提出，杭州要打造具有全球影响力的生物医药创新城市的目标。杭州将引进全球生物医药创新资源，通过政府引导、资源整合、重点突破、全面推进的方式，推动生物医药产业实现跨越式发展。到2022年，初步建成国内领先的生物医药研发及产业化高地，主营业务收入达到1 000亿元以上。就生物医药产业空间布局，这项实施意见明确围绕“一核三园多点”打造高端生物医药产业基地。其中，“一核”即以杭州开发区为核心，打造全市要素最齐全、环节最完备、发展速度最快的生物医药高端产品研发集聚区。

【大创小镇入选省级特色小镇创建名单】2018年9月13日，浙江省特色小镇规划建设工作联席会议办公室公布省级特色小镇第四批创建名单，杭州开发区大创小镇入选省级特色小镇创建名单。6月，杭州市2017年度特色小镇创建对象考核结果揭晓，杭州开发区大创小镇被评为2017年度市级优秀特色小镇。大创小镇是杭州市首批人才生态示范区、浙江省首批海外高层次人才创新创业基地，集聚创新园区32个、国家级孵化器4个、众创空间12个、国家级众创空间4个，入驻企业3 800家、创客1万余人，从业人员3.5万人。小镇借助省内最大高教园区的集聚优势，以新一代信息技术为主导产业，导入人才、科技、产业、金融等系列政策，通过3～5年建设，打造集创新链、人才链、投资链、服务链等要素为支持的双创生态，逐步建设成为屹立于杭州东部的创业创新高地，打造成为长三角地区产学研协同创新的示范区，铸就全国双创新高地。

【基础设施建设】2018年，开发区持续深化产城融合，按照发展战略部署的要求，编制下沙分区规划和沿江等重点区块城市设计，新建成投用一批学校、医院，地铁1号线机场段和8号线、艮山快速路东延伸段、大剧院、亚运轮滑馆等一批重点项目加快建设，城市功能设施不断完善。开发区以文明城市指数测评和国家卫生城市复评为抓手，实施环境综合整治专项行动，重点推进金沙湖区块和环下沙31.3公里城市绿廊建设，有效解决重大安全隐患及脏乱差的问题。

【机构设置与管委会领导】2018年，杭州经济技术开发区下设纪检监察组、党工委、管委会办公室、人事劳动和社会保障局、政法委、机关党委、法院、检察院、经济发展局、社会发展局、公安分局、人才科技局、财政局、国土分局、规划分局、建设局、商务局、卫计分局、市场监管分局、城市管理办公室、出口加工区综合管理局、总工会、残疾人联合会、行政执法大队、城市建设发展中心等部门及资产经营集团有限公司、东部城投公司。

杭州经济技术开发区管理委员会党工委书记邵立春；党工委副书记陈金生、周涛；杭州经济技术开发区管理委员会主任邵立春；管委会副主任陈金生；党工委委员、管委会副主任何铨寿、王永芳、俞斌、郝大龙、史建峰；杭州经济技术开发区党工委委员储志林、李栋、虞付月、张义久、戚海滨。

（杭州经济技术开发区管委会）

芜湖经济技术开发区

【经济发展】2018 年，芜湖经济技术开发区（以下简称“芜湖开发区”）全年完成规模以上工业产值 1 330.3 亿元，实现财政收入 77.7 亿元，完成进出口总额 41.3 亿美元，实现固定资产投资 160.6 亿元，实际利用外资 7.6 亿美元，实际利用内资 548.3 亿元。在商务部 2018 年对全国 219 个国家级开发区综合发展水平考核中，芜湖开发区位列第 15 位，科技创新列第 6 位，名次较上年上升一位，是芜湖开发区成立以来的最好水平；通过国家知识产权试点园区验收；2018 年度全省专利百强企业占 12 家；芜湖跨境电商产业园获批为省级跨境电子商务产业园区。

【投资促进】2018 年，芜湖开发区发展动能持续增强，牢牢坚持产业发展不动摇，紧紧抓住项目招引不懈怠，瞄准广东、上海、浙江、福建等重点地区，深入对接，围绕产业聚集、品牌效应、环境吸引，高位谋划，不断创新招商方式，持续扩大招商成果。全年共签约亿元以上项目 22 个，总投资 122.6 亿元。其中，5 亿元以上项目 8 个，总投资 89.7 亿元；在谈亿元以上大项目 36 个，总投资 245.7 亿元。其中，总投资 25 亿元的美芝三期扩建项目，以及苏宁云商电商产业园、实达集团新型显示产业园、宇培电商冷链产业园、富春网营物联基地等一批重点项目相继签约落户，信义汽车玻璃扩建、斯凯孚密封系统扩建等一批大型外资企业增资扩建项目已签约。

不断强化联系服务企业机制，及时协调解决项目建设过程中的难题，推进项目快速建设。全年新开工亿元以上项目 63 个，总投资 201.5 亿元，5 亿元以上项目 15 个。其中，总投资 26 亿元的万里扬新能源动力总成项目首期建成投产，总投资 20 亿元的中车庞巴迪轨道车辆一期建成运营，总投资 15 亿元的大陆汽车动力总成项目主体封顶，总投资分别达 10 亿元以上的人本产学研创造园、中兴智能芜湖基地、聚飞光电 LED、常瑞汽车部件、兴飞通讯等一批重点建设项目正在快速推进。

【科技创新】2018 年，芜湖开发区大力推动创新型园区建设。一方面坚持人才优先战略，一手抓高层次科技人才团队招引，一手抓技能型人才培养，累计引进创新团队 4 个，新增引进高端人才 560 人，培养引进高层次创新创业人才 1 320 人，组织技工大省技能培训累计 3 378 人；另一方面努力激发各种创新活动，通过国家知识产权试点园区验收，发明专利授权 933 件，年度全省专利百强企业 12 家。截至 2018 年年底，万人拥有有效发明专利 247.2 件，居全省开发区首位。

大力推动企业上市。2018 年 4 月 27 日伯特利在上交所挂牌上市；信义能源预计 2019 年年中在港交所挂牌交易；瑞鹄模具、富春染织 IPO 辅导备案，预计 2019 年 6 月底前报会。截至 2018 年年底，开发区培育本土上市公司 19 家（国内上市公司 8 家，海外上市公司 2 家，“新三板”挂牌 9 家）。10 家主板上市企业 26 次从境内证券市场直接融资达 213.85 亿元。

以“四送一服”双千工程为抓手，聚焦企业高质量发展，认真贯彻落实省委、省政府促进民营经济发展 30 条、降成本系列政策和制造强省、三重一创等政策。全年企业申报落实政策性资金 15.82 亿元，其中申报“三重一创”新建项目9个，占全市申报数的60%。

【生态环境】2018年，芜湖开发区持续推进大气污染防治工作，环境质量不断提升。制定大气污染防治攻坚战“1+5”方案，成立大气污染防治攻坚战领导小组和4个专项工作组，围绕控煤、控气、控车、控尘、控烧“五控”要求，一批重点环保改造项目正在推进或已建成投入使用，完成21家企业VOCs整治方案编制工作，全面完成325家“散乱污”企业整治，全年PM10、SO_2、NO_2浓度分别同比下降9.8%、21.4%、14.9%。

有序开展水污染防治工作。2018年启动9条黑臭水体整治项目，总长度约18.4公里，总面积约45.6万平方米，总投资达7 000万元。总投资8 000万元的天门山污水处理厂一期提标改造工程前期准备工作稳步推进。

深入推进土壤污染防治工作。全面开展固体废物非法倾倒排查工作，累计出动3 411人次，排查1 093.2平方公里，依法处置固废案件，扎实开展污染区域修复工作。

全面推行河（湖）长制，扎实开展生态区域排查整治工作，制定重点项目实施方案调度表，责令25家不符合要求的企业进行整改，奋力打造水清、岸绿、产业优的美丽长江经济带。长江东西梁山、清水河（青山河）北斗门三处断面均达到Ⅱ类水质目标，达标比率为100%。

【和谐社会】2018年，芜湖开发区持续加大民生工程建设投入。全年投入民生工程建设资金1.85亿元，全面完成18项民生工程任务。建成龙山小学，稳步推进城北实验小学、蓝鲸湾幼儿园、银湖小学改扩建项目的建设进度；龙山、万春卫生服务中心与弋矶山医院、市一院建立医联体，新设置4家社区卫生服务站，基层医疗机构服务能力进一步提升。

切实提升城市综合品质。全年累计完成各项基础设施建设投资3.35亿元，绿化总面积达220万平方米，基础设施水平显著提升。建立网络化信息结构，坚持以人为本的执法理念，持续促进执法规范化、管理精细化；扎实推进厕所革命，新建公厕10处，农村厕所改造2 000处。狠抓安全生产管理。加快安全生产标准化建设，严格落实安全消防生产责任，全面开展隐患排查和专项治理，全年无重大安全生产责任事故，全面提升综合治理。加强和改进信访工作，推进领导干部公开接访和信访网上信息系统建设；认真开展“深重促”专项行动；深入推进扫黑除恶专项斗争，让群众获得感、幸福感、安全感更加充实、更有保障。

【党建工作】2018年，芜湖开发区高位谋划、系统推进党建工作。制定《2018年党建工作要点》，明确全年党的建设工作目标和推进步骤；研究出台《党工委定期研究党建工作例会制度》和《党工委领导班子赴基层调研党建工作制度》，以制度保障落实，切实把党建工作责任和压力传达到基层组织末梢。扎实开展巡视整改工作，坚决把巡视整改作为重大政治任务抓紧抓实，以高度的政治自觉和思想自省，高标准、严要求开展整改。先后多次召开工委会、推进会、专题会议，研究调度问题整改。巡视整改以来，共制定整改措施203项，制定或修订制度60项。

【大事记】

1月，开发区管委会被省商务厅评为2017年全省开发区信息工作先进单位；开发区管委会举办重点企业及新引进企业招聘周专场招聘会、返乡人才专场招聘；芜湖泓鹄材料技术有限公司等10家企业被认定为2017年度“安徽省专精特新中小企业”；芜湖通和汽车管路系统股份有限公司“汽车管路”和芜湖凡臣电子商务有限公司“电子商务”两个项目获2017年度“安徽名牌”称号。

2月23日，开发区管委会举办2018年春季中高端人才大型招聘会；奇瑞汽车2017年度出口总量达10.77万辆，同比增长22.3%，连续15年位居中国汽车出口销量冠军。

3月9日，云南禄劝职业高级中学2018年校企合作签约暨授牌仪式举行；芜湖安汇知识产权代理有限公司、芜湖正联知识产权代理有限公司2家知识产权代理机构被省知识产权局评为省首批知识产权服务品牌机构。

4月6日，商务部公布2017年国家级开发区综合发展水平考核评价，芜湖开发区综合排名第15位，其中科技创新单项指标排名第7位。

4月13日，总投资15.5亿元的大陆汽车电子(芜湖)有限公司汽车动力总成项目开工建设。

4月27日，芜湖伯特利汽车安全系统股份有限公司在上交所挂牌上市。

5月17日，开发区管委会与湖南有色金属职业技术学院“校区合作”暨芜湖欧宝机电有限公司、威灵（芜湖）电机制造有限公司校企合作订单班签约仪式在湖南有色金属职业技术学院举行。

5月18日，中安重工自动化装备有限公司与韩国现代乐铁公司举行战略合作签约。

6月5日，深圳科创新源股份有限公司与开发区管委会签订轨道交通及汽车高分子材料芜湖生产基地项目协议；芜湖安汇知识产权代理有限公司被国家知识产权局确定为第四批全国知识产权服务品牌培育机构。

7月1日，开发区管委会组织奇瑞汽车股份有限公司、芜湖美的厨卫电器制造有限公司等公司赴吉林省开展校区（企）人才合作活动，建立校企人才合作基地；安徽神剑新材料股份有限公司被国家知识产权局评为国家知识产权示范企业，芜湖美的厨卫电器制造有限公司被评为国家知识产权优势企业。

8月14日，省政府公布2017年全省开发区综合考核评价，芜湖开发区位列第3名。

8月18日，总投资10亿元的苏宁云商芜湖电商及现代物流产业园项目开工建设；瑞鹄汽车模具股份有限公司技术中心、安徽美芝精密制造有限公司技术中心获批国家企业技术中心。

9月6日，芜湖开发区国家知识产权试点园区通过国家知识产权局验收。

9月8日，总投资25亿元的安徽美芝精密制造有限公司旋转式空调压缩机智能化生产线项目签约。

7—9月，省委第一巡视组对芜湖市开展巡视，并延伸对开发区进行巡视；10月14日，省委第一巡视组向开发区提出专题报告，开发区党工委对照反馈问题开展巡视整改。

10月18日，开发区管委会举办2018年下半年重点项目集中开工活动，总投资135.1亿元的20个项目集中开工。

10月24日，芜湖凡臣电子商务有限责任公司荣获“2017安徽电子商务一强企业”称号。

11月2日，国际汽联主席让•托德一行参观奇瑞汽车工程中心亚洲最大的碰撞安全试验室、NVH试验室和造型中心等处；奇瑞汽车获得国家知识产权局外观设计银奖，奇瑞汽车“获取驾驶状态信息的方法和装置”、三安光电“具有反射电极的发光装置”及美的厨卫“电热水器及其控制方法”分别获得专利优秀奖。

11月15日，安徽美芝精密制造有限公司、芜湖东旭光电科技有限公司、瑞鹄汽车模具股份有限公司获评“2018年省技术创新示范企业”称号。

12月5日，开发区党工委被省商务厅评为2018年度全省园区非公党建工作先进单位。

12月14日，开发区通全小微企业创业基地获评“2018年度安徽省小微企业创业基地”。

12月29日，商务部公布2018年国家级开发区综合发展水平考核评价，芜湖开发区综合排名第15位，其中科技创新单项指标排名第6位。

【管委会领导】2018年，芜湖经济技术开发区党工委书记、管委会主任陆雷；党工委副书记刘国华；党工委委员、管委会副主任王翔（3月任职）、王社伏（6月任职）；党工委委员、工委管委办公室主任何学东；党工委委员、管委会副主任纪良柱（6月离任）、王慧山（3月离任）；党工委委员、纪工委书记李永宁（2月离任）；党工委委员、综保区管委会专职副主任季学敏（2月离任）。

（芜湖经济技术开发区管委会）

惠州大亚湾经济技术开发区

【经济发展】2018 年，惠州大亚湾经济技术开发区（以下简称“大亚湾开发区”）实现地区生产总值 685.7 亿元，增长 18.3%；规模以上工业总产值 2 267.7 亿元，增长 41.7%；规模以上工业增加值 633 亿元，增长 23.8%；社会消费品零售总额 45.2 亿元，增长 15.2%；一般公共预算收入 61 亿元，增长 15.1%；税收总额（含海关代征税）465.2 亿元，增长 41.3%；进出口总额 258 亿元，增长 21.2%；全体居民人均可支配收入 4.1 万元，增长 11.3%。

【产业发展】2018 年，大亚湾开发区产业持续优化升级。石化支柱产业进一步做强做大，石化产业产值增长 61.2%。主导产业加快发展。东风本田一体化二期项目竣工，汽车零部件装备制造业产值增长 24.6%；比亚迪电子出口产品逆势增长，电子信息产业产值增长 5.7%；深能港务煤炭集散基地建成运营，全区港口货物吞吐量增长 29.8%；着力创建省级全域旅游示范区，全年接待游客增长 19.2%。红树林城市湿地公园获评国家 4A 级旅游景区。

【园区特色】惠州大亚湾石油化学工业区（以下简称“石化区”）规划面积 31 平方公里，已开发面积约 20 平方公里。2012 年列为全国首个安全生产应急管理创新试点化工园区；2014 年入选国家重点发展的七大石化产业基地之一；综合实力连续 6 年位居中国化工园区前列；2016 年获评华南地区首个国家级精细化工专业科技企业孵化器；2017 年获评国家第一批“绿色园区”，入选国家循环化改造示范试点园区。凭借石化区的规模质量优势，大亚湾开发区 2018 年获评国家新型工业化产业示范基地。目前，石化区已实现炼油 2 200 万吨 / 年、乙烯 220 万吨 / 年的生产能力，炼化一体化规模全国第一；已落户项目 89 个，总投资 1 807 亿元，其中世界 500 强和行业领先企业投资占比近 90%；已形成碳二、碳三、碳四、碳五、碳九、芳烃等优势产业链；化工产品就地转化率达 71%，循环经济产业链关联度达 85%。2018 年，园区实现产值 1 627.5 亿元。

【科技创新】2018 年，惠州学院大亚湾化工研究院揭牌。北京化工大学惠州产学研基地投入运营。国家智能铸造产业轻合金创新中心开业，创新主体不断壮大。规模以上工业企业研发机构覆盖率达 50%。新增高新技术企业 23 家、省级以上企业创新平台 6 个、国家级领军人才 3 名。中山大学惠州研究院“石化行业 VOCs 治理团队”入选广东省“珠江人才计划”。惠州信立泰药业发明专利获第 20 届中国专利奖金奖。完成“创青春 • 大亚湾青年创新创业系列活动”之“船长计划”；共建首家市级青创示范基地，30 多家创新创业团队入驻；与 6 家创投机构建立合作关系，投融资总额逾 1 000 万元。

【投资促进】2018 年，19 个省、市重点项目完成年度投资计划的 123.9%。108 个“三类重点”项目（指重点产业项目、重点建设项目、重点民生项目）按计划完成 94.4%。炼化二期项目全面投产，中海壳牌 SMPO/POD（苯乙烯 / 环氧丙烷和聚醚多元醇）、中海油惠州石化产品结构优化及质量升级项目开工。乐金 ABS（丙烯腈 - 丁二烯 - 苯乙烯树脂）三期项目签署框架协议，埃克森美孚惠州乙烯项目签订初步投资协议，中海油与壳牌合作建设石化三期项目。招商选资签约项目258个，合同利用资金763.8亿元。

【深化改革】2018年，大亚湾开发区完成国有“僵尸企业”出清工作任务。商品房去库存周期为8个月。为全区企业降低成本14.25亿元。实施“行政审批告知承诺制”，办理时限从20个工作日减少为5个工作日。开展“大亚湾区首届基层妇联区域化改革执委能力提升公益项目创投大赛”，征集公益项目8个。

【生态环保】2018年，大亚湾开发区新建污水管网42公里。城镇生活垃圾收集率达95%以上，无害化处理率与村庄保洁覆盖率达100%。新建农村生活污水处理设施4座、配套管网1.7公里，行政村生活污水处理设施实现全覆盖。环境准入“一票否决”，严格落实“三线一单”（生态保护红线、环境质量底线、资源利用上线和环境准入负面清单），建设项目否决率达14.6%。完成8家VOCs整治企业后评估工作，新增8家企业LDAR（泄漏检测与修复）技术应用，实施扬尘常态化整治，全年空气质量优良率95.1%。饮用水源达标率100%、地下水水质保持良好，近岸海域水质达标率100%。

【城市建设】2018年，大亚湾开发区继续改善交通出行，完成龙海三路（龙山一路至龙山五路）、西区龙盛四路（龙山一路至龙山三路段）、澳头小学周边道路建设；完成霞涌东环路及霞光西路提升改造工程。继续实施惠民公交，开通或优化调整公交线路2条，新增公交车辆40台以上，更新公交车辆60台以上，组织公交企业升级安装GPS、视频一体机40台以上。

【民生事业】2018年，大亚湾开发区落实民生财政政策，民生支出43.49亿元，占一般公共预算支出的71.3%。新建大亚湾区第四中学、西区第五小学、公园上城小区配建学校和北大培文惠州实验学校、广外附设大亚湾外国语学校二期5所学校；改扩建西区荷茶小学、澳头实验学校风雨操场、大亚湾第二中学、第三中学4所学校。建成后增设114个中学班级、5 700个学位；增设108个小学班级、4 860个学位。全区城乡居民基本养老保险基础养老金标准每人每月从145元提高到155元，基本公共卫生服务经费标准提高至每人每年60元以上。为常住居民免费提供12项国家基本公共卫生服务，对老年人增加“两癌”（肝癌、肠癌）筛查项目。

【党建工作】2018年，大亚湾开发区深入学习贯彻习近平新时代中国特色社会主义思想和党的十九大精神，认真贯彻落实习近平总书记视察广东重要讲话精神，落实新时代党的建设总要求，推动全面从严治党向纵深发展。积极开展基层党组织设置规范工作，共调整规范设置党组织39个，其中党总支2个，党支部37个。推进实施基层党建“1+X”领航工程。加强村（社区）党组织对服务群众资源的整合利用，推动实施“社区党组织服务群众项目”21个。组建街道一级党校，完善机构设置与制度配备，落实经费支持与师资队伍，入库师资61名，举办培训班23期，培训基层党员干部3 036人次。扎实推进“两新”组织“两个覆盖”质量提升行动，新增“两新”组织党支部4个。

【机构设置与两委领导】2018年，大亚湾开发区区委机构3个，纪委单列管理、管委会工作部门10个，市政府部门派出机构5个。另辖街道办事处3个，设有其他部门2个（人大政协工作办、群团工作部）。全区事业单位131家。

区委：市人大常委会党组书记、常务副主任，环大亚湾新区党工委书记，大亚湾区委书记张瑛（8月离任）；大亚湾区委书记范志益（12月任职）；区委副书记、政法委书记张添才；区委常委黄辉（2月离任）；区委常委、组织部部长詹星；区委常委黄伟忠；区委常委、纪委书记方小龙；区委常委、两委办主任严文生；区委常委黄志军、杨宏滨（兼任）。

管委会：管委会主任、党组书记范志益（12月离任）、王滨（12月任职）；常务副主任、党组副书记黄辉（2月离任）；副主任、党组成员黄伟忠；党组成员严文生、黄志军；副主任、党组成员杨宏滨（兼任）、杨远芒、邹涛（2月任职）、黄小慧、潘添新；副主任梁浩。

（惠州大亚湾经济技术开发区管委会）

北京经济技术开发区

【经济发展】2018 年，北京经济技术开发区（以下简称“北京开发区”）面对经济下行压力和中美贸易摩擦等复杂形势，注重经济调度、加快项目建设、强化企业服务，工业增加值、规模以上工业总产值的总量和增速均为北京市第一，为全市实体经济发展提供支撑。全年完成地区生产总值 1 509.5 亿元，比 2017 年增长 10.6%。进出口总额完成 192.9 亿美元，比 2017 年增长 12.9%。一般公共预算收入 257.3 亿元，比 2017 年增长 19.9%；一般公共预算支出 205.7 亿元，比 2017 年增长 11.6%。社会消费品零售额 400.3 亿元，比 2017 年增长 0.2%。其中，限额以上企业实现零售额 369.4 亿元，比 2017 年下降 0.5%；限额以下企业及个体工商户实现零售额 30.9 亿元，比 2017 年增长 9.1%。

【产业发展】2018 年，北京开发区围绕具有全球影响力的科技创新中心“三城一区”（“三城”即中关村科学城、怀柔科学城、未来科学城；“一区”即北京经济技术开发区）建设，按照“四区一阵地”（“四区”即打造具有全球影响力的科技成果转化承载区、技术创新示范区、深化改革先行区、宜居宜业绿色城区；“一阵地”即高精尖产业主阵地）的定位要求，以高精尖项目为抓手，构建高精尖产业结构，推动产业持续快速发展。四大主导产业方面，开发区四大主导产业实现产值 3 551.3 亿元，比 2017 年增长 12.9%。新一代信息技术产业实现产值 851.7 亿元，比 2017 年增长 18.3%，签约项目 11 个，引入集创北方显示驱动芯片、科益虹源、威讯二期扩产等项目。汽车制造产业实现产值 1 722.9 亿元，比 2017 年增长 14.4%，签约项目 4 个，引进智能网联汽车国家创新中心、高端汽车及新能源汽车关键零部件产业园、人保汽车服务电商平台、中氢科技氢燃料电池发动机项目，高端汽车和新能源汽车关键零部件产业园第一批厂房（N12 地块）开工建设。生物医药产业实现产值 466.4 亿元，比 2017 年增长 12.9%，亦昭生物医药中试研发生产基地、诺康达药品智能化生产基地等 6 个项目落地，北京国际药品参比制剂服务中心公共服务平台投入运营。智能制造产业实现产值 510.4 亿元，比 2017 年下降 0.9%，签约、注册项目 10 个，包括北京中科启迪机器人有限公司等服务机器人系统研发与集成企业，诺兰特新材料（北京）有限公司等节能环保企业，北京仪综测业科技发展有限公司等工业互联网应用服务平台项目，北京深蓝航天科技有限公司等民用火箭项目。新能源和新材料产业方面，北京金风科创风电设备有限公司自主研发的海上 6S 产品平台风电机组通过高电压穿越测试，研制的 GW140-2.5MW 型风电机组获北京鉴衡认证中心颁发的型式认证证书；北京天诚同创电气有限公司清河再生水厂分布式光伏发电项目一期一标段并网投入运行。互联网产业以京东集团为代表的中国首个中华老字号互联网无界零售联盟、中国首个 AR 无界创新联盟、中国首个全国性无人机公益救援队等成立；京东全国首批 7 家“京东帮智慧社区店”、首家线下生鲜超市开业；自主研发的第一架重型无人机——京东“京鸿”大型货运无人机下线。开发区规模以上工业总产值实现 3 841.2 亿元，比 2017 年增长 12%，高技术制造业和现代制造业分别实现产值 1 408

亿元和3 100.9亿元，分别比2017年增长15.3%和11.1%。

【科技创新】2018年，北京开发区承接和转化科技创新成果。组建与“三大科学城”科技成果转化合作推进专班。会同中关村管委会共同研究培育高精尖产业。与中国科学院、清华大学、北京大学等高校建立科技成果转化项目库，入库项目51个。研究制定《中试基地认定管理办法》，支持北京昭衍新药研究中心股份有限公司建设全国规模最大的大分子生物医药中试基地。举办2018世界机器人大会、2018全球智能工业大会暨国际智能工业高端论坛暨全球创新技术成果转移大会暨博览会等国际交流活动。新增国家高新技术企业121家，累计802家，比2017年增长17.6%。新增市级知识产权试点企业22家，累计356家；新增北京市专利示范单位6家，累计38家；新增北京市专利资金资助企事业单位41家，累计189家。13家企业申报的项目获市科协2018年度金桥工程种子资金支持；8家企业分别获第二十届中国专利金奖1项、中国外观设计银奖1项、中国专利优秀奖8项；11家企业的10项科研成果获2017年度北京市科学技术奖。开发区企业申请专利8 711件，授权专利4 432件；拥有有效发明专利6 384件，万人有效（实用）发明专利拥有量350件。落实研发费用加计扣除、高新技术企业和小型微利企业所得税优惠等减税降费政策，为3 800多家次企业减税24亿元。降低企业电力成本，一般工商业用户电价下调8.7%，节省电费3 700万元。开展低压用户报装“三零”（零上门、零审批、零投资）工作，累计为500多家小微企业节约费用950万元。落实“创新型企业人才引进专项计划”，在重点领域确定351人的高精尖特引才名单。认定第三批“新创工程·亦麒麟”产业领军人才137人，累计667人，比2017年增长23.7%。新增6家博士后工作站，累计40家企业分站。引进中央“千人计划”累计71人；新增北京市“海聚工程”4人，累计127人。出台《促进职业能力提升补贴管理办法》，新增对学历、学位、职称的补贴。鼓励企业、院校、社会机构深化合作，加强人力资源供给和智力资源共享。北京平安普德生物技术有限公司与2014年诺贝尔生理学或医学奖获得者爱德华·莫索尔（Edvard•Moser）共同建设开发区首家诺贝尔奖工作站。开发区技术创新中心成员企业获新技术研发100项，新产品研制106项。入驻服务机构30家，开展各类活动330多场，各类专业服务直接服务企业2 000多家次。

【投资促进】2018年，北京开发区完善和细化外贸稳增长政策，制定重点出口企业专项支持措施，稳定企业出口信心。推广应用国际贸易“单一窗口”。提升企业服务能力，对接商务部、国家药监局，协助通用电气高端生产线缩短产品注册审批时间；建设集成电路质量安全示范区，构建重点敏感工业产品质量安全追溯体系，引导企业加强产品质量管控；落实出口退税分类管理措施，外贸保持平稳增长势头。内外资备案项目243个，吸引内外资项目总投资264.7亿元，比2017年下降34%。实际利用外资约5.38亿美元，比2017年增长34.5%。产业化项目固定资产投资累计完成110亿元，包括建安投资50亿元。签约威讯北京、屹唐半导体、智能网联汽车国家创新中心等26个项目，总投资163亿元。神州细胞、康弘、京东等5个项目摘牌，总投资92亿元。京东方研发中心二期、奔驰动力电池工厂建设、京东集团全球总部二期等11个项目开工，总投资130亿元。赛升药业、泰德产业园2个项目竣工，总投资11亿元。北方微电子二期、智同科技2个项目投产，总投资13亿元。全年进出口总额完成192.9亿美元，比2017年增长12.1%。其中，进口129.4亿美元，比2017年增长9.8%；出口63.5亿美元，比2017年增长18.7%。实现出口退税57.2亿元。提升贸易便利化水平，压缩通关时间，取消通关单，无纸化报关比例超99%，出口整体通关时间降至6小时，下降37%。北京开发区依托出口信用保险建立中小外贸企业交流平台，累计免费参保企业30多家。支持优势企业走出去，鼓励四达时代集团等平台类企业发展，推动企业间合作，支持国机重工、中冶京诚承接“一带一路”沿线基建项目，对“一带一路”国家或地区出口占比达36.2%，比2017年增长21.5%。北京开发区结合2020年六大发展目标出台《北京经济技术开发区促进高精尖产业发展实施办法(试行)》。

【投融资工作】2018年，北京开发区以降低企业成本为重点，构建金融生态环境。北京亦庄·永清高新区协同发展投融资有限公司完成融资5.7亿元，投入高新区建设和土地征收等项目达4 900多万元。依托北京亦庄国际投资发展有限公司投融资平台，累计投资项目131个，投资437.1亿元。

【区域合作】2018年，北京开发区发挥京津冀开发区创新发展联盟作用，拓展渠道、整合资源，推进京津冀产业合作，支持和对接雄安新区、曹妃甸开发区等规划发展区域及合作共建园区开发建设。打造德稻全球创新网络（德稻脸谱平台），合作推进“百城万企”高诚信企业平台在京津冀、长三角开发区产业发展和企业服务中的推广与应用，构建面向京津冀开发区的企业发展服务平台，开拓进取，探索创新企业发展服务的新路径，京津冀科创成果转移转化平台发挥京津冀科技创新公共服务平台作用，引入各类优质服务机构，协同线上线下入驻服务机构，围绕政策、知识产权、投融资等开展专业服务对接和服务活动。北京亦庄·永清高新区签约亦庄众联永清智能车网创新园、军民融合复合材料研发中心与高端制造示范基地2个项目，总投资12亿元。北京亦庄·永清高新区与北京市农业投资有限公司签订河北现代农产品加工基地建设项目投资意向书，总投资12亿元，占地面积13.33万平方米。

【绿色集约】2018年，北京开发区打造宜业宜居绿色城区。落实《北京经济技术开发区2018年清洁空气行动计划》，完成2017年度开发区100家企业的环境统计年报工作和27家重点工业企业2018年度环境统计季报工作，完成污染工序退出企业1家、废气设施升级改造单位6家，累计减排283.29吨。持续巩固燃气锅炉低氮排放示范区、货运车排放监管示范区和高排放非道路移动机械禁止使用区建设成果。全年开发区空气质量中细颗粒物（PM2.5）平均浓度53微克/立方米，比2017年下降18.5%，完成各项环保工作指标。发布实施《北京经济技术开发区蓝天保卫战2018年行动计划》，严格落实四大项22条具体措施；编制《北京经济技术开发区绿色工业建筑设计指引》等相关文件，推动绿色建筑从民用到工业建筑领域全覆盖。开展第二次全国污染源普查工作，完成2017—2018年秋冬季大气污染综合治理攻坚战。推动7家单位实施挥发性有机物减排工程，减排180吨，5年来累计减排3 000吨。搭建开发区PM2.5监测网格趋势云分析平台，在全市率先完成海绵城市工作导则和海绵城市工作指南，率先完成绿地系统规划和园林绿化导则，将70%的降雨就地消纳和利用，达标面积比例超过30%，是全市的3倍，提前完成北京市2020年的目标。开展第二次全国污染源普查工作，清查登记开发区普查范围内114家锅炉企业399台锅炉。亦庄新城滨河森林公园（一期）建成开园，增加凉水河两岸骑行绿道11千米，完成5 900平方米社区绿地改造提升，开发区公园绿地500米服务半径覆盖率93%，提前达到北京市2025年的指标要求。推进工业用地“腾笼换鸟”工作。出让工业用地7宗38.25公顷，商服用地1宗2.82公顷，居住用地2宗8.31公顷，划拨社会公益事业用地20宗37.9公顷。因创新性地使用废旧轮胎再利用制成的橡胶沥青铺路，获得国际橡胶沥青基金会和国际橡胶沥青大会组委会颁发的“国际环境保护金奖”“亚洲绿色环保BR道路示范区”称号。

【社会保障】2018年，北京开发区结合经济社会发展形势、企业群众期待、事业发展实际等因素，落实就业和社会保险惠民举措。以推动和促进新区劳动力就业为重点，合理配置人力资源，加大岗位开发力度，累计开发岗位21 400个，组织招聘会117场，吸纳4 615名大兴区劳动力就业。拨付岗位补贴、劳务派遣补贴、班车补贴等开发区就业专项资金1 127.64万元。累计开发北京市农村劳动力公益性就业岗位500多个。接待各类招聘企业2 534家次，推荐就业成功9 909人。开展12场“流动庭审”，旁听企业数超过200家，旁听超过1 500人次。专项执法检查用人单位541家次，涉及劳动者8万多人次。处理集体讨薪等群体性突发事件19起，为劳动者追讨工资740万元。全年处理劳动争议仲裁案件2 146件。全年累计办结特殊工时审批178件，办理劳务派遣行政许可98件，特殊工时审批时限由法定的10个工作日减至8个工作日，为企业提供高效便捷的服务。社保中心服务大厅通过制作各类便民标识、增添各类便民设备，完善咨询服务，优化经办流程，多渠道宣传新政。工伤保险科创新性地在全市率先开展网上申报试点工作，使得企业在办理工伤认定过程中，从至少来三次变为只来一次就可以完成全部认定工作。劳动能力鉴定中心实现首次外地委托鉴定、首次委托外地鉴定、首次市中心鉴定、首次远途上门鉴定、首次特殊科别鉴定等首次服务工作。实施统一的城乡居民基本医疗保险制度；开展因病致贫特困职工一次性医疗救助工作，为7名符合救助条件的人员申请医疗救助金13万元。工伤认定598人，组织开展劳动能力鉴定42场402人，安排工伤康复6人。完成养老金正常调整工作，核准837名退休职工待遇；调整职工养老保险6 944人，人均调增215.08元；调整机关事业单位养老保险117人，人均调增281.05元。做好开发区内定点医药机构协议管理，新增4家定点医药机构。严格执行各项内控管理制度，加强基金预算、决算管理，加大基金征缴稽核力度，开展打击欺诈骗取医保基金专项行动，补缴社会保险费1 237.52万元，追回欠缴金额619.4万元，确保社保基金安全平稳运行。截至2018年年底，开发区参保单位10 414家、缴费单位10 263家，分别比2017年增长21.18%和21.76%；参保人数45.97万人、缴费人数27.97万人，分别比2017年增长9.14%和7.04%。开发区五项社会保险基金征缴总额100.84亿元、支付总额16.04亿元、结余总额84.80亿元，分别比2017年增长22.66%、17.37%和23.72%。

【社会事业】2018年，北京开发区推进教育基础设施布局，5个教育基础设施建设项目列入开发区年度重点工作。开发区与北京市第二中学签订合作办学协议书，将河西区X39地块学校委托北京市第二中学开办公立12年建制学校，新增学位3 315个。评审3所学校8个新申报教育扶持奖励项目，拨付扶持资金869.273万元。优化医疗卫生服务体系，北京中医药大学东方医院南院区与首都医科大学附属北京同仁医院经济技术开发区院区形成中西医互补的医疗新格局；国家康复辅具研究中心附属康复医院开放节假日门诊；北京陆道培医院开诊。医疗卫生基础设施改善升级，同仁医院二期综合楼外墙装修和机电安装基本完成。开发区图书馆累计接待群众16万人次，支持8个企业、社区分馆建设。成立开发区全民健身体育协会。体育中心13处球场、健身房、体能检测累计服务22万人次运动健身；在企业文化园西园新增智慧步道2 000米、15台轨道棋路径设施；举办体育活动40多场次，10万多人次参与。扶持文化团队48个、文体基地24个。开发区第十一届文化艺术节举办200多场活动，丰富群众文化生活；开展“三送五进”文化惠民演出，送演出12场、送讲座60场、送电影140场次。为7个社区居委会法人颁发证书；完成固定资产清理和调拨。全年17人通过社会工作师考试；统筹招录77名社区专职工作者。发放社保卡58 444张次；老年食堂、老年餐桌服务超过4万人次；社区日间照料和居家养老累计服务1 537人次。

【机构设置与管委会领导】北京开发区工委内设机构为：工委办公室、组织部、宣传部、党群工作部、政法工作部、机关党委、工会。

管委内设机构为：管委会办公室、发展和改革局、科技局、投促局、企业发展服务局、财政局、人事劳动和社会保障局、房屋和土地管理局、建设发展局、征地拆迁办公室、城市管理局、社会发展局、审计局、环境保护局、统计局、安全生产监督管理局、研究室、信息化工作办公室、规划分局、城管分局。

中共北京经济技术开发区工作委员会书记为周立云；北京经济技术开发区管理委员会主任为梁胜。

2018 年北京经济技术开发区主要经济综合指标一览表

项目		单位	2017 年	2018 年	增减（%）
开发区生产总值		亿元	1 366.5	1 509.5	10.6
第二产业		亿元	900.9	1 000.1	11.0
工业		亿元	871.2	960.3	10.2
第三产业		亿元	465.6	509.3	9.4
工业总产值（现价）		亿元	3 424.9	3 841.2	12.2
高新技术企业		亿元	2 965.1	3 182.1	7.3
销售（营业）收入		亿元	9 810.1	11 197.2	14.1
第二产业		亿元	4 030.9	4 523.7	12.2
工业		亿元	3 562.4	4 012.9	12.6
第三产业		亿元	5 779.2	6 673.4	15.5
利润总额		亿元	585.0	614.2	5.0
第二产业		亿元	445.5	489.4	9.8
工业		亿元	435.0	476.5	9.5
区内主导产业及产值		亿元	3 133.1	3 551.3	12.9
主导产业	1. 电子信息产业	亿元	706.0	851.7	20.6
	2. 装备制造产业	亿元	513.9	510.3	-0.7
	3. 生物与医药产业	亿元	365.7	466.4	27.5
	4. 汽车与交通设备产业	亿元	1 547.5	1 722.9	11.3
进出口总额		亿美元	170.9	192.9	12.9
出口额		亿美元	53.0	63.4	19.7
一般公共预算收入		亿元	214.6	257.3	19.9
税收收入		亿元	535.4	595.5	11.2
一般公共预算支出		亿元	184.4	205.7	11.6
规模以上工业企业数量		家	288	282	-2.1
外商实际投资		亿美元	4.0	5.4	35.0
年末从业人员数量		万人	31.4	29.5	-6.1

（北京经济技术开发区管委会）

乌鲁木齐经济技术开发区（头屯河区）

【经济发展】2018 年，乌鲁木齐经济技术开发区（头屯河区）（以下简称“乌鲁木齐开发区”）全年实现地区生产总值 476 亿元，增长 7.6%；完成全社会固定资产投资 422 亿元，增长 11%；社会消费品零售总额 78 亿元，增长 6%；实现全口径外贸进出口总额 175.7 亿元（26 亿美元），增长 21%；地方财政收入 155 亿元，增长 20.2%，其中一般公共预算收入 89 亿元，增长 13.7%；城镇居民人均可支配收入 40 101 元，增长 8.3%；农村居民人均可支配收入 19 623 元，增长 10%；居民消费价格上涨控制在 3%。综合发展水平在全国 219 个国家级开发区中列第 36 位、中国产业园区百强榜第 55 位、西部第 6 位，成为西北地区首个国家生态工业示范园区。

【产业发展】2018 年，乌鲁木齐开发区先进制造业实现工业增加值 111 亿元，同比增长 3.2%，工业产值上亿元的企业达 41 家，引进工业项目 29 个，占招商引资总额的 65%。广汽传祺竣工投产，东风新汽资产重组，上汽大众增产扩线，陕汽重卡出口升温，金昇卓郎投产运营，钢铁冶金提质增效，汽车、专用设备制造等行业增速超过 40%，工业经济效益综合指数提高 16.2%。全力保障工业用地，新疆小微企业园落成，依托兵地合作区、一号台地、头屯河工业园、两河片区，打造 100 平方公里首府西延工业走廊，园区承载力和集聚效应显著提升。

现代服务业。建成新疆软件园、云计算产业基地、新疆国际电子商务产业园、新疆卫星应用四大信息产业园区，完成投资近 100 亿元，建筑体量达 100 万平方米，入驻企业超过 500 家，总收入近 50 亿元，拉动就业 2.4 万人。电商生态初步形成，集聚知名电商企业 700 余家，产业规模超过百亿元。跨境电商成为外贸转型新引擎，公共服务平台出口 58 万单，贸易额 450 万美元。丝绸之路经济带旅游集散中心试运营，金茂 • 丝路主题乐园加快建设。高铁商圈培育兴起，以万达、宝能为代表的商业综合体 5 家，海鸿国际成为全疆最大的全产业链食品集散中心，冷冻食品全疆市场份额超过 80%。

【招商引资】2018 年，乌鲁木齐开发区引进正威、百纳威、京东、恒源智汇、上海融创、安达顺通等引领标杆性项目 48 个，投资总额达 561 亿元。正威集团金属新材料、国千科技增材制造等项目填补了新材料制造产业的空白，百纳威智能终端产业园推动先进制造业向智能化方向转型。完成工业及相关投资 230 亿元。建立“一个项目、一名领导、一套班子、一个方案、一抓到底”五个一标准，围绕“落实一批、盯住一批、瞄准一批”，多点出击开展小分队招商和精准靶向招商。

【金融服务】2018 年，乌鲁木齐开发区全面化解 2017 年 7 月 14 日以后形成的政府债务。积极争取新增债券限额，切实强化风险源头管控，对全区 68 家金融、类金融及相关机构展开全覆盖监管，完成 15 家 P2P 网络借贷平台整改验收。对 7 家融资性担保公司、4 家交易场所严格监管，整改风险隐患点 335 个，实现从源头上遏制非法集资高发蔓延势头。

【国际陆港区建设】国际陆港区得到中央、自治区高度重视，被自治区党委确定为核心区建设的标志性工程。2018 年，乌鲁木齐开发区完成总投入 25 亿元，“集货、建园、聚产业”

取得明显成效。集货能力稳步提升。开行中欧班列超过 1 000 列，跃升至全国第三位，线路已达 20 条，通达境外 18 个国家、25 个城市。功能平台不断完善，综合保税区封关运营，铁路口岸连年临时开放，保税仓库获批，肉类进口口岸开展业务，场站实现“全天候”“一条龙”服务。引入知名商贸物流企业 90 家，外向型产业落地达百亿元。综保区新引进企业 24 家，保税物流业务实现零突破，克明面业、中亚食品、麦康生物相继投产，百世物流直邮出口突破百万单。

【政务服务】2018 年，乌鲁木齐开发区“最多跑一次”改革试点加快推进，公布 201 项“最多跑一次”事项。政务服务网上办事大厅正式运行，实现 132 项事项线上预审、32 项全程网办，在线办事占比达到一半以上。信息共享和资源整合不断推进，部门热线“多号受理”变为“一号服务”，完成 16 个部门 649 项职权事项动态调整，行政权力运行进一步规范。投入 6 400 万元建设 22 个社区阵地，群众服务环境进一步优化。

【创新发展】2018 年，乌鲁木齐开发区丝绸之路经济带创新驱动发展试验区建设深入实施，创新项目入库居“五地七区”之首，授牌离岸孵化基地占总数的 1/3。科技创新能力不断增强，新增高新技术企业 30 家、国家科技型企业 46 家，全区企业研发机构总数 62 家。大众创业、万众创新蓬勃发展，成功申报国家中小企业创新创业特色载体项目，新增在孵企业 200 家，形成了全疆领先的创新创业孵化体系。启迪之星、新疆智库丝路大数据中心等 20 家企业入驻绿谷创新中心。国有企业经济总量攀升，国有资产规模达 790 亿元，净资产突破 300 亿元。融资渠道持续拓宽，成功发行债券融资产品 53.7 亿元、资产证券化产品 7 亿元，实现多渠道融资 118 亿元。

【乡村振兴】2018 年，乌鲁木齐开发区投入 3 200 万元，实施两河片区群众饮水和天然气入户工程，解决了群众用水难、用气难、供热难问题；改善农村人居环境，结束了两河片区各村无道路保洁和积雪清扫的历史。推动南山牧场改革，促进牧场减轻负担、优化管理、加快发展。深化农村改革工作，完成 2 000 亩（约 133.33 公顷）农村家庭承包土地和 11.6 万亩（约 7733.33 公顷）草场确权登记颁证。坚决遏制农地非农化，拆除 78 个问题“大棚房”。

【生态建设】2018 年，乌鲁木齐开发区强力推动中央环保督察反馈问题整改，13 项问题逐一整改。严格落实河（湖）长制，推进头屯河河岸生态修复，投入 5 000 万元实施白鸟湖污染治理，白鸟湖生态环境明显改善。污水处理能力持续提升，纬十五路污水处理厂基本建成，西站、八钢污水处理厂提标改造有序实施，建成区污水处理率 100%，城市黑臭水体彻底消除。深入开展非法机井摸排整治，矿山生态修复治理稳步推进，危险废物得到有效管控。

【社会事务】2018 年，乌鲁木齐开发区民生投入占财政支出比重的 70%。哺育工程发放营养奶 520 万袋，惠及儿童 2.5 万人；育苗工程全面实施，优质教育资源覆盖面进一步扩大，基础教育办学条件有效改善；幸福工程发放高龄津贴 392 万元、护理补贴 30 万元；关爱工程发放城乡低保金及并轨金 1 026 万元、爱心慈善购物券 168 万元，医疗、教育及临时救助金 158 万元；畅通工程改造丁字路、断头路及畸形路口 6 个，优化公交线路 11 条；绿园工程发放花卉苗木 30 万盆；泊位工程新建停车场 2 个、新增停车位 930 个；改厕工程改造提升公厕 11 座；清洁工程处理生活垃圾 40 万吨，处理率达 97%；演艺工程开展文化惠民演出 80 场、观众 20 万人次。

就业保障。安置城镇各类失业人员 2.2 万人，南疆富余劳动力转移增加，为项目用工需求提供了有力保障。高校毕业生就业率达 85%，城镇登记失业率控制在 2.5% 以内。社会救助政策深入人心，城乡低保提标工作全面完成。

教育与医疗。新（改、扩）建学校（幼儿园）12 所，新接收乌鲁木齐县学校（幼儿园）9 所，15 年免费教育惠及 2.47 万名学生。“医养结合”

新模式大力推进，中开老年公寓被确定为全疆医养结合示范点。积极推动优质医疗资源向基层延伸，全民健康体检实现全覆盖。

安全生产。牢固树立“安全发展”理念，强化宣传教育培训，推动安全生产法治建设，建立完善安全生产责任、风险分级管控和隐患排查治理、标准化建设、严格执法、宣传教育培训等五个体系，安全生产治理体系基本形成。

2018 年乌鲁木齐经济技术开发区主要经济综合指标一览表

项目		单位	2017 年	2018 年	增减（%）
开发区生产总值		亿元	444.7	476.4	7.13
第二产业		亿元	165.2	182.3	10.35
工业		亿元	103.5	117.8	13.82
第三产业		亿元	272.3	286.9	5.36
工业总产值（现价）		亿元	679.0	609.3	-10.27
高新技术企业		亿元	215.1	260.8	21.25
销售（营业）收入		亿元			
工业		亿元	698.3	635.2	-9.00
利润总额					
工业		亿元	15.3	20.2	32.00
区内主导产业及产值					
主导产业	1. 黑色金属冶炼和压延加工业	亿元	300	228.3	-23.90
	2. 电气机械和器材制造业	亿元	165.5	155.2	-6.20
	3. 烟草制品业	亿元	39	42.2	8.21
	4. 汽车制造业	亿元	25.5	28.3	10.90
进出口总额		亿美元	39.2	32.8	-16.33
出口		亿美元	34	27.1	-20.29
财政收入		亿元	79	89.7	13.54
税收收入		亿元	137.3	160	16.53
地方财政支出		亿元	71.6	138.6	93.60
新批企业数量		家	3 711	4 454	20.02
外商及港澳台企业		家	8	4	-50.00
区内世界 500 强企业数量		家	16	32	100.00
国家级高新技术企业数量		家	78	103	32.05
新批企业投资额	外商及港澳台企业	亿美元	0.49	0.08	-83.00
	内资企业	亿元	—	—	—
	增资企业	亿美元	—	—	—
规模以上企业数量		家	108	102	-5.60
研究与试验发展（R&D）经费支出		万元	136 362	145 375	6.61
研究与试验发展（R&D）经费投入强度		%	2.78	2.8	0.72
合同外资金额		亿美元		0.24	—
外商实际投资		亿美元	0.001 3	0.017 2	1223.08
固定资产投资		亿元		422	—
年末从业人员数量		万人	2.48	3.09	24.50
上市企业数量		家	11	15	36.36
区内建立的创业创新平台数量		个	13	17	30.77
区内科研院所数量		家	1	1	0.00
区内职业教育学校数量		所	2	2	0.00

（乌鲁木齐经济技术开发区管委会）

合肥经济技术开发区

【概况】2018年，合肥经济技术开发区（以下简称“开发区”）实现地区生产总值增长10%。全年实现产值超亿元的工业企业141家；产值超50亿元的工业企业10家；产值超百亿元的企业3家。

2018年，开发区加快转型升级，创新驱动发展新动力，优化产业结构，形成包括以海尔、长虹美菱、华凌、晶弘为代表的智能家电，以江淮汽车、江淮大众、江淮蔚来、康明斯动力、晟泰克汽车电子为代表的汽车及新能源汽车，以合力叉车、合锻智能、日立建机、哈工大机器人为代表的高端装备制造，以联合利华、可口可乐、统一、华泰为代表的快速消费品，以联宝科技、长鑫存储、宝龙达、通富微电为代表的电子信息及集成电路，以天麦生物、尼普洛医疗为代表的生物医药及高端医疗器械，以中建国际、长沙远大、宝业西伟德为代表的绿色节能建筑，以清华大学合肥公共安全研究院、泽众安全、辰控智能为代表的公共安全，以智佼信息、新华安徽数据为代表的人工智能及大数据，以中国铁物工业、中机一院、中国能源建设集团安徽院、安徽省建筑设计研究总院为代表的现代服务业等十大产业。

此外，新桥机场全年实现旅客吞吐量达1 111.1万人次，货邮吞吐量达6.98万吨，同比分别增长21.5%、9.8%。新桥国际机场运营的境内外航空公司有40家，执行客运航线90条，其中国内航线77条、国际和地区航线13条，境内外通航城市55个。

【对外开放】2018年，开发区实现进出口总额116亿美元，占全市进出口总额的37.6%，占全省进出口总额的18.4%。全年实现进出口总额逾千万美元的企业有38家，逾1亿美元的企业14家，联宝电子及关联企业当年实现进出口总额67.6亿美元。合肥出口加工区发展势头持续强劲，全年实现规模以上工业产值701亿元，完成进出口总额68.69亿美元，缴纳各类税收约26亿元，同比分别增长24.2%、49.2%、44%。进出口总额占省、市进出口总额的比重分别达10.9%、22.3%，与上年相比，分别提高2.3、3.9个百分点，跃居全国出口加工区第三位、中西部第二位，成为省、市外向型经济发展的主阵地。区内重点企业联宝科技生产笔记本电脑整机1 739万台，实现规模以上工业产值697.3亿元，实现营收681.99亿元，完成进出口总额67.59亿美元，同比分别增长20.2%、24%、29.4%、49%，蝉联合肥市最大工业企业和安徽省最大外贸进出口企业。新业态发展也取得了新的突破，在全市率先开通跨境电商保税进口业务，12月初跨境电商综合服务平台上线试运行，跨境电商龙头企业网易考拉、唯品会已正式签约落户。安徽省自营进口商品直销中心加快在全省主要城市布点速度，全年新增线下门店12家。截至年底，直销中心拥有线下门店24家，总经营面积1万余平方米，全年实现销售收入1.7亿元，实现一线进口额约1 127.9万美元。

【招商引资】2018年，开发区实现内外资到位资金总量216.95亿元，其中内资182.11亿元，外资5.36亿美元。全区当年累计签约联宝新增年产1 000万台/套智能产品、国轩新能源电池生产基地、海尔年产200万台套智能空调等项目115个，总投资662.82亿元。其中，10亿～20

亿元（含10亿元）项目9个，20亿元及以上项目10个。

开发区先后组织和参与了国家集成电路重大专项，以及走进安徽、世界制造业大会、徽商大会、中国IT市场年会、两岸半导体峰会、半导体封测年会、中德隐形冠军峰会等重大专题招商活动，形成了顺畅的合作对接机制。先后赴美国、德国、英国、以色列、日本、韩国等国家和我国台湾地区开展招商活动，招商效果良好。

【体制机制创新】开发区认真落实编制和职数使用前置审核制度，加强编制实名库管理，积极组织区属事业单位做好年度报告公示等工作。进一步梳理权责事项清单、公共服务事项清单、中介服务事项清单“三项清单”共计1 151项。其中，权责事项清单517项，公共服务事项清单576项，中介服务事项清单58项。推进“证照分离”试点改革。印发《经开区推进“证照分离”改革工作方案》。出台城管局组建方案和城管执法人员选配方案，重新搭建城管局组织架构，新组建城市管理局，设立1个部门管理机构、5个内设机构和4个专业执法中队，核定全区专职从事城管执法人员配置数133名。组织“985”“211”等高校校园招聘活动，招聘高校毕业生涉及北京大学、清华大学等28所国内外重点高校。其中，硕士研究生28人，本科10人；面向社会组织公开招聘活动10场，招聘507人；参与并指导海恒、芙蓉、莲花、锦绣等社区委和168玫瑰园学校、新桥学校、清华附中等招聘活动近10次。

【科技创新】2018年，开发区有国家级高新技术企业212家，科技型中小企业713家。形成七大创新平台、十二大众创空间、十一大科技企业孵化器。各类创新平台吸纳各类创新创业项目共1 057个。设立各类研发机构247家，其中国家级研发机构18家，省级研发机构90家。建成院士工作站10家。发明专利申请及授权量持续上升，发明专利累计申请量20 723件，年均增长12.78%；发明专利授权量2 605件，年均增长42.01%。2018年获国家财政部、经信委等三部委批准建设大中小企业融通型双创特色载体。

2018年，开发区有12家企业获批备案市级知识产权示范企业；9家企业获批备案市级知识产权管理规范企业。引导企业加大技术创新投入，协助企业申报各类科技专项。协助龙迅半导体、森力汽车电子、安徽教育网络3家企业获批2018年合肥市关键技术重大研发类项目。有10家企业获批组建“合肥市工程技术研究中心”。协助安徽大学“农业生态大数据分析与应用技术国家地方联合工程研究中心”获批国家级工程研究中心。

【安全监管】2018年，开发区开展安全生产“五大攻坚行动”和重大节日、重点时段安全生产大检查；开展危险化学品、油漆喷涂、粉尘涉爆、有限空间作业等重点场所专项检查，坚决杜绝较大事故发生，避免和减少一般事故发生；协调消防、公安派出所、各社区委加大对人员密集场所、九小场所的消防安全检查。开通合肥经开安监微信公众号，通过新媒体广泛传播安全生产知识和法律法规，开展全国“安全生产月”系列活动，广泛向社区居民宣传，提高全民安全意识。

【规划建设】2018年，开发区完成大建设投资86.6亿元，比上年增长30%。完成施工图设计134项，施工图及初步设计31项，方案设计27项。全年办理工业用地许可证12件，占地66万平方米。办理工业正本156件，建筑面积121万平方米。2018年办理民用用地许可证24件，占地64万平方米。办理民用正本156件，建筑面积593万平方米。申请农转用指标253.4公顷，征地约327.54公顷；全年供地54宗，总供地面积307公顷，比上年增加29.9公顷；土地增减挂指标136.934 8公顷。完成视源、中德教育合作示范基地公共平台、南艳湖高科技研发基地等重点项目用地上市供应；完成区河长制工作深化方案、10个区级河湖“一河一策”实施方案、雨污混接排污整治专项工作方案、节水型社会达标建设方案等的编制工作；完成京台高速初期雨水调蓄池等生态环境项目的建设工作，完成投资约7.2亿元。发挥国家级装配式建筑示范城市的引领作用，培育多元化发展的装配式建筑市场，推进10个保障性住房和3个商品房项目，累计开工装配式建筑面积约230万平方米，占合肥市总量的35%，位居全省首位。在全省率先进行装配式建筑的方案优化和装配率论证，开展关键岗位产业工人培训，提升装配式建筑品质。

位于开发区南部的派河港是合肥港的重点港区。完善新桥机场口岸和平台功能，拥有保税物流中心、快件监管中心、跨境电商、进境指定口岸等多个功能平台，开通运营卡车航班，连接上海、宁波等重要门户口岸，多平台集聚和多政策叠加优势明显。

【市场监管】2018年，开发区有各类市场主体44 493家。其中，企业23 568家，个体20 850家，农民专业合作社75家。2018年新登记各类经济主体12 959家，全程电子化登记办结总量5 494件。实施商标品牌战略，新认定电力设备、汽车电子2个省级专业商标品牌基地。截至年底，全区有8个专业商标品牌基地，占全市总量的一半。推进“质量强区”工作，获全省首批“省级质量认证示范区”称号。创建国家食品安全示范城市，全年办理发放食品经营许可证1 268份，新办药房62家，区级食品安全监督抽检852批次，药品、化妆品流通日常监督检查415家次。建设“智慧食安”监管平台，完成“明厨亮灶”手机APP+区级食品安全监管中心建设，全区126个大中小学和幼儿园摄像头全部接入监控平台。

【社会事业】2018年，开发区获2018年度全市民政工作综合优秀单位、信访维稳工作优秀单位、2018年度全市残疾人就业先进单位。推进“居委会+物业+”试点，完善督查考核机制，以社区治理推进物业管理；优化居委会布局，新增5个居委会，圆满完成村（居）换届选举，进一步提升基层服务能力；健全养老服务体系。推进居家养老服务设施建设，打造社区“三项服务”升级2.0版；逐步搭建养老服务三级中心，新建10所养老服务站，南区居家养老服务站覆盖率达85.3%；在全市率先启动智慧居家养老，将“互联网+人工智能+社会工作”有机整合，打造“智能终端、智能平台、智能服务”，被市民政局推荐为全省智慧社区和居家养老服务示范工程候选单位。推进基础教育事业，坚持走特色办学道路，与11所名校建立合作办学关系，积极推进新优质学校创建工作。

【机构设置】合肥经济技术开发区工委、管委会下设纪检监督机构：纪工委。设直属机构2个：合肥出口加工区管理局、合肥空港经济示范区管理办公室（口岸管理办公室）。设工作部门21个：工委办公室(区直党委、发展研究中心、文明办、网信办、团工委、妇女联合会、人才办)、管委会办公室（应急办、法制办、督查与目标办、侨联、机关事务中心)、经贸发展局、建设发展局、财政局(国有资产监督管理办公室)、人事劳动局、社会发展局（卫计委)、社区管理局（征地拆迁安置办公室)、市场监督管理局(食品药品监督管理局)、政法办公室(信访局、群众工作部)、招商局、总工会（企业党委)、科技局（数据资源局)、城市管理局（城市管理行政执法局、执法大队)、环保分局、安全生产监督管理局（安全生产委员会办公室)、重点工程建设管理局、农村发展局（扶贫开发办公室)、建设管理中心、房地产管理中心、政府采购中心(公共资源交易中心)。特设机构1个:新港工业园办事处。部门管理机构1个：人力资源中心。社区管理委员会6个；高刘社区管理委员会、海恒社区管理委员会、锦绣社区管理委员会、莲花社区管理委员会、芙蓉社区管理委员会、临湖社区管理委员会。区属企业5家:海恒投资控股集团公司、公用事业发展公司、公共交通运营有限公司、合肥海恒国际物流有限公司、乡村振兴有限公司。

（合肥经济技术开发区管委会）

长沙经济技术开发区

【经济发展】2018 年，长沙经济技术开发区（以下简称“长沙开发区”）实现规模工业总产值 2 310 亿元，同比增长 9.5%。其中，外商及港澳台投资工业总产值 1 000 亿元，同比增长 5.6%；完成规模工业增加值 556.8 亿元，同比增长 11.5%；实现固定资产投资 254.3 亿元，同比增长 6.5%，其中工业及生产性服务业投资 189.5 亿元;完成工商税收 146.64 亿元，同比增长 6.1%。

【产业发展】2018 年，长沙开发区规模以上工业企业中，工程机械产业实现产值 1 046.3 亿元，同比增长 14.7%，占规模工业总产值的 45.29%；汽车制造产业实现产值 920.6 亿元，同比增长 5.8%，占规模工业总产值的 39.85%；电子电器产业实现产值 194.3 亿元，同比增长 14.4%，占规模工业总产值的 8.41%。

【科技创新】2018 年，长沙开发区全年申请专利 3 737 件，同比增长 20.8%，其中发明专利 1 527 件，同比增长 16%。实现高新技术产值 1 776 亿元，同比增长 8.2%。顺利通过国家专利审查员实践基地复核。

铁建重工研制的全电脑三臂凿岩台车、隧道智能化注浆装备填补国内空白；上汽大众实现五种车型共线生产，生产工艺达到国际先进水平；博世汽车成为工业 4.0 标杆企业。成立星沙区块链产业园，出台《长沙经济技术开发区关于支持区块链产业发展的政策（试行）》，引进浪潮集团、华东软件、中芯供应链、天河国云等行业骨干企业。设立军民融合专项基金，出台《长沙经济技术开发区支持军民融合人才创新创业鼓励办法》，完善人才公寓等配套服务，打造科技新城等一批军民融合平台。创业基地建成工业地产 184 万平方米，新长海创客总部获评国家级科技企业孵化器，三一众创孵化器获评国家级众创空间和国家级双创示范基地；耐普泵业等 3 家企业获批组建省级工程技术研究中心。参与投资湖南新材料产业创业投资基金、湖南国微集成电路创业投资基金、三一创业投资基金、长沙经开智能制造基金，总投资规模 10 亿元，联手三一打造创新创业服务活动品牌“三湘汇”。出台《长沙经济技术开发区加快科技创新助推产业升级实施办法》，预算资金 1 800 万元，从研发投入、平台建设、成果转化等方面给予企业支持。对园区承担的湖南省“五个 100”工程重大科技创新项目实行跟踪服务。组织园区众创空间运营主体参加 2018 年科技大讲堂，组织企业参加长沙学院、湖南中医药大学、长沙矿冶研究院政产学研对接活动。与东南大学进行政产学研合作，发布东南大学技术成果，收集企业需要解决的技术困难，形成良好的双向互动。

新认定高新技术企业 101 家，拥有高新技术企业 205 家。13 个创业基地引进中小微创新型企业 1 508 家，拥有市级以上研发平台 92 家。推荐申报长沙市科技计划企业 35 家，申报长沙市科技重大专项备选项目企业 8 家，申报科技创新小巨人企业 41 家。市科技计划立项 8 个，市重大专项立项 4 个，认定科技创新小巨人企业 27 家。

【投资促进】2018 年，长沙开发区引进项目 45 个，总投资 413 亿元。其中，世界 500 强投资项目 4 个，中国 500 强投资项目 3 个。实现到位外资 6.31 亿美元，同比增长 11.05%；引进市外境内投资77.77亿元，同比增长15.24%；引进省外境内资金35.35亿元，同比增长18.04%；完成外贸进出口额39.75亿美元，同比增长16.0%；完成外商直接投资3 257万美元。蓝思科技、广汽菲克、广汽三菱、博世汽车、三一汽车、山河智能、索恩格7家进出口额过亿元的企业占全区进出口总额的80.5%，其中蓝思科技全年实现进出口额13.96亿美元，同比增长33.82%。

【绿色集约】 2018年，长沙开发区配合中央、省环保督察组开展工作，制定《配合湖南省环保督察及中央环保督察“回头看”工作方案》，省环保督察交办的18件事项全部销号，办结率100%，中央环保督察“回头看”交办的30件事项全部办结，办结率100%。联合长沙县行政执法局对15家重点涉水企业开展专项执法检查，对突击检查中发现的问题，督促企业整改。推进第二次全国污染源普查工作，完成对B类1家、C类780余家、D类26家企业、2家污水处理厂与2个入河排污口的入户清查和数据审核工作。开展蓝天保卫战综合执法和大气污染防治专项检查878次，出动23 624人次，执法检查对象37 536个，发现并整改问题1 222个。全年空气质量优良天数累计288天，同比增加22天，优良率80.0%，同比提升6.7%，空气质量优良天数及优良率排名全市10个国控站点第一位。主要污染物PM2.5、PM10、臭氧浓度分别为49、66、154微克/立方米，同比分别下降2.0%、2.9%、2.5%。园区4家企业被湖南省经信委评为2018年度湖南省绿色工厂创建单位，1家企业被评为2018年度湖南省“两型”工业企业创建单位，8家公司被授予“湖南省节水型企业（单位）”称号。

【智慧园区】 2018年，长沙开发区建设“一档两库一平台”项目，支撑数据与业务双轮驱动。对标、引进和学习苏州工业园区关于智慧园区的先进理念和建设成果，编制《长沙经济技术开发区智慧园区中长期发展规划（2018—2025年）》，明确长沙开发区智慧园区建设的“2345”目标体系，即建设政务云与工业云“两朵云”；聚焦政务治理、公共服务和产业发展“三个方向”；打造政务协同治理先导区、公共服务融合标杆区、产业创新发展示范区、大数据综合应用领先区的信息化“四型园区”；实现基础通、管理通、服务通、供给通、决策通“五通效果”。启动智慧园区规划体系的第一个建设项目——智慧园区“一档两库一平台”项目。“一档”，即实现档案的数字化管理；“两库”，即围绕提升企业服务目标，建设长沙开发区法人库和地理库（法人库是形成以工商基础法人为主线的企业资源数据池，涵盖产业、招商、税收、用地、安全生产、统计、环保、人社、财政等数据维度，并进行多维数据融合，为“互联网+政务”体系建设提供数据支撑；地理库是建立智慧园区统一的空间基准和坐标体系，为后续地理信息数据时空一体化的建设提供标准和规范）；“一平台”，即建设公共信息大数据平台，汇聚整合各类数据资源，并实现档案库、法人库、地理库数据融通融合。该平台的运行，可有效优化园区资源配置，强化创新服务能力。

【基础设施建设】 2018年，长沙开发区铺排基础设施建设项目107个，完成投资额29.5亿元，同比增长50.85%。新建与续建道路工程8处，完成投资额11 892万元。新建与续建绿化工程7处，投资4 097万元，新增绿化面积17.64万平方米。新建土石方工程16处，投资17 315万元，场地平整284.73公顷。新建与续建房建工程17处，投资147 576万元，在建房屋面积42万平方米。新建与续建电力工程21处，投资4 711万元，完成强弱电改迁22.7千米。完成星沙第二水厂取水泵站建设项目，投资2.37亿元；启动星沙水厂9万吨改扩建项目，投资6.9亿元；新建、改造市政供水管网15.3千米，投资1 200余万元；城西污水处理厂、城南污水处理厂扩容（二期）项目通水运行，投资2.76亿元。完成天然气民用户开发21 059户，工商户开发99 227立方米/日，敷设中压干管512千米。

【投融资服务】 2018年，长沙开发区出资

1 亿元成立星城担保有限公司，继续加大对园区企业融资的服务支持。与湖南省融资担保集团公司签署战略合作协议，构建业务互补、多方帮扶的园区融资担保体系。启动长沙开发区金融集市，每月第一周末开展活动，帮助企业和银行面对面对接，让银行金融产品方便快捷地满足企业融资需求。

制定《长沙经开区金融帮扶实施办法》，明确企业融资财政贴息、风险补偿基金贷款增信、担保融资补贴、小额贷款支持、过桥转贷基金支持五项降费办法，降低企业融资成本。协助已上市企业处置债务风险；对园区中小企业拟上市工作进行拉网式调查，组织拟上市企业高管多次参加省、市、区举办的上市专题培训活动。发放 2017 年度“新三板”上市和省股交所挂牌企业上市补贴 330 万元。

【体制机制创新】 2018 年，长沙开发区开展相对集中行政许可权改革试点工作，重点聚焦项目建设和市场准入领域，按照“一枚印章管审批，一支队伍管执法”的思路，拟制《长沙经开区相对集中行政许可权改革试点方案》。

率先应用长沙市“互联网 + 政务服务”平台、“多规合一”平台、基层工作平台开展网上受理和审批；率先启动园区新版网上办事大厅，服务大厅增设综合窗口，实现项目报建在综合窗口“一窗进、一窗出”；出台《长沙经开区推进“最多跑一次”改革试行方案》，园区 143 项行政审批和政务服务事项 141 项实现“最多跑一次”，为企业提供免费全程代（帮）办、免费政务快递、容缺受理等服务。

出台《长沙经开区、长沙县园区建设项目审批流程跟踪督办与监督考核暂行办法》，加强区县项目审批联合监管，切实提高工业项目审批效率。成立长沙县行政执法经开区分局，减少对企业的多头执法和重复执法。出台《长沙经开区军民融合人才创业项目评审实施细则（试行）》，完成首批 26 位军民融合人才认定及 5 个创业项目评审，给予项目扶持资金 2 280 万元。鼓励企业开展“零土地”技改，试行工业用地弹性出让制度。员工生活配套园项目采用 PPP 模式，引入社会资本 14.9 亿元，建设人才公寓 5 154 套。

修订完善《长沙经开区差异化绩效考核管理办法(试行)》，明确归口管理，优化考核构架；印发《2018 年度市对区考核工作目标责任分解表》《2018 年度部门（单位）绩效考核工作目标考核细则》《部门（单位）绩效考核扣分制指标》，紧盯目标任务，压实考核责任；制订《绩效考核预警工作实施方案》，对绩效考核指标完成情况进行绿灯、黄灯、红灯三个等级的预警。

【国际合作】 2018 年 1 月 18 日，长沙开发区、长沙县埃塞（湖南）工业园招商推介会举行，毅荃服饰埃塞公司刺绣项目、长沙佳宁农业机械制造有限公司机械制造项目、湖南强农机械有限公司农业机械生产与销售项目、沅江市中旺木业有限公司板材项目、沅江市李海清面业公司食品生产及销售项目现场签约，投资总额 4 380 万美元。8 月 28 日，大陆集团智慧城市、智能出行示范共建项目签约仪式在开发区举行。该项目具体实施智慧交通灯优化、路口安全管理、智慧公交、智慧停车管理、电动汽车移动充电 5 个试点项目，推动中国成为大陆集团全球创新示范地区。10 月 11 日，长沙市人民政府与德国大陆集团举行全面合作项目签约仪式，大陆集团与开发区管委会签署中央电子工厂项目协议。该项目是大陆集团在中国设立的第 28 个实业投资项目，主要为汽车电子组合仪表、车用混合集成电路、电子控制系统的研发及生产。11 月 29 日，长沙市人民政府、中国电子学会、中国电子产业集团有限公司举办、开发区等单位承办的以“集智、链新、赋能”为主题的 2018 国际区块链大会在长沙召开。中国、美国、加拿大、挪威等国家的专家学者，围绕区块链战略布局与政策导向、产业动态与应用实践等进行深入交流，旨在为区块链技术发展与产业壮大提供一个国际性的交流平台。

【政策发布】 2018 年 9 月 6 日，长沙开发区出台《关于加快推进智能制造发展的若干政策（试行）》。对牵头开展国家智能制造综合标准化与新模式应用项目的试点企业，按国家财政奖励额度的10%予以奖励；对成功获评国家级、省级智能制造试点示范项目（车间）的企业，分别给予100万元、50万元的一次性奖励。10月9日，出台《关于支持区块链产业发展政策的实施细则（试行）》，企业（机构）落户最高奖励200万元。11月28日，出台《关于支持小微企业及创新创业载体的实施办法》，给予小微企业及创新创业载体新一轮政策支持。

【社会事业】2018年，长沙开发区接待群众来访30批300余人次，群众来信25件次，热线工单1 253件次，所有来信来访都妥善处置并及时办结。推进国家安全全民宣教系列活动和国家安全人民防线建设培训，增强企业和员工维护国家安全的意识。推进“七五”普法，组织干部职工网上学法考法，实现参考率与合格率两个“100%”。湘郡未来实验学校扩建项目动工开建；长沙师范学院附属开发区幼儿园签约；天华二小、天华中学秋季开学；排头小学完成拆迁及土地平整，华阳小学完成前期设计。统筹园区自建公租房房源调度及配租审批工作，完成企业定向配租23批次1 423人；协调项目公司推进板桥公租房10、11栋的修缮，10栋完成修缮并安排员工入住。完成龙峰安置区全部基础正负零工程，安置户自建房主体工程完成95%。推动4个公交站场和1个公交枢纽站建设；起草园区公交出行调研报告，完成园区巴士优化和补贴方案，进一步优化13条公交线路。

【党建工作】2018年，长沙开发区抓好支部“五化”建设，评出首批43个示范化“五化”党支部。抓好阵地建设，建成5家规范化党员活动室，实现大、中、小型党员阵地全覆盖；建好线上阵地，推出“微党建”订阅号信息48期。抓好组织建设，新建企业党组织10个，撤销企业党组织12个，整建制转移2个，指导40家企业党组织完成换届选举（补选）。完善党建工作考核细则，表彰22个考核优秀的基层党组织、5个优秀互联共建联组。加强党员发展管理，新发展党员229名。加强党务干部和党员培训，举办基层党务干部（企业主）培训班6期近600人次，党员教育培训服务1.6万余人次。增设汽车产业链党建工作小组，组织联组活动20余次。推行“书记项目”解决问题200余个。利用市“两新”组织综合服务平台回复和线下解决企业的58个问题，发挥党组织的政治引领作用。开展“我的初心使命”红色志愿服务活动，组织社企共建活动20余次、志愿服务活动60余次，吸引1 000余人次参加。

【机构设置与工管委领导】长沙经济技术开发区管委会下设办公室、人力资源与社会保障局、党群工作局、纪检监察审计室、招商合作局、产业环保局、财政局、建设发展局、社会事业局9个工作部门；政务服务中心、投资评审中心、政府采购与招投标办公室、创业服务中心、人才交流中心、征地拆迁办公室、拆迁事务所、建设工程质量安全监督站、法律事务中心9个直属事业单位和长沙经济技术开发集团有限公司、长沙开发区项目开发建设管理有限公司。机关有关部门及所属事业单位实行归口管理。其中，经济研究室、政务服务中心归口办公室，法律事务中心挂靠办公室；人才交流服务中心归口人力资源与社会保障局；创业服务中心归口招商合作局；投资评审中心、政府采购与招投标办公室归口财政局；建设工程质量安全监督站归口建设发展局；拆迁事务所归口国土分局；征地拆迁办公室挂靠国土分局。

2018年，工管委领导成员为：长沙经济技术开发区党工委书记曾超群；党工委副书记、管委会主任张庆红（9月任职），党工委副书记贺代贵（2月任职）；纪工委书记周志远；管委会副主任巩固（任职至7月）、常利民、杜海霞（任职至2月）、袁钊（7月任职）、张湘鸿（9月任职）；党工委委员周志远（任职至2月）、张贤长（任职至7月）、张文球（任职至7月）、张湘鸿、肖靖（6月任职，挂职1年）。

（长沙经济技术开发区管理委员会）

贵阳经济技术开发区

【概况】贵阳经济技术开发区（以下简称“贵阳经开区”）前身为小河工矿区，1993年正式成为省级开发区，2000年升格为贵州省第一个国家级经济技术开发区，当前管辖面积99.8平方公里，总人口约33万。作为贵州省“1+8”国家级开放创新平台和贵阳市“四轮驱动”的重要一极，贵阳经开区在贵州省、贵阳市实体经济发展中发挥“主引擎”“主战场”和改革开放“试验田”“排头兵”作用，是实现高水平开放、高质量发展的核心载体，是贵阳市经济发展速度最快、最具发展潜力的工业经济区域之一，是贵州省重要的装备制造业基地和新型工业化最具代表性的区域。近年来，经开区积极推进大数据与实体经济深度融合，努力营造创新创业环境，全力加大对外开放力度，先后荣获长江经济带国家级转型升级示范开发区、国家循环化改造示范试点园区、全国工程车辆及零配件产业知名品牌示范区、国家军民结合（装备制造）高新技术产业化基地、国家新型工业化产业示范基地、全国电子商务示范基地、国家应急产业示范基地、国家知识产权试点园区、国家中小企业知识产权战略推进工程试点集聚园区、全国大数据安全认证示范区10个“国字号”荣誉。2018年，贵阳经开区在全国219家国家级开发区综合发展水平考核中排名跃升至第36位，实现3年排位前移73名。

【经济发展】2018年，贵阳经开区规模以上工业总产值（2 000万元及以上口径）全年完成457.6亿元，规模以上工业增加值完成210.44亿元，同比增长10.4%，占全市比重的34%，连续6年位居贵阳市第一；固定资产投资（500万元及以上口径）完成192.7亿元，同比增长9.7%；财政总收入37.2亿元，公共财政预算收入完成13.72亿元，公共财政预算支出17.35亿元，完成全年目标任务的100%；招商引资实际到位资金179.16亿元，同比增长30.3%，完成全年目标任务的104.2%；实际利用外资13 329.15万美元，同比增长6.2%，完成全年目标任务的100.22%；外贸进出口总额8 207万美元，同比增长24.6%，完成全年目标任务的102.6%；大数据企业全年实现主营业务收入220亿元，同比增长25.7%，占全市的22%，其中软件和信息技术服务业收入达到8.03亿元；新增规模以上大数据企业5家，占全市的10%，新建应用场景10个，占全市的33.3%。

【产业发展】2018年，贵阳经开区完成工业投资102亿元，实施省重大工程和重点项目24个，总投资647.16亿元，实际完成投资75亿元，超额完成全年目标任务。以“千企改造”“一企一策”为抓手，实施“千企改造”项目33个，总投资48.05亿元，“一企一策”转型升级方案编制实现全覆盖。2018年，贵阳经开区进入省“万企融合”项目调度平台项目共97个，玉蝶电气、詹阳重工、永红航空等10家企业入选省级“千企改造”龙头企业和高成长性企业。建设市级融合示范项目50个，省级标杆项目8个，完成目标任务的100%；新引进项目61个，占全年目标任务的112.96%，其中实体企业占比100%；新签约项目投资总额223.14亿元，新引进500强企业1家；新增标准厂房12万平方米，累计建成92万平方米；规模以上装备制造业企业共64家，其工业总产值实现256.2亿元，占全区总量的53.7%，实现规模以上工业增加值43.2亿元，占全区总量的20.5%。航天电器、贵州华云等4家企业荣获贵州省工业企业品牌培育试点企业。小孟工业园连续6年在全省100个产业园区增比进位考评中名列第一，国家新型工业化产业示范基地通过工信部复核；航天电科、里定医疗2家公司获工信部2018年“两化”融合贯标试点企业。全力推动新医药大健康产业发展，全区规模以上新医药大健康企业6家，实现工业总产值14.14亿元。现代物流业发展方面，以满帮、传化等为龙头的重点企业正在加快塑造中国公路物流生态产业体系，全力打造“互联网＋物流”千亿元级产业集群。满帮智能物流货运平台、慧积地智慧旅游积分平台、贵州勤邦公司检测联手垂直电商平台以及车行家网络商贸二手车交易平台等100余家电子商务企业，注册资本达到4.6亿元，电商企业从业人员达3 000余人。满帮成为全国最大的公路物流信息化平台，入选福布斯发布的“2018年中国50家最具创新力企业”榜单。

【科技创新】2018年，全区企业研发投入从2017年的1.9亿元增加至4.3亿元。科技型企业累计达200余家，其中经国家科技部、省科技厅认定的各梯度科技型企业51家，高新技术企业74家，创新型领军企业5家，科技型种子企业27家，小巨人成长企业10家，科技小巨人企业9家。工程技术研究中心、重点实验室等各类型科技创新研发机构达59家。实施“隐私信息防泄露自动识别技术研究”等48个省、市科技项目。另外，经开区获中国网络安全审查技术与认证中心、省公共大数据重点实验室授予“公共大数据重点实验室应用示范基地”和灾备技术国家工程实验室授予“贵州省灾备技术国家工程实验室西南科研创新中心”。贵阳大数据及网络安全技术创新中心和贵阳大数据及网络安全应用示范中心已分别于5月24日、25日相继在贵阳经开区挂牌成立。

【投资促进】贵阳经开区按照《贵阳经济技术开发区大招商行动计划（2018—2020年）》《经开区加快招商平台建设实施方案》，设立大数据安全、数字物流、现代服务业等10个专业招商小组，开展精准小分队招商、靶向招商、产业链招商。全年累计开展外出招商、接待客商考察活动454次，完成目标任务的137.6%；经开区工委、管委主要领导先后赴合肥、西安、上海、珠海、济南等地区开展精准招商，开展外出招商活动13次，组织召开招商专题会议97次，开展产业链调研51次。相继与融创集团、珠海欧比特等500强或优强企业签订合作协议。新签约项目54个，完成年度目标任务的100%，成功与融创集团等500强企业签订合作协议，其中贵阳数博会期间新签约北京邮电大学“网络空间安全研发中心及人工智能创新研究院分院建设项目”、神州网云（北京）信息技术有限公司“神州网云安全监管平台建设项目”、北京安码科技有限公司“安码靶场建设实验室及网络安全运维评测项目”等15个项目；贵洽会期间签约合同类项目2个，总投资15亿元。新增投产达产项目68个，完成年度目标任务的158.1%；包装项目累计完成100个，为年度目标任务的166.7%，项目成果转化率52%。投资人信息录入629个，为年度目标任务的125.8%。在谈浪潮集团“贵阳浪潮大数据产业园”、航天十院“超临界流体萃取项目”、同济堂“中药配方颗粒项目”等115个项目，总投资781.17亿元。

【体制机制创新】贵阳经开区始终围绕贵阳市委提出的坚持工作“八个关键细节”要求，切实推动贯彻落实贵州省委“五步工作法”，从政策设计、工作部署、干部培训、督促检查、追责问责五个方面提出了2018年全面深化改革的“11141”工作制度，围绕经济、新兴产业、生态、党的建设和纪检监察等八大方面，明确了29大类129项改革任务。稳步推进干部人事体制改革，实行身份档案制、岗位聘任制、绩效考核制“三制合一”，推动行政事业管理向企业化管理转变，提高全区职工的创业激情，促进机构效能最大化、发展效益最大化、改革效果最大化。深化“放管服”改革，推出全市第一张“不见面”工商营业执照，推行工商、税务多部门事项“一窗受理、内部流转、信息共享、同步审批、一次办结、邮政送达”的合署办公“套餐式”服务，将23个服务事项整合，精简所需证明材料12种，办证流程由10个工作日压缩至2个工作日，企业办事实现“最多跑一次”，甚至“一次都不跑”，全区131项行政审批事项和公共服务事项已实现集中办理。为部分企业提供全程代办服务，及时协调解决项目存在的困难和问题，截至年底共申请代办项目54个，办结率达100%，重大招商引资项目实现百分之百全程代办。同时，工商分局与政务大厅、税务联合推行“流水线”作业工作模式，充分发挥“互联网+政务服务”的优势，依托工商注册全程电子化登记模式，实现“线上”“线下”有效整合。大力推行“一网通”办理，将申办营业执照、公章印制、发票申领、银行预开账户、社保环节整合到“一网通”系统，实现服务、政务、业务全周期协同。全区16个具有行政审批服务职能的部门和单位，实现所有行政审批和公共服务事项共322项进驻网上办事大厅，全年共受理全程电子化申请资料1 400余户。贵阳满帮集团创新平台会员利益保障机制，通过成立互联网人民调解委员会，将人民调解延伸到现代互联网物流服务行业，为全国645万平台会员提供法律保障，进一步维护多方利益，促进社会和谐稳定。

【投融资服务】通过实施“资本云集”计划，2015—2018年累计新增4家银行分支机构，总数达到18家，服务网点达到50个。2015—2018年，通过银行流动资金贷款、企业债、融资租赁等方式，完成融资共354.14亿元。2018年，扶持微型企业230家，实际到位扶持资金3 269.28万元，带动就业982人。其中，省级重点行业39家，占扶持总数的16.9%；县级重点行业147家，占扶持总数的63.9%，兑现财政补助资金共2 285.95万元。区属实业发展有限公司全年完成投资6 447万元，为13家企业提供资金支持，其中债权投资10家，股权投资3家。累计协助勤邦生物、鹤庭沃德、航越科技、富巨炉具等28家企业融资10亿元，有效保障了园区内各中小型企业的健康发展。2018年，为滴滴装修、睿远收购、轴承厂棚改、三江板块棚改4个项目融资，取得银行授信17.4亿元。发起设立基金管理公司，通过创业投资基金等形式帮助辖区企业打造多层次的融资渠道，着力缓解中小企业融资难的问题。

【绿色集约】按照打造“两河、两带、三园、多节点”的绿地景观系统的思路，实施“蓝天守护”“碧水保护”“绿地保护”计划，营造良好的生态环境，生态城市建设逐步加快。环境空气质量显著改善，2018年优良率提高到94.9%，六项浓度监测指标除臭氧随气温逐年上升而升高外，PM10、PM2.5、SO_2、NO_2、CO浓度均显著降低。其中，SO_2、PM10、PM2.5下降幅度明显，2018年较2013年分别下降68%、37%、35%。2018年，确定循环化改造项目共21个，总投资22.93亿元。其中，中央财政资金支持项目13个，总投资6.61亿元，已全部建设完毕，完工率100%。经国家发改委、国家财政部委托的第三方专家组审核，经开区国家循环化改造示范试点园区的指标、数据、成效均达到国家终期验收标准，于5月18日通过国家初步验收。

【国际合作】积极组织企业参加国内外各类展会，邀请詹阳重工参加第六届（中国）上海国际技术进出口交易会；海信、詹阳重工等企业参加2018中印IT&DT产业合作发展论坛，同济堂参加酒类博览会等。利用国内外各类大型经贸洽谈会和商品交易会，组织企业参加捷克布尔诺国际机械工业博览会、第二十届投洽会、中国国际进口博览会等经贸活动，使鹤庭小家电、詹阳挖掘机、红林航空配件、华阳汽车配件等产品占领更大范围、更高层次、更多份额的国际市场。鼓励企业搭建海外贸易平台，以海外仓、营销中心为基地，抱团出海发展。推动詹阳重工在肯尼亚设立分公司和营销中心，鑫益黔在澳、美、法、意等9个国家建立了12

个海外仓，高山贸易计划在洛杉矶设立海外办事处，谋划建立跨境电商海外仓和美国产品代发中心。全面实施市场准入负面清单制度，累计办理下放外资外贸审批权限118项，简化外资外贸备案程序，多渠道提升代办服务质量。2018年以来，经开区项目代办率100%，促使项目快速落地。

【平台建设】贵阳经开区已和国内北京创业黑马、成都Woke+等知名创业孵化企业达成初步合作意向，并与深圳摩天之星企业管理股份有限公司签订了投资协议，围绕经开区“3+1”主导产业，引进、整合摩天之星孵化器、加速器等资源。通过“摩天之星6.0服务模式”，打造经开区“企业加速创新中心”。成功帮助“六度创客工场”获批2018年市级众创空间，积极组织平台企业参加省、市级小微企业创业创新示范基地暨中小企业公共服务平台认定工作。贵州车行家网络商贸有限公司打造的汽车O2O线下体验基地——贵州合朋二手车市场荣获工信部2018年度“国家小型微型企业创业创新示范基地”称号。新增贵州工信机电科技有限公司“中小企业加速器”和贵阳传化公路港物流有限公司“小微企业创新创业示范基地”等创新型孵化器2家，新增创新创业企业36家。区内现有创新创业平台12家，其中获得省级平台称号的有8家。

【机构设置】贵阳经济技术开发区工委、管委会内设机构8个：党政办公室、财政局、人力资源局、生态促进局、产业发展局、建设管理局、投资服务局、招商引资局。工委、管委下设的事业单位5个：园区办、政务服务中心、房屋征收中心、创业服务中心、投资评审中心。

（贵阳经济技术开发区管委会）

南昌经济技术开发区

【概况】2018年，南昌经济技术开发区（以下简称“开发区”）辖区面积229平方公里，下辖1个镇(蛟桥镇)、3个处（白水湖、冠山、新祺周管理处），有29个村民委员会、25个（社区）居民委员会，人口约45万。在商务部2018年度全国219个国家级经开区综合发展水平考核评价中，开发区列第48位，成为江西省唯一进入全国50强的国家级经济开发区；在同济大学发展研究院2018年中国产业园区持续发展100强榜单中列第37位，再次成为全省唯一进入全国50强国家级产业园区。同时，获批财政部、科技部共同认定的“科技支撑型特色载体推动中小企业创新创业升级开发区”。在全省100个开发区2018年度争先创优综合考评中排名第二，其中开放水平和营商环境两项指标为全省第一。光电、新能源汽车及汽车零部件、家电3个省级产业基地被认定为“江西省新型工业化产业基地”。新能源汽车及汽车零部件产业基地被省工信委批准为江西省首批新型工业化产业示范基地。

【经济发展】2018年，开发区实现园区工业主营业务收入1 329.88亿元，同比增长11.7%；实现地区总产值(GDP)490.87亿元，增长9.4%；规模以上工业增加值增长9.4%；完成固定资产投资371.95亿元，增长10.9%；实现社会消费品零售总额130.85亿元，增长12.3%；完成财政总收入70.39亿元，增长16.36%。

【招商引资】2018年，开发区全年实际利用外资8.13亿美元，同比增长20.02%；实际利用内资330.2亿元，增长20.44%。其中，实际利用外省资金项目进资236.25亿元，增长19.17%。外贸出口8.58亿美元，增长20.9%。全年新引进项目83个，总投资约498.29亿元，新开工项目36个，新竣工投产项目24个。其中，100亿元项目1个，20亿元项目4个，10亿元项目20个。主要有投资120亿元的年产30万辆江铃新能源整车项目，投资20亿元的顺丰产业园项目等。全年除新引进境外现汇资金外，一批外资老项目相继增资扩股，如费森尤斯卡比、海立电器、奥克斯、格特拉克等企业扩大产能，其中格特拉克仅上半年就完成增资8 000万欧元。

【产业发展】2018年，开发区按照“两行动一机制”产业行动计划，紧紧咬住产业发展“三年翻一番、攻坚三千亿”的目标，强产补链，全年实现园区技工贸总收入3 048.63亿元，同比增长17.13%，如期实现产业翻番的目标，已形成电子信息、新能源汽车及汽车零部件、医药食品、新材料和家电五大百亿元产业集群。五大百亿元产业实现主营业务收入1 225.11亿元，增长15.3%，增幅高于全区规模以上工业主营业务收入3.5个百分点。其中，以欧菲光、智慧海派为主的电子信息产业实现主营业务收入467.89亿元，增长31.4%；以江铃新能源、百路佳和格特拉克为主的新能源汽车及汽车零部件产业实现主营业务收入193.99亿元，增长19.3%；以杏林白马、立健药业和双汇食品为主的医药食品产业实现主营业务收入226.83亿元，下降6.2%；以晨鸣纸业、江钨为主的新材料产业实现主营业务收入206.12亿元，增长7.23%；以海立、奥克斯为主的家电产业实现主营业务收入130.28亿元，增长18.8%。

【城市建管】2018 年，开发区加大投入，协调推进市政工程项目共 86 个（道路项目 70 个，污水管网项目 9 个，电力管网项目 7 个），皇姑南路、长征路等跨区断头道路得以顺利打通，瀛上桥拓宽、220 千伏特安培（KVA）新目线迁改等综合性、复杂性和专业性的建设项目按计划顺利推进。协调推进安置房项目 17 个，总建筑面积 263.94 万平方米，其中续建项目 10 个、新开工项目 3 个、前期谋划项目 4 个。协调推进标准厂房项目 13 个，总建筑面积 238.98 万平方米，其中续建项目 6 个、新建项目 7 个。全年竣工验收备案项目 6 个，总建筑面积近 45 万平方米，项目建设呈现出“谋划一批、建设一批、交付一批”的梯度建设良好局面。鸿博科技园项目荣获“全国建设工程项目施工安全生产标准化示范工地”称号（全国 AAA 级安全文明工地）。全年完成 25.69 万平方米房屋征收，用地出让 22 宗，收储土地 14 宗。围绕“一年见形象、二年上台阶、三年大变样”总体目标和“干干净净、漂漂亮亮、井然有序、和谐宜居”的总体要求，聚焦薄弱环节，补短板、攻难点、抓长效、保常态，以国家文明城市复牌为契机，扎实推进城乡环境综合治理，实施“十大整治、六大改造”。先后投入近 2 000 万元对区内路域环境进行综合整治；投入 4 000 余万元，通过“拆、清、绿、改、装、亮”等举措整治铁路沿线；积极推进“六改”民生项目建设，投入资金 2 亿元，实现“白改黑”“上改下”“面改美”“暗改亮”“旧改新”“绿改彩”。同时，大力推动“厕所革命”，完成南天金源等 5 个小区的垃圾分类试点工作。

【民生工程】2018 年，开发区进一步加强民生保障，积极探索“医养融合”养老模式，严格落实双拥政策。全区发放孤儿资金共 2.88 万元；发放重点优抚对象抚恤补助资金 230 万元，为 101 名退役士兵办理自主就业手续，为 4 名服役满 12 年的转业士官安排工作岗位。全面完成上级下达的涉及就业创业、社会保障等九大项民生任务。新建的盛世华庭小学、南天金源幼儿园已投入使用。重建新宇学校一期、桑海小学已完成主体工程；昌北二小异地重建等 5 个 EPC 校建项目在紧张有序地推进中；森林公园学校异地重建工程已在前期建筑规划设计中。蛟桥医院异地重建项目有序推进，并积极与江西省中医医院等名院洽谈签订合作协议；广州七喜集团（江西圣德医院）项目已完成初步设计并进行“三通一平”，在全市率先建设一个温馨而又私密的社区卫生服务中心母婴室，提供专业化和人性化的温馨关怀。通过深化卫生体制改革，逐步扩大家庭医生签约服务范围，推进“互联网＋健康医疗”服务，全面落实国家基本药物“两票制”；大力推进医疗联合体建设，确定南昌市洪都中医医院为区医疗联合体牵头医院，建立稳定的技术帮扶和分工协作关系。开发区荣获 2017 年度江西省计划生育工作先进县区三等奖及全省卫计系统先进单位称号。加大社区民生投入，按精品社区标准，实施吉都居、丽景苑等 4 个社区办公用房的建设和提升改造工程。开展社区各类创建工作，青岚嘉园社区被评为全省“绿色社区”，金桥慧景社区和舍里甲社区被评为省级“综合减灾示范社区”。

【新城建设】2018 年，开发区按照“反规划”理念，在不破坏生态地貌的前提下，循序渐进地开展城市建设。新建和续建市政道路、景观绿化、两房建设、总部配套、综合管廊等重点工程 20 余个。坚持以生态城市、海绵城市、智慧城市的发展理念推进产城融合发展，实现“空间形态有特色、功能内涵有内容”。在城市板块，总投资 26 亿元的总部经济项目已全面开工，未来将铸就中部地区总部经济战略高地；总投资约 50 亿元的绿地 CBD 项目，将建成近 200 米超高层、高星级酒店、国际甲级办公楼等超大型、地标性的城市综合体。同时，推进一号综合管廊、兴业大道等路网建设，并实行区域集中供暖，提高能源综合利用率。在工业板块，重点在秀先路两边布局儒乐湖光电信息产业园、新能源汽车产业园、军民融合示范产业园等系列产业平台。至年底，已落户江铃、同兴达、无人机等20余个产业项目，以及汽车工程院、中科院、科创城等近10个研发中心。

【中医药科创城建设】2018年，开发区按照上级关于中医药科创城建设工作要点和行动方案的各项要求，全面铺开中医药科创城建设的各项工作，重点推进“双十三百”工程，完成“一年定框架”各项目标任务。搭建十大创新平台，即创新研发、孵化转化、检测认证、会展交易、文化交流、公共服务、金融服务、人才服务、投资开发、临床应用十大平台，并与省卫计委、省食药监局下属科研院所初步明确项目选址和临时办公场所。与中国中医科学院共建的药材认证标准检测中心正在加快装修中，与北京中医药大学的合作项目正在加快跟踪对接。同时聘请詹启敏、黄璐琦、徐安龙、王国辰等一批全国知名专家为科研顾问，邀请诺贝尔医学奖获得者巴里·马歇尔作为科创城产业顾问。引进十大龙头企业，滚动引进华润、新绿药、新生源、国科控股、万泽、高济医药、中国中药等龙头企业。全年累计签约医药产业项目30多个，总投资近400亿元，含上市公司6家、龙头药企4家、研发机构10所。启动300亿元的基础设施建设，协调推进路网、管网、电网、酒店、学校、医院等10余个基础设施建设项目。至年底，会展交易项目的2栋会展中心主体框架封顶，公共研发中心及公共服务中心完成地下结构施工，标准厂房一期1标主体结构全面封顶，扁鹊路已具备通车条件。

【科技创新】2018年，开发区通过搭建人力资源产业园等系列产业平台，深化人事制度改革、审批制度改革。充分发挥科技“第一生产力”的作用，加快推进改革创新“第一动力”，加速释放高质量发展新动能。先后搭建人才人力服务平台、劳动用工服务平台、海外学子创业平台、外籍人才服务等系列平台，绿创综合体项目仅用5个月就实现开业运行，中国(南昌)人力资源产业园改造工程获得装饰装修最高奖——中国建筑装饰奖。出台鼓励企业自主创新奖励专项政策，全年兑现自主创新引导奖励资金2 600余万元；创建各类研发服务平台110余个，其中国家级4个、省级86个；新增高新技术企业56家，总数达120家。至年底，全区专利申请量3 121件，同比增长43.1%；全区专利授权量1 619件，增长30.46%，专利申请量和授权量均居全市前列。全区有效发明专利拥有量798件，每万人有效发明专利拥有量25.63件，比南昌市每万人有效发明专利拥有量（9.19件）多16.44件。南昌欧菲光科技有限公司被国家知识产权局评为国家知识产权示范企业（2018年全省仅9家）。

【优化营商环境】2018年，开发区在抓好“三张名片”（企情收储中心、企业大走访、“店小二”式服务）的基础上，坚持服务企业“零距离”，搭建“亲”“清”的新型政企“连心桥”。结合推进忠诚型、创新型、担当型、服务型、过硬型“五型”政府建设，集中整治“怕、慢、假、庸、散”等问题，不断提升服务效能。实行“一站式”“一条龙”服务、“一厅式”办公，推出“一窗受理”窗口等服务。推行错时延时工作服务制，得到群众留言点赞和中央媒体认可。结合“放、管、服”改革，大力推行并联审批、承诺审批等新做法，以政府“瘦身”，为项目推进“强身”；全力抓好项目服务，解决项目“落地难、落地慢”等问题。在项目推进上导入“亮灯机制”。实行挂图亮灯式作战，项目进度正常亮绿灯，进度迟缓亮黄灯，进度再有迟缓亮红灯。在全省100个开发区评比中，“营商环境”指标荣获全省第一名。

【政策扶持】2018年，开发区围绕国家产业发展方向和扶持政策重点领域，积极为企业向上争取政策扶持资金，切实帮助企业争先创优。全年累计争取上级扶持资金1.5亿元，其中国家资金7 767万元、省级资金6 400万元、市级(新区）资金664.67万元。南昌海立高效多联式空调(热泵)双转子压缩机绿色设计平台建设项目成功入选工信部2018年绿色制造系统集成重点支持项目；南昌海立获国家绿色工厂和省首批绿色工厂称号；江铃集团新能源汽车有限公司入选工信部2018年“两化”融合管理体系贯标试点企业。

【生态环境】2018年，开发区按照“规范环境行为，助推产业发展”的工作思路，以中央环保督查为契机，集中对水环境、大气环境等环境问题进行综合整治。针对国家审计署反馈的生态环境保护问题积极整改，推进长江经济带生态环境保护。桑海片区自2017年11月以来启动的污水、道路整治PPP项目和水生态修复及水质提升项目均已完工，桐溪河断面水质明显改善；全区污水管网建设和维护正在全面实施，洪城监狱、英雄生活区、昌北大道、南昌水泥厂东侧、孔目湖等区域管网建设全面完工，开展“清废行动2018”专项行动。生态环境部督察组反馈的28个点位问题已整改完成24个，剩余4个码头问题（中海码头、曹家码头、顺发码头、晨鸣港务码头）为生态环境部挂牌督办案，已完成整改，并拟提请解除挂牌督办。

（南昌经济技术开发区管委会）

西宁经济技术开发区

【概况】 2018年，西宁经济技术开发区（以下简称“开发区”）坚持稳中求进的工作总基调，坚持新发展理念，坚持以供给侧结构性改革为主线，坚持质量第一、效益优先，统筹推进稳增长、促改革、调结构、惠民生、防风险各项工作，推动实体经济向高端化、智能化、绿色化转变，主导产业运行平稳，重点监测企业产值较快增长，新旧动能加快转换，经济结构持续优化，质量效益不断提升，经济保持持续健康发展的良好态势，工业增加值增长9.6%。

【工业经济】 面对经济下行压力，开发区坚持每月工业经济运行形势分析会制度，紧盯目标，协调要素，帮扶企业，“一企一策”，组织开展多场园区党政主要领导与民营企业座谈、园区经发部门精准服务龙头企业活动，努力挖掘经济增长潜力，确保工业经济平稳增长。多方争取外经贸发展、中小企业发展专项资金等，积极兑现招商引资奖励政策，全年共争取专项资金7.84亿元。针对光伏产业受“531光伏新政”影响，充分发挥专项资金和优惠政策的杠杆作用，通过专项帮扶资金及电力直接交易平台点对点让利、园区财政电价补贴政策等措施，帮助企业走出困境。鼓励关联企业和产业之间围绕磷酸铁锂、铝液、印刷包装和建筑材料等主要产品开展上下游产品对接活动21次，完成对接金额达174.33亿元，帮助企业降低原材料采购成本约11亿元，对接成效显著。通过实施“三年倍增”计划和精准施策，开发区130家重点监测企业完成产值出现大幅增长。特别是国鑫铝业、天鑫铝业、圣诺光电等企业增幅超过100%。随着“一优两高”的持续推进，园区新兴产业、高端制造业等产量增长迅猛，其中光纤产量增长22.0%，太阳能电池产量增长56.6%，锂离子电池产量增长445%。组织园区企业参加“春风行动”、民营企业重点企业招聘周等活动，新招员工5 400人，申报新员工培训补贴371万元。

【供给侧结构性改革】 开发区深入推进工业领域供给侧结构性改革，坚持分类处置、因企施策，大力破除无效供给，加大兼并重组力度，制定淘汰出清、兼并重组企业名单，推动化解过剩产能，“去补降”工作取得新成效。对凯普松电子、锦国兴能源、小松机械等18家企业实施了兼并重组整合，引进天津泰达科技投资有限公司整合青海明胶闲置厂房、土地，实施14亿米胶原蛋白肠衣项目，有效盘活存量闲置低效资产。认真协调落实电力直接交易政策，电解铝企业降低用电成本约2.6亿元；园区税务等机构积极落实取消、停征和减免税费改革等国家普遍性降费政策措施，为园区企业和群众切实减轻了负担，为青海百通、云天化等19家企业落实留抵退税等优惠措施，降低企业税务成本6 018万元；对桂鲁化工、伟毅新材料、青海绒业等停产、半停产企业进行全面梳理，制定复产、债务处理及重组整合计划，最大限度减少停产带来的负面影响。首次运用可转债业务产品，对园区食品制造、铝压延加二、新能源等19家企业投放资金15.67亿元；充分发挥锂电、新能源、新材料、大健康等特色产业基金的引导作用，轻工业产业基金为22家企业投放资金19.35亿元，累计为55家企业提供投资103.2亿元。加大对现有传统产业生产设备和工艺的升级改造，配套发展生产性服务业，推进“两化”融合发展，促进产业向高质化、高端化、绿色化转型发展。制定务实、管用、合理的中长期债务风险处置机制和债务化解方案，全力化解南川园区藏毯绒纺产业债务风险，设立青海开实综合产业开发有限公司，积极推进南川园区藏毯绒纺企业资产重组，利用原有资产启动生产、扩大经营范围、盘活存量资产、提供启动资金封闭运行等方式，有效化解企业债务风险，激发藏毯绒纺产业新活力，提高企业持续发展能力。完善开发区偿债准备金制度，累计归集偿债资金 9.6 亿元，专项用于化解开发区债务风险。

【项目建设】开发区围绕“项目生成年”活动，以“百日攻坚”“会战黄金季”“夏秋季攻势”“四个奔着去”专项行动为抓手，以“710”工作制度为落实手段，加大重点项目跟踪协调力度，落实重点项目建设资金，持续扩大有效投入，着力构建绿色经济产业体系，充分发挥投资拉动经济增长的关键作用。围绕产业发展重点，盯紧重大政策走向，分区分块做好园区项目包装策划工作，着力提高项目计划编制水平，加强项目可研评审论证，健全项目储备库，建立“成熟一批、推出一批、建设一批”的梯次滚动机制。同时，抽调精干人员加强与有关部门的对接，统筹协调各职能部门、业主单位同步推进项目建设的各个环节，及时协调解决项目建设中遇到的矛盾和问题，定期督办投资项目按时间节点推进，督促和指导做好项目前期工作，确保项目快落地、快开工、快投产、快见效。围绕新材料、新能源产业补链条、扩规模、提品质，重点实施比亚迪锂电池、北捷新材料锂电隔膜、青海大美尾气综合利用制烯烃、诺德铜箔生产线等重点项目，其中比亚迪 12GWh 动力锂电池一期、青海铜业 10 万吨阴极铜、诺德高档电解铜箔一期等项目已建成投产，光纤预制棒、锂电材料、中藏药加工等重点产业技能改造项目顺利实施。全年计划固定资产投资项目 291 个，开复工 260 个，开复工率 89.3%。其中重点工业项目开工 175 个，开复工率 93%。通过优化投资结构、推进技术进步、支持重点领域，园区产业结构持续优化。

【招商引资】开发区围绕“招商引资突破提质年”活动，立足园区产业基础和发展优势，创新工作思路和举措，采取以研引产、股权合作、以商招商、产业集群招商等方式，全方位、多层次开展招商引资，加大对高新技术产业、战略性新兴产业、现代服务业的招商力度，为开发区加快产业转型升级、不断优化供给结构注入了新活力。在招商引资工作中，突出重点招商区域、行业领军重点企业，开发区负责同志带队先后赴杭州、宁波、常熟、保定、连云港、江西、上海、深圳、北京等地招商，引进了光纤预制棒智能制造、动力电池壳体结构件、新型绿色环保建材、汽车用铝板、14 亿米胶原蛋白肠衣项目等科技含量高、投资规模大、产业链延伸的项目。选取具有行业代表性的“高精尖”产品布展，落实签约项目 24 个、签约金额约 230 亿元，圆满完成了 2018 年“青洽会”布展、签约、论坛等各项工作。同时，落实招商项目落地服务机制，积极创造项目落地配套条件，加强对签约项目的跟踪服务，努力提高项目履约率和资金到位率。全年，开发区招商引资对接洽谈项目 150 项，总投资约 538 亿元。其中，已落实的招商引资项目 74 项，总投资约 214 亿元；正在洽谈的招商引资项目 76 项，总投资约 324 亿元，主要引进落地了年产 600 吨光纤预制棒智能制造、12 吉瓦时电池及配套、6 条磷酸铁锂电池生产线、年产 6 000 万套动力电池壳体结构件、汽车用铝板、锂电池电解液、文旅综合开发等一批重点招商引资项目。

【科技创新】开发区始终把创新作为推动高质量发展的第一动力，努力构建以企业为主体、市场为导向、产学研深度融合的技术创新体系，着力推动工业发展由要素驱动向创新驱动转变，经济创新力和竞争力不断增强。积极培育高新技术和省级以上科技型企业，组织相关企业与省、市科技部门对接，对符合申请条件的企业进行专业指导。鼓励企业应用新技术、新工艺、新材料和新设备，优化提升产品结构和质量，推动金属冶炼、特色化工、藏毯绒纺等传统产业向高附加值环节攀升。依托“百项创新攻坚工程”“百项改造提升工程”等重大工程，重点实施了黄河新能源电子级多晶硅工艺系统优化改进、亚洲硅业多晶硅智能生产等重大科技创新项目。力促“两化”深度融合，重点跟进阳光能源信息智能制造一体化、亚洲硅业多晶硅尾气回收信息技术研究与应用等“两化”融合项目建设，重点推动落实阳光能源、中利光纤、亚洲硅业、黄河新能源、百河铝业等重点企业“两化”融合贯标工作，工业信息化水平有了新的提升。此外，围绕主导产业新建8个以上工程技术中心的目标，全力推动西宁市·黄河水电光伏产业技术中心、锂电研发中心、新材料研发中心等各类科技创新平台建设，建设了“亚洲硅业（青海）有限公司杨德仁院士工作站”，实现东川园区院士工作站“零”的突破。围绕“产业链”，打造“人才链”。依据园区重点产业需求制定人才计划及配套政策，实施“550”人才引进计划，探索试行开发区“领军人才”和“首席技师”“园区工匠”制，培养和引进了一批创新创业人才。目前，开发区拥有各类高层次人才38名。

【绿色发展】开发区持续加快建设新型绿色产业体系，加大对现有传统产业生产设备和工艺的升级改造，配套发展生产性服务业，推进“两化”融合发展，促进产业向高质化、高端化、绿色化转型发展。重点实施电子级多晶硅工艺系统优化改进、高纯硅材料绿色制造关键工艺系统集成、热电联产改造、MES制造执行系统、百令片减辅料技改、藏毯后整理技术改造、时代新能源和泰丰先行生产线技改项目。提升循环经济发展质量，加快落实国家循环化改造示范试点和低碳工业园区试点方案，坚持“减量化、资源化、再利用”循环经济理念，不断提高资源综合利用水平，加快构建完整的循环型工业体系。重点实施亚洲硅业还原尾气回收综合节能改造、博鸿化工铬酸盐清洁生产、净化渣综合回收处理、再生资源回收利用等32个循环经济项目。东川园区、生物园区被国家工信部评为国家级绿色园区；阳光能源、普兰特药业、亚洲硅业、电子材料、圣诺光电5家企业被工信部评为国家级绿色工厂；三江雪、黄河鑫业、百河铝业、伊纳维康等9家企业被评为省级绿色工厂。

【产城融合】开发区充分发挥规划引领作用，合理规划园区生产、生活和生态用地空间，园区项目承载能力稳步提升，生活居住环境持续优化，为产城融合的进一步推进奠定坚实基础。全年完成了生物园区三期绿化提升景观方案设计、园区三期医药产业园、刘家沟生态公园、现代服务大厦等规划设计。加快实施“双创园”、“智慧园区”，标准化厂房、拆迁安置等基础设施配套项目，重点推进了甘河园区工业废水管网、排水管网、防洪渠及安置房等项目，生物园区万佳家博园二期、藏医药文化博物院二期、装备园创业服务中心等项目，东川园区标准化厂房、拆迁安置等项目，南川园区二十五街道路、规划二路一期、一号隧道项目。同时，根据国家及省市关于创新载体发展工作要求，积极组织申报《打造特色载体　推动中小企业创新创业升级项目》。此外，坚持集约节约、高效开发利用园区土地的原则，不断提升新建项目的容积率和投资强度。按照“用好增量、盘活存量”的用地思路，通过腾笼换鸟、闲置盘活、有偿收购、整合地块等途径，以国家土地督察为契机，盘活东川园区闲置土地620亩（约41.33公顷），收储紫金矿业、万象铝镁等企业3 700亩（约246.67公顷）闲置地。

【营商环境】开发区紧紧围绕园区企业、居民办事需求，全面梳理行政审批事项，加强事中事后监管，推进政务服务“一网、一门、一次”改革，营商环境不断改善，市场活力不断释放，市场主体数量持续增加，企业和群众获得感不断增强。积极衔接省市相关部门，梳理涉及本单位承接的行政审批项目，承接了下放的部分行政审批事项，经省编办审核在青海政务服务平台认领政务服务事项74项。对没有法律法规依据的证明和盖章环节一律取消，并规范、简化报表资料，实行办事人信息一次采集、按户存储、共享共用。稳妥推进“证照分离”改革试点，清理规范涉及的行政审批事项，加强改革培训和宣传解读，不断完善事中事后监管，着力破解“准入不准营”问题。积极推行“三证合一”“五证合一”“一照一码”“先照后证”“双告知”“多证合一”等制度改革，认真落实“双随机一公开”制度，不断降低市场主体准入门槛，各类创新创业主体呈递增态势。配齐配强工作力量，将分散在园区管委会机关的审批事项迅速集中到行政服务中心，做到授权充分、力量下沉、服务到位。同时，统一服务窗口设备及人员着装，调整工作时间，不定期地监督检查服务效果。积极推进行政审批“代办制”，对现场一时无法办结的事项，指派代办员协助企业全程办理相关事项。大力实施“互联网+政务服务”，将开发区政务外网接入省政务服务平台，并将园区政务服务事项纳入省级政务服务平台实行“一网通办”。

【环境保护】开发区扎实开展扬尘防控“十个100%”工作，加强工业企业、建筑施工、拆迁工地、道路扬尘查处力度，增加洒水车、抑尘喷雾车作业频次，有效降低了扬尘污染。对火电、水泥、电解铝、化学原料和化学制品制造等8个行业实施达标排放计划，确保到2020年年底各类工业污染源实现全面达标排放。为进一步加大综合治理力度，严格按照规划要求及相关标准，实施完成了中利光纤湿式废气处理设施改造、阳光能源单晶硅制造拉晶工段氩气排放口废气处理整治等项目。推进实施了甘河园区重金属污染治理项目，投资1.7亿元完成了甘河工业园区尾矿渣场及循环利用、际华江源冶炼废渣综合利用、紫金矿业含重金属废水处理回用等8个污染治理项目，督促利亚达、西部化肥、云天化3家企业有序开展厂区土壤修复治理工作。完成了各园区工业废水集中处理设施建设和在线监测装置安装联网、云天化煤改气以及黄河鑫业一号、二号煅烧系统改造项目建设等整改工作。将污染源治理与水生态保护相结合，实施工业废水和生活污水污染源控制措施，削减污染物入河量，确保甘河、教场河入湟断面水质达到Ⅲ类标准。

【安全生产】开发区牢固树立安全发展理念，扎实推进以“专家查隐患、企业抓落实、政府严督查”、安全生产“三进”“反三违”为主要措施的安全生产大检查工作，保持安全生产形势持续稳定向好，事故起数、死亡人数实现同比“双下降”。多次召开会议分析研判安全生产形势，安排部署重点时段、重要时点安全生产工作；先后11次组成督查组对各园区、各监管部门落实安全生产工作情况进行督导检查，推动园区属地管理责任、部门监管责任和企业安全生产主体责任落到实处。严格执行企业全员安全生产责任制，对231家企业落实安全生产主体责任进行了专项监督检查，修订完善企业负责人、管理人员和一线职工的全员岗位职责，推动安全生产“进车间、进班组、进岗位”。组织危险化学品、金属冶炼、建筑施工、食品药品等方面的29名专家，成立8个专家组开展了三轮专项检查，检查企业376家次，排查治理隐患562项。指导企业开展安全生产应急救援演练232次，提高企业应急救援水平。

【领导名录】西宁经济技术开发区领导成员为：青海省委常委、西宁市委书记、西宁经济技术开发区党工委书记王晓；西宁市委副书记、西宁市市长、西宁经济技术开发区管委会主任张晓容；西宁市委常委、西宁经济技术开发区党工委常务副书记、管委会常务副主任许国成；西宁经济技术开发区党工委副书记、纪工委书记吕品；党工委委员、管委会副主任郭天明、黄国俊。

（西宁经济技术开发区管理委员会）

南京经济技术开发区

【区情概况】南京经济技术开发区（以下简称“南京开发区”）坚持走新型工业化和集约化发展道路，不断促进产业优化升级，经济发展质量和速度快速提升。园区内现已集聚487家来自20多个国家和地区代表行业乃至世界领先水平的企业，世界500强投资企业75家，已集中规模以上工业企业207家。开发区高新技术产业产值占全区工业产值75%以上，开发区累计建立上规模研究院和研发中心逾100家，2018年专利申请量达到2 246件。

【经济发展】2018年，南京开发区实现地区生产总值1 038亿元；一般公共预算收入96.2亿元；工业总产值2 910亿元；全社会固定资产投资139.7亿元；实际利用外资5.8亿美元。

【投资促进】2018年，南京开发区坚持发展产业不动摇，将重大项目推进作为高质量发展及产业转型的抓手和支撑，一把手亲自抓招商、引项目，开展精准招商；成功举办“中国人工智能峰会”“全球机器人与人交互技术大会”等国际水准的产业峰会。全年新引进重大项目70个，新开工重大项目23个，新竣工重大项目24个。光电显示、生物医药、高端装备三大传统主导产业向高端化、智能化、集群化方向发展。总投资90亿元的恩创原子层沉积技术产业园项目等重大项目签约落户，总投资15亿美元的乐金化学新型电池等重大项目开工建设，总投资7 900万美元的乐金显示笔记本液晶模组、总投资1亿欧元的博世智能助力器等重大项目竣工投产，建成智能工厂和智能车间17家。新能源汽车产业发展迅猛，拜腾汽车全球总部正式启用，两款概念车先后发布；蔚来XPT一期项目产能不断攀升，二期电池包生产线建成投产；长城华冠项目完成前期手续办理，即将正式启动建设。人工智能产业形成集聚效应，建设70平方公里的“中国（南京）智谷”，组织“全球人工智能应用大赛”等主题品牌活动；引进建设地平线机器人、旷视科技、京东、科沃斯、创新工场等80多家知名企业和周志华、王劲等40多名领军人才，以及9家以人工智能为主攻方向的新型研发机构。

【科技创新】2018年，南京开发区围绕南京打造具有全球影响力创新名城部署和“五名五最”要求，加快落实“121”战略和1号文件精神，全面激发创业创新活力。新港高新园纳入全市15家创新发展的核心板块，累计落户科技型企业800多家，实现年销售收入超100亿元。引进诺奖得主、两院院士等世界顶尖专家25人，以及国家和省市级高层次人才502人。聚力推进“两落地、一融合”，深化与清华大学、南京大学、曼彻斯特大学、剑桥大学等国内外“名校”“名院”合作，落户中英曼大二维材料研究院、南京新一代人工智能研究院、南京人工智能高等研究院等新型研发机构21家，规划建设南京智能激光制造、南京新港人工智能产业等高端科技公共服务平台7家。高新技术企业总数达到127家，其中2018年新增51家。彩云慧谷、拜腾汽车、快轮科技等3家企业分别入围南京市首批独角兽、瞪羚企业。完成专利授权1 439件，万人有效发明专利拥有量居全市前三。认真落实“创新十条”，积极推动主导产业和重大项目融资对接，组建蔚来XPT、长城华冠、拜腾汽车等组成总规模38亿元的专项基金，其中SK新一代信息技术、阿米诺人工智能等基金入围南京市产业发展基金子基金，累计向科技型企业拨付配套资金9 200万元，加快完善金融、生活配套设施，创业创新生态日益优化。

【基础设施建设】2018年，南京开发区大力扭转有产无城现状，进一步完善产城融合规划设计，精心精细优化发展空间布局。片区开发实现突破，龙潭新城10平方公里核心区正式启动，首块经营性用地挂牌上市，新城门户广场建成开放，一批水电气、道路等基础设施加快建设；兴智科技城完成规划设计和企业搬迁扫尾等工作；华侨城大型文旅综合项目加快推进，水公园、陆公园将陆续建成开放。交通体系不断优化，疏港大道快速化、仙新路过江通道等8条重点道路建设顺利推进，广志路二期、工农路等11条重点道路建成通车，地铁6号线、4号线、S5号线成功导入开发区。功能配套日趋完善，翠屏商业街正式开业，兴智商业街二期主体建成，盘活建成区16家企业低效闲置用地，同步规划了一批教育、医疗、住宅等城市功能配套设施，拉开了城市发展的框架。

【管理服务】2018年，南京开发区牢固树立“绿水青山就是金山银山”的发展理念，全力打好“污染防治攻坚战”，着力打造宜业宜居的环境品质。认真落实中央环保督察“回头看”，9件交办件圆满办结。开展500余家次环保巡查检查，各类环境信访投诉件办理综合满意率达95%。大力开展“263”专项整治，认真落实大气、水、土壤污染防治行动计划，完成新港污水处理厂提标改造以及龙潭污水处理厂建设工程，兴武沟、便民河等主要河流水质达到V类水标准，空气环境指标持续改善，PM2.5指数优于全市平均水平。城市精细化建管成效明显，稳步推广市政和绿化养护市场化，全面抓好市容环境、扬尘管控、交通秩序、控违拆违等工作，严厉查处渣土运输违规违章行为，渣土车密闭化运输率达100%。大力开展生活垃圾分类及建筑垃圾再利用，新港建成区生活垃圾分类投放设施覆盖率和拆迁建筑废料综合利用率双双超过50%，园区生产和生活环境持续向好。

2018年，南京开发区全面抓好劳动就业、安全生产、信访维稳等工作，平安稳定的大局得到维护。着力推进人力资源服务产业园建设，大力实施“宁聚计划”，成功举办南京第二届国际青年实习交流活动，组织53场针对企业用工的专场招聘会，提供就业岗位18 500个，实现大专以上人员就业19 000余人。妥善接待群众信访，“12345”工单办理综合满意率达92%。按照“党政同责、一岗双责、齐抓共管、失职追责”的原则，不断强化企业主体责任和政府监管责任，持续开展安全生产大排查、大整治，普查企业362家，查处“厂中厂”企业141家，组织实施危化品管线泄漏事故应急演练等专项活动，夯实了安全底线。进一步加快街道经济发展和环境提升，全年向3个托管街道经济薄弱村和社区拨付帮扶资金3 350万元，建成龙岸花园等保障房45.9万平方米，累计交付安置房1 911套。学校、医院、商业等生活配套设施加快建设，南京经济技术开发区与街道融合发展的局面进一步巩固。

【党建工作】2018年，南京开发区坚持党建引领，推动全面从严治党向纵深发展。认真组织开展新时代中国特色社会主义思想等专题学习，进一步强化干部的“四个意识”，为干事创业提供了坚强的政治保障。认真做好中央和省、市委巡视巡察及督查工作，大力开展对形式主义、官僚主义的集中整治，坚决消除“杨、季”恶劣影响，29类61项问题整改到位。严格落实意识形态系列文件，强化党对意识形态工作的领导。不断夯实基层党建基础，进一步巩固非公党建“五个一”工作成果。精神文明建设全面推进，组织举办职工水上运动会、女职工信息处理运用技能大赛等系列活动，增强了干部职工的凝聚力。积极表彰先进、树立典型，11个集体获得全国和省、市荣誉称号，10名职工入选2015—2017年度南京市劳动模范。全面贯彻民主集中制，修订下发开发区工作委员会议事决策规则，认真落实工程、人事、财务等系列管理办法，对办公用房、通信补贴、公车使用、公务接待、会议经费等巡视巡察重点领域进行全面清查，强化权力运行的监督制约。始终将纪律和规矩放在前置地位，严格落实党风廉政建设“两个责任”，加强廉洁警示教育和执纪问责力度，切实筑牢拒腐防变的思想和制度防线，维护风清气正的良好政治生态。

【大事记】

3月6日，南京经济技术开发区、栖霞区和仙林大学城在液晶谷举行了重大项目集中开工仪式。本次集中开工项目共42个，总投资约835亿元。

5月，国家商务部公布了2017年国家级经济技术开发区综合发展水平考核评价结果，在219家国家级经济开发区中，南京经济技术开发区位列第十。

7月6日，第二届南京国际青年交流活动顺利启动，来自14个国家和地区的77名大学生在南京经济技术开发区开展为期两周的企业实习体验。

8月27日，由南京市外事办公室和南京经济技术开发区共同承办的第27届IEEE全球人机交互技术峰会开幕，来自美国、法国、日本、荷兰的5位工程院和科学院院士、全球32个国家和地区的260余名专家学者及产业界人士研讨人机交互最新技术的发展与应用。软银机器人、优必选机器人、普洛斯机器人、泰普森科技、欧洲Cartx科技等国内外智能机器人应用企业带来了最新产品。

9月6日，南京经济技术开发区在国际博览中心举办了“2018中国人工智能峰会”。此次峰会以“AI赋能 驱动未来”为主题，汇集了潘云鹤、刘多、莱斯利•瓦利安特、吴恩达、周志华、毕福康、余凯等超过50位国际人工智能领域的学术专家、产业领袖及行业代表参与。会上，南京经济技术开发区与中国信息通信研究院合作共建的南京新一代人工智能研究院揭牌，AI研究权威机构中国信息通信研究院首次对外发布了《2018年人工智能发展白皮书》，创新工场发布了成立以来的第一个人工智能专题奖项“2018中国人工智能优秀奖及创新奖”。

11月6日，工业和信息化部网站正式公布第三批绿色制造名单，南京经济技术开发区成为南京市第一家成功入选的工信部绿色园区，区内企业南京中电熊猫平板显示科技有限公司成功入选工信部绿色工厂，实现了区内企业申报工信部绿色工厂零的突破。

【机构设置与管委会领导】南京经济技术开发区管委会下设开发区工委管委会办公室、行政审批局、经济发展局、投资促进局、企业服务局、财政局、科技人才局、国土规建局、环境保护局、社会事业局（房屋征收办公室）、组织人事局（人力资源和社会保障局）、宣传局（法制办）、城市管理局（综合执法支队）、安全生产监督管理局、机关党委、监察室和审计局等部门。

管委会领导成员为：南京经济技术开发区管委会党工委书记黎辉（9月任职）；管委会主任沈吉鸿（8月任职）；党工委副书记李华；纪工委书记翟建明；副主任蒋伟、沈吟龙、徐宁生、秦天堂；副巡视员刘众、陈林午、徐志国(4月退休)。

2018年南京经济技术开发区主要经济综合指标一览表

项目	单位	2017年	2018年	增减（%）
开发区生产总值	亿元	936	1 038	10.9
第二产业	亿元	808	868	7.4
工业	亿元	781	835	6.9
第三产业	亿元	123	165	34.0
工业总产值（现价）	亿元	2 485	2 910	17.1
高新技术企业	亿元	454	550	21.1

续表

项目		单位	2017年	2018年	增减（%）
销售（营业）收入		亿元	3 582	3 587	0.1
第二产业		亿元	3 039	3 072	1.1
工业		亿元	2 673	2 919	9.2
第三产业		亿元	543	515	-5.2
利润总额		亿元	194	214	10.3
第二产业		亿元	149	148	-0.7
工业		亿元	136	135	-0.7
区内主导产业及产值					
主导产业	1. 新型显示产业	亿元	1 465	940	-35.8
	2. 石油化工产业	亿元	832	950	14.2
	3. 装备制造产业	亿元	363	376	3.6
进出口总额		亿美元	114	117	2.6
出口		亿美元	45	43	-4.4
财政收入		亿元	291	257	-11.7
税收收入		亿元	290	245	-15.5
新批企业数量		家	1 181	1 017	-13.9
外商及港澳台企业		家	23	27	17.4
内资企业		家	1 158	990	-14.5
区内世界500强企业数量		家	74	82	10.8
国家级高新技术企业数量		家	200	341	70.5
新批企业投资额	外商及港澳台企业	亿美元	11.7	13.5	15.5
	内资企业	亿元	209	181	-13.4
	增资企业	亿美元	8.4	8.0	-4.9
规模以上企业数量		家	170	215	26.5
研究与试验发展（R&D）经费支出		万元	—	383 137	—
研究与试验发展（R&D）经费投入强度		%	—	1.31	—

（南京经济技术开发区管委会）

宁波大榭开发区

【经济发展】2018 年是改革开放 40 周年，宁波大榭开发区（以下简称“大榭开发区”）建设 25 周年，也是大榭开发区“五新发展”计划的开局之年。一年来，大榭开发区以“八八战略”为指引，积极投身宁波市“六争攻坚、三年攀高”行动计划，全面实施“五大专项行动”，全区经济社会持续保持平稳较快发展。

2018 年，大榭开发区实现地区生产总值 333.1 亿元，同比增长 4.5%；财政总收入 166 亿元，同比增长 18.6%；公共财政预算收入 79.4 亿元，同比增长 21.8%；工业总产值 666.8 亿元，同比增长 11.1%；固定资产投资 35.9 亿元，同比增长 54.1%；实际利用外资 1 亿美元；进出口总额 337 亿元，同比增长 17.5%；商品销售额 2 707 亿元，同比增长 14.6%；港口货物吞吐量 9 747 万吨，同比增长 6.5%；集装箱吞吐量 345 万标箱，同比增长 9.1%；跨境电商出口贸易额 4.3 亿美元，同比增长 20.1%。

【社会发展】2018 年，大榭开发区经济社会发展主要呈现以下方面的特征：

殷实富强新城建设干在实处，质量优，增长快。地区生产总值、工业总产值、进出口总额分别首次突破 300 亿元、600 亿元、300 亿元大关，财政总收入、公共财政预算收入、现代服务业营业收入、港口货物吞吐量、集装箱吞吐量再创历史新高。“亩均论英雄”五项评价指标增幅均在 10% 以上。其中，全员劳动生产率、亩均工业增加值两个评价指标位居全市第一。

绿色产业新城建设走在前列，项目实，后劲足。本岛 600 亿元重大项目基本完成总体布局并陆续转入施工阶段。全年共有 260 亿元重大项目签约落地，200 亿元重大项目开工建设，加上在建的 60 亿元重大项目，在谈的 100 亿元重大项目，形成了“在建一批、开工一批、储备一批”的滚动开发良好局面，为未来几年区域经济增长奠定了坚实的基础。

现代商贸新城建设勇立潮头，改革稳，动能强。积极争抢浙江自贸区 2.0 版建设机遇，国际能源贸易岛建设取得新进展。2018 年新引进能源化工贸易平台和企业 166 家，集聚效应进一步显现。商贸企业引进数量质量和新增纳税指标双双创下历史新高。大榭新的经济增长点和税收贡献点继续扩大。

海港风情新城建设提档升级，环境优，城区美。根据“两整两提”专项行动要求，共投入 2.7 亿元完成“一区三馆”灯光亮化、8 处复绿美化、3 座公园升级等一批基础设施改造任务，捧得全市五水共治“它山堰杯”，小城镇环境综合整治工作提前一年通过省级验收，“三改一拆”完成率居宁波市第一名，空气环境质量优良率保持全市前列，通过“长期化小投入”，持续推进美丽新城建设。

文明和美新城建设争先进位，人心齐，社会稳。开展“学思悟践”党的十九大精神讲读，在全市率先实现首轮轮训“全覆盖”，创立党员教育管理“五色工作法”，挖掘传承“渡海第一仗”红色基因，党建引领格局全面形成；成功举行大规模闹元宵民俗文化活动，1 776 套碧海蓝湾安置房公平公正透明分配，1.5 万户居民天然气置换顺利完工，群众支持大榭开发建设的合力得到进一步增强；没有发生重大案（事）件、较大及以上安全生产事故和越级上访事件，社会形势持续保持平稳。

【产业发展】2018年，大榭开发区始终贯彻新发展理念，坚持平台推动、转型拉动，着力瞄准实体经济、高端服务等领域，着力推进供给侧结构性改革，着力集聚发展新动能。与此同时，国际能源贸易岛的基础设施和招商工作同步推进。目前已完成控规、土规、港规、地下储油库规划等10余项前期规划以及本岛作业区规划调整方案；穿鼻岛大桥、环岛道路、炸山场平、填海、码头等基础配套建设前期工作扎实推进；接洽了境内外一批业内龙头企业。

【科技创新】2018年，大榭开发区中海油大榭石化三期主体装置获国家科技进步二等奖；万华化学成为宁波市唯一获浙江省专利金奖的企业。万华化学新材料产业园入选宁波市特色产业示范园第一批培育对象；万华容威获评国家制造业单项冠军示范企业。推进区内重点企业之间实现氢气资源互供及余热蒸汽利用；实施总投资1.47亿元的节能技改项目38个；年耗能万吨标准煤以上的石化企业产品能耗达到国内行业领先水平。

【投资促进】2018年，大榭开发区始终盯住招引商贸企业，将其作为大榭税源新增长点的目标，优化招商引资政策，健全招商领导机构，明确目标考核责任，定期召开工作会议，精选配强招商队伍，充分利用各方资源，全面拓宽招商渠道，合力打造形成“全区招商、全员招商、全力招商”的浓厚氛围。在招商方向上，更加注重大宗商品贸易平台招商。目前全区已累计引进能源贸易类平台和企业759家，实现能源贸易限额以上商品销售额2 225亿元。

【体制机制创新】2018年，大榭开发区持续深化“最多跑一次”改革，实现事项100%全覆盖；开展浙江省“证照分离”改革试点，成为宁波市企业开办速度最快的地区；企业投资审批项目实现“最多跑一次、最多100天”；实行“标准地”出让；试行“容缺审批制度”；首创办税信息全程前置短信息告知服务，全年为企业累计减税减负22.7亿元；不动产登记全面提速；全区档案电子化归档等常规性工作在功能园区领先；出台《大榭开发区打造一流营商环境的若干意见》等多项政策，以全力助推企业转型发展。

【绿色集约】2018年，大榭开发区严格落实地方党政领导干部安全生产责任制，制定出台《深入推进安全生产领域改革发展的实施意见》，全面推进风险管控年活动。建立园区危化品事故应急救援处置联动机制，多次快速成功处置突发应急情况。推行化工过程安全管理试点，夯实危化品安全综合治理基础。以“三场所三企业”为重点，以五类专项整治和标准化建设为抓手，推进全区中小企业的安全管理水平逐步上台阶。打响蓝天保卫战、护水斩污、大气污染等专项执法行动。开展企业检测维修前期协调、全程监督。抓好入海排口整治，投运国内首个圆形穹顶全封闭煤仓。PM2.5浓度连续5年为宁波全市最低水平，空气质量优良率常年位于宁波市最前列。

【社会事业】2018年，大榭开发区积极开展全区城市规划设计，全力做好房屋拆迁，祖堂、坟墓搬迁和山地复绿工作，推进景观改造、节点小品、城区亮灯、路灯合同能源管理、截污纳管二期等一批环境提升工程建设，积极实施大榭医院二期建设，改造大榭烈士陵园等“五色七顶”党建风景线建设，举办全区首届职工技能大赛，落实财政全额补助北仑高速免费政策，发放慈善、救助、优抚、城市生活、人才、就业扶持等各类补贴，城镇登记失业率控制在3%以内，区域户籍人员养老保险参保率达97.4%，医疗保险参保率稳定在98.8%以上，重点人群家庭医生签约率达到78.2%，民众共享改革开放成果的获得感不断提升。

【党建工作】2018年，大榭开发区牢固树立“四个意识”，始终坚定“四个自信”，坚决做到“两个维护”。进一步优化党建管理机制，成立区“两新”工委，推行街道大工委制和社区大党委制，建立全市首家园区党校。总结推广行动党小组等党建服务品牌，坚持每月开展党员公益日活动，党建主体责任意识在大榭各基层、各领域落地生根。上线运行党风廉政履职纪实系统，实现实时纪实、在线上报、留痕管理和全程监督。加大宣传报道力度，全年累计在中央、省、市级主流媒体推出各类高质量报道200余篇、专版20个。

【机构设置与管委会领导】2018年，宁波大榭开发区管委会下设办公室（政法办、信访办）、审计局、人事局、经发局、财政局、社会保障局、规划建设局（综合行政执法局、城市管理局）、安全环保局、交通局（港口局、口岸办）、投资合作局、房屋征收办、行政服务中心（公共资源交易中心）、穿鼻办；下辖1个街道：大榭街道（社管局、民政局、人口计生局）；双重管理单位为：税务局、市场监管分局、自然资源和规划分局、公安分局、检察院；区属国有企业为：开发、控股公司、大桥公司、房产公司、工程公司、化工仓储公司。

管委会领导成员为：宁波市委常委，大榭开发区党工委书记、管委会主任梁群；党工委副书记、管委会常务副主任江国梁；党工委委员、管委会副主任陈旭勤、王志荣、刘黎勇；党工委委员、纪检监察组组长项瑛；党工委委员、管委会副主任王雅宁（兼）；党工委委员、管委会副巡视员沈才林、黄金国。

2018年宁波大榭开发区主要经济综合指标一览表

项目		单位	2017年	2018年	增减（%）
开发区生产总值		亿元	271.60	333.10	22.6
第二产业		亿元	154.40	189.20	22.5
工业		亿元	154.10	187.70	21.8
第三产业		亿元	117.20	143.90	22.8
工业总产值（现价）		亿元	596.42	666.80	11.8
高新技术企业		亿元	25.04	28.28	12.9
销售（营业）收入		亿元	2 726.64	3 115.01	14.2
第二产业		亿元	631.93	632.55	0.1
工业		亿元	631.93	632.55	0.1
第三产业		亿元	2 094.71	2 482.47	18.5
利润总额		亿元	190.40	204.49	7.4
第二产业		亿元	126.98	112.87	-11.1
工业		亿元	127.00	112.91	-11.1
区内主导产业及产值					
主导产业	1. 临港石化产业	亿元	615.45	553.39	-10.1
	2.	亿元	—	—	—
	3.	亿元	—	—	—
	4.	亿元	—	—	—
进出口总额		亿元	288.01	337.43	17.2
出口		亿元	105.60	109.56	3.7
财政收入		亿元	140.02	166.01	18.6
税收收入		亿元	135.75	159.65	17.6
财政支出		亿元	51.92	69.31	33.5
新批企业数量		家	791	1 051	32.9
外商及港澳台企业		家	1	13	1 200.0
内资企业		家	790	1 038	31.4
区内世界500强企业数量		家	1	1	0.0
国家级高新技术企业数量		家	8	8	0.0

续表

项目		单位	2017年	2018年	增减（%）
新批企业投资额	外商及港澳台企业	亿美元	0.00	11.00	—
	内资企业	亿元	463.78	367.25	-20.8
规模以上企业数量		家	153	167	9.2
研究与试验发展（R&D）经费支出		万元	35 328.20	33 516.90	-5.1
研究与试验发展（R&D）经费投入强度		%	1.30	1.00	-22.6
合同外资金额		亿美元	1.30	1.69	30.0
外商实际投资		亿美元	1.40	1.00	-28.6
固定资产投资		亿元	23.30	35.90	54.1
年末从业人员数量		万人	1.78	1.75	-1.7
万元GDP能耗		吨标煤/万元	0.82	0.64	-21.1
水资源消耗总量		万立方米	4 227.00	7 980.34	88.8
单位国内生产总值取水量		立方米/万元	15.56	23.96	53.9
上市企业数量		家	1	1	0.0
区内职业教育学校数量		所	0	1	—

（宁波大榭开发区管理委员会）

厦门海沧台商投资区

【经济发展】2018 年，厦门海沧台商投资区全年实现地区生产总值 676.11 亿元，同比增长 7.7%；实现规模以上工业增加值 353.37 亿元，同比增长 8.9%；固定资产投资（不含农户）增幅同比下降 4.1%；区财政总收入 174.06 亿元，同比下降 3.3%；区级财政收入 39.10 亿元，同比增长 0.7%。全年合同利用外资 42.01 亿元，实际利用外资 9.54 亿元。实现城镇居民人均可支配收入 49 718 元，同比增长 8.7%；实现农村居民人均可支配收入 27 742 元，同比增长 9.2%。

【投资环境】2018 年，厦门海沧台商投资区营商环境不断改善。招商质效明显提升，黄金珠宝产业园等项目正式落地。实施“证照分离”“多证合一”改革，压缩企业开办时间至 3.5 个工作日，市场主体活力迸发，新增商事主体 1.1 万个。政银企互联平台持续构建，全年为 11 家重点企业提供融资 18.9 亿元。兑现政策扶持资金 3.2 亿元，有力扶持中小企业、民营经济。士兰化合物项目签订土地合同后 5 天内取得桩基施工许可证，刷新建设项目审批办理速度。

【基础设施】2018 年，厦门海沧台商投资区“五纵八横”主干路网基本成型，国道 324 改线，灌新路、海翔大道实现通车，轨道 2 号线、第二西通道进展顺利，海沧疏港通道、芦澳路（马青路－翁角路段）开工建设。新增公共停车泊位 1 073 个、充电桩 147 个、园林绿地 120.8 公顷、绿道 9.2 公里、健康步道 4 条。

【产业特色】2018 年，厦门海沧台商投资区 329 家规模以上工业企业累计完成产值 1 174.79 亿元，实现规模以上工业增加值 353.37 亿元，同比增长 8.9%。年产值亿元以上的 139 家企业共完成产值 1 080.32 亿元。集成电路产业实现突破，通富微电子一期顺利封顶，士兰 12 吋芯片、士兰化合物项目正式开工，芯舟科技、金柏科技等项目签约。集成电路设计产业园平台加快建设，引进设计类企业 15 家。举办首届中荷半导体产业合作论坛、第二届集微半导体峰会，吸引国内外 500 余家主流企业、投资机构参加。生物医药产业稳步增长，盛迪医药等 33 家企业顺利落户，生物医药产品注册数全省领先，万泰宫颈癌疫苗、艾德生物试剂盒等产品培育取得新突破。全年 45 家规模以上生物医药产业企业完成产值 142.3 亿元，同比增长 17%。与中国生物技术发展中心、国家医药卫生科技发展研究中心等“国字号”机构签订战略合作协议，将推动厦门生物医药产业进入全国、国际先进行列。新材料产业加快发展，厦钨新能源、金鹭硬质合金项目落户，总投资近 60 亿元；厦钨三元正极材料项目投产，厦顺四期建成投产，长塑双向拉伸尼龙薄膜领跑全球市场，凯纳石墨烯科研成果批量投入市场。全年 11 家规模以上新材料产业企业完成产值 131.6 亿元，同比增长 17.2%。传统产业加快升级，狄耐克等 9 个项目开工建设，IOI 棕榈油等 12 个项目竣工投产；沙迪克等 31 个增资扩产项目强力推进。实现建筑业产值 383.53 亿元，同比增长 17.7%。招商质效明显提升，黄金珠宝产业园等项目正式落地。新增 7 家市级优质品牌，15 个产品初评入选省级名牌。推动 28 家企业实施 75 项标准化项目。

【招商引资】2018 年，厦门海沧台商投资区招商质效明显提升。全年完成合同外资 23 亿元，实际利用外资 8.3 亿元，引进 500 万元以上内资项目 1 565 个，注册资本 253 亿元。积极发挥投洽会平台作用，以商引商。促进项目签约，推动国家开发银行与厦门通富集成电路先进封装测试产业化基地（一期）签订投融资合作协议，诚幸堂牛磺熊去氧胆酸胶囊产业化及中药饮片生产等项目签约，为产业提速提供动能。推进合作洽谈，举办第二届 2018 集微半导体峰会，共吸引 350 余家企业代表和 129 家投资机构精英参会，营造浓厚的产业发展氛围。推动产业对接，组织芯舟科技等重点企业参加台资企业投资项目对接会，通过以商引商，进一步扩大投洽会成果。投洽会期间生成意向项目 19 个。其中，生物医药类项目 15 个，电商物流类项目 3 个，集成电路类项目 1 个。初步对接瓦里安、康乐保、康迪斯、科惠等多个外资项目以及原力生命科学、柏恩思医学机器人等内资项目。

【项目建设】2018 年，厦门海沧台商投资区城区建设扩容提质。编制东孚东片区等 6 个片区规划及公园、医疗等 4 个专项规划。马銮湾新城建设顺利推进，完成海绵城市马銮湾试点区 3 年建设任务。1—11 月征地 1 643 亩（约 109.53 公顷）、交地 3 408 亩（227.2 公顷）、拆迁 72 万平方米，有力保障项目用地需求。

【科技创新】2018 年 1—11 月，厦门海沧台商投资区实现规模以上高新技术产业产值 669 亿元，占规模以上工业产值的 62%。财政投入科技扶持资金 7 774 万元。专利授权量 1 846 件，增长 56%，有效发明拥有量 1 176 件，增长 18.3%。

【人才建设】2018 年，厦门海沧台商投资区持续开展重点人才引进和提升工作，全年新增市级以上高层次人才 68 人，区级高层次人才 503 人，全区高层次人才总量保持全省各县区首位。发放各类补贴 1 746 万元，人才公寓入住 960 人次。

【体制改革】2018 年，厦门海沧台商投资区依法行政深入推进。及时调整公布政府权责清单、公共服务事项清单，推进政府机构改革。自觉接受人大及其常委会的法律监督和工作监督、政协民主监督和社会各界监督。办结人大代表建议 153 件，政协委员提案 125 件，满意和基本满意率 100%。全面推行行政执法公示、执法全过程记录、重大执法决定法制审核三项制度，规范行使自由裁量权。

【生态环保】2018 年，厦门海沧台商投资区公众对环境质量满意度全市第一，前三季度市容管理综合考评全市第一。建成区生活垃圾分类实现全覆盖，大件垃圾综合处理厂建成投用。落实“两违”联合巡查机制及网格责任制度，拆除“两违”99 万平方米。国家食品安全示范城市创建扎实推进。道路交通安全综合整治行动深入开展。持续深化河长制，启动湖长制、山长制，形成水体、山体网格化管理格局。启动竹兰山生态修复工作、铁路沿线综合环境整治。

【管理与服务】2018 年，厦门海沧台商投资区政务效能有力提升。推进“放管服”改革，行政审批、公共服务事项 100% 网上办理，超九成事项实现“一趟不用跑、最多跑一趟”。“就近能办”全面推行，“15 分钟便民服务圈”村居全覆盖。深入推进“减证便民”，推广电子证照应用，取消 31 项证明事项。推行“一窗受理、集成服务”改革，社保、公安等 8 家单位实现部门内“一窗通办”。

【机构设置与管委会领导】2018 年，厦门海沧台商投资区下设机构为：厦门市海沧区经济和信息化局、厦门市海沧区建设局。

管委会领导成员为：投资区党工委副书记、管委会主任，自贸区厦门片区（海沧保税港区）党工委委员、管委会副主任（兼），区委副书记、区政府党组书记、区政府区长游文昌；投资区党工委委员、管委会副主任、区委副书记曹放；投资区党工委委员、管委会副主任、区委委员张善美；投资区党工委委员、纪工委书记、区委常委、区纪委书记、区监委主任黄炳文。

2018年厦门海沧台商投资区主要经济综合指标一览表

项目		单位	2017年	2018年	增减（%）
开发区生产总值		亿元	609.15	676.11	7.70
第二产业		亿元	364.69	412.35	8.70
工业		亿元	321.18	361.69	12.61
第三产业		亿元	243.37	262.16	6.10
工业总产值（现价）		亿元	1 058.88	1 174.79	10.95
高新技术企业		亿元	380.11	432.50	13.78
利润总额		亿元	142.83	166.10	16.29
工业		亿元	78.90	96.20	21.93
区内主导产业及产值					
主导产业	1. 生物医药产业	亿元	122.45	142.30	16.20
	2. 电子信息产业	亿元	121.03	183.24	51.40
	3. 新材料产业	亿元	163.99	181.60	10.70
进出口总额		亿美元	554.93	636.74	13.50
出口		亿美元	388.42	453.59	15.30
财政收入		亿元	179.40	174.06	-3.30
税收收入		亿元	169.46	162.06	-4.40
财政支出		亿元	67.96	78.09	15.00
规模以上企业数量		家	928	962	3.66
研究与试验发展（R&D）经费支出		万元	220 600	270 300	22.53
研究与试验发展（R&D）经费投入强度		%	3.62	4.00	10.50
合同外资金额		亿美元	41.05	42.01	2.33
外商实际投资		亿美元	18.24	9.54	-47.70
固定资产投资		亿元	431.46	—	—
年末从业人员数量		万人	24.50	26.60	8.57
万元GDP能耗		吨标煤/万元	2 500.47	2 482.49	-0.72
水资源消耗总量		万立方米	1 841	1 992	8.20
单位国内生产总值取水量		立方米/万元	3.02	2.95	-2.32

（厦门海沧台商投资区管委会）

石河子经济技术开发区

【概况】石河子经济技术开发区（以下简称“开发区”）于1992年12月经自治区人民政府批准成立，2000年4月经国务院批准升格为国家级经济技术开发区。开发区位于天山北坡经济带腹心区域，管辖面积72.6平方公里，形成“一区两园”格局。以亚欧大陆桥、连霍高速公路、新疆通用航空机场形成立体交通网络，以石河子市为中心，东可辐射至乌鲁木齐、昌吉，西可辐射至奎屯、伊宁、塔城、博乐等地区，区位优势明显。开发区已形成以铝材料、硅材料、炭材料、食品饮料、纺织等为主的产业结构。截至2018年，开发区累计入驻企业3 180家，实现就业7.45万人。

【经济发展】2018年，开发区实现生产总值215.2亿元，同比增长6.5%。其中，工业增加值145.3亿元，同比增长11%；第三产业增加值59.4亿元，同比增长2.4%。全年工业总产值503.3亿元，同比增长1.3%；固定资产投资53亿元，同比下降51.1%；招商引资到位资金274.2亿元，同比增长37.1%；全口径税收60亿元，同比增长15.4%。全年新增企业470家。

【工业发展】2018年，开发区工业发展注入新活力，“小升规”企业数量取得新突破。全年新入驻华新新材料、天科合达等规模以上企业11家，开发区规模以上工业企业达到67家，其中新增工业总产值11.97亿元，拉动规模以上企业工业总产值增长2.5个百分点。工业企业产销衔接良好。工业企业资产负债率为62.6%，同比下降4.1个百分点；工业产品库存保持在合理区间，产销率达98.6%；全年实现主营业务收入675.4亿元，同比增长20.8%。

【节能减排】2018年，开发区节能减排成效显著，综合能耗同比下降5.03 %，万元工业增加值能耗为8.36吨标准煤，同比下降14.5%。其中，食品饮料行业综合能耗同比下降22.5%；塑料制品业综合能源消耗同比下降13.42%；金属冶炼行业综合能源消耗同比下降8.65%；电力、热力的生产和供应业综合能源消耗同比下降9.78%。

【投融资发展】2018年，开发区积极推进落实政策，企业降本减负成绩明显。为28家科技型企业享受研发费用加计扣除税收优惠政策3 500余万元，15家企业落实纺织服装专项资金2.06亿元；增值税改革红利释放惠及400余家企业，减税8 900余万元，6家高新技术企业减税2.2亿元，351家小微企业减税109万元。

【“两化”融合】2018年，开发区互联网、智能制造与实体经济融合，大全新能源股份有限公司“多晶硅智能工厂”项目荣获2018年国家智能制造试点示范，天业集团密闭电石炉智能化车间、天山铝生产管控一体化等项目的建成应用，有力地推进了支柱产业“两化”融合发展。

【基础设施建设】2018年，开发区新增绿地约211亩（约14.07公顷）。全年累计建成排水管网5 815米。投资944万元，拆除辖区内“两违”建筑668处，共计24 902平方米，占辖区违建存量的51%。

【招商引资】2018年，开发区招商领域涉及铝基、炭基、硅基及纺织服装和总部经济。重点引进了新疆众合铝业股份有限公司“新疆众和石河子新材料产业基地”项目、湖南益阳市安兴电子有限公司100条电极箔项目、中信环境有限公司危废处理中心项目、新疆西部宏远电子有限公司100条高压电极箔项目等。完成产业研究报告15份，对单晶硅、铝制品深加工、聚酯、服装、电解铜箔、石墨化负极材料等战略性产业进行了系统的研究，培育重点项目60个，参加专业展洽会18次，招商项目推介会8场。年内，签约实体项目20个，协议引资额194.5亿元，落地股权企业34家，认缴出资39.64亿元。

【园区建设】石河子北工业园区（自治区级）于2006年自治区人民政府批准设立，规划面积31.2平方公里，位于国家级开发区以北，东至玛纳斯河西岸，西至石莫公路，南至312国道，北至防洪渠。园区已发展食品饮料、纺织、氯碱化工、铝基电子材料等产业，并迁入石河子开发区商务中心，将提升现代服务业与战略性新兴产业比重。

石河子市化工新材料产业园（兵团级）于2010年经新疆生产建设兵团批准设立，规划面积20.3平方公里，位于开发区辖区最北端。园区东靠夹河子水库，北临西岸大渠，西距大泉沟水库约3公里，南距北工业园区约5公里，距主城区约20公里。产业园重点发展新材料、新能源、有机化工、精细化工、能源电力等，着力延伸铝、硅基材料产业链。

【投资促进】2018年，开发区开复工项目55个，完成固定资产投资52.87亿元，占八师石河子市全社会固定资产投资的44.8%；工业固定资产投资完成44.91亿元，占师市工业固定资产投资的63.1%。其中，基础设施项目开复工5个，完成投资3 872万元；当年开复工商贸物流项目5个，完成投资3.86亿元，占开发区三产固定资产投资的51%。大全新能源、众金电极箔等9家新材料企业完成固定资产投资6.3亿元，占开发区工业固定资产投资的14%。重点引进了众金电极箔年产1 500万平方米高性能高压化成箔项目、众和新材料高纯铝基材料产业化项目、15GW光伏组件及配套等重点项目，拓展了硅材料、铝基材料、太阳能光伏等新材料的产业链，成为推动园区转型升级、跨越发展的中坚力量。

【体制机制改革】2018年2月，经八师石河子市党委批准，本着改革“先易后难、先行先试、以点带面”的原则，完成了开发区招商改革试点工作。招商局改为招商中心，按照企业化管理要求，破除人员身份限制，将原有人员全部解聘，面向社会公开选拔，实行全员竞聘上岗，全力打造高素质、高效率、高回报的专业招商队伍。通过改革试点，招商队伍工作热情和作风明显改善，精神面貌焕然一新。

【重大活动】2018年7月1日，由中国电子元件行业协会主办的“中国·八师石河子市2018年铝箔企业年会”在石河子开发区商务中心举办，本次铝箔年会参会企业共计58家，与会代表120余位；通过会议期间的联系对接和跟进，招商中心培育了南通星晨电子、南通海星电子、桂东电子等一批重点在谈客户，为开发区电子材料产业园建设奠定了坚实基础。

【机构设置】2018年，石河子开发区内设9个部门，分别为：纪工委（监察局）、综合办公室、组织部、招商局、财政局、经济发展局、规划建设局、社会发展局和城市管理局。

（石河子经济技术开发区管委会）

廊坊经济技术开发区

【经济发展】2018年，廊坊经济技术开发区（以下简称“廊坊开发区”）完成地区生产总值487.8亿元，同比增长8%；一般公共预算收入26.5亿元，同比增长15.23%；固定资产投资同比增长14.5%；实际利用外资6.37亿美元，同比增长49.3%；规模以上工业主营业务收入利润率8.7%；限额以上消费品零售额增速22.5%；规模以上工业增加值同比增长3%。新注册外资企业3家，新增“四上”企业12家，高新技术企业80家。出口总额56.4亿元。在2018年国家级经济技术开发区综合发展水平考核评价中列第53位，获2017年“河北省开放发展十佳开发区”称号。

【产业发展】廊坊开发区形成了电子信息、高端装备制造、新材料和新能源、大文化和大健康“四大集群产业”。电子信息产业集群，主要有华为云数据中心、京东云计算中心、润泽国际信息港、中国联通华北（廊坊）基地项目。高端装备制造产业集群，主要有生产高端筑路机械的世界500强维特根，生产汽车制动器的世界500强卢卡斯，生产发动机气门的世界500强辉门以及精雕数控机床、富士达电梯等。新材料和新能源产业集群的代表有河钢集团产业创新发展基地，已经量产石墨烯材料的新奥集团和久智光电子等。大文化和大健康产业集群，主要有丝绸之路国际文化交流中心、“只有红楼”戏剧幻城等“文化经济”，廊坊国际展览中心、润泽大数据展示中心等“会展经济”，新奥集团、荣盛集团、中石油管道创新中心等“总部经济”，好丽友食品、百花蜂蜜、伊利、露露等大健康食品行业领军企业。

【科技创新】2018年，廊坊开发区与中科院过程工程所、廊坊师范学院共建重点实验室4个，与过程工程所共建联合研发中心3个，申报国家级平台1个，“河北省先进能源材料技术创新中心”获批，4个科技成果项目实现公司实质运营。空间信息研究院设立国家航天局航天遥感论证中心廊坊分中心，部署“廊坊一号”卫星论证、京津冀和环渤海湾区应用方案论证等项目。廊坊中科空间信息技术有限公司等3家院士工作站获批。截至年底，有“国家级”科研院所4家，院士工作站9家，博士后研发创新机构8家，各类研发平台92个。全年申报高新技术企业52家，同比增长73.3%。2018年研发投入强度3%，同比增长15%。发明专利申请446件，万人发明专利拥有量133件。

【营商环境】2018年，廊坊开发区创新出台政银企对接、产学研用对接、政企面对面、规模以上工业企业帮扶专员、政企直通网络服务平台“五大机制”。开展政银企、产学研用对接恳谈活动，新奥集团、润泽科技等71家企业与11家金融机构开展合作，贷款金额149亿元；57家企业与11家科研院所、7所院校达成合作意向。针对125家规模以上工业企业建立“领导分包+帮扶专员”服务体系。建立政企直通网络服务平台，实现政企沟通“零距离”、政企服务“扁平化”。实行“证照分离”改革，审批时限由平均45天压缩至8天。340家重点企业纳入“双创双服”精准帮扶。表彰华为、精雕、新奥等124家高质量发展优秀企业。发布促进企业高质量发展十条措施，支持企业高质量发展。全年帮扶解决企业实际问题257个，好丽友、维特根等44家规模以上企业扩产增效，立邦、共和兴等多家减产企业恢复产能。

【体制机制创新】2018年，廊坊开发区坚持全面深化改革，聚焦重点领域和关键环节攻坚突破，高质量完成各项改革，形成了更多可复制、可推广的标志性改革成果。深化用人制度改革，在全省开发区中第一家推行用人制度改革，工委、管委内设机构减少1/3；部门所属机构减少2/3。全员竞争上岗，实行聘用制，制定了近20万字、详细的考核办法和相关事项，实施精准、全面、细致考核。在全省率先实施《不胜任现岗位人员的处理办法（试行）》《大气污染防治考核问效和岗位处理暂行办法》《中小学控制数教师管理办法（试行）》《外聘人员管理办法（试行）》等制度。电子督查和绩效考核系统线上试运行。深化行政审批制度改革，与科大讯飞合作推进智慧政务平台建设，在全省率先大胆创新，探索实现政府服务全部网上办公。提前3个月完成全省"证照分离"改革试点任务，创新推行并联审批。在推行原有31类99项不见面审批业务的基础上，将20多项审批业务向行政审批中心集中，实现70%以上服务事项"一窗"受理，企业和群众办事的申报材料减少60%以上，企业开办时间压缩到7个工作日以内，项目从立项到竣工验收审批时间由220个工作日压减至60个工作日以内，真正实现了"让数据多跑路、让群众少跑腿、甚至不跑腿"，老百姓办事更方便了，企业负担更轻了。

【投融资服务】2018年，廊坊开发区本着实体化运作的方向，完善公司治理结构，公开选聘1名副处级干部、3名科级干部，面向社会公开招聘30多名较高层次的企业专门人才，充实到廊坊开发区建设发展有限公司。由财政全资投入设立产业创新发展投资基金，以该基金为母基金，与社会资本合作设立1只产业投资子基金、2只创业投资子基金，基金总规模10亿元，以后基金规模将逐步扩大，力争3年达到50亿元。利用银行、证券市场、债券市场，通过发行债券、土地抵押、股权融资等方式融资25.4亿元，为园区基础设施、城中村改造和项目建设提供保障。

【绿色集约】2018年，生态环境保护方面，廊坊开发区完成上级各类督查检查交办问题整改26个，严防"散乱污"新增和反弹。完成恒盛供热、耀邦热力、华日家具3台90蒸吨燃气锅炉低氮改造，二氧化氮排放浓度达到北京标准。道路机械化清扫率、垃圾无害化处理率全市领先。PM2.5年均52微克/立方米，同比下降13.3%；综合指数5.96，同比下降10.6%；年优良天数224天，同比增加14天；重污染天数12天，同比减少10天。全面落实"水十条"和"河长制"，推进凤河西支改造提升、九干渠和南营排渠综合治理，清淤3.8万立方米，设立围网1.2万延米、截污管道1.1千米，封堵排污口80余处。规范清理集中水源井43眼，治理纳污坑塘26个。土地节约集约方面，通过对54家涉VOCs企业实施"四个一批"，成功对接引进百花蜂蜜、纳视科技、熊川阀门、展翔精密机械等30余个北京疏解和转型提升项目，增加投资6.5亿元，盘活厂房15.4万平方米。联东U谷整体回购中粮屯河等5家企业土地380.3亩(约25.35公顷)，"腾笼换鸟"加速实施。通过引进腾讯互联网+双创社区、HTC加速器、中关村互联网文创园（廊坊园）、北理光VR产业研究院、智慧环境生态研究院等一批高端服务业项目，整合盘活闲置楼宇9.2万平方米。通过全面清查，形成386家占地企业底册，筛选确定100家低效用地企业，实施一企一策、倒逼转型。

【对外开放】2018年，廊坊开发区开放平台建设取得历史性突破，廊坊综合保税区获国务院批复。综合保税区内总投资15亿元、建筑面积17.1万平方米的京东跨境电商项目当年建成投运，首批1亿元境外进口货物入区报关。综合保税区纳税5 000万元以上的企业达到19家。

【项目建设】2018年，廊坊开发区全年实现亿元以上项目26个，年内完成投资54.1亿元。其中，10亿元以上项目4个，亿元以上产业项目中战略性新兴产业和现代服务业项目占比达到50%以上。省市8个重点项目开工率100%，投资37.14亿元，占年度计划投资的232%。总投资30亿元、建筑总面积25万平方米的丝绸之路国际文化交流中心投入使用；总投资40亿元、建筑总面积27万平方米的“只有红楼”戏剧幻城获批在建；总投资20亿元的河钢集团产业创新发展基地、投资5亿元的中石油管道公司“三中心两总部”、总投资10.7亿元的世界500强益海嘉里高端航空服务等项目签约落地。

【招商引资】2018年，廊坊开发区紧紧围绕以华为、联通、润泽、人保、京东等高端优质项目为龙头的新一代信息技术产业，以维特根筑路机械、精雕数控机床、富士达电梯为代表的高端装备制造业产业和以京东跨境电商保税区北方中心、腾讯互联网+双创社区、HTC加速器、中关村互联网文创园（廊坊园）为重点的现代服务业产业，实施精准招商。目前，廊坊开发区集聚了全球33个国家和地区的4 100余家注册企业。其中，规模以上工业企业127家，外资企业167家，高新技术企业48家，世界500强企业25家。销售收入亿元级企业115家，十亿元级企业13家，百亿元级企业2家。

【新兴产业和高新技术产业】2018年，廊坊开发区依托大数据产业基础优势，拓展人工智能应用场景。设立“人工智能研究院”，为人工智能应用中心提供人才、技术等方面的保障，推动最新研究成果在廊坊转化。增资400亿元扩建的华为云数据中心一期、总投资127.4亿元的京东北方云计算中心、投资41亿元的人保北方信息中心开工建设；占地12.9万平方米的润泽国际信息港数据中心工程封顶；总投资16亿元、占地6.1万平方米的中国联通华北（廊坊）基地二期竣工。全区有“大智移云”骨干企业近50家，产业规模500亿元，数据中心面积达到48.82万平方米，整体规模全国领先，在中国大数据产业生态大会上被列入“中国8个大数据明星产业园”之一。

【城区建设】2018年，廊坊开发区高标准新建道路4.7公里，创业路、四海路2条主干道8公里改造提升工程完工。以京沪高速公路两侧绿化带和重点区域、道路为重点，植树造林2 568亩（171.2公顷）。云鹏道、金源道、娄庄路等5个节点整体提升，区域绿化美化景观连线成片。加快推进厕所革命，28座标准化公厕交付使用。办理土地手续83宗1 086亩（72.4公顷），处置闲置土地20宗1 021亩（68.07公顷）。在全市率先创新处置批而未供土地模式，实现75宗684亩（45.6公顷）用地划拨。

【机构设置与管委会领导】廊坊开发区工委、管委会下设党政办公室、人力资源和社会保障局、财政局、经济发展局、国土资源分局、住房和规划建设局、社会发展局、文教卫生局、公用事业管理局、安全生产监督管理局、维护稳定办公室、市场监督管理局、行政审批局、综合执法局、环境保护局、综合保税区管理局、东方大学城管委会、科技谷管委会。

廊坊开发区工委、管委会领导成员为：市委常委、开发区工委书记王金忠；工委副书记、管委会主任王一平；工委副书记王宁、杨宝骞；工委委员、管委会副主任高波；工委委员、纪工委书记、总工会主席王冠军；工委委员、管委会副主任、东方大学城管委会主任孙绍虎；工委委员、管委会副主任王保良；工委委员、管委会副主任、科技谷管委会主任肖树华；工委委员王小卫；工委委员、社会发展局局长单克用；工委委员、财政局局长王荣三；工委委员、党政办公室主任李洪旺。

（廊坊经济技术开发区管委会）

张家港经济技术开发区

【经济发展】2018 年，张家港经济技术开发区（以下简称“张家港经开区”）实现地区生产总值 1 433.46 亿元，占全市地区生产总值的 52.7%。其中，第二产业增加值完成 741.91 亿元，第三产业增加值完成 682.57 亿元，第二、第三产业结构为 51.7∶47.6。完成企业经营收入 6 650.98 亿元；财政收入 204.49 亿元；入库税收 192.79 亿元；固定资产投资 212.25 亿元；进出口总额 143.99 亿美元，其中进口 37.21 亿美元，出口 106.78 亿美元。

【产业发展】2018 年，张家港经开区实现工业增加值 708.54 亿元。全年工业总产值 2 798.25 亿元，实际利用外资 1.91 亿美元。张家港经开区位居江苏省开发区科学发展综合评价第 15 位。

【科技创新】2018 年，张家港经开区新增高新技术企业 32 家，国家科技型中小企业 138 家，省级以上研发机构 18 家，发明专利授权 395 件。培育姑苏领军人才 11 名、市领军型创新创业人才（团队）29 个，年销售超千万元企业 34 家。获评江苏省首批电子商务众创空间试点单位、第二批双创示范基地。再制造汽车零部件产品质量监督检验中心获批国家级检验平台。新增市级以上众创空间 7 家，沙洲湖科创园获评“国家级优秀科技企业孵化器”。张家港经开区获批“江苏省大众创业万众创新示范基地”。

【投资促进】2018 年，张家港经开区新批外资企业 22 个，注册外资 3.25 亿美元。全年新设立登记内资企业 2 807 家，新增内资企业注册资本 278.38 亿元。总投资 202 亿元的长城宝马光束汽车签约落户，引进日本加特可自动变速箱、韩国爱特微半导体技术项目，全年招引投资超亿元项目 16 个，总投资超 320 亿元。累计设立 150 亿元规模的新兴产业引导基金。

【投融资服务】2018 年，张家港经开区获批国家、省“两化”融合贯标试点企业 4 家，省示范智能车间 5 个。新增“新三板”挂牌企业 2 家，苏州龙杰主板上市。艾斯贝、采埃孚天合获评江苏省跨国公司地区总部和功能性机构。华灿光电半导体照明基地、采埃孚天合电子转向系统、天鹏动力电池二期项目开工建设。晶台光电二期、韩国康特发动机核心部件项目竣工投产。

【绿色集约】2018 年，张家港经开区推进“263、河长制、散乱污、三优三保、清江行动”，整治“散乱污”企业（作坊）1 770 家，关停取缔 457 家。治理 VOC 排放企业 100 家，颗粒物无组织排放企业 6 家。淘汰燃煤锅炉 2 台，关停化工电镀企业 26 家。全年削减煤炭消费总量 6 万吨，COD、氨氮、二氧化硫等 155 吨。“三优三保”复垦土地 395 亩（约 26.33 公顷），耕地轮作休耕 773 亩（约 51.53 公顷）。整治黑臭河道 6 条，疏浚河道 76 条，拆坝建桥 33 座，建设生态河道 12 条。推进“331”治理，化解安全隐患 2.5 万处，拆除违章建筑 27 万平方米。

【社会事业】2018 年，张家港经开区全面完成总投资 11.5 亿元的民生实事项目，开发就业援助岗位 3 170 个，特困家庭劳动力就业达 100%。净增社保扩面 27 685 人、住房公积金扩面 7 847 人。社区卫生服务站门诊突破 68 万人次，家庭医生签约服务累计 1.2 万多户。居家养老、虚拟养老全年服务老年人超 30 万人次，设立村级医疗互助会 11 个。新建、改建学校 10 所。建设 3 个安置小区，安置村民 1 226 户。新增空地绿化

1 280亩（约85.33公顷），改造乡村道路7 550平方米，新建、改建道路5公里，桥梁3座，迁移10KV电力线1.2公里，铺设地下管网近10公里、燃气管道3公里。经开区村级可用财力达到5.6亿元，农民年人均纯收入达3.65万元，增长6%。入选苏州市特色田园乡村试点2家，新增三星级康居乡村16个，善港村获评江苏省生态文明建设示范村，福前村获评江苏省水美乡村。

【党建工作】2018年，张家港经开区纵深推进全面从严治党，启动实施“红帆领航”党建工作三年行动计划。开展解放思想大讨论活动，创新开展“七问党务”基层组织力体检，13个支部获评市级先进基层党组织，提档升级76个社区党建服务阵地，打造沙洲湖红色步道。开展“扶贫攻坚、‘六个一’大走访、村（居）民自治”等活动。在全国改革开放40周年大会上，原杨舍镇党委书记秦振华作为“张家港精神的塑造者”，被授予“改革先锋”光荣称号。善港农村干部学院获批“全国贫困村创业致富带头人培训基地”。锦绣社区获评“江苏省优秀志愿服务社区”。2018年，选派两批65名年轻干部赴贵州沿河挂职锻炼，对外选聘专业人才150名。完成苏州市委巡察反馈意见整改工作，完善出台各类规章制度25项。

【机构设置与管委会领导】2018年，张家港经开区管委会下设16个内设机构：党政办（宣传文明办）、招商局、发展改革局、科技人才局、经济服务局、商贸局、建设局、财政局、组织人事局、社会事业局、农村工作局、政法和社会管理办公室、行政服务中心（招投标中心）、机关服务中心、监察室、房屋征收安置办公室。

2018年张家港经开区党工委副书记、管委会副主任，杨舍镇党委书记卢懂平；经开区党工委委员、管委会副主任陶惠兴（5月退居二线）、李良、张雷、赵志凯、顾卫彬、陆忠理；经开区党工委委员、纪工委书记吴卫中。

2018年张家港经济技术开发区主要经济综合指标一览表

项目		单位	2017年	2018年	增减（%）
开发区生产总值		亿元	840.02	1 433.46	70.65
第二产业		亿元	602.24	741.91	23.19
工业		亿元	543.21	708.54	30.44
第三产业		亿元	236.95	682.57	188.06
工业总产值（现价）		亿元	2 045.21	2 798.25	36.82
高新技术企业		亿元	441.91	495.16	12.05
销售（营业）收入		亿元	2 927.36	6 650.98	127.20
第二产业		亿元	1 894.97	2 555.55	34.86
工业		亿元	1 801.20	2 459.80	36.56
第三产业		亿元	1 032.39	4 095.42	296.70
利润总额		亿元	119.78	304.40	154.12
第二产业		亿元	89.08	211.75	137.71
工业		亿元	84.84	207.11	144.13
区内主导产业及产值					
主导产业	1. 电气机械和器材制造业	亿元	125.33	123.45	-1.50
	2. 黑色金属冶炼和压延加工业	亿元	835.97	1 171.45	40.13
	3. 化学纤维制造业	亿元	170.88	152.98	-10.48
第三产业		亿元	30.61	92.66	202.72
进出口总额		亿美元	94.39	143.99	52.55
出口		亿美元	78.08	106.78	36.76
财政收入		亿元	154.56	204.49	32.31

续表

项目		单位	2017年	2018年	增减（%）
税收收入		亿元	135.00	192.79	42.81
新批企业数量		家	2 358	3 555	50.76
外商及港澳台企业		家	17	22	29.41
内资企业		家	2 341	3 533	50.92
区内世界500强企业		家	30	22	-26.67
国家级高新技术企业		家	157	183	16.56
新批企业投资额	外商及港澳台企业	亿美元	—	—	—
	内资企业	亿元	136.23	278.38	104.35
规模以上企业数量		家	1 097	1 137	3.65
研究与实验发展（R&D）经费支出		万元	305 510	562 867	84.24
研究与实验发展（R&D）经费投入强度		%	3.64	3.93	7.96
合同外资金额		亿美元	2.15	3.25	51.24
外商实际投资		亿美元	0.87	1.91	118.54
固定资产投资		亿元	210.24	212.25	0.96
年末从业人员数量		万人	18.23	17.92	-1.70
万元GDP能耗		吨标煤/万元	0.35	1.08	207.97
水资源消耗总量		万立方米	6 314	12 096	91.58
单位国内生产总值取水量		立方米/万元	7.52	8.44	12.22
上市企业数量		家	9	10	11.11
区内建立的创业创新平台数量		个	2	4	100.00
区内科研院所数量		家	12	14	16.67
区内职业教育学校数量		所	14	15	7.14

（张家港经济技术开发区管委会）

九江经济技术开发区

【经济发展】2018年，九江经济技术开发区（以下简称“九江开发区”）实现工业主营业务收入1 149.9亿元，同比增长11.07%；完成财政总收入112.8亿元，增长12.7%；完成固定资产投资212.8亿元，增长11.5%，其中，工业固定资产投资181.5亿元，增长21.6%；实际利用外资2.9亿美元，增长10.28%。

【项目建设】2018年，九江开发区全年新引进项目76个，投资总额达388亿元，增长35%，其中，战略性新兴产业项目55个，增长42%；引进投资30亿元的通元科技、10亿元的旺磐智能设备制造等一批重大项目。全年纳入全区重大项目建设库项目99个，其中，综保区路网、百达精工、中汽旺磐、上港码头二期4个项目列为省级重点。巨石二期、德福二期、聚成金刚线等60个项目竣工投产；生益科技、德宏玻璃纤维、弘高线路板、新奥新能源等70个项目开工建设。

【生态环境】2018年，九江开发区整合各类资金12.4亿元打造长江最美岸线“经开样板”，重点实施了12个项目。其中，城西港区长江最美岸线工程、城西港区园林景观绿化工程、城西港区防洪排涝工程、滨江西大道景观工程4个项目全面竣工。积极开展城西港区和滨江西大道环境综合整治，依法拆除493处约7万平方米的违章建筑。统筹推进阎家渡周边环境综合整治，依法关停“小、散、乱”商家200余户，“水美、岸美、产业美、环境美”四美成效凸显。

【民生保障】2018年，九江开发区公共财政用于民生领域支出约50亿元，增长15%。沿浔安置小区三期、安永人家安置小区二期等共2 228套房屋交付使用。投入32亿元用于棚改建设，征收房屋7 967户131.77万平方米，建筑面积50万平方米的安永人家安置小区三期、10万平方米的正大安置小区二期全面开工建设。启动了双语学校二期、中环路校区及鹤湖学校扩建项目，区中心幼儿园投入使用。

【大事记】2018年，九江开发区三件“大事”如下：

九江综合保税区正式获批。2018年9月4日，《国务院关于江西九江出口加工区整合优化为九江综合保税区的批复》正式下达，同意九江出口加工区整合优化为九江综合保税区。整合优化后的九江综合保税区规划面积为1.81平方公里，这是九江开放平台建设取得的又一重大突破。按照批复，九江综合保税区将享受相关税收和外汇管理政策，对提升九江市贸易便利化水平，推动江西省开放型经济发展具有重要意义。

35万吨巨石玻璃纤维新基地项目竣工投产。7月12日，中国巨石九江公司年产35万吨玻璃纤维生产基地投产仪式在九江开发区举行。总投资43亿元的35万吨巨石玻璃纤维新基地项目全面竣工投产，不仅是产能规模上的一次扩大，更是技术、质量上的一次飞跃。该生产基地产能跻身全球玻璃纤维前三，成为世界级的玻璃纤维生产基地。

开展“企业评园区、园区评部门”活动。在全省重点园区率先开展“企业评园区、园区评部门”活动，促进园区、部门增强服务意识、转变工作作风、提高工作效率，干部作风进一步转变，服务效率进一步提升，全年解决企业反映的问题81个。

【机构设置与管委会领导】九江经济技术开发区党工委、管委会下设党政办公室、纪工委（监察室）、组织和人力资源部、商务局、经济发展局、建设环保局、城市管理局、科技发展局、社会发展局、财政局、机关党委、市场和质量监督管理局、国土分局、规划分局、审计分局、出口加工区管理局、城西港区管理局、汽车工业园管理办公室。

九江经济技术开发区领导成员为：九江市政府副市长、开发区党工委书记罗文江；党工委副书记、管委会主任叶心林；党工委副书记李善云（7月改任）；党工委委员、管委会副主任陶晔；党工委委员、纪工委书记张凯；党工委委员、管委会副主任刘宏、戴炜、刘中原；党工委委员、出口加工区管理局局长陈晶冰；党工委委员、城西港区管理局局长罗智敏；党工委委员、八里湖公安分局局长熊扬慎；管委会副主任付君。

（九江经济技术开发区党政办）

嘉善经济技术开发区

【经济发展】2018年，嘉善经济技术开发区（以下简称“嘉善开发区”）完成地区生产总值104.5亿元，同比增长8.6%；实现财政总收入24.2亿元，其中地方财政收入12.21亿元；完成固定资产投资43.4亿元，其中工业生产性投资24.28亿元，服务业投资17.68亿元；完成规模以上工业产值357.2亿元，同比增长11.3%；规模以上工业企业利税18.98亿元，其中利润8.32亿元；合同利用外资2.82亿美元，实际利用外资2.16亿美元，实际利用县外内资18.37亿元；完成进出口总额141.59亿元，同比增长10.3%，其中出口110.68亿元，同比增长10.2%。

【产业发展】继续深化开展服务千企大走访活动，工业企业绩效综合评价企业377家。深度推进“企业上云”三年行动，积极申报浙江省第二批上云标杆企业。18家企业列入县信息化建设重点项目，积极开展“物联网、大数据、云计算、智能制造、智慧工厂”等信息化建设，提高企业经营管理和智能制造水平。晋亿实业股份有限公司等3家企业申报省“两化”融合管理体系贯标认证，11家企业申报嘉善县“两化”融合标杆培育企业，梦天木门集团有限公司申报省智能制造重点项目。浙江豪声电子科技股份有限公司转创业板，梦天木门集团有限公司完成股改，新设立股份制企业2家。完成机器换人项目17个，技改投资15.9亿元。11家企业申报“专精特新”（隐形冠军）企业，20家企业申报2018年度“独角兽”企业，企情在线企业服务432家。浙江晋正自动化工程有限公司入围“2017年度嘉兴市‘机器人+’优秀工程服务公司”，浙江上虹货架有限公司商标被认定为国家“驰名商标”，爱德曼氢能源装备有限公司氢燃料电池发电机获“2018年浙江省装备制造业重点领域（省内）首台（套）产品”。

【科技创新】2018年，嘉善开发区实现高新技术产业产值121亿元，占规模以上工业总产值的34%。启动省级高新技术产业园区规划编制，新增高新技术企业23家，省科技型中小企业17家，省级新产品60项。积极推动企业研发中心、研究院提档升级，新增博士后“两站一基地”1家，各博士后工作站新进站博士共4人；新申报院士工作站3个，入选嘉兴市重点企业创新团队1个、浙江省“海外工程师”人才1名。鼓励创业创新，新增县级星创空间1家，新增省级孵化器、省级众创空间各1家，北创产业园开工建设。浙江长盛滑动轴承股份有限公司获2018年浙江省科学技术进步奖三等奖。新增认定县级研发中心7家、市级研发中心3家、省级研究院1家。申报“国千”人才4名、“省千”人才12名。全年完成发明专利申请320件，授权发明专利47项。

【投资促进】2018年，嘉善开发区全力以赴抓好“双招双引”工作，突出“以商引商”，更加注重产业链招商，保持高频率外出招商和蹲点招商，拓展招商途径，创新招商模式。格科微电子（浙江）有限公司列入省重大产业项目。深化接轨上海，推进接轨上海示范区建设，与上海金茂签约“上海之窗·枫南小镇”合作开发框架协议，基本完成枫南区块整体拆迁，建立项目推进指挥部，引入英国惠灵顿国际学校。加入“长三角开发区协同发展联盟”，联合枫泾镇举办沪浙毗邻地区“五个一体化”两周年论坛。

参加“2018中国·嘉善国际投资贸易洽谈会”，举办“中国(嘉善)半导体产业发展研讨会”和“中国(嘉善)氢能及燃料电池产业发展与应用论坛”两项专场活动。积极参加全国、省内重要经贸洽谈活动，紧密联系各国驻沪领事馆及知名机构，组织外商、台商开展联谊活动，推进区内企业二次招商。同时，加快推动区内现代服务业发展，促进物流产业提升，积极推进楼宇经济。2018年，完成服务业投资17.68亿元，同比增长20.3%。加快推进嘉地物流等重点项目，宝湾物流有限公司列入省服务业重大项目，嘉善科技文化创意园获市级服务业集聚区二等奖。

【机制体制创新】2018年，嘉善开发区落实“最多跑一次”，231个事项实现无差别全科受理，优化办事流程，66项实现“红色代办”，全年办结服务事项14 241件，满意度达98.5%。以建设全省“全科网格”暨网格员队伍示范县为抓手，着力打造全科网格，实现“多元合一、一员多用”，整合全科网格44个，配置村（社区）、企业专职网格员34名，标准化建立企业网格驿站。联调中心成功调处重大疑难复杂纠纷案件12起，接待当事人500余人次。

【绿色集约】2018年，嘉善开发区实施城镇低效用地再开发458.74亩（约30.58公顷），完成腾退低效用地697.47亩（约46.5公顷）。全面开展行业整治和村级工业园整治。整治“低散弱”企业118家，淘汰落后产能21家，累计完成腾退企业184家。全面推进能源“双控”，建立51家高耗能企业“一企一策”。开展第二次全国污染源普查工作，集中清查1 799家企业，779家企业完成调查填报。落实16家企业环保信息公开工作，关停“散乱污”企业5家。加强能源审批工作，共计承诺备案项目13个。

【国际合作】2018年，嘉善开发区主动对接国际产业合作，进一步加强与以荷兰为主的欧美国家的合作交流，推动友城合作、项目引进、经贸洽谈，不断增强产业承载力、对外影响力，在国际化往来交流上取得丰硕成果。三次组团赴荷兰开展考察交流及推介活动，先后拜访阿姆斯特丹大学科学院、奥兰治投资集团等合作机构及在谈招商项目。加快欧美工业智造园等重点项目推进，成功引入奥兰治科研孵化平台。先后参加荷兰驻沪总领事馆农业与食品产业论坛、荷比卢工商协会投资论坛、中荷现代农业论坛等重要的中荷活动，接待荷兰德伦特省副省长代表团、鹿特丹市政府代表团、荷兰绿港全产业链联盟、中荷农业促进协会企业代表团、荷兰农业科技企业联盟等考察交流。更高标准推进中荷园建设，中荷园驻荷办事处首次以荷兰企业身份参加4月份荷兰首相吕特访华团，与同行荷兰企业建立紧密联系。此外，与荷比卢工商会、荷兰清洁环保科技委员会、荷兰投资贸易委员会、韦斯特兰绿港等一批荷兰机构达成战略合作伙伴。中荷园已累计入园企业17家，其中荷兰企业6家、其他欧美企业7家、内资企业4家，总投资超13.7亿美元。中荷园在全省对外开放大会上获“2017年度浙江省十佳对外合作单位”表彰，被评为全省境外外经贸综合服务体系建设一等奖。

【基础设施建设】2018年，嘉善开发区实施“上海之窗·枫南小镇”、嘉善科技新城（惠民组团）、西区水系调整规划编制及东区规划修编，完成嘉善塘以南、丁诸线航道以西、庐山路以北、平黎公路以东1.3平方公里区块规划调整，有序做好商业、住宅地块出让。推进开发区平台建设，实施东纵一路拓宽改造及延伸工程、永丰路中段工程，完成东升路改造、成功路大修、永丰路西段等工程，总投资8.5亿元的开发区服务功能配套项目部分投入使用。推进违法建筑全域清零，强化存量违建拆除与新增违建管控，拆除违建935宗、42.43万平方米。

【社会事业】2018年，嘉善开发区大力开展健康教育，积极开展病虫媒防治（除四害）、精防、打击非法行医、禁烟等。建立社会心理服务体系人才队伍，扎实推进生活垃圾分类工作。建设开发区实验幼儿园。全县首家社会化养老服务中心建成使用，街道卫生院迁建落成，实现医养结合。改造提升6家精品化、特色化社区居家养老服务照料中心，街道第二家居民养老服务中心——优家村“和风汇”投入使用。14个村（社区）配送餐服务覆盖率100%，健康流动服务车服务老人4 654人次，糖尿病检测、中医理疗、代配药等特色服务653人次。大力开展流动人口健康促进工作，惠民小学被评为国家级流动人口健康促进示范学校。公益性陵园——憩园完成提升改造并全面投入使用，顺利完成冬至迁坟6 000余座。加强“双拥”和军人荣誉室体系创建，两级服务网络建设工作经验在全市交流推广。顺利完成区（街道）813名退伍军人和其他优抚对象信息采集工作，进一步发挥“老班长”退役军人服务社等社会化优抚作用，网格化建立干部联系退役军人制度。武装工作深入推进，社会化优抚模式走在前列。

【党建工作】2018年，嘉善开发区深化“两学一做”学习教育常态化、制度化，坚持开展每月5日、25日的主题党日活动制度。深化“85后菁英成长计划”，成立“红船旁”青年党团员突击队。组织机关党员干部“重走一大路”，开展“六个一”红船主题党日活动。筑强组织堡垒，开展村社组织换届回头看，建立完善村（社区）后备干部队伍，制定梯度培养计划。启动建设中荷园“强村计划”报团项目，总投资1.4亿元，打造“党建＋惠民”“党建＋经济”两条示范带。在“四方联盟党建一体”中创新推出四方结对村党组织委员互相交叉挂职的“双委员制”。以“党建引领、群团共建、服务发展”为主题，高标准打造党群服务中心。突出“两新”领域党的组织建设，开展习近平新时代中国特色社会主义思想进企业活动，深入开展“树一种精神、建一个阵地、组一支队伍、办一项活动、亮一批先锋、编一份厂报、谱一首厂歌”等“七个一”活动。新建“两新”组织14家，其中单建13家，联建1家。10家企业设立了共享型“党建客厅”，形成“5分钟党建共享圈”，打造非公企业“6S”品质党建，企业党员领办攻坚项目在全县红色工匠评比大赛中荣获一等奖。深化联系群众，坚持“一户一策一干部”结对帮扶，依托“四方红色联盟”结对共建、两地报到双岗服务等活动，“送温暖增感情”138户次、为困难户提供公益岗位20余个，举办各类就业培训班18场次。每月常态开展“红色36公益嘉年华”等志愿服务122场次，参与志愿者8 176人次，服务受益群众达62 713人次。高频次开展“党群齐心志愿、宜居家园共建”“美丽园区、志愿联盟”等志愿者联动60多场。指导大泖村建立起“先锋农电商平台”，牵线嘉兴农科院、嘉兴五芳斋集团结对，共推优质粮食基地建设，推进整转工作。落实党风廉政主体责任，全面完成3个村（社区）和1个下辖部门的党风廉政巡察工作。

【机构设置与管委会领导】2018年，嘉善开发区管委会下设党政办公室、招商服务局、经济发展局、农业发展局、社会事业发展局、规划建设局、财政局、社会管理局。

嘉善开发区管委会领导成员为：党委书记、主任郁晓凡；党委副书记卜国强、徐俊群、钱铁军；管委会常务副主任房广明；管委会副主任姚斌、郑庆华、唐颖杰、王育青、潘莉蕴、胡胜荣、贾玉飞。

2018年嘉善经济技术开发区主要经济综合指标一览表

项目	单位	2017年	2018年	增减（%）
开发区生产总值	亿元	432.98	485.87	12.22
第二产业	亿元	242.03	267.66	10.59
工业	亿元	223.20	243.95	9.30
第三产业	亿元	174.94	201.73	15.31
工业总价值（现价）	亿元	1 162.48	1 180.75	1.57
高新技术企业	亿元	296.98	306.51	3.21

续表

<table>
<tr><th colspan="2">项目</th><th>单位</th><th>2017 年</th><th>2018 年</th><th>增减（%）</th></tr>
<tr><td colspan="2">销售（营业）收入</td><td>亿元</td><td>1 079.84</td><td>1 173.76</td><td>8.70</td></tr>
<tr><td colspan="2">第二产业</td><td>亿元</td><td>889.88</td><td>954.77</td><td>7.29</td></tr>
<tr><td colspan="2">工业</td><td>亿元</td><td>863.34</td><td>925.06</td><td>7.15</td></tr>
<tr><td colspan="2">第三产业</td><td>亿元</td><td>116.36</td><td>135.03</td><td>16.05</td></tr>
<tr><td colspan="2">利润总额（规模以上）</td><td>亿元</td><td>42.61</td><td>50.80</td><td>19.22</td></tr>
<tr><td colspan="2">第二产业</td><td>亿元</td><td>35.92</td><td>35.82</td><td>-0.28</td></tr>
<tr><td colspan="2">工业</td><td>亿元</td><td>35.38</td><td>35.43</td><td>0.14</td></tr>
<tr><td colspan="2">区内主导产业及产值</td><td>亿元</td><td>309.99</td><td>469.48</td><td>51.45</td></tr>
<tr><td rowspan="3">主导产业</td><td>1. 木材加工和木、竹、藤、棕、草制品业</td><td>亿元</td><td>80.53</td><td>162.22</td><td>101.44</td></tr>
<tr><td>2. 通用设备制造业</td><td>亿元</td><td>80.33</td><td>155.14</td><td>93.13</td></tr>
<tr><td>3. 计算机、通信和其他电子设备制造业</td><td>亿元</td><td>149.11</td><td>152.11</td><td>2.01</td></tr>
<tr><td colspan="2">第三产业</td><td>亿元</td><td>2.42</td><td>2.88</td><td>19.01</td></tr>
<tr><td colspan="2">进出口总额</td><td>亿美元</td><td>35.76</td><td>40.08</td><td>12.08</td></tr>
<tr><td colspan="2">出口</td><td>亿美元</td><td>26.65</td><td>30.8</td><td>15.57</td></tr>
<tr><td colspan="2">财政收入</td><td>亿元</td><td>79.02</td><td>93.33</td><td>18.11</td></tr>
<tr><td colspan="2">税收收入</td><td>亿元</td><td>75.04</td><td>86.29</td><td>14.99</td></tr>
<tr><td colspan="2">财政支出</td><td>亿元</td><td>47.87</td><td>72.14</td><td>50.70</td></tr>
<tr><td colspan="2">新批企业数量</td><td>家</td><td>2 008</td><td>2 363</td><td>17.68</td></tr>
<tr><td colspan="2">外商及港澳台企业</td><td>家</td><td>47</td><td>51</td><td>8.51</td></tr>
<tr><td colspan="2">内资企业</td><td>家</td><td>1 961</td><td>2 312</td><td>17.90</td></tr>
<tr><td colspan="2">区内世界 500 强企业数量</td><td>家</td><td>11</td><td>11</td><td>0.00</td></tr>
<tr><td colspan="2">国家级高新技术企业数量</td><td>家</td><td>77</td><td>133</td><td>72.73</td></tr>
<tr><td rowspan="3">新批企业投资额</td><td>外商及港澳台企业</td><td>亿美元</td><td>9.41</td><td>13.24</td><td>40.70</td></tr>
<tr><td>内资企业</td><td>万元</td><td>1 003 955</td><td>1 733 856</td><td>72.70</td></tr>
<tr><td>增资企业</td><td>亿美元</td><td>4.31</td><td>3.03</td><td>-29.70</td></tr>
<tr><td colspan="2">规模以上企业数量</td><td>家</td><td>812</td><td>886</td><td>9.11</td></tr>
<tr><td colspan="2">研究与试验发展（R&D）经费支出</td><td>万元</td><td>132 983</td><td>133 348</td><td>0.27</td></tr>
<tr><td colspan="2">研究与试验发展（R&D）经费投入强度</td><td>%</td><td>3.07</td><td>2.74</td><td>-10.75</td></tr>
<tr><td colspan="2">合同外资金额</td><td>亿美元</td><td>7.95</td><td>11.19</td><td>40.75</td></tr>
<tr><td colspan="2">外商实际投资</td><td>亿美元</td><td>4.53</td><td>4.22</td><td>-6.84</td></tr>
<tr><td colspan="2">固定资产投资</td><td>亿元</td><td>310.22</td><td>247.58</td><td>-20.19</td></tr>
<tr><td colspan="2">年末从业人员数量</td><td>万人</td><td>15.16</td><td>15.78</td><td>4.09</td></tr>
<tr><td colspan="2">万元 GDP 能耗</td><td>吨标煤 / 万元</td><td>0.15</td><td>0.13</td><td>-13.33</td></tr>
<tr><td colspan="2">水资源消耗总量</td><td>万立方米</td><td>2 660</td><td>2 694</td><td>1.28</td></tr>
<tr><td colspan="2">单位国内生产总值取水量</td><td>立方米 / 万元</td><td>6.14</td><td>5.54</td><td>-9.77</td></tr>
<tr><td colspan="2">上市企业数量</td><td>家</td><td>5</td><td>5</td><td>0.00</td></tr>
<tr><td colspan="2">区内建立的创业创新平台数量</td><td>个</td><td>2</td><td>2</td><td>0.00</td></tr>
<tr><td colspan="2">区内科研院所数量</td><td>家</td><td>57</td><td>64</td><td>12.28</td></tr>
<tr><td colspan="2">区内职业教育学校数量</td><td>所</td><td>6</td><td>5</td><td>-16.67</td></tr>
</table>

（嘉善经济技术开发区管委会）

如皋经济技术开发区

【经济发展】2018年，如皋经济技术开发区（以下简称“如皋开发区”）实现地区生产总值665.62亿元，按可比价格计算，比上年增长9.4%。其中，工业增加值完成350.99亿元，可比增长6.01%；服务业增加值完成241.03亿元，可比增长14.14%。财政收入继续保持稳定增长。全年财政收入93.92亿元，比上年增长0.86%，税收收入91.71亿元，增长6.58%。全社会固定资产投资337.83亿元，比上年增长1.59%。其中，制造业投资162.76亿元，比上年增长4.56%；基础设施投入21.08亿元，比上年增长3.08%。2018年7月，如皋开发区获批国内首家“氢能特色小镇”；10月，成为国际氢能与燃料电池汽车大会的永久会址。

【产业发展】2018年，如皋开发区全年实现规模以上工业增加值310.66亿元，比上年增长6.65%。全年工业总产值1 662.59亿元，其中规模以上工业总产值1 334.82亿元。新开工亿元以上产业项目19个，其中工业项目17个，服务业项目2个（荣威仓储物流中心、平园池江海荷香民宿项目）；10亿元重特大项目2个（卫轩锂电池项目、威格电气二期扩建项目）；续建重特大项目5个（龙能科技高端锂离子二次电池材料项目、赛麟乘用车车身总成制造项目、发动机零部件项目、荣威充气水池厂扩建项目、珈伟龙能高端锂离子二次电池及电芯项目）。全年新竣工亿元以上产业项目31个，新转化亿元以上产业项目5个。君瑞酒店、赛麟、意瑞达纺织、田园、联丰5条支线蒸汽管网5个项目完成施工，进入试运行阶段。10月22日，如皋市氢能小镇氢能产业园基础配套、国家级氢燃料电池汽车研发检测中心、燃料电池空压机及氢能备用电源等5个重点项目集中开工，总投资100余亿元。全年新增规模企业21家，其中新增1亿元企业12家。规模企业中，50亿元企业1家（如皋汇业贸易有限公司），30亿元企业1家（南通荣威娱乐用品有限公司），20亿元企业2家［双钱集团（如皋）轮胎有限公司、江苏陆地方舟新能源车辆股份有限公司］，10亿元企业6家（康迪电动汽车江苏有限公司、市荣泰贵金属有限公司、市盈栋贵金属有限公司、如高高压电器有限公司、江苏皋开汽车有限公司、龙能科技如皋市有限公司），5亿元企业4家［如皋市慧安电子科技有限公司、南通泰慕士服装有限公司、南通爱康金属科技有限公司、南通（如皋）美能得新能源科技股份有限公司］。

【科技创新】2018年，如皋开发区完成高新技术企业工业产值571.29亿元，拥有高新技术企业110家，其中年内净增10家；拥有省级以上研发机构63个；申请PCT专利32件；新增发明专利243件。江苏省如高高压电器有限公司被认定为国家知识产权示范企业，获省知识产权战略推进计划项目立项资助30万元；双钱集团（如皋）轮胎有限公司被认定为国家知识产权优势企业；龙能科技如皋市有限公司获国际科技合作项目立项；江苏思源赫兹互感器有限公司获批省知识产权国标认证企业，工程中心获批省工程中心。实施产学研新项目26个，其中技术需求合作项目22个，引进成果转化项目4个，累计合同金额450余万元。如皋青动科技有限公司与湖北工业大学建立氢能研发博士后工作站。众创空间蜗壳道场新签约入孵企业18家，举办创业大赛1场、创业培训2场、就业教育培训2场和产学研对接活动1场，签约在孵创业导师23人。如皋开发区与上海机动车检测认证技术研究中心合作，建立国家氢能源汽车研究检测公共服务平台；与吉林大学合作共建如皋新能源汽车产业技术研究院；与新华网共建车媒体传感智能实验室，融合汽车业与传媒业，开展物联网、人工智能、生理传感等技术领域的深度合作；成立江苏省氢能及燃料电池汽车产业创新联盟。全年引进省“双创”人才2名、省创新人才2名、省外高端人才10名。

【投资促进】2018年，如皋开发区新增内资企业注册资本115.48亿元，同比略有增长；新增内资企业1 195家，其中工业项目企业296家；新批外商投资企业14家，其中工业项目企业3家。实际到账外资3.57亿美元，比上年增长44.53%。全年搜集项目信息158条，新签约项目25个，其中外资项目5个（美国饮料机、台塑、雉水新能源、振勤电子、星动新能源），内资项目20个(新落户项目16个)。新签约项目中，新能源汽车产业项目14个，氢能产业项目7个。12月，江苏琥珀汽车科技有限公司落户如皋开发区，注册资金22.22亿元。

【投融资服务】2018年，如皋开发区巧借资本市场东风以优化融资结构，加大直融力度，成功在江苏小微企业融资产品交易中心及浙江南湖金融资产交易中心分别发行了定向融资产品，股交中心小微企业定向工具发行20亿债券。邀请省市23家银行、3家担保公司、3家基金公司、5家证券公司及有关金融机构负责人，组织区内36家骨干企业召开了第二届政银企金融合作恳谈会，达成签约110亿元授信合作意向。出资设立4只基金，总额150亿元运行保持平稳，撬动社会资本的投入，地方经济总量、税收总量实现新的突破。积极支持、推进企业上市或挂牌工作，待企业上市成功后实现债权资金的退出或启动债转股工作，确保国有资产的保值、增值，在获取最大效益的同时，有效降低和化解债务。与银行等金融机构沟通协调，通过提前还款、置换抵押物、抵押改担保等方式，有效释放大量抵押土地以用于相关项目建设。

【绿色集约】2018年，如皋开发区41家企业通过了ISO14000环境管理体系认证，在2018年度国家级开发区土地集约利用评价中名列184个工业主导型经济类开发区的第32位。年内，全区工业增加值占比55.8%，能源产出率5.7万元/吨标煤，土地资源产出率17.3亿元/平方公里，高新技术产业产值占工业总产值的比重达40.8%，绿色产业增加值占工业增加值的比重达45.7%，节能与新能源公交车的比重超过90%。全区工业废水依托区内恒发污水处理有限公司接管处理，金属表面处理中心重金属废水经如皋宏皓金属表面水处理公司集中处理达标后汇入恒发污水处理有限公司深度处理；区内工业供热由江苏大唐国际如皋热电有限责任公司进行集中供热，对环境要素、污染排放要素及环境风险要素进行全面感知与动态监控。年内，化学需氧量排放1 026.5吨，二氧化硫排放326.5吨，氮氧化物排放203.6吨，氨氮排放101.1吨，各类重点污染物排放总量不超过总量控制要求。

【城市建设】2018年，如皋开发区坚持规划先行，完成新一轮控规修改、停车设施、街景整治提升等规划编制，推进氢能小镇控规、氢能园区规划、区域环评规划等相关规划编制工作。完成土地转征收12宗、41.65公顷，挂牌出让19宗、45.87公顷，盘活存量地块3宗、6.15公顷；新王庄三角区、碧桂园东侧、拉丝厂安置房、北郊商业街等地块产权办理进入面积备案和销售备案阶段。实施政府投资项目33个，推动配套更完善。第三实验小学正式启用，区教管中心获2018年如皋市素质教育质量综合评估一等奖。医保、居保征收全面超额完成任务，志丞老年健康养老项目竣工，“瀚康怡和”康养小镇启动搬迁。文明城市创建顺利通过现场复检。花园桥村建成南通特色田园建设试点，平园池村建成省级二星乡村旅游区。完成何庄连申线安置区、邓园嘉好、太平氢能源等11个搬迁地块进保390人，邓园2组(历史规范用地)进保87人；完成镇南、里庄等村（社区）17个组3 642人原流转进保地块征地保障待遇衔接工作。完成省提档升级路11条、27.95千米，通居路建设28条、21.28千米，打造“四好农村路”14条、32.13千米，维修区内破损道路面积2 000平方米。全年建设邻里服务处42个，其中袁桥社区3、5、7组邻里服务处被推荐为全市和谐社区现场会参观点。公有化建设村卫生室（社区卫生服务站）37家。投入706.65万元调整塑胶场地6个。依法治区取得新成效，行政诉讼败诉率为零，城北司法所获得“全国先进司法所”称号。

【社会文化事业】2018年，如皋开发区举办了以“阅读·相伴美好生活”为主题的“东皋书屋”24小时自助图书馆开馆暨“书香之家”颁奖仪式，并为时鹏寿等10户“书香之家”家庭颁奖，为“开发区读书联盟”等6个全民阅读志愿服务组织授旗。举办“家国爱、端午情”主题活动及“荷你在一起”七夕节主题活动，引导群众树立正确的人生观、价值观、爱情观，让“家文化”的内涵深入每个人的心田。组织开展以“氢能知识进社区”为主题的活动，丰富广大青少年的科学知识，丰富“七彩夏日”活动内容。10月，牵头举办了以“追梦新时代、扬帆新征程”为主题的区全民健身运动会。打造北郊花苑和庆余社区两个南通市级诚信邻里示范点；花园桥社区宗青春、朱进明两人见义勇为入选2018年江苏好人榜。全年发放各类救助金66.32万元，累计救助308人次；发放低保专项资金105万元。全年脱贫3 016人，脱贫率为93%。投入人口计划生育事业经费245.73万元，组织夫妻参加孕前优生健康检查523对。撤销柴湾小学，第三实验小学建成启用。在全市中考中，实验初中名列全市第四位；袁桥初中如皋中学上线率为11.5%。在全市小学教学质量测试中，开发区小学总体水平被列为一类，教管中心获全市素质教育质量综合评估一等奖。

【机构设置与管委会领导】如皋经济技术开发区成立于1992年，1993年获批首批江苏省经济开发区之一，定名为“江苏省如皋经济开发区”。2013年1月晋升为国家级经济技术开发区，更为现名。2013年3月20日，如皋开发区与如皋市城北街道实行“以区带街、街区合一”管理体制，由班子领导、纪工委、人大工委、政协工委、工会、妇联、团委及其他办、局、园区、中心等组成，主要设立办公室、党群工作局、人力资源和社会保障局、科技转化创业园、新能源汽车产业园、长寿生物科技产业园、科技和经济发展局、农村工作和社会事业局、政法和社会建设局、财政局、建设局、规划分局、综合执法局、招商局、行政审批局及环保分局、国土分局、安全监督局。

如皋经济技术开发区领导成员为：开发区党工委副书记（常务）马金华；党工委委员、管委会副主任石兵、郝晓东、赵宏祥、曹汉清、杨飞；党工委委员、纪工委书记呈鹏。

（如皋经济技术开发区管委会）

漳州招商局经济技术开发区

【经济发展】漳州招商局经济技术开发区（以下简称“漳州开发区”）全面贯彻党的十九大精神，坚持稳中求进工作总基调，以深化供给侧结构性改革为主线，坚持高质量发展，落实赶超，持续深化“三抓三比、十项竞赛”，经济社会整体平稳发展。2018 年，漳州开发区地区生产总值完成 43.8 亿元，增长 3.7%；一般公共预算收入完成 16.84 亿元，下降 19.85%；地方一般公共预算收入完成 11.74 亿元，下降 14.5%；规模工业总产值完成 77.98 亿元，增长 8.33%；规模工业增加值完成 18.26 亿元，增长 8.02%；固定资产投资完成 46.79 亿元，下降 17.54%；外贸出口完成 28.14 亿元，增长 8.06%；实际利用外资完成 2 亿元，完成全年任务数的 200%，增长 100%；社会消费品零售总额完成 7.44 亿元，增长 0.11%。

【项目建设】2018 年，漳州开发区双鱼岛项目累计完成投资 20.19 亿元，完成整体开发方案编制并上报集团审批，部分重点商娱项目达成合作意向。芯云谷项目一期累计完成投资 5.33 亿元，完成形象施工进度超过 80%。海韵冷链项目一期工程竣工，累计完成投资 3.3 亿元，具备投入试运营条件。14 个省、市重点项目累计完成投资 24.2 亿元，占年度计划的 107.5%。

【招商引资】2018 年，漳州开发区围绕“五大百亿元产业”发展方向，持续扩大招商引资，成功举办“2018 新一代人工智能高峰论坛”等各类大型全国性活动，签约华智人工智能创新研究中心、历思检测、网易（福建）产业发展研究院、西安交大国家技术转移中心等多个项目。

【产业发展】临港产业方面，全港货物吞吐量 2 463 万吨，同比增长 2.49%，创历史新高；交通设备制造业完成产值 10.9 亿元，下降 32.31%；粮油食品加工业完成产值 27.9 亿元，增长 44.18%；金属制品加工业完成产值 22.6 亿元，增长 15.55%；厦门湾最大散杂货泊位后石港区 3 号泊位投产试运营。泛信息技术产业方面，以平行威客、IDC、爱果冻等为代表的新型互联网企业，初步形成上下游联动的产业生态。文化旅游产业方面，海峡两岸影视基地成为福建省内文化影视产业的聚集地，运营以来已有 30 多部电视剧在开发区拍摄。智能汽车产业方面，无人驾驶汽车社会实验室落户双鱼岛，完成概念性规划编制等前期工作。大健康产业方面，引进优质医疗资源，六维国际健康管理中心正式对外开放。此外，注册设立生态智慧基金和海月启航基金，助推产业发展。

【供给侧结构性改革】2018 年，漳州开发区扎实推进“三去一降一补”。深入推进钢铁等重点产业的去产能工作，推进传统产业转型升级；召开房地产开发企业座谈会，明确稳房价、去库存，规范经营行为；积极防范非法集资，及时了解掌握企业债务风险情况，做到防患于未然。做好企业帮扶，为企业争取各项奖补资金超 1.15 亿元，惠及企业近百家（次）；促进传统产业改造提升，帮助支持路易达孚、豪氏威马等企业实施技改，生产经营平稳向好。中纺粮油实施技术改造后，销售收入超 20 亿元，再创历史新高；首钢凯西完成生产线技术改造后，实现销售收入 10 亿元。

【融合创新】营商环境。2018 年，漳州开发区学习借鉴上海、杭州、厦门等地先进经验，突出优化营商环境。一是精准制定产业、人才扶持政策，针对智能制造、文化影视等产业研究出台《促进智能制造产业扶持办法》《发展文化影视产业扶持办法实施细则》《漳州招商局经济技术开发区互联网平台创业激励政策》《漳州招商局经济技术开发区关于扶持商贸流通业发展暂行办法》《扶持商贸流通业发展暂行办法实施细则》《推进“芯云谷”信息技术服务产业园发展办法（修订）》等多项扶持政策；出台重点产业人才引进激励办法等，加大对高素质人才的引进力度。二是梳理简化行政审批流程，梳理990项行政审批事项，做到实际办结时限比法定办结时限提前90%以上；加快实施“证照分离”改革试点工作。三是建成便捷化、智慧化的行政服务中心新办事大厅，真正实现“一窗受理，集成服务”，达到便民、高效、利企目标。

基础设施。厦漳大桥9月8日起实现降费通行，促进厦门湾两岸互联互通，带动区域价值持续提升；加快招银疏港公路拓宽改造，主线全面贯通；实施漳州港客运中心提升改造，建设公交充电站及风雨廊桥，引进“网约车”，开通“微公交”，形成立体交通体系；后石航道二期工程15万吨级航道正式开工建设；招银航道二期工程前期工作扎实推进。

融合发展。2018年，漳州开发区立足巩固老区、拓展新区，积极把握省委、省政府统筹闽东北、闽西南协同发展区融合发展，深化与招商局集团新一轮战略合作的重要契机，研究探索区域协作发展模式，与漳州、厦门共同谋划建立厦门湾协同发展产业合作区。经多方共同努力，已完成产业合作区规划选址、产业发展方向研究及合作框架协议起草等前期工作。

【绿色集约】2018年，漳州开发区加快推进生态项目建设，完成南滨大道、招商大道沿线及支路景观提升，形成“一路一景”的特色道路景观；完成静湖公园环湖步道、桃花源景观及公园人性化景观提升改造。加快打造香山湿地及山地道路特色景观工程，全年完成绿化美化提升面积近20万平方米。推行精细化市政管养，持续推进边坡修复工程，推进排洪沟清淤及市政设施维修等工程建设，提升极端天气的应对能力。

在大气污染防治方面，认真开展扬尘整治及废气治理，全年环境空气优良率达97.17%，细颗粒物等六项污染物指标均达到国家二级标准以上。在水污染防治方面，扎实开展河长制、湖长制巡查整改工作，建立海漂垃圾治理长效机制。在土壤污染防治方面，完成重点行业危险废物转移处置工作，全年危险废物规范化管理考核达标率为100%。

实施城市基本建设项目76项，完成投资3.26亿元；实施城乡民生基础设施工程32项，完成投资10.8亿元。积极开展防震减灾工作，建成地震应急指挥中心视频会议系统，完成15处地震预警信息终端建设任务。建成一批港湾式公交站台，持续开展“厕所革命”，进一步健全完善城市服务空间。

【社会管理】2018年，漳州开发区持续打好精准脱贫攻坚战。积极支持推动招商漳州注册成立福建省首家正式注册登记的社区基金会——招商局漳州开发区社区基金会，为企业积极履行社会责任提供强有力的政策和平台支持，增强民生福祉。

完成大径后村宜居环境改造一、二期建设收尾工作，启动三期文创策划。持续完善教育教学资源，推动教育均衡发展。与厦门大学附属第一医院合作创办厦门大学附属第一医院漳州招商局开发区分院，第一医院住院综合楼项目工程有序推进，实现社区卫生服务站全覆盖，加强居民健康档案建档工作，建档率达100%。成立疾控中心，强化重点场所监管。落实全省城乡居民基础养老金每月增加18元的要求，确保惠民政策落实到位。城乡居民基本养老保险发放水平稳居全市第一，城乡居民养老保险缴费率达99.9%，连续4年位居全省第一。严格落实“党政同责、一岗双责、齐抓共管、失职追责”，制定下达安全生产目标管理责任书，健全安全生产目标责任体系。组织开展安全生产大检查活动，突出对建筑施工、道路交通、危险化学品等重点行业领域的监管。积极推进企业安全生产标准化建设，强化安全生产宣传引导，在媒体平台开设“安全生产”专栏，普及安全生产知识。

【文化建设】2018 年，漳州开发区围绕重点、热点事件开展主题宣传和事件营销，在中央、省、市主流媒体刊发漳州开发区相关新闻报道共 1 216 篇次（含转载），全年累计采编图片 5 000 多张，电视新闻 46 期。结合建区 26 周年策划线上活动，展现开发区 26 年的成长历程。全年对接 10 个旅游招商项目，策划、筹办国庆旅游节、杨梅文化节旅游活动，全年接待游客 215.18 万人次。成功举办 2018 中国山地马拉松赛事及系列配套活动，荣获 2018 中国山地马拉松优秀组织奖。指导各体育协会筹划举办篮球进社区、山马赛事预热跑等 10 余场活动。推动石坑社区保泉宫将“闽台送王船”项目列入市级非物质文化遗产项目，将“踢火”“考炮城”列入区级非物质文化遗产项目。

【党建工作】2018 年，漳州开发区创新学习宣传形式，通过领导讲党课、知识竞赛，掀起学习贯彻新时代中国特色社会主义思想和党的十九大精神热潮，形成比学赶超的浓厚氛围。坚持党的全面领导，完善“三重一大”集体决策制度，明确将党建工作纳入关键业绩指标。深入开展党建创新活动，涌现出“党建＋行政服务”“党建＋办公室服务”等一批党建创新先进案例。举行系列主题活动庆祝改革开放 40 周年，在全区营造解放思想、改革创新、锐意进取的良好氛围。

贯彻落实中央八项规定精神和集团改进作风九项措施，坚持做好警示预防教育，增强干部员工遵章守纪的敏感性和自觉性。积极开展整治形式主义、官僚主义活动，坚决反对“四风”；严格把握监督执纪“四种形态”，坚决抓好巡视反馈问题整改，大力弘扬“马上就办、真抓实干”的工作精神，营造风清气正的政治生态。坚持党管干部原则，不断加强党委对组织人事工作的统一领导。

根据政企合作工作安排，顺利完成机构分设、人员分工，理顺管理权限，确保队伍平稳过渡。草拟、修订 9 项人力资源管理制度。创新绩效考核机制，激励各层级干部员工不断提升履职能力。创新督查督办方式，全面梳理督办制度和工作机制，利用信息化手段和平台，增强督办的针对性和实效性。2018 年列入督办的事项完成率达 81%，多项久拖未决的重点项目获得实质性进展。

（漳州招商局经济技术开发区管委会）

泉州经济技术开发区

【经济发展】2018 年，泉州经济技术开发区（以下简称“泉州开发区”）实现 GDP 179.97 亿元，同比增长 10.2%；工业增加值 156.85 亿元，同比增长9.4%；第三产业增加值22.33 亿元，同比增长 17%；一般公共预算总收入 16.47 亿元；一般公共预算收入 7.89 亿元，同比增长 7.1%；全社会固定资产投资同比增长 24.5%；社会消费品零售额 69.66 亿元，同比增长 18%；出口商品总值 39.3 亿元，同比增长 9.9%；实际利用外资（验资口径）1.93 亿元，同比增长 20.2%。全区 GDP、第三产业增加值、全社会固定资产投资、社会消费品零售总额增幅位居全市第一。

【转型升级】2018 年，泉州开发区持续放大“绿色开发区”优势，抓好园区清洁生产、节能减排、污染防治、安全生产、应急管理等工作，全面提升园区基础设施。园区绿化率达 40.5%，全区规模以上能耗总量同比下降 14.4%，生活污染物总削减率达 88.9%，垃圾无害化处理率达 100%，开发区被省住建厅确定为泉州市全域开展垃圾分类的试点区，中心市区卫生考评连续 7 年全市第一名。推进“腾笼换鸟”深度开发，成功盘活土地 512 亩（约 34.13 公顷），占全区可开发利用土地面积的 5.25%，占全区工业用地面积的 12.4%；成功盘活厂房 65.93 万平方米，占全区厂房面积的 8.7%，引进投资上亿元合同项目 9 个，总投资 62.1 亿元。

产业转型升级。开发区将产业升级作为经济增长的“动力源”，深入对接泉州市“1234”现代产业体系，围绕“结构调优、产业调高”目标，注重传统产业与新兴产业“双促进”。建设海丝智能机器人小镇、智能产业园、圣弗兰产业综合体、网商虚拟产业园等创新创业平台，引进集聚 1 765 家互联网经济、工业设计、检验检测、创新金融、文化创意等新型业态，打造生产性服务业集聚区。深入实施“泉州制造 2025”和“数控一代”示范工程，九牧王服装个性化服装智能生产线自动化率达 65% 以上。

【招商引资】2018 年，泉州开发区坚持外资、民资、国资三资并举，三次产业齐头并进，招大引强，推进招商引资向招商选资转变，重点引进投资强度高、产出效益高、科技含量高、产业关联度高的“四高”项目，2.5 产业园成功引进安记“大健康”、中成会“高新之家”等多个高新项目。积极组团参加第二届世界闽籍侨商对接会、“5•18”国际资本投资福建对接会、“9•8”投资贸易洽谈会，成功签约投资（也即合同利用外资）总额约 4 520 万美元的诺奇研发升级项目，对接安记食品饮料研发合同项目和荣耀商务创业园二期意向项目，实际利用外资增速为 20.2%。成功对接入库 13 个民企项目，合同总投资额 20.4 亿元人民币，超额完成泉州市下达的 15 亿元民企对接任务，完成率高达 136%。

【项目建设】2018 年，泉州开发区实行“一个项目、一套班子、一拼到底”，切实挂图作战、台账管理，抢时间、拼进度、争一流，实现进度赶在时序前、完成任务超计划。22 个市级在建重点项目完成投资 23.58 亿元，完成年度计划的 115.05%；“五个一批”谋划任务超时序进度 27 个百分点，签约年度任务提前超额完成。大力实施“四控二罚”工程管理机制，实现重点项目建设进度提速、质量优良，目前所有国有投资工程项目均超时序进度提前完成。吉泰路及A区慢行道综合提升项目均缩短了1/3工期，有力确保开发区全社会固定资产投资增幅连续3年蝉联全市第一。

【社会民生】2018年，泉州开发区加大投入，努力办好“民生”实事。一是优化教育品质。2018年，泉州开发区大力实施福建省最优惠的教育人才引育和激励办法，确定31名教育人才，成立4个名师工作室。扎实推进市二实小开发区校区建设，扩容开发区实验学校，新增学位2 400个。加快中科院幼儿园建设步伐，推进实验幼儿园争创省级示范性幼儿园，公办幼儿园和普惠性民办园总量占比72%。二是深化医疗改革。加大医联体建设力度，正式启动中医馆运营，开设针灸康复、中医妇科和中医内科等科室，医疗服务水平不断提升。建立健康档案13 500份，完善家庭医生签约16 811人次，基本公共免费服务覆盖率100%。三是美化园区“颜值”。围绕“住在公园里的开发区”，实施清濛园区景观提升行动，对道路景观、公园绿地、夜景照明进行全方位改造，加速推进园区五个主入口景观提升工程，高效高质完成吉泰路提档工程及A区慢行道综合改造项目，园区面貌焕然一新。持续抓好中央环保督察问题的整改落实，严格按要求完成清濛污水厂提标改造工程、建筑垃圾收纳场建设、雨污分流整改、管网清淤修复等工作，城市品位持续提升。四是净化社会环境。牢牢把握维护社会治安主动权，群众安全感和满意度持续提升。全力做好信访维稳工作，全力以赴处置涉稳事态，开发区成为全市唯一一个没有赴省、进京上访的地区。扎实开展安全生产大排查、大整治、大检查，全区安全生产形势总体平稳，实现开发区工商贸行业（领域）生产安全事故零死亡目标。

【营商环境】2018年，泉州开发区持续优化营商环境。一是创造典型经验。泉州开发区为深入推进“最多跑一次”和“一次不用跑”改革，按照“一个门、一个窗、一次光”的工作理念，及时发现与解决企业和群众办事的痛点、难点、堵点，在全省率先设立“跑一次办不成投诉中心”，凡企业、群众到管委会办事跑一次没办成的均可投诉，有效倒逼相关部门第一时间采取有力措施对有关事项进行妥善处置。这一创新做法，得到市委康涛书记的批示在全市推广，并作为典型经验上报国务院督查组。二是勇担改革试点重任。泉州开发区被列为全省19个“证照分离”改革试点地区之一，积极开展个体工商户全程电子化登记试点工作，推行手机终端智能化登记，全国领先、全省率先发放首批“微信智能化登记”营业执照，实现自助打照，一年365天、每天24小时不打烊。推进小餐饮备案试点，率先发出全省首张小餐饮备案材料确认通知书，有效破解了“准入不准营”的难题。开启“企业申报、税务征收、税务与环保联合辅导、信息共享”的新征管模式，在全市率先开出第一张环保税发票。三是加大企业帮扶。稳步推进金融改革“三个平台”建设，累计实现挂牌企业672家，开展排污权交易业务18场次，累计成交1.11万吨，累计成交额3.2亿元。制定出台《2018年促进外贸出口平稳增长若干措施》《关于支持龙头企业加快发展的若干措施》《建贸供应链公司扶持政策》《关于进一步完善扶持建筑业发展壮大有关政策》等针对性政策，促进企业持续健康发展。抓好信贷风险监测预警，通过应急周转资金帮扶11家困难企业“过桥”转贷，涉及金额2.4亿元；促进银企对接，对区内规模以上工业企业、限额以上商贸企业开展融资需求调查，筛选推荐16家优质企业与银行对接。

【党建工作】2018年，泉州开发区制发《2018年泉州开发区理论学习安排意见》，出台《关于在全区进一步兴起习近平新时代中国特色社会主义思想“大学习”热潮的工作方案》，先后邀请省、市专家教授举办“贯彻党的十九大精神，推动新时代共享事业发展”“从富起来到强起来的行动指南”等8场专题学习活动。开展党工委理论中心组关于《习近平治国理政》研讨会学习活动，党工委主要领导带头入企宣讲，举办“员工讲堂”3期，开展“非公企业党员微学堂”3场，举办“企业家讲堂”4场，基本实现全区面上轮训一遍的目标。召开党工委中心组学习交流会，专题学习交流《习近平谈治国理政》(第一卷、第二卷)，党工委主要领导围绕主题进行深入讨论交流，党工委、管委会各位领导结合自身学习体会及分管工作实践逐一发言。

深入贯彻落实《关于进一步激励广大干部新时代新担当新作为的意见》精神，健全完善干部正向激励、反向约束和容错纠错机制，扎实推进“五大发展理念”绩效考评，坚持在一线育人选人用人，对优秀干部加大培养力度，唯才是举。积极开展廉政文化进机关活动，以“单位有精神、人人有格言”为主题，建成融合机关文化、警世格言等内容的文化墙，全面提升机关廉政、勤政的文化氛围。认真开展警示教育，组织全区党员干部40多人到泉州市中级人民法院，开展旁听职务犯罪案件庭审的警示教育活动。以落实市委巡察和省、市责任制检查反馈问题的整改工作为抓手，加强风险点防控排查，扎紧不能腐的笼子。

2018年泉州经济技术开发区主要经济综合指标

项目	单位	金额	比上年增长(%)
地区生产总值	亿元	179.97	10.2
地方一般预算收入	亿元	7.89	7.1
财政支出	亿元	10.38	0.4
工业增加值	亿元	156.85	9.4
第三产业增加值	亿元	22.33	17.0
社会消费品零售额	亿元	69.66	18.0
出口商品总值(海关口径)	亿元	39.30	9.9
实际利用外资(海关口径)	亿元	1.93	20.2

(泉州经济技术开发区管委会)

沧州临港经济技术开发区

【经济发展】2018年，沧州临港经济技术开发区（以下简称“沧州临港开发区”）紧紧围绕“1118”总体工作思路，以建设“创新示范区”和“新型工业化城市”为目标，攻坚克难、砥砺奋进，全面提升园区能级和水平，奋力打造开放开发和高质量发展新平台。全年完成地区生产总值45.9亿元，同比增长35%；实现主营业务收入167亿元，同比增长28.7%；完成财政收入15.6亿元(有退税)，同比增长74%。其中，完成一般公共预算收入5.75亿元（有退税），同比增长60%；完成固定资产投资149亿元，同比增长15.3%；完成基础设施建设投资15.9亿元，同比增长96.9%；新增“四上”企业8家。

【项目建设】2018年，沧州临港开发区充分利用现有产业基础，重点谋划石油化工、煤化工、氯碱化工、化工新材料、高端装备制造等板块，涉及乙烷脱氢制乙烯、聚醚多元醇、对二甲苯（PX）、相变储能材料等19个循环经济项目，总投资375.6亿元。成功引进了河北亚东年产30万吨聚醚多元醇项目、骏驰伟业年产20万吨聚氨酯一体化项目、东源三和年产30万吨聚乙烯塑胶制品项目，延伸了聚氨酯产业链；引进的金浦古纤道公司年产20万吨差别化涤纶工业纤维项目，利用PTA生产PET涤纶切片，从而生产工业纤维，延长石化芳烃产业链；引进的上海植信年产16万吨氯甲烷项目，充分消化沧州大化TDI装置副产的氯化氢，实现了资源的综合循环利用。

2018年，开发区成功举办了“第一届河北·沧州渤海新区医药产业展览会”，同步召开了河北省医药行业协会举办的“智造京津冀·绿色共发展”研讨会和中国生化制药工业协会“第二届生化药物创新与发展高峰研讨会暨国家药典委员会院士公益大讲堂”。会议吸引了80余家生物医药企业参展，布展面积达5 000余平方米。展会期间共对接企业200余家，完成签约项目2个。成功举办2018中国（沧州）医药化工产业发展大会，吸引200余名专家学者和企业家参会，与国内外65家医药化工企业建立联系，初步达成合作意向25个。

2018年，沧州临港开发区完成签约项目共215个，总投资590亿元；全年完成开工项目71个，总投资208.7亿元；全年完成竣工项目41个，总投资104亿元。

【协同发展】2018年，沧州临港开发区协同发展效应凸显。北京·沧州渤海新区生物医药产业园位于开发区西区，规划面积28.29平方公里，已建成面积8平方公里，突出发展高端原料药、医药制剂、现代中药、医药关联产业（包括药包材、医疗器械），并建设生物医药产业孵化器及药品分析检验检测中心，集研发、生产、金融服务为一体。2016年7月28日，北京朗依制药通过北京食药监局GMP认证，生产出了沧州的“北京药”；2016年9月，医药园区被河北省发改委和财政厅评为河北省战略性新兴产业示范基地（生物医药产业），配套专项资金支持园区发展。2017年12月，医药园区被列入《北京市加快科技创新发展医药健康产业的指导意见》，“继续深化共建、共管、共享机制”。北京·沧州渤海新区生物医药产业园已成为协同发展的典范，2018年中央电视台首期《焦点访谈》对此进行了报道。

经过3年多的发展，北京·沧州渤海新区生物医药产业园已成为国内知名品牌和产业地标，汇聚了京津冀地区诸多知名药企，产业集群初步形成。2018年，北京·沧州渤海新区生物医药产业园全年完成签约超亿元项目62个，总投资160.4亿元，新开工项目20个，总投资70.69亿元，竣工项目15个，总投资45.52亿元。

2017年11月30日，依托临港开发区良好的发展环境和突出的区位优势，同时满足天津医药集团化学制药板块的发展需要，沧州市政府与天津医药集团签订合作协议，按照“互惠互利、相关促进、共同发展”的原则，共同建设天津·沧州渤海新区生物医药产业园。

天津·沧州渤海新区生物医药产业园规划面积2 130亩（1.42平方公里），位于临港经济技术开发区东区，中疏港路以北、化工三路以南、通三路以东、通四路以西，按照总体规划、分步实施的原则进行建设，其中一期占地920亩（约61.33公顷），总投资23亿元。

天津·沧州渤海新区生物医药产业园将依托天津医药集团在发展规模化原料药品种的基础上，逐步推动高附加值、绿色、特色原料药、中药提取、药物研发与创新基地的建设。未来，沧州渤海新区临港经济技术开发区将积极抢抓京津冀协同发展机遇，加强同天津医药企业的对接，充分利用渤海新区独特的区位和产业集群优势，打造强势医药品牌，推动医药产业结构优化，将沧州临港开发区打造成为河北省乃至全国的医药产业新地标。

【行政审批新模式】2018年，沧州临港开发区行政审批局通过整合6个部门的42项（部分）审批职能，实现“一个大厅流转、一个窗口办理”的行政审批新模式，达到了“让材料多跑腿，让企业少跑路”的改革目标；通过采取“流水线”作业方式，将企业准备相关资料的时间合理计算在内，同时使关联性审批事项有机衔接，对企业和审批部门形成双制约，力促项目从通过规划审批会到取得施工许可证不多于120个工作日。沧州临港开发区加快推进“放管服”改革，彻底打通“最后一公里”，完成河北政务服务网的端口申请、审批项目录入及沧州在线审批服务平台的使用，实现项目手续网上审批，有效解决了企业办事不方便的问题，实现了“企业跑”变成“网上跑”。

2018年，沧州临港开发区累计受理各类审批事项800项，办结800项，超出年初目标226%，按承诺时限办结率达100%。其中备案96项，环评批复92项，工程规划许可证核发89个，施工许可证核发90个。同时，开发区继续坚持“四段式”服务法，前期全程代办、建设期全过程服务，进一步创新服务方式和手段，不断完善高质量、优质化服务水平。

【科技创新】2018年，沧州临港开发区以科技创新促进可持续发展，科技创新功效显著。

（一）科技创新能力不断增强。一是开发区紧紧围绕科技兴区战略，着重在提升开发区创新能力建设、推动园区循环化改造进程等方面抓实做细。全年累计新增科技型中小企业6家、高新技术企业6家。目前，开发区拥有科技型中小企业39家、高新技术企业21家，院士工作站3家，市级工程技术研究中心3家。二是全力推进四大创新服务平台建设。重点推进南开大学—沧州渤海新区绿色化工研究院、化药孵化平台、分析检测平台以及中试基地4个科技创新平台建设，构建从研发到产业化全生命周期的科技创新体系。三是成立两家技术服务中心。为进一步完善服务体系，成立了北京·沧州渤海新区生物医药产业园综合服务中心和化工技术转移中心。综合服务中心依托沧州渤海新区生物医药行业协会建设，下设前期服务平台、投融资服务平台、人力资源服务平台、公共服务运营平台和培训中心，为企业发展提供一站式服务。化工技术转移中心利用信息化手段，先后建立微信群、微信公众号、官网专栏等交流平台。全年组织校企对接150余次，达成初步合作协议25个。

（二）科技创新工作扎实推进。一是8个项目成功获批市级科技计划项目，补助资金总额634.5万元。二是全年助推6家企业（精致科技、绿色农华、天元锂电、五洲开元、捷虹颜料、华茂伟业）完成科技型中小企业认定，协助6家企业（互益、华茂、普瑞东方、天元锂电、捷虹颜料、精致科技）申报高新技术企业，3家企业（那瑞、信联、建新）完成复审。三是协助绿源完成科技部支撑计划项目验收，指导丰源、绿源完成市级科技计划项目验收。四是全年拨付省级科技计划项目专项资金511万元，市级科技计划项目专项资金1 038.5万元。

（三）循环化改造通过国家验收。2018年6月1日，开发区通过国家发改委、财政部循环化改造终期。7月30日，财政部拨付开发区后续补助资金6 107万元，开发区累计获得循环化改造专项补助资金18 542万元。经过5年多的循环化改造，开发区产业链关联度高达89%，圆满完成循环化改造任务。

【生态环境】沧州临港开发区自建区以来始终恪守环保这条发展的生命线，致力于改善生态环境，加强污染防治和节能减排，推进清洁生产和循环经济，强化环境监管，在当前日益严峻的环保形势下，开发区的生态环境已稳步呈现逐年改善态势。

2018年，开发区按照“三废统筹治理、空地立体防控”的原则，不断加强现代化环保体系建设。一是全力推进环境综合整治，开展大气综合治理、危险废物管理、“恶臭异味企业专项治理检查”“VOCs专项治理行动”以及“双随机抽查”等专项行动，对18家企业的58项异味源开展恶臭异味气体专项治理工作，使开发区整体环境质量得到明显提升。二是全年不定期委托第三方监测机构对区内企业实施不定点监测，并始终坚持24小时值班制度，全年共出动执法人员2 000余人（次），检查企业500余家（次），对区内10家涉嫌环境违法行为的企业进行立案处罚，罚款金额177万元，确保区内企业污染治理设施运行正常，有效预防环境违法行为的发生。三是严格规范危险废物管理，针对区内39家涉废企业开展“清废2018专项行动”“雷霆行动”等专项检查行动，每月对涉废企业进行一次危险废物规范化抽查，严格执行各项操作流程及管理规范，通过严密的管理，在全年3 728次、11 930.48吨的危险废物转移过程中未出现任何问题，做到了零误差、零事故。

【发展定位】沧州临港经济技术开发区将以党的十九大精神和习近平新时代中国特色社会主义思想为统领，全面落实习近平总书记对河北提出的一系列重要指示精神和中央及省、市委要求，坚持稳中求进的工作总基调，坚持新发展理念，紧紧围绕“一港双城三带四区”的发展定位，以建设“创新示范区”和“新型工业化城市”为目标，以全力支持配合黄骅新城建设为己任，以全面激发民营经济活力为方向，围绕“一个目标”（进入中国化工园区前十），紧扣“一个中心”（高质量发展），突出“两条主线”（项目开工建设、激发民营经济活力），打好“六大攻坚战”（正风肃纪、特色产业集群发展、项目开工建设、安全生产、绿色发展、全员素质提高），奋力开创新时代绿色创新、一流强区建设新局面。

（沧州临港经济技术开发区管委会）

德阳经济技术开发区

【基本情况】德阳经济技术开发区（以下简称“德阳开发区”）面积达79.25平方公里，规划建设面积47.9平方公里，人口17.6万。截至2018年年底，德阳开发区有各类企业2 980家，工业企业520家，其中规模以上企业139家。按照四川省、德阳市决策部署，坚持稳中求进的工作总基调，认真践行新发展理念，落实高质量发展要求，加快推进“千亿元产业、科技新城、绿色园区”建设，工业总产值、工业增加值增速、财政总收入、一般公共预算收入等多项指标创历史新高。在商务部2018年国家级经济技术开发区综合考核评价中排名第32位，比2017年上升5位，紧随西安、成都、重庆之后，跻身西部地区前四强。

【经济运行】2018年，德阳开发区工业稳中快进。工业总产值610亿元，增长15%；实现主营业务收入467.2亿元，增长19.4%；工业增加值增速达10.8%，8年来首次突破两位数并追上全市平均增速；实现利润20.3亿元，区属企业产值贡献率首次突破50%。服务业提质增效。成立全市首家楼宇办，出台楼宇经济扶持政策，举办城市观鸟季、迎春购物月、世界杯啤酒嘉年华和旌东里特色商业街等活动；永辉超市、汉瑞酒店开业，消费品零售额达98.5亿元，增长12.5%。项目建设成效显著。制定重大项目推进工作机制、重点项目提速作战计划，28个省、市重点项目完成投资28.7亿元，占年度计划的104.4%；完成全社会固定资产投资168.2亿元，增长7.4%，其中，工业投资66.7亿元，技改投资73.1亿元。财税进中向好。积极组织财税收入，完成财政总收入43.79亿元，一般公共预算收入8.02亿元，基金收入10.2亿元。

【工业发展】德阳开发区强化工业发展和开放带动，积极融入服务国家战略，着力打造四川医药物流交易中心“一带一路”世贸城建设、军民融合高技术产业基地重要战略支撑、成都经济圈高质量一体化发展重要增长极。通过加快建设中国(四川)自贸试验区协同改革先行区，围绕打造世界级重大装备制造业基地，加快培育一批具有国际竞争力的龙头企业，推出一批具有国际影响力的高端装备，打造一批具有国际知名度的精品品牌，进一步提升“德阳造”质量品牌的形象力、影响力，形成一批具有自主知识产权和核心竞争力的工业品牌，树立“德阳造”优质形象。推动工业由规模扩张型向质量效益型转变，由价值链低端向价值链高端迈进，提升开发区工作整体发展质量。全年，规模以上工业企业增加21家，总量达到139家；实现工业投资66.7亿元，同比增长5%；产业结构不断调整，战略性新兴产业增加值占工业增加值的比重达到22%。

【服务业提质增效】2018年，德阳开发区制定推进服务业高质量发展五年专项行动方案，通过开展“打造服务业聚集区”“促进消费结构升级”“发展特色楼宇经济”“培育重点企业及重点品牌”四项行动，实施总部经济大楼等23个重大项目，使服务业总体实力迈上新台阶。一是加大政策引导力度，超强规划、合理布局，对接全市服务业发展规划，编制服务业五年发展规划和商业网点布局规划，制定《服务业资金管理办法》，安排1 000万元资金用于扶持电子商务、现代物流、现代金融、研发设计等生产性服务业。2018年，20家企业得到资金支持。制定了特色商业街区培育扶持政策。召开6次服务业座谈会，有针对性地调研华星锦业等25家服务业和8栋商务楼宇，现场解决了13个方面的问题。二是强化活动抓手。通过举办活动，有效刺激居民消费，提升了开发区知名度。三是紧盯重点项目。制作服务业招商手册，包装服务项目15个，有的放矢精准对接推介。引进126冶轴文创园和邮政枢纽项目，项目投资1.67亿元。打造"旌东里"特色美食街区，截至2018年12月，街区共有商户277家，实现销售收入超过100万元。在推进工农村美食和金鑫文创项目过程中，采取"责任+时序表+周报制"的方法，做到部门联动，准确掌握项目推进过程中遇到的困难和问题。四是大力发展现代服务业。实现第三产业增加值153.22亿元，同比增长11.5%；社会消费品零售总额增速达13.7%。

【节能减排】在工业节能、建筑节能、产能运转节能、公共机构节能、重点用能单位节能、排污治理等关键环节加大工作力度，帮助企业争取国家节能减排补助资金1 059万元；组织有关部门和专家对信义玻璃余热发电，脱硫脱硝+布袋除尘项目进行验收，绵远河流域（柳稍堰片区）生态整治（二期）等11个循环化改造项目开工建设。一是狠抓环保问题整改；二是大力改善生态环境质量，编制"一河一策"管理保护方案；三是加快建设国家生态示范园区，国家循环化改造示范试点项目稳步推进，竣工验收项目2个，开工建设项目9个，3家企业完善废气治理设施，制定国家生态工业示范园区建设规划。全面完成国家节能减排财政政策综合示范建设任务，优化创新创业服务，深入推进"放管服"改革。

【创新建设】德阳开发区针对创新资源分散、要素集聚度低、协同创新不足等问题，坚持一体化建设开发区综合性科技中心、国家高端装备标准化试点和省科技成果转化示范区。工信部"大中小融通型"双创升级园区，组建运行国家省级重点实验室、10个省级技术创新中心创新平台，着力打造科技设施联通、科技链条融通、要素流动畅通的创新矩阵，不断提升创新竞争力。组织实施科技重大专项，在战略性、基础性、前沿性领域集中力量进行攻关。举办首届科技人才服务企业活动，4组专利拍得科研经费2 700万元。新增企业技术中心9家，专利发明保有量720件，稳居全市之首。成功研制国内总台"华龙一号"核电机组，世界最重加氢反应器、白鹤滩世界首台百万千瓦水电机组等一批"国之重器"，东汽汽轮机叶片科研项目荣获国家科技进步二等奖。加快实现科技创新由跟跑向并跑、领跑转变，为经济高质量发展提供重要支撑。

截至年底，德阳开发区国家级高新技术企业有98家，国家级企业技术中心7家，省级企业技术中心18家，市级企业技术中心28家，全年专利授权1 890件。国机重装集团挂牌运行，国家发电设备机械零部件产品质检中心获批建设。出台《2018—2019年支持打造特色载体推动中小企业创新创业升级实施方案》和军民融合招商优惠政策，与29基地、西南交大等签订四川省高速运送技术协同创新中心共建协议。进一步提高开发区创新能力建设，围绕加快提升环成都经济圈一体化发展水平，推动开发区经济高质量发展，加快成德同城发展建设和基础设施建设，发展（控股）集团并入市产投集团，公司治理体系不断完善，市场化转型稳步推进，获得授信13.7亿元。

【重点项目建设】2018年，德阳开发区内列入省、市重点项目39个，总投资117.3亿元，年度计划投资56.94亿元。开发区协调外部生产要素，制定措施，强力推动项目进度，全年完成重点项目投资28.7亿元，占年度计划的104.4%，坚持产城融合发展理念，以公园城市建设助推城市"南进"。高水平编制开发区规划和营销，编制开发区老区控制性详规、八角片区控制性详规，组织和实施13个城市建设项目，总投资120亿元。加快建设千亿元产业、科技新城、绿色园区，成功举办“成都北中轴，德阳新来来”等3场推介活动，引进广州敏捷东樾府、新城控股吾悦广场等项目。通过一批重大项目建设，突出培育高端产业、建设城市新区的理念，抓紧研究城市新区定位和空间结构，强力推进一批补短板、优功能的城市建设项目。

【园区环境建设】2018年，德阳开发区加快推进产业转型升级，大力调结构、优布局、强产业，全面打造水清、岸绿、产业优的美丽旌湖经济区。立足山水资源丰富、自然风光美好的禀赋，把生态优势、资源优势转化为经济优势、产业优势，提供更多优质生态产品，不断满足开发区人们日益增长的优美生态环境需要。着力推动系统治理，坚持多规合一，源头管控，全方位、全过程打好蓝天、碧水、净土保卫战，持续开展人居环境整治行动。坚持节约优先、保护优先、自然恢复为主的方针，统筹山水林间湖草系统治理，因地制宜、分类施策，增强环境治理的针对性、系统性、长效性。着力推动全民参与，广泛开展创建节约型机关、绿色家庭、绿色学校、绿色社区和绿色出行等活动，开创全民参与“绿色＋时代”，让每个开发区人都成为生态环境保护的参与者、建设者、监督者和受益者。

【投资促进】2018年，德阳开发区坚持以招大引强、优化营商环境为突破口，推动开发区建设发展走深、走实。一是招商引资取得历史性突破。罗文全、许双全等领导亲自带队招商40余次，创新小分队招商、精准招商、产业链招商、展会招商、协会招商等模式，引进亿元以上项目27个，到位资金135.7亿元。项目签约金额245.4亿元，包括深兰科技西南总部、东方雨虹西南总部基地等5亿元以上项目11个，“独角兽”、新经济、百亿元项目实现了从无到有的突破。二是营商环境不断优化。挂牌成立开发区税务局，新组建征收拆迁服务中心，整合成立投资促进中心；行政审批中心入驻市政务服务中心，“最多跑一次”事项达98%，网办事项占比78%，新增注册企业668家、个体工商户1 143家。三是外资外贸双上扬。协办2018年四川—跨国公司投资合作圆桌会议，海峡两岸青年创业园入驻企业达到35家。积极融入“一带一路”建设，实际利用外资2.6亿元，增长45%；进出口总额12.8亿元，增长23%。四是东区建设蓄势待发。按照市委、市政府的要求，成立工作班子，与中江县对接、会商，共同研究合作共建开发区东区的发展目标、共建机制、政策支持、要素保障等，合作共建东区实施方案市政府已审议通过。

【社会事业】2018年，德阳开发区始终坚持民生工作优先安排，民生项目优先实施，全力保障和改善社会民生。一是改善社会民生。全年民生支出7.3亿元，占比达72%。新增就业2 645人，城镇登记失业率3.87%。二是医疗卫生事业稳步推进。全面完成城乡居民健康档案电子建档，建立基本健康档案66 521份，建档率占辖区常住人口的93%。三是文化体育事业蓬勃发展。四是把脱贫攻坚作为最大的政治责任、最大的民生工程。五是狠抓安全生产、食品药品安全、应急管理工作。六是加强社会建设管理服务。建设社会组织孵化实验基地27个，吸纳志愿者5 300人次；“一站式”便民服务体系不断深化，互助服务、法律援助和居家养老个性化服务不断完善。

（德阳经济技术开发区管委会）

赣州经济技术开发区

【经济发展】2018年，赣州经济技术开发区（以下简称“赣州经开区”）实现规模以上工业主营业务收入588亿元，增长19.6%；财政总收入46.37亿元，增长13.1%，其中一般公共预算收入22.5亿元，增长7.3%；规模以上工业增加值增长9.9%；固定资产投资增长10.7%，其中工业固定资产投资增长17.8%；社会消费品零售总额63.97亿元，增长10.6%；进出口总额66.01亿元，增长16.3%，其中出口总额56.86亿元，增长9.65%。

【产业发展】2018年，赣州经开区有工业企业568家，总投资约1 283.3亿元。其中，规模以上企业165家，全年实现主营业务收入588亿元，增长19.6%；工业固定资产投资增长17.8%；实现主营业务收入超亿元企业90家，超10亿元企业14家。全区紧扣赣州市“两城两谷一带”产业布局，大力发展新能源汽车首位产业和电子信息主导产业，全年两大产业规模以上工业企业主营业务收入255.3亿元。其中，新能源汽车及关键零部件规模以上企业23家，实现主营业务收入82.45亿元，增长24%；电子信息规模以上企业45家，实现主营业务收入172.85亿元，增长55.7%。赣州经开区电子信息产业园获评省级重点工业产业集群。钨和稀土等传统产业迈向智能化、高端化，引导50多家企业实施工业技术改造，全区完成工业项目投资技改金额增长57%，技改投资占工业投资比重的31.7%。

【科技创新】2018年，赣州经开区深入实施创新驱动发展战略，赣州新能源汽车科技城获批第四批国家级专家服务基地，江西潘恩生物集团有限公司被人力资源和社会保障部、博士后管理委员会批准设立博士后科研工作站，赣州国际企业中心被江西省工业和信息化厅认定为全省唯一的省级工业设计基地，孚能科技（赣州）有限公司获评国家技术创新示范企业、国家智能制造试点示范专项企业，被认定为江西省唯一的国家级“独角兽”企业。年内，赣州经开区与中国科学院、中国工程院、清华大学、北京理工大学等开展深入合作，建成国家工程技术中心1个、国家级检测平台1个，现有研发、检测及基础服务平台46个，其中“国字号”10个；赣州人力资源服务产业园、赣州国家高层次人才产业园建成开园，区内新增国家级创新创业及基础服务平台5个（现有7个）、院士工作站3个（现有5个）、省级博士后创新实践基地3个、博士后科研工作站1个、海智计划工作站1个。全年新引进国家“千人计划”专家7名、高层次人才24名，现有博士及同等以上人才782名，其中国家“千人计划”等国家级人才25名，2个团队和1名高层次人才入选江西省“双千计划”；12月28日，首届赣南苏区人才峰会在赣州经济技术开发区召开，32位院士参加会议。全年新获评江西省名牌产品9个，总数22个；新增授权专利594件，总量2 275件；新增注册商标申请652件，总数1 516件，其中有效省著名商标14件、有效市知名商标28件；新增高新技术企业23家，总数达67家。

【投资促进】2018年，赣州经开区围绕“一区三基地”建设目标，突出主导产业重大项目招商，开放型经济平稳健康发展。全年引进项目78个，签约总金额1 319亿元，签约资金是

2017年的2.66倍。其中，投资10亿元以上项目21个，投资10亿～50亿元项目18个，50亿～100亿元项目4个，均创历史新高。全区实际利用内资115.09亿元，增长16.42%；实际利用省外资金110.17亿元，增长11.44%；实际利用外资3.15亿美元，增长63%，其中现汇进资2.29亿美元，增长221%。实际利用外资总量、实际利用外资增幅、现汇进资总量均排名全市第一；实际利用外资总量、实际利用外资增幅在江西省100家经开区（高新区）中排名第四。

【体制机制创新】2018年，赣州经开区出台《国有企业整合重组方案》，推动区建投控股集团市场化转型。年内，区建投控股集团已成立中恒工业发展公司、建昇贸易公司等14个市场化子公司，基本形成建筑全产业链，总资产达到547.34亿元，实现主营业务收入40.55亿元，净利润3.5亿元，融资实际到位资金67.58亿元，抗风险和“反哺”能力进一步增强；孚能科技（赣州）有限公司通过“资本孵化+反向混改”模式，获得C轮融资超10亿美元，刷新全球动力电池行业单笔融资最高纪录，获得德国戴姆勒股份公司（奔驰）超百亿欧元订单，软包电池出货量全国第一。年内，赣州经开区配合做好市级互联互通、高效安全的政务云平台建设，打通各部门“信息孤岛”；实行错时延时服务，取消调整证明事项133项，“最多一次办结”事项比例超过90%，企业和群众业务办理时间压缩60%以上；省级“证照分离”改革试点深入推进，办理涉及“证照分离”改革事项营业执照1 298个，办件量在全省5个试点地区中排名前列；推进人事制度改革，实行全员聘任、岗位管理、绩效考核，完成两批211名雇员、职员招录工作，为全区发展注入新鲜血液，干部干事创业激情不断激发。

【投融资服务】2018年，赣州经开区有银行业金融机构14家，营业网点38个，保险机构4家，小额贷款公司2家，P2P网络借贷平台公司1家，典当行1家。年内，出台《赣州经济技术开发区金融产业发展扶持奖励办法》，加大对实体经济的信贷投放力度。全年收集有融资需求的企业39家，融资金额需求约18亿元，协助企业通过“财园信贷通”“小微信贷通”等政策性贷款融资，解决融资需求约10亿元。10月8日，赣州区块链金融产业沙盒园首期互动式办公区域已全面竣工并交付使用。截至年底，园内有注册企业22家，注册资本超过5 000万元。出台《赣州经济技术开发区“映山红行动”工作实施方案》，推进辖区内企业挂牌上市工作。1月31日，赣州富尔特电子股份有限公司在全国中小企业股份转让系统（“新三板”）成功挂牌；9月21日，江西金力永磁科技股份有限公司在深圳证券交易所创业板成功上市。截至年底，赣州经开区有挂牌上市企业9家，其中境内上市企业2家，境外上市企业2家，“新三板”挂牌上市企业5家。

【绿色集约】2018年，赣州经开区出台《空气质量提升整改攻坚行动方案》，全区PM2.5年均浓度为40微克/立方米。全面实施大气污染防治环境监管网格化管理，整治“小散乱污”企业36家。通过清洁能源替代、超标排放治理等方式对3家企业实行减排，全区主要污染物较2015年下降比例为：化学需氧量7.31%、氨氮6.41%、二氧化硫4.37%、氮氧化物2.26%，超额完成年度减排任务。全面落实“河长制”“湖长制”，开展长江经济带饮用水源地专项清查和城市黑臭水体排查行动，中心城区集中式饮用水水源地水质达标率100%。开展生态环保基础设施建设三年行动，加快推进赣州新能源汽车科技城污水处理厂项目建设。开展农村饮用水源地保护区划定及定期水质监测，开展农村人居环境综合整治。开展固体废物、危险废物大排查，全年未发生土壤污染事件。全年全区取得建设用地报批批复8个批次，总面积302.6公顷；取得建设用地区位调整批复12个批次，盘活存量土地162.37公顷；征收土地462.73公顷，其中农用地345.36公顷（耕地177.98公顷）、建设用地90.36公顷；供应土地127宗692.59公顷，实现土地收益54.18亿元。

【基础设施建设】2018年，赣州经开区全力支持G105国道改线、赣州西站、黄金机场改扩建和快速路等市级重点项目建设，全年完成征地1.17万亩（780公顷），拆除房屋214万平方米。打通滨江南路、杨梅渡路、纬二路、金元路4条“断头路”，岗边大道、城西大道、机场快速路、唐龙大道、唐凤大道等城市主干道建成通车，初步形成“八纵十横”的交通路网。城市“双修”进展顺利，修复城市园林绿化面积32万平方米。完成雨污管道排查30.8千米、污水管网建设22.74千米，顺利通过国家住建部、生态环保部对区内黑臭水体整治督导检查。统筹推进海绵城市、装配式建筑和综合管廊建设，建成海绵区域面积1.37平方千米。

【社会事业】2018年，赣州经开区投入20亿元办好了32件民生实事。脱贫攻坚成效显著，832户3 307名贫困对象实现脱贫，2个“十三五”贫困村摘帽，贫困发生率降至2.94%。新建、改造学校11所、医院8所、公有产权卫生计生服务室21所；实施棚户区改造3 607（套、户）、基本建成4 016（套、户）；开工建设公园6个、建成2个；新建新能源汽车充电桩100个；建设完成区人防应急中心救援指挥中心。

【机构设置与管委会领导】赣州经济技术开发区党工委、管委会内设直属机构12个：党政办公室（社会治安综合治理委员会办公室）、党群工作部（机构编制委员会办公室、人力资源和社会保障局）、经济发展局、招商局（商务局）、企业服务和工信局、财政局、住房和建设局、城市管理局、农业农村工作办公室、社会事务管理局、机关党委、纪律检查工作委员会；直属事业单位19个：项目建设办公室、赣州市科技创业服务中心（赣州市小企业创业基地、赣州市科技企业孵化基地、赣州市大学生创业园）、机关事务和政府采购中心、劳动监察局、国库集中支付中心、征收搬迁办公室、房地产管理所、公用事业服务管理处、计划生育服务站（疾病预防控制中心、卫生计生综合监督执法局）、教研和招生工作办公室、医疗保险事业管理局（城乡居民养老保险管理中心）、安全生产监察大队、金融工作局、企业综合服务中心、建设工程质量监督管理站、青少年校外活动中心、学生资助管理中心、土地收购储备中心、党校（行政学校、史志档案管理中心）；下辖黄金岭街道、蟠龙镇、湖边镇、凤岗镇、三江乡和赣州新能源汽车科技城。受中共赣州市委、赣州市人民政府委托，赣州综合保税区由赣州经开区领导。

2018年，赣州经济技术开发区工委、管委会领导成员为：中共赣州经济技术开发区工作委员会书记李明生；副书记陈水连（6月任职）、梁丁盛、郭声琪、傅小新、谢卫东、宋鹏（挂职，5月任职）；党工委委员管艳冬（女）、宋鹏（挂职，5月免职）、樊勇（挂职，9月免职）、朱建华（6月免职）、卓邦友、周国梁（挂职，1月免职）、杨小妹（女）、刘埇（挂职，1月任职）。

赣州经济技术开发区管理委员会主任陈水连（5月任职）；副主任梁丁盛、郭声琪、谢卫东、傅小新、宋鹏（挂职）、樊勇（挂职，10月免职）、朱建华（7月免职）、周国梁（挂职，1月免职）、杨小妹（女）；调研员卓邦友、黎佐绩、廖江华；副调研员曾辉。

2018年赣州经济技术开发区主要经济综合指标一览表

项目		单位	2017年	2018年	增减（%）
工业总产值（现价）		亿元	578.1	601.7	4.08
高新技术企业		亿元	104	170.3	63.75
“四上”企业主营业务收入		亿元	721.2	843.4	16.94
规模以上工业企业		亿元	563.2	587.8	4.37
“四上”企业利润总额		亿元	44.5	57.1	28.31
规模以上工业企业		亿元	37.4	41.8	11.76
区内主导产业及产值					
主导产业	1. 新能源汽车产业	亿元	48	82.73	72.35
	2. 电子信息产业	亿元	111.49	174.14	55.04
进出口总额		亿美元	8.37	66.01（亿元）	16.30（按6.78汇率换算）
出口		亿美元	7.64	56.86（亿元）	9.65（按6.78汇率换算）
财政收入		亿元	41	46.37	13.10
税收收入		亿元	35.13	41.11	17.02
财政支出		亿元	32.77	33.63	2.62
新批企业数量		家	2 150	2 425	12.79
外商及港澳台企业		家	7	19	171.43
内资企业		家	2 143	2 406	12.27
国家级高新技术企业数量		家	54	99	83.33
新批企业投资额	外商及港澳台企业	亿美元	—	—	—
	内资企业	亿元	481.34	784.06	62.89
	增资企业	亿美元	—	—	—
“四上”企业数量		家	272	336	23.53
研究与试验发展（R&D）经费支出		万元	17 865.8	—	—
合同外资金额		亿美元	2.46	2.75	11.79
外商实际投资		亿美元	1.94	3.15	62.37
上市企业数量		家	8	9	12.50
区内建立的创业创新平台数量		个	6	7	16.67
区内科研院所数量		家	2	6	200.00
区内职业教育学校数量		所	6	6	0.00

（赣州经济技术开发区管委会）

长春汽车经济技术开发区

【概况】 长春汽车经济技术开发区（以下简称“汽开区”）位于长春市西南部，东起普阳街、长沈铁路，南接公主岭市范家屯镇，西至西新开河，北到景阳大路、支农路、长春西湖。由一汽主厂区、绿园区锦程街道办事处、高新区汽车研发园和原长春汽车经济贸易开发区、绿园汽车产业开发区、公主岭市范家屯经济开发区3个省级开发区组成，是全国首个政企共建的开发区。汽开区原名为长春汽车产业开发区，2005年9月正式成立，是由长春市人民政府（以下简称“市政府”）与一汽集团（以下简称“一汽”）合作共建的省级开发区，2010年12月，经国务院批准晋升为国家级经济技术开发区，同时定名为长春西新经济技术开发区；2012年10月31日，经国务院批准更名为长春汽车经济技术开发区。汽开区承担一汽办社会职能、发展汽车产业、建设长春西南新城区三项职能，行政管辖面积110平方公里，有2个街道办事处，9个半行政村。2013年1月被工信部批准为国家新型工业化示范基地。2016年11月被环保部、商务部和科技部批准为国家生态工业示范园区。截至2018年12月，全区户籍人口为22.5万人，企业7 250家，其中工业企业600家。

【经济指标】 2018年，汽开区地区生产总值完成670.8亿元，规模以上工业产值完成4 743.5亿元，全社会固定资产投资完成158.8亿元，地方级财政收入完成17.48亿元。在商务部综合发展水平考核评价中提升了11个位次。

【产业优势】 汽开区是省市汽车产业的核心区域，一汽集团总部、一汽解放、一汽大众、一汽丰越、一汽红旗等整车制造企业坐落区内，汽车及相关产业占总产值95%以上。区内形成“中、重、轿”三大系列多个车型的产品格局，具有年产整车160万辆生产能力；零部件企业300余家，有麦格纳、纳铁福、一汽大众发动机等影响较大的汽车零部件企业，形成较强规模的配套体系和零部件制造企业集群；有一汽技术中心、中国机械工业第九设计院有限公司、长春汽车高专等研发教育机构，构成国内汽车研发教育机构最密集地区；有高力北方汽贸城、汽配商街、华港二手车等汽车零部件及整车贸易基地。

【经济发展】 2018年，汽开区先后赴长三角、珠三角、京津冀地区等开展上门招商活动。建立一汽大众、一汽丰田整车零配件供应商企业名录。全区储备项目50余个，计划总投资300亿元。引进投资5亿元的汇森座椅、投资2亿元的华诚伟业商用车驾驶舱、投资1.5亿元的双钱轮胎等企业。全年开工122个项目，一汽丰越换型、天津提爱思美亚汽车塑料件、富奥万安制动控制系统、大东汽车涡轮增压高压管路项目开工建设，盛世产业园项目完成基础建设，一汽大众Q工厂、翰昂杰交换系统等项目建成投产。落实领导包保制、项目秘书制。2018年，汽开区新增科技型小巨人企业19家，高新技术企业认定18家，“四上”企业入统新增50家。落实长春市与一汽战略合作发展框架协议，推进一汽集团项目建设；完成接收8所一汽幼教中心幼儿园工作，设立汽开区外籍人员出入境服务中心及一汽项目服务绿色通道。启动红旗绿色智能小镇建设，完成红旗小镇汽车产业及文创规划编制工作，红旗小镇进入全国2 765个典型示范小镇前15名。完成红旗厂区周边基础道路改造和规划编制工作。

【基础设施建设】2018年，汽开区投资10亿元完成22条街路、3个商圈、25个老旧小区改造和景观绿化工程。开展高力北方汽贸城专项整治，城市面貌焕然一新。投入道路新建、维修资金21 850万元，完成和谐大街、富民大路、腾飞南路等13条道路翻建工程。补植修剪乔灌木8万余株，新增绿化面积近5万平方米。完成侵华日军战第100部队遗址保护利用工作，完成合众国际广场、保利五星级酒店等重点服务项目主体建设。

【生态环境建设】2018年，汽开区推进精细化管理，落实河长制，开展城乡卫生环境综合整治、秸秆禁烧、黑臭水体整治等专项行动，在中央生态环保督察“回头看”工作中，环保投诉件在全市15个单位中排名仅高于莲花山开发区。

【深化改革】2018年，汽开区落实国务院第五次大督查工作，围绕深化综合经济体制改革，重点推进投融资体制、“只跑一次”等项改革，完成“一门式、一张网”政务服务综合改革2.0升级版；围绕城市建设管理改革，完成城市精细化治理、社会管理创新等系列改革任务；围绕深化党的建设制度改革，深入推进基层党建创新、人才改革试验区建设等改革任务。分别与天津经济技术开发区、天津宁河区、杭州大江东产业集聚区以及白城经济开发区签订对口合作关系框架协议，互派干部交流学习。

【社会事业】2018年，汽开区开发就业岗位5 191个，城镇新增就业4 567人，城镇失业人员再就业1 405人，农村劳动力转移就业1 154人，引导扶持实现创业648人。全年累计发放各类救助金2 300多万元，完成拥军优属、老龄和孤儿救助工作，其中，拥军大联盟工作经验在全国得到推广。推进嘉和丽景等8个小区房屋确权工作，日新家园73栋完成主体工程，西湖回迁住宅建设工程前期工作完成。首创“纽扣教育”，形成教育改革发展新格局。“每周一小时”全民健身活动启动。完成春晚一汽分会场各项保障工作。开展食品、药品安全大排查、大整顿行动，在全市食品、药品安全绩效考评中位列第2名。落实农村经济社会各项举措，推进解决被征地农民历史遗留问题，推进土地补偿工作。

【社会治理创新】2018年，汽开区落实安全生产责任制，开展安全生产专项整治行动，推进创建国家安全发展示范城市工作。完成全国“两会”期间信访维稳工作，做好信访积案化解工作，推进民族宗教活动。完成城市管理执法职能下沉工作，建成“星火”干部培训学校，提升治理能力和水平。

【党建工作】2018年，汽开区推进“两学一做”学习教育常态化、制度化，开展干部作风大整顿活动，查摆“五弊”问题，全面做到肃清整改。实施“红旗党建工程”，建设红旗党建联盟11个，覆盖辖区企事业单位53家。推进非公党建，组建3个区域化非公党委，组成派驻党支部160个，覆盖企业521家。开展“社区工作日”“一线工作日”和在职党员对接服务社区活动，累计为居民群众解决问题1 615件。为40家企业、1 464人提供人才配套资金1 207万元。举办第五届长春市暨汽开区汽车行业职业技能竞赛和第二届汽车企业技术需求挑战赛活动。

（长春汽车经济技术开发区管委会）

临沂经济技术开发区

【经济发展】2018年，临沂经济技术开发区（以下简称“临沂开发区”）全年完成业务总收入2 072亿元，同比增长18.2%；完成地区生产总值242亿元，同比增长9.3%；完成规模以上工业总产值1 292亿元，同比增长22.6%；完成固定资产投资207亿元，同比增长8.3%；实现进出口总额75亿元，同比增长32.7%。

【体制机制创新】2018年，临沂开发区推进机构改革，实行“大部门制”，将原来的44个单位和8个产业园区整合为16个单位和4个产业中心，机构减少62%，经济服务部门占机构总量的75%，构建起大招商、大产业、大建设、大服务、大党群综合管理体制。推进人事分配制度改革，实行岗位职级制、全员聘任制、绩效工资制，设置8个层级11个职级岗位，建立能上能下、可进可出的灵活用人机制。推进“放管服”改革。将上级下放给开发区的119项行政审批职能和1 531项“一次办好”事项全部集中到行政审批局，清理无谓证明、盖章材料、繁琐手续等186项，实施“证照分离”办理事项1 060件，各类许可事项缩短办理时限75%以上，“一次办好”率达到90%。推进国有企业改革，将11家国有企业整合为4家，实现扁平化管理，全面激发企业活力。

【招商引资】2018年，临沂开发区围绕重点产业，加大招引力度，全年新引进项目69个，合同投资额325.9亿元，是2017年的3.5倍。其中，过50亿元项目2个，过10亿元项目12个，实际到位资金60亿元。引进国家“千人计划”专家尹良红等各类人才272名，获评山东省人才工作先进单位、全省产才融合试验区。开展全区重点项目“百日会战”活动，新开工投资过5 000万元项目63个，同比增加6个；新投产过亿元项目32个，同比增加2个。14个项目被列为省、市新旧动能转换重点项目，10个项目被列为市重点项目。

【科技创新】2018年，临沂开发区大力发展数字经济，华为大数据中心建成运营，引进中软国际、腾讯智慧教育、阿里巴巴零售通等项目，入选山东省大数据产业集聚区。完成智慧城市一期建设，被授予“2018中国智慧城市创新奖”。推进智能化改造，115个智能化改造项目完成投资135亿元，新增高新技术企业和省级以上研发平台各5家，获评山东省支柱产业转型升级示范园区。

【社会事务】2018年，临沂开发区民生支出10亿元，占公共财政预算支出的83.3%；居民人均可支配收入达2.75万元，同比增长8.7%。10件民生实事全部按期完成，临沂国际生命健康城、市第三人民医院二期、临沂职业学院开发区新校区、朝阳西社区、沂蒙文化艺术中心等民生公益项目加快建设，沭河西路北段建成通车，10个省定贫困村全部摘帽。将全国文明城市、国家卫生城市创建和拆违攻坚统筹部署、一体推进，提升基础设施1 300余处，“双城同创”工作走在全市前列。将全国“两会”、上合组织青岛峰会和纪念改革开放40周年大会等重大会议活动安保维稳作为重要政治任务，扎实做好重点人员稳控、案件化解、安全生产等工作，圆满完成“六不双零”目标。

【特色发展】2018年2月4日，临沂市新旧动能转换重点项目签约仪式举行。此次签约的华大基因、华为临沂云计算大数据中心、新松机器人小镇三大重点项目全部落户开发区，为开发区乃至全市实施新旧动能转换重大工程提供了重要支撑、注入了强大动力；4 月 17 日，开发区第二批 9 个新旧动能转换项目集中签约、15 个项目集中开工。9 个“四新”“四化”类项目总投资 156 亿元，符合开发区新旧动能转换要求，符合产业发展方向，是助推开发区高质量发展的新动能、新载体、新支撑。集中开工的 15 个项目总投资 130 亿元，涵盖智能制造、大数据云计算、医药健康、公共服务等领域，投资数额大、带动能力强、科技含量高、支撑作用明显，是当前和今后一个时期开发区科技和社会发展的重要载体和强劲引擎，对开发区动能转换、促进经济社会高质量发展具有重要推动意义。

（临沂经济技术开发区管委会）

江宁经济技术开发区

【经济发展】2018年，江宁经济技术开发区（以下简称“江宁开发区”）地区生产总值1 464.4亿元，增长10.9%，其中服务业增加值496.5亿元，增长13.8%；一般公共预算收入148.1亿元，增长8.5%；全社会固定资产投入380亿元，增长13%；规模工业总产值2 310亿元，增长9.1%；地方外贸进出口851.3亿元，增长1.9%，其中地方外贸出口591亿元，增长6.3%；社会消费品零售总额151亿元，增长9.5%。在商务部公布的2018年全国国家级经济技术开发区综合发展水平考核评价中列第八位，在全省经开区2017年度科学发展综合考评中排名第三。

【产业建设】2018年，江宁开发区汽车产业、新一代信息技术产业、智能电网产业、高端装备产业、智慧环保产业产值分别达815.8亿元、649.3亿元、614.1亿元、556.2亿元、424.7亿元，分别增长5%、9.2%、8.9%、19%、11%。推进建设北方光电、优倍电气、首捷自动化等63个区级实施类项目（含省、市重大项目），当年投资138.79亿元，增长33%，其中未来网络试验设施、五十五所射频产业园等省、市重大项目32个，当年投资101.4亿元，增长48.9%；完成工业固定资产投入123.9亿元，增长11%。制订《江宁开发区优化营商环境88条》，营商环境在江苏省126个省级以上开发区中列第一位，22家企业通过信用贯标，培育新申报省、市名牌产品12个，园区企业参与制定国标14项，菲尼克斯获批省级智能车间，迈瑞生物医疗获批市级智能工厂，百家湖商圈入选江苏省首批诚信示范街区。

【招商引资】2018年，江宁开发区全年引进盒马鲜生、拓攻机器人等千万美元以上外资项目37个，其中1亿美元以上外资项目9个，落户卓为投资等知名总部型、功能性机构2个，实际利用外资6.4亿美元；引进亿元以上内资项目30个，其中10亿元以上内资项目6个。

【科技创新】2018年，江宁开发区引进、培育各类人才173名，其中诺奖得主2名、院士11名、省双创人才10名；172家企业获批高新技术企业，完成高新技术产业产值1 646.4亿元；新型研发机构签约63家、备案25家，73家企业获批各级“三站三中心”；完成科技服务业收入350.5亿元，技术合同交易额45.5亿元。启动建设“中以（江宁）科技创新创业集聚区”，与德国联邦图林根州政府签订科技创新合作战略协议，与德国国家微系统传感器研究院共建中德科技企业孵化器，在法国设立海外协同创新中心，在英国设立海外引智工作站。

【城市建设】2018年，江宁开发区开工建设130项城建任务，当年投资111.2亿元。完成冲沟路、佳湖东路、挹淮街、康厚街4条道路及项淮街、恒永路、开元欣街、湖滨路4条背街小巷改造，推进软件园和空港3座公厕建设、胜太路人行道改造及护栏更换、秦淮河亲水湾至天元路段亮化改造等工程。完成胜利一小区、殷巷四期、秣陵四期复建房主体建设，以及开发区人民法院审判业务大楼、开发区人民检察院检察业务大楼等装修改造，百家湖文化分中心、将军大道人才公寓、东大智能装备创新中心和东大科技园等重点项目加快建设。完成将军大道（摩托罗拉段）和清水亭东路（金龙客车段）积水点改造，对翠屏国际、滟紫台、帝景天成和山水华门4小区内共35个地质灾害隐患点进行治理。完成曹村泵站等11个泵站水质提升工程及101家企事业单位雨污分流，建成6家智慧工地。吉印大道跨秦淮河大桥获2018年度全国市政工程建设先进质量管理小组奖、2018年江苏省市政工程建设优秀质量管理小组二等奖，江宁开发区综保创业孵化基地项目成为江苏省建筑产业现代化示范项目。禄口新城中心区控制性详细规划获批，龙川路、环亚路、扬江路、越秀路（翔宇路—飞天大道）等道路建设完成，综合文化中心地库结构施工基本完成，如意湖工程主湖土方开挖180余万平方米，楚风路以南秣陵街道范围内1 041穴坟墓完成迁移，秣陵街道凤凰社区黄村和周里社区三板桥村完成拆迁协议签订。完成东方粮油、苏沃环保等13宗共800.65亩（约53.38公顷）土地低效用地再开发，完成凯腾膜、景威、中国电信、翔名、怡丰等9宗面积380.38亩(约25.36公顷)产业项目的土地挂牌出让，办理重点民生工程划拨用地242.51亩（约16.17公顷）。

【载体建设】2018年，空港枢纽经济区（江宁）——实现地区生产总值67.5亿元，同比增长12%；全社会固定资产投资60亿元，同比增长12%；规模以上工业总产值110亿元，同比增长16%；社会消费品零售总额1.1亿元，同比增长10%；公共预算收入实现7.09亿元，同比增长12.7%；外贸出口55亿元，同比增长195%；到位外资1.8亿美元，同比增长9%。引进产业项目20个，总投资110亿元。新注册项目34个，其中千万美元项目9个、亿美元项目4个，亿元以上内资项目14个、10亿元以上内资项目3个。空港跨境电商产业园通关量及货值均列全省首位。阿里巴巴菜鸟等23个重大项目开工建设，当年投入54亿元，同比增长70%；塔菲尔动力电池、苏宁华东物流中心、孩子王供应链总部等10个重大项目竣工投产。启动城建项目18个，当年投资11.3亿元。丽湖雅致酒店开业运营，空港消防站投用。空港经济开发区（江宁片）被确定为“省新一轮服务业综合改革试点区域”。

江宁开发区高新园——引进人才1 149名，其中硕士和博士等高层次人才513名，引进、孵化企业254家；9个项目13个创新产品入选南京市首批新型研发机构首购首用产品目录，数量位居全市第一；实现企业研发投入38亿元，发明专利申请4 862件，备案新型研发机构18家，净增高新技术企业109家，新增科技企业835家，各项指标在全市15个高新区（园）中均位列前三名。通过国家知识产权试点园区验收，在全市高新园区综合评定中获得一等奖。引进中南锂硫电池总部和产业化基地等一批科技产业项目，总投资额约85亿元。引进清电智慧能源孵化基地，与创梦天地共建创梦云实训创新基地。新增市级以上众创空间8家，埃斯顿获批省级海外研发机构，依柯卡特获批市级海外研发机构，大中型工业企业及规模以上高企研发机构有效建有率达86.6%。

南京综合保税区（江宁）——实现进出口总额62.3亿美元。其中，出口额47亿美元，进口额15.3亿美元。引进韩国LG配套项目、栗村电子等生产经营性项目。爱立信全球综合物流中心、敦豪供应链项目正式运行。其中，爱立信在上海洋山港等地的物流基地全部搬迁至综保区江宁片，爱立信全球90%以上的新产品产业化集中在该区实现。综保区外贸综合服务大楼建设基本完成，并启动招商工作。“掌上物流”“区港联动”系统投入运行，运输货车在监管场地停留时间缩减约2小时。建立驻区部门联席会议、驻区部门与企业见面会议、海关宣贯会等制度，园区贸易便利化水平进一步提升。

江苏软件园——引进亿元以上重大产业项目6个，包括腾讯华东云计算基地项目、中国电信（南京）物联网运营和创新中心两大百亿元级项目，中国电信吉山信息枢纽二期、协鑫新能源投资管理总部、优品茂项目完成主体建设。实现专利申请128件、授权57件。南京无人智能系统控制及通信技术研究院等4个新型研发机构签约落户，与新中科技联盟达成战略合作。研发路、创新路等主要道路完成改造升级，人才公寓两栋大楼交付使用，诺德安达（江宁）双语学校项目落户，拉萨路小学江宁分校开工建设。

中国无线谷（未来网络谷）——东南大学—南京通信技术研究院牵头承担的5G重大专项和“国家2011计划”协同创新中心分别通过科技部和教育部专家组验收。建成投运芯片检测中心（二期）等5个专业公共技术服务平台，启动5G/6G综合检测中心等重大公共技术服务平台规划建设，新建东大与天融信、未来网络研究院与富士康等6个联合研究中心，共有C-V2X车载天线、空联网（IOS）毫米波宽带传输等20多项具有自主知识产权的国际领先水平核心技术成果实现就地转化和产业化。新增科创实验室5个，申请专利110件，其中发明专利45件，专利授权56件。新引进科技型企业45家，其中超亿元项目2个。新增高层次创新人才150名，拥有硕士以上研发人员超5 000人，牵头及参与制定802.11.aj、物联网家电系统等国际国内和行业标准6项，5G硅基毫米波芯片等16项核心技术研发取得突破。举办第二届全球未来网络发展峰会。

九龙湖国际企业总部园——实现税收3.14亿元，增长134%；公共预算收入1.51亿元，增长132%；实际利用外资731万美元。引进大陆汽车研发中心、海康威视苏皖总部等产业项目33个。其中，亿元以上内资项目2个、千万美元以上外资项目2个，跨国公司地区总部和功能性机构2个。新增新型研发机构4个、科技企业32家、民营科技企业8家、高新技术企业10家、创投等机构3家，发明专利申请109件、发明专利授权12件。引进高铁自助售票系统和长途汽车自助售票系统，实现航空、铁路、公路三网一体式近距离服务。江宁区图书馆九龙湖阅读分中心正式开馆，1.3万平方米商业综合体正式对外营业。

宁淮工业园——实现工业产品销售收入252.6亿元、工业增加值55.6亿元、一般公共预算收入4.96亿元，同比分别增长8.5%、5.1%、5.7%。新引进中哲服装、大嵩新材料科技有限公司等项目9个，总投资16亿元。其中，亿元以上项目3个，项目注册外资3 500万美元，实际利用外资5 078.8万美元，同比增长1.6%。全年投入9 200万元用于园区标厂和基础设施建设，宁淮电子产业园二期标厂约35 000平方米主体完工。

【机构设置与管委会领导】根据南京市批准的江宁开发区“三定”方案，江宁开发区下设12个内部机构；李万平同志任开发区管委会主任、党工委副书记，主持开发区全面工作。

（江宁经济技术开发区管委会）

海安经济技术开发区

【经济发展】2018 年，海安经济技术开发区（以下简称“海安开发区”）实现地区生产总值 631.6 亿元，同比增长 14.63%；工业增加值 371.9 亿元，同比增长 15.74%；服务业增加值 220.7 亿元，同比增长 14.6%；全社会固定资产投资 276.11 亿元；财政收入 158.62 亿元，同比增长 12.6%；完成外贸进出口总额 14.99 亿美元；完成工业总产值 1 201.09 亿元。在全国 219 家国家级开发区综合发展水平考核评价中排名第 59 位。年内获评“国家高新技术产业标准化区域试点”；在江苏省省级以上开发园区营商环境综合评价中排名第 2 位。

【产业建设】2018 年，海安开发区不断加快发展平台建设，促进产业能级快速提升，新增规模企业 31 家。区内“一主一新”产业产值占比达 47.4%。工业企业完成设备投入 13.5 亿元，其中 500 万元以上技改设备投入 6 亿元。常安纺织科技园累计落户项目 30 个，总投资 300 多亿元；台商产业园新增台资项目 8 个，注册资金总额 2.1 亿美元；科创园新增机器人及智能制造项目 32 个。获批高新技术企业 7 家，省科技合作项目 1 个，与香港大学共建“粤港澳青年创新创业（海安）基地”。在省级示范区考核中，软件园在长江以北排名第三；东华软件入选省“腾云驾数”计划，获评江苏省优秀软件和信息服务企业。年内，完成新开工亿元以上工业项目 37 个，其中 5 亿～10 亿元项目 6 个；竣工亿元以上工业项目 19 个，其中 5 亿元项目 1 个。东材科技、英迈杰机器人、中科钢研 3 个项目成为省级重大项目。新开工服务业亿元项目 5 个，实现转化达产项目 12 个。鑫缘集团成为国家级融合发展示范企业和省级农业产业化联合示范企业。华强纺织、莘翔机电等 4 家企业获得国军标认证，互邦电力、金泽重机取得保密认证。新培育服务业应税销售超 100 亿元企业 1 家，超 50 亿元企业 1 家，超 30 亿元企业 1 家。东部全球家具采购中心成为江苏省生产性服务业集聚示范区。成功举办第三届中国东部家具博览会。和信科贷获批江苏省生产性服务业领军企业。

【科技创新】2018 年，海安开发区紧紧锁定创新驱动“强引擎”，不断加大科技创新力度，大力推进动能转换。亚太轻合金、跃通数控获批省 1 000 万元重大科技成果转化项目。“晶圆级封装智能制造新模式项目”，成功申报国家工信部示范项目，顺利通过江苏省知识产权示范园区验收。全年完成产学研合作项目 76 个；专利申请 2 496 件，专利授权 1 434 件；发明专利申请 778 件，发明专利授权 80 件；国际专利申请 25 件。引进省“双创计划”人才 9 名、创业类高层次人才 8 名、高级蓝领人才 3 600 名。新增高新技术企业 39 家，新增省级企业技术中心 2 家、省级工程技术研究中心 1 家、省级院士工作站 1 家。建成创新型金牌企业 9 家、银牌企业 21 家。

【投资促进】2018 年，海安开发区不断扩大精准招商辐射力度、压实项目建设紧密度、加快对外交流纵深度，组织各招商团队全线出击，深入挖掘和利用各种资源，积极捕捉有效项目信息，先后在境内外开展专题招商 40 次，成功举办 2018 中国海安投资贸易洽谈会开发区分会场活动，共签约重大项目 31 个，其中 3 000 万美元以上项目5个，10亿元以上项目2个。新增注册外资4亿美元；外资到账1.4亿美元，同比增长61%；完成外贸进出口总额73亿元，同比增长10%。

【体制机制创新】2018年，海安开发区深入贯彻“放管服”要求，全面推进“不见面审批（服务）”改革；积极推行“前台集中受理、后台分流办理”的“一站式”便捷服务模式。大力支持民营经济发展，为企业在项目推进、融资、招工等方面提供高效服务。年内，在全省简政放权创业创新环境评价中综合排名第二。扎实推进存量土地盘活利用和批后监管等工作，全年盘活闲置低效用地2 126亩（约141.73公顷）。探索全要素网格管理新模式，实现“大事全网联动、小事一格解决”，被省委、省政府表彰为全省社会治安综合治理先进集体。安全生产网格化管理、标准化创建、“双重预防”机制建设成效显著。

【投融资服务】2018年，海安开发区设立产业引导基金、创业投资基金总数达11只，基金规模达10亿元，充分发挥产业基金的杠杆作用，优选一批优强企业和“专精特新”成长型企业进行重点培育。通润汽车成为全省第三批制造业单项冠军，亚太轻合金获评全省专精特新小巨人企业。国内第三的图灵智能机器人、宝碟自动化、世纪福等8个智能制造项目落户机器人产业园并集中开工，总投资13.5亿元，机器人及智能制造产业开票销售同比增长48.5%。

【绿色发展】2018年，海安开发区始终坚持科学定位、集聚集约发展，以常安纺织科技产业园为引领，坚持“绿色”“生态”定位，围绕“国际领先、国内一流”目标，按照“园区一流、环境一流、厂房一流、设备一流、产出一流、设施一流、服务一流”和“严禁旧设备、严禁单纯染整、严禁废物滴漏”标准，全力打造生态、循环、低碳的专业化、规模化、品牌化的千亿元级现代纺织产业基地。投资20多亿元完成了地上地下管网、供电、供水、供热、污水处理等基础配套工程，引进专业上市公司保障集中供热和污水处理，确保入园企业高效运营。专门编制了产业发展规划和生态环境保护规划，加快推进研发、交易、物流、集中供气和污水处理等功能平台建设，靶向招引装备智能最强、质量管理最优、资源消耗最低、环保利用最好的高端纺织项目，拉动现代纺织产业集中式布局、全链式发展。

【国际合作】2018年，海安开发区坚持“国际视野规划、政府强化引导、企业主导运作、互利合作共赢”的原则，充分借鉴意大利的技术、品牌、人才优势，结合海安自身优势和特色，重点围绕精密机械、纺织丝绸、高端家具、节能环保、生态农业五大产业，猛攻重大项目，先后落户欧洲及意大利项目10多个，总投资达3亿美元。与意大利经济发展部、意大利对外贸易委员会和多个省份华人商会开展各种形式的对接交流合作，先后在北京、上海、苏州等意大利企业集聚地区召开专题推介会24场。10月，在北京专题举办中意海安生态园（北京）高质量发展恳谈会，意大利驻华使领馆德玛睿参赞和希腊驻华使馆公使Emmanuel Stantzos(应麦乐.斯坦尼)及40多位来自德、法、意等国家客商应邀到会，先后接待156批次400多名意大利客商来海安考察，中意海安生态园在意大利政界、商界的知名度和影响力明显提升。与意大利米兰设计学院深度合作的南通理工学院正式招生。专题出台中意生态园“优惠政策15条”，给予落户海安开发区的欧洲及意大利项目大力度优惠政策，为园区客商提供投资落户、项目建设、经营发展、转型升级、工作生活五个环节的全程服务。

【基础设施建设】2018年，海安开发区坚持优化配套功能建设，加大环境整治力度，生态宜居形象显著提升。积极推动上湖创新区建设，围绕科技之城、文化之城、生态之城的目标定位，加快引进功能性配套项目建设，致力把上湖创新区打造成江苏沿海有影响力、有品位、地标性的现代新城。启动意大利风情街、意大利专家和高级人才公寓项目，总用地165亩（11

公顷)，总建筑面积约21.6万平方米，打造集商业、办公、居住为一体的综合性社区。积极推进中欧工业园建设，总规划用地约1 000亩（约66.67公顷)，园区总投资5亿美元，其中设备投入7亿元，总建筑面积50万平方米。进一步提升园区环境的美化、绿化水平，投资3 000万元完成姚池路绿化工程、南海大道绿化、开发大道绿化、七星湖廉政文化园绿化提升改造、口袋公园等11项工程。投资1.5亿元建设西港路、爱楼路、栟茶河整治工程等19项工程。

【社会事业】2018年，海安开发区全力推进文明实践点建设，建成德法实践基地、泛书房文化实践基地，创建“三堂融合”示范讲堂10个。加大教育投入力度，着力提升全区教育水平。南通理工学院新入生源2 200人。七星湖、新生幼儿园开工建设，西场幼儿园全部竣工。创新帮扶机制，脱贫率达94%。“五险”交纳人数全市第一，城乡居民基本医疗保险一档征缴参保率100%。村营收入40万元以上的村实现全覆盖，其中100万元以上的村16个。重点人群家庭医生签约服务28 835人，65岁以上老年人全部建立和更新健康档案。投资2 300万元建设农四路10公里，覆盖韩徐村、韩洋村、热港村、爱凌村、戚庄村等8个村。

【党建工作】2018年，海安开发区狠抓党建“十大工程”落地见效。基层党建全年群众测评满意率达98%。丰产村获评全市唯一省级书记工作室示范点，建成全省第一家红色报馆党性教育基地。7月接受“全国文明镇”授牌，承办省委宣传部连线全国“两会”代表专场宣讲活动，建成市新时代文明实践文化传播基地、德法教育基地。《城东镇志》成为第一部通过终审的江苏省名镇志。580志愿服务队获评“志愿江海20年”最佳志愿服务组织，其经验做法被中央电视台、《人民日报》和《新华日报》头版（头条）等媒体专题报道。

【机构设置与管委会领导】根据职能，海安经济技术开发区管委会下设14个机构：纪工委、办公室、党群工作局、科技和经济发展局、招商一局 、招商二局、建设局、农村工作和社会事业局、政法和社会建设局、安全生产监督管理局、财政局、重大项目管理办公室、江苏海安软件科技园管委会、江苏海安高科技创业园管委会。

海安经济技术开发区领导班子成员为：党工委副书记王荣贵；党工委委员、管委会副主任钱亚洲、任永峰、吴建华、张英来、王晓晖；党工委委员、纪工委书记吴玲。

（海安经济技术开发区管委会）

靖江经济技术开发区

【概况】 靖江经济技术开发区（以下简称“靖江开发区”）南濒长江下游黄金水道，拥有52.3公里的长江岸线，可建万吨级以上泊位100多个，京沪高速公路、沿江高等级公路、新长铁路穿境而过，水陆交通便利，区位优势明显。规划控制面积168平方公里，实际建成面积42平方公里，形成了开发区本部、城南园区、城北园区、新桥园区等功能板块。

【经济发展】 2018年，靖江开发区实现工业总产值733.15亿元，同比增长21.9%；一般公共预算收入（不含乡镇）17.02亿元，同比增长10.5%；固定资产投资180.47亿元，同比增长7.1%；进出口总额29.9亿美元，同比增长27.5%；新增规模以上企业47家。主要经济指标均呈现高位上升的良好态势。

【招商引资】 2018年，靖江开发区致力于打造先进制造业和现代服务业，项目招引有序推进。凯飞航空结构件、道道全粮油、中南高科智造谷、江苏国信燃机热电联产项目等超10亿元龙头型、基地型项目成功签约，吉凯恩飞机风挡、和赛尔高精密微机等外资项目成功落户；成功组织上海航空航天产业专题招商会、城南苏州投资峰会、城北暖通空调等专题招商会，反响强烈。特色园区加快建设。保税物流中心(B型）基本建成、等待正式验收，已有近30家市内外企业意向入驻；大健康产业园一期营养保健品智能制造板块实现试生产运营；智能重装产业园一期万吨级重件码头、重件组装场、集成制造车间建成投运；精密制造产业园内江苏富信环保技术有限公司、江苏华泽新能源科技有限公司、靖江先锋半导体科技有限公司等13个项目正在加紧实施推进；江苏新浩祥科技有限公司的精密铸造件项目、靖江市诺弗司工业技术（江苏）有限公司的密封材料及密封件制造项目等11家企业已正式建成投产；标准化厂房区正在陆续交付，拓璞航空零部件五轴加工中心、和赛尔精密电机等2家标房项目设备已进场开展设备安装调试，产业集聚效应不断增强。全年，靖江开发区新签约亿元以上项目84个，新开工项目70个，新竣工亿元以上项目72个。

【改革创新】 2018年，靖江开发区科技创新力度加大。净增高新技术企业36家，实施高质量产学研合作项目46个，与南京林业大学合作筹建木材研究院，木材研究鉴定中心、木材工程技术研究中心、智能家居创新中心已进入实质性运行，钢管研究院、国家级孵化器项目正加速推进。国有公司高效运转。靖江港口集团有限公司高位嫁接了道道全粮油、深圳国际等战略投资者，全面盘活重粮红蜻蜓地块、兴旺物流地块等闲置资产。靖江科教产业园公司“两校两中心”顺利运营，启动谋划科教产业园西区，逐步完善配套设施，产业承载力不断增强。体制机制全面深化。增设安全生产监管中心和保税物流服务中心，进一步强化安全生产监管能力，做实保税物流中心（B型）日常运营管理；认真落实市委“365”优才计划要求，面向社会公开招聘港口管理、财会金融、港口物流等专业人才3名，进一步完善国有企业人才队伍结构，提升公司实体化运营质效。

【转型升级】 2018年，靖江开发区加快推动传统产业转型提升，江苏南洋船舶有限公司与中船重工第七〇二研究所深入开展高端游艇研发与制造，3月底首艘游艇式高速客船已顺利下水。江苏万林木业股份有限公司、靖江国林木业有限公司、江苏慧创家居产业园等构建完成集定制加工、展示交易、文化体验、检验鉴定、物流配送为一体，线上线下融合发展的专业化木材交易体系，进一步丰富和完善了木材供应链和产业价值链。靖江特殊钢有限公司聚焦创新载体建设和生产线技术改造，总投资9.23亿元的钢管整体检测实验室、腐蚀实验室、140机组改造等技术改造项目正加快落实。上飞表处理基地、先捷热表处理基地、吉凯恩航宇风挡透明件、拓璞航空航天零部件五轴加工项目均签约落地。以航空零部件加工、制造、配套为主的航空制造产业园已初现形态；智能重装产业园已吸引19家石化装备设计、制造、销售等产业链协同企业入驻，2018年以来实现开票销售18亿元，税收5 650元，在手订单50亿元；精密制造产业园靖江市亚泰物流装备有限公司的罐式集装箱生产项目、江苏祥福顺金属科技有限公司的家用电器零配件项目、江苏新浩祥科技有限公司的精密铸造件项目等8家企业已建成投产，全年可实现开票销售5亿元，新增规模以上企业2家。加快淘汰落后产能。江苏众达炭材有限公司已由靖江特殊钢有限公司整体收购，靖江苏通港务有限公司低效岸线整改通过泰州验收，靖江格菱动力有限公司、江苏安泰动力机械有限公司等企业破产清算正加快推进，江苏安泰动力机械有限公司已完成破产相关工作，具体工作方案将有序推进。

【社会事业】2018年，靖江开发区发展环境日益优化。9月，靖江市职教中心顺利实现秋季开学，公共实训中心正常运转；新港城城市商业广场项目桩基建设已经完成；区内污水处理能力有效提升，污水日均处理量约13 000吨；拆迁数据管理软件平台上线运行。绿色整治有序推进。围绕“绿色港口、生态港区”发展要求，持续深化“263”专项整治、“健康长江泰州行动”等专项活动。完成靖江太和物流有限公司、靖江盈利港务有限公司、江苏扬子江港务有限公司等港务企业整改销号，原靖江港务公司码头拆除覆绿、江苏中燃石化有限公司码头拆除通过省级验收，完成靖江圣立气体有限公司、靖江市丰禾油漆有限公司两家企业升级改造，关停靖渝钢厂氧气车间、靖江圣马气体有限公司，推动煤炭装卸、铁矿石中转集中布局，港区环境明显改善。专项行动有效开展，向区内140余家企业走访宣传；制定全年领导接访安排表，切实推动领导干部接访工作常态化；深入开展大检查、大整治专项行动、双重预防机制创建工作，安全生产形势总体平稳。

（靖江经济技术开发区管委会）

宁国经济技术开发区

2018年，宁国经济技术开发区（以下简称“宁国开发区”）牢牢把握稳中求进、进中提质的总基调，坚持高质量发展理念，推行“亩均论英雄”理念，实施精细化管理，全力以赴抓项目、强产业、重招商、优平台、促改革，各项工作取得了新进步。

【经济发展】2018年，宁国开发区经济发展总体呈上行态势，质量效益突出。全区工业总产值增长18.3%；工业增加值增长17.8%；固定资产投资增长16.7%；进出口总额增长35.8%；财政收入增长10.9%。开发区作为地方经济增长极，规模以上工业总产值占全市的85.3%，工业增加值占全市的86.4%，固定资产投资占全市的69.3%，进出口总额贡献率为88.9%。

【产业发展】宁国开发区坚持加快实施“首位产业、首位培育、首位支持”工程，重点把汽车零部件产业作为首位产业打造，把电子元器件、高端装备制造、现代农业与食品加工作为主导产业进行培育。2018年，汽车零部件产业完成工业总产值402亿元，同比增长18.2%，占全区的比重高达93.5%，汽车零部件产业集群五年发展规划和三年行动计划正在制定中。一是加快传统产业技术改造。引导企业结合自身实际，对照国家、省、市的产业发展方向和支持重点，有针对性地向国家及省、市相关部门申请项目立项，进而获得有关资金或政策支持。以人才、技术、资金、政策、管理等要素为支撑，加快技改项目建设，提升企业创新开发能力，提高产品质量和竞争力以及企业的经济效益。二是推动三大主导产业转型升级。按照“汽车零部件抓产业集聚、电子元器件抓产业龙头、耐磨铸件抓产业整合”的思路，加快产业集群发展。密封元器件产业领域，依托中鼎、亚新科等优质企业，重点加强特种行业密封件技术研究、产品开发和成果转化；高端机械基础件产业领域，整合和引进优质企业，加快产能置换步伐，推进战略重组，淘汰一批落后产能，支持非铸造机械基础件类企业向先进制造业转型；电子元器件产业领域，引导飞达、源光、裕华、安泽等优势企业向军工、航天、高铁等高端领域进军。三是引进发展新经济业态。按照“政府领导直接参与、职能部门跟进衔接、合作院校牵线搭桥、本土企业接纳共建”的模式，积极引导企业向目前增速最快的新能源汽车、工业机器人、轨道交通、民用无人机、半导体、锂离子电池、太阳能电池、PCB等新兴产业扩展，或招商引资，或合资合作，加强与此类产业的知名企业开展合作，培育新的增长极。

【科技创新】2018年，宁国开发区拥有国家级博士后科研工作站1家、国家级企业技术中心2家、国家级创新型企业1家，省级重点实验室、工程技术研究中心、博士后科研工作站、院士工作站等各类研发机构42家、省级创新型（试点）企业15家。

一是抓创新驱动。开发区始终把创新作为发展的源动力，推进产学研用合作，大力引进创新团队。截至12月，落户创新团队8个，累计获得国家、省级扶持资金3 126万元。基本形成“引进一个团队，突破一项技术，创建一家企业，催生一个产业”的良性发展态势，形成新的经济增长点。中鼎密封件、京鸿密封件荣获安徽省专利优秀奖，新宁能源科技有限公司获第七届中国创新创业大赛全国总决赛优秀奖。

二是抓平台驱动。加快公共服务平台建设，着力打造集检验检测认证、研发设计、科技创新服务为一体的“宁国智谷”。工信部电子五所赛宝实验室宁国分中心及省级耐磨铸件质量监督检验中心投入运营，深圳华测宁国橡塑密封件检验检测中心正在抓紧建设，实现了密封元器件、电子元器件、高端机械基础件产业公共创新平台全覆盖，分别与中科院物理所、上海交通大学签订了院士工作站、国家技术转移中心合作协议。

三是抓品牌驱动。引导企业加强自主品牌建设，鼓励企业参与行业标准制定，申报各类品牌，创建全国知名品牌示范区、国家知识产权示范园区，推进院士工作站和国家绿色园区建设。截至目前，园区共有中国驰名商标7件、安徽省著名商标49件、安徽省名牌产品39件。

四是抓高质量发展。建立以“亩均税收”为核心的企业综合评价体系，对工业企业投入产出、占用资源能源及研发创新等情况进行综合绩效评价，依据评价结果，对企业开展分类指导和精准服务，进而有针对性地实施差别化政策，以达到激励先进、倒逼落后的目的，从而实现要素精准供给。

【投资促进】近年来，随着宁国市招商引资力度的加大，吸引了一批外资、侨资、台港澳资企业（以下简称“外资企业”）落户投资兴业。截至12月底，宁国市共引进外资企业24家（已经备案），涉及机械制造、食品加工、酒店商务、仓储物流等行业，发展势头良好。这些企业的引进，不仅带来了先进的技术和管理经验，也进一步拓宽了国际市场营销渠道，为全市的经济社会发展做出了重大贡献。2018年，开发区招商引资表现为“好、多、优、实”，全年实际利用内资同比增长5.0%；实际利用外资同比增长22.0%。2018年，开发区完成新签约项目28个，新开工项目39个，新投产项目30个，招引到位资金3.8亿元。其中，全市工业一号项目中德智造小镇项目计划总投资50亿元，沙万路、环形道路、污水处理厂项目紧锣密鼓推进；中鼎橡胶减震制品迁扩建一期项目备案投资12.5亿元，已开工建设；亚新科工业园项目计划总投资8亿元，一期已投产，二期正在进行主体建设；天成电气公司面向新能源汽车整车的高效安全智能化热管理系统研发及产业化项目作为关键配套项目已正式投产；中鼎集团总投资5亿元的新能源汽车动力电池温控流体管路系统项目正有序推进；梦牌新材料、皇华新材料、富乐泰水泵等一批优质项目投产达效。

【体制机制创新】一是推动开发区与港口产业园优化整合。按照“一个平台、一个主体、一套班子”的思路与港口园区深度融合，建立科学高效的运行机制，统一规划建设、统一优惠政策、统一财税体制、统一园区品牌、统一招商力量。二是探索人事和薪酬制度改革。推行全员聘任制、绩效考核制、薪酬年薪制，实现传统的身份管理向岗位管理转变、传统分配制度向优绩优酬转变，以岗定薪、按绩定酬、岗变薪变、酬随绩走，加快形成想干事、敢干事、创新创业、充满活力的新机制、新氛围。三是深入推进“放管服”改革。加大简政放权力度，赋予开发区县一级政府行政审批权限，开发区在规划范围内，由市政府工作部门行使的相关行政审批权限书面授权开发区，相关审批事项由开发区研究通过之后加盖公章，市直相关部门见章盖章，即时办理。

【投融资服务】一是始终把上市作为发展加速器。按照“储备改制一批、辅导报会一批、上市挂牌一批、做大做强一批”的总体要求，分层次、分梯度推进企业上市挂牌。将A股上市奖励提高至850万元，“新三板”挂牌奖励提高至220万元。园区已拥有本土A股上市企业6家，“新三板”“新四板”挂牌企业10家。二是全力帮助企业申报项目和资金。围绕企业发展需要，加大“跑省跑部”力度，为企业争取项目和资金提供协调服务。2018年，宁国核心基础零部件产业集聚发展基地兑现企业2017年度重大项目建设补助 1 068 万元；开发区财政全年兑现各类工业发展奖补资金 2.02 亿元，涉及企业奖补 553 次。

【绿色集约】2018 年，宁国开发区严把落地项目质量关。加强项目建设源头性把控，严格执行国家和地方产业发展目录，禁止淘汰落后类产业进入开发区，对现有落后产业项目分类实施关停取缔、整合搬迁、整改提升等措施；新进项目严格按照《关于进一步加强项目预审的通知》（宁办发〔2018〕98 号）有关要求，加强事中事后监管，提升入园企业项目产业集中度和“含绿量”“含金量”。推进产业低碳化。积极运用“互联网 +”技术，深入推进“两化”融合，充分发挥企业主体作用，鼓励企业实施节能改造，发展绿色循环经济，加大信息技术对传统行业的渗透，推进企业管理网络化、智能化和集成化，提高产品质量和附加值，提升企业创新能力和可持续发展能力，实现绿色生产、低碳消费。

【国际合作】一是加强开放交流。宁国开发区积极组织企业参加 2018 年宁国市（南京）招商推介会、2018 世界制造业大会和 2018 中国国际徽商大会、中国国际铸造博览会、2018 法兰克福上海国际汽配展、法兰克福海外展等活动，宣传宁国的区位、环境、人文、产业扶持政策，进一步加大对外宣传力度。深入推进与先进发达地区战略合作，积极与上海、江浙等沿海地区加强合作交流，通过选派干部、组织互动活动、拓展经贸合作等方式，探索承接产业转移方面创新合作的新机制。二是鼓励对外并购。开发区出台鼓励企业兼并重组的意见，全力支持中鼎、司尔特、凤形等集团公司通过资本运作发展并购经济。截至目前，全市有中鼎集团、启源建材等 14 家企业，通过资本运作实施跨国并购、境外投资，累计投资企业达 40 家，投资总额 4.4 亿美元。2018 年新增“走出去”企业 2 家，特别是中鼎集团，近年来累计收购海外企业 13 家，荣获全球并购 20 强、中国十佳大买手等称号。三是推动战略合作。引导企业通过股权置换、资产收购等方式，实现与世界 500 强、上市公司兼并重组、合资合作，加快企业升级和快速发展，促进利用外资扩规升级，努力构筑“政府引导、部门联动、企业主动”的利用外资工作新格局。2018 年，开发区实际利用外资 3.1 亿美元，同比增长 22.0%，共引进外资企业 24 家（已经备案）。四是加快融入长三角一体化。在对外合作方面，开发区始终坚持加强与长三角区域的对接，牢牢把握这个主阵地不放松，全方位深化合作。与上海市松江区洞泾镇和岳阳街道就共建省际合作园区等事宜达成初步共识，与洞泾镇合作框架协议已初步拟订，争取尽快完成签约；同时，宁国开发区也成功被授予长三角 G60 科创走廊产业合作示范园区（核心汽车零部件），中德智造小镇作为全市一号工程正在加快建设。

【党建工作】2018 年，宁国开发区党工委深入推进“两学一做”学习教育常态化，扎实开展“讲忠诚、严纪律、立政德”专题警示教育，以”党员教育管理经常化、组织生活规范化、党组织建设标准化、创新工作特色化”内容的“四化建设”为重点，形成责任明确、齐抓共管的党建工作格局，为园区经济社会发展提供了坚实的组织保障。

【机构设置与管委会领导】2018 年，宁国开发区管委会核定正科级局室 9 个：办公室、党群、财政、建设、投资服务中心、经发局、社事局、安监局、综合执法局；副科级局室 9 个：总工会、武装部、纪检监察室、招标办、法制办、国土局、规划局、征管办、招商中心。行政编制 61 个，事业编制 97 个，合计 158 个。

管委会领导成员为：党工委书记、管委会主任梅骏国；党工委副书记、管委会副主任余小平；党工委委员、管委会副主任刘文超、梅长顺、刘凡、马剑。

（宁国经济技术开发区管委会）

嘉兴经济技术开发区

【经济发展】2018年，面对国内外复杂多变的经济形势，在嘉兴市委、市政府的坚强领导下，嘉兴经济技术开发区（以下简称“嘉兴开发区”）牢牢把握“干在实处永无止境，走在前列要谋新篇，勇立潮头方显担当”的新要求、新使命、新期待，坚持稳中求进的工作总基调，以“三大”活动为总引领，以“三个先行地”建设为总目标，扎实推进“五个突破年”重点工作，全区经济社会保持稳中有进、稳中向好的发展态势。

2018年，嘉兴开发区完成规模以上工业总产值2 967.37亿元，同比增长13.8%；出口总额89.29亿美元，同比增长12.3%，进口总额55.86亿美元，同比增长27.2%；实际利用外资12.06亿美元，同比增长6.4%；财政收入328.37亿元，同比增长15.3%。其中，核心区完成GDP286亿元，可比增长8%；合同利用外资6亿美元，实到外资3.91亿美元，引进市外内资85亿元；社会消费品零售总额109亿元，同比增长11.5%；固定资产投资200.28亿元，同比增长9.6%；财政总收入64.97亿元，同比增长17.9%，其中区级公共预算收入26.33亿元，同比增长20.1%。

【产业发展】2018年，嘉兴开发区经济质态实现新提升。一是产业结构更趋优化。先进制造业和现代服务业齐头并进，二、三产业结构比为47.3：52.7。工业方面，全区规模以上工业总产值连续24个月保持两位数以上的较高增长；规模以上工业增加值增长12%，增幅高出全市平均3个百分点；高新技术产业、装备制造业增加值分别增长12.5%、12.8%，其中装备制造业占规模以上工业的比重达47.2%，高出全市平均17.5个百分点，居全市第一。服务业方面，楼宇经济势头强劲，拥有税收超千万元的楼宇34栋，其中超亿元的楼宇7栋，全年完成楼宇税收22.2亿元，税收总额列全市第一。二是转型升级步伐加快。大力实施资源要素差别化政策，亩均税收、单位排污工业增加值两项指标列全市第一。大力推进街道工业企业转型升级，全年腾退“低小散”企业61家，腾退低效用地366亩（24.4公顷），淘汰落后设备367台。深化“两化”融合，大力发展信息经济，数字经济增加值增长20%以上。新培育高新技术企业15家，累计达66家，占规模以上工业企业的比重稳居全市第一，R&D经费支出7.7亿元，总量创历史新高。

【创新合作】2018年，嘉兴开发区改革开放再添新活力。一是区域合作进一步加强。开发区先后赴上海、苏州、宁波等先进地区学习考察、沟通对接，与上海浦东软件园、青浦工业园全面开启战略合作，接轨上海迈出新步伐。积极融入G60科创走廊建设，推动智创园与浦东软件园在智慧园区建设和人才服务等方面开展合作。1月，开发区和连续3年在全国考核排名第一的苏州工业园签订了全面战略合作协议，携手打造长三角一体化发展的合作典范。二是项目质量进一步提升。成功举办第四届“携手共进、合作共赢”招商大会暨重大项目签约仪式、全区企业家座谈会等重大活动，招商引资工作走在前列，利用外资单项考核继续保持全国十强，位列第八，比上年提升了一个位次，成功获得“省十佳开放平台”荣誉称号。坚定不移地瞄准世界最发达的制造业强国，欧美项目特别是德资项目签约落户数量创历史新高，新批欧美项目增长75%，其中德资项目增长150%，引进了世界三大暖通之一的德国喜德瑞、欧洲暖通龙头沃尔夫、英国200强RPC食品包装、全球行业龙头芬兰美卓流体设备、细分领域全球第二的费尔兰特过滤器等一批高质量外资项目。新引进了日本丸红和德国克劳斯玛菲2个世界500强项目，世界500强累计达35家，占全市的40%。隆重召开庆祝改革开放40周年大会，一批外商投资企业、突出贡献企业和为经济发展做出突出贡献的企业家受到表彰。三是营商环境进一步优化。坚持向改革要活力，持续深化“最多跑一次”“标准地”“承诺制”等改革，企业投资项目开工前平均审批“最多100天”实现率达100%。全面推行“无差别受理”，在全市率先试点“证照分离”改革。健全“3+1”项目推进新模式，顺利推进大明金属、晶晖国宴中心等30个重点项目开工建设，新加坡面包新语等5个高质量外资项目实现了当年洽谈、当年签约、当年开工。

【城市建设】2018年，嘉兴开发区城市品质呈现新变化。一是功能配套更加完善。全年新建道路24条，新建桥梁17座，三环南路、南江路、庆丰路、双溪路等道路高标准建成通车，实施万国路跨杭州塘大桥、槜李路等一系列重点区域互通道路工程。加快推进嘉兴先进制造业产业基地国际创新园项目，着力打造重资产招商平台，目前拥有各类高标准厂房18栋，总建筑面积28万平方米，极大提升了招商引资特别是招引欧美项目的能级水平。二是城市形象全面提升。高铁核心区、运河新区、商品交易产业园等重点区域全面开展环境综合整治，区域环境、城市形象得到明显改善。全域绿化扎实推进，完成绿化面积1 300余亩（约86.67公顷），加快推进洪波公园、樱花公园、八字桥公园等建设。全面完成86个小城镇环境综合整治项目，嘉北街道被评为省级样板，塘汇街道顺利通过省考核验收。三是生态环境持续优化。牢固树立“绿水青山就是金山银山”的理念，不折不扣抓好中央环保督察反馈的26个信访交办件整改，坚决打好污染防治攻坚战，大力开展治气、治水、治土污染防治行动，扎实推动“污水零直排区”创建，出境断面平均水质达到三类水，生活垃圾分类扩面率达99.4%，遥遥领先于全市水平。区域生态质量进一步改善，城北区域居民环境信访量持续下降，市民的满意度一年比一年高。

【社会民生】一是公共服务提质增效。持续加大投入，一般公共预算用于民生支出占比达78%，达到17.4亿元。嘉兴一中实验经开学校、同济大学附属嘉兴实验学校、嘉兴国际商务区实验中学3所新学校建成启用，英国诺德安达嘉兴国际学校顺利开工建设。基层医疗服务规范化、标准化建设全面开展，在全市率先制定健康社区标准，顺利推进“居家养老医养结合服务标准化”国家级试点，启动‘经开夕阳红”智慧养老服务平台。成功举办首届“禾之源”群众文化艺术节，制作完成区歌《张开飞越的翅膀》。二是民生保障不断完善。统筹推进就业创业，全年新增城镇就业7 200人，城镇登记失业率1.91%。社会保障水平稳步提高，基本养老参保率和居民基本医疗保险参保率分别达94%和98%。社会救助体系不断完善，落实长期护理保险制度，待遇享受率达89%。三是社会治理持续加强。以总结提升推广新时代“枫桥经验”为抓手，大力推进自治、法治、德治“三治融合”与“一体两翼三基四联”基层治理新模式，社会治理根基有效夯实。

【党建工作】一是强化思想引领。引导全区各级党员干部牢固树立“四个意识”，始终坚定“四个自信”，坚决做到“两个维护”。把讲政治落实、落细、落到具体工作中，严明政治纪律和政治规矩，全面贯彻落实中央和省、市各项重大决策部署，始终做到不打折扣、不做选择、不搞变通。二是夯实基层基础。深入开展“社情民意大走访、‘八八战略’大宣讲、思想观念大解放”活动，累计走访居民91 385户、企业10 146家，收集各方面反映的问题诉求2 264个，问题解决率达94.52%，进一步锤炼了干部、改进了作风，拉近了联系群众的“最后一公里”。高标准打造街道党群服务中心，党组织战斗堡垒和党员先锋模范作用充分彰显。三是提升干部队伍水平。全年累计培训干部、员工2 000多人次，提任和转任重要岗位干部16名，对24名区管干部进行跨街道、跨部门轮岗交流，选派22名优秀干部参与红船干部学院筹建、垃圾分类、小城镇环境综合整治等市、区重点工作和赴沪挂职锻炼，不断提升干部素质。四是深化纪律建设。坚持挺纪在前，对3个街道及4个部门(单位)开展巡察，运用好监督执纪“四种形态”。强化责任担当，高质量完成省委巡视反馈的27个具体问题的整改落实，制定修订各类制度48项，进一步扎紧扎密制度笼子。深化作风建设，出台开发区党工委贯彻落实中央八项规定实施细则的办法，全区党风、政风持续好转。

【重大项目建设】2018年，嘉兴开发区持续推进重大项目建设。

2月27日，富通集团（嘉兴）管理总部项目开工仪式隆重举行。总投资约9亿元的富通集团（嘉兴）管理总部项目是嘉兴国际金融广场又一个重大的总部类服务业项目。

5月23日，大明国际高端装备制造及金属材料加工项目开工典礼隆重举行。该项目由“中国制造业企业500强”大明国际控股有限公司和全球知名钢铁流通与加工企业日本阪和兴业株式会社合资建设，总投资12 000万美元，于2018年年底投产运行。

6月15日，嘉兴开发区隆重举行三环南路暨南江路、庆丰路、双溪路通车仪式。本次建成通车的三环南路工程东起南湖大道，西至嘉杭路，道路全长6.25公里，含跨长水塘大桥等桥梁6座。

6月20日，以“携手共进、合作共赢”为主题的第四届招商大会暨重大项目签约仪式隆重举行，共签约项目38个，总投资约285亿元。

9月20日，淳安电子股份有限公司与嘉兴经济技术开发区达成战略合作协议。淳安电子股份有限公司将投资2个项目，计划总投资额为2.5亿美元。

10月30日，世界三大暖通集团之一的德国喜德瑞集团BDR Thermea在浙江中德(嘉兴)产业合作园内投建的喜德瑞中国嘉兴工厂举行奠基仪式。喜德瑞中国嘉兴工厂用地30亩（2公顷)，投资额过亿元人民币，达产后年销售额预计将超过10亿元人民币。工厂建成后将作为该集团集生产、销售、研发于一体的中国区总部。

11月9日，面包新语地区性总部及生产基地项目签约落户嘉兴经济技术开发区。该项目位于马家浜健康食品小镇，用地约41亩(约2.73公顷)，整体项目累计注册资本超过5 000万美元，固定资产投资不低于1.39亿元人民币。

11月28日，上海浦东软件园与嘉兴经济技术开发区、智慧产业创新园签署全面战略合作协议，建立紧密合作关系，共同打造创新创业、产业对接、运营管理等园区支撑平台，进一步集聚资源要素，提升服务水平，优化园区管理，加快企业集聚，实现嘉兴软件和信息服务产业高质量、规模化发展。

（嘉兴经济技术开发区管委会）

衢州经济技术开发区

【经济发展】2018年，衢州经济技术开发区（以下简称“衢州开发区”）实现地区生产总值289.79亿元，按可比价格计算，比上年增长10.51%。其中，第二产业增加值完成267.98亿元，同比增长10.94%，第三产业增加值完成21.81亿元，同比增长5.52%。财政收入继续保持快速增长，全年财政收入77.14亿元，同比增长27.63%；税收收入74.05亿元，同比增长25.93%。“四上”企业主营业务收入1 206.67亿元，同比增长9.91%；“四上”企业利润总额86.62亿元，同比增长19.76%。外贸进出口总额28.08亿美元，其中出口总额13.54亿美元，进口总额14.54亿美元。

【产业发展】2018年，衢州开发区全年实现工业增加值266.52亿元，同比增长10.92%。全年工业总产值1 155.97亿元，同比增长7.12%，其中高新技术企业总产值339.59亿元，同比增长19.65%。产业结构进一步优化升级。化学原料及化学制品制造业、黑色金属冶炼及压延加工业、造纸及纸制品业三大产业完成二业总产值708.1亿元，占全区工业总产值的61.25%。其中，以巨化集团、韩国晓星为代表的化学原料及化学制品制造产业集群，2018年产值362.5亿元，同比增长25.61%；以元立集团、健恒为代表的黑色金属冶炼及压延加工产业集群，2018年产值209.8亿元，同比增长14.46%；以五星纸业、阿尔诺维根斯为代表的造纸及纸制品产业集群，2018年产值135.8亿元，同比下降4.84%。

【科技创新】2018年，衢州开发区核心区重点区块高新技术产业总产值339.59亿元，同比增长19.65%。至年末，拥有国家级工程技术研发中心1家（国家氟材料工程技术研究中心），国家级技术中心2家（巨化集团公司国家级企业技术中心、开山集团国家级企业技术中心），国家级高新技术企业69家，国家级知识产权示范企业1家，国家级知识产权试点企业1家，省级企业研究院16家，省级高新技术研发中心31家，省级创新型试点（示范）企业4家，省级科技型企业147家，省级专利示范企业7家。全区有博士后工作站2家，其中国家级博士后工作站1家（巨化集团），省级博士后工作站1家（浙江永力达数控机床有限公司），省级院士专家工作站2家，市级院士专家工作站4家，市级专家工作站14家，市级重点创新团队7个。拥有中国驰名商标3项，浙江省著名商标20项，衢州市著名商标39项；中国名牌1项，浙江名牌18项，衢州名牌54项。核心区内工业企业共授权专利5 194件。其中，发明专利1 231件，占总量的23.7%；实用新型专利3 600件，占总量的69.3%；外观设计专利363件，占总量的7.0%。

【投资促进】2018年，衢州开发区新批企业546家，同比增长27.87%。其中，外商及港澳台企业10家，同比增长42.86%，总投资1.13亿美元，同比增长24.42%；内资企业536家，同比增长27.62%，总投资77.35亿元，同比增长1.83%。全年实际利用外资0.59亿美元。

【投融资服务】截至2018年年底，衢州开发区核心区重点区块共有上市挂牌企业10家，总部上市在本区投资建设工业企业子公司共20家。

【创新平台建设】2018年1月，获批浙江省氟硅钴产业创新服务综合体培育名单。该综合体计划2020年年底竣工验收投入使用。高效开展校地合作，同浙江大学工程师学院共建衢州分院实验实训基地和衢州研究院的中试实验室。

【审批改革】2018年，衢州开发区深化“最多跑一次”改革，打造投资项目审批标杆园区。在全市率先推行标准地出让，3月29日完成全市第一宗标准地挂牌后，全年挂牌标准地20宗、面积86.8公顷。全面推进区域评价，已完成区域环评、区域能评、区域水保方案。

【重大项目招引】2018年，衢州开发区坚持围绕“数字经济智慧产业、美丽经济幸福产业”两大战略产业，以及氟硅新材料、电子化学品、新能源、生物健康、智能装备制造等产业，成功引进一批行业巨头投资项目，进一步推动园区集成电路、硅产业的发展壮大。如国内顶尖半导体材料制造企业杭州立昂微电子股份有限公司投资83亿元的集成电路用12英寸硅片项目、国内无机氟化工龙头多氟多集团与中宁硅业的战略重组项目、国内微电子领军企业杭州致善微电子科技有限公司投资10亿元的产业基地项目等。

【开展国际合作】2018年，衢州开发区坚持围绕韩国、德国等重点区域深化国际合作，不断提升发展能级。国际巨头LG集团与华友钴业合作的高镍型动力电池用三元前驱体新材料项目、瑞士艾克洛装饰印刷水性冲淡剂项目等顺利签约。5月，在韩国庆尚北道挂牌设立“韩国浙江衢州创新中心”，对接国际高新技术领域资源，嫁接数字化、智能化等创新技术。11月，推动元立集团与韩国浦项制铁集团ICT签订智能制造合作协议，助推元立打造“绿色的、智能化的现代钢铁企业”。浙江中韩（衢州）产业合作园由计划总投资120亿元追加投资到200亿元以上；总规划面积由3 000亩（200公顷）扩展到5 300亩（约353.33公顷），引进外资项目7个，全年产值达13.28亿元人民币，预期产能不断释放。

【开放创新】2018年，衢州开发区坚持把开放创新作为园区改革发展的推动力，山海协作不断升级。5月，全省“山海协作”现场会在园区成功举办，金瑞泓集成电路项目获省长袁家军高度肯定。与杭州大江东产业集聚区签订山海协作战略合作协议、挂牌山海协作办事处、启动干部挂职交流，开展多轮互访互动，实现省内集聚区间“山海协作”合作先河。平台活力不断释放，京沪杭深“科创飞地”相继开园、投用，先后集聚5名“千人计划”人才和20多个生物医药、人工智能等项目、机构，走出“孵化在外地、产业化在本地”的产业培育新路径。

【大事记】

1月13日，开发区举行一季度优质项目集中签约仪式。

5月18日，开发区和杭州大江东产业集聚区山海协作签约。

5月23日，2018衢州绿海飞地（深圳）开园仪式暨深圳·衢州营商环境推介会正式举行。

5月30日，浙江省山海协作现场会在衢州市召开，“山”与“海”再会首，共绘新画卷，聚力打造山海协作工程升级版，实现更高质量的区域协调发展。

6月30日，开发区举行二季度优质项目集中签约仪式。

11月22日，开发区举行四季度优质项目集中签约仪式。

12月7日，2018衢州绿海飞地（杭州）开园仪式暨衢州绿色产业集聚区杭衢山海协作投资环境推介会正式举行。

12月18日，副省长王文序一行到开发区调研稳就业、“无欠薪”创建等工作。

【机构设置与管委会领导】2018年，衢州经济技术开发区设立综合办公室（宣传部）、人力资源部（组织部）、投资促进部（市工业项目决策咨询服务办公室）、经济发展部、社会发展部、建设规划与国土部、财政金融税务部、安全环保与市场监管部等8个大部门。绿色发展集团有限公司下设1办、4中心、6公司。

在大部制改革基础上，开发区建立“6+1”管理服务机制，各部门纳入组团式管理服务体系。设立招商引资、经济发展及企业服务、财政金融工作综合协调小组，党群、办公室综合协调小组，平台建设提升工作综合协调小组，“征收拆改”“五四三”及“三农”工作综合协调小组，服务业、社会事业发展工作综合协调小组，安全环保、信访维稳工作综合协调小组6个综合协调服务小组和绿发集团市场化、实体化运作改革领导小组。

根据《关于明确衢州绿色产业集聚区管委会、市西区管委会安全生产监督管理有关事宜的通知》（衢市编〔2018〕7号），成立衢州绿色产业集聚区管委会安全生产监督管理局，与安全环保及市场监管部合署办公。

2018年，衢州经济技术开发区领导成员为：党工委书记（11月任职）、管委会主任（12月任职）刘根宏；党工委书记（11月免职）、管委会主任（3月免职）祝晓农；党工委副书记（2月任职、11月免职）、管委会主任（3月任职，12月免职）吴招明；党工委副书记（8月免职）、管委会副主任（9月免职）郑河江；调研员、党工委副书记（8月免职）余建军（9月免去兼任浙江省绿色发展研究院副院长职务）；党工委委员、管委会副主任何相涯；党工委委员、纪检组组长季太昌；党工委委员、管委会副主任郑志忠、汪土祥；党工委委员（3月免职）、管委会副主任（9月免职）姜忠军；党工委委员（8月任职）、管委会副主任（9月任职）金永红；党工委委员、管委会总工程师曹紫晔。

（衢州经济技术开发区管委会）

四平红嘴经济技术开发区

【经济发展】2018 年，四平红嘴经济技术开发区（以下简称“红嘴开发区”）实现地区生产总值 100.5 亿元，比上年增长 8.06%。其中，财政收入完成 23.5 亿元，税收收入 22.6 亿元。完成进出口总额 2 540 万元。固定资产投资完成 15.62 亿元，同比增长 10%。社会消费品零售总额完成 4.8 亿元，同比增长 7.34%。

【产业发展】2018 年，红嘴开发区装备制造产业初具规模。其中，农机装备制造方向共有相关企业 20 家，代表企业有：东风收割机有限公司、艾斯克机电有限公司。热工装备制造方向共有相关企业 30 家，代表企业有：艾维能源有限公司、威德斯克有限公司。健康食品产业发展迅速，现有比智高集团、松辽制药、罗邦药业 3 家医药类生产重点企业；龙强米业、宏福农产品加工企业也在不断发展壮大。科技信息产业前景看好，红嘴开发区与吉林师范大学联合打造省级大学科技园，现有孵化场地 3 处，总建筑面积 1.6 万平方米。吸引浪潮云计算、网库信息技术、鑫兰软件等知名企业入驻，目前共有注册企业 119 家，其中在孵实体企业 46 家，带动就业 612 人。2018 年实现销售收入 1.22 亿元，实现税收 860 万元。冶金建材产业触底回暖，现有现代钢铁、启翔型材、优尔建材等 13 家冶金建材企业。为适应汽车产业轻量化发展需要，区内企业转型升级步伐加快，启翔型材新上年产 1 000 万件汽车用铝合金型材项目，产品得到华晨宝马、北京奔驰、一汽大众等一线品牌的广泛认可，企业发展前景看好。2018 年，区域内工商注册企业 518 家，“四上”企业 71 家，工业企业 223 家，规模以上工业企业 38 家。规模以上工业企业总产值实现 100.24 亿元，同比增长 12%；工业增加值实现 40.1 亿元，同比增长 14.5%。

【科技创新】强化融资服务。积极帮助艾斯克、启翔型材、博尔特等 9 家企业申报省、市级专项引导资金，共申请资金 440 万元。每季度召开政银企投资对接会，帮助企业做好银行对接工作，最大限度申请贷款额度，意向金额逾亿元。加大企业扶持。协调区内企业在产品市场、技术设备等方面的合作，提升区内企业生产要素的流动和发挥。出台红嘴开发区扶持民营经济发展暂行办法，从支持企业技改、信息化建设、创建品牌和要素配置等各方面着力，促进区内企业升级晋档，做大做强。促进难题破解。召开专题会，逐一解决影响企业发展的具体问题，重点解决企业资金短缺问题、历史遗留的“两证”制约企业贷款及协议履行问题。企业生产运行保持稳定，保障企业生产要素，及时解决生产经营中遇到的问题，为入统企业提供融资担保、人才培训、产品研发、市场开拓等服务。

【体制机制创新】2018 年，红嘴开发区将深化改革作为首要政治任务，推进职能剥离。按照《关于全市开发区改革与创新发展的实施意见》要求，剥离市容、环卫、社会事务等社会管理职能，目前，三个方面 21 项需剥离和移交的社会职能已完成交接。推进人员划转。领导班子与划转人员逐一谈心谈话，做好政策解读，由律师依法依规研究解答划转人员提出的相关诉求，保证划转人员心态稳定。社会事务管理局、园林环卫局、城市管理执法局三个部门及相关人员也已经划转。推进内部改革。内部改革涉及的机构改革方案、人事和薪酬制度、岗位竞聘办法等具体操作措施已经完成初稿，待上报市里审批后就可全面实施。

【绿色集约】2018年，四平红嘴开发区完善规划体系，启动编制园区规划和产业规划，打造定位准确、布局科学的国家级开发区。举全区之力保障推进棚改、管廊、西湖湿地、河套治理和重点项目用地的征收工作，集中攻坚，狠抓落实，高质量完成了重点征收工作任务，为项目建设奠定了坚实基础。

【基础设施建设】2018年，四平红嘴开发区坚持把园区软硬环境建设作为加快经济发展的切入点，营造良好的辖区环境。强化基础设施建设。在财政压力较大的情况下，把基础设施建设放在重要位置，全力推进开平街中段道路及管网工程建设工作。全力推进环保工程。深入开展为期一个月的环保工程攻坚行动，领导班子深入施工现场解决问题，抽调骨干力量驻扎工地，全程督导工程的推进。建立日调度机制，明确时间表、路线图，环保工程按时完工。全力推进辖区环境整治。把集中整治和常态管理有机结合起来。区三级河长定期开展常态巡河，财政列支6万余元，及时整治发现的问题并保持河道常态保洁。扎实开展春秋造林绿化工作，克服资金难、土地征收难等实际问题，圆满完成环路植树和秋季植树任务。全年共栽植杨树、果树、灌木5.1万余棵。建立开发区领导班子早检工作制度，坚持早检查晚督办，农村人居环境得到有效改善。2018年，共投入资金300多万元，投入人工1 400余人次，清运垃圾1万多吨。

【社会事业】扎实推进民生保障。2018年，四平红嘴开发区新农合村民参合缴费工作全面完成，全区新农合参合5 184人。发放各类社会救助、医疗救助、优抚资金、高龄补助、残疾人补助90多万元。深入开展扶贫攻坚。采取“扶贫+”模式，对帮扶对象因人施策、精准扶贫，加大政策帮扶力度，拨付专项资金对贫困人口危房进行改造，设立帮助贫困人口的光伏发电项目，增强扶贫工程的“造血”功能。全区15户贫困户全部实现最低生活保障。合理破解群众诉求。立足开发区实际，着重解决历史遗留的百姓切身利益问题。严格执行领导接访制度，采取“请上来、走下去”和事前沟通与事后督查相结合的办法，真心实意帮助群众解决问题，遗留13年未解决的山水庄园供暖问题得到有效解决。

【党建工作】2018年，四平红嘴开发区始终坚持把党建工作摆在突出位置，从“党要管党、从严治党”为主线，充分发挥党组织的战斗堡垒作用。强化理论武装。每月制定理论中心组学习计划表，每周定期组织班子成员学习，定期对手机平台填报工作开展培训，不断强化领导干部理论武装。加强工作统筹。定期召开议党和专题议党会议，将抓党建促脱贫攻坚、乡村振兴、城乡环境整治、“放管服”改革、创建全国文明城等工作作为中心政治任务，并与抓经济社会民生发展有机结合，统筹推进全区各项事业均衡发展。强化能力培养。组织开展为期一周的“聚焦主业，创新发展”专题培训，重点针对招商引资、项目办理、征地拆迁等主线工作进行业务培训，干部队伍三责主业能力得到有效提升。开展作风整顿。深入开展作风大整顿活动，围绕“八不”问题、“五弊”顽疾，全方位、多角度查找问题，领导班子及个人查找出的问题得到有效解决，全区干部队伍作风建设有了明显改观。强化组织建设和廉政建设。增加党建活动专项经费，采取原产自学、专题研讨、讲党课等形式深化全区党员专题学习和思想提高。坚持“一岗双责”，发挥监察和审计的协同作用，增强对党员干部的监督管理，落实党风廉政建设的主体责任。

【机构设置】2018年，四平红嘴开发区内设办公室、经济技术合作局（加挂投资服务局牌子）、经济发展局、规划建设局（加挂城市管理行政执法局牌子）、财政审计局、社会事务管理局、安全生产监督管理局7个管理机构。

2018年四平红嘴经济技术开发区主要经济综合指标一览表

项目		单位	2017年	2018年	增减（%）
开发区生产总值		亿元	92.89	100.5	8.2
第二产业		亿元	62.46	64.87	3.9
工业		亿元	52.07	57.54	10.5
第三产业		亿元	29.73	32.15	8.0
工业总产值（现价）		亿元	150.8	146.4	-3.0
高新技术企业		亿元	4.86	9.62	98.0
销售（营业）收入		亿元	231.8	232.6	0.3
第二产业		亿元	26.8	27.2	1.5
工业		亿元	145.6	144.3	-1.0
第三产业		亿元	59.46	60.4	1.5
利润总额		亿元	14.5	14.8	2.0
第二产业		亿元	11.9	12.1	1.6
工业		亿元	11.2	11.3	0.9
第三产业		亿元	2.6	2.65	2.0
区内主导产业及产值					
主导产业	1. 冶金建材业	亿元	38.6	40.2	4.0
	2. 农副食品加工业	亿元	42.5	41.6	-3.0
	3. 装备制造业	亿元	30.5	32.6	6.8
进出口总额		亿美元	0.027	0.04	48.0
出口		亿美元	0.026	0.037	42.0
财政收入		亿元	23.5	23.5	0.0
税收收入		亿元	22.1	23.48	6.0
财政支出		亿元	0.78	0.76	-3.0
新批企业数量		家	52	64	23.0
内资企业		家	52	64	23.0
区内世界500强企业数量		家	6	8	33.0
国家级高新技术企业数量		家	4	8	100.0
新批企业投资额	外商及港澳台企业	亿美元	—	—	—
	内资企业	亿元	3.45	3.96	15.0
	增资企业	亿美元	—	—	—
规模以上企业数量		家	79	75	-5.0
研究与试验发展（R&D）经费支出		万元	0.31	0.48	52.0
研究与试验发展（R&D）经费投入强度		%	0.30	0.53	76.0
固定资产投资		亿元	15.6	18.2	16.0
年末从业人员数量		万人	1.2	0.98	-18.0
万元GDP能耗		吨标煤/万元	0.76	1.59	107.0
水资源消耗总量		万立方米	976	431	-55.0
单位国内生产总值取水量		立方米/万元	23	8.4	-63.0
区内建立的创业创新平台数量		个	3	4	33.0
区内职业教育学校数量		所	2	2	0.0

（四平红嘴经济技术开发区管委会）

黄石经济技术开发区

【概况】黄石经济技术开发区（以下简称“开发区”）于1992年经湖北省政府批准成立，2010年3月升格为国家级经济技术开发区，是湖北省继武汉之后获批的第二家国家级经济技术开发区。开发区面积30平方公里，2006年、2013年，先后托管大冶市、阳新县、西塞山区部分区域；2015年12月，开发区将团城山、花湖等建成区整体事务分别移交给黄石市下陆区和黄石港区。2018年，开发区辖金山街办、章山街办、汪仁镇、大王镇、太子镇、金海管理区6个镇（街办、管理区），117个村（社区），规划面积460平方公里，总人口27万人。

【经济发展】2018年，开发区生产总值521.4亿元，按可比价格计算（下同），同比下降10.18%，其中，一、二、三产业增加值分别完成6.47亿元、384.35亿元、130.58亿元，同比分别增长3.56%、9.37%、12.91%，三产结构比为1.24∶73.71∶25.05。规模以上工业总产值1 003.19亿元，同比增长12.95%；工业增加值370.28亿元，同比增长10.6%。完成固定资产投资总额355.60亿元，同比增长12.0%。城镇居民人均可支配收入达38 996元，同比增长8.61%。

【产业发展】2018年，开发区始终坚持以招商引资、项目建设、服务企业为工作重点，集中人力、财力、物力，全力推进产业发展，做大做强实体经济。按照“高质量招商、招高质量商”的总体要求，进一步转变工作理念，创新招商方式，积极进取、凝聚合力。经多方合力协同，开发区成功获批海峡两岸产业合作区，并成功举办深圳、昆山招商推介会。全年新签约群立IC封装载板、海盈科技、永兴隆电路板、易成智能驾驶等重点项目23个，总投资323亿元；成功引进总投资100亿元的无人驾驶汽车产业园项目、投资60亿元的锂电池新能源项目、投资过10亿元的首家港资企业，引进签约投资200亿元的黄石绿地城项目。高位推进项目建设，成立项目攻坚行动总指挥部，全力解决项目推进中的问题。成功组织三次重点项目集中开工、投产、签约活动，实施亿元以上项目66个，新开工亿元以上项目45个，其中产业项目25个，总投资220亿元；新竣工亿元以上项目33个。群立IC封装载板、天玑智谷等一批重点项目开工建设，欣兴电子、定颖电子等一批项目建成投产；是年被评为黄石市项目建设优秀单位，记集体二等功。持续开展“双千”活动，为企业提供一对一、点对点服务，千方百计帮助企业解决困难；通过“助保贷”的方式解决了中林科技等18家企业贷款融资问题。2018年实施工业技改项目40个，总投资36亿元。电子信息、装备制造、生物医药三大主导产业继续保持高速发展，产值分别增长120%、21%、40%。新增规模以上工业企业20家，新增高新技术企业22家，规模化、集群化、高端化产业格局已然形成。

【科技创新】2018年，开发区在科技创新方面，狠抓高新技术产业培育、研发平台搭建、高层次人才项目引进、双创环境营造、科学素质普及等系列工作，整体工作实现大发展。全年帮助区内企业向上争取国家、省、市各类科技创新奖励资助共计1 388.5万元；本级科技经费奖励资助发放2 229.54万元。全区院士专家工作站4家，市级及以上科普示范社区14家，市级及以上教育示范基地3个，市级及以上教育示范学校1所。全区国家高新技术企业累计达到67家；新增科技型中小企业入库36家；新认定省级企业技术中心2家，市级工程技术研究中心11家，全区累计30家规模以上企业共建或自建研发机构；全区孵化企业累计达到178家；获得国家技术发明二等奖1项、湖北省科技进步奖4项、湖北省中小企业创新奖1项；登记技术合同成交额3.79亿元；企业申请专利1 199件（其中发明专利514件），授权专利525件（其中发明授权21件）。全区高新技术产业增加值36.9亿元，占GDP的比重达到26.68%；R&D投入4.22亿元，占GDP的比重达到3.05%。

【投资促进】2018年，开发区新批外资企业6家，同比增长20%；完成实际利用外资9 309万美元，同比增长19.8%。全年进出口总额43 598.3万美元，同比增长7.9%。其中，进口总额7 689.7万美元，同比下降22.9%；出口总额35 908.6万美元，同比增长25.2%。印发《关于加快新旧动能转换 推动工业高质量发展的实施意见》（黄开管发〔2016〕6号），通过20条政策措施助推企业转型高质量发展。专门成立项目办，实行专班服务，进一步完善项目跟踪服务机制，审批再提速，服务再提质，环境再优化，推进项目早开工、早投产、早见效。对全区规模工业企业和在建项目实行包保服务，对企业反映的困难和问题解决率达到95%以上。成立了开发区企业家协会、电子信息协会和装备制造协会，举办了省深化制造业与互联网融合发展进园区、绿色工业（企业）发展论坛等多项活动，加强开发区企业间的互联互通，促进各产业融合发展。

【体制机制创新】2018年，开发区坚持规定动作狠抓落实、自选动作积极突破、试点工作大胆创新，统筹推进各领域重点改革事项。进一步深化“承诺代办、先建后验”的项目审批模式，推行“不出园、零收费、全帮办”，获得国办通报表扬，在全国得到推广。成立招商引资、项目建设、拆迁还建3个办公室，探索人事薪酬制度改革，按照“因事设岗、精干高效、结构合理、群体优化”的原则进行岗位设置，实行岗位聘用，探索建立注重实绩、绩效优先、按劳分配的激励性收入分配制度，竞争激励机制初步形成。人才引进取得新突破，5名全国、全省特聘专家落户开发区创新创业，认定奖励133名“四高人才”。建立人才工作机制，兑现“四高”人才补贴400万元，重奖“万人计划”专家博大生物公司董事长孙国平100万元；依托“千人智库”机构，联系高层次人才，举办各类招才引智推介活动，邀请16名“千人计划、万人计划”专家赴开发区考察、洽谈。同时，其他领域改革实现破冰，孵化器服务委托改革取得初步成果；农村集体产权制度改革在四棵社区、汪仁章畈村和枯树咀村、章山龙山村等村试点展开。

【投融资服务】2018年，开发区开展金融“早春行”活动，帮助企业签订信贷合同7.8亿元，达成信贷合作意向12.4亿元。通过“助保贷”累计为辖属17家企业解决1.23亿元的贷款需求。成立大冶湖科创产业投资基金和黄石经投产业投资基金，支持企业科技创新。加大上市企业培育力度，重点开拓“科创板”，建立开发区科创板后备库，全区上市企业达77家（其中主板1家：东贝机电；创业板1家：三丰智能；“新三板”1家：鑫鹰科技）

【绿色集约】2018年，开发区以推进污染防治三大战役为突破口，着力优化生态环境。全年空气质量优良率达73.3%。其中，可吸入颗粒物（PM10）平均浓度70μg/m3，细颗粒物（PM2.5）平均浓度45μg/m3，空气质量综合指数4.87。水生态环境明显改善，大冶湖磊山湖心断面达到Ⅳ类水质；全面落实河湖长制，禁养区207家养殖场全部关停，有色湖退垸还湖工作圆满完成。土地污染状况逐步好转，11个开山塘口地质环境治理工程全面完成。建成区内土地利用率83.57%。其中，工业仓储用地综合容积率0.97，工业仓储用地产出强度

13 624.17 万元 / 公顷，工业用地固定资产投入强度 16 647.31 万元 / 公顷。同时，为加强土地资源集约利用，提高产出效率，一方面转变思路，合理确定用地结构；另一方面调整优化产业结构，加快产业升级，实现动能转换。

【基础设施建设】2018 年，开发区加大基础设施投入，着力完善园区功能，不断提升城市品质。园区空间进一步拓展，四连山电子信息产业园、章山新材料产业园基本建成，太子临港产业园发展规划获批实施，园区功能持续优化。大力实施畅通工程，打通了四棵大道、王圣大道等一批重要干道的断头路，安装了一批交通指挥信号灯系统、警示牌等标示标牌。城市面貌焕然一新，投资 2 亿元对圣明路等主干道绿化进行提档升级，对大棋路等进行美化整治，对金山大道等 5 条主干道及周边楼宇进行亮化，使开发区的白天绿树成荫、夜晚星光璀璨；城市生活配套设施不断健全，东贝佳苑、王贵小区、金山苑邻里中心等生活配套商业综合体相继完成，投资 200 亿元的大冶湖绿地新城破土动工，恒大名都、黄金城、沪士邻里中心等建筑拔地而起。

【社会事业】2018 年，开发区注重增进人民福祉，民生改善快步向前。精准脱贫工作扎实有效，全面落实住房、教育、健康医疗、金融等扶贫政策，投入 3 000 万元资金支持产业扶贫，带动 1 000 名以上贫困人口实现增收。棚改安置加快推进，6 176 套棚改拆迁安置房源竣工验收，15 000 多名群众住上新房。教育质量持续提升，是年中考，黄石二中录取线高于全市资格线，上线人数高达 154 人。处理各类信访问题 126 件，一批多年未解决的积案得到有效化解；打非治违有力推进，安全生产形势总体平稳；扫黑除恶专项斗争深入开展，群众安全感进一步增强，社会大局和谐稳定。

【党建工作】2018 年，全区“两委”换届全面完成，支部规范化水平整体提升，整顿转化后进村党组织 10 个，争创市级红旗型党支部 7 个，183 家非公企业和 31 家社会组织党建实现“全覆盖”。实施抓党建促脱贫攻坚，2 032 名无职党员认岗定责，组建村庄理事会 213 个，扶持发展集体经济项目 40 个。

【机构设置与管委会领导】2018 年，开发区管委会内设办公室、组织部（人社局）、政法委、经济发展局、招商局、财政局、建设管理局、社会发展局（教文卫局）8 个行政单位；设立创业中心（高新办）、环保局、城管局、安监局、统计局等 17 个事业单位；机关行政编制 49 个、事业编制 102 个。另外，市直部门在开发区设有规划分局、国土分局、审计分局、公安局、检察处、法庭、工商分局、国税分局、地税分局等派驻机构。

开发区领导成员为：党工委书记鲁友年；党工委副书记程艳民；党工委委员邱德清、程珊珊、张昌胜、余文化、张襄兵、禹爱民、曹树正、方化；管委会主任程艳民；管委会副主任程珊珊、余文化、张襄兵、禹爱民、曹树正。

2018年黄石经济技术开发区主要经济综合指标一览表

项目		单位	2017年	2018年	增减（%）
开发区生产总值		亿元	467.55	521.40	11.51
第二产业		亿元	347.52	384.25	10.57
工业		亿元	334.01	370.28	10.86
第三产业		亿元	112.56	130.58	16.01
工业总产值（现价）		亿元	1 000.45	1 123.59	12.31
高新技术企业		亿元	585.39	702.06	19.93
销售（营业）收入		亿元	1 780.66	1 575.97	-11.50
第二产业		亿元	1 350.01	1 152.23	-14.65
工业		亿元	1 303.45	1 115.84	-14.39
第三产业		亿元	430.64	423.74	-1.60
利润总额		亿元	32.82	64.77	97.32
第二产业		亿元	19.90	38.97	195.83
工业		亿元	18.03	36.82	104.23
区内主导产业及产值		亿元	733.02	745.51	1.70
主导产业	1. 黑色金属冶炼和压延加工业	亿元	255.99	264.03	3.14
	2. 有色金属冶炼和压延加工业	亿元	406.23	372.75	-8.24
	3. 通用设备制造业	亿元	58.35	73.91	23.47
	4. 电子信息制造业	亿元	12.45	34.82	179.68
第三产业		亿元	12.93	25.80	99.54
进出口总额		亿美元	9.80	10.84	10.59
出口		亿美元	6.01	6.62	10.20
财政收入		亿元	49.01	49.66	1.34
税收收入		亿元	38.23	39.73	3.94
财政支出		亿元	9.82	10.38	5.70
新批企业数量		家	1 594	1 575	-1.19
外商及港澳台企业		家	5	6	20.00
内资企业		家	1 589	1 569	-1.26
国家级高新技术企业数量		家	74	95	28.38
新批企业投资额	外商及港澳台企业	亿美元	—	—	—
	内资企业	亿元	275.16	285.12	3.62
	增资企业	亿美元	—	—	—
规模以上企业数量		家	417	438	5.04
研究与试验发展（R&D）经费支出		万元	179 875	210 184	16.85
研究与试验发展（R&D）经费投入强度		%	3.25	4.03	24.00
合同外资金额		亿美元	4.73	12.29	159.96
外商实际投资		亿美元	1.24	1.31	5.59
固定资产投资		亿元	317.53	355.60	12.00
年末从业人员数量		万人	16.19	16.81	3.82
万元GDP能耗		吨标煤/万元	0.788 3	0.736 9	-6.52
水资源消耗总量		万立方米	5 547.02	5 289.82	-4.64
单位国内生产总值取水量		立方米/万元	11.86	10.15	-14.42
上市企业数量		家	7	7	0.00
区内建立的创业创新平台数量		个	108	109	0.09

（黄石经济技术开发区管委会）

吴江经济技术开发区（同里镇）

【概况】吴江经济技术开发区（以下简称“吴江开发区”）（同里镇）北接苏州主城区，东临上海，南连浙江，西濒太湖。行政区总面积176平方公里，其中古镇保护区约1平方公里。下辖清树湾、花港、姚家庄、柳胥、吴新、淞南、三里桥、庞北、庞东、庞南、庞山、仪塔、库浜、同兴、栅桥、叶明、方尖港、叶泽、庞杨、白龙桥、凌益、西联、龙津、田厍、文安、九里湖、湘溇、北联、合心、屯溪、屯南、白蚬湖、肖甸湖、叶建34个行政村和西湖花苑、山湖花园、叶泽湖花苑、山湖花园雅辉、城南花苑、江陵、庞山湖、东新、鱼行、富土、屯村、富渔、屯渔、新港、新柳溪、湖东社区16个社区居委会，总人口40万人，其中户籍人口约10万人。

【经济发展】2018年，吴江开发区（同里镇）完成地区生产总值463.23亿元，工业产品销售收入1 606亿元，一般公共财政预算收入52.03亿元；全社会固定资产投资133.61亿元，其中工业投资66.33亿元；注册外资2.57亿美元，到账外资1.77亿美元；进出口总额158亿美元，其中出口106亿美元，进口52亿美元。

【招商引资】2018年，吴江开发区（同里镇）“双招双引”成果丰硕，新一代信息技术、智能装备、新材料等战略性新兴产业集聚加速，新批外资项目27个，增资项目15个，京东方（苏州）生命科技产业基地、天瑞金智能产业园、博众灵猴机器人、群光电能、立隆电子等优质项目成功落户。抓实重大项目建设，41个“555计划”项目完成投资51.96亿元，完成全年目标的105%。京东方（苏州）智造服务产业园主厂房封顶、亨通光电五期投产，江苏通鼎光棒调试设备、智能装备产业园二期立项。吴江综保区开展企业增值税一般纳税人资格试点，开出江苏第二批试点海关特殊监管区域第一张增值税发票，跨境电商业务快速推进。

【产业提升】2018年，吴江开发区（同里镇）调整优化产业结构、加快推进产业转型升级。新增规模以上企业92家。“新地标”企业库逐步壮大，18家企业进入区级名录；绿控传动科技有限公司、江苏微康生物科技有限公司、苏州赛伍应用技术股份有限公司入围苏州市“独角兽”企业名录；吴江南玻华东工程玻璃有限公司获评省级科技小巨人企业。实施智能工业提升“155计划”（3年内形成10家智能制造一体化解决方案企业、50家智能制造示范企业、500家智能制造行动企业，并引导企业从建智能车间向建智能工厂升级），培育高端装备企业12家，获评省级智能车间16个，省智能制造领军服务机构4家。博众精工建成国家级企业技术中心，并获评全区唯一一家省重点实验室；通鼎光棒成为全省首批智能工厂建设试点，4家企业获评省工程技术研究中心。

【基础设施建设】2018年，吴江开发区（同里镇）不断完善交通路网，快速推进鲈乡北路等交通工程，完成龙桥路、九龙路等10条道路改造。持续完善公交网络，整治提升港口码头，精细化管理市政设施。完成沿港路、东古路、屯村污水管网二期等城镇生活污水管网建设8.2千米，完善邱舍片区道路的污水管网。持续推进32个排水达标小区雨污分流改造工程。全面推进“331”专项行动，整治火灾隐患，累计排查三类隐患1.4万余起。“三治”完成拆旧1.5公顷，开发区城市环境卫生和交通文明指数显著提升。持续加大金融支持力度，设立吴江开发区创投产业园，50亿元创新产业基金正式运营。企业上市取得重大突破，迈为股份成功登陆主板，网信科技挂牌“新三板”。强化“腾笼换凤”“退二优二”“三优三保”等项工作，盘活存量用地142.53公顷，拆旧复垦39.53公顷。

【科技创新】2018年，吴江开发区（同里镇）创新驱动力继续增强，万人发明专利拥有量62.5件，亨通光纤和明志科技获评国家知识产权示范企业。瞄准市场化、社会化引才方向，探索“产业+基金+人才+项目”的引才模式，人才数量和质量实现新提升。松禾资本离岸创新孵化器揭牌成立，西交利物浦国际创新生态港落户开发区。新增国家级博士后科研工作站4家。科创园获评国家小微企业创业创新示范基地和省级海智基地，智华汽车电子获国家科技进步二等奖，亨通光纤、东南电梯获省科技进步一等奖，4家企业获评省级众创空间。

【生态治理】2018年，吴江开发区（同里镇）坚持绿色发展，扎实推进“263”专项行动，积极创建生态文明示范乡镇，推进建设国家级生态工业园。做好中央环保督查组“回头看”信访案件整改落实工作，加大空气环境质量、水环境安全、危废处置、污染源普查和土壤调查、减排项目等环节的管控力度。化工集中区环评通过专家评审，“化工集中区废水、废气在线监控系统”建成投用，邱舍电镀区内12家企业全部关停，顺利推进运东污水厂四期扩建工程，绿怡固废项目成功试点火。推进落实“河长制”，加大黑臭河道治理，建立主要河湖管理信息档案，实现基础数据、涉河工程、水域岸线管理、水质监测信息化和数字化。大力推进太湖围网拆除工作，合理制定补偿标准，完成275户312张养殖证的拆除、评估、签约工作。

【农村工作】2018年，吴江开发区（同里镇）大力实施乡村振兴战略，探索村级经济新增长点，深化农村产权制度改革，扩大股份分红试点，做实强村发展的富民落脚点，全年各村累计投资3 250万元，预期每年收益8%。大力推动现代农业发展，万亩池塘标准化改造工程进入招标阶段。组织新型职业农民培训298人次，实现新型职业农民认定31人。持续推进民宿行业标准化建设与协会管理，制定出台开发区乡村民宿（农家乐）发展鼓励政策。顺利开展2个特色田园乡村、2个三星康居村建设，北联村洋溢港列为省级建设试点村庄。全面推进村容村貌整治，将农村生活垃圾分类就地处置列入省级试点，全年村、社区公益建设项目涉及28个村（社区）、97个建设项目。加快推进13个农村生活污水治理项目，总受益户953户。

【民生事业】2018年，吴江开发区（同里镇）落实就业优先、创业优惠政策，获评省级创业型园区，6个村（社区）获评省级创业型村（社区）。提升社保扩面质量，深化全民参保工作，社保净增人数2.12万人。积极构建和谐劳动关系，获评省级和谐劳动关系示范园。优化推进居民医疗保险工作，居民医保征缴开通微信自助缴费功能。优化教育资源配置，品牌化管理公办学校，加大民办教育监督力度，开展校外培训机构专项整治活动。扎实推进“五心”惠民工程（宜居舒心工程、帮困暖心工程、文化悦心工程、重教爱心工程、和谐安心工程），10所学校工程加快建设，沐庄湖花园二期等安置房工程加快推进，屯村卫生院启动建设，圆满完成国家卫生城市、国家卫生镇、省级健康镇复审，成功创建江苏省健康镇。大力实施乡村振兴战略，推进富民强村，不断提升农村集体“三资”（资金、资产、资源）监管水平。坚决打好精准脱贫攻坚战，积极开展社会救助、优抚安置、助老助残等各项工作，健全“1+X”精准救助体系，强化社区服务品牌建设，推进“全科社工”服务模式试点。深化社会治理大联动机制，完善专业化网格管理，建成17个中心网格站点，矛盾纠纷调解体系建设“吴江开发区经验”成为全省先进典型，一起社矫减刑案例入选全国三大典型案例。

【旅游业创品牌】2018年，吴江开发区（同里镇）做大“水乡古镇、田园乡村、新能源小镇、同里国家湿地公园”四大品牌项目，打造“南苏州”乡村旅游集聚区，同里古镇获评“2018年度最佳休闲旅游景区”，同里湿地公园于4月20日正式开园。启动同里智慧景区一期建设，自动售检票系统全面上线。围绕“同里自然有故事”品牌，举办第十八届同里罗星洲“暮鼓晨钟”、第四届同里古镇兰花展、第十届中国·同里油菜花节、第二十二届“同里之春”国际旅游文化节、第三十二届“同里杯”中国围棋天元战决赛、2018“华为手机杯”中国围棋甲级联赛——同里专场、美食节“爆品”和同里滋味商户评选、同里首届端午艾灸养生文化节等系列活动。开发深度旅游产品，丰富夜游内涵，打造同里夏季旅游新亮点。

【管理服务】2018年，吴江开发区（同里镇）深入推进“放管服”改革。12月28日，吴江开发区行政审批局正式揭牌，以“为民服务中心”的全新形象对市民开放。服务大厅分为市场准入、投资建设和社会事务3个专区，开设28个服务窗口。中心首批承接144个服务事项，涵盖建设、商务、经信、卫生、民政、农林、交通等部门条线。配备各类智能化终端、审批软件系统，所有事项均实现网上受理审批。中心梳理出其他法人事项和个人事项586项，完成220项赋权事项及法人事项的优先承接工作，初步达到信息化入驻、事项入驻。

【党建工作】2018年，吴江开发区（同里镇）坚持学深做实、走在前列。严格落实中央八项规定精神，坚决反对“四风”，压减“三公”经费。全面推进党风廉政建设，积极配合区委巡查组对6个村展开巡察，从严从实抓好各项整改，守稳廉洁防线。扎实开展解放思想大讨论活动，持续深化“融入式党建”，推动党建工作进一步融入改革发展中心大局，扎实落实“书记项目”，强化基层组织建设。全面推进“网格化党建”，同里区域党建工作站获评“首批苏州海棠花红先锋阵地”。加强机关效能和干部队伍建设，出台机关全员绩效考核实施方案，举办年轻干部“学思践悟”研修班，选派年轻干部参与重点难点领域工作，实行挂职锻炼。

2018年吴江开发区（同里镇）外商投资企业新项目情况表　　单位：万美元

序号	企业名称	总投资	注册资本	经营范围	投资商
1	凯布斯连接技术（苏州）有限公司	500	250	三产	西班牙
2	立隆电子科技（苏州）有限公司	8 400	4 000	电子	英属维尔京群岛
3	发股企业管理服务（苏州）有限公司	34.83	26.89	其他	意大利
4	发股企业管理服务（苏州）有限公司	79	79	三产	韩国
5	亨通洛克利科技有限公司	4 200	1 400	电子	英国
6	苏州健辉科贸易有限公司	78.87	55.21	三产	新加坡
7	苏州希密爱半导体科技有限公司	99.15	99.15	电子	日本
8	苏州宝洲精工科技有限公司	293.41	205.38	其他	加拿大
9	苏州溯光科技信息有限公司	38.10	38.10	三产	美国
10	苏州亿柏科技有限公司	30	30	三产	美国
11	海博纳新材料科技（苏州）有限公司	102.57	73.26	三产	澳大利亚
12	苏州佩瑞码光电科技有限公司	81.69	58.35	电子	意大利
13	善诺胜新材料（苏州）有限公司	1 575.51	630.20	三产	奥地利
14	爱默普（苏州）汽车零部件有限公司	683.34	341.67	机械	意大利

2018 年吴江开发区（同里镇）港商、台商投资企业新项目情况表　单位：万美元

序 号	企业名称	总投资	注册资本	经营范围	投资商
1	安诺能（苏州）云计算科技有限公司	500	500	三产	中国香港
2	苏州睿意企业管理有限公司	79.52	79.52	三产	中国台湾
3	苏州镌致企业管理有限公司	73.26	73.26	三产	中国台湾
4	苏州诚之盛精密电子科技有限公司	2 000	1 000	电子	中国台湾
5	苏州吉立兴电子科技有限公司	29.31	29.31	三产	中国台湾
6	苏州宝得利农业科技有限公司	20.51	14.65	农业	中国台湾
7	苏州本士传动有限公司	7.27	7.27	三产	中国台湾
8	苏州厚峰新材料科技有限公司	143.58	143.58	三产	中国台湾
9	苏州伊博森电子科技有限公司	750	500	电子	中国台湾
10	苏州金瑞天义置业有限公司	15 800	7 500	三产	中国香港
11	苏州开禧医药有限公司	150.76	107.69	三产	中国香港
12	苏州卡姆丹克天添储能科技有限公司	144.18	144.18	三产	中国香港
13	苏州台新智库企业管理有限公司	115.35	115.35	三产	中国台湾

2018 年吴江经济技术开发区主要经济综合指标一览表

项目		单位	2017 年	2018 年	增减（%）
开发区生产总值		亿元	582.9	637.4	9.35
第二产业		亿元	456	481.6	5.61
工业		亿元	446	468.8	5.11
第三产业		亿元	122.1	150.9	23.57
工业总产值（现价）		亿元	1 952	2 011	3.02
高新技术企业		亿元	643	747	16.17
销售（营业）收入		亿元	2 427	2 561	5.52
第二产业		亿元	1 969	2 057	4.47
工业		亿元	1 930	2 015	4.40
第三产业		亿元	450	496	10.22
利润总额		亿元	128	167	30.47
第二产业		亿元	102	115	12.75
工业		亿元	99	112	13.13
区内主导产业及产值					
主导产业	1. 计算机、通信和其他电子设备制造业	亿元	826	837	1.33
	2. 电气机械和器材制造业	亿元	295	306	3.73
	3. 通用设备制造业	亿元	122	140	14.75
第三产业		亿元	450	496	10.22
进出口总额		亿元	153	158	3.27
出口		亿元	99	106	7.07
财政收入		亿元	146	126.9	-13.08
税收收入		亿元	83.8	87.7	4.65
财政支出		亿元	26	24.9	-4.23
新批企业数量		家	2 083	2 568	23.28

续表

项目	单位	2017 年	2018 年	增减（%）
外商及港澳台企业	家	32	26	-18.75
内资企业	家	2 051	2 542	23.94
区内世界 500 强企业数量	家	10	10	0.00
国家级高新技术企业数量	家	145	161	11.03
规模以上企业数量	家	463	554	19.65
研究与试验发展（R&D）经费支出	万元	130 691	409 215.5	213.12
研究与试验发展（R&D）经费投入强度	%	0.75	2.3	206.67
合同外资金额	亿美元	2.5	2.6	4.00
外商实际投资	亿美元	2	2.1	5.00
固定资产投资	亿元	132	134	1.52
年末从业人员数量	万人	19.7	21.5	9.14
万元 GDP 能耗	吨标煤 / 万元	0.126	0.129	2.38
水资源消耗总量	万立方米	3 014	3 046	1.06
单位国内生产总值取水量	立方米 / 万元	5.16	5.16	0.00
上市企业数量	家	1	3	200.00

吴江经济技术开发区（同里镇）管委会

宿迁经济技术开发区

【概况】宿迁经济技术开发区（以下简称“宿迁经开区”）成立于1998年11月，2013年1月升级为国家级开发区，现辖1个乡、3个街道，社会人口20万人，规划面积48.51平方公里，行政管辖面积118.8平方公里。经过21年的发展和积累，宿迁经开区各项工作逐步走上正轨，机制体制日趋完善，发展活力不断增强，先后获批“国家级食品产业园”“省级先进制造业基地”“中国家电产业基地”等称号，经开区已经成为宿迁最重要的政策、资本、技术和人才高地。

【经济发展】2018年，宿迁经开区实现地区生产总值334.02亿元，同比增长9.5%；一般公共预算收入33.33亿元，同比增长3.1%；规模以上工业总产值474.48亿元，同比增长15.5%；规模以上工业增加值199.55亿元，同比增长6.6%；固定资产投资271.51亿元，同比增长0.7%；进出口总额7.64亿美元，同比增长31.49%；高新技术企业产值116.05亿元，同比增长25.48%，占规模以上工业的比重比上年提升了1.9个百分点。

【产业发展】2018年，宿迁经开区按照“有所不为才能有所为”的理念，重点打造智能家电、食品饮料和新型电子信息“2+1”特色产业体系。根据“2+1”产业发展规划，进一步优化产业空间布局，明确产业发展方向，突出产业重点环节，梳理招商重点项目，做到“高标定位、高点起步”。一是推动产业补链强链。分别出台了加快三大主导产业发展的实施意见，瞄准产业链、创新链、供应链上的关键配套，点对点对接、一对一突破，力争到2021年三大主导产业分别突破百亿元级规模。二是推动产业循序增长。以市级“521”工程为指导，出台《关于贯彻工业经济高质量发展“521”工程的实施细则》《工业企业综合评价分类管理实施意见》，分类、循序推动产业提档升级。全年主营业务收入超10亿元的企业达6家；新增规模以上工业企业20家，实施超500万元的技改项目20个，培育股改上市企业2家。三是推动产业快速集聚。制定《重大产业项目推进管理办法》，定期开展工业企业走访座谈活动，全力掀起帮办项目、服务项目、推进项目的工作热潮。全区40个重大产业项目全部达到或基本达到序时进度，其中聚灿光电、东贝电机等16个项目竣工投产。

【招商引资】宿迁经开区以高质量发展为引领，强力推进“六个转型”和“五个标准化”建设，秉持“项目为王”工作理念，突出园区招商、产业招商、专业招商，牢牢抓住“机制优化、攻势强化、保障细化”三大方面工作，坚持底线思维，突出模式创新，全力推动招商引资工作。2018年，经开区实现招引亿元以上主导产业项目42个，计划总投资122.5亿元，其中10亿元以上项目3个。一是优化招商机制。突出组织推动，牢固树立全区上下“一盘棋”思想，认真贯彻落实“三位一体”招商要求，全面构建“领导带头、专业跟进、全员参与”的招商格局，深入推进“两个90%”的落实。主要领导每周听取招商情况汇报，每月召开招商引资调度会，全力营造你追我赶、招大引强、培优培强的招商引资氛围。二是强化招商攻势。紧紧围绕“2+1”主导产业，先后开展百日会百商、双月会战、百日招商等系列招商活动，通过以商引商、平台招商、邀约招商、协会招商等方式，有针对性地开展招商引资。全年共计组织外出招商120余批次，拜访各类协会40余家、客商1 100余名，洽谈项目80余个，在上海、苏州、广州、泉州、深圳等地举办“走出去”专题推介活动5场，邀请客商500余名；在宿迁接待来访考察客商100余批次，重点围绕55个招商项目进行洽谈推进。三是细化服务保障。充分借助省批准经开区行政许可权集中统一行使的契机，将涉及工商、发改、食药监、质监、人社、卫生及工业生产全流程的106项行政审批权和省、市下放的202项行政审批权全部赋予行政审批局，将行政许可等六大类270个事项全流程上网审批，着力优化审批流程、减少审批环节、缩短审批时间。

【科技创新】宿迁经开区大力开展创新主体培育，出台《2018年创新型企业培育“百人千企”服务行动工作方案》，分门别类对科技型企业进行培育。光华机械、黄河电子等40家企业通过国家科技型中小企业自评，聚灿光电、格力大松等4家企业进入市科技型中小企业库，美百加电器、精诚模具等10家企业进入江苏省高新技术企业培育库；长光通信、全盈生物等13家企业被认定为高新技术企业，新获批省级以上研发机构3家。光华机械、傲领科技2家企业获批省民营科技型企业，东贝机电、科悦新材料等10家企业获批省级科技计划项目。西安交通大学宿迁科技园获批江苏省科技企业孵化器，中国电器科学研究院江苏分院正式揭牌。新增发明专利26件，万人发明专利拥有量达6.06件，远高于全市平均水平。围绕解决中小型科技企业创新发展中资金短缺问题，设立经开区“苏科贷”风险补偿担保资金，首批风险资金池投入500万元，可以撬动银行贷款2亿元，全区10家科技型企业获批市级“苏科贷”3 400万元。

【城市建设】2018年，宿迁经开区以城市规划建设管理“十项工程”为抓手，扎实推进市政道路、园林绿化等基础设施及配套设施建设，高标准实施民便河、东沙河等9项水体岸线绿化工程；完成厦门路、润园小区等5个易涝片区整治，新建管道3.3公里，CCTV检测修复及疏通管网23公里；完成余姚路、绍兴路等园区支路网加密工程3.2公里；完成绿化建设任务22项，新（改）建各类绿地82.42公顷，栽植乔木0.84万株，中等花灌木1.36万株，绿篱1.23公顷，草坪地被21.77公顷。在西湖上城、隆源水晶城等10个老旧小区实施为民办实事工程。深入开展“263”专项行动，整治燃煤锅炉69台，实现218家餐饮单位“煤改气”，推进17家工业企业挥发性有机物治理提升，完成40个限养区内养殖场整治提升；建成燃气次高压管线13.4公里，中压管线60.3公里，低压管线71.6公里，实现工业企业用户29家；建成蒸汽管道约18公里，实现工业蒸汽用户41家；完成河西污水厂二期扩建工程，新增污水处理能力2.5万吨/日，新建污水管网5.5公里；完成树仁河、洋大河等6条黑臭水体整治，并实施东沙河生态河道治理项目。

【社会事业】2018年，宿迁经开区教卫工作稳步推进。青海湖路小学和3所公办幼儿园顺利投入使用，宿迁中学分校、宿迁中学南蔡分校和市实小古楚分校“校安工程”有序推进，市实小黄河分校、三棵树分校等现有学校功能配套得到进一步完善，村居卫生室实现提档升级，省示范化、标准化的卫生室分别达到24个、8个。有序开展就业创业工作。积极组织开展“春风行动”和周六招聘会活动，为园区企业推荐工人近1万人次，开展技能培训2 025人次，基本满足区内企业用工需求。社会保障稳步提升，全区城镇居民医疗保险工作完成扩面续保11.45万人，城乡居民养老保险完成扩面续保3.75万人，参保率达100%。全年脱贫336户1 080人，一个市定经济薄弱村“摘帽”，农民群众住房条件改善，完成1 154户搬迁。土地确权颁证工作通过省级验收。创新小区网格化治理，社会治理工作不断强化。

【党建工作】2018年，宿迁经开区全面落实中央和省委、市委关于基层党建、意识形态和党风廉政建设要求，抓班子、带队伍，抓基层、打基础，抓作风、强素质，聚焦重点、谋求突破，全面提升基层党组织的凝聚力、组织力、战斗力。深入推进软弱涣散村居党组织整顿工作，高标准建设园区综合性党群服务中心，基层党组织战斗堡垒作用进一步增强。围绕党的十九大精神，开展理论宣讲50余场，创新开展“同心筑梦新征程”系列活动；出台并实施了党支部落实意识形成工作责任制导则，率先提出党员意识形态“八要八不准”。扎实推进“两学一做”学习教育常态化、制度化，认真落实党员领导干部双重组织生活制度。加强非公企业党建，继续开展机关支部与非公企业支部结对共建，选配科级以上党员干部任全区125家重点企业党建指导员，进一步深化和提升“两个覆盖”的质量。

【机构设置与管委会领导】2018年，宿迁经济技术开发区有11个内设机构，分别为：党政办公室（法制办公室）、组织宣传统战部、投资促进局、建设局、财政局、综合执法局（市场监督管理局、食品药品监督管理局）、经济发展局、行政审批局（政务服务管理办公室）、监察审计局、政法和社会管理办公室（司法局）、安全生产监督管理局；宿迁市派出人大工作办公室和政协工作办公室；3个专业招商服务局，分别为：智能家电产业招商服务局、光电产业招商服务局、食品饮料产业招商服务局；3个产业园管委会，分别为：科技创业园管委会、智能家电产业园管委会（外资招商服务局）、综合保税物流园管委会（外贸物流产业招商局）；1个双重管理机构：城管分局；4个下属事业单位：数字化城市管理指挥中心、协助海关监管队、政务服务中心（代办帮办中心）、公共资源交易中心；宿迁市工业技术研究院为市政府直属副处级事业单位，委托宿迁经开区进行管理。

宿迁经济技术开发区领导班子成员为：市委常委、开发区党工委书记张昊；党工委副书记、管委会主任王瑞；党工委副书记李井泉、陈军；管委会副主任李莹；市公安局党委委员、区党工委委员、管委会副主任、政法委书记、公安分局党委书记、局长陈作松；党工委委员、纪工委书记何杰；党工委委员、管委会副主任魏猛、许彬、孙军（挂职）、朱前春；党工委委员、管委会副调研员谢兢玄；市商务局党委委员、区党工委委员石斌；党工委委员、政法和社会管理办公室主任、司法局局长胡明。

（宿迁经济技术开发区管委会）

义乌经济技术开发区

【经济发展】2018 年，义乌经济技术开发区（以下简称“义乌开发区”）认真贯彻落实新发展理念，聚焦高质量发展，统筹开展招商引资、科技创新、平台搭建等重点工作，努力践行义乌精神，打好“九场硬仗”，保持经济社会平稳发展。全年完成地区生产总值 GDP 537 亿元，同比增长 9.88%；第二产业增加值 217.8 亿元，占地区生产总值的 40.56%，第三产业增加值 305.5 亿元，占地区生产总值的 56.89%；公共财政预算收入 409 648 万元，同比增长 11.53%；税收收入 660 290 万元，同比增长 10.14%。

【产业发展】2018 年，义乌开发区把加快新兴产业培育和传统产业改造提升作为发展方向，高质量引进新兴产业，支持传统产业转型提升，推动产业集群化发展，近年来重点培育和发展先进装备制造业、汽车整车及零部件、新材料、生物医药及健康产业。2018 年，义乌开发区实现规模以上工业总产值 387.5 亿元，同比增长 11.46%；主导产业工业总产值 257.2 亿元，占规模以上工业总产值的 66.37%。随着义利动力总成、DHT 混动变速器等项目的签约落地及动力总成制造总部项目的迁入，从 1.0、1.5、2.0 系列发动机到变速器，义乌开发区正积极打造世界级的发动机制造基地。以已签约落地的基因行业龙头企业为基础，谋划基因产业培育基金和基因小镇建设。

【招商引资】2018 年，义乌开发区以培育主导产业、壮大产业链为突破口，以基金招商、中介招商、浙商回归等为主要招商途径，全年引进总投资 2 亿元以上的内资项目 80 个，新批企业 17 294 家，新批内资企业注册资本 381.8 亿元，规模以上企业 710 家。引进了吉利 DHT 专用混动变速器及动力总成制造总部项目、丰树（义乌）产业园等一批高端优质项目。

【项目建设】2018 年，义乌开发区实现固定资产投资 259.7 亿元，同比增长 18.98%。全面实施“大抓落实”项目攻坚计划，近年来引进的一批重大招商项目顺利推进。英伦新能源整车项目、沃尔沃发动机、正大肥料加工、森山石斛智造、极智无源光网络通信等一批项目建成，丰树（义乌）产业园、总部经济 B 组团等一批项目集中开工，为义乌开发区的发展增添新动能。

【科技创新】义乌开发区深入实施创新驱动战略，做强创新主体，做实创新平台，不断强化义乌高层次人才创业园、义乌绿色动力小镇等平台的引才聚才效应，科技创新能力不断提升。2018 年，义乌开发区实现高新技术产业产值 141.2 亿元，同比增长 10.8%；科学研究与试验发展经费支出 104 337.2 万元，研究与试验发展经费投入强度为 2.9%；“四上”高新技术企业主营业务收入 1 310 946.3 万元，同比增长 11.62%；国家级高新技术企业 128 家，科研院所 37 家。以义乌高层次人才创业园为主要载体，加大招才引智力度，打造义乌人才集聚的新高地，引进高层次人才及科技孵化项目 20 个；引进成熟的园区运营机构，完成高创园整体环境提升改造，营造适合高层次人才生活工作的生态圈。

【投融资服务】2018 年，义乌开发区积极构建优质的投融资平台，认真谋划股权投资，做好招商引资＋股权投资的有益探索和实践。设立10亿元产业基金，用于森山健康小镇农业、工业、健康、文旅建设，成为全市首个通过国有股权投资方式助推民营企业发展的项目。不断拓宽融资渠道，优化融资结构，致力于构建银行信贷、债券市场、股票市场、产业基金等全方位、多层次融资体系。大力推进信托计划项目款项发放和企业债发行工作，认真谋划下属平台公司IPO工作。

【城市建设】义乌开发区内有甬金高速、杭金衢高速在南北两面连通，以五洲、四海、03省道、速港、上佛路5条交通主干道为主的30条道路纵横交错；供水管网覆盖整个开发区，建有4个自来水厂，日供水能力32万吨；有220千伏变电站3座，110千伏变电站5座；5个污水处理厂，日处理污水能力达34万吨。拥有万达广场、文化广场、总部经济写字楼、人力资源市场等一批商业综合体、文化教育、总部大楼、医疗、金融、住宅等配套设施。

义乌绿色动力小镇城市功能日趋完善，小镇邻里中心建成投用，配套了党群服务中心、社区服务、游客接待中心、酒店、超市等服务功能，小镇实验小学正在抓紧建设中，小镇环路交通体系已基本构成并实现道路WiFi全覆盖，小镇公共服务APP已上线运行。

积极依托交通、科创及生态廊道建设，打好“拆治归”组合拳，加快推进整合提升区范围内老工业区、老镇区有机更新进度，为城市发展腾出新的发展空间。江湾老工业区已完成全部拆迁，中梁高档住宅、儿童公园项目等相关城市配套建设正在全面开展。

【绿色集约】义乌开发区坚持产城融合和绿色低碳协调发展，建立生产—消费—服务全过程的环境监控体系，严格保护区域内水土和生态资源，积极引进优质教育、医疗和文化娱乐机构等，营造良好的创新创业生态。义乌绿色动力小镇积极构建绿色生态产业链，打造绿色生态新社区，2018年完成景观绿化面积23.4万平方米，窑址公园、后龙湖公园已建成并对外开放。以绿色动力小镇为核心的中欧智造园成功获批省级低碳园区试点，在中期评估中获优秀等级。下一步将逐步启动海绵城市水系、小镇节能化等项目，促进义乌绿色动力小镇的循环化、可持续发展。加快推进森山健康小镇建设，开发健康旅游、养老养生、石斛智造、健康农业及文化等产业，推动乡村振兴发展。

义乌开发区已列入浙江省循环化改造试点园区，实施期为2016—2020年，共有10个项目列入试点园区项目，获得省级补助资金2 340万元，截至2018年年底8个项目已建成投产。

【开放合作】义乌开发区借助义乌国际贸易综合改革试验区的开放优势，不断提升开放型经济发展水平。2018年，义乌开发区实现出口总额5 040 397万元，同比增长55.72%，进口总额208 037万元，同比增长159%，实际使用外资7 290.2万美元，同比增长215.46%，是浙江省对外贸易十强开发区。开展国际招商，重点招引欧洲品牌、技术企业，积极推动英伦新能源整车等项目通过义新欧、义甬舟两大开放通道将产品销往国际主流市场；与“一带一路”捷克站建立合作关系，双方互享国内外产业动态信息并为中外企业交流牵线搭桥；积极参加中国国际进口博览会、世界义商大会、中国义乌国际智能装备博览会等展会；加强与上海、深圳等各地商会联系，开展承接高端产业转移招商引资。

【体制机制创新】2018年，义乌开发区深入推进“最多跑一次”改革，积极助力义乌打造“无证明城市”。依托浙江政务服务网，实现权力事项全公开，各部门下放事项如“投资报备、规划核准、建设审批”等实现全程网上办理。针对重点项目、重大项目以及涉及企业切身利益的急难事项，开展特事特办服务，为项目落户提供便捷、高效的绿色通道。

【党建工作】2018年，义乌开发区深入贯彻落实党的十九大精神和新时代中国特色社会主义思想，进一步增强“四个意识”，紧紧围绕“不忘初心、牢记使命，当好新时代义乌答卷人”大学习、大调研、大抓落实主题活动，结合中心工作，进一步延伸“党建＋招商”“党建＋规划”“党建＋建设”“党建＋服务”“党建＋人才”“党建＋特色小镇”等开发区党建品牌，全力推进党员干部“五（吾）带头”，切实发挥“项目帮”党员志愿服务队作用，坚定发展定力，强化使命担当，聚焦重点难点，使广大党员干部的政治素质、理论水平和业务能力得到新的提高。2018年，中共义乌经济技术开发区工作委员会被义乌市委评为“先进基层党组织”，被金华市委组织部评为“五星基层党组织”。

【机构设置与管委会领导】义乌经济技术开发区下辖“1办8局1公司”：办公室；招商一局、招商二局、经贸科技局、规划局、建设局、财政局、稽查审计局、国土分局；开发有限公司。

义乌经济技术开发区领导成员为：党工委书记、管委会主任项明生；党工委副书记、管委会常务副主任吴厚军；党工委委员、管委会副主任杨林森、龚英浩、王红华、王巍；党工委委员、管委会办公室主任孔祥飞。

（义乌经济技术开发区管委会）

金华经济技术开发区

【概况】金华经济技术开发区（以下简称“金华开发区”）成立于1992年，2010年晋升为国家级经济技术开发区。2013年与原金西经济开发区成建制整合，实行“一块牌子、统一对外，一套班子、统筹管理”。目前托管“一乡三镇四街道”（苏孟乡、汤溪镇、罗埠镇、洋埠镇、秋滨街道、三江街道、西关街道、江南街道），行政管辖面积261.8平方公里，建成区面积近50平方公里，下辖106个行政村、53个社区，集聚人口50万，其中户籍人口26万。

在金华市委、市政府的坚强领导下，开发区上下始终把发展的使命牢记在心，坚韧不拔、攻坚克难，以敢担当、善作为的强大合力，积极应对形势之变，经济发展积蓄新动能，各项事业在困难中突破，确保了经济社会发展总体平稳、稳中有进。

【经济发展】2018年，金华开发区固定资产投资、社会消费品零售总额、出口总额各项指标均保持在6%～7%以上的增长。发展效益进一步提升，全口径财政总收入首次突破100亿元；新增规模以上工业企业23家，234家规模以上企业利润总额增长113.7%；城乡居民收入达到55 984元和30 590元，分别增长了8.2%和8.4%。

【产业转型】2018年，金华开发区产业转型加快提速，以供给侧结构性改革引领高质量发展，持续优化产业结构，三次产业结构为2∶40∶58，呈现出一产更稳、二产更强、三产更优的发展势头。粮食生产再创新高，播种面积稳定在12万亩（8 000公顷）左右，占市本级70%以上，中晚稻单季种植面积5.51万亩（约3 673.33公顷），早稻平均亩产突破400公斤，为近5年来最高。数字经济、生物医药、休闲旅游服务、食品制造四大产业表现稳健，分别增长12.5%、9.8%、7.3%、3.2%；29个工业行业有21个保持增长，9个保持10%以上的增长。新动能培育成效明显，登记在册的市场主体达4.4万多户，增长10%；新设立内资市场主体1.1万多户，增长19%；新设立注册资本5 000万元以上的企业47家，亿元以上的企业18家。邀请同济大学吴志强院士团队提升平台规划，新能源汽车产业园、健康生物产业园、湖海塘新区、文旅康养区和乐乐小镇五大平台初具规模，一批重大产业项目先后落地，石门、杨梅山、殿后、黄碧垄4个村托管工作顺利完成。

【项目建设】2018年，金华开发区重大项目平稳推进，围绕“中国制造2025国家级示范区”创建目标，全力打造浙中最具竞争力的新型工业化重要基地，全年实施重大产业项目41项，总投资507亿元，其中零跑、吉利衡远、康恩贝等6个项目已投产或试生产，花园、今飞、万里扬等一批工业大项目正在建设中；引进项目21个、总投资102亿元，其中60亿元以上项目1个、10亿元以上项目1个，签订合作框架协议项目9个。“飞地经济”在金华市率先破题，杭深飞地首批落地，京沪飞地正在选址。拓宽引才合作渠道，中加国际科创园项目顺利开园，成功引进英国皇家工程院院士，6家企业与6名“国千人才”达成项目合作。仙华科创等4家小微园区完成改造，中南高科、国能置信新建项目开工。

【改革创新】2018年，金华开发区改革红利持续释放，以服务企业为重点，围绕“降成本”，为156家企业兑现各类补助资金1 400多万元，对326家企业实施“一企一策”，成立债权人委员会11家，为50家企业办理应急周转金贷款111笔共5亿多元；深入开展“大学习、大调研、大抓落实”活动，累计走访调研9 000多人次，撰写调研报告90多份，催生各类制度100多项，帮助企业（单位）解决问题800多个。金融风险网格化管理试点做法，列入浙江省可复制推广的26条重点领域改革典型经验；国企改革和投融资改革步伐加快，初步形成“1-3+X”整体架构，国有企业资产总额增长26%；“智慧开发区”指挥大厅建成并投入使用，“智慧城管”方案获国家级奖项，助力金华市获得2018年文明城市年度测评地级提名城市第一的荣誉；大部制改革、干部员工“工作日志”绩效改革、薪酬管理改革、干部择优比选等体制机制改革创新工作取得实效。

【科技创新】2018年，金华开发区加快创新平台建设，开发区获批金华市唯一一家省软件和信息服务产业能力提升重点基地；金华高新园区软件与服务外包基地跻身100个省级现代服务业集聚示范区16强，位列同类集聚区第二名；新能源汽车与汽车文化成功创建首批市级产业创新服务综合体。加速提升企业创新能力，新增“两化”融合企业18家；列入市技术创新项目39项；入选市重点技改项目41项；新增各类高新企业、科技型中小企业、研发机构等160家；新增浙江名牌产品4个、浙江省名特优食品作坊6家。

【营商环境】2018年，金华开发区营商环境更趋优化，以“最多跑一次”改革撬动开发区营商环境最优化，加快实现从“现场办”到“网上办”，从“企业跑”到“政府跑”，让“数据多跑路、群众少跑腿”。到2018年年底，开发区345件事项有103件实现“零上门”，53%的民生事项实现“一证通办”，涉企证照通办模式得到浙江省领导肯定，“证照分离”办件量达8 600多件，发放浙江省首份机器人办理的营业执照。所有工程建设项目审批实现网上办理。“标准地＋承诺制”改革等工作取得实效，14块“标准地”已摘牌，7家企业完成承诺制审批。

【城乡建设】2018年，金华开发区城乡面貌日新月异，“新时代和美村（社区）”创建评选工作扎实开展，汤溪镇白鹤殿口等22个村（社区）成为基层建设标杆，苏孟对家地等65个村（社区）荣获单项优胜村。以“全科型服务、网格化创建”为抓手，深入开展全国文明城市创建活动，充分发挥4 000多名网格员作用，每周二、六深入253个网格开展活动，2 000多场党员志愿服务、6万余人次参与创建，“双十行动”成效明显，城乡面貌焕然一新，文明素质大有提高。持续完善城市基础配套设施，双溪西路、丹溪路和金帆街优化改造、双龙南街景观提升等陆续完成，金婺大桥重建、湖海塘商业综合体等一批工程有序实施。“美丽乡村”建设加快推进，建成市、区级美丽乡村14个、省级美丽牧场18家、景区村庄32个；推出精品研学线路10条，金西成为金华研学的“人气王”，单月游客最高峰突破5万人次。“三条廊道”建设推进有力，共完成投资近170亿元；开发区环境质量持续改善，空气优良天数达270天。

【生态环境】2018年，金华开发区投资近3亿元的17个“五水共治”项目全部完成，21个主要河流交接断面水质均在Ⅲ类以上；拆除违法建筑50多万平方米，超额完成金华市下达的任务。完成“三改”37万平方米，拆后利用率达85%；小城镇环境综合整治完成项目建设109个，完成投资8亿多元，苏孟乡、洋埠镇、罗埠镇通过省级验收，罗埠镇成功创建省级样板；垃圾分类实现农村创建合格村为95%，城区生活垃圾分类覆盖面为85%。

【社会事业】2018年，金华开发区办好人民满意教育，新东方、新纪元、丽泽书院3所高端民办学校先后落户，总投资19.1亿元的13个教育EPC项目将陆续开工，安排1 000万元实施中小学教师素质提升工程，启动首批名师名校长工作室，“学在金开”品牌日益凸显，城乡教育更加均衡。医疗卫生事业稳步发展，基层医疗单位硬件设施不断改善，成功签约总投资20.3亿元的长庚“医院+养老院”项目，金帆康养等项目加快推进，苏孟乡、洋埠镇、罗埠镇通过国家卫生乡镇市级考核验收，苏孟乡成功创建省级卫生乡镇，省卫生乡镇开发区实现全覆盖。

城镇新增就业人数和城乡基本社会保险覆盖率持续增加，116个省定薄弱村100%实现消薄目标。实施安置房建设项目17个，总投资87.4亿元。居家养老服务体系不断完善，新建服务照料中心11家，老年人助餐、配送餐服务覆盖74个村居，新建农村文化礼堂15家，改造提升文化活动中心77家，入选第五批中国传统村落名录4个、省文化示范社区1个、市民俗村2个，群众精神文化生活日益丰富。

深入开展“平安开发区”创建，网格化社会治理机制更加健全，共建共治共享的治理格局基本形成。苏孟乡“基层党建+社会治理”创新试点取得初步成效，“四个平台”建设扎实推进，建成“智安小区”40余个，深入实施“雪亮工程”，新建农村治安监控360只，2 268个探头全部实行“户籍化”管理。治安形势持续向好，领导干部下访接访常态化，社会大局总体和谐稳定。人民武装、民族宗教、慈善、科协、商会及工青妇、双拥、老龄、残疾人、红十字会等各部门的工作取得新成绩。

【党建工作】2018年，金华开发区深入开展“三清理一规范”“不担当不作为”整治等专项行动，共出动检查160多次；全力开展纪检先锋“五个一”行动，上境古村打造成特色廉政教育基地。出台村干部底线管理办法，做到一村一册、一人一档；南苑、寺前皇两个区域化党建社区试点完成升级改造，在金华市率先完成“楼宇党建”试点建设，建立“宾虹商圈党委”，“红色覆盖百日攻坚行动”覆盖两新组织57家，成功创建党建品牌35个。宣传思想工作有新起色，实现与各级媒体多方合作，用足用好宣传主阵地，讲好开发区故事，传递开发区好声音，海外名校学子走进寺平古村、干部择优比选等广为报道，陈双田劳模精神主题宣讲等活动影响广泛。

（金华经济技术开发区管委会）

井冈山经济技术开发区

【概况】井冈山经济技术开发区（以下简称“井冈山开发区”）位于吉安市城区。2001 年 11 月经吉安市政府批准设立，2010 年 3 月升级为国家级经济技术开发区，2011 年 3 月获批国家出口加工区。2018 年 3 月，整合吉州、青原 2 家省级开发区，形成“一区四园”发展格局。总规划面积 114 平方公里，拥有国家新型工业化产业示范基地（电子信息）、国家科技兴贸创新基地、国家加工贸易梯度转移重点承接地、国家台资企业转移承接地、国家循环化改造示范试点园区、获评国家知识产权试点示范园区、国家第三批绿色园区等 13 张“国字号”名片，是江西省政府和深圳市政府共创共建的吉安（深圳）产业园。

【经济发展】2018 年，井冈山开发区“一区四园”实现主营业务收入 938.2 亿元，排名全省工业园区第 5 位。其中，开发区本部 547.8 亿元，增长 11%；全年引进内资、利用外资、规模工业增加值分别增长 10%、9.5%、10%；完成财政总收入 22.5 亿元，增长 12.5%，税收占比 94.6%。科技支撑能力增强，研发投入经费占主营业务收入的 0.8%；新增专利 591 件，同比增长 15.8%；新增高新技术企业 15 家，总数达 58 家，高新技术产业产值占比达 48%。在 2018 年度全国 219 家国家级经济技术开发区综合发展水平考核评价中，井冈山开发区排名 71 位，较 2017 年前移 11 位。

【产业发展】2018 年，井冈山开发区始终把做大做强电子信息首位产业作为发展的第一抓手。全年签约电子信息产业优质项目 15 个，其中 50 亿元项目 1 个，10 亿元以上项目 9 个。木林森半导体封装、生益电子高精密线路板、火乐科技激光电视生产等一批延链、补链、强链项目相继落户，产业的引领度和根植性进一步增强。坚持资金、用工、政策等全要素保障，撬动了益丰泰 TFT 面板、木林森光电两个百亿元项目开工建设，推进了红板电子、航盛电子等 10 余家企业增资扩建、做大做强。全区纳税超千万元的企业 26 家，新增规模以上企业 27 家。工业技改投资力度加大，占全部工业投资的 32%。胜美达电机、瑞声电子等 12 家龙头企业逐步推进智能化技术改造。

【科技创新】2018 年，井冈山开发区强化科技支撑，木林森成功申报国家级企业技术中心，全区企业专利申请量增长 17%，开发区列入国家知识产权试点示范园区名单，产业转型升级的步伐更加坚定。全年科研经费支出 4.8 亿元，研发投入占主营业务的比重逐年提升。全区专利申请 558 件，同比增长 17.4%。新琪安、瑞鹏飞已申报省级工程技术研究中心，普正药业通过省级工程研究中心专家评审。获评省级电子信息产业创新服务综合体和省第二批大众创业、万众创新示范基地。开发区创新创业活力不断激发，制定出台支持高质量发展、动能培育等系列政策，兑现科技创新资金近 2 000 万元。

【体制机制创新】2018 年，井冈山开发区在全省率先实施“一区四园”改革，全面启动“一区四园”整体规划和控制性详规编制工作。青原产业园职能承接、人事制度改革事项逐步落实，吉州产业园实行双重领导和管理，荣获全市全面深化改革工作特色奖。服务效能改革有序推进，深化“放管服”改革，承接部分赋予国家级开发区全链审批事项、市政府赋予开发区县级经济管理权限，梳理“一次不跑”事项78项，“只跑一次”事项197项。高标准建设税务大厅并投入使用。行政审批服务大厅起步运行，统一受理服务事项381项，实现了服务事项集中办理。

【重大项目建设】2018年，井冈山开发区全年完成项目协议征地6 345亩（423公顷）。举办重大项目开工竣工活动5次，开工项目21个，竣工项目16个。威尔高电子、蓝沛科技、吉晶微电子等一批工业项目实现了当年建设、当年投产。省重点项目创成环保顺利推进，成功点火；市生活垃圾焚烧发电项目顺利开工建设。出口加工区检验检疫设施、面积调整依次通过国家质检总局、海关总署验收。完成35万平方米标准厂房建设，人力资源服务产业园、物联网创客园投入使用，生产性配套逐步完善。大力推进生活性配套建设，职工之家、里塘山商贸城投入使用，邻里中心已竣工，仁安医院主体工程基本完工，城中村改造安置房、井冈山开发区学校扩建项目启动建设。

【投融资服务】2018年，井冈山开发区推进财政预算管理、国库统一支付等改革，强化了财政资金管理。规范园区举债行为，推动单一财政投入向撬动金融资本、产业基金转变。金融产业园投入运行，设立了产业发展等各类基金，加强了产业基金管理。消除存量债务48.3亿元。通过“财园信贷通”、吉庐陵担保贷款等方式帮助企业融资3.8亿元，兑现优惠政策资金近10亿元。制定完善企业上市挂牌的若干扶持政策，新琪安科技股份等一批企业加快了上市步伐。

【绿色集约】2018年，井冈山开发区按照“湖光山色、春意盎然、现代新颖”的要求，扎实推进金鸡湖创新小镇建设，塑造开发区灵魂。大力推进循环化项目改造，组织实施清洁化生产企业22家。持续推进“三禁”工作、秸秆焚烧、建筑扬尘等专项行动。全区空气质量优良率为88.2%，高于全市3个百分点。坚持集优集约用地，持续推进绿色制造体系建设，入选工信部国家绿色园区名单，列入全省唯一实施园区规划环评和项目环评联动试点，在提升资源节约型、环境友好型管理水平上实现新突破。

【党建工作】2018年，井冈山开发区坚持把党的政治建设摆在首位，强化党建工作考核问效，层层压实工作责任。切实做好新形势下宣传思想工作，传播好开发区声音，凝聚正能量。围绕“补短板、抓规范、创特色”思路，实施基层党组织建设质量提升工程，全面实现集体经济“空壳村”摘帽，在全市率先实现农村（社区）志愿者协会全覆盖；成立电子信息触控显示产业、大健康产业两个党总支，高标准完成新党群服务中心建设，在企业建立党群服务站，不断深化非公党建“有效覆盖”，形成点、线、面一体化党群服务体系，基层党建工作进入全市第一方阵。

（井冈山经济技术开发区管委会）

安庆经济技术开发区

【经济发展】2018 年，安庆经济技术开发区（以下简称“安庆经开区”）实现地区生产总值 364.49 亿元。其中，第二产业增加值 250.41 亿元，占地区生产总值的 68.7%；第三产业增加值 109.21 亿元，占地区生产总值的 29.96%。完成公共财政预算收入同比增长 21.93%；完成税收收入 14.98 亿元，同比增长 16.12%。全区“四上”企业主营业务收入 670.53 亿元，其中规模以上工业企业主营业务收入 572.9 亿元，同比增长 11.6%。实现进出口总额 34.33 亿元；完成固定资产投资同比增长 12.7%；实际利月市外资金同比增长 25.01%。

【产业发展】2018 年，安庆经开区完成工业总产值 584.8 亿元，其中规模以上工业企业完成产值 575.08 亿元。在做大做强新能源汽车及关键零部件、高端装备制造两大主导产业的过程中，经开区始终坚持推进供给侧结构性改革，编制两大主导产业规划，推动主导产业发展的质量变革、效率变革、动力变革，不断增强经开区主导产业的创新力和竞争力，产业集聚呈现良好态势。

一是新能源汽车及零部件产业。自江淮汽车项目建设之初，经开区就举全区之力为江淮汽车安庆分公司的项目建设和企业发展提供全方位、保姆式服务。2018 年，江汽安庆分公司新能源汽车产销量 4.4 万辆，产值 36.9 亿元。

二是高端技术装备制造产业。以富士康为龙头，着力打造全国有影响力的高端精密机床制造基地，已建成 2.4 万平方米的富士康安庆研发中心，汇集大陆及台湾的研发设计、精密检测及组装人员 300 余人，成功研发并销售的五轴车铣复合加工机床打破了德国、日本技术垄断，填补了国内空白。新引进的核心配套企业台湾北钜电动主轴、刀库生产项目顺利签约。安柴公司成功研制大功率船用中速天然气发动机，达到国内领先、国际一流水平，填补了国内空白。

【科技创新】2018 年，安庆经开区高新产业发展再迈新台阶。全区高新技术产业产值同比增长 26.2%，战略性新兴产业产值同比增长 13.17%。截至 12 月底，全区共有高新技术企业 46 家，同比增长 35.3%。年末全区“四上”企业从业人员 3.18 万人；全区高技能人才占比 30.9%；发明专利拥有量 291 件。

一是通过政策引导激发企业创新活力。经开区专门出台了科技促进专项政策，并将国家、省、市、区各级科技政策汇编，形成《涉企科技政策汇编》，对全区企业进行广泛宣传，形成浓厚的创新氛围，有效地激发了各企业开展科技创新的积极性。2018 年，经开区新增高新技术企业 12 家，新增战略性新兴产业企业 27 家。

二是积极开展产学研对接和成果转化。成功组织区内重点企业参与和省内高校的产学研集中对接会两次，并多次组织北京科技大学、合肥工业大学、安徽工程大学等高校专家到区内企业进行现场技术对接活动，帮助全区企业有效利用外部智力资源促进转型升级。2018 年，区内企业与高校院所等机构新增产学研合作项目 8 项，区内企业新增科技成果转化项目落地 6 项。

三是高质量搭建科技研发平台。根据经开区首位产业发展需求和全区企业对科技公共服务的需要，积极搭建服务全区企业的科技研发平台。与安徽工程大学共建技术转移中心，并挂牌运行。日本石川株式会社投资设立企业性质外资独立法新能源汽车研究院已确定落户安庆经开区，并签署协议。

【投资促进】2018 年，安庆经开区实际利用外资 5 056 万美元，占全市实际利用外资的 19.83%，企业数量增长率为 14.68%。2018 年年初，经开区出台了《安庆经济技术开发区招商引资奖励办法》（安开管发〔2018〕1 号），重磅激励有效招商引资成果，吸引社会广泛关注，有效宣传了经开区，大大提升了全员招商的热情。全年实际利用市外资金增长 25.01%，全年新签约亿元以上项目 30 个，成功引入世界 500 强制造企业日本爱信落户经开区。引进的项目产业契合度高，亿元以上项目中首位产业和战略性新兴产业项目占比在 60% 以上。项目落地推进速度快，当年签约、当年开工项目 21 个，开工率为 75%。在手项目线索充足，呈现“引进一批、洽谈一批、储备一批”的崭新局面。

【体制机制创新】2018 年，安庆经开区按照安庆市委、市政府《关于安庆经济技术开发区体制改革与机制创新总体方案》要求，在机构精简、干部人事制度、相对集中行政许可权等方面进行了改革创新。通过改革，内设部门从 21 个减少为 16 个。打破身份界限，实行七级雇员制，让贤者居其位、人尽其才。通过公开招聘、遴选、内部竞聘和双选，集聚了一批优秀人才，干部知识、年龄结构明显优化。获批安徽省首家相对集中行政许可权改革试点，承接市委、市政府下放或委托的各类权力事项总计 624 项，开启“一枚印章管审批”的新模式，“不推一扇门、办成所有事”的愿望在安庆经开区成为现实。2018 年聚焦改革目标，做好运行前的充分准备。

【投融资服务】2018 年，安庆经开区克服不断收紧的政策、市场环境，成功实现融资 33.07 亿元，有效保障了园区建设资金的需求。抢抓政策机遇，通过积极对接，农发行“两区共建”一期项目再次放款 8 亿元。成立投融资与金融工作办公室，协助环新集团制定上市计划表，推动企业实施股改，建立 22 家上市后备企业资源库，实现直接融资 5 亿元。

【绿色集约】2018 年，围绕安徽省、安庆市出台的“1515”方案有关要求，安庆经开区及时开展“禁新建、减存量、关污源、进园区、纳统管、建新绿、优产业、强机制”八大行动，总体开展情况良好。

一是全面整治完成 78 家“散乱污”企业，全面淘汰 35 蒸吨 / 小时以下燃煤锅炉；实现园区企业污水处理全覆盖；完成对谷桥大沟新渡路至集贤北路段清淤，总长度约 400 米，清淤量约 8 000 立方米；配合市直部门对罗冲采石场矿区进行植被恢复，总恢复面积约 33 亩（2.2 公顷）；组织人员对机场路两岸进行绿化处理，新建绿化总面积约 0.9 万平方米；全面落实林长制、河长制、湖长制。

二是及时对国家及省批准的开发区四至边界和法定权限确定的“三线”边界进行对照，经全面排查，安庆经开区不涉及三线交叉重叠问题。

【设施建设】2018 年，安庆经开区实施圆梦新区科技路等 10 条道路黑化工程，完成了 5 个老旧小区改造，共 1 905 户，总面积 19.4 万平方米；新建 22 条道路 (桥梁) 工程，已开工建设 18 条，总长度约 15 公里，总投资约 4.6 亿元；待开工的胜利路、方兴路（含管廊）工程等项目，总投资约 17 亿元；全年共报批 5 个批次用地，共 1 526.7 亩（101.78 公顷）；收储闲置用地 25 宗，共 1 306.74 亩(87.12 公顷)；完成供地 16 宗，共 1 515.28 亩（约 101.02 公顷）。还建房工程方面，段山还建点工程总建筑面积 26 万平方米，共 20 栋，1 488 套，总投资 8.58 亿元。已按进度完成方案设计和确定装配式建设模式，施工单位已进场；和谐佳苑还建点二期工程已完成建筑方案设计。

【社会事业】2018 年，安庆经开区社会养老事业稳步发展。推进社区养老服务机构建设，依托“世行贷款”项目建成社区养老服务站点9家，社区养老服务设施配建率达到80%；创新开展家庭医生签约工作。2018年，经开区28个家庭医生签约服务团队共计签约51 683人，其中，65岁以上老年人签约13 800人，高血压患者签约11 570人，Ⅱ型糖尿病患者签约3 908人，重点人群签约率均达60%以上。

【党建工作】2018年，安庆经开区开展经开区党工委理论中心组学习。制定《中共安庆经济技术开发区工作委员会理论中心组学习计划安排》，按照学习计划组织进行党工委理论中心组学习；印发《安庆经开区非公企业和社会组织党组织标准化建设集中推进行动实施方案》，召开党组织标准化建设推进会和现场会，开展标准化验收和“回头看”工作；认真贯彻执行“控制总量、优化结构、提高质量、发挥作用”的工作方针，组织全区66名入党积极分子参加市直工委举办的入党培养对象培训班。

【机构设置】安庆经开区管委会设纪工委（监察室）、办公室、党群工作部、经济发展局、招商局、财政局、建设局、政法办公室（挂信访局牌子）、人力资源和社会保障局、环保局、社会事业发展局、机关党委等内设机构；下设建管中心、投资服务中心、城市管理局、教育中心、第四人民医院5个直属事业单位；另设5个直属公司：安庆皖江高科技投资发展有限公司、安庆新能源投资发展有限公司、安庆经济技术开发区建设投资集团有限公司、安庆皖西南保税物流中心有限公司、安徽太极投资担保股份有限公司。

（安庆经济技术开发区管委会）

六安经济技术开发区

【经济发展】2018 年，六安经济技术开发区（以下简称“六安开发区”）实现地区生产总值 91.1 亿元，同比增长 11.7%；规模以上工业增加值同比增长 14.5%；财政收入突破 20 亿元大关，达到 20.45 亿元，同比增长 8.8%；固定资产投资同比增长 14.5%，其中工业投资同比增长 13.8%；境内到位资金 50 亿元，利用外资 7 400 万美元，同比增长 29.8%；外贸进出口 17 338 万美元，同比增长 19.8%；全社会消费品零售总额 31.6 亿元，同比增长 12%。

【产业发展】2018 年，六安开发区加快推进市级先进装备制造产业集聚发展基地建设。组织编制智能装备关键基础零部件重大新兴产业工程建设方案。围绕高端装备制造、新材料、都市时尚、食品医药健康和现代服务业“131”产业体系，着力招引补链、强链和建链项目。依托六安本地道地药材资源，引进 5 亿元的济人药业中药饮片加工及皖西道地药材物流项目，同时与华润三九、康美药业等国内龙头药企开展洽谈合作，规划建设“西山药库”六安健康产业园，推动产业发展从无到有、从弱到强；抓住六安优质水资源做文章，积极对接浩泽净水集团、华润集团、美咖公司等绿色环保企业，努力打造六安“水资源”产业重要名片。2018 年新引入项目的 90% 为主导产业项目，其中高端装备制造和新材料两大主导产业分别实现产值 86.8 亿元和 33.2 亿元，增长 6.7% 和 27.7%，产业集聚度进一步提升。

【科技创新】2018 年，六安开发区出台高质量发展战略实施办法，充分运用转型发展专项资金、市产投资金和争取上级专项发展基金，多措并举鼓励引导企业实施创新驱动、加快转型发展。全年争取省、市各类创新驱动发展专项资金 2 100 余万元，为 53 家企业申报 2018 年制造强省建设政策资金 6 520.7 万元，区财政先后兑现鼓励企业转型发展奖励资金 3 491.5 万元。全年纳税超千万元工业企业 11 家，其中华润雪花啤酒达到 1.27 亿元，是开发区首家年度纳税超亿元的工业企业；新增高新技术企业 7 家，总数达到 30 家，居全市第一位；新增战略性新兴产业企业 17 家，总数达到 36 家，占全市的 24%，居全市第一。发明专利授权量 94 件，超额完成年度目标任务，居全市第一。获批 2018 年度省科技重大专项立项 3 项。新增省级院士工作站 2 家、新认定省级智能工厂 1 家、省级技术创新示范企业 1 家、省级企业技术中心 2 家、安徽省工业设计中心 2 家、省级众创空间 1 家、产业技术创新战略联盟 1 家。安徽辰宇机械、六安市微特电机荣获 2018 年安徽工业精品称号。成功申报安徽名牌产品 4 个、安徽省商标品牌示范企业 5 家，培育中国驰名商标 2 家。

【投资促进】2018 年，六安开发区围绕壮大主导产业和培育战略性新兴产业，健全完善招商引资“三库一图”；加强与专业化产业运营商的合作，将六安智造产业园委托联东 U 谷采用市场化方式招商、运营和管理；突出发展实体工业，制定出台工业项目招商引资优惠政策，完善招商引资项目评审制度和优惠政策兑现办法，瞄准引入高质量项目，优化产业结构。全年新引进项目 41 个，其中亿元以上项目 25 个，5 亿元以上重大项目 5 个；工业项目占比超过 80%，战略性新兴产业项目占比达到 70%；总投资10亿元的网营物联(六安)智慧城市供应链、8亿元的金美汽车高端零部件、3亿元的人人福食品深加工科技产业园等一批优质项目先后签约入区。

【体制机制创新】2018年，六安开发区围绕打造"四最"营商环境，加快智慧园区项目建设，提升"互联网+政务服务"水平，深化"放管服"改革，为企业提供高效快捷的政务服务；深入开展"四送一服"双千工程常态化工作，结合"三重两上"项目调度机制，完善联系包保帮扶制度，全力破解项目建设和企业发展中的项目申报、政策兑现、信贷融资、产品推广以及供电、供水、供热、用工等堵点、痛点、难点问题。深化人事管理制度改革，全面完成第二轮全员岗位竞聘和符合条件科级干部备案工作。创新采用KPI绩效考评模式，出台部分重大事项分层决策机制，奖勤罚懒、奖优罚劣，进一步激活内生动力，促使重点工作提速增效。

【投融资服务】2018年，六安开发区全年办理续贷过桥资金3笔1 200万元；核定"税融通"业务3批次共11家企业，授信金额8 638万元、放款5 306万元；办理"4321"政银担贷款60笔2.87亿元；投放产业引导资金595万元；减免各类税费共2.94亿元，同比增长41.2%。同时，积极引导和扶持企业采取专利权质押方式实现专利权市场价值。稳步推进三年直接融资行动计划。2018年，登克尔旅游用品、立康杀虫在省股权托管交易中心"专精特新板"挂牌，广通生物、中芯佳瑞在"科技板"挂牌；渠道网络重新完成辅导备案登记；奔马先端韩国上市工作完成尽职调查；五粮泰生物确定券商并制定上市计划时间表；江淮永达机械完成B轮融资，引入资金5 400万元。

【基础设施建设】2018年，六安开发区对接推动市《总规》修改开发区部分调整工作，编制完成公交线网、污水、供热等专项规划。全年共获批用地2 720亩（约181.33公顷），完成和平家园及周边棚改、新华安置小区二期等项目征地1 598.7亩（106.58公顷），流转土地217亩（约14.47公顷），东海小区棚改、和平家园及周边棚改等项目房屋拆迁5.7万平方米，收储土地4宗283.65亩（18.91公顷），处置批而未供用地2 775亩（185公顷）。建成九德路（蓼城路—刘庆路）、古碑路（九德路—皋陶大道）、经二南路等道路和桥梁8公里，在建衡山东路、皋陶大道二期、银雀路等道路8.5公里。

【社会事业】2018年，六安开发区教育、卫生、社会保障和就业、住房保障等9项民生支出7.33亿元，占财政总支出的比重为83.1%，群众获得感持续增强。全面提高五保、低保、残疾人、精神病患者、优抚对象等保障标准。

【党建工作】2018年，六安开发区统筹推进机关、事业单位、村居和非公企业党组织建设，启动实施非公党建专业化人才队伍建设项目，组建非公党建指导员工作站，持续推进ABC分类管理基层党组织标准化、规范化建设，不断提升基层党建的内生动力。组织实施"作风建设年""村居管理规范年"活动，顺利完成12个村居"两委"换届选举。坚持以党建为统领，加强群团组织建设，充分发挥工会、共青团、妇联等群团组织在推动经济社会发展、促进社会和谐稳定方面的积极作用。

【机构设置与管委会领导】2018年，六安开发区工委、管委为六安市委、市政府派出机构，机构设置为15个，分别为：工委管委办公室（法制办公室）、发展规划局、招商局、经贸科技局（金融工作办公室）、财政局、组织人社局（非公企业党工委）、社会发展局（卫生和计划生育办公室）、国土局、征收安置办公室（房产局）、监察审计局、安全生产监督管理局、城管综合执法局、政务服务中心、村居管理委员会、重点工程建设管理局。

工委、管委领导成员为：六安市委常委、统战部部长，开发区工委第一书记、管委会主任王琦；工委副书记、管委会副主任卢俊；工委委员、纪工委书记王宜国；工委委员、管委会副主任闫浩滨、孙承柱、王燊；工委委员、组织人社局局长张为民。

2018 年六安经济技术开发区主要经济综合指标一览表

项目		单位	2017 年	2018 年	增减（%）
开发区生产总值		亿元	85.2	91.1	6.9
第二产业		亿元	64.3	63.7	-0.9
工业		亿元	61.4	60.4	-1.6
第三产业		亿元	20.9	27.4	31.1
工业总产值（现价）		亿元	207.16	234.90	13.4
高新技术企业		亿元	84.41	121.75	44.2
销售（营业）收入		亿元	257.96	316.62	22.7
工业		亿元	179.65	207.39	15.4
利润总额		亿元	17.35	20.08	15.7
工业		亿元	9.1	13.36	46.8
区内主导产业及产值					
主导产业	1. 高端装备制造业	亿元	81.3	86.8	6.7
	2. 都市时尚产业	亿元	31.5	41.2	30.7
	3. 新材料产业	亿元	26	33.2	27.7
进出口总额		亿美元	2.21	2.51	13.5
出口		亿美元	1.95	2.36	21.0
财政收入		亿元	18.79	20.45	8.8
税收收入		亿元	18.02	19.56	8.5
财政支出		亿元	6.6	8.8	33.0
新批企业数量		家	932	1 161	24.6
外商及港澳台企业		家	3	1	-66.6
内资企业		家	929	1 160	24.8
区内世界 500 强企业数量		家	2	2	0.0
国家级高新技术企业数量		家	36	37	2.0
新批企业投资额	外商及港澳台企业	亿美元	0.23	—	—
	内资企业	亿元	51.7	53.2	3.0
规模以上企业数量		家	200	212	6.0
研究与试验发展（R&D）经费支出		万元	30 288	49 204	62.4
研究与试验发展（R&D）经费投入强度		%	1.48	2.84	47.8
外商实际投资		亿美元	0.74	1	35.0
年末从业人员数量		万人	3.7	3.4	-8.0
万元 GDP 能耗		吨标煤 / 万元	0.17	0.102 7	-39.6
水资源消耗总量		万立方米	830	696	-16.1
单位国内生产总值取水量		立方米 / 万元	25.12	23.6	-6.0
上市企业数量		家	1	1	0.0
区内建立的创业创新平台数量		个	1	3	200.0
区内职业教育学校数量		所	7	6	-14.3

（六安经济技术开发区管委会）

武清经济技术开发区

【经济发展】武清经济技术开发区（以下简称“武清开发区”）设立于1991年，是国家级经济技术开发区、国家级高新技术产业园区，并纳入天津国家自主创新示范区核心区。近期规划面积55平方公里，基本建成40平方公里，正在规划开发15平方公里。拥有企业5 364家、从业人员10.2万人；形成高端装备制造业、生物医药产业、现代服务业三大主导产业；拥有世界500强企业25家。2018年，开发区完成一般预算收入25.02亿元，同比增长7%；完成税收收入94.61亿元，同比增长5.39%；完成批发零售销售额441亿元，同比增长8.6%；完成工业总产值481.64亿元；完成固定资产投资78.2亿元。

【招商引资】2018年，武清开发区引进项目646个，引资到位金额104.4亿元（其中外资3 635万美元）。深入推进京津冀协同发展，全年引进吉孚动力、中水电等优质北京项目222个。引进大唐科技、万达等世界500强项目及上市公司项目24个，新华联、云食等投资10亿元以上的实体项目8个，美国凌昆、瑞士柏中等外资隐形冠军项目22个，中科院软件所、北京市营养源研究所等高端院所项目10个，中智金伙伴、才管天下等人力资源项目11个。

【资本运营】截至2018年年底，武清开发区总资产达450亿元，全年落实到位资金65.6亿元。出让住宅用地4块，共686亩（约45.73公顷）；工业用地5块，共468亩（31.2公顷），出让总金额53.2亿元。制定并实施《资产管理制度》《借款及费用报销制度》等多项财务管理制度，资本运营管理更加安全、规范。

【品牌推介】2018年，武清开发区组团赴京津冀、长三角、珠三角等重点区域拜访相关机构、项目580余次。举办苏州“独墅湖”企业联盟活动、上海产业发展长三角地区宣讲会等活动140余次，直接促成了Lady M、安擎等项目现场签约，高普乐、金橡医学等企业与开发区达成投资意向。深入实施以商招商，深挖存量项目资源，引入海斯坦普北汽汽车组件中国结算总部、微盟等优质项目20余个。

【项目建设】2018年，武清开发区开发产业项目72个，万可电子、金晖中心等19个项目竣工，景岳、迪高医疗等32个项目在施，北交控、奇正二期等项目正在加快手续办理。有区级重点工程5个，上海畅联、铁科院二三期、中际联合已竣工，国际企业社区二期完成主体、二次结构、内外檐装修施工，V1汽车世界完成赛道工程施工，正进行剩余楼宇施工，已成功承办中国原型车耐力赛。

【设施建设】2018年，武清开发区完成4座标准厂房、泉兴国际物流仓库等提升改造工程，完成南财源道道路大修、四期供热管线、天狮大学污水管线等路网管网工程，提升泵站3座，在15条道路路口安装限车墩620根。优化配套服务品质，完成国际企业社区、创业总部基地整体商业规划，引进酒店、健身、诊所、超市等项目15个。

【产业发展】2018年，武清开发区制定完成智能生物制造和轨道交通装备制造产业发展方案，绘制完成产业路线图、项目源头导航图、投资落地承载图。全年引进多个产业项目，军科正源、擎科生物等生物医药产业项目38个，金恩斯智能装备、高普乐夜视设备等高端装备制造产业项目36个，以及音米眼镜、尚品网等营销、结算总部类企业66个。

【科技创新】2018年，武清开发区京津科学技术研究院建成投用，引进图门新能源、华创智行等项目4个。切实加强众创空间管理，制定了管理制度，完善了服务配套，留创园、智慧硅谷、青创社区等共引进项目11个，并获市级优秀小微双创示范基地、市级留创园专项建设补贴等奖励资金157万元。全年新增国家高新技术企业19家、国家级科技型企业116家、市级科技型企业122家、市级企业技术中心4家、市级重点实验室2家、市级高新技术企业21家。新增发明专利授权70个。协助企业申报市、区各项科技政策25项，全年累计向企业发放各类科技奖励资金3 147万元。引进高层次人才425名，新增博士后工作分站3个，进站博士27人，兑现各类人才奖励资金1 092万元。

【管理服务】2018年，武清开发区组织召开“双万双服促发展”政策宣讲会，向企业颁发《企业服务手册》《贸易UDA》等材料。走访、调研企业500余家次，协调解决各类问题400余个。政企互通信息化平台实现全域覆盖，线上受理企业问题410条，全部分拨解决。协助红日药业等16家企业申领转型升级等各级补贴资金1130万元。组织企业高管培训会4次，组织智能制造产业专项政策宣贯培训会4场，组织友元办公等10余家企业参加上海进口贸易博览会。举办各类招聘会201场，提供就业岗位11 2704个，达成就业意向24 981人。组织人力资源培训会8场，累计培训1 180余人，涉及企业850余家次。获批市级人力资源服务产业园并挂牌。

【绿色集约】2018年，武清开发区推动信义玻璃等17家重点企业编制全面达标排放报告。完成308家企业台账建立和分级。协助诺禾致源、格力莫等128家企业完善了环保手续。深入开展第二次全国污染源普查，入户调查企业311家。强化污染源排查整治，全年检复查企业323家次，发现问题400余个，完成整改360余个，其余问题正在整改。迎接生态环境部强化督查检查42次，检查企业172家次，均未发现重大问题。通过市级生态示范园验收，成为天津市第一家市级生态示范园。实施绿化景观提升工程，新增绿地14万平方米。制定完成《武清开发区厂房出租出售管理办法》，与普洛斯签订《战略合作框架协议》。对闲置、低效载体实施动态管理，涉及厂房57处，76万平方米。盘活厂房35.05万平方米、土地331.24亩（约22.08公顷），引进博纳格等新项目57个。

【平安开发区建设】2018年，武清开发区与园区企业、施工单位签订安全生产责任书268份、食品安全责任书212份、药品安全责任书196份。健全安全管理制度体系，修订规章制度10余项。组织各类专题培训12次，发放宣传材料1 000余份。深入开展危险化学品、涉爆粉尘、有限空间作业等专项检查和安全生产大检查，并及时进行问题整改。

【党建工作】组织全体干部员工签订《廉洁自律承诺书》226份，开展警示教育活动3次。对形式主义、官僚主义深入开展集中整治。开展“初心不改中国梦，大有作为开发区”主题系列活动4次，纪念建党97周年系列活动4次。持续推动“两新”组织“两个覆盖”，新增独立建支32个，新转入党员389名，新增入党积极分子备案47名，预备党员转正31名。扎实推进对大黄堡镇普贤坨村、曹家岗村、白古屯镇小赵庄、韩村结对帮扶工作，落实“一镇一主业”等各项帮扶资金268万元。

2018年武清经济技术开发区主要经济综合指标一览表

项目	单位	2017年	2018年	增减（%）
开发区生产总值	亿元	532.59	538.16	1.05
第二产业	亿元	342.6	286.1	-16.49
工业	亿元	338.7	280.18	-17.28
第三产业	亿元	191	252.06	31.97
工业总产值（现价）	亿元	617.43	481.64	-21.99
高新技术企业	亿元	142.21	159.92	12.45
销售（营业）收入	亿元	1 173.07	1 350.12	15.09
第二产业	亿元	661.83	514.42	-22.27
工业	亿元	607.3	469.56	-22.68
第三产业	亿元	511.24	835.7	63.47
利润总额	亿元	100.44	70.57	-29.74
第二产业	亿元	59.57	24.12	-59.51
工业	亿元	58.86	23.85	-59.48
进出口总额	亿美元	24.73	27.22	10.07
出口	亿美元	15.41	16.06	4.22
税收收入	亿元	89.77	94.61	5.39
新批企业数量	家	1 265	732	-42.13
外商及港澳台企业	家	25	18	-28.50
内资企业	家	1 240	714	-42.42
区内世界500强企业数量	家	24	25	4.17
国家级高新技术企业数量	家	95	123	29.47
新批企业投资额 外商及港澳台企业	亿美元	7 076.18	8 393.69	18.62
新批企业投资额 内资企业	亿元	930 632.72	560 289.85	-39.79
新批企业投资额 增资企业	亿美元	8 583.51	24 433.47	184.66
规模以上企业数量	家	342	339	-0.88
研究与试验发展（R&D）经费支出	万元	76 385	92 715	21.38
合同外资金额	亿美元	6 968.72	8 082.29	15.98
固定资产投资	亿元	298.54	78.2	-73.81
年末从业人员数量	万人	11.17	11.26	0.81
万元GDP能耗	吨标煤/万元	0.116 1	0.101 7	-12.40
单位国内生产总值取水量	立方米/万元	2.178 1	2.030 8	-6.76
上市企业数量	家	2	2	0.00

（武清经济技术开发区管委会）

池州经济技术开发区

【经济发展】2018年，池州经济技术开发区（以下简称“池州开发区”）地区生产总值增长8%，占池州市地区生产总值的24.7%，其中第二产业增加值占地区生产总值为70.8%，第三产业增加值占地区生产总值的29.1%；公共财政预算收入增长4.5%，占池州市公共财政预算收入的31.7%；税收收入增长10.33%，占池州市税收收入的37.5%；全社会固定资产投资总额增长17.3%。

【产业发展】2018年，池州开发区工业增加值增长8.5%，其中规模以上工业增加值增长8.6%；工业总产值增长19.7%，其中规模以上工业总产值增长19.8%，规模以上工业中的外商及港澳台投资工业总产值增长2.4%。恒生科技主持制定《管道用球墨铸铁修补器》行业标准，填补一项国内行业空白。产业创新步伐加快，铜冠铜箔生产的超低轮廓电子铜箔获“安徽工业精品”，1个项目荣获省科技进步二等奖。安芯电子雪崩型电子芯片制造处于省内领先水平。超元半导体填补了全省大尺寸晶圆检测领域的空白。

【科技创新】2018年，池州开发区高新技术企业增长23.3%。规模以上高新技术企业产值增长7.8%，规模以上工业企业研发费用支出增长30.6%。全面推进载体、平台、人才和产学研用创新体系建设，发明专利拥有量增长78.3%。省级及以上研发机构增长37%。新增博士后工作站1个、省战略性新兴产业人才2名，微半导体黄志祥团队入选2018年省高层次人才创新创业团队。均益金属、恒生科技成功进入省“115”产业创新团队初审名单，林洪博士申报“省外专”百人计划通过初步审核。开发区科学技术协会成立，为全区科技工作者搭建了平台。旭豪机械与上市公司杰克控股成功“联姻”，安芯电子建成全市首个智能工厂，世界最薄6微米电子铜箔实现量产，均益股份自主研发的数控全自动拉链成套设备荣获省首台（套）重大技术装备和省级新产品奖，并亮相安徽省庆祝改革开放40周年科技创新成果展。

【投资促进】2018年，池州开发区实际利用外资增长7.1%，占池州市实际利用外资的41.2%；进出口总额占池州市进出口总额的74.4%；新注册各类企业增长29.7%。积极参加中国电子信息博览会、2018世界制造业大会暨中国国际徽商大会等商贸活动，创新以商引商、顾问招商、精准专业招商、委托代理招商。禄思伟项目成功重组，奥镁集团重启池州白云石工厂。池州·东部产城融合创新区项目快速落地并于年底前实现一期开盘销售；拉链智能装备产业园项目完成初步规划和重点项目对接；中建材“三新”产业园一期年产300万片3D玻璃手机盖板项目全线投产。市政府与深兰科技集团签订战略合作协议，开启池州新一代人工智能产业发展新篇章。高质量落实“四督四保”机制，53个市重大调度项目完成年度投资计划的110%，开竣工率均达到100%。池州港江口港区三期、红利得光纤工业园、微泰导航芯片封装测试、华刃科技超细金刚线、德特机电耐磨新材料生产研发及高端装备智能化等一批项目开工建设，光学材料真空镀膜、汽车配件研发与制造、洁净环境设备制造、光学薄膜、智能液晶电视生产等一批项目竣工投产。

【体制机制创新】2018年，池州开发区着力推动效率变革，持续深化“放管服”改革，完成全市首个“证照分离”改革试点。常态化开展“四送一服”双千工程，帮助27家企业融资2亿元，兑现各级政策奖补资金近1亿元，减税降费减轻企业负担2.2亿元，解决企业用工需求1 300余人。启动开发区“去行政化”，创新管理体制、运营机制和绩效考核体系改革。

【投融资服务】2018年，池州开发区设立了开发区产业发展基金、创业投资基金、担保发展基金等金融服务产品，为园区企业发展提供了资金保障。远航港口港股成功上市，开创了池州市企业境外上市的先河；九华机械“JHM”商标成为全省首个挂牌上市的商标知识产权资产。

【绿色集约】2018年，池州开发区单位工业增加值化学需氧量（COD）排放量下降13.03%，单位工业增加值氮氧化物排放量下降26.43%，单位工业增加值二氧化硫排放量下降45.57%。开发区与社会专业低碳服务机构深化合作，编制完成低碳工业园区评估报告。启动园区循环化改造，建设循环化工业体系，培育循环化重点骨干企业，支持企业创建“绿色工厂”，打造循环经济产业链。

【国际合作】2018年，池州开发区加大外资项目招商力度，积极开展对德、日、韩和我国台湾地区的对外招商引资，多渠道对接世界、中国、民营500强等大企业、大集团，集群式承接珠三角、长三角、京津冀等发达地区产业转移，着力引进一批龙头型、基地型、科技型重大项目及补链型配套项目。

【社会事业】2018年，池州开发区扎实开展全国文明城市创建，加强园区和流坡村物业考核管理，强化农村“三大革命”和农村人居环境整治，提前完成“两治三改”年度计划。加速产城融合步伐，东部产城融合创新区列入全市三大功能区组团规划，电子信息产业园四期工程完工，凤凰大道、铜冠大道品质提升改造工程交付使用。9项民生工程完成，累计发放失地农民保障、城乡低保救助、城乡医疗救助等各类资金620余万元。健全完善公租房租赁管理机制，完成分配政府性投资建设公租房2 400余套。社会治安防控体系不断完善，文化教育、卫生计生、双拥优抚等工作持续加强。

【党建工作】深入学习贯彻党的十九大精神，通过集中轮训、专题研讨、辅导讲座、党课报告等形式，开展集中学习70余次，实现全区党员全覆盖。健全党建工作责任体系，制定2018年度基层党建工作“三个清单”，健全党员领导干部基层党建联系点制度。扎实推进基层党组织标准化建设，全区基层党支部全部达标。1人荣获安徽省“五一”劳动奖章，1人获评“长航十大杰出人物”。

【机构设置与管委会领导】池州经济技术开发区党工委、管委会机关设六局一中心：党群工作局、经贸发展局、投资促进局、建设局、社会事务管理局、财政局和政务服务中心。

开发区领导成员为：程国清任党工委书记、管委会主任；赵革锋任党工委副书记、管委会副主任；钱立芹任党工委委员、纪检监察工委书记；朱学华、齐新宇任党工委委员、管委会副主任。

（池州经济技术开发区管委会）

滁州经济技术开发区

【经济发展】2018年，滁州经济技术开发区（以下简称“滁州开发区”）全年地区生产总值较上年同比增长11.3%；财政收入46.03亿元，增长15%；税收收入41.43亿元，同比增长12.2%；规模工业总产值增长12.6%；规模以上工业增加值增长12.5%；战略性新兴产业产值增长16.8%；高新技术产业增加值增长10.9%；固定资产投资增长10.2%；外贸进出口14.6亿美元，增长9.5%；利用外资3.45亿美元，增长7.1%；社会消费品零售额25.1亿元，增长15%。在全省省级以上开发区综合考核中位列第6名；在商务部2018年219家国家级经济技术开发区综合发展水平考核评价中，滁州开发区列第59位、全省第4位，位次较上年大幅提升30位，在全省排名中提升1个位次。

【产业发展】滁州开发区主导产业支撑有力。2018年，园区智能家电及电子信息、汽车及先进装备制造、绿色食品三大主导产业累计产值占全区规模工业经济比重的84.1%。全区产值超亿元的企业达51家，产值总量同比增长13.8%，拉动全区规模工业增长12.7个百分点。天大铜业、韩上电器、东鹏等骨干企业均实现20%以上的快速增长。规模培育取得成效，全年新增天鼎丰、博成包装等投产企业9家，华冠饮料、宏明机电等成长性企业5家，规模企业达到178家。智能家电产业基地发展势头强劲。全年智能家电产业基地产值同比增长12.4%；实现税收14.8亿元，增长15.4%；实现固定资产投资95.3亿元，增长20.5%。2018年，园区联合国家工信部和中国家用电器研究院正式设立并成功举办智能家电核心零部件高峰论坛。基地荣获国家外贸转型升级基地（家电）；康佳电子、扬子空调获批“国家级绿色工厂”称号；康佳电子“LEDR1系列变频电视”获得“安徽工业精品”称号；开润股份获得省专精特新行业“单打冠军”称号。

【科技创新】在创新创业平台方面，香港吐露港与赵国屏院士合作，成立院士工作站，省科技厅已批准建站；德威新材料、盛诺电子、新康达获批第27批省级企业技术中心；启迪之星众创空间、天地汇众创空间、程创汇众创空间获批省级众创空间；盼盼食品获批省级博士后科研工作站。在产学研合作方面，完成科技成果登记43项，技术合同登记7 100万元；设立中国高校（华东）科技成果转化中心。在与大院大所合作方面，开发区与吉林大学签订战略合作协议、与武汉大学产学研合作共建武汉大学（滁州）智慧能源研究院；富达机电、杭州电子科大、滁州学院、开发区签订合作协议。在科技奖项方面，金诺实业、通用生物、艾普智能获得省科技奖有效推荐，通用生物获得省科学技术三等奖，鸿创新能源荣获“创响中国”双创大赛省二等奖。在高新技术方面，高科技企业达到56家，新增11家。在人才方面，博士团队人才引进25名，其中带项目、带资金落地的具有博士学位的高层次人才23名；园区自主培育高层次人才1名，新完成6名高层次人才签约落地。在研发投入方面，全年规模以上工业研发经费较上年增长31.6%。在专利方面，全年发明专利授权167件，发明专利拥有量579件。

【投资促进】2018年，滁州开发区签约亿元以上项目52个，协议引资647.85亿元；开工亿元以上项目 31 个，竣工投产 24 个，实现招商引资到位资金 150.21 亿元。按投资主体划分，世界 500 强企业项目 2 个，国内 500 强企业项目 6 个，战略性新兴产业项目 42 个，上市公司项目 7 个，国家级高新技术企业项目 17 个，外资项目 4 个。全年外贸进出口额 14.6 亿美元，增长 9.5%。主导产业中，家电企业完成进出口额 9.07 亿美元，占全区进出口总额的 61.8%。开发区 2018 年先后出台了《关于进一步加强滁州开发区项目帮办服务工作的意见》《滁州经济技术开发区鼓励创新推动高质量发展若干政策》《关于进一步加强滁州经开区项目帮办服务工作的意见》《经开区关于促进校企合作的工作方案》《滁州经开区经营性人力资源服务机构考核奖励办法》多项政策，全年企业累计招工约 2.5 万人。

【基础设施建设】2018 年，滁州开发区新开工及续建项目 71 个，总投资 62 亿元，建成投产项目 25 个，全年完成投资 10.5 亿元。推进场地平整工程，全年实施博西华等 9 个场地平整项目，总面积超 4 000 亩（约 266.66 公顷）。推进供水配套，投入 300 万元建成供水管网 3 公里。新建及续建道路桥梁项目 15 个，总里程 15 公里。地下综合管廊，一期工程 3 公里已完成 2.4 公里，二期工程 10.8 公里正在主体结构施工中。推进配套交通设施建设，建成芜湖路与徐州路、芜湖路与苏滁大道等 15 个路口交通信号灯，实施 15 条道路路灯项目，新增照明里程 30 公里。推进标准化厂房及配套设施建设，全年建设标准化厂房及配套设施 37 万平方米。加速民生工程建设，全年回迁安置菱东家园二期、林楼小区三期两个棚户区改造安置房项目，总建筑面积 26.56 万平方米，移交房屋 2 421 套。新开工 12 万平方米石庙安置小区二期工程，2 万平方米金燕小区农贸市场、3 万平方米上海路九年制学校。

【体制机制创新】2018 年，滁州开发区深化商事制度改革，落实“先照后证”制度，制定《滁州经开区创优“四最”营商环境工作方案》，先后推行“登记帮办制、全程跟踪制”“多证合一”试点、企业名称登记制度改革、证明材料清理行动，全面清理行政许可事项申请条件和申报材料，实行窗口办照办证“最多跑一次”。全年新增个体工商户 2 111 户，增长 60.3%，新增企业 2 126 家，增长 69.4%。同时，全面落实企业登记全程电子化，积极开展“互联网 + 服务”工作新模式。凡具备网上办理条件的事项均网上受理、网上办理、网上反馈，暂不具备网上办理条件的事项，提供全程在线咨询，及时回应申请人诉求。全年共设立全程电子化企业 1 624 家、变更 8 家、半程电子化企业 798 家。

【投融资服务】2018 年，开发区新增直接融资项目 7 个，帮助企业解决融资难问题，助力各类融资规模超 100 亿元，惠及企业近 20 家。企业上市方面，2 家企业证监会上市在审，5 家企业启动上市前期工作。指导园区 4 家企业申请“滁科贷”贷款共 1 300 万元。

【绿色集约】2018 年，滁州开发区按照“布局集中、产业集聚、用地集约”的总体要求，制定和出台多项措施，有效提高区域土地集约利用水平。一是开展存量用地“二次开发”，鼓励盘活利用存量和低效利用土地；二是开展闲置和低效利用土地清理；三是鼓励建设使用多层标准化厂房，提高土地利用率；四是通过压缩辅助设施用地以及厂房加层改造、开发地下空间等途径提高容积率。

【机构设置与管委会领导】滁州经济技术开发区下设综合办、财政局、投促局、经济运行局、建设局、工会办、市场监督管理局、社会事务服务中心 8 个职能部门。

管委会领导成员为：党工委书记、管委会主任盛必龙；党工委副书记、管委会副主任杨家庆；党工委委员、管委会副主任唐雨；党工委委员、纪监工委书记祁兴各；党工委委员、管委会副主任孙宏 、赵光华；党工委委员、工会办事处主任罗永富；管委会副主任孙艳辉、王全超；调研员夏广北、张远、许林友、张永虎。

（滁州经济技术开发区管委会）

宣城经济技术开发区

【概况】宣城经济技术开发区（以下简称“宣城开发区”）1996年3月经省政府批准设立，2014年10月27日经国务院批准，升级为国家级开发区。开发区设立之初，规划面积6.26平方公里，2001年4月调整为7.25平方公里，规划定位为工业园区；2003年根据《宣城城市总体规划》，经市政府同意，规划面积扩展为17.25平方公里；2009年，根据2007版《宣城城市总体规划》，开发区向西跨宣广高速扩展约15平方公里。2010年，根据国务院批准的《皖江城市带承接产业转移集中示范区总体规划》，规划设立宣城市承接产业转移集中示范区15平方公里，并于2014年获省政府批复，开发区管辖面积200平方公里，直管飞彩、金坝、天湖街道，园区规划面积约60平方公里（含宣城市承接产业转移集中示范区15平方公里），建成区面积约30平方公里。世界银行安徽宣城承接东部地区产业转移基地基础设施示范项目座落于开发区。

【经济发展】2018年，宣城开发区固定资产投资增长17%，其中工业固定资产投资增长55.9%；规模以上工业增加值增长12.2%；战略性新兴产业产值增长14.3%；高新产业增加值增长13.8%；财政收入11.5亿元，增长16%；进出口总额13 604万美元，增长6.6%；实际利用外资14 756万美元，增长46.4%；亿元以上项目到位省外境内资金70.5亿元，增长11.7%。

【精准招商】2018年，宣城开发区紧抓长三角一体化高质量发展契机，重点突出补链、延链、强链招商。新签约项目101个，协议引资120.8亿元。其中，1亿～5亿元项目59个，5亿～10亿元项目3个，10亿元以上项目4个，沪苏浙项目33个。新能源、新材料产业领域招商继续发力，先后签约天津锦美碳材料、浩天新能源、研一新能源、广森材料、永生运佳、铭拓新能源等一批优质项目，使开发区新能源、新材料板块更具优势。总投资16.5亿元的好彩头食品生产基地项目成功签约落户开发区，成为开发区招商引资的重大突破。引进龙虎锻造、浩源汽配、众诚塑胶等一批汽车零部件产业企业，进一步壮大开发区主导产业。引进台湾数格科技、上海建顾减震、豪庄机械、泰乐玛科技等高端装备制造产业企业。引进杭州有人光电、上海阖煦微波、上海瑞梅医疗等多个高科技企业及科创人才团队。

【企业帮扶】2018年，宣城开发区聚力打造市本级新能源、新材料基地“1号工程”，已完成高端储能重大新兴产业工程申报和省级新一代信息技术战略性新兴产业基地申报工作。组织天时、中鼎动力、华威铜箔、龙华电子等40余家企业成功申报2019年制造强省、“三重一创”、绿色工厂、进口设备补贴等各类项目，截至12月底，争取省、市各专项资金共3 000余万元。组织智谷软件园申报国家小型微型企业创业创新示范基地，组织益佳通申报省级工业设计中心，组织中鼎动力等5家企业成功申报市级企业技术中心。对园区企业的政策兑现工作进行全面梳理，奖补企业122家，共计兑现资金约8 436万元。

【项目推进】2018年，宣城开发区坚持项目至上，突出项目带动，建设步伐显著加快，发展后劲持续增强。一是加压奋进抓建设。全年新开工好彩头食品、长昇科技、锦美碳材等工业项目 51 个，完成年度目标任务 170%；新投产盛鸿建筑科技、建永精密部件等工业项目 35 个，完成年度目标任务 135%。完成新开工项目 34 个，新竣工投产项目 23 个。二是凝聚合力抓攻坚。围绕推动项目落地建设，设立四大项目落地攻坚组，相继出台《宣城经开区项目落地攻坚实施方案》《宣城经开区招商引资项目落地推进工作机制》，形成项目落地攻坚有效机制，凝聚推进项目建设强大合力。三是提升帮办抓服务。全年办理工商注册登记 8 267 件，发放工业项目营业执照 97 件、建设用地规划许可证 33 件、建设用地批准书 38 件、建设工程规划许可证 51 件，办理施工许可证 61 件、消防验收 121 件、建设工程竣工验收 43 件，发放商品房预售许可证 113 本、125 万平方米。

以重点项目建设为抓手，全力推进世行贷款等基础设施项目、污水处理项目、代建厂房项目、城市管理等重点工作。全年实施重点项目 41 个，完成投资额 4.023 亿元。实施市政道路、桥梁项目 17 个，共计 28.08 公里，竣工铁山路跨高速桥、日新西路三期、兴隆路等 8 个项目，竣工通车道路里程 11.8 公里，完成投资 1.33 亿元，打通了高速路内路网微循环，基本形成内畅外联的路网格局。建成日处理能力 2.5 万多吨的长桥污水处理厂并顺利实现投产运行，实现承接产业转移集中示范区 25 平方公里污水应收尽收。

【民生建设】2018 年，宣城开发区安排 41.7 万元资金用于支持贫困户包保工作。选派 2 名副县级干部到泾县贫困村挂职担任第一书记驻点扶贫，安排 40 万元专项扶贫资金，帮助 2 个贫困村发展脱贫项目。

高位推进，巩固创建成果。指导办事处、城管局等责任单位实施沿街建筑立面、主次干道、出城道路沿线和办事处驻地环境卫生；专项整治投资 600 万元，对老旧小区进行综合改造，实施路面修复、下水管网维修等工程；投资 330 万元，对希达小区房屋渗漏、莲花塘小区楼体护栏、翡翠城倾斜墙体等实施应急维修。在金达、开达、希达、莲花塘等小区增设停车充电棚 95 处，解决居民电瓶车充电难问题。

安置房建设完成投资 1.5 亿元，新建安置房 623 套，总建筑面积 9.7 万平方米。新建群众接待中心于 2018 年 1 月投入使用，辖区 3 个街道办事处根据市里要求实施综治维稳信访工作中心“国标化”建设，2018 年上半年已全部建成。列支民生项目建设类工程经费约 880 万元，截至目前为 4 092 名（其中达龄 3 043 名、未达龄 1 049 名）失地农民保障对象完成了参加城镇企业职工基本养老保险手续的办理。

【基层组织建设】2018 年，宣城开发区采取多项措施，掀起“学习强国”学习平台推广使用热潮。扎实开展“不忘初心、牢记使命”主题教育，结合“四送一服”，开展服务企业解难题政策集中宣讲和“学李夏、改作风、办实事、解难题”系列主题党日活动。开发区党建指导员开展送理论进基层，集中开展主题教育宣讲活动 50 余场次。从机关干部中选派非公企业党建指导员 18 名，开展党建工作指导。非公企业党支部书记与经营管理人员交叉任职比例达 90% 以上。开办非公企业“车间微课堂”“一刻钟党课”，推进“双培三帮带”，引导企业党员争做爱岗敬业、促进生产、发挥作用的先锋标兵。配合宣州区、宁国市委，抓实 3 个街道村（社区）党组织建设，安排预算近 200 万元，落实村（社区）组织基本运转经费。

结合百名干部联百企，深化结对共建，实施“党建 +”工程，机关党组织与各部门深入企业一线，送政策、送信息，帮助企业解决实际问题，增强党建工作与经济工作的融合度。在非公企业，深化“双强六好”争创活动，全面落实“三有两评”要求，积极探索党建工作与企业生产经营相互融合、互促双赢的有效途径。要求非公企业广大党员积极参与党员示范岗、党员责任区、党员承诺等活动，把身份亮出来，把标杆树起来，发挥先锋模范作用。

（宣城经济技术开发区管委会）

德州经济技术开发区

【概况】2018年，德州经济技术开发区（以下简称“德州开发区”）围绕当好东部城区建设主力军、建好新旧动能转换示范区总体目标，突出“以有为政府促进有效投资、实现高质量发展”工作主线，以“四抓四促”促进“四新四化”，全力推动“三次创业”，经济社会发展保持稳中有进、健康持续的良好势头，在全市协同发展综合考评中再获一等奖。在商务部代表国务院实施的2017年综合发展水平考核评价中，德州开发区在全国219家国家级经济技术开发区中列第103位，提升了19个位次；在全省15家国家级经济技术开发区中列第6位，提升了2个位次，21项指标优于全国平均水平。

【经济发展】2018年，德州开发区实现地区生产总值349亿元，同比增长7.4%，占全市的10.3%。财政收入54.1亿元，同比增长10.7%，其中税收49.8亿元，同比增长11.8%。公共财政预算收入24.6亿元，同比增长11.6%，占全市的12.2%。社会消费品零售总额103.66亿元，全社会固定资产投资完成190.4亿元。产业结构不断优化，三次产业结构为1.8∶60.1∶38.1。

【产业发展】2018年，德州开发区着力培植壮大新能源、大健康、先进装备制造、电子信息、农副产品深加工和现代服务业六大主导产业。2018年，开发区规模以上工业企业户均产值达到1.58亿元，主营业务收入超亿元的企业48家。完成技改投入105.6亿元，同比增长10.6%。成功申报德州市唯一一个省级装备制造业产业集群转型升级示范扶持项目。景津集团入选第三批国家制造业单项冠军示范企业，奇威特成功申报瞪羚企业。高新技术企业70家，产值占规模以上工业总产值的比重达到49.6%。

【科技创新】2018年，德州开发区出台《关于鼓励和支持科技创新驱动发展的实施意见》，设立科技创新驱动专项资金，构建起“技术研发＋成果转化＋项目孵化＋科技金融”四位一体创新创业服务良好生态。截至年底，高新技术企业总量达到54家，居全市首位，经国家认定的科技型中小企业34家。36家企业申报山东省企业研究开发财政补助，申请省级补助530万元。全区研发经费4.6亿元，增速31.8%。全年技术合同登记额较上一年度有大幅增长，总计59项共20 003.8万元，增幅91%。荣获国家级“高端人才引领型创新创业特色载体”。中元科技创新创业园作为载体建设的重要组成部分，清控启迪之星等15家知名孵化机构纷纷入驻，3家机构获批“山东省科技企业孵化器”，园区被评为“山东省小微企业创新创业示范基地”“山东省级成长型数字经济园区（试点）”。获批国家“万人计划”2人，获批省级引智成果示范基地1个，省高端外国专家项目1个，市级有突出贡献的青年专家1人，博士后创新实践基地1个，获批外专双百计划1个，齐鲁友谊奖1个。备案高层次人才23名。

【投资促进】2018年，德州开发区出台《德州经济技术开发区招商引资优惠政策》及补充解释文件，打造全市产业示范基地。有研半导体、德州动漫文化产业园等42个项目成功签约，合同投资额618.9亿元，增长222%；绿地创新谷、华创融盛等32个项目开工建设，总投资165亿元，到位资金25.8亿元；麦迪海、国药控股等45个重点续建项目加快推进，到位资金

55.2 亿元，增长 253%。11 个市级重点项目完成年度投资计划的 119%。列入省、市两级新旧动能转换重大项目储备库项目个数、质量均居德州市首位。

2018 年，开发区进出口额实现 72.8 亿元，同比增长 13.8%。其中，出口额实现 46.6 亿元，同比增长 12.4%；进口额实现 26.2 亿元，同比增长 16.5%。高新技术产品出口额实现 18.9 亿元，同比增长 11.3%；高新技术产品进口额 18.8 亿元，同比增长 18.3%。实际到账外资 4 921 万美元，同比增长 17.5%。

【体制机制创新】2018 年，德州开发区市政府成立东部城区开发建设领导小组和指挥部，围绕突出效率核心，实行“1+1+2+N”管理体制。第一个“1”是东部城区建设领导小组，负责决策部署、统筹推进东部城区建设整体工作。第二个“1”是指挥部，负责具体工作的执行和落实。指挥部作为实体性机构，下设办公室、规划建设、招商、财政金融“一办三组”，抽调精干力量，进行集中办公，建立例会制度，抓好项目引进评审落地、土地规划管控和投融资组织等工作。“2”是经济技术开发区和陵城区，负责具体抓好计划的实施、项目的落地。“N”是各有关职能部门，根据职责任务提供全方位服务保障，项目落实效率进一步提高。

成立区行政审批服务局，将市政府下放管委会的 50 项行政许可事项中的 35 项一次性划转，未划转的事项通过派驻人员和委托受理的方式，全面进驻政务服务中心办理。依托“政务服务审管系统平台”，实现审批和事中事后监管的“审管分离”无缝衔接。推进建设项目审批流程再造，在“双线并行”预审机制的基础上，实施“预审 + 承诺制”审批模式，压缩审批时限 4 ~ 6 个月，助力项目快速落地。

坚持督查考核一体化原则，建立差异化综合评价机制。出台《德州经济技术开发区协同发展综合考评办法》《德州经济技术开发区“双招双引”考核办法》，以年度重点任务为主攻目标，抓住关键指标，加强过程控制，实施差异化考核和定量考核，针对不同部门性质特点设置差异化考核标准，结合部门工作成效实行量化计分。严格按督查考核成绩兑现奖惩，凝聚推动工作的强大合力。

【投融资服务】截至 2018 年年底，德州开发区内 14 家银行各项存款余额 666.22 亿元，较年初增长 129.46 亿元，各项贷款余额 515.35 亿元，较年初增长 151.05 亿元。实现新增直接融资 26.1 亿元。区内保险机构保费收入 23.39 亿元，其中，寿险机构保费收入 20.95 亿元，财险机构保费收入 2.44 亿元。民间资本管理机构投放资金 82 笔，投资余额 2.33 亿元，小额贷款公司放贷 93 笔，贷款余额 1.76 亿元，融资性担保机构在保责任金额 1.08 亿元。

出台《开发区新旧动能转换基金管理办法》《开发区新旧动能转换基金激励办法》，健全基金投资决策体系，配套基金落地优惠政策，吸引投资机构及新旧动能转换基金落地开发区，助力全区新旧动能转换重大工程实施。借鉴多地先进经验，结合开发区实际，通过公开招标方式建立 PPP 项目咨询机构库，为 PPP 推广运用工作提供智力支持。截至年底，共设立 7 家基金管理公司，设立 2 只政府引导基金，总规模 2.45 亿元，已投资企业 1 450 万元。德州联合石油科技有限公司挂牌“新三板”。建立后备上市企业库、中介咨询库，形成了“改制一批、储备一批、辅导一批、上市一批”的梯次格局。对接市融资担保公司，集思广益，积极探索民营企业融资新模式——纾困基金，设立用款企业申请—管理团队尽调—审批—基金放款—银行还款—银行放款—基金回款的内控机制，解决民营企业融资难、融资贵问题。

【绿色集约】2018 年，德州开发区在污染物排放方面成效显著。化学需氧量（COD）排放量为 174.5 吨，同比下降 8.9%；二氧化硫排放量为 201.2 吨，同比下降 1.7%；氮氧化物排放量为 110.5 吨，同比下降 7.9%；氨氮排放量为 17.6 吨，同比增长 0.2%。工业固体废物综合利用率为 98%，再生水（中水）回用率为 51.7%，通过ISO14000认证企业达到73家。

根据《2018年度德州经济技术开发区土地集约利用评价技术报告》，土地利用集约度综合得分为83.36，土地集约利用总体表现较好，大多数评价指标均达到或接近理想值。在2018年度德州经济技术开发区土地集约利用评价中，主区土地利用状况得分为85.76，发展方向区土地利用状况得分为90.34。管理绩效发挥方面，开发区评价范围内无闲置土地，即土地闲置率现状值为0，管理绩效得分为100分。

【社会事业】德州开发区坚持把服务开发区发展需要融入服从德州市发展大局来谋划，空间上统筹城市与农村，内容上统筹民生与发展。完成东部医疗中心、绿地创新谷等60余个重点项目拆迁清障面积6 800亩（约453.33公顷）。董子文化街文化产业园项目入选山东省重点服务业园区。围绕创建德州教育示范区目标，投资16.3亿元，在对24所学校进行标准化改建的基础上，11所新建、扩建中小学建设全部投入使用；教师绩效工资、校长职级制、县管校聘等七项重大教育改革深入推进，与全国重点中学——北京八中合作共建的崇德中学正式启用。以绩效考核与报酬相挂钩为核心的镇街卫生院管理体制改革加快推进，20名新招录专业人员已全部上岗。在全区11户、24人建档立卡的贫困户已全部实现脱贫的基础上，出台《临时贫困人口动态管理及救助办法》，对因病因残因灾等突发原因导致的支出型贫困人口建立台账进行帮扶。新引进华夏银行、齐鲁银行等5家金融保险机构，大力实施打造乡村振兴率先突破示范区三年行动计划，新增党支部领办创办合作社13家，抬头寺小城镇、船头岸下田园综合体、白庄美丽乡村等项目建设加快推进。

【党建工作】2018年，德州开发区全面落实新时代党的建设总要求，紧紧围绕“全面提升党组织组织力”主题主线，坚定不移推动全面从严治党向纵深发展，以政治建设为统领，严密党的组织体系，把党的政治建设工作情况纳入党（工）委书记抓党建述职评议和党建考核评价体系，并突出其权重。严肃党内政治生活，将区级领导干部参加双重组织生活、所在支部的“三会一课”、党员活动日集体学习等情况列入年度党建工作督导考核。深入开展以谈心谈话、评价反馈、创建星级党组织和一流业绩为主要内容的“谈评创”活动。“两委”换届工作较好完成，整顿软弱涣散基层党组织18个，消除集体经济空壳村、薄弱村58个，19个3年以上未发展党员的村有了新党员，社区（村）党组织负责人年人均工资提高至2.7万元，规范提升村级活动场所26个，“两新”党组织覆盖率提高到89%。扩大党建巡查覆盖面，及时发现问题，积极有效解决问题。

【机构设置与管委会领导】2018年，德州开发区管委会下设机构22个，分别为：党工委管委会办公室、纪工委（监察局）、组织人事部、宣传部（统战部）、政法委（信访局）、新能源产业促进局、大健康产业促进局、电子信息产业促进局、装备制造产业促进局、现代服务业促进局、农副产品加工产业促进局、商务合作局、综合执法部、社会事业部、住房和建管部、三农事业部、经济发展局、财政局、发展和改革局、金融国资办、科技局、行政审批服务局。

开发区管委会领导成员为：德州市政府党组成员，党工委书记、管委会主任鄂宏达；党工委副书记、管委会副主任沈四平；党工委副书记、管委会调研员朱青松；党工委副书记、管委会副主任，大健康产业发展部部长宋世忠；政协德州市委员会德州开发区工委主任王怀勇；党工委委员、管委会副主任，装备制造产业发展部部长李晓明；党工委委员、管委会副主任，中国孔子研究院德州分院（中国董子研究院）院长史好勤；党工委委员、管委会副主任，电子信息产业发展部部长韩冰；德州市人大常委会德州开发区工委主任谢恩明；党工委委员、管委会副主任，现代服务业发展部部长岳红星；党工委委员、管委会副主任，宣传部（统战部）部长贾长群；党工委委员、农副产品加工产业（现代农业）发展部部长任锋；党工委委员、纪工委书记田景尧；党工委委员、组织人事部部长孙丙峰；党工委委员，德州市公安局副局长、党委委员、调研员兼开发区分局局长张宝镇；党工委委员、党工委管委会办公室主任申毅；党工委委员、境外招商局局长、新能源产业发展部部长、新能源产业促进局（驻京对接京津冀联络办公室)局长(主任)高吉超；党工委委员、政法委书记赵文彬。

2018 年德州经济技术开发区主要经济综合指标一览表

项目	单位	2017 年	2018 年	增减（%）
开发区生产总值	亿元	325	349	7.4
第二产业	亿元	194.3	209.6	7.9
工业	亿元	162.6	173.6	6.8
第三产业	亿元	122.5	133	8.5
工业总产值（现价）	亿元	400.6	441.4	10.2
高新技术企业	亿元	71.3	78	9.5
进出口总额	亿美元	64	72.8	13.8
出口	亿美元	41.5	46.6	12.4
财政收入	亿元	48.9	54.1	10.7
税收收入	亿元	44.5	49.8	11.8
财政支出	亿元	19.2	21.7	12.7
新批企业数量	家	3 103	3 862	24.5
区内世界 500 强企业数量	家	1	2	100.0
国家级高新技术企业数量	家	44	54	22.7
规模以上企业数量	家	550	530	-3.6
研究与试验发展（R&D）经费支出	万元	47 795	66 619	39.4
研究与试验发展（R&D）经费投入强度	%	1.38	1.66	20.3
合同外资金额	亿美元	0.3	0.2	-33.3
外商实际投资	亿美元	0.4	0.5	25.0
固定资产投资	亿元	205.2	190.4	-7.2
年末从业人员数量	万人	17.3	17.2	-0.6
万元 GDP 能耗	吨标煤 / 万元	0.3	0.2	-33.3
水资源消耗总量	万立方米	448.1	403.7	-9.9
单位国内生产总值取水量	立方米 / 万元	1.4	1.2	-14.3
区内建立的创业创新平台数量	个	45	56	24.4
区内科研院所数量	家	5	6	20.0
区内职业教育学校数量	所	5	5	0.0

（德州经济技术开发区管委会）

大同经济技术开发区

【经济发展】大同经济技术开发区（以下简称“大同开发区”）已建成医药工业园区、装备制造园区、高新技术园区、现代服务园区、御东园区五大产业园区，正在打造通航产业园区、中银纺织产业园等特色产业园区。大同开发区初步形成了以医药和装备制造为支柱，以新能源、新材料、电子信息、通用航空、商贸物流、食品加工为辅助的产业布局。2018 年，大同开发区生产总值完成 73.5 亿元，同比增长 10.3%；规模以上工业增加值预计完成 39.3 亿元，同比增长 11.5%；第三产业增加值完成 22.7 亿元，同比增长 9.9%；规模以上工业总产值完成 140 亿元，同比增长 28%；规模以上企业销售收入完成 133 亿元，同比增长 32%；公共财政预算收入完成 4.97 亿元，同比增长 30%；固定资产投资完成 69.3 亿元，同比增长 20%；外贸进出口总额完成 22.23 亿元，同比增长 54.58%，占目标任务的 147.22%。

【招商引资】2018 年，大同开发区创新招商方式。一是挂图招商。聚焦京津冀、珠三角、长三角，聚焦大企、大校、大院、大所，聚焦战略性新兴产业和高新技术产业，结合省经信委《招商图谱》和大同市《招商地图》，绘制《大同开发区招商地图》，依托十二大产业图谱，按图索骥，挂图招商。二是利用产业链条招商。突出新能源、新能源汽车、新材料、镁铝合金、现代医药及医疗器械、新一代信息技术、高端装备制造、节能环保、通用航空产业等 9 大产业链，培育龙头企业，引进研发机构和配套企业，延伸壮大产业链条。三是利用原有厂房和建设标准化厂房招商。已引进 19 个租用厂房的新项目，租用面积 14.7 万平方米。开工建设总面积 51 万平方米的装备产业基地标准化厂房；建成云中 e 谷产业园标准化厂房 10 座，在建 6 座，总面积约 30 万平方米。2018 年，开发区多次赴北京、上海、深圳、西安等地开展招商活动。全年共签约项目 94 个，总投资额 1 715.43 亿元，同比增长 196.4%，项目涉及新能源、新材料、大数据、通用航通等多类新兴产业。其中，30 亿元以上省外项目 6 个，世界 500 强企业 1 家，大型央企 1 家；新能源类项目 35 个，总投资 915.75 亿元，占比超过 37%。

【产业发展】大同开发区出台《大同经济技术开发区关于促进医药产业健康发展的若干意见实施细则》，以有效应对医药行业出现的仿制药一致性评价和“两票制”政策影响。2018 年，医药产业预计实现产值 82.9 亿元，增长 33.61%，产业规模约占全省的 1/3。装备制造产业平稳增长，特别是中国重汽大同齿轮有限公司、陕汽大同专用汽车有限公司延续上年的良好势头，产值连续两年大幅提升，年内装备制造产业预计实现产值 49.33 亿元，同比增长 11.65%。

【科技创新】大同开发区大力支持中小企业发展。2018 年，开发区申报国家“双创”载体升级资金扶持项目获批，争取到国家财政部 5 000 万元载体升级资金，提升开发区中小企业可持续发展能力。联合北大 1898 咖啡馆等高端众创平台，打造中小企业优质孵化平台。拓宽产学研合作渠道，开展产学研合作企业占规模以上工业的比重达到 57%。设立院士工作站，中科院高福院士与同达药业院士工作站已由省人社厅正式授予挂牌，中科院杨秀敏、岳清瑞、任辉启院士与晋投玄武岩院士工作站已投入运行。全年新注册个体工商户751户，同比增长33.9%；5家企业完成“小升规”。按照国家、省市税收优惠政策，可降低区内企业生产要素成本。对符合条件的企业，已累计减免增值税2 219.24万元，累计减免所得税15 656万元，累计补贴房屋租赁费、基础运营费等项目扶持资金3 100万元。帮助38家企业申报市级工业振兴奖励资金共10 446万元，占全市奖励资金的40%。出台《大同经济技术开发区促进企业自主创新扶持办法（试行）》，并对全区30家符合条件的企业发放科技创新奖励380万元。同时，主动争取产业扶持资金。全年争取市级产业扶持资金10.2亿元。

【体制机制创新】 2018年，大同开发区在体制改革方面卓有成效。

第一，各级、各部门成员实行任期制。一是领导班子任期制。开发区领导班子1正6副，上年底已经到位。从2018年开始，任期3年。二是全员岗位聘任制。开发区内设8个部门、5个园区服务中心以及区内设18名科级机构工作人员，通过竞聘、选聘程序已完成聘任，人员全部到位。三是绩效工资制。开发区出台了《大同经济技术开发区薪酬管理实施办法》和《大同经济技术开发区绩效考核办法》。绩效工资按岗位类别分为管理岗位、专业技术岗位和工勤岗位三类。“三化”改革扎实推进。在市场化改革方面实施“管建分离”和“管运分离”。

第二，中层干部实行市场化选聘。从开发区8个部门、5个园区服务中心中拿出财政运营部、投资促进部、装备制造产业园服务中心、医药工业园区服务中心4个中层干部岗位（副处级）面向全区及社会公开招聘。

第三，在专业化改革方面，建设专业化产业园区，已规划布局新能源汽车及零部件产业园、增程式清洁能源汽车产业园、新能源产业园、现代医药产业园、上海漕河泾（大同）国际创新创业园、国家级现代农业装备4.0产业制造基地等20个产业园区。引进专业化人才，岗位专业化、社会化选聘，试行特岗特薪、特职特聘。

第四，在深化审批制度改革方面，首先是“一个大厅管服务、一枚公章管审批、一支队伍管执法”；其次是落实企业承诺制、审批流程再造、容缺受理、并联审批、项目无障碍施工等各项政策。

【国际合作】2018年，大同开发区建设通航产业国际合作园区。开展中德、中美、中北（比利时）国际通航产业合作。产业园已签约总投资29.17亿元，引进、落地入驻德国轻型飞机研发制造项目、D-Motor(比利时）轻型航空发动机军民融合制造项目、美国传奇飞机制造项目、美国艾尔飞斯克航材制造项目、美国海湾石油研发等项目。建设中以科技创新国际合作园区。成立了大同—以色列科技合作办公室，引进以色列特拉维夫大学技术转移中心，推动中以科创产业园建设。2018年4月8—12日，大同市代表团出访以色列，与以色列国家创新署、以色列农科院、6家高科技企业进行合作对接。2018年5月21日特拉维夫大学技术转移中心获得落地大同的正式授权，7月21日在大同市汇泉广场挂牌成立。开展中乌（乌克兰）合作。

【基础设施建设】2018年，大同开发区持续加大基础配套设施建设投入，为道路、水电气暖、标准化厂房、平整场地等总计投入约4.6亿元，完善“九通一平”基础设施建设。按照山西省“转型项目建设年”活动的要求，严格落实并联审批机制、项目化管理机制、县区联动机制等“六项推进机制”，开展“前期手续集中办理月”“项目集中开工月”“进工地、到一线、解难题”活动，实行“一企一策”“一事一议”，为12家企业在高创中心和汇泉广场提供临时办公场所，为签约项目解决资金6.5亿元，项目建设成果显著。2018年，开发区开复工项目81个，总投资405.5亿元，完成投资59.9亿元。其中，新开工项目45个，总投资226.6亿元；续建项目36个，总投资178.9亿元。产业类项目53个，总投资300.4亿元；基础设施类项目20个，总投资10.83亿元；社会民生类项目2个，总投资16.77亿元。

【党建工作】2018年，大同开发区切实加强思想政治建设，认真贯彻落实党的十九大报告精神和十九届二中、三中全会精神，切实增强基层党组织战斗力。机关党委年初成立，按照上级文件精神和《党章》规定，将36个党支部按部门重新组建了4个党委、13个党总支、37个党支部，并严格按程序合理选举配齐了各基层党组织的领导班子。通过创新模式，推动各支部严肃党内政治生活。在全区推广应用"山西智慧党建"手机客户端，利用"智慧党建APP"、远程教育平台等信息技术手段，创新推广"互联网+三会一课"组织生活模式。全年共组建13个党支部、5个联合党支部，覆盖150家非公企业，覆盖率达到94%。规范建设党群活动中心。严格按照省级以上园区党群活动服务中心规范化建设"七室一厅两统一"的标准要求，规划建设园区党群活动服务中心。切实强化舆论引导，扩大对外宣传，树立良好形象。2018年，开发区共接待省、市记者20余人次；在省级媒体刊发大同开发区新闻21篇次；市级媒体刊发大同开发区新闻257篇次；黄河新闻网制作播发一张图、视频、文稿56篇次；拍摄开发区形象宣传片1部，招商引资宣传片1部，资料汇报宣传片2部，全面打造开发区人勇立改革潮头、奋力拼搏发展的新形象，努力营造招商引资新氛围。

【机构设置与管委会领导】2018年，大同开发区管委会设立8个主要职能工作部、5个园区服务中心；党工委有纪检工委、总工会、机关党委、非公党委和一个街道党委。

大同开发区领导成员为：大同市副市长，区党工委书记、管委会主任荆虎；区党工委副书记马曙光；区纪工委书记李义明；区党工委委员陈巨有、郝希杰、张威；管委会副主任、区党工委委员宋晋利、仝春生、李胜春、王华一、李云平。

2018年大同经济技术开发区主要经济综合指标一览表

项目		单位	2017年	2018年	增减（%）
开发区生产总值		亿元	66.03	82.66	25.19
第二产业		亿元	46.20	58.64	26.93
工业		亿元	36.69	49.00	33.55
第三产业		亿元	19.74	23.98	21.48
工业总产值（现价）（规模以上工业）		亿元	119.71	149.20	24.63
高新技术企业		亿元	84.35	109.28	29.56
销售（营业）收入（"四上"企业）		亿元	183.60	221.67	20.74
第二产业		亿元	146.15	186.07	27.31
工业		亿元	101.07	140.27	38.79
第三产业		亿元	37.45	35.60	-4.94
利润总额（"四上"企业）		亿元	7.96	6.85	-13.94
第二产业		亿元	8.39	7.85	-6.43
工业		亿元	7.24	7.38	1.93
区内主导产业及产值（"四上"企业）					
主导产业	1. 医药产业	亿元	62.03	86.99	40.24
	2. 装备制造产业	亿元	37.21	49.33	32.57
进出口总额		亿美元	2.18	3.33	52.62
出口		亿美元	2.17	2.55	17.54

续表

项目		单位	2017年	2018年	增减（%）
财政收入		亿元	9.20	11.65	26.70
税收收入		亿元	8.78	11.08	26.20
财政支出		亿元	9.50	6.86	-27.79
新批企业数量		家	176	280	59.09
外商及港澳台企业		家	2	5	150.00
内资企业		家	174	275	58.05
国家级高新技术企业数量		家	14	16	14.29
新批企业投资额	外商及港澳台企业	亿美元	0.312 8	0.4	27.88
	内资企业	亿元	—	—	—
	增资企业	亿美元	—	—	—
规模以上企业数量（“四上”企业）		家	113	146	29.20
研究与试验发展（R&D）经费支出		万元	15 254	28 633	87.71
研究与试验发展（R&D）经费投入强度		%	2.31	3.46	49.78
合同外资金额		亿美元	0.312 8	0.40	27.88
外商实际投资		亿美元	0.312 8	0.40	27.88
固定资产投资		亿元	67.00	75.02	11.97
年末从业人员数量（“四上”企业）		万人	2.05	2.18	6.34
水资源消耗总量（规模以上工业）		万立方米	646	901.27	39.52
上市企业数量		家	1	1	0.00
区内建立的创业创新平台数量		个	—	1	—
区内科研院所数量		家	—	1	—
区内职业教育学校数量		所	1	1	0.00

（大同经济技术开发区管委会）

库尔勒经济技术开发区

【概况】库尔勒经济技术开发区（以下简称“库尔勒开发区”）于2000年7月21日经新疆自治区人民政府批准设立。2004年5月列入第一批自治区知识产权试点开发区；2008年2月升格为自治区级高新技术产业园；2011年4月10日经国务院批准，升级为国家级经济技术开发区。首期规划面积80平方公里、二期60平方公里，最终形成140平方公里“专业集成、投资集中、资源集约、效益集聚”的新型工业园区。近年来，库尔勒经济技术开发区已成功创建国家新型工业化产业示范基地、国家电子商务示范基地、纺织服装产业转移示范区、国家级绿色园区和自治区“两化”融合示范区。

【经济发展】截至2018年年末，库尔勒开发区常住人口约7万，已入驻各类企业2 500余家，全年生产总值（GDP）379亿元，同比增长4%；全社会固定资产投资完成207.4亿元；地方财政收入7.3亿元。开发区已初步形成“3+1”即纺织服装产业、石油天然气产业、农副产品产业和现代服务业嵌入式发展模式；聚集了中泰纺织、江苏金晟集团、塔里木大化肥、美克化工、金富特种纱业、愿景集团、瑞兴化工、法国斯伦贝谢、乌苏啤酒等一批国内外知名企业。

【产业发展】2018年，库尔勒开发区的主要产业发展成效显著。

纺织服装业。库尔勒纺织服装城作为新疆维吾尔自治区规划建设纺织“三城”中的重要组成部分，按照自治区要求，以促进就业、改善民生、促进城镇化建设作为重大任务，把改革创新、优化投资环境、可持续发展作为持久动力，全力推进纺织服装城建设。截至2018年，规划面积31平方公里的库尔勒纺织服装城，全疆规模最大的汇同泰筒子纱染色项目、荣获“中国工业大奖”的康平纳智能化筒子纱染色项目相继建成，打通了中间环节，为纺织服装全产业链的发展奠定了坚实基础。恒泰化纤2万吨涤纶短纤维项目建成投产，实现了化纤纺“零的突破”，拓展了纺织产业链条，直接带动就业7 000人左右，间接带动就业2万人以上，分别形成世界粘胶短纤维企业单厂产能第一、全国最大的气流纺和涡流纺生产基地。

自第二次中央新疆工作座谈会提出支持新疆发展纺织服装产业、促进百万人就业战略以来，库尔勒开发区抢抓机遇，率先实施纺织服装城规划。作为全疆三城之一的主战场，库尔勒开发区加快实施纺织服装城建设，主动融入“一带一路”发展建设，确定了以棉花、粘胶纤维等多种原料生产及其下游产业链发展的目标。如今，纺织服装产业发展已经取得了显著成效，成为引领全疆纺织产业发展的综合性纺织服装产业基地之一。

截至2018年，库尔勒开发区拥有棉纱50万吨/年、织机355台、服装200万件/年、数码印花地毯300万平方米/年、土工布1万吨/年、涤纶长丝2万吨/年的生产能力，5万立方米/日的印染污水处理能力以及已具备印染能力的两家印染企业，规模以上纺织企业实现产值124.5亿元，同比增长9.7%。纺织服装企业主营业务收入106亿元，实现利润8.7亿元，企业生产各类纱线44万吨，粘胶短纤39.06万吨，数码印花地毯320万平方米，毛/浴巾155万条，服装120万件。这些日趋完善的产业基础，使库尔勒开发区成为全疆纺织服装产业发展最全面、投资和纱锭规模最大、企业效益最好、最具综合竞争力的地区。

石油石化精细加工及装备制造业。库尔勒开发区以石油天然气、精细化工为重点产业，已经逐步形成上中下游一体化协调发展的石化产业格局。依托石油石化产业发展，围绕石油管材生产加工、装备机械加工，形成了为油田技术服务配套的装备制造业以及钢结构新型建材、电气机械等优势产业集群。开发区美克化工产业园，历经近10年的发展，已拥有美克化工、美克美欧、巴斯夫美克化工、美盈化工4家运营主体公司，投资规模近百亿元。其中，美克化工已经成为国内最大的1, 4- 丁二醇产品供应商。

农副产品加工业。库尔勒开发区有农产品加工企业58家，2018年实现产值20.45亿元，年销售收入2 000万元以上的企业有18家，收入上亿元的企业有6家。园区共有州级以上龙头企业18家，其中，国家级农业产业化龙头企业1家、自治区级农业产业化龙头企业13家、自治州级农业产业化龙头企业4家，重点龙头企业的综合实力不断增强，龙头企业对农户的带动能力显著。规模以上龙头企业大都采用“基地 + 订单 + 农户”的产业化发展模式。带动种植基地面积近2万亩（约132.45公顷），带动农户2.3万户，带动农户增收1.3万元 / 户，龙头企业合作社达16家。龙头企业充分发挥了农产品加工劳动密集的优势。

商贸物流业。巴州位于欧亚大陆腹心地带和新疆中南部，是正在建设中的国家级综合交通枢纽，是我国西北5个沿边开放地区扇面的轴心，拥有“东接西连”搞活国内外贸易的战略电商——物流中心和连接国外市场、面向中亚的跨境电商外贸基地的经济发展功能，在“丝绸之路经济带”核心区建设中具有不可替代的战略支点地位。

开发区内有南疆铁路及格库铁路通过，格库铁路在库尔勒及开发区境内分别设有3个站点。其中，库东站距保税库仅3.2公里，保税库已规划建设一座综合性物流中心，以服务商贸物流发展。同时，开发区积极申请自治区开通新疆西亚班列并常态化运行。已开通新疆库尔勒—土耳其梅尔辛、芬兰赫尔辛基—新疆库尔勒、新疆西行专列美克化工“新欧地”（新疆—欧洲—地中海地区）等线路，解决开发区进出口产品物流成本高等难题，极大地推进了开发区联通向西的通道。

库尔勒开发区依托“一带一路”核心区和南疆重要的物资集散地的区位优势，构建集约高效、协同共享、融合开放、绿色环保、安全有序的现代商贸物流服务体系。基本建成南疆地区商贸物流中心、全国性商贸物流节点城市，为促进巴州外向型经济的转型升级，开发区充分利用交通和地理优势，加快物流产业发展，已建设完成开发区保税仓库及出口监管库项目，已封关运行，并与新疆金硕植物添加剂有限公司、新疆利泰丝路投资有限公司签约。保税库的成功建设为促进开发区进出口业务搭建了便利的服务平台。开发区保税物流库、南疆快递物流产业园建成后，配合“智慧园区”、云计算平台建设优势，将更有利于发挥开发区连通东西、承北启南的咽喉要道作用和国家级综合交通枢纽的优势，有效分流乌鲁木齐传统集散地的货物，在减轻吞吐压力、提高运输效率的同时，降低企业运输成本和运营资金压力。

截至2018年年底，家居物流业第一知名品牌红星美凯龙全球家居艺术博览中心、南疆最大的农产品批发市场海宝国际农产品物流商贸城、西北最大的商贸城愿暻智慧生态产业城和集分拨、仓储、配送为一体的南疆快递产业园等一大批商贸物流企业已入驻库尔勒开发区。

航天科技产业。巴州航天科技产业园位于库尔勒开发区二期用地望湖路西侧、218国道东侧、国防公路北侧区域，规划总建设面积5平方公里，其中一期规划建设面积1.5平方公里，二期规划建设面积3.5平方公里。主要围绕商业卫星测控、商业运载火箭总装测试研究、无人机开发应用、临近空间飞行器研发应用、北斗产业、安防、车辆监控、防护掩体制造、生活保障后勤服务等领域，建设成为一个集科技创新、企业孵化、产业聚合、多功能于一体的现代化航天产业示范基地。

【科技创新】截至2018年年底，库尔勒开发区入驻工业企业430余家。其中，主营业务收入过亿元企业32家，高新技术企业8家，创新创业服务机构37家，金融服务机构15家。已建成国家级众创空间1个，国家级电子商务示范基地1个，自治区级科技企业孵化器1个，拥有自治区级企业技术中心8个，自治区级工程实验室1个，自治区工程技术研究中心1个，设立各类研究院分中心6个，院士工作站1个，博士后工作站1个，新疆农垦马鹿产品综合开发研究所1家。现有国际专利1项，新疆名牌产品7件，企业参与制定国家标准、行业标准3项，企业荣获自治区科技进步三等奖1项。开发区科技创新成果如下：

一是加大企业创新政策支持。相继出台《库尔勒经济技术开发区加快推进科技创新驱动发展实施意见》《库尔勒经济技术开发区“五一一”人才工程实施细则》《关于促进中小企业健康发展的若干实施细则》《人才大厦企业入驻管理办法（试行)》《开发区加快推进电子商务发展实施办法（试行)》和《库尔勒经济技术开发区扶持中小企业发展资金奖励办法》等相关政策。将普遍性政策与重点支持相结合，加大对优秀科技人才来开发区创新创业在办公场地、融资、创新成果转化等方面明确了各项优惠措施。

二是加快“高精尖缺”人才培育，为科技创新增添后劲。完善“人才库”建设，分别与新疆财经大学商学院、巴音职业技术学院等高校建立校企合作，实现学生和企业之间无缝对接，盘活人力资源，形成新的人才动力。发挥对口援疆优势，充分利用河北援建资金908万元及人才资金500万元，建设和完善楼兰云、大学生实训基地、人才综合服务平台，建立大学生创新创业孵化基地，全面提升开发区“双创”基地的智能化水平和人才承载力。强化企业人才队伍建设，针对园区企业人才储备及需求情况，制定出台《库尔勒经济技术开发区人才专项资金实施细则》，对“985、211”及双一流高校毕业生来开发区就业创业进行分类奖补。目前已有200余人申报人才专项资金。针对性地引导企业引进、培养高层次人才，切实增强企业创新能力。2018年开发区引进各类归国人才50余名，硕士以上学位人才600余名。

三是依托创新创业活动，发挥创新示范引领作用。2018年组织开发区24家企业参加第五届新疆创新创业大赛暨第三届巴州创新创业大赛。新疆弘瑞达纤维有限公司、新疆根力多生物科技有限公司、新疆聚芳高科高新材料有限公司3家企业分别获得二等奖、三等奖。新疆聚芳高科高新材料有限公司、新疆根力多生物科技有限公司经过层层选拔，激烈角逐，以优异的成绩从全疆515家参赛企业中脱颖而出，分别入围第七届中国创新创业大赛新材料成长组和生物医药成长组总决赛。新疆黑果枸杞生物科技有限公司荣获2018年“改革开放40周年”新疆经济发展行业贡献奖。

【国际合作】库尔勒开发区引进世界500强企业德国巴斯夫公司，与新疆美克化工股份有限公司合资成立了美克美欧化学品（新疆）有限责任公司和巴斯夫美克化工制造（新疆）有限责任公司，共同合资兴建10万吨BDO项目和5万吨PTHF项目，项目总投资27.7亿元。美克美欧年产10万吨BDO项目及巴斯夫美克年产5万吨聚四氢呋喃（PTHF）项目均已投产试运行。

重点依托封关运行的保税仓库和南疆快递物流园，积极参与巴州“临空经济区”建设，利用临空经济区优势，促进本地产品走出去，外地产品走进来，短时间内提升开发区进出口额。同时，主动融入丝绸之路经济带核心区和中巴经济走廊综合承载区建设，积极参加周边国家国际合作论坛和博览会。截至2018年年底，开发区有外商投资企业10家，拥有进出口贸易备案登记企业 72 家，开展进出口业务企业 13 家。实现进出口总额 6.2 亿元，同比增长 64.96%。其中，进口额 2.1 亿元，同比增长 61.2%；出口总额 4.1 亿元。

为加快利用互联网优势，推进传统产业通过互联网开拓市场，发展对外贸易，开发区推动“互联网 + 外贸”发展模式，借助国家电子商务示范基地建设优势，加大产品进出口和物流发展、跨境电子商务平台和电子商务企业的招商引资力度。开发区已入驻各类电商企业 80 家，电商交易额实现 9.78 亿元，引导制造业企业采取集报分送和集送分包方式，积极探索跨境电子商务交易，全面打造云上电子商务产业园。

【绿色集约】库尔勒开发区紧抓“一带一路”发展机遇，全面统筹安排绿色园区建设的各项任务，于 2013 年 1 月成功创建国家新型工业化产业示范基地；2014 年 12 月创建自治区“两化”融合示范区；2015 年 6 月创建国家级电子商务示范基地；2017 年 6 月创建国家级农村创新创业示范基地；2018 年 9 月创建自治区“绿色园区”。开发区内已有国家级“绿色工厂”1 家，自治区级“绿色工厂”3 家。

开发区绿色园区建设的具体工作如下：

一是完善产业体系，倡导绿色发展。开发区通过实施企业减排项目，推动开发区电厂落实脱硫脱硝改造项目的一系列措施，结合“十二五”期间开发区内重点企业的环境统计数据，在 COD、SO_2、NOx 和氨氮排放方面较“十二五”末分别下降了 98.45%、90.8%、71.12% 和 98.19%。

二是加大节能减排力度，严格节能目标考核。开发区建立健全了节能降耗工作责任体系，认真落实节能工作目标责任和考核制度。严格贯彻落实国家发改委《固定资产投资项目节能评估和审查暂行办法》，从源头上有效控制高耗能项目进入开发区。2018 年规模以上工业企业万元增加值能耗同比下降 18.4%。

三是严守环保底线，确保绿色发展。加强重点企业的在线监控，推进园区重点水污染企业的在线自动监测。

四是强化循环经济发展，实施产业升级补链。开发区已经构建了石油—化工、农副产品深加工、棉纺化纤—纺织服装等产业链，通过战略招商和产业升级，不断加强产业补链，鼓励企业开展多项循环经济建设项目。开发区企业累计投入约 20.1 亿元用于节能环保经济项目建设，富丽达建设完成余热余压利用工程，开展活性炭吸附综合废气一期及 300m^3/d 压榨碱液膜回收项目；泰昌对污水深度处理达标后，对水资源循环利用；群克污水处理厂 5 万立方米城镇生活污水处理及中水回用项目已开工建设。

【体制机制创新】库尔勒开发区完善人员聘用机制。根据新政办发〔2017〕213 号文件相关精神，借鉴内地普遍做法，逐步推行“岗位薪酬制”改革。一是实行全员聘任制，封存干部档案，打破身份界限，人事管理由“身份管理”向“岗位管理”转变；二是建立薪酬分配激励机制，以岗定薪，绩效挂钩，薪酬管理由“铁工资”向“活薪酬”转变；三是创新考评考核，建立更加科学的绩效考核体制，扩大绩效考核占全年考核的比重，以实绩论英雄；四是畅通人才流通渠道，加大人才交流、引进力度，着眼园区产业发展愿景，多方式、多渠道引进急需人才，加大干部交流交叉任职，注重复合型人才的培养；五是建立和完善干部梯队，为园区各项事业后继发展蓄聚人才力量。目前，人事薪酬制度的各项改革正在完善和报批中。

加快推动“放管服”改革。库尔勒开发区结合实际，围绕“最多跑一次”、降低企业综合营商成本、促进投资贸易便利化三个方面多措并举，通过深入企业蹲点调研、实地考察、座谈交流、谈心谈话、发放调查问卷等多种方式，聚焦优化营商环境，深入推进开发区“放管服”改革，使“放”的效果持续显现、“管”的制度不断健全、“服”的体系逐步完善，以“最多跑一次”促“放管服”改革取得实效。2018 年办理行政审批服务事项 46 321 项，效能建设初显成效。

【机构设置与管委会领导】2014年2月，经自治州党委编办批准，库尔勒经济技术开发区管委会（党工委）设立工作部门9个：纪律检查工作委员会（监察局）、党政办公室、经济发展局、招商局、财政局、规划建设局、环境保护局、安全生产监督管理局、社会发展局，机构规格均为副县级。2014年成立巴州公安局开发区分局；2015年4月经上级批准，将库尔勒新城街道新苑社区、东湖社区移交开发区管理；2016年8月开发区工商行政管理局、质量技术监督管理局、国土资源局划转开发区管理，机构为科级。随着开发区职能的不断细化，经自治州党委编办批准，设立12个下属事业单位，机构规格均为科级。目前，经自治州党委编办批准，新的机构改革方案已经实施，新成立事业单位13个，现有在职员工1 445人，其他的机构设置等待自治区批复，大部制的改革按计划稳步推进中。

库尔勒经济技术开发区党工委、管委会领导成员为：州政府党组成员，开发区党工委副书记、管委会主任吉洪会；开发区党工委副书记、纪工委书记简小东；开发区党工委委员、管委会副主任王海捷、刘成军、杨晓东（援疆）；管委会副主任白萍；开发区党工委委员、管委会调研员张朝阳；开发区党工委委员、管委会党政办主任宋石铠。

2018年库尔勒经济技术开发区主要经济综合指标一览表

<table>
<tr><th colspan="2">项目</th><th>单位</th><th>2017年</th><th>2018年</th><th>增减（%）</th></tr>
<tr><td colspan="2">开发区生产总值</td><td>亿元</td><td>331</td><td>379.08</td><td>15</td></tr>
<tr><td colspan="2">第二产业</td><td>亿元</td><td>313</td><td>359.92</td><td>15</td></tr>
<tr><td colspan="2">工业</td><td>亿元</td><td>293</td><td>344.7</td><td>18</td></tr>
<tr><td colspan="2">第三产业</td><td>亿元</td><td>18.26</td><td>19.16</td><td>5</td></tr>
<tr><td colspan="2">工业总产值（现价）</td><td>亿元</td><td>537</td><td>628.8</td><td>17</td></tr>
<tr><td colspan="2">高新技术企业</td><td>亿元</td><td>29</td><td>37.04</td><td>28</td></tr>
<tr><td colspan="2">销售（营业）收入</td><td>亿元</td><td>606</td><td>650.5</td><td>7</td></tr>
<tr><td colspan="2">第二产业</td><td>亿元</td><td>589</td><td>637.17</td><td>8</td></tr>
<tr><td colspan="2">工业</td><td>亿元</td><td>580</td><td>629.5</td><td>9</td></tr>
<tr><td colspan="2">第三产业</td><td>亿元</td><td>16.6</td><td>13.38</td><td>-19</td></tr>
<tr><td colspan="2">利润总额</td><td>亿元</td><td>141</td><td>158</td><td>12</td></tr>
<tr><td colspan="2">第二产业</td><td>亿元</td><td>141.5</td><td>159</td><td>12</td></tr>
<tr><td colspan="2">工业</td><td>亿元</td><td>140</td><td>158</td><td>13</td></tr>
<tr><td colspan="2">区内主导产业及产值</td><td></td><td></td><td></td><td></td></tr>
<tr><td rowspan="4">主导产业</td><td>1. 纺织服装产业</td><td>亿元</td><td>116</td><td>124.5</td><td>7</td></tr>
<tr><td>2. 天然气精细加工产业</td><td>亿元</td><td>382</td><td>457</td><td>20</td></tr>
<tr><td>3. 农副产品加工产业</td><td>亿元</td><td>17.5</td><td>13.89</td><td>-21</td></tr>
<tr><td>4. 石油技术服务产业</td><td>亿元</td><td>13.6</td><td>14.59</td><td>7</td></tr>
<tr><td colspan="2">进出口总额</td><td>亿美元</td><td>2.08</td><td>0.6</td><td>-71</td></tr>
<tr><td colspan="2">出口</td><td>亿美元</td><td>0.502 5</td><td>0.442 7</td><td>-12</td></tr>
<tr><td colspan="2">财政收入</td><td>亿元</td><td>26.34</td><td>21.28</td><td>-19</td></tr>
<tr><td colspan="2">税收收入</td><td>亿元</td><td>24.38</td><td>20.18</td><td>-17</td></tr>
<tr><td colspan="2">财政支出</td><td>亿元</td><td>19.3</td><td>17.47</td><td>-9</td></tr>
<tr><td colspan="2">新批企业数量</td><td>家</td><td>493</td><td>466</td><td>-5</td></tr>
<tr><td colspan="2">内资企业</td><td>家</td><td>493</td><td>466</td><td>-5</td></tr>
</table>

续表

项目	单位	2017年	2018年	增减（%）
国家级高新技术企业数量	家	9	9	0
规模以上企业数量	家	78	85	9
研究与实验发展（P&D）经费支出	万元	7 673	37 611	390
固定资产投资	亿元	189	207	10
年末从业人员数量	万人	3.2	3.6	13
万元GDP能耗	吨标煤/万元	1.29	1.19	-8
区内建立的创业创新平台数量	个	2	2	0
区内科研院所数量	家	9	11	22
区内职业教育学校数量	所	7	6	-14

（库尔勒经济技术开发区管委会）

奎屯—独山子经济技术开发区

【经济发展】2018年，奎屯—独山子经济技术开发区（以下简称“开发区”）围绕社会稳定和长治久安总目标，紧紧抓住自治区丝绸之路经济带核心区建设的重大机遇，以争创丝绸之路经济带“区域融合”创新驱动实验区和体制机制改革示范区为契机，集中精力谋发展，千方百计破难题，逐步成为国家向西开放合作的重要平台和天山北坡经济带的重要增长极。全年开发区经济总体保持平稳增长，主要经济指标增速略有提升，高质量发展初显成效，内生动力不断增强。开发区共有各类企业1 206家（其中工业企业156家），个体工商户3 229户，分别较上年同期增长8%、7.5%。经济运行稳中有进，完成工业总产值136.3亿元，同比增长3.9%，其中规模以上工业企业完成工业总产值103.6亿元，同比增长11.1%。完成工业增加值35.7亿元，同比增长5.9%。地方财政收入4.09亿元，同比增长36.4%，其中一般公共预算收入3.64亿元，同比增长25.4%。预计2018年全年完成工业总产值约175.5亿元，同比增长约3%。完成固定资产投资约15亿元；完成地方财政收入5.3亿元，同比增长13%，其中一般公共预算收入4.8亿元，同比增长6.7%。顺利通过工信部2017年度新型工业园产业示范基地复审验收，荣获“三星级”。

【招商引资】2018年，开发区贯彻落实新发展理念，深化供给侧结构性改革，招商引资挖潜创新，一批重点项目、基础设施建设稳步推进，为企服务高效便捷，国投公司发展壮大，助力开发区经济量增质优、平稳运行。

招商引资精准聚焦。创新招商方式，把握重点、突出精准、强化措施，加大工业经济招商力度，引进商贸旅游项目，大力发展生产性服务业。在新兴产业、转型升级培育上探索创新，严把项目准入关，严禁“三高”项目入驻开发区，加快构建现代产业体系。全年开发区开工项目17个，完成投资8.8亿元。其中，续建项目11个，完成投资8.2亿元；新建项目6个，完成投资0.6亿元。重点新建项目有亿贝森不饱和树脂、赫博洁净包装、沛诺新材料模压托盘、大特高纯气体、标准气体生产项目。重点续建项目有天虹纺织二期20万锭涡流纺项目投产，利泰丝路二期38万锭纺纱项目厂房建设完成即将投产，2个纺纱项目成为自治区棉纺标杆企业，产能达到200万锭。奎山宝塔800万吨/重油制烯烃芳烃综合利用项目完成股权变更，5个单项工程启动建设，项目全面建成后，可实现年销售收入327亿元，利税78亿元，新增就业岗位6 000个，拉动相关产业就业3万人。和山巨力一期15万吨TDI项目完成投资30亿元，工程建设完成95%，年底具备试车条件，预计明年投产。二期40万吨MDI项目计划投资46亿元，正在办理前期手续。两期项目全部达产后可实现销售收入150亿元，利税60亿元，解决就业2 000人，项目投产将填补新疆异氰酸酯行业空白并辐射中亚市场，对于拉动新疆精细化工产业发展和促进新疆纺织产业向多元化、差异化、特色化发展具有十分重要的意义。天正中广60万吨/年重油深加工联合装置及配套工程项目已建设完成，全面达产后营业收入可达到40亿元，利税14亿元，解决就业400人。

【投资促进】2018年，开发区重点跟进20个在建项目，其中已开工项目13个，包括4个新建项目，分别是赫博包装、沛诺新材料、大特气体、亿贝森；9个续建项目，分别是宝塔、天虹、利泰丝路、和山巨力、天正中广、力铭鑫置、蓝星丝路、帝锚旅游、鑫润仓储；未开工项目7个，分别是佰郑、普惠、鲁东重工、欧安达、海汇仓储、西域丝路、大华。

开发区精心组织项目实施，积极应对政策调整，启动实施总投资1.1亿元的道路、涵洞、排水管网、供热管网和绿化改造7个项目，迎宾大道西侧苗圃基地和高速穿越预埋涵管2个项目完成建设，东工业园—东郊污水处理厂排污主管线具备通水条件，东工业园、北一区集中供热管网等项目顺利推进。续建项目7个，创智大厦装饰装修、东郊排水管线等4个项目已完成，阿克苏路、南环路道路东延项目正加快推进。 普惠环境一期液废项目取得危废经营许可，投入运行，二期固废进场道路进入施工，各项手续正在积极办理。开发区“七通一平”基础设施及配套功能走在了全疆前列，为招商引资和承载重大项目入区提供了坚实保障。

【转型升级】2018年，开发区坚持以转变经济发展方式和结构调整为主线，按照“布局集中、用地集约、产业集聚”原则，制定“退二进三”工作实施方案，将面积为2.79平方公里的原有工业用地进行“腾笼换鸟”，帝锚水世界旅游地产、庆博环境科技环境治理运营服务、智扬环保科技智能水肥一体化施肥设施等一批商贸地产、高新科技、装备制造项目落地建设，逐步成为产业转型升级的试验田。出台检验检测、认证认可产业发展扶持办法，14家资质优良的企业落户检验检测公共服务平台，开发区逐步成为北疆金三角区域检测认证产业核心区。打造科技创新环境，大力支持企业自主创新，培育高新技术企业4家，科技部创新示范区企业1家，区内研发机构达到6家，争取企业专利授权45件，支持2016—2017年开发区企业专利资助与奖励资金21.8万元。加大本地品牌及名牌企业的培育扶持力度，开发区注册商标已达49个，其中伊犁州知名商标3个、新疆著名商标2个。“奎屯—独山子石油化工”在全国295家参评园区中区域品牌价值高达70.33亿元，同比提升76%。区域品牌价值评价已逐步成为促进产业转型升级的有力抓手。

【体制机制创新】2018年，开发区由拼政策向拼服务转变，加大项目协调跑办力度，完成力铭鑫置、亿贝森、和江桶业等项目备案39个；积极争取上级支持资金，争取各类专项补贴资金11 193万元；申报2019年中央预算内项目6个、地方专项债项目4个。充分运用动产抵押、股权出质工作机制，盘活企业资产，办理动产抵押8件，办理股权出质12件，担保债权1.53亿元，出质金额2.09亿元

【绿色集约】2018年，开发区完成14家加油站油气、13家棉花加工企业燃煤锅炉改造；办理本级环评审批项目10个，对拟引进的89个项目反馈环保意见。

【国投公司发展】开发区充分发挥国有资产的引领撬动作用，润盛公司预计全年实现经营收入50亿元，实现利税2.6亿元，上缴国有投资收益5 000万元，资产规模达125亿元，累计为开发区企业提供担保、典当、小额贷款6 800余万元，极大地缓解了企业融资困境。完成润民河项目一期、二期PPP项目入库及参与工程招标工作，积极推进东郊水库的入库资料整理工作。发挥基础设施管护“主力军”作用，完成科目三考试中心、312国道停车场建设。利用“一带一路”奎屯物流中枢节点地位及产业供应链贸易聚集地的地缘优势，开展带钢、石油树脂、沥青、煤炭等多领域贸易合作，完成贸易收入达45亿元。充分利用B型保税物流中心及综保区、中欧班列优势，与中亚、欧洲等相关国家企业开展贸易合作，通过进口铁矿石等原材料，拉动开发区对外贸易发展，进一步拓宽进出口贸易渠道。严格按照《开发区国有资本投资运营企业监督管理办法》做好各项工作，完成公司国开基金入股、科创借壳、股权划转及奎屯宾馆资产划转等事宜，确保国有资产保值增值。

【管理服务】2018 年，开发区安全生产持续稳定向好。组织开展安全生产专项整治，督促企业落实隐患整改 1 233 个。建立“一企一档”、风险评估及分级管控体系，梳理 38 家重点企业、建设项目存在的问题，持续进行阶段性梳理更新企业现场档案资料。

2018 年奎屯—独山子经济技术开发区主要经济综合指标一览表

<table>
<tr><th colspan="2">项目</th><th>单位</th><th>2017 年</th><th>2018 年</th><th>增减（%）</th></tr>
<tr><td colspan="2">开发区生产总值</td><td>亿元</td><td>284.7</td><td>305.8</td><td>7.41</td></tr>
<tr><td colspan="2">第二产业</td><td>亿元</td><td>255.8</td><td>267.8</td><td>4.69</td></tr>
<tr><td colspan="2">工业</td><td>亿元</td><td>240.7</td><td>250.7</td><td>4.15</td></tr>
<tr><td colspan="2">第三产业</td><td>亿元</td><td>29</td><td>38</td><td>31.03</td></tr>
<tr><td colspan="2">工业总产值（现价）</td><td>亿元</td><td>581.3</td><td>622.5</td><td>7.09</td></tr>
<tr><td colspan="2">高新技术企业</td><td>亿元</td><td>21.7</td><td>60.4</td><td>178.34</td></tr>
<tr><td colspan="2">销售（营业）收入</td><td>亿元</td><td>629</td><td>751.2</td><td>19.43</td></tr>
<tr><td colspan="2">第二产业</td><td>亿元</td><td>538.38</td><td>636.1</td><td>18.15</td></tr>
<tr><td colspan="2">工业</td><td>亿元</td><td>528.25</td><td>624.8</td><td>18.28</td></tr>
<tr><td colspan="2">第三产业</td><td>亿元</td><td>90.44</td><td>116</td><td>28.26</td></tr>
<tr><td colspan="2">利润总额</td><td>亿元</td><td>70.44</td><td>66.2</td><td>-6.02</td></tr>
<tr><td colspan="2">第二产业</td><td>亿元</td><td>66.5</td><td>61.6</td><td>-7.37</td></tr>
<tr><td colspan="2">工业</td><td>亿元</td><td>66.43</td><td>61.5</td><td>-7.42</td></tr>
<tr><td colspan="2">区内主导产业及产值</td><td>亿元</td><td>522.8</td><td>571.8</td><td>9.37</td></tr>
<tr><td rowspan="4">主导产业</td><td>1. 石油化工产业</td><td>亿元</td><td>435</td><td>473</td><td>8.74</td></tr>
<tr><td>2. 纺织产业</td><td>亿元</td><td>33.5</td><td>37.8</td><td>12.84</td></tr>
<tr><td>3. 冶金产业</td><td>亿元</td><td>32.5</td><td>33.6</td><td>3.38</td></tr>
<tr><td>4. 电力、热力产业</td><td>亿元</td><td>21.8</td><td>27.4</td><td>25.69</td></tr>
<tr><td colspan="2">第三产业</td><td>亿元</td><td>90.4</td><td>116</td><td>28.32</td></tr>
<tr><td colspan="2">进出口总额</td><td>亿美元</td><td>1.26</td><td>0.59</td><td>-53.17</td></tr>
<tr><td colspan="2">出口</td><td>亿美元</td><td>0.005</td><td>0.12</td><td>2 300.00</td></tr>
<tr><td colspan="2">财政收入</td><td>亿元</td><td>4.68</td><td>5.77</td><td>23.29</td></tr>
<tr><td colspan="2">税收收入</td><td>亿元</td><td>4.5</td><td>5.22</td><td>16.00</td></tr>
<tr><td colspan="2">财政支出</td><td>亿元</td><td>4.68</td><td>5.42</td><td>15.81</td></tr>
<tr><td colspan="2">新批企业数量</td><td>家</td><td>231</td><td>163</td><td>-29.44</td></tr>
<tr><td colspan="2">外商及港澳台企业</td><td>家</td><td>2</td><td>1</td><td>-50.00</td></tr>
<tr><td colspan="2">内资企业</td><td>家</td><td>229</td><td>162</td><td>-29.26</td></tr>
<tr><td colspan="2">国家级高新技术企业数量</td><td>家</td><td>7</td><td>10</td><td>42.86</td></tr>
<tr><td rowspan="2">新批企业投资额</td><td>外商及港澳台企业</td><td>亿美元</td><td>1</td><td>0</td><td>-100.00</td></tr>
<tr><td>内资企业</td><td>亿元</td><td>35.99</td><td>10.58</td><td>-70.60</td></tr>
<tr><td colspan="2">规模以上企业数量</td><td>家</td><td>137</td><td>118</td><td>-13.87</td></tr>
<tr><td colspan="2">研究与试验发展（R&D）经费支出</td><td>万元</td><td>1.54</td><td>2.87</td><td>86.36</td></tr>
<tr><td colspan="2">研究与试验发展（R&D）经费投入强度</td><td>%</td><td>0.3</td><td>0.46</td><td>53.33</td></tr>
<tr><td colspan="2">合同外资金额</td><td>亿美元</td><td>0.003 1</td><td>0.010 2</td><td>229.03</td></tr>
<tr><td colspan="2">外商实际投资</td><td>亿美元</td><td>0.003 1</td><td>0.010 2</td><td>229.03</td></tr>
<tr><td colspan="2">固定资产投资</td><td>亿元</td><td>40.5</td><td>19.18</td><td>-52.64</td></tr>
<tr><td colspan="2">年末从业人员数量</td><td>万人</td><td>3.2</td><td>3.5</td><td>9.38</td></tr>
<tr><td colspan="2">万元 GDP 能耗</td><td>吨标煤 / 万元</td><td>2.92</td><td>2.7575</td><td>-5.57</td></tr>
<tr><td colspan="2">水资源消耗总量</td><td>万立方米</td><td>65 571 715.5</td><td>86 847 317</td><td>32.45</td></tr>
<tr><td colspan="2">单位国内生产总值取水量</td><td>立方米 / 万元</td><td>28.4</td><td>36.21</td><td>27.50</td></tr>
<tr><td colspan="2">区内建立的创业创新平台数量</td><td>个</td><td>0</td><td>2</td><td>200.00</td></tr>
<tr><td colspan="2">区内科研院所数量</td><td>家</td><td>7</td><td>7</td><td>0.00</td></tr>
<tr><td colspan="2">区内职业教育学校数量</td><td>所</td><td>3</td><td>2</td><td>-33.33</td></tr>
</table>

（奎屯—独山子经济技术开发区管委会）

嵩明杨林经济技术开发区

【经济发展】2018年，嵩明杨林经济技术开发区（以下简称“杨林经开区”）聚焦主责主业，奋力拼搏，攻坚克难，全力推进经济转型升级、提质增效，促进了经开区经济与社会平稳健康发展。全年实现规模以上工业企业主营业务收入90.08亿元，工业总产值92.1亿元，规模以上工业增加值完成21.18亿元，规模以上固定资产投资完成40.8亿元，其中工业固定资产投资34.22亿元；地方财政总收入完成5.68亿元，其中，地方一般公共预算收入完成2.79亿元。一年来，杨林经开区主要工作完成情况良好。

【投资促进】2018年，杨林经开区紧紧围绕供给侧结构性改革，统筹推进稳增长、促转型，园区经济平稳运行，稳中向好。全面贯彻落实省、市、滇中新区促进经济发展系列政策，释放政策红利，向上级部门争取资金9 550万元，加快产业培育，促进企业壮大发展。注册内资企业948家，外资企业11家，其中新增内资企业227家。规模以上工业企业达61家，其中新增规模以上工业企业3家。产业进一步聚集，金属制品业、食品饮料业、橡胶和塑料制品业、包装印刷业、新材料业、化学品业分别占规模以上企业工业总产值的39.9%、19.9%、18.3%、6.2 %、6.4 %、7.5%。

【招商选资】2018年，杨林经开区紧紧围绕主导产业，促开放、育产业，瞄准重点项目招大引强。制作招商清单，梳理公司、协会、商会4 112家，逐一联系对接；赴上海等地举办(参加）8场招商推介会；参加全球人工智能技术大会、第5届南博会等7个展会，发放招商宣传资料6 200余份；赴北京等地招商15次，先后深入对接了力神新能源汽车动力电池、卡耐新能源汽车电池等60余个项目，洽谈730余次，其中汽车零部件项目15个，为延伸汽车产业链奠定了基础。招商引资内资实际到位63.48亿元，利用外资1 480万美元。新引进江铃新能源汽车、浙商科技产业园、雄鑫汽车等13个项目，其中，10亿元以上项目2个，亿元以上项目6个。

【项目建设】2018年，杨林经开区紧紧围绕“入园、进场、供地、开工、配套”等关键环节，抓重点、攻难点，53个重点项目按照投资计划稳步推进。产业项目进展顺利，北汽新能源汽车一期建成，首批汽车于12月26日下线；东风云汽一期（一阶段）联合厂房完工；江铃新能源汽车于4月落地开工，启动建设总装、冲压、焊装、涂装车间；中汽中心高原实验室项目一期主体设施完工；雄鑫汽车、中集数控机床、顺鹏机动车检测站等项目开工建设；伊利常温酸奶、呈达玻璃一期、广田衡器、康师傅方便面一期、金丰汇油脂等项目竣工投产；南鑫包装印刷、嘉丽泽高原体育运动小镇等项目加快建设。基础设施项目稳步推进，装备制造园6、7、8号路竣工通车，中心商务区1、13、15、16号路开工建设，新材料片区7号路等项目正加紧推进前期工作。

【新旧动能转换】2018年，杨林经开区紧紧围绕提高产品质量和企业效益，调结构、增活力，破除困难瓶颈，产业结构显著优化。云南建投钢构等金属制品企业持续改造工业技术、工艺装备、促进重点领域向中高端突破，提升产品附加值，增强了盈利能力。康师傅饮品、伊利乳业等食品饮料生产企业，以消费者需求决定生产，创新拓展新产品、新业态，产值增速较快。开展“增品种、提品质、创品牌”行动，产值超亿元的企业22家，源瑞制药、昆仑燃气、昆线电缆、岸宝纸业等15家企业产值增速跑赢全省工业增加值增速，最快的企业同比增长86.92%。拥有高新技术企业18家，发明专利43项，市级以上企业技术中心16个，“新三板”上市企业3家；拥有市级以上名牌产品19个，中华老字号1个。

【资源配置】2018年，杨林经开区紧紧围绕“高标准、高效率、高品质”配置发展资源，优布局、补短板，厚植发展优势。开展总体规划修编，形成了完备的资料成果报批。开发建设汽车产业园，建成110千伏变电站，园区内部分土地平整，水、电、路、气等保障要素建设已经基本完成，“三整车一中心”落户园区，汽车产业园初具雏形。开展1 663亩（约110.87公顷）土地的征收工作，调增建设用地指标2 100亩（140公顷），办理农转征1 756.9亩（约117.13公顷），供应土地1 235.8亩（约82.39公顷），清理闲置、“僵尸”项目等用地1 725亩（115公顷），土地出让收入2.18亿元，建成区面积达12.04平方公里。提高资金资源配置效率，泰佳鑫公司资本金达2.29亿元，所有者权益68.91亿元，公司主体再次获评AA级；投资项目9个，完成固定资产投资1.7亿元。

【生态发展】2018年，杨林经开区坚守环保底线，以高标准、实举措，推进污染防治工作。环保督查“回头看”交办信访件全部办结，关停了凤凰橡胶、高深橡胶2家企业。严格执行环境影响评价制度，对经开区总体规划修编进行环境影响评价，“三同时”执行率达100%。对标经开区产业发展负面清单，对16类、48项限制发展、禁止发展类项目实行环保一票否决。科学规划云林片区、汽车产业园区污水管网，建设景观大道—东环路污水管网等环保设施，提高中水利用率，落实废水零排放。开展全国第二次污染源普查工作，工业固废处置利用率达90%以上。

【管理服务】2018年，杨林经开区紧紧围绕提升“获得感、幸福感、安全感”，严规范、提效能，用心服务企业、项目、职工。深入开展扫黑除恶专项斗争，深挖黑恶势力和“保护伞”。落实综治维稳及生产、消防、道路交通、森林防火、食品等安全责任制，提高公共安全保障水平。强化联动执法，落实重大行政决策听证工作，公正文明执法，排查处置矛盾纠纷25起，办结来信来访43件，依法有效化解社会矛盾，全年实现“九无”。深化“放管服”改革，推行“多证合一”“最多跑一次”“网上审批”等改革，清理确定了18项承接的县级行政审批事项，梳理权责清单，制作办事指南，照“单”审批，办结行政审批事项869件，其中网上办结837件，网上审批率达96.32%。规范经开区党工委、管委会的运行机制，机构编制事项经昆明市机构编制委员会明确，实行嵩明县和经开区“县区融合发展”的管理体制，经开区体制机制进一步完善。在国家商务部对国家级经济技术开发区综合发展水平考核评价中进位争先，排名向前跃进了12位。

【党建工作】2018年，杨林经开区紧紧围绕抓责任落实，制定了《全面从严治党责任清单》，层层签订《“一岗双责”责任书》92份；监察覆盖到所有行使公权力的公职人员。抓关键环节，全面梳理排查廉政风险，制定防控措施224条，制定了经开区议事规则，完善和制定内部制度12项。抓廉政教育，打造燕京啤酒廉洁文化示范点，组织专题警示教育活动，组队参加学习贯彻《条例》《监察法》知识竞赛，荣获二等奖。抓效能建设，持续开展“六个严禁”等专项整治工作，加大监督执纪的力度。

杨林经开区紧紧围绕聚焦聚力“主体责任”，推进“百日攻坚行动”，新建凯瑞特机械等3个党支部，党建工作指导员在非公企业党组织全覆盖。持续深化“两学一做”，举办专题党课6次，培训680人次；组织“万名党员进党校”，3期培训班312人次参与；落实“三会一课”制度，加强党员积分制管理。夯实基础、规范基层，推进基层党组织规范化建设工作，认真开展党组织负责人述职，根据考核档次给予非公党组织负责人每月 200 元、100 元的工作经费补助。管好班子、带好队伍，发展党员 11 名，2 个支部按期换届，6 个支部补选书记。精进不懈树立品牌，投入近 75 万元，打造提升党建工作食品饮料示范带、生产生活配套示范带。凝聚合力协助脱贫，选派 1 名联络员负责扶贫工作，选派 23 名干部职工挂钩 44 家贫困户，筹集 39.52 万元帮扶花窝村委会和贫困户。

【机构设置与管委会领导】 2018 年，嵩明杨林经济技术开发区管委会设一办三局，即：综合办公室、经济发展局、招商局、规划建设局。

党工委、管委会领导成员为：经开区党工委书记、管委会主任，滇中新区纪工委委员、县委书记杨相来；园区党工委副书记、纪工委书记李绍文；管委会副主任、嵩明县副县长董辉；园区党工委委员、园区管委会专职副主任杨明和；园区管委会副主任李永山；园区党工委委员、综合办公室主任李春光。

2018 年嵩明杨林经济技术开发区主要经济综合指标一览表

项目		单位	2017 年	2018 年	增减（%）
开发区生产总值		亿元	96.16	96.23	0.07
第二产业		亿元	53.48	51.88	-2.99
工业		亿元	35.12	33.48	-4.67
第三产业		亿元	39.9	41.39	3.73
工业总产值（现价）		亿元	134.48	129.55	-3.67
高新技术企业		亿元	34.46	35.91	4.21
销售（营业）收入		亿元	171.98	190.74	10.91
第二产业		亿元	146.2	153.93	5.29
工业		亿元	112.93	112.04	-0.79
第三产业		亿元	26.93	36.81	36.69
利润总额		亿元	6.77	6.49	-4.14
第二产业		亿元	5.54	4.95	-10.65
工业		亿元	4.42	3.66	-17.19
区内主导产业及产值					
主导产业	1. 装备制造业	亿元	43.16	46.77	8.36
	2. 食品饮料业	亿元	34.04	34.94	2.64
第三产业		亿元	18.23	30.01	64.62
进出口总额		亿美元	2.017 4	1.402 9	-30.46
出口		亿美元	1.076 1	0.935 3	-13.08
财政收入		亿元	15.55	16.275	4.66
税收收入		亿元	14.21	14.83	4.36
财政支出		亿元	15.55	16.275	4.66
新批企业数量		家	33	42	27.27
内资企业		家	33	42	27.27
区内世界 500 强企业数量		家	8	8	0.00
国家级高新技术企业数量		家	18	22	22.22
新批企业投资额	外商及港澳台企业	亿美元	—	—	—
	内资企业	亿元	29.6	28.5	-3.72
	增资企业	亿美元	—	—	—
规模以上企业数量		家	171	178	4.09

续表

项目	单位	2017 年	2018 年	增减（%）
研究与试验发展（R&D）经费支出	万元	13 064	19 219.9	47.12
研究与试验发展（R&D）经费投入强度	%	1.167 1	1.715 4	46.98
合同外资金额	亿美元	5.07	2.54	-49.90
外商实际投资	亿美元	2.061 5	1.684 1	-18.31
固定资产投资	亿元	177.4	130.13	-26.65
年末从业人员数量	万人	6.58	6.646	1.00
万元 GDP 能耗	吨标煤 / 万元	0.43	0.432 2	0.51
水资源消耗总量	万立方米	704	746	5.97
单位国内生产总值取水量	立方米 / 万元	7.32	7.75	5.87
上市企业数量	家	5	1	-80.00
区内建立的创业创新平台数量	个	2	2	0.00
区内职业教育学校数量	所	13	17	30.77

（嵩明杨林经济技术开发区管委会）

准东经济技术开发区

【概况】准东经济技术开发区（以下简称“准东开发区”）位于新疆东北部、准噶尔盆地东南缘，距昌吉240公里，横跨吉木萨尔、奇台、木垒3个县，东西长200公里，南北宽60公里，规划总面积1.55万平方公里。2012年9月，经国务院批准设立为国家级经济技术开发区，是新疆自治区党委、政府推进优势资源转换战略，依托准东煤田规划建设的大型煤电煤化工产业示范区，是国家规划建设的第14个大型煤炭基地（新疆）的重要组成部分。2014年，第二次中央新疆工作座谈会明确提出，要着力打造“三基地一通道”，明确把准东打造成“国家大型煤炭煤电煤化工基地”。同时，国家“一带一路”的发展规划，将新疆作为国家能源示范基地，将准东作为能源核心区和“西气东输”“疆电外送”的重要基地，成为“国家综合能源示范基地”的重要组成部分。2015年，国家发改委结合准东循环产业发展，确定准东为“国家循环化改造示范试点园区”。2016年12月，自治区人民政府将准东明确为“电力体制改革示范区”，建设“封闭式电价区”，推动清洁高载能产业集群集聚发展。2017年3月，国家发改委、工信部联合发布《现代煤化工产业创新发展布局方案》，明确新疆准东、宁夏宁东、陕西榆林、内蒙古鄂尔多斯4个国家现代煤化工产业示范区。2017年7月，自治区人民政府出台《认真贯彻习近平总书记提出的“严禁三高项目进新疆”指示精神 着力推进硅基新材料产业健康发展实施意见》，将准东打造成硅基新材料产业基地。

【经济发展】2018年，准东开发区地区生产总值220.61亿元，较上年增加58.98亿元，同比增加36.49%；第二产业增加值194.53亿元，

2017年和2018年准东经济技术开发区经济指标数据比较 单位：亿元

指标	2017年经济指标数据			2018年经济指标数据		
	现价总量	可比价总量	可比价增速（%）	现价总量	可比价总量	可比价增速（%）
地区生产总值（GDP）	161.63	164.82	17.4	220.61	200.59	5.00
第一产业	1.35	1.32	4.6	0.82	0.89	-27.49
第二产业	147.37	153.87	17.0	194.53	175.20	3.20
工业	131.08	137.15	18.7	172.59	154.10	2.90
其中：规模以上企业	129.08	135.16	20.0	167.93	149.94	3.00
建筑业	16.29	16.72	4.6	21.94	21.10	5.70
第三产业	12.92	10.95	22.3	25.26	24.51	14.70
交通运输、仓储和邮政业	6.27	7.06	16.5	8.69	8.69	16.90
批发和零售业	1.92	0.45	5.8	2.72	2.55	6.00
住宿和餐饮业	1.22	0.56	8.1	2.75	2.96	5.80
金融业	0.71	0.34	9.7	0.36	0.39	5.80
房地产业	0.18	0.05	5.7	0.19	0.17	9.40
其他服务业	2.61	2.49	56.2	10.54	9.76	13.20

较上年增加47.16亿元，同比增加32%，占地区生产总值的88.17%；第三产业增加值25.26亿元，较上年增加12.34亿元，同比增加88.64%，占地区生产总值的11.45%。税收收入36 1072万元；公共财政预算收入220 329万元；出口总额304 363.69万元，其中高新技术产品出口额197 895.28万元；进口总额61 125.16万元，其中高新技术产品进口额58 788.81万元。

【产业发展】准东开发区已形成了煤炭、煤电、煤化工、铝基新材料、硅基新材料、新能源优势主导产业，产业发展水平起点高、技术装备行业领先。一是煤炭产业。开发区煤炭开采能力占全州85%、全疆35%以上。下一步重点将全面提升煤炭产业发展水平，技术开发区建成和在建输煤廊道总长97.04公里，其中建成投运输煤廊道69.75公里，2018年将完成5家煤矿地面生产系统，新建输煤廊道27.29公里。建成及开展前期工作煤矿21个，规划设计能力28 030万吨。其中已核准煤矿13个，规划设计能力21 820万吨，核准产能7 590万吨。二是煤电产业。建成及在建煤电企业14家，均采用行业领先的超超临界机组，已建成装机规模1 267万千瓦，占全疆煤电总装机规模的1/4以上，在建装机规模1 386万千瓦。世界上电压等级最高、输送容量最大、输电距离最远、技术水平最高的准东至华东 ±1 100千伏特高压直流输电工程全压试运行。三是现代煤化工产业。已建成新疆宜化、国泰新华两个煤化工循环产业园，形成年产40万吨合成氨、60万吨煤制尿素、60万吨PVC、50万吨烧碱、8万吨三聚氯胺、20万吨BD、6万吨PTMEG的生产规模，其中三聚氰胺、BD0单体规模全球最大。四是铝基新材料产业。围绕东方希望、其亚、神火共240万吨电解铝产能规模，规划建设铝精深加工产业园2个，引进铝下游加工企业13家，铝液就地转化率达到30%。五是硅基新材料产业。已形成东方希望22万吨工业硅、6万吨多晶硅、1GW单晶硅，协鑫4万吨多晶产能。六是新能源产业。依托准东优势光热、外送条件，规划打造千万千瓦级光伏基地，535万千瓦风电、250万千瓦光伏发电项目，将作为准东“疆电外送”的配套清洁能源，加快推进建设的力度。

截至2018年年底，开发区入驻经济单位总计2 177家，其中产业活动单位597家，世界500强17家，中国500强15家，上市公司34家，规模以上企业达到33家；累计完成投资2 772亿元，其中基础设施项目建设262亿元。

【科技创新】准东开发区2016年完成科学技术支出118万元，占本级一般公共预算支出的0.2%；2017年完成科学技术支出5 200万元，占本级一般公共预算支出的9.6%；2018年准东开发区完成科学技术支出6 000万元，占本级一般公共预算支出的6.1%。2018年9月，开发区召开科协成立大会，成立准东科协，成员企业达40家，开发区产业知识产权（发明专利、实用新型专利、软件著作权）申报与受理中来源于母公司受让、受赠方式获得的占比情况为：协鑫多晶硅拥有7项专利（5项发明、2项实用新型，均来源于母公司受让），正在申报的专利8项（2项发明、6项实用新型），正在申报的软件著作权5项。天池能源拥有实用新型专利22项，发明专利8项，软件著作权6项。

创新平台建设情况：准东开发区创新平台建设情况良好。已建成的工程技术研究中心、企业技术中心、重点实验室、工程实验室、博士后工作站、院士工作站等创新平台有：宜化化工已建成煤制尿素工程技术研究中心；天池能源建成准东能源研究院、博士创新工作室。已建成并且常驻的知识产权代理机构、科技企业孵化器、众创空间、生产力促进中心等科技服务机构有：投资集团生产力促进中心。引进并且常驻的高校、科研院所设立的分支机构或者与高校、科研院所合作建立的研发机构为昌吉职业技术学院、新疆广播电视大学分别与准东开发区管委会签订框架协议，在准东区域内联合办学，成立昌吉职业技术学院准东分院和准东经济技术开发区网络培训学院。

承担科技项目情况：“十三五”期间，准东

开发区内神东电力承担实施了一种煤的燃烧方法、锅炉添加剂添加装置和锅炉、2 项高钠煤的预处理系统等国家科技项目。

【投资促进】2018 年，准东开发区招商引资目标任务 150 亿元，执行招商引资项目共 42 个，落实到位资金 165.57 亿元，完成年度目标任务的 110.38%，较上年同期增长 49 个百分点（续建项目 19 个，落实到位资金 145.46 亿元；新建项目 23 个，落实到位资金 20.11 亿元）。其中，第二产业项目 32 个，落实到位资金 160.73 亿元，占总到位资金的 97.07%（续建项目 13 个，完成投资 145.28 亿元；新建项目 19 个，完成投资 15.44 亿元）；第三产业项目 10 个，落实到位资金 4.84 亿元，占总到位资金的 2.93%（续建项目 1 个，完成投资 1 712 万元；新建项目 9 个，完成投资 4.67 亿元）。

【体制机制创新】2018 年，准东开发区通过积极争取，州委组织部明确同意为准东开发区引进硕士研究生政策，研究制定《引进硕士及以上研究生优惠措施》，梳理出急需岗位 68 个，采取现场见面和网络面谈等方式引进硕士研究生 103 名。制定下发《区引进人才传帮带暂行办法》《引进人才自管会管理办法》。

准东开发区有针对性地制定机关人事管理办法等一系列制度文件，规范了干部日常管理。制定《开发区领导干部绩效考核办法》《部门和科级及以下干部绩效考核办法》《个人绩效考核实施细则》等加强干部绩效考核的文件，采取周公示流水、月进行考核、季兑现绩效、年评定档次的方式，实现全员绩效考核，客观、准确评价各部门工作人员工作业绩和表现，充分发挥绩效考核的激励导向作用，形成了奖优罚劣的工作机制。制定《公开招聘工作人员暂行办法》，实行招聘、考核报备制，赋予各部门更加灵活的用人自主权；优化“二十佳”评选，增加优秀推荐人和优秀课件制作人，进一步调动部门和候选人的积极性，形成“争先创优”的良好氛围。开发区进行了三次评选，评选“二十佳”干部 60 名。

【投融资服务】2018 年，准东开发区财政在支持科技人才以及科技发展等方面累计投入资金 6 000 万元。为推动开发区产业转型升级，促进经济高质量发展，鼓励科技创新，进一步吸引和留住高层经营管理人才及技术创新人才在开发区聚集，为准东绿色崛起提供人才支撑和智力保障。开发区组织部协同经济发展局、财政局共同起草制定了《新疆准东经济技术开发区企业高层经营管理人才和技术创新人才团队奖励暂行办法》以及《新疆准东经济技术开发区五彩湾新城现代服务业发展优惠政策（试行）》等相关制度文件，进一步完善了准东开发区支持鼓励科技创新的制度体系，并形成长效机制。

为进一步加快准东开发区企业上市步伐，引导企业利用多层次资本市场，实现资源优化配置，2018 年以来，准东开发区结合开发区工作实际相继出台了《准东开发区中小企业上市工作推进机制》《准东开发区中小企业上市领导联系负责制度》《准东开发区拟上市企业培育方案》等关于培育企业上市的一系列配套制度性文件，为开发区的企业上市提供制度保障。

通过建立完善拟上市企业后备库，制定引导培育三年工作计划，建立领导联系企业负责制度。通过联系帮助，为企业解决当前问题，使拟上市企业得到长远发展、持续壮大，以实现培育新的经济增长点，壮大经济增量的目标。

【绿色集约】2015 年 5 月，国家发改委批复新疆准东开发区为国家级循环化示范试点园区。近年来，开发区实施循环化改造示范园区改造项目共 45 个，总投资 97.5 亿元，已完成投资 41.5 亿元。其中，申请国家补助资金项目 11 个，总投资 6.2 亿元；企业自主实施项目 34 个，总投资 91.3 亿元，已完成投资 36.8 亿元。

准东开发区批准总面积为 981.34 公顷，包括两个区块：区块一为五彩湾产业区，面积为 490.34 公顷；区块二为将军庙产业区，面积为 491.0 公顷。

开发利用强度：至 2018 年年底，准东开发区土地开发率达到 100%，土地供应率为

30.57%，土地建成率为70.35%，开发区综合容积率为0.22，建筑密度为11.43%。

土地利用效率和效益：至2018年年底，开发区综合地均税收达到49.50万元/公顷，人口密度为54.53人/公顷。

土地利用监管情况：土地出让方式均为招拍挂，至2018年年底，尚无闲置土地，即土地闲置率为0。

【党建工作】2018年，准东开发区建立了领导干部联系基层党组织等系列工作制度，扎实开展机关与企业（社区）党组织联创共建活动，通过"抓两头带中间"，层层传导压力，逐级落实责任。推进"两学一做"学习教育常态化、制度化，坚持把好的做法固定下来，形成长效机制。制定了《开发区部门党支部书记工作清单》《开发区部门党建工作责任清单》，狠抓"三会一课"、党小组制度等制度落实，基层党建工作取得明显成效。制定《开发区2018年党员发展计划》《关于进一步规范发展党员通知》等8个文件，严格按5个步骤25个环节发展党员。设立6个社区党支部，制定《关于规范和加强社区工作的实施意见》《2018年社区工作要点》，理顺社区组织关系，明确社区工作职责。制定《关于进一步做好新兴组织"两个全覆盖"工作的通知》，建立了开发区领导包联部门企业和选派党建指导员制度，新成立6家企业党组织，新增基层党组织13个、党员135名。加大国有企业党组织属地化管理力度，9家企业58个党组织、687名党员组织关系实现了属地化管理。开发区基层党组织已达到123个、党员1 427人，基本上实现了党的组织和工作全覆盖。成立了妇联、共青团、科协等群团组织，充分发挥他们联系广泛、服务群众、凝聚人心的桥梁纽带作用。

【机构设置与管委会领导】2018年，准东开发区管委会下设机构为：党政办、组织部（人社局）、经发局、规建局、环保局、安监局、财政局、水务局、准东将军庙工作处。

2018年，准东开发区管委会领导成员为：党工委书记、管委会副主任李绍海；管委会主任、党工委副书记肖仁俊；党工委副书记孟宪民；党工委委员、管委会常务副主任高勇（5月离任）；党工委委员、管委会副主任史海生；党工委委员、公安分局局长刘肖文；党工委委员、党政办主任梁军；党工委委员、组织部部长（人社局局长）王作昌；党工委委员、管委会副主任李宏辉、秦建华；党工委委员、纪工委书记韩军。

2018年准东经济技术开发区主要经济指标一览表

项目	单位	2017年	2018年	增减（%）
开发区生产总值	亿元	161.63	220.61	36.49
第二产业	亿元	147.37	194.63	32.07
工业	亿元	131.08	172.59	31.67
第三产业	亿元	12.92	25.26	95.51
工业总产值（现价）	亿元	529.29	532.12	0.53
高新技术企业	亿元	2.34	25.897	1006.71
销售（营业收入）				
工业（规模以上）	亿元	542.2	564.8	4.17
利润总额				
工业（规模以上）	亿元	49.4	11.8	-76.11
区内主导产业及产值				

续表

项目		单位	2017 年	2018 年	增减（%）
主导产业	1. 煤炭开采和洗选业	亿元	54.92	45.14	-17.81
	2. 化学原料及制品业	亿元	5.45	65.87	1 108.62
	3. 有色金属冶炼及压延加工业	亿元	411.58	382.25	-7.13
	4. 非金属矿物制品业	亿元	38.87	35.56	-8.52
	5. 电力和热力供应业	亿元	15.37	31.06	102.08
	6. 水的生产和供应业	亿元	1.66	1.66	0.00
进出口总额		亿美元	0.24	5.54	2 208.33
出口		亿美元	0.12	4.61	3 741.67
财政收入		亿元	19.11	31.36	64.10
税收收入		亿元	17.81	29.90	67.88
财政支出		亿元	5.4	13.78	155.19
新批企业数量		家	717	817	13.95
外商及港澳台企业		家	1	2	100.00
内资企业		家	699	793	13.45
区内世界 500 强企业数量		家	17	17	0.00
国家级高新技术企业数量		家	1	5	400.00
新批企业投资额	外商及港澳台企业	亿美元	—	—	—
	内资企业	亿元	260 527	285 349	9.53
	增资企业	亿美元	—	—	—
规模以上企业数量		家	39	48	23.08
研究与试验发展（R&D）经费支出		万元	58 356.9	125	-99.79
研究与试验发展（R&D）经费投入强度		%	1.185 1	0.002 5	-99.79
合同外资金额		亿美元	1.1	0.76	-30.91
外商实际投资		亿美元	0.79	0.95	20.25
固定资产投资		亿元	371.07	252.6	-31.93
年末从业人员数量		万人	4.39	4.83	9.84
万元 GDP 能耗		吨标煤 / 万元	12.755 1	9.522 1	-25.35
水资源消耗总量		万立方米	3 020.36	3 260.81	7.96
单位国内生产总值取水量		立方米 / 万元	23.399 7	19.41	-17.05
上市企业数量		家	5	5	0.00
区内建立的创业创新平台数量		个	1	1	0.00
区内科研院所数量		家	8	12	50.00
区内职业教育学校数量		所	13	14	7.69

（准东经济技术开发区管委会）

甘泉堡经济技术开发区

【概况】2012年9月，国务院批准设立乌鲁木齐甘泉堡经济技术开发区（以下简称“甘泉堡开发区”）为国家级经济技术开发区，系自治区新型工业化主阵地、首府战略性新兴产业基地。甘泉堡开发区位于首府北部，距市中心45公里，紧邻五家渠市和阜康市。开发区总体规划面积360平方公里（其中乌鲁木齐管辖区域面积233平方公里、阜康市管辖区域面积99平方公里、五家渠市管辖区域面积约28平方公里），规划建设用地面积193平方公里；先后获得国家发改委认定的全疆首个国家级资源综合利用“双百工程”示范基地、自治区级循环经济示范园区等殊荣。

甘泉堡开发区周边交通四通八达，吐乌大高速、绕城高速、国道、省道交织环绕，有11条公路通达乌鲁木齐市、五家渠市和阜康市，乌准铁路和小黄山支线贯穿园区，设有铁路专用线和铁路货场，未来还与城市轻轨相接。开发区及周边水资源充足，拥有大小水体8座，“引额济乌”项目的尾部调节水库“500”水库座落园区，总蓄水量2.81亿立方米，极大地满足了开发区的建设用水和长足发展需要。开发区的服务配套，已实现道路、供水、供电、供暖、排污、通讯等“八通一平”，绿化面积达1万亩(约666.67公顷)；建立电子商务服务平台，积极推进相应的电子商务和工业物流等现代生产性服务业发展；积极打造国际智慧物流港、科技金融港、丝路文化创意港、大学城职教城和大型购物中心5个现代服务园区，形成多维度的创业创新发展空间。

【发展思路】2018年，甘泉堡开发区坚持把招商引资作为经济发展的生命线，按照战略性新兴产业基地的定位，实施精准招商，着力建设现代化经济体系。围绕“博格达峰下的产业航母、丝绸之路经济带上的创业硅谷”的愿景，按照“打造首府战略性新兴产业基地”的使命，实现“招引百亿企业、培育百亿集群、打造千亿园区”的目标，与企业同舟共济、与产业共同成长，做大做强工业实体经济，加快产业转型升级，推动经济高质量发展，着力打造产业之区、创新之区、生态之区、智慧之区。

发挥区位优势和产业辐射效应，积极吸纳和集聚创新要素，带动相关行业配套链接，实现产城联动融合发展。以500大道（米东大道）为沿线，高起点布局科研、金融、商贸、总部经济等高端服务业；以500水库以西4公里外区域，吸引并聚集形成规模5万人的生态宜居现代化新城；以创新•创新、甘泉•亲水、玫瑰•庄园、体育公园•足球小镇5个特色小镇建设为导向，积极优化区域环境，实现生产、生态、生活“三生”融合。

围绕新材料、新能源、高端装备制造和节能环保等新兴产业，紧盯世界500强、中国500强、大型央企和行业领军企业，建立和完善多层次、全方位的招商引资项目库和产业名录。充分发挥第三方招商机构、专家顾问团和企业家的作用，强化借外力、借外脑、借外资，加大对外宣传推介和招商洽谈、项目对接力度，组织实施一批有影响力的推介会、签约会等经贸活动。广泛深入开展大中小型和专业多元的招商引资活动，突出补链、强链、扩链工作，依托神华、新特、众和等龙头企业，延伸上下游产业链，形成产业集群、发挥聚集效应。

借助自治区体制机制改革创新试点单位，真心实意、“真金白银”高效服务企业和项目，实行“小政府、大社会”运作机制，推行扁平化管理，“一杆子插到底”；实施“一站式”“保姆式”服务，简化审批程序，加强事中事后监管，全程办理项目审批、备案、工商注册、规划、土地等各项手续；构建亲清政商关系，降低实体经济成本，鼓励辖区企业之间互采产品，一律不收取本级行政事业费，争取自治区低电价示范园政策，将每度电价降至0.2元左右。享受国家级开发区的各项优惠政策，坚持一事一议、特事特办，给予企业最大的优惠。

【经济发展】2018年，甘泉堡开发区完成地区生产总值167.8亿元，工业投资120.9亿元，工业增加值46.98亿元，实现地方财政收入5.01亿元，其中一般公共预算收入4.83亿元、政府性基金收入0.18亿元。

【产业发展】截至2018年年底，甘泉堡开发区拥有注册企业467家，注册资金232亿元。其中，规模以上工业企业8家，中国500强企业6家；总投资860亿元，其中基础设施投资60亿元。初步形成以新特能源、新疆众和、合盛硅业为核心的新材料产业集群，以伊泰能源为核心的新能源产业集群，以枭龙汽车、中信重工机器人为核心的高端装备制造产业集群，以神华新疆化工、神华活性炭、兖矿新疆煤化工为核心的新型煤化工产业集群，以阜丰生物为核心的生物医药健康产业集群。

甘泉堡开发区抢抓“一带一路”发展新机遇，按照首府战略性新兴产业基地定位，规划了10个产业园区，重点打造新材料、新能源、高端装备制造、节能环保四大产业园，逐步完善化工配套、绿色建筑（含装配式）、生物健康、新能源汽车、航空和大数据六大产业园。

【体制机制创新】甘泉堡开发区管委会为自治区人民政府的派出机构，与甘泉堡开发区党工委为一个机构、两块牌子，委托乌鲁木齐市委、市人民政府管理，副厅级建制，主要职责负责领导和管理开发区的经济发展、开发建设和社会事务。

【投融资服务】2018年，紧紧围绕甘泉堡区域经济发展的任务，开发区围绕园区产业建设需求提供有效金融支持，打造产业基金、科技基金等金融服务产品，助推甘泉堡新时期新型国家级开发区的产业集群建设。园区依托工业优势，聚焦6家核心企业，在市委、市政府“实业兴市”的战略指引下，确定了“1+6+N”的产业基金发展思路。“1”是绘制了1张园区发展蓝图；“6”是围绕6家核心优势企业；“*N*”是渐次设立锆基、铝基新材料、枭龙新能源汽车等N只产业基金。截至年底，园区新特能源锆基项目的产业基金正在中基协备案，枭龙新能源汽车产业园项目产业基金已备案完成。在园区新兴项目落地、配套设施建设等方面金融提供了强有力的支撑，为开发区区域经济发展增创新动能。

【机构设置】2018年，甘泉堡开发区党工委、管委会设置纪检监察工作委员会（审计局）和党工委管委会办公室（专用通信局）、组织人力资源和社会保障局、财政局（国有资产监督管理委员会）、经贸招商局、规划建设管理局、生态环境局、应急环境局、社会事务管理局8个工作部门，规格均为正县级，工作部门下设12个事业中心。甘泉堡开发区核定行政编制37人、事业编制82人。同时，设立4个社区、事业编制16人。设有甘泉堡开发区税务局、公安分局、市场监督管理分局、消防大队、交警队、行政执法队6家派驻单位，为入驻企业和项目提供良好的保障服务。

（甘泉堡经济技术开发区管委会）

库车经济技术开发区

【概况】库车经济技术开发区成立于2004年，前身为自治区级库车化工园区，2008年更名为库车经济技术开发区（以下简称“库车开发区”），2015年设立为国家级经济技术开发区。库车开发区位于新疆天山南麓中部、塔里木盆地北缘的库车县东城区，是西域三十六国中的龟兹国故地，是举世闻名的龟兹文化发祥地，是“国家新型工业化产业示范开发区”，是新疆维吾尔自治区“两化”融合试验区之一，是西北地区工业经济集聚区、重要的石化基地和综合实力较强的国家级经济技术开发区。

【经济发展】2018年，库车开发区共有企业183家（规模以上企业24家），中石化、国电等500强企业均有入驻。全年实现工业总产值225.34亿元，同比增长23%，实现工业增加值108亿元，同比增长6.9%；完成固定资产投资22亿元，累计组织税收收入46.6亿元，实现财政收入13亿元；争取上级各类专项扶持资金约6 626万元，其中新疆协益纺织科技有限公司等7家企业实现“升规”；按照“岗位＋技能＋培训”的模式，全年辖区从业人员10 500人，实现新增就业4 300人，其中吸纳680名贫困人口就业；开展各类劳动就业培训预计7 800人次；能源化工产业园、纺织服装产业园、装备制造产业园的一批重大新建、续建项目相继建成投产，中国石化塔河炼化有限公司引进顺北油田适应性改造（100万吨/年乙烯及深加工）、40万吨乙二醇项目、20万吨石油液化气深加工等重点项目加快推进，开发区实体经济不断壮大，经济运行保持了较快发展态势。

【产业发展】库车开发区已初步形成了以能源化工产业为主、装备制造产业、轻工食品产业、纺织服装产业、冶金建材产业（2018年库车开发区传统产业经济指标表）和战略新兴产业协同发展的“一区六园”产业格局，初步具备了“隔墙供应就地加工”的产业配套能力和产业延伸、产业多元化的产业基础。其中，纺织服装产业园根据自治区核定的92万锭产能规模，7家纺织服装企业相继开工建设，特别是新疆协益纺织科技有限公司、新疆敦化气体有限公司二氧化氮回收和新疆果然好生物科技有限公司酵素及早餐粉等重点项目的建成投产，为进一步实现产业均衡发展打下良好的基础。

2018年，库车开发区积极引导传统产业做大做强，聚集发展，大力扶持战略新兴产业，有序推进产业升级转型，优化产业布局，力促实现可持续发展。

一是积极引导优势产业做大做强。库车开

2018年库车开发区传统产业经济指标 单位：亿元

产业分类	工业总产值	同比增长(%)	工业增加值	同比增长(%)	销售收入	同比增长(%)	产销率（%）
能源化工产业	203.66	22.4	101	2	196.4	20.4	98
装备制造产业	4.56	32.2	1.44	43	4.26	31.7	99.8
轻工食品产业	0.86	65.8	0.9	0.22	3.87	262.5	97
纺织服装产业	2	180	0.85	410	1.9	316.7	81
建材冶金产业	14.26	31.9	3.7	15	11.2	21.3	101.7

发区依托塔里木油气勘探开发开采的优势，形成了以能源化工产业为主导的产业发展格局，呈现一企独大的发展局面。为确保优势产业稳定发展，确保经济健康平稳运行，开发区始终将促进能源化工产业扩产增能、提质改造和延伸产业链作为重中之重。一年来，中石化塔河炼化有限公司引进顺北油田适应性改造项目、1 000 万吨炼油扩能项目、20 万吨石油液化气综合利用项目正在加快建设，力促实现油气开采冶炼—精细化工—纺织服装全产业链发展格局。

二是积极承接能源化工产业转移。借助东部沿海沿江发达地区产业升级转型、腾笼换鸟步伐的加快，库车开发区依托资源、区位和政策优势，先后引进了 2 000 万 M2 电极箔、5 000 吨间苯二酚等重点项目和一批为环保配套服务的静脉产业园项目。这些项目正在加快推进前期手续和建设进度，承接产业转移取得实质性进展。

三是积极引进战略新兴产业。为了切实凸显国家级开发区的产业优势，库车开发区确立了大力发展高科技、外向型的战略新兴产业发展思路，聚集了一批农用无人机、电梯制造、医疗器械生产等高科技产业的库车特种装备制造产业园已动工建设，提供以现代金融服务为主的中亚金融港项目正在加快推进前期工作，打造南疆互联网金融中心，力争实现战略新兴产业新的突破，确保可持续发展。

【科技创新】2018 年，库车开发区始终将科技创新作为实现经济高质量发展的核心，多措并举，取得了可喜成果。一是完善政策支持。制定了《库车经济技术开发区管委会关于深入实施创新驱动发展的意见》，为支持创新型、成长型企业加快发展、推进科技创新兴园兴企提供较为系统完善的政策支撑。二是加快高新技术产业基地建设。开发区积极鼓励园区企业不断增强自主创新及成果转化能力，建立高新技术企业后备库，批准符合申报高新技术条件、成长性能好、发展潜力大的创新型企业进行重点扶持培育和协助申报认定。2018 年，开发区新注册外资企业 1 家，外贸企业 2 家。三是推进“专精特新”和“双创”发展。以库车龟兹小微企业创业园和库车电商产业园为载体，大力引导小微企业“专精特新”发展。2018 年，小微创业园共有制衣、织袜、医疗用品、馕饼、饮料、红糖、卷纸、洗涤等不同产业的 24 家生产经营体入驻孵化创业发展，并吸纳劳动就业 200 余人，“专精特新”取得了较好成果。

【投资促进】2018 年，库车开发区始终将招商引资作为“一号工程”常抓不懈，按照“围绕产业链、绘制招商图、建立信息库、拟定计划表”的思路，倡导全员招商，招商引资工作取得新突破，为园区产业集聚发展奠定了良好基础。

一是招商引资成效显著。全年完成招商引资签约项目 47 个，签约金额 459.52 亿元，实现到位资金 93.88 亿元，同比增长 19.9%；完成外贸出口 3 743 万元，项目涉及能源化工、纺织服装、新型建材、装备制造、商贸物流、市政工程、轻工食品和战略新兴等产业。二是招商机制不断完善。年初将库车县招商局与库车开发区招商局合署办公，实行两块牌子一套人马运行机制，有效整合库车县和库车开发区招商引资各项资源，实现招商引资县区一盘棋；出台了《库车 2019 年度招商引资单项考评奖励办法》，向县区各经济口单位下达招商引资考核目标任务，实施全员招商引资，取得了明显效果。三是招商模式不断创新。制定了招商引资“一把手”责任制，主要领导亲自挂帅，高位推动重点招商项目；创新推动以链招商、以商引商、商资共引等招商模式，使中亚金融港项目、特种设备制造项目和中安环宇食用菌种植基地项目等一批重要项目、良好项目相继落地。四是合作园区进展顺利。与浙江省宁波市大榭开发区、伊宁边合区、库尔勒开发区签订了合作园区协议，人员交流互访、项目嫁接合作等交流交往合作向纵深迈进，合作园区、飞地园区建设取得实质性进展。

【体制机制创新】2018 年，库车开发区成立了全面深化改革领导小组，强化组织领导，率先从规范管理体制、简化办事流程、推行市场化运行、理顺财税管理、创新用人机制和优化营商环境建设等方面深化体制机制改革试点，着力打造活力开发区新局面。

一是完善组织构架。在完善11个内设机构的基础上，设立市场监督管理、不动产登记办事窗口，增设了园区派出所、税务分局等派驻机构，并积极推进生态环境、应急管理等机构派驻改革试点；对职能职责相近的部门试点大部制、AB岗和联合执法改革试点。二是简化办事流程。经自治区人民政府同意，阿克苏地区行署授予库车开发区（地州市）级经济管理权限和行政管理职能，实现建设项目审批向自治区职能部门直通直报，进一步简化报批环节和流程。三是推行市场化运行。按照“管委会+投资公司”的运行模式，开发区国有公司充分参与园区的建设、招商、运营、管理和园区服务的市场化模式，全年参与完成了100万平方米标准化厂房、倒班宿舍、153亩（10.2公顷）植树造林、800平方米职工食堂、8千米新建道路及附属设施等建设项目。四是理顺财税管理。根据《库车经济技术开发区财政管理体制办法》（阿行署办〔2018〕50号）精神，赋予开发区独立的财政管理权限，辖区内征缴税款纳入开发区国库，并科学合理界定分配关系，按规定上解分成，进一步理顺园区财政管理体制。五是创新用人机制。开发区按照组织程序，行使科级及以下干部的任免权，根据《库车经济技术开发区人才引进暂行办法》，建立按需引进优秀人才，试行干部身份的“档案制”“竞岗制”“合同制”，实行岗位聘任制、岗位绩效工作制和动态考核淘汰机制，实现了同岗同责、同岗同酬机制。六是优化营商环境。在开发区企业公馆开设了“一站式”服务大厅综合窗口，按照“统一受理、内部流转、限时办结、窗口出件”的方式，推行“一站式”行政审批及公共服务业务，实现了窗口整合、事项整合、并联审批、限时办结和定期公开的一条龙服务模式，实现高效的行政审批服务职能，2018年累计完成各项代办服务13 400余件次。制定《库车开发区干部包联企业分工方案》，按照“管委会领导包片区、部门负责人包产业区、干部职工包企业”的原则，实现干部对园区全部企业、建设项目一对一分工包联，督促包联干部每周至少走访企业1次，对企业反映问题进行收集，保证企业诉求第一时间得到解决，全年协助园区企业申报直购9.5亿千瓦时交易电量，协助申报短平快、高新技术企业、出口退税等上级各类专项扶持资金1 863万元，切实保障入园企业健康可持续发展。

【绿色集约】一是坚持高标准推进园区总规修编。库车开发区现行园区总规是2009年1月颁布的《新疆库车化工园区总体规划（2007—2020）》（新政函〔2009〕12号），到2020年年末规划建设用地面积为47.97平方公里，截至2016年年底，库车开发区建成用地面积约为36.2平方公里，完成远期规划建设规模的85.39%（远期建设用地面积为41.01平方公里），现有总规已不适用园区的发展需求，2017年，启动《库车开发区总体规划2018—2035》修编工作，科学确立园区产业、绿化、公共配套等城乡规划布局，先后编写规划设计条件46份，总用地面积约5 162亩（344.13公顷）。二是坚持高标准推进土地集约使用。2018年组织6批次报批了5 644亩（约376.27公顷）建设项目用地，均已获批复，完成国有建设土地供应12宗约522亩（34.8公顷）；对批而未供、供而未用、征而未用土地逐宗进行排查摸底，全年下发闲置土地调查书10家，调查面积1 055亩（约70.33公顷），有偿收回土地1家、无偿收回土地1家，积极稳妥处置闲置低效用地“二次”开发，确保土地集约高效利用。三是坚持高标准推进环保设施建设。2018年，开发区环境空气质量自动监测站完成选址，正在报批；投资4.7亿元排放标准达到一级A的开发区工业污水处理厂已完成主体土建工程，2019年将全面投入运行；包括固体废物填埋在内的静脉产业园已完成了可研、环评等前期工程手续，正在加快项目实施进度。库车开发区按照相关法律法规，潜心打造循环可持续发展的绿色集约园区。

【党建工作】2018年，库车开发区新成立3家非公企业党支部，选派27名党建指导员指导工作开展，非公企业党建稳步推进。年内新发展4名党员，18名预备党员按期转正，10家企业党组织阵地投入使用。深入开展党员干部职工与群众结对认亲280对，开展联谊活动14次。

【基础设施建设】截至2018年年底，库车开发区已建成90公里“六纵六横”的城市公路交通骨架；年供气10亿立方米的天然气门站1座、日处理污水5.5万立方米的污水厂和日供水15.38万立方米的水厂各1座，750千伏变电站1座、220千伏变电站2座；设施齐备的消防站1座；10万平方米的仓储中心3处和5万吨的冷藏库。2018年，完成新建福洋路两侧百亩经济示范林300亩（20公顷），完成玖成路、经三路、经三路东侧16公里道路及绿化亮化工程；新建燃气管线25公里。5万立方米/日处理工业污水处理厂项目正在建设；工业固废填埋、铁路装车站、纺织园110千伏变电站、“西气东输”四线建设和开发区、城北新区气化工程等项目有序推进，园区承载力不断增强。

【组织机制效能】一是用人体制机制更加灵活。开发区人员管理实现了由“身份管理”向“岗位管理”转变，所有纳入全员岗位的人员，均同工同酬条件上岗，打破任职年限、资历等限制，形成了充满活力的用人机制。二是容错免责机制更加务实。按照“摸着石头过河，摸错了不能一棍子打死”的理念，营造了为敢于担当者担当的制度环境，让实干者无后顾之忧，让干部有干事的劲头和保障。三是干部交流机制更加便捷。按照属地管理原则，建立了开发区干部与库车县干部双向培养、交流、任职机制，形成干部互动培养锻炼良性循环的局面。四是营商环境建设成效显著。依托投资建设服务中心，实行项目审批全程代办制度，对项目实行“一条龙”保姆式服务，针对不同的项目情况，分派专人协助企业办理立项、注册、税务登记、环评、安评、土地、规划、消防、竣工验收备案、规划核实及产权证直至项目运营生产。同时，采取容缺性审批制度，保障签约项目早日落地、快速达产，全面提升招商服务软环境。五是市场化运行初见成效。按照“管委会+公司”模式在现有库车经济技术开发投资有限公司的基础上，组建物业服务公司、电力发展公司、劳务派遣公司、燃气管道公司等基础设施建设和生产要素保障公司积极参与开发区建设、管理、运营，在加快园区建设的同时，为企业降低了运行成本。如燃气管道有限公司为园区企业供应天然气的价格低于其他燃气公司，降低了企业运行成本，同时营造了良好的投资环境。

【机构设置与管委会领导】根据中共阿克苏地委办公室、阿克苏地区行署办公室《关于印发〈库车经济技术开发区管理委员会主要职责内设机构和人员编制规定〉的通知》（阿地党办发〔2017〕31号）文件和《关于为库车经济开发区管理委员会增加编制的通知》（阿地党编办发〔2018〕23号）文件精神，库车开发区核定编制75名，其中县级领导职数5名（正县级2名、副县级3名），内设机构科级领导职数33名，核定内设机构11个，分别为：党政办公室、党建部（群团工作部）、经济发展局（统计局）、招商局、规划建设环保局、国土资源分局、财政局（国有资产管理办公室）、安全生产监督管理局、人力资源和社会保障局、社会事业局、综合执法局；所属事业单位投资建设服务中心1个；国有公司3个：库车经济技术开发投资有限公司、库车宏达电力有限公司和库车经济技术开发担保有限公司。

2018年，库车开发区党工委管委会领导成员为：阿克苏地委委员、库车县委书记、开发区党工委书记秦加友；开发区党工委副书记、管委会主任俞红梅；开发区党工委委员、管委会副主任杨庆彪、王筱元；开发区党工委委员、纪工委书记塔依尔·卡地尔。

（库车经济技术开发区管委会）

鹤壁经济技术开发区

【概况】鹤壁经济技术开发区（以下简称“鹤壁开发区”）（金山产业集聚区）1992年12月被省政府批准为首批省级经济开发区，2008年12月被河南省政府批准为首批省级重点产业集聚区，2010年11月经国务院批准升级为国家级经济技术开发区。开发区下辖城北、金山和东杨三个工业园区，11个行政村，3.3万人，总面积29平方公里，规划建设面积18平方公里，已建成区面积13平方公里。已入驻工业企业400多家，规模以上企业109家，是国家镁加工产业示范基地、国家金属镁产品质量提升示范区，省重点支持的电子信息、镁精深加工产业基地，省镁材料加工产业专利导航实验区，通过了ISO9001质量管理和ISO14001环境管理两项体系认证，先后被评为省5A最佳投资环境产业集聚区、省高新技术特色产业基地、省科技成果转化示范基地、省对外开放先进开发区、省军民融合产业园等。

【经济发展】2018年，鹤壁开发区地区生产总值全年完成77.3亿元，同比增长4.8%；规模以上工业增加值增长12.4%；一般公共财政预算收入完成4.019 1亿元，增长9.5%。

【招商引资】2018年，鹤壁开发区创新招商机制，制定出台开发区招商引资项目引荐人奖励办法，鼓励推动企业、商协会等开展以商招商。扩大对外开放，围绕光电子、汽车电子、镁精深加工产业，组织举办中国鹤壁光器件产业技术研讨会、中国镁协理事会会议、中国镁业30人论坛等系列主题招商活动，持续提升主导产业在行业内的知名度和吸引力。全年共签约落地北控清洁能源、中建铝轻合金模板、成都九州光电、深圳华讯方舟无人机、腾飞碳纤维新材料、中经国投镁合金轮毂、深圳飞鸿科光纤适配器等亿元项目31个，总投资73.5亿元。

【项目建设】科学谋划产业发展，编制了光电子、汽车电子、镁精深加工三个产业发展规划和百亿天海、百亿仕佳两个龙头企业三年发展规划。强力推动项目建设，推动天海工业园、天捷北斗卫星通讯及航空配套产品、宇翔汽车线束端子压接模具等项目建成投产；航瑞新能源汽车动力电子管理系统项目批量生产，并与北京航空航天大学知名教授合作成立“北航新能源与智能车辆专家工作室”；奥璨微电网示范项目并网发电；威尔克姆镁基新材料项目部分建成投产。全年14个省市重点项目完成投资50亿元，超年度目标57个百分点。凸显产业集聚效应，光电子产业已集聚了仕佳、威讯、腾天等17家企业，形成了优势；汽车电子产业，按照“打造千亿产业集群”要求正完善产业规划，谋划对接一批重点支持项目；镁精深加工产业、中国鹤壁镁交易中心开市运营，镁合金自行车轮毂、散热器件等终端产品供不应求。

【科技创新】2018年，鹤壁开发区产业升级实现新突破，全力支持企业扩规增效、提档升级和“三大改造”。仕佳光子公司成功申报国家级绿色工厂，鹤壁航盛、天淇模具成功申报省级智能工厂和智能车间；在全省智能制造观摩点评活动中，天海集团、仕佳光子获得省优秀企业。科技创新取得新成果，出台加强科技创新的办法，鼓励和支持企业加大科技创新力度，提升产品竞争力和影响力；2018年新增高新技术企业6家，科技支出5 188万元，占财政支出的6.4%；专利授权318件，同比增长171.9%，政策激励效果明显。质量提升有了新成效，出台支持质量建设的办法，深入开展质量提升活动，不断提高企业管理水平和质量效益，组织辖区25家企业参加标准化基础知识专题培训，组织卓越绩效管理培训三次，与武汉大学联合举办质量发展暨科技创新培训班；2018年，开发区企业参与制定行业标准5项，鹤壁市地方标准2项；全区50家重点企业已有40家通过质量管理体系认证，占总数的80%，三个先行区建设获得了长足发展。

【城北工业园】城北工业园成立于2009年1月16日，规划面积12平方公里，建成面积近5.25平方公里，现有企业192家。其中，工业企业150家（限额以上工业企业56家），商贸企业42家。园区以电子信息产业为主导，以电子元器件、汽车插接件为特色，以消费电子终端产品、汽车电子、光电子产业为发展方向，依托仕佳光子、天海集团、航盛汽车电子、海能达等现有骨干电子企业，着力打造鹤壁电子信息产业园区。

2018年，园区内规模以上工业企业主营业务收入完成137.71亿元，规模以上工业企业总产值完成174.99亿元，利润完成3.62亿元；招商引资到位省外资金33.85亿元，占年度目标的169%；全年企业项目备案65个，总投资达到37.2亿元。

【金山工业园】金山工业园位于鹤壁市西部，规划面积3.2平方公里，建成面积2.41平方公里。园区入驻企业87家，规模以上工业企业31家，是以发展镁精深加工为主导产业的特色园区，是全国重要的镁生产加工和出口基地之一、中国镁加工产业示范基地、河南省重点建设的镁精深加工产业基地，有着“中国镁谷”的称号。2018年，园区完成固定资产投资47亿元，新增“四上企业”3家；新开工重点项目2个；实际吸收境外资金7 857万美元；对外货物贸易进出口35870万元，对外服务贸易进出口712万美元；实际到位省外资金12.63亿元；社会消费品零售总额增长11%。

【东杨工业园】东杨工业园总规划面积5.8平方公里，已建成面积2.98平方公里。2018年，园区规模以上工业企业总产值完成10.3亿元，工业企业主营业务收入完成6.2亿元。围绕汽车电子电器、机械制造主导产业，积极开展招商引资，成功引进中建铝新材料、河南装配式产业园、昊海电器、华恒科技等项目23个，总投资21.4亿元；新征土地330亩（22公顷），盘活闲置厂房7万平方米，成为全区落地项目最多、征地面积最大的办事处。截至目前，园区企业达80余家，其中规模以上企业14家，经济发展后劲日益呈现。

【机构设置与管委会领导】鹤壁开发区设工委、管委、纪工委、财政局、经发局、招商局、城市建设管理局和社会事业局（综治信访局）等机构。

鹤壁开发区工委、管委会领导成员为：工委书记王军；工委副书记耿明杰、侯明森；纪工委书记（监委主任）陈传伟；工委委员王军、耿明杰、侯明森、陈传伟、李长根、郭伟、魏增华、熊俊良、耿波。管委会主任耿明杰；副主任李长根、郭伟、刘艳（挂职）；管委会委员耿明杰、李长根、郭伟、刘艳（挂职）、耿波；开发区工委、管委会办公室主任刘军文。

（鹤壁经济技术开发区管委会）

浒墅关经济技术开发区

【概况】苏州浒墅关经济技术开发区(以下简称“经开区”)始建于1992年9月，1993年12月被江苏省人民政府批准为省级经济开发区，2007年开发区机构升格为正处级建制，2013年3月经国务院办公厅复函批准，晋升为国家级经济技术开发区。经开区位于苏州古城西部，高新区北部，区域面积63.2平方公里。经开区户籍人口8万余人，流动人口10万余人。交通地理优势突出，京沪高速公路、京沪高铁、京杭大运河、中环高架快速路、太湖大道快速路、苏州地铁三号线、苏州有轨电车一号、二号线等交通大动脉贯穿其中。经开区开发建设以来，引进内外资企业超过1 000家，形成了装备制造、轨道交通、现代电子信息三大支柱产业。克诺尔车辆设备、莱克电气绿能科技、苏州城河清洁设备、川崎精密机械、苏尔寿泵业等知名龙头企业相继落户。

【转型升级】2018年，经开区大力实施“招才引智”战略，用足用好4 000万元人才专项资金，全新建设范维澄等4家院士工作站，着力形成吸纳人才的“强磁场”。全年新增区级科技领军人才11名，完成指标的183%。姑苏领军人才实现“零”的突破，姑苏天使、精英周落户企业等项目数量均超额完成区下达的指标。创新载体不断丰富。建成并启用阳山智谷等12.5万平方米科技载体，开工建设1.7万平方米阳山科创大厦。有效盘活原NGK地块，规划建设150亩（10公顷）“瞪羚”和“独角兽”企业培育园。规划建设3平方公里军民融合小镇，全力打造长三角最具影响力和辐射力的创新高地。创新环境持续优化。积极落实各项科技创新培育和扶持政策，新认定国家高新技术企业13家，省级民营科技企业27家。全年申请发明专利498件，申报PCT 7件，发明专利授权108件。倾力打造“阳山零距离”服务品牌，组织15名企业高层次人才，参加“智汇苏高新”创新创业大讲堂，有效营造崇尚创新、尊重创新的社会氛围。

【招商引资】经开区紧紧围绕全区“1+5”产业规划，新一代信息技术、高端装备制造等新兴主导产业保持快速增长势头，产值占比达62%。成功引进中央企业金属3D打印协同创新中心、和欣运达智能系统总部、堆绿云电商平台等优质项目30个。持续加快“退二优二”“退二进三”步伐，启动规划建林路以西工业区整体升级改造，全年清退落后企业27家，腾出空间10.21万平方米。项目推进有力有序，坚持以国家级平台建设为着力点，全新导入国开金融、国新国际、中航工业等一批“国”字头、“中”字头高端发展平台。全力做好重点项目建设，卡乐电子、天梭电梯等8家企业加快推进，总开工面积达12万平方米，以高质量项目支撑高质量发展。

【生态环境】2018年，经开区坚持苏州西北城市门户的定位，聘请美国原SOM吴盈芝团队为规划总顾问，先后邀请浙大、万科、荷兰NITA、香港殷布等设计团队，全面开展城市规划设计和产业布局研究，高标准提档升级城市形象。切实加大动迁拔钉扫尾力度，全年拆除民房82户、企业13家、项目清零7个。全力打通交通主动脉，集中力量配合做好有轨电车二号线、地铁三号线、太湖大道快速化改造、天池山出口改造、长浒大桥立交改造、大运河防洪驳岸加固等区重点工程建设。老镇区南津路、兴贤路、虎啰路、通浒桥等路桥工程全面开工或建成通车。高要求推进环境治理，全力做好中央、省环保督察问题整改，结合“263”“331”专项整治行动，查处“散乱污”企业 94 家，关停企业和作坊 40 家，拆除违建 3 万平方米。进一步压实“河长制”责任，按照“一河一策”精准发力，全力强化水系综合治理，完成河道清淤 8.9 公里、8.24 万立方米，黑臭水体整治基本完成。

【社会民生】2018 年，经开区加快民生实事工程建设，总投资 29 亿元 11 类实事工程稳步推进。阳山花苑 1 ～ 3 区综合改造基本完成，阳山花苑 4 ～ 6 区改造即将启动，新鹿花苑四期 655 套保障性住房开工建设。阳山花苑 5 区农贸市场规划重建，经开区文体中心主体完工，浒墅人家生活广场投入使用，乐居中心入围苏州市十大民心工程。落实富民惠民举措，认真实施《困难群众精准救助实施意见》，扎实做好阳光扶贫工作，累计发放困难群众帮扶资金 524.7 万元，23 574 名失地农民全部纳入社保，医保和大病参保率达 100%。不断加大失地农民、高校毕业生、残疾人等重点群体就业服务力度，举办招聘会 6 场、技能培训班 7 场，帮助就业 1 693 人次。切实提升集体资产管理和盈利水平，全年分红 2 744 万元，户均 3 154 元，增长 11.7%。提升公共服务质量，全新启用阳山街道便民服务中心、社区政务服务工作站，按照政务服务“仅跑一次”的要求，为居民提供社保、计生、民生等“一站式”服务。新建苏外附属阳山国际幼儿园、阳山实幼分园，完成长江小学改扩建工程。推进光大汇晨阳山老年公寓建设，新增床位 511 张。精细化、常态化推动文明城市创建，迎检工作位列全区前列。全力维护稳定大局，按照“三到位一处理”的要求，全年接待各类来访 65 批 375 人次。成立“两区一路一市场”专职化整治专班，进一步建立健全综合治理网格体系，不断强化守土有责、守土尽责基础，有效形成整体联动、共建共治共享的工作新格局。全面推进“雪亮工程”和“慧眼工程”，投入技防升级改造资金 130 余万元，建成路面治安高清探头 300 个，路面抓拍系统 8 套，小区探头 1 076 个，联入公安网探头 1 210 个，新建派出所监控中心 1 个、小区监控中心 7 个，全面实现主要街巷、人员密集场所、案件高发地区全覆盖，全力推进平安建设。

【党建工作】经开区认真落实新时代党的建设总要求，坚持以政治建设为统领，牢牢把握意识形态工作主动权。70 家党组织开展“一把手”讲党课活动，150 余名党组织负责人参加党的十九大精神学习轮训，以高质量党建引领保障高质量发展。着力加强组织建设，新建基层党组织 10 个，整顿帮扶软弱涣散党支部 3 个。按照“一支部一品牌、一支部一项目”的要求，花大力气开展“爱能量帮扶站”“红袖标爱心同行”“三色党建”等特色项目建设，积极培育“法治安居”“智慧服务”“阳山卫士”等行动支部，全力打造立得住、叫得响、推得开、群众满意的党建服务品牌。着力加强从严治党，配齐配强经开区、阳山街道两级纪工委工作力量，切实推动全面从严治党延伸到“最后一公里”。

（浒墅关经济技术开发区管委会）

其他开发区篇

黑河边境经济合作区

【经济发展】2018 年，黑河边境经济合作区（以下简称“黑河边合区”）认真贯彻中央、省、市重要会议精神，紧紧围绕全年工作目标，攻坚克难，狠抓落实，主动作为，经济保持平稳较快增长、基础设施条件持续改善、特色产业发展取得新进展、改革开放持续深化，较好地完成了全年工作任务。全区实现地区生产总值 7 亿元，同比增长 7%；规模以上工业增加值 9 765 万元，同比增长 7.7%；公共财政收入 1.67 亿元，同比增长 27.4%。

【产业发展】2018 年，黑河边合区与黑龙江省电力公司签订《黑河俄电专署供电区用电相关事宜协议书》，为黑河工业园区用电企业发展提供了稳定保障；34.1 平方公里产业园区优化整合方案得到黑龙江省政府批复；申报黑河—布拉戈维申斯克跨境经济合作区工作稳步推进；积极争取边合区扩区和先行先试开放升级。黑河鹏程碳化硼、龙江化工电石、中隆贵重金属线等项目顺利实现全年生产目标，农耕大豆深加工、泽博高纯荧光粉微粉项目建成试生产；10 个省、市重点项目全部开复工，完成投资 4 亿元。其中，省重点金龙港 OLED 有机发光材料项目完成办公楼、动力中心主体工程建设；黑河保税物流中心（B 型）海关监管区主体完工；徐工欧亚汽车零部件生产项目土建基础工程开工。市重点龙江化工 IDC 数据中心项目完成 6 000 台服务器的安装运行；恒华药物中间体项目、坤鹏大豆低温浓缩豆粉加工项目、银建国际货运物流中心项目工作进展顺利。创业中心入驻企业 23 家，实现销售收入 5 亿元，贵重金属线项目连续两年销售收入超过 2 000 万美元。

【桥头区建设】2018 年，黑河边合区参与编制完善黑龙江大桥桥头区总体规划和基础设施专项规划。完成 26.39 公顷口岸联检区和起步区一期 72.64 公顷项目用地收储；完成桥头区起步区剩余 101.37 公顷和 64.31 公顷两个地块的征收公告发布；完成桥头区起步区基础设施测量、地勘、可研编制，规划白松路道路及给排水施工图设计及图审等；完成桥头区起步区基础设施发改、规划、国土、环保等审批手续。桥头区建设争取地方政府新增一般债券和专项债券 4.05 亿元；亚洲开发银行 1.5 亿美元政策贷款经亚行中国国别贷款谈判会议正式通过，2019 年初列入国家发改委三年滚动规划。

【对俄合作】2018 年，黑河边合区积极引进贸易主体，稳定出口规模，对外贸易进出口总额完成 25.55 亿元，同比增长 30.35%。机电、果蔬出口，电力、农副产品进口稳步增长，新引进博生公司纸浆、信和公司俄罗斯小麦进口实现零突破。对俄合作逐步拓展升级，阿穆尔—黑河边境油品储运与炼化综合体项目完成股权转让和两国设计转换。萨哈（雅库特）共和国油田区块勘探开发项目完成两个井钻探工作。境外孵化器吸引 4 家企业入驻。

【科技创新】2018 年，黑河边合区跨境电子商务产业园入驻企业达 106 家，实现交易额 10.57 亿元，同比增长 30%；黑河边境经济合作区海外仓一期在俄罗斯布拉戈维申斯克市投入运营；黑龙江首家“京东云仓”正式上线运行。黑河“丰泰”“俄品多”“瑞丰”等一批具有良好经济效益和社会效应的电商企业得到快速发展，中机网、俄品多、金色俄罗斯等自建平台发展良好。

【投资促进】2018年，黑河边合区省外实际到位资金11.53亿元人民币，完成全年任务指标的100.26%。围绕项目招商成果显著，泽博高纯荧光粉微粉、农耕大健康食品等项目投产；阳光伟业电熔结晶镁等项目落户开工。谋划2018年重点招商项目42个，储备宝邦煤炭物流和水产品运输、银建国际物流等一批新项目。与嘉兴开发区、珠海高栏港经济区签订对口合作框架协议。

【基础设施建设】2018年，黑河边合区完善园区载体服务功能及配套设施，绿化、亮化、净化、美化工程投入加大。经四路延长段道路及给排水工程投入使用；扎实开展大气、水污染防治，持续改善环境质量。创新监管方式，加强风险防控，整治安全隐患，有效防范和遏制各类生产安全事故发生，安全生产形势持续稳定。着力化解劳动争议，为219名企业职工解决劳资纠纷问题，涉及金额211万元。财税部门强化监督，加大清缴欠税力度，工作成效显著。

【党建工作】2018年，黑河边合区围绕学习贯彻习近平新时代中国特色社会主义思想，深入开展解放思想大讨论活动；切实加强党风廉政建设，坚持全面从严治党、强化政治生态建设和“两个责任”落实；持之以恒纠“四风”，进一步整顿机关作风建设，优化营商环境；向脱贫攻坚聚焦发力，驻孙吴县腰屯乡山河村扶贫工作组受到表彰；压实宗教工作责任，增强党员抵抗宗教侵蚀战斗力。加强基层党建，组织制定“基层党建问题清单”“党支部书记抓基层党建述职承诺事项”共计60余份；持续整顿“三个坏把式”“五个坏作风”；推进“四零”承诺服务。园区非公企业党组织组建率达90%，全面提升非公企业党建工作水平。

【管委会领导班子】2018年，黑河边合区领导成员为：党委书记、管委会主任王海东；党委副书记、管委会副主任、调研员陆海军；党委委员、管委会副主任沈秋辉；党委委员、管委会副主任、黑河桥头区建设开发有限责任公司董事长杨占宏（3月任职）；党委委员、管委会副主任、黑河桥头区建设开发有限责任公司总经理刘致全（3月任职）；党委委员、管委会副处级干部柴克勤；党委委员、管委会副调研员姜传凯、孙庆海、王德林。

（黑河边境经济合作区管委会）

博乐边境经济合作区

【**经济发展**】2018年，博乐边境经济合作区（以下简称“博乐边合区”）全年实现地区生产总值35.8亿元；完成全社会固定资产投资总额18亿元；实现全口径外贸进出口总额0.24亿元；实现税收收入0.66亿元；带动就业0.97万人。

【**产业发展**】2018年，博乐边合区已落地招商引资新建项目13个，2019年计划总投资5.03亿元，已到位资金32 900万元；签约项目6个，计划总投资17 000万元；洽谈对接项目14个，计划总投资112 400万元；已落地重点项目4个：一是阿夫拉姆高端冰川水加工项目，此项目2019年计划投资14 000万元，实际到位资金11 000万元；二是晖力普二期LED芯片封装光源项目，该项目2019年计划投资26 000万元，实际到位资金5 000万元；三是深圳市坤鹏电子通讯科技有限公司（深圳兆华）智能科技产业园项目，该项目2019年计划投资18 000万元，实际到位资金18 000万元；四是新疆亚中生物科技有限司（中经华业）油料压榨和饲料加工项目，该项目2019年计划投资2 000万元，实际到位资金2 000万元。

为尽快丰富园区产业结构、增强发展活力，2017年博乐边合区规划建设了小微企业园区，计划新建标准化厂房21栋，建筑面积7.3万平方米。截至目前，标准化厂房主体基本完工。进一步加大对接力度，贯彻落实好第二次中央新疆工作座谈会和第六次全国对口支援新疆工作会议精神，2017年园区先后派3名湖北援博干部赴原单位对接援疆工作；2017年9月博乐边合区管委会领导一行赴武汉市援建单位（武汉市经开区）对接援博工作；2018年5月博乐边合区管委会领导又前往武汉市援建单位及园区3名湖北援博干部单位进行拜访，争取在项目及资金上给予园区支持，帮助园区建设。同时，还邀请武汉市对口援建单位及3名湖北援博干部单位领导到园区参观考察，并就园区项目建设和今后发展提出建议和意见，助力园区建设发展。

【**投资促进**】2018年，博乐边合区实现外贸进出口总额2 380万元，同比增长23.5%。其中，主导产业为石材企业，主导产品为石材加工成品。

【**体制机制创新**】2018年，博乐边合区管委会核定全额事业编制15名，其中领导职数5名（党工委书记1名、主任1名、常务副主任1名、副主任2名）。园区发展的最大优势、最大动力在于体制机制创新。在推动高质量发展的新时代背景下，越来越多宝贵的改革经验涌现出来，汇聚成一批批园区体制机制改革的新模式，形成园区之间相互学习借鉴的良好氛围，充分发挥园区在区域经济发展中的引领、示范和辐射带动作用。园区增扩了20个参照事业单位管理的市聘岗，从州市各单位调剂出10名事业编制人员充实边合区工作，明确各局职责，进一步提高为企服务的能力。同时，实行干部到企业任职制度，安排专人入驻企业，专职协调解决企业遇到的问题。加强项目服务中心建设，通过建立项目服务反馈机制、“一项目一档案”机制、项目审批平台和运行制度体系，进一步规范项目服务中心运作，缩短办事时限，简化办事流程，更方便、快捷地做好为企服务的工作。

【**绿色集约**】2018年，博乐边合区各部门、相关单位密切配合，全力完成环保整治。一是污水处理厂项目，设计规模 5 000 立方米 / 日，计划总投资 0.95 亿元。截至目前污水厂完成土建工程总量的 80%、总工程量的 70%。二是固废填埋场项目，总体设计规模 200 吨 / 日，计划总投资 2 100 万元，2018 年完成前期工作，2019 年开工建设，并于 10 月底完工，2020 年建成投入使用。三是完成园区 8 家石材加工企业环境保护验收；投资 3 500 万元，对石材加工区路段进行硬化，对私搭乱建的凉棚临时建筑进行拆除；企业自筹 300 万元，完成沉淀池硬化，建成固定废料堆放场，改善固废堆存杂乱无序随意倾倒现象；企业自行购置洒水车 2 辆，实施降尘措施，每天不少于 6 次对石材拉运路段进行洒水；贺丰、富兴、楚闽、新光明等企业均进行了石材开采加工技术改造，提升了石材利用率，减少了资源浪费。区内单位面积土地开发 3 平方公里，土地集约利用率较高。

【基础设施建设】2018 年，博乐边合区污水处理厂及固废垃圾填埋场完成竣工验收；小微企业园 21 栋厂房主体及附属工程已完工，正在加快推进内部改造；803 套公租房已全部交付；企业孵化基地主体工程甩项审计工作正在有序推进，内部改造已接近收尾，可按时交付使用；3#4# 换热站已全部建成并投入使用；穿越铁路箱涵的热力、给水、排水已完成；金鑫昱纺织厂消防双电源项目已完成并正常运行；园林绿化及市政项目管网排查已完成（主要针对 2017 年 3P 项目）并进行了甩项移交审计工作；G219 线已对接完毕，X181 推进中。

【党建工作】2018 年，博乐边合区严格“三会一课”。全年召开支委会 11 次、党员大会 18 次、上党课 7 次、开展党员活动日 10 场次，提升党支部凝聚力、战斗力。以开展基层减负年活动为抓手，加强纪检监察工作，强化学习，深入查摆出存在的形式主义等问题 4 个，制定了 10 条整改措施。通过积极整改，进一步转变作风，提高工作效率；开展“不忘初心、牢记使命”主题教育活动。通过组织召开领导干部集体学、支部集中学、全体干部职工学习会和个人自学等多种方式，加深对习近平新时代中国特色社会主义思想和党中央治疆方略重点意义、科学体系、丰富内涵、实践要求的理解，深刻领会其精髓要义，推动主题教育往深里走、往心里走、往实里走。截至目前，组织领导成员开展集体学习 7 天，支部集中学习 18 次，全体干部集中学习 16 次；每名党员结合个人实际，制定 9 月、10 月、11 月自学计划，并根据自学计划每天学习；领导班子召开交流研讨会 8 场次，举办专题党课 4 场次，召开调研成果交流会 1 次；党支部召开交流会 9 场次。

【机构设置与管委会领导】2018 年，博乐边合区管委会内设 7 个机构（股级）：综合业务部、经济发展统计部、规划建设部、社会服务部、招商一部、招商二部、招商三部。博乐边合区管委会主任张建；副主任成勇。

2018 年博乐边境经济合作区主要经济综合指标一览表

项目	单位	2017 年	2018 年	增减（%）
开发区生产总值	亿元	32.55	35.81	10.00
工业总产值（现价）	亿元	32.55	35.81	10.00
进出口总额	亿美元	0	0.24	—
财政支出	亿元	0.6	0.66	10.00
新批企业数量	家	70	73	4.29
规模以上企业数量	家	8	12	50.00
年末从业人员数量	万人	1.04	0.97	-6.73

（博乐边境经济合作区管委会）

伊宁边境经济合作区

【概况】伊宁边境经济合作区（以下简称“伊宁边合区”）于1992年8月经国务院批准设立。建成区面积35平方公里，总控制规划管理面积76.3平方公里。2018年，伊宁边合区辖11个社区，104个大型住宅小区，人口总户数5.07万户、12.2万人。辖区内有单位72个，商业网点3 920个，中学4所（伊宁市第22中学，伊宁市第23中学，伊宁市第3中学，英才私立学校），小学2所(伊宁市第24小学，伊宁市第25小学)，幼儿园14所。在校学生1.3万人。

【经济发展】2018年，伊宁边合区完成生产总值39.4亿元，比上年增长8%；实现固定资产投资35.9亿元；完成工业总产值31亿元，实现工业增加值10.2亿元，增长8%，其中规模以上工业企业完成工业增加值9亿元，增长8.6%；社会消费品零售总额50.1亿元，增长7.2%；外贸进出口总额1.7亿美元，增长70%；一般公共财政预算收入5.5亿元，招商引资到位资金35亿元。

【产业发展】经过26年的建设和发展，伊宁边合区已初步形成了现代煤电煤化工、生物科技、新型建材、纺织服装加工、机械装备制造、农副产品精深加工、电子信息、现代服务业的“7+1”产业发展格局。2018年，园区注册企业800余家，其中工业企业110家，商贸服务企业604家，物流运输企业20家，房地产开发公司66家，其他类型企业20余家，带动就业近2万人。拥有国家级高新技术企业8家，自治区“两化”融合示范企业4家，国家级农业产业化重点龙头企业1家，自治区级农业产业化重点龙头企业10家，专利总数330余件。伊宁边合区是自治区级“新型工业化生物产业示范基地”和自治区级“两化”融合试验区。

【投资促进】2018年，伊宁边合区招商引资工作成效显著，全年招商引资到位资金35亿元。其中，工业项目到位资金20.738 1亿元，商贸项目到位资金1.696万元，房地产项目到位资金12.578 7亿元。围绕重点产业、重点区域和产业链结构，边合区积极参加广交会、厦投会，主动对接疆内外企业。稳步推进光华电力非晶变压器生产、电力抢修基地、伊犁伊阳生物科技、伊犁伊杏皇果苑、肽坦生物科技研发与生产基地项目前期工作。

【项目建设】2018年，伊宁边合区社会投资类项目开工31个，完成投资35.9亿元。其中，工业类项目完成投资15.7亿元，新天煤化工年产20亿立方米煤制天然气项目完成投资8.08亿元，国网2×35万千瓦热电联产项目完成投资6.84亿元；商贸物流类项目完成投资8 980万元，新疆福隆物流公司伊犁福隆钢材项目完成投资1 260万元，西拓世贸中心完成投资4 000万元。海棠公寓、天富伊城、新房·壹品墅、中原国际等房产类项目完成投资10.95亿元。

【科技创新】2018年，伊宁边合区高新技术产业发展迅速。国家高新技术企业认证申报数量倍增，年内新增高新技术企业5家，复审3家，申报意向企业14家。指导协助安琪酵母(伊犁）有限公司申报“新疆食用酵母及其衍生物工程技术研究中心”，紫苏丽人申请“国家级绿色工厂”，成为新疆芳香产业唯一获批国家级绿色工厂的企业。全力推进国家级博士后工作站、创新创业特色载体、绿色园区等创建工作。

【对外开放】2018年，伊宁边合区平台建设不断巩固，加快推进伊宁保税物流中心正式运营，积极跑办一期封关运营、二期基础设施开工工作。伊宁海关作业场所升级改造已完成技术及场地验收，并取得海关监管作业场所注册登记证书。边民互市贸易区实现交易额150万元。丝绸之路综合服务信息中心平台在线企业273家，在线商品4 300余款。吉尔吉斯斯坦展示厅和海外仓项目完成仓储库容建设20 000立方米，上架服装面料样品7 000余款。

【服务与管理】2018年，伊宁边合区开展重点企业调研24次，着力协调解决园区供暖、车辆通行、异味扰民、污水处理等问题25个。全年开展各项培训20余场次，参训企业300余家。开展各类专项扶持资金项目申报12个。伊犁州建材行业中小企业公共服务平台获批成为自治区级中小企业公共服务平台。投入2 210万元实施园区道路、绿化美化、供排水等基础设施建设工程，园区环境得到明显提升。

2018年伊宁边境经济合作区主要经济综合指标一览表

项目		单位	2017年	2018年	增减（%）
开发区生产总值		亿元	36.5	39.5	8.2
第二产业		亿元	18.8	19.6	4.2
工业		亿元	9.3	10.1	8.6
第三产业		亿元	17.7	19.6	10.7
工业总产值（现价）		亿元	26.7	33.9	26.9
高新技术企业		亿元	6.9	5.9	-14.4
销售（营业）收入		亿元	98.4	99.8	1.4
第二产业		亿元	36.9	41.5	12.5
工业		亿元	26.9	34.2	27.1
第三产业		亿元	61.5	58.3	-5.2
利润总额		亿元	8.5	8.9	4.7
第二产业		亿元	2.5	2.8	12.0
工业		亿元	1.6	1.4	-12.5
区内主导产业及产值					
主导产业	1. 农副产品加工业	亿元	6	5.7	-5.0
	2. 现代生物业	亿元	6.6	5.8	-12.1
	3. 煤电煤化工业	亿元	5	15.7	214.0
	4. 新型建材业	亿元	5.7	4.2	-26.3
第三产业		亿元	6	6.1	1.6
进出口总额		亿美元	1	1.7	70.0
出口		亿美元	1	1.7	70.0
财政收入		亿元	6.3	6	-4.8
税收收入		亿元	5.3	5	-5.7
财政支出		亿元	6.4	5.9	-7.8
新批企业数量		家	62	69	11.3
外商及港澳台企业		家	0	1	—
内资企业		家	823	869	5.6
区内500强企业数量		家	5	5	0.0
高新技术企业数量		家	6	8	33.3

续表

项目		单位	2017 年	2018 年	增减（%）
新批企业投资额	外商及港澳台企业	亿美元	—	—	—
	内资企业	亿元	17.1	19.6	14.6
	增资企业	亿美元	—	—	—
规模以上企业数量		家	30	27	-10.0
固定资产投资		亿元	43.1	36.1	-16.2
年末从业人员数量		万人	1.5	1.6	6.6
万元 GDP 能耗		吨标煤 / 万元	4.6	4.8	4.3
单位国内生产总值取水量		立方米 / 万元	20.2	20.3	0.5
上市企业数量		家	5	5	0.0
区内建立的创业创新平台数量		个	6	6	0.0
区内科研院所数量		家	1	1	0.0

（伊宁边境经济合作区管委会）

畹町边境经济合作区

【经济发展】2018 年，畹町边境经济合作区（以下简称“畹町边合区”）完成规模以上固定资产投资总额 12.36 亿元；实现工业总产值 1.77 亿元；完成对外贸易进出口总额 19.22 亿元；地方一般公共财政预算收入 3 322 万元；税收收入 3 174.7 万元；向上争取资金 2 853 万元；完成项目融资 44 600 万元；招商引资实际到位资金 15.19 亿元。

【产业发展】2018 年，畹町边合区加快推进基础设施建设，成功引进修正药业集团、缅甸欧亚集团、飞鼎食品有限公司、森田食品有限公司、锦川食品有限公司、瑞丽市郁金生物（姜黄素）科技有限公司、云南磨浆农业有限公司、畹町满丰粮油有限公司等 8 家食品和药品加工企业入驻园区；依托北汽瑞丽公司积极开展汽车配套产业项目招商，成功引进瑞丽市西拓汽车零件科技有限公司、云南筑华永新科技股份有限公司、瑞丽市玉士汽车零部件有限公司。

【口岸贸易】2018 年，畹町边合区完成进出口贸易总额 192 163 万元，同比增长 23.1%。其中，进口 169 167 万元，同比增长 36.7%；出口 22 996 万元，同比下降 29.1%。2018 年，畹町口岸出入境人员共计 2 240 656 人次，同比增长 18.3%。其中，出境 1 062 966 人次，同比增长 18.6%；入境 1 177 690 人次，同比增长 18%。出入境交通工具共计 398 777 辆次，同比下降 8.7%。其中，出境 191 630 辆次，同比下降 9.8%；入境 207 147 辆次，同比下降 7.6%。进出口货物共计 1 873 761 吨，同比增长 31.8%。其中，出口 46 770 吨，同比下降 73.6%；进口 1826 991 吨，同比增长 46.9%。进出口货值共计 192 163 万元，同比增长 23.1%。其中，出口 22 995 万元，同比下降 29.1%；进口 169 168 万元，同比增长 36.7%。

【项目建设】2018 年，畹町边合区重大项目进展顺利。一是稳步推进畹町北汽零部件配套产业园建设项目。二是加快办理澜沧江—湄公河国际职业学院建设项目土地报件手续。三是全力推进畹町国际进出口生物产业园建设项目，电力迁改，确保年内企业入驻。四是启动实施瑞丽市锦川食品加工厂建设项目。五是启动缅甸欧亚食品加工园项目征地工作。六是边民互市交易场所设计有序推进。七是妥善推进云南磨浆农业有限公司年产 2 万吨酸奶、2 万吨冰淇淋及 1 万吨果汁加工项目土地报批手续。八是积极开展德宏州瑞丽市森田食品加工厂建设项目招拍挂。九是基本完成瑞丽市畹町农业通用机械交易市场项目电线电路迁移和场地平整工作。十是有序开展云南筑华永新科技股份有限公司北汽配套企业建设项目和瑞丽市玉士汽车零部件有限公司北汽配套企业建设项目，“七通一平”基础设施建设工程。十一是稳步推进瑞丽市畹町易地搬迁安置建设项目。十二是加紧完成瑞丽市畹町芒满大通现代国际物流中心项目规划设计方案和危化品监管场所可行性研究及施工设计方案。

【机构设置与管委会领导】畹町边境经济合作区于 1992 年 9 月成立。成立之初，边境经济合作区为畹町市委、市政府副县级派出机构，设有工委、管委两个领导机关，下设政策研究室、经贸合作、车辆户籍管理、行政、人事办公室等机构。1998 年，畹町市委、市政府对边境经济合作区机构做出调整，核定人员28人，分设经贸分局、土地城建分局、工商分局、办公室。1999年4月，撤销畹町市，建立畹町经济开发区。4月28日，州委常委会议决定，畹町边境经济合作区各职能部门并入畹町经济开发区相关部门，实行“两块牌子、一套班子”。畹町边境经济合作区职能由并入开发区后相应的部门承担。2013年12月，实行瑞丽、畹町、姐告同城化改革，畹町正式划并瑞丽。畹町边境经济合作区牌子加挂于畹町经济开发区工委、管委，无单独办公机构和人员编制，相关工作由畹町招商引资和对外经济合作办公室（原畹町商务局）负责联系。

2017年11月至2018年5月，畹町边境经济合作区工委书记由瑞丽市委常委、畹町经济开发区工委书记罗宏榆兼任；2018年5月起，畹町边境经济合作区工委书记由瑞丽市委常委、畹町经济开发区工委书记尹忠德兼任；2016年5月至2018年10月，畹町边境经济合作区管委会主任由瑞丽市政府党组成员、畹町经济开发区管委会主任杨燕飞兼任；2018年10月起，畹町边境经济合作区管委主任由瑞丽市政府党组成员、畹町经济开发区管委主任杨顺昌兼任；段兴海任畹町边境经济合作区管委会专职副主任。

（畹町边境经济合作区管委会）

长沙高新技术产业开发区

【经济发展】2018年，长沙高新技术产业开发区（以下简称“长沙高新区”）瞄准“挺进全国十强，建设一流园区”的总目标，坚持高质量发展要求，聚焦产业升级、项目建设、创新驱动、环境优化和园区提质，担当作为、攻坚克难，实现了经济社会发展稳中有进、稳中向优的良好态势。“一区四园”企业总收入4 292.8亿元，财政总收入175.84亿元，增长75.4%。综合实力在全国168个国家高新区中综合评价排名第12位，在“中国产业园区竞争力100强”排行榜中居第10位。

【产业发展】2018年，长沙高新区全年新增注册企业6 022家，增长11.48%，企业总数近3万家。新增“四上”企业155家，产值过亿元的规模工业企业达到89家，过10亿元规模的工业企业17家，规模工业企业利润增长20%以上。智能制造优势凸显。三诺生物、远大住工、科霸汽车3家企业获批2018年国家级智能制造项目，全年新增市级以上智能制造示范企业44家，市级以上智能制造试点示范企业（项目）总数达106个，其中国家级14个，占全市的50%，占全省的32%；获批建设长沙人工智能产业集聚区，成立人工智能产业技术研究院、湖南省人工智能产业联盟，高效运营智能制造研究总院等服务平台。军民融合加快发展。聚集军民融合企业155家，收入突破300亿元，占全市的1/3。国家北斗产业专业特色示范园区落户，共建全国唯一的军民融合先进技术研究院，中电软件园、中森通信、北云科技等企业获国家1亿元资金的项目支持，多个军民融合项目相继开工。“四新经济”布局加速。启动建设区块链产业园、和包支付产业园、网络安全产业园，连续5年举办“互联网岳麓峰会”，打造中国互联网行业品牌。全年引进互联网企业总部项目11个，增加移动互联网规模以上企业83家，互联网企业总数6 671家，互联网从业人员已经达15万人。此外，以先进储能材料产业为主的新材料产业实现29%的超高速增长，杉杉能源连续多年蝉联全球锂电正极材料出货量最大企业，长远锂科也进入全国前十。

【科技创新】2018年，长沙高新区科技创新再创新高。成功获批科技资源支撑型国家创新创业特色载体，获得国家专项资金支持5 000万元。知识产权实力稳居湖湘第一。全年企业专利申请达7 689件，专利申请及授权量长期居全省第一。中国（长沙）知识产权保护中心、湖南省知识产权（长沙）综合服务中心揭牌落户，为高新区知识产权发展注入全新动力。自主创新源头突破。全年高新技术企业总数达到1 023家，增长28.68%，总数占全市一半、全省20%以上。企业研发经费占规模工业增加值的比重达15%以上，96.5%的规模以上企业大幅提升研发投入。中联重科、中冶长天等6家企业7项专利获2018年中国专利奖，科力远、科霸动力电池等3家企业主持的项目获得国家科学技术进步奖。新增市级以上技术创新平台33个；华自科技获批国家级平台，全区累计获批国家级平台达到77个。新增科技部“科技创新创业人才”4名，省“百人计划”专家7名，新引进国防科大转业人才78名；新认定市高层次人才292名，占全市的48%。人才总量突破18万人，居全省园区首位。

【投资促进】2018年，长沙高新区招大引强实现新突破。全年签约重大产业项目68个，总投资达745亿元。其中，引进投资过100亿元项目2个，投资过50亿元项目2个，世界500强企业项目5个，新签约投资额10亿元以上的重大项目12个，项目数量及投资额度稳居全市园区首位。项目建设彰显新速度。全年累计开工重大产业项目31个，竣工产业项目28个，项目规模、建设进度、开工数量、投资质量均创园区历史新高。北斗微芯、中兴通讯等60个重大产业项目入选省"五个100"重点工程，湖南首个投资1 000亿元的中联智慧产业城项目正式落地，杉杉能源、桑德汽车等31个项目实现开工，中国通号长沙产业园、中国联通云数据中心等28个项目实现竣工。产业链建设初有成效。以增材制造、移动互联网、自主可控及信息安全、航空航天（含北斗）四大牵头产业链为核心，做强七大产业链板块，推进17个产业链建设。全年新增国家级产业链平台4个、省级产业链平台15个，组建长沙增材制造共享中心，成立自主可控及信息安全产业联盟，建立全省首个3D打印学院。名企名牌争相绽放。中联重科位居世界工程机械50强企业榜单15强；天仪研究院、航升卫星、斯北图科技上榜"中国商业航天30强"；益丰大药房、梦洁家纺等7家企业上榜"湖南省民营企业百强"；安克创新、威胜集团等11家企业上榜"湖南百强企业"。中联环境发布全球首款无人环卫作业车；光琇—自兴联合发布全球首款人类染色体智能分析云平台；长缆科技发布500千伏交直流电缆附件新品，填补国内该领域的技术空白；九芝堂、金杯电工获评长沙首届市长质量奖。

【体制机制创新】2018年，长沙高新区"简政精政"做减法。在"接权"中扩大服务。近年来，长沙高新区积极承接市政府下放的137项市级经济管理权限，梳理并公布了园区涉企行政职权562项，实现了"服务企业不出园区、园区内事情园内办结"。在"简权"中降低门槛。率先在全市出台《内资企业准入特别管理措施》，公布"负面清单"，清单之外的投资领域不限制企业进入。"放管结合"做加法。健全监管制度，把权责捆绑起来。科学编制1 102项"责任清单"，科学界定厘清部门职责，推动"谁主管谁监管、谁审批谁负责"。围绕"法治园区"建设，建立健全系统完善、科学规范、运行有效的监管制度89项。完善监管平台，把审管连接起来。依托企业信用信息公示系统，"一网归集"企业注册登记、行政审批、奖罚信息，加强企业经营异常名录和严重失信企业名单管理，激励约束企业诚信自律、守法经营。同时，建立企业经营、合同履约、土地开发、综合治税4个动态管理平台，定期开展地毯式清查清理，为规范监管、精准服务提供了有力支撑。深化改革力度，把证照分离出来。在全省率先开展"证照分离"改革，努力破解"准入不准营"的问题。促成辖区企业完成准入备案201家，告知承诺184家，优化准入599家。11月1日在全省"证照分离"工作推进会上，高新区作为全省唯一代表作典型经验发言。"优化服务"做乘法。通过实施"一次办、一门办、就近办、网上办、快速办、帮代办"，打造方便快捷的办事环境。"一次办"：按照"全面梳理、分类审核、统一公布"的原则，全面梳理公布园区"最多跑一次"事项502项，占全部政务服务事项的97%，并通过线上主办、现场导办、园区近办、快递帮办、扫码快办等方式方便企业和群众办事。"一门办"：按照"只进一扇门"的要求，将人社局、人才中心成建制进驻区政务服务大厅，并增设中介超市，拓展窗口服务范围，引进商务中心、邮政快递、印章刻制、银行开户、通信等中介服务，增设自助服务区，增配自助电脑，进一步方便企业和群众办事。"就近办"：按照"应沉尽沉、便民利民"的原则，全面梳理公布涉及群众个人办事的审批服务"就近办"事项197项。与群众相关的民生类事项向街道、社区（村）下沉，在街道本级和社区（村）便民服务中心设立综合窗口，集中职能、集中人员、集中办理审批服务事项，建立了干部帮办、限时办结、责任追究、AB岗工作制等制度，把服务窗口设在群众家门口。“网上办”：依托市“互联网＋政务服务”平台，提供网上咨询、预约、申报、审批等一条龙服务，构筑了一个全覆盖、多维度、立体化的政务服务体系，变“群众奔波”为“信息跑腿”。为配套开展好“网上服务”，同步建立了电子证照系统和“数据库”，所有资料一次提交、随时调用、全程有效。“快速办”：企业注册登记实现“一张纸不要，一趟路不跑，一小时办好”；审批服务实行“网上申报”“限时办结”，现场办理坚持“进门导办、马上就办”。“帮代办”：创新项目报建代办服务，建立一支专职专业的代办员队伍，提供从项目立项到施工许可证办理的全过程、零收费、保姆式服务，让企业从“一头雾水”变为“一身轻松”。同时，园区还推出了重大项目水、电、气“代跑”服务，让企业进一步享受人力、财力、效率三重红利。“审批时限”做除法。全面落实“多规合一”在线审批，落实好投资建设项目“一次性审批”改革要求。推进多图联审、并联办理、容缺审批等多种审批方式，进一步压减工程建设项目审批时限，精简部分前置审批条件，工业投资建设项目审批时间压缩至44个工作日，实现“效能革命”“审批革新”。一是申报相对集中行政许可权改革，在“三集中三到位”基础上，积极申报相对集中行政许可权改革试点，2018年5月获得省编办、省法制办批复，研究拟定了《长沙高新区相对集中行政许可权改革试点方案》，并经市政府常务会议审议后，已呈报省政府，正待批复。二是继续坚持“零土地审批”“并联审批”“模拟审批”“容缺审批”，千方百计提高审批效率。三是压时间、减材料、提效能。对每一项审批流程和申报材料都进行合理性、合法性、必要性审查论证，凡不必要、不合理的申报材料和内部流程，坚决予以清理。对确需保留的有法律依据的，通过清单目录形式向社会公布，实现清单之外无材料、无流程。同时，着力做好“一张网”平台与部门系统整合工作，推动跨部门信息系统互联互通，为审批提供信息查询、数据比对、共享交换等线上服务。通过“信息共享＋部门协作”模式，实现“一份资料打通关、一次提交全程有效”，最大限度减少申报材料，最大程度方便企业群众办事。

【投融资服务】2018年，长沙高新区科技金融深度融合。参与组建中国高新区科技金融联盟，引进建设湖南股权交易所高新区分所、省知识产权交易中心、省低碳交易中心等几大公共性投融资服务平台。与科技部火炬中心、深交所合作共建长沙科技金融路演中心。通过推进“以信用促融资”模式，搭建完成“信用麓谷”平台网站和企业信用信息数据库，园区管委会与金融机构使用企业信用报告已达3 200余次，通过平台支撑的中小企业贷款累计达5亿元，在一定程度上改善了机构与企业间的信息不对称，拓展了企业融资渠道。创新中小微企业债权融资模式。一是积极发挥财政资金的杠杆作用，加强与全国顶尖股权投资机构的深度合作，与清科集团、方正证券、深创投等投资机构共同发起成立20多只产业基金。全面推进基金广场建设，吸引110家知名基金管理公司及产业基金落户，园区累计聚集各类投融资机构630家，总注册资金突破1 000亿元。2018年，基金广场帮助园区企业共获得各类股权投资累计达300亿元支持。二是设立全省首批科技银行，与11家银行、3家担保公司（包括省中小担保公司）签订了风险补偿资金合作协议，分担科技型中小微企业70%的信贷风险，支持企业“想贷能贷”，引导银行“敢贷宽贷”，累计引导金融机构为360家企业发放无抵押纯信用贷款11亿元，支持其他各类贷款300多亿元。联合园区科技型企业成立合作成长基金，推行“抱团取暖”合作增信。积极推动金融机构创新产品，全省首推知识产权质押贷款融资，推出无固定资产抵押、免担保、市场化运作的知识产权质押融资模式。支持发展贷款保证保险和专利保险等科技保险，对企业购买试点险种给予50%的财政补贴，分散科技企业创新创业风险。企业上市步伐加快。长沙高新区上市挂牌企业数量在全国168家高新区中排名第8位，长沙高新区上市企业总数达到158家，培育了一大批进入省、市重点上市后备库的企业，居全省第一。新认定“瞪羚企业”71家，总数150家。在湖南股交所挂牌的企业共570余家，在湖南园区排名第一。

【绿色集约】2018年，长沙高新区积极探索地上空间的利用。园区立足有限的土地资源，积极探索地上空间的利用，鼓励多层、高层标准厂房建设，积极引进工业地产项目，使更多有发展前景的中小企业可以进入高新区，共享园区内完善的配套服务和产业优惠政策，形成产业集聚效应。这不仅从源头节约了土地资源，提高了单位土地效益，更为园区产业集聚发展提供了基础。园区已开展工业地产开发项目13个，占地面积310.06公顷，已建成建筑面积362.49万平方米，包括长沙芯城科技园、麓谷企业广场、节能环保产业园、长沙中电软件园项目、长沙北斗导航产业基地、兴工科技园、湖大科技园、海凭医疗园、金瑞麓谷科技产业园、同心工业园、新长海麓谷中心等项目。利用“两安”用地。一方面采取统一建设高层住宅安置小区的方式安置拆迁居民，对农民自住以外的安置房进行统筹、归集，形成整栋的公共租赁住房；另一方面利用好“两安”用地，让土地发挥效益，推动节约集约用地的需要，盘活存量。采用归集统租“两安”用地的模式，资源共享，联合开发，对农村集体经济组织的生产用地上所建的综合楼在未建时就达成长期租赁协议，租赁后招收企业进驻，解决了集体经济组织市场搏击力量不强、生产安置用地难以发挥效益的问题。盘活低效用地。大力开展“三清”工作。对招商合同进行清理，通过对目前已归集的项目进行逐个分析、交叉审核，对未履行合同的“僵尸企业”进行清理，对闲置土地实施清理。采取“先易后难、由浅入深、稳步推进”的工作策略，处置闲置土地、盘活土地。集中共享公共资源。园区根据企业购地面积的7%～10%核定配套用地，分开挂牌，企业只建设生产设施，生产配套（职工宿舍、公共食堂、办公大楼等公共服务资源配套设施）由园区组织专业机构集中开发，并在办理相关用地手续等方面给予指导。特别是园区信息产业园，企业可根据需要，按成本价租赁配套设施，园区还对企业各时段的闲置厂房和配套设施进行招商，采取租赁等形式吸纳新项目。这种公共配套设施集中建设、共同分享模式，一方面保证了避免了企业各自分散建设配套设施造成土地浪费，实现了土地资源利用程度的最大化，另一方面显现了配套设施用地的价值，减少了企业盲目扩大配套设施建设规模造成的土地低效利用，发挥了土地资产的最大效益，可实现节约用地30%以上。

【国际合作】2018年，长沙高新区整合多方资源，促进开放型经济增长。出台《长沙高新区促进开放型经济发展专项政策》，着力构建促进开放型经济发展的政策洼地。强化外贸风险担保，设立高新区外贸风险补偿资金，帮助中芯供应链、艾臣生物、天丰信供应链等外贸企业缓解资金压力。协调海关、国税等部门，加大服务和提升通关效率。中联重科正式收购全球塔机领先制造商德国威尔伯特公司；远大住工签署卢旺达开发住宅和商业单元谅解备忘录，兴建跨境电商产业园项目，总投资3.5亿元，主要建设跨境电商创业基地及公用型保税仓和跨境电商商务配套区，目前部分已完成报建报批手续。紧密对接跨境电商龙头通拓等项目，eBay、阿里巴巴、澳鹏、数魔、Kilimall将正式签约入驻园区跨境电商平台。搭建“长沙高新区进出口商品展示中心”，集中展示40多个国家和地区1 400多个种类的展品，鼓励企业扩大进出口贸易。

【党建及园区建设】2018年，长沙高新区党的建设全面加强。深入开展城市基层党建年活动，加强社区党建、企业党建融合发展，推进党的基层组织建设进小区、进楼栋。大力开展党支部“五化”建设，推动基层党组织全面进步、全面过硬。坚持“好干部”标准，优化干部考核评价体系，着力提高干部队伍素质。全面从严治党向纵深推进，主题教育深入开展，定期进行“廉政体检”、廉政教育和廉政警示，严肃查处“雁过拔毛”式腐败问题，持续开展“小官大贪”专项整治，积极配合中央、省委、市委巡视巡察工作，认真做好巡视整改，营造风清气正的氛围。党的群团工作亮点纷呈，启动实施群团改革，深入开展工会组织星级评选和劳动竞赛，团工委获评“全国五四红旗团委”荣誉，高新区获评“全国模范劳动关系和谐企业与工业园区”，成功举办纪念改革开放40周年建区30周年系列活动。城乡建设步伐加快。“多规合一”编制完成，基础设施建设强力推进，全国首批“地下综合管廊”试点项目主体验收完成，全年实现30公里道路基本建成和通车。营商环境持续优化。在全省率先启动国务院“证照分离”改革试点，推动工业项目审批效率提高4倍，企业申报材料压缩32%，97%的政务服务事项实现“最多跑一次”；出台区块链产业政策、外向型经济政策，全年全区对企业资金总支持兑现金额超过20亿元。民生保障全面加强。教育、医疗、卫生、文体、食药和文明创建工作深入开展；被征地农民全部纳入社会保障体系，城乡居民养老保险和基本医疗保险参保率分别达到99%、98%；“一圈两场三道”两年任务一年完成，17个“15分钟生活圈”基本建成；专项工作稳步开展。强力推进环境治理，落实“河长制”“湖长制”，全面实施生活垃圾分类收集、分类清运，坚决打赢蓝天保卫战；加大对湘西龙山桂塘镇、望城乔口盘龙岭村对口扶贫点帮扶力度，产业扶贫、就业扶贫和基础设施建设扶贫有效推进。平安建设、城市管理、消防安全、交通安全、安全生产和扫黑除恶专项行动扎实有效，社会大局保持稳定和谐。

【管委会领导】2018年，长沙高新区领导成员为：党工委书记周庆年；党工委副书记、管委会主任谭勇；党工委副书记陈志红；党工委委员、管委会副主任陈大庆；党工委委员、总工会主席杨金林；党工委委员、人大政协联络办主任江从平；党工委委员李平波（挂职）；党工委委员、纪工委书记彭欣荣（9月任职）；党工委委员、管委会副主任崔晓（9月任职）、帅军（2019年3月任职）；管委会副主任（挂职）、长沙市公安局高新区分局局长漆曙光；党工委委员尹汉锋（挂职）；党工委委员、管委会副主任莫一平（任职至7月）、周意龙（任职至7月）；党工委委员、纪工委书记刘颖鹏（任职至9月）；党工委委员甘其斌（任职至7月）。

2018年长沙高新技术产业开发区主要经济综合指标一览表

项目	单位	2017年	2018年	增减（%）
开发区生产总值	亿元	1 820.12	1 735.00	-4.68
第二产业	亿元	1 412.12	1 185.01	-16.08
工业	亿元	1 386.85	1 165.10	-15.99
第三产业	亿元	402.56	395.01	-1.88
工业总产值（现价）	亿元	4 588.16	3 330.50	-27.41
销售（营业）收入	亿元	5 335.15	4 292.84	-19.54
第二产业	亿元	4 588.16	3 330.50	-27.41
利润总额	亿元	342.11	369.35	7.96
进出口总额				
出口	亿美元	70.61	75.30	6.64
财政收入	亿元	191.78	218.84	14.11
税收收入	亿元	161.17	188.00	16.65
财政支出	亿元	68.37	130.30	90.58
新批企业数量	家	5 402	6 022	11.48
外商及港澳台企业	家	24	31	29.17
内资企业	家	5 378	5 991	11.40
区内世界500强企业数量	家	27	27	0.00
国家级高新技术企业数量	家	795	1 023	28.68
规模以上企业数量	家	825	980	18.79
研究与试验发展（R&D）经费支出	万元	1 788 162.6	1 811 270.2	1.29
研究与试验发展（R&D）经费投入强度	%	2.5	2.7	0.20
合同外资金额	亿美元	15.57	18.87	21.19
固定资产投资	亿元	486.86	555.00	14.00
年末从业人员数量	万人	36.35	34.55	-4.95
万元GDP能耗	吨标煤/万元	—	0.02	—
上市企业数量	家	131	158	20，61
区内建立的创业创新平台数量	个	131	134	2，29
区内科研院所数量	家	284	289	1.76
区内职业教育学校数量	所	3	3	0.00

（长沙高新技术产业开发区管委会）

燕郊高新技术产业开发区

【概况】2018年，燕郊高新技术产业开发区（以下简称“燕郊高新区”）完成地区生产总值345.6亿元，工业总产值273.91亿元，固定资产投资154.85亿元，实际利用外资预计完成1.03亿美元，财政收入完成75亿元。全区新增规模以上工业企业8家，新增服务业达标列统企业13家。燕郊高新区荣获“河北省高新技术企业发展先进开发区”称号，被科学技术部火炬高技术产业开发中心评为“火炬统计工作先进单位”。

【协同发展】2018年，京秦高速连接北京东六环路正式通车，燕潮大桥与徐尹路对接已具备通车条件；轨道交通平谷线正在进行规划选址方案调整；京唐城际铁路初步设计已获京津冀铁路总公司批复。与中冶、中建、京投等央企、京企在海绵城市、地下综合管廊、民生基础设施、轨道交通建设等方面达成战略合作，中冶轨道交通有限公司已成立运营，国家钢结构工程技术研究中心、国家钢结构质检中心、世界技能大赛焊接项目中国集训基地迁建前期工作加快推进；燕郊云轨、中国金属矿业博物馆等项目已达成初步合作意向，燕郊现代服务产业园和中关村软件园的合作协议正在修改审定。燕达健康城入选京津冀产业转移承接重点平台，成为协同发展战略下“医养结合”的样板。燕达金色年华养护中心二期建成投入使用，与交通部、教育部、国家发改委、国家广电总局等16家中央部委签订机构共建协议，新入住老人98%以上为北京户籍。举办区域经济转型升级暨京津冀产业协同发展高峰论坛。

【项目建设】2018年，燕郊高新区按照三河市新“4+6”产业体系定位，主动承接京津产业转移，加快腾笼换鸟，积极推进“退二优二”“退二进三”，促进产业转型升级，推进高端发展。研究起草了《工业项目产业升级改造实施意见》和《存量土地再利用实施意见》，楼宇经济扶持政策实施细则正在抓紧制定。电厂片区4个工业项目“退二进三”试点积极推进；11个区中园发展态势良好，产业结构不断优化。全年申列省重点项目10个、廊坊市重点项目9个。工大创谷、华冠地理信息中心等项目正式开工，虎威发动机二期项目完成增资。有研总院燕郊产业基地、超星数字图书馆、灵图数据研发基地等项目加快建设；中冶集团总部基地研发中心、京投银泰区域轨道科技研发中心、燕郊现代服务产业园、河北（燕郊）军民融合科技孵化中心、科达军民融合装备产业基地等项目正在加快推进，燕郊高新区申报国家级军民结合示范区工作完成申报资料准备；新宏昌被列入中央军委装备发展部军民融合企业目录，5家企业入选廊坊军民融合型企业后备库。虎威发动机研发中心、青年创新产业园、国际影视艺术教育中心、燕郊智慧环保产业能力中心等4个项目在廊坊5•18经贸洽谈会签约。中俄航空产业园项目达成合作意向，国际影视艺术教育中心、蜂网集团智慧供应链产业集群等项目相继签约，为经济社会发展提供了有力支撑。

【基础设施建设】2018年，燕郊高新区公共设施承载力不断提升，南横三路、水厂南路已完工；康城大街（港中旅段）、化大北路正在施工；修补路面4万平方米，人行道8 000平方米；神威北路西段雨水管道工程已完工，海绵城市合流制管网溢流污染控制一期工程铺设雨水管道9 060米，神威北路西段雨水管道工程已完工，北部城镇污水处理厂幸福渠截污工程正在施工；西、北两座5万吨污水处理厂已进水试运行；220千伏变电站已进场施工，赵辛庄110千伏变电站主体结构已完工，国科稀土新材料10千伏线路工程已完工；泰达燃气接驳北京燃气项目正在加快推进；建成消防栓443个，消防安全保障能力不断提升；小柳店垃圾填埋场封场改造已完工并通过验收，南部垃圾中转站已完成初步设计和水资源论证；智慧城市及智慧城乡完成顶层设计与规划编制，1 221个室内无线WIFI站点已全部安装，室外道路站点已安装89.3公里，机房设备和整体网络调试完成。基础设施承载力不断增强，生态环境明显改善。全面落实河长制，对潮白河、尹家沟、幸福渠流域开展综合治理。大气环保监测站调试完毕；制定了《扬尘管控实施方案》《重污染天气应急预案》《大气污染防治攻坚行动方案》等各专项治理方案，“散乱污”企业整治、建筑工地扬尘监管、渣土车规范管理等工作积极开展；建成企业家公益林52亩（约3.47公顷），高等院校公益林80亩（约5.33公顷）；实施了百亩游园、小区绿化景观提升等绿化工程，栽植乔木5 000余株，地被花草6 000余平方米；体育公园、幸福公园、燕郊公园改造等工程正在积极推进，全区生态环境持续改善。市容市貌焕然一新，扎实开展环境整治和环保“回头看”行动，清运垃圾25万立方米；加快和京环集团对接，不断提高环卫管理水平和清扫标准。“三供一业”移交接管有序推进，18家单位供水、供电、供暖和物业资产全部完成移交。落实“门前五包”责任制，签订责任书16 000份，规范店外经营11 000家；成立了静态停车治理大队，开展治堵治乱专项行动，城市环境整洁，物业管理有序，交通秩序明显改善。

【政务环境】2018年，燕郊高新区“四项改革”加快推进，机构改革方案已经市政府批准，岗位竞聘方案已制定完成，《人事薪酬制度改革方案》已经市政府常务会审议通过；燕郊高新区行政审批职能纳入燕郊行政审批服务中心；依托燕新开发建设投资有限公司建立了投融资平台。制度体系不断完善，制定了《投资商评议制度》《一次性告知制度》《投资项目在线审批平台单位操作流程》等政策文件，项目审批程序大为简化，“放管服”改革不断深入；修订了《燕郊高新区财政预算编制及财政支出管理办法》，制定了《燕郊高新区管委会财务会计人员岗位职责》，制度体系更加健全，依法行政有序推进。服务水平不断提升，落实省、市“双创双服”活动精神，深入开展“百名干部服务百家企业”活动，广大干部深入企业开展各种培训和咨询服务25次，梳理解决涉及设施配套、融资、政策支持等问题74个，举办了“区域创新创业自愿协同发展”专题论坛，组织科技创新发展推进会、高企培训会、知识产权培训会等活动，营商环境不断优化。市政管理局被评为“2018河北省网民留言办理工作先进单位”，燕郊新技术创业服务中心被认定为“河北省小型微型企业创业创新示范基地”。

【民生保障】2018年，燕郊高新区教育硬件不断完善，行宫小学增建教学用房工程建设完成，蓝天小学已投入使用，圣屯小学新建教学楼已进场施工，高新区第三实验小学、第二实验小学及幼儿园、汇福实验学校功能教室、燕南学校、燕昌中学等项目正在加紧推进，中小学起始年级大班额问题基本解决。人才强区加快推进，举办了春、秋两季大型人才招聘会和综合招聘会66场，提供就业岗位5.8万个，3.7万人与用工单位达成就业意向。建设完成并启动运营了高新区人力资源市场、劳务市场、人力资源网站，定期发布就业信息，举办劳务推介会，组织特殊工种从业人员培训516人次，复审培训学习273人次，组织电工、保育员、高新技术等职业156人次参加中级鉴定；组织441名人力资源管理师参加全国统考，就业保障能力显著提升。防汛能力不断增强，实施了河流清淤、铁路桥涵排水、潮白河大堤加闸等防汛工程，新建燕顺路、潮白大街、燕新大街、神威北路西段等雨水管道，对排水管网、雨水口及明渠进行疏通检修，城市内涝明显改善。冬季供暖保障有力，对供热设备进行全面检测、检修，改造了星河云月等老旧小区的供热管网；积极协调三河电厂电负荷，百川燃气气源供应，做好热源保障；安全监管不断强化，开展了安全生产事故隐患大排查、大整治“百日攻坚”行动，排查各类生产经营场所 1 667 家，政府督办消防领域 17 项重大安全隐患已全部整改销号；持续开展重点行业专项安全生产检查，对 166 家企业安全管理人员进行安全培训；在区内“九小”场所开展消防安全专项整治，对 4 家合法使用涉醇燃料企业建立安全监管台账。

【科技创新】2018 年，燕郊高新区制定了《关于进位争先建设国家一流高新区的实施意见》，成立了高新区双创产业联盟，协同创新平台逐步拓展，自主创新能力不断提升。创新主体强阵扩容，新认定高新技术企业 27 家，总数达 82 家；认定科技型中小企业 173 家，总数达 859 家；认定科技小巨人企业 5 家，总数达 48 家；认证省级企业技术创新中心 4 家，认定省高新技术企业重点培育机构 2 家，筛选 63 家企业进入高新技术企业培育后备库。双创载体实现突破，推荐三河科技人才服务港众创空间、燕京理工学院创新创业孵化园申报省级众创空间；百世金谷科技企业孵化器被认定为省级孵化器，城美科技孵化器、华北科技学院众创空间被认定为廊坊市级孵化器和众创空间；梦东方未来世界航天科普基地获批省级科普基地；高新区已拥有各级各类孵化器及众创空间 14 家，其中国家级 3 家，省级 4 家，市级 7 家，总孵化面积达到 23 万平方米。协助企业新建省级院士工作站 2 个，全区院士工作站达到 7 个，入区院士 16 人。科技项目申报进展顺利，组织企业申报省重大科技成果转化专项 3 项，省小巨人企业专项 1 项，省科学技术进步奖 7 项，省技术发明奖 2 项，精准帮扶科技型中小企业 20 家，通过高企认定、平台认定、小巨人企业认定、专利资助共申报兑现奖励资金 1 060 万元。

【管委会领导】2018 年，燕郊高新区管委会领导成员为：党工委书记韩占山；管委会主任刘连杰；党工委副书记、管委会副主任梁宝杰；党工委副书记李维宁；管委会副主任魏瑞喜、王林辉、魏向辉、李红卫；党工委委员、纪工委书记张中华。

（燕郊高新技术产业开发区管委会）

漳州高新技术产业开发区

【经济发展】2018年，漳州高新技术产业开发区（以下简称“漳州高新区”）一区五园地区生产总值完成699.23亿元，同比增速达10.3%，占全市的17%；实现规模以上工业增加值270.97亿元，同比增速达22.7%，占全市的18%；区内固定资产投资总额394.63元，占全市的15%。其中，高新技术企业101家，省级以上创新研发平台机构，包括重点实验室、国家工程（技术）研究中心、博士后科研工作站等共60个，省级以上创业服务平台机构众创空间、科技企业孵化器等共6个，有效发明专利478项，并拥有世界500强企业5家。初步形成了支撑国家高新区建设的产业基础和漳州市培育新兴产业的示范基地。

【投资环境】2018年，漳州高新区着力“打基础聚地气、搭平台聚财气、造环境聚人气、建队伍聚士气”，营造良好的投资环境。一是区位条件优越。漳州高新区南依台湾海峡，北临龙岩，东接厦门，西靠汕头，位于福建省漳州市主城区跨江南扩区域，与老城区隔江相望，共享城市资源。二是内外交通便捷。综合交通枢纽城市优势明显，龙厦、厦深铁路贯穿全区，设有厦深铁路客运站和龙厦铁路草坂货运枢纽站。厦漳城际轨道R1、R3线的终点设在新区东北两个方位。厦漳同城大道于2018年10月开通，漳州市九龙云巴沿厦漳同城大道、南江滨路布设，终于高新区武林村。漳龙高速、沈海高速复线、漳州南绕城高速等穿境而过，分布4条高速公路落地互通。区内道路主框架呈“三横六纵”分布，主干道南江滨路、圆山大道与厦漳同城大道相连接，构建厦漳半小时经济圈。金锋大桥、芝山大桥、马洲大桥等对外连接线加快建设，有效推进与城区的有机融合。三是配套设施齐全。总投资28.6亿元，投资建设博物馆、艺术馆、规划展示馆、图书馆、科技馆、歌剧院、奥林匹克体育中心，大大提升高新区文化生活品质。区内自来水厂、污水处理厂、电力、天然气等基础配套一应俱全，充分满足生产生活需要。实施建设了白云小区、莲浦小区、龙江新苑、水仙花苑等一批安居房项目，总面积达304万平方米，一批批涉拆户实现回迁，征迁与安置实现良性循环。四是生态人文优美。作为“田园都市、生态之城”的核心区，高新区在生态、人文等资源上具有明显的优势。圆山、凤凰山、天宝山群山环抱，九龙江绿水穿城而过，百花村、万亩荔枝海公园、水仙花公园、闽南文化生态走廊遍布域内，生态条件得天独厚。拥有千年古刹石狮岩、南山寺、颜厝千年古县城遗址以及朱熹讲学处等人文史迹，积淀了新城的历史文化底蕴。五是政务服务高效。创新设立“商务110”商机对接中心平台，完善“快速反应、部门联动、高效落实”的运转机制，为客企提供一站式的投资服务；在全省率先开展项目“会审制”改革，将投资建设项目涉及的准入、开工审查、竣工验收等69个审批环节简化为“准入会商、开工会审、竣工会审”三个会商会审程序，最大化促进项目建设提速提效；设立“益企办”服务中心，实行投资建设项目全程帮扶，实现招商引资高效对接。

【产业发展】2018年，漳州高新区深入实施创新驱动发展战略，重点打造“2+1”主导产业，即大健康、新材料和物联网集成电路新一代信息产业。通过“1+3 个 3”的模式加快集聚一批孵化器、加速器和产业园区，为产业转型升级打造国家级平台，实现高质量快速发展。积极谋划“古湖智慧谷”，规划集成电路产业园，总投资 12 亿元的中盟•科技园（一期）基本建成，引进中小型企业 30 多家，总投资 15 亿元的工业邻里、健康产业示范园、智能制造产业示范园等“一中心两示范园”产业平台建设步伐加快，集中成片打造特色产业平台，平台运营商招引和招商引资工作稳步推进。2018 年漳州高新区重点项目完成率在全市开发区中排名第一。

【科技创新】2018 年，漳州高新区共有 5 家企业获得创新创业大赛奖项 6 个，其中省赛三等奖 1 个、市赛一等奖 1 个、市赛二等奖 1 个、市赛三等奖 3 个，获奖企业数量、质量均保持在各县（市、区、开发区）前列。

落实科技奖励政策。经审核推荐，福建紫山集团股份有限公司获得省知识产权贷款贴息补助 50 万元，直管区内福建梦娇兰日用化学品有限公司、漳州金钥匙机械有限公司等福建省科技小巨人领军企业获科技小巨人研发费用加计扣除奖励 81.9 万元，福建路达交通设施有限公司、福建施化生物科技有限公司等 3 家企业获省级科技创新券补助 17.2 万元。落实区级双创奖励措施，兑现专利、计算机软件著作权等知识产权奖励 121.5 万元，兑现省、市科技项目配套扶持经费 80 万元，兑现双创场地租金补助及住行等政策性补助 102.2 万元。

2018 年，高新区多次组织企业参加高新技术企业认定申报培训，共有 21 家企业通过科技型中小企业评价，占全市通过评价企业的 11%；6 家企业通过国家高新技术企业认定，比 2017 年净增 5 家，同比增长 100%；新增福建省科技小巨人领军企业 1 家，新备案省级高新技术企业 10 家。

物联网示范园通过漳州市众创空间备案，创立了物联网 X 产业学院漳州实践基地、物联网 X 产业加速器（漳州）、深圳市物联网智能技术应用协会漳州分会等，整合长三角、珠三角、漳州周边区域的产业资源和深物联的社会资源，汇集各地企业产业链培育发展漳州高新区物联网产业集群；甲骨文（漳州）技术人才双创基地获得 2018 年漳州市示范众创空间认定，对接互联网软件行业企业 100 余家，引入企业 21 家，其中已入驻企业 14 家，固定办公人员达到 200 余人。

【投资促进】2018 年，紧紧围绕市委、市政府和区党工委、管委会的工作部署，不断创新招商思路，改进招商方式，拓展对外招商的广度和深度。围绕重点产业，强化高质量专业招商，推动了高新区招商引资工作的持续、健康发展，各项招商任务指标均超序时进度完成。2018 年，高新区外资企业变更备案 2 家，全区出口总额 1 102 077 538 元，进口总额 1 985 974 元。一是在招商成果方面，坚持一把手抓招商，区主要领导全年共带队前往北上广深等地对接招商 12 次，推动了半导体级别 IC 领域单晶硅项目、科拓智慧物联产业园等 18 个项目签约，总投资达 67.1 亿元。积极参加 6•18 海交会、9•18 厦洽会、11•18 花博会、12•05 海峡两岸数字经济峰会等活动，不断提升高新区的知名度和影响力。一年来，各项招商任务指标均超序时进度完成，其中新增在谈项目 100 多个，总投资近 700 亿元；签约项目 31 个，总投资 87.25 亿元；当年签约、当年落地的亿元项目 5 个。二是在创新招商模式方面，不断完善优化“商务 110”商机对接中心平台，进一步形成从商务对接到落地发展的全周期服务体系，不断升级 VR 招商模式，进行“互联网 + 招商”的整合，省商务厅在官网上发布“漳州高新区 VR 招商新模式，科技创新显成效”专题报道，成为全省、全市推广的经验做法；第三方招商出成果，通过购买服务的方式，搭建 3 个主导产业相对应的专业招商平台，集成电路产业运营商在成立短短半年的时间里对接 20 多个项目，总投资近 200 亿元；围绕产业链精准招商，以集成电路产业上游材料、设备和下游终端产品为切入点，成功签约IC级单晶硅棒、光刻胶、东方拓宇、科拓、方圆检测等项目，进一步延伸了集成电路产业链条和产业配套服务。三是在全省开发区综合评价方面，在全省开发区综合发展水平评价考核中位列全省第十一名、排名漳州第一，工作成效获省、市商务部门高度认可，并获80万元评价奖励资金。四是在招商政策方面，结合高新区自身产业发展规划，相继出台《漳州高新技术产业开发区关于招商引资若干措施》《漳州高新区关于扶持集成电路产业发展的若干措施》等各类扶持政策，从科技创新、建筑产业、总部经济、工业企业转型升级以及招商引资优惠政策等方面助力开发区产业发展，帮助企业用好、用活、用足各项优惠政策，促进全区经济社会实现跨越发展。

【体制机制创新】2018年，漳州高新区不断深化“放管服”改革，结合“益企办”智能发挥，形成“五个一”，即“一张表格晒任务、一个系统抓落实、一项制度督全程、一组措施强帮扶、一套考评严监管”的项目推进机制。按照科学发展规划原则，漳州高新区不断建立健全职能机构，配齐配强人员队伍，进一步制定和完善职责制度，切实为新区建设提供坚强的组织保障。

【生态环保】2018年，漳州高新区持续推进“生态+”探索，全面提升高新区生态环境的“高颜值”。以南湖、荔枝海、水仙花海、龙江南路景观花带等为代表的一批生态精品进入成熟完善阶段。南湖先后引进洪树德陶艺馆、龙人古琴、天然石典、南山书院等项目，承办了“南湖之声”“非遗圩日”“2018中国漳州国际雕塑展”等大型文化活动，文化内涵持续丰富充实。“生态+”建设的成功经验，受到国家、省、市有关领导的高度肯定，吸引了各地游客纷至沓来。据统计，一年来，南湖、荔枝海累计接待全国各地调研、学习团组830多批次，12 600多人次，其中，部级以上166人次；“生态高新”的实施，带动全区生态配套持续提升。一年来，全区共新建雨污管道21.4公里，新增绿道10公里、公共绿地362亩（约24.13公顷），建成花海200亩（约13.33公顷）、湿地公园150亩（10公顷）。在推进生态建设的同时，全面开展扬尘、渣土车、环境卫生等专项整治行动，圆满完成重大活动的环境质量保障任务，区内气质、水质、土质得到全面提升。

【人才建设】2018年，漳州高新区依托引智办、院士办、科技专业社团等创新载体，创建创新驱动助力工程示范点。突出以环境吸引人才、以事业造就人才、以机制激励人才，举办高校技术人才交流活动、大学生创新创业论坛、园区企业知识培训、行业交流会等活动20余场次，为科技创新发展人才提供强有力的平台依托。甲骨文双创基地积极与闽南师大物电学院、金马兰创业实训（漳州）培训中心等合作，成为高校培养实用型人才的基地，每年可培养实用型人才约3 000名，创造上百个软件技术类就业机会。漳州高科发展有限公司院士工作站获得省院士办授牌，引入南京大学陈洪渊院士及其团队多名专家。推荐福建昌运光电有限公司熊传兵博士申报并入选2018年漳州市“双创之星”，获得“双创之星”资金补助100万元。

【管理与服务】2018年，漳州高新区围绕“三抓三比”“十项竞赛”工作开展“抓招商”活动，在优化投资环境、提高项目服务水平上下足功夫。

“商务110”商机对接中心平台模式作为全市构建开放型经济新体制试点首批典型经验，2017年10月获得商务部等十三部委发文推广，该做法也获得了市领导的签批肯定。平台上线以来，共提供项目服务和商务咨询3 000多次，系统已入库项目达650多个，总投资额6 900多亿元，联动相关职能部门启动105次线上准入会商。

“会审制”改革持续深化。以“修规联审”为平台，整合涉及开工的规划、建设、国土、环保、消防、人防、水利、林业等部门审查事项。为提高审批效率，充分利用“互联网+会审”，在线申报、在线审批、在线互动，通过“多图一审”联合审图机制，利用信息化服务提升图审技术，提升施工图审查效率，通过“模拟审批”在未供地前预先开展审核程序，促进会审高效化、便捷化、透明化。2018年共有18个项目召开了“开工会审”会议，其中，漳州高新区靖城园区古湖东路（靖城大道—武游路）等3条市政道路工程通过“开工会审”会议，实现“一次会议、3个项目、多方会审”。漳州高新区靖城园区古湖安置房（一期）、福建莎米特智能箱包等5个项目通过“模拟审批”，做到后置部门提前介入、提前咨询、提前指导，每个项目的落地开工平均提前3个月，大幅提高了审批效率。“益企办”项目服务平台设立以来共承接35个项目，帮扶企业解决上百个问题，并完成甲骨文双创基地、杭萧钢构、力鼎光学镜头、龙江新苑等15个项目的帮扶工作，其中龙江新苑项目完成前期审批事项减少了约100个工作日。

（漳州高新技术产业开发区管委会）

福州出口加工区

【概况】 福州出口加工区于2005年6月经国务院批准成立，是海关特殊监管区。园区总体规划面积1.14平方公里，首期0.436平方公里于2006年12月通过验收，2008年3月封关运作。2017年12月28日，福州出口加工区（二期）0.223平方公里通过验收，2018年5月31日通过海关总署批复验收并正式封闭监管、开关运作，其余0.481平方公里为水域及滩涂。

【招商引资】 2018年，福州出口加工区新增注册企业634家，实际利用外资折合人民币6 303万元。重点引进了跨境电商巨头网易考拉海购项目、百世智能物流、越海供应链有限公司等。

【跨境电商发展】 培育发展融达通—菜鸟仓的业务规模。融达通—菜鸟仓从菜鸟的小型仓跃升为菜鸟的中型仓。截至2018年年底，福州出口加工区已完成跨境电商零售进口货值约4.09亿元，同比增长267%；跨境电商零售销售额约4.07亿元，同比增长221%；跨境电商保税票数约266.57万票，同比增长773%；跨境电商直购票数约3.056万票，同比增长275%。

引进电商项目。2018年4月，加工区与网易环球购公司签订战略协议，成功引进网易考拉海购项目入驻出口加工区跨境电商保税仓库，深圳越海全球供应链有限公司为其供应链服务商。该项目是网易考拉连接华南和华东地区的重要节点项目，也是网易考拉海购在华南区域的战略性项目，是网易考拉海购在各综合试点城市多年来对跨境电商业务深耕发展的升级选择。该项目作为网易考拉海购对智慧物流项目的重要实践，将同时开展跨境电商“B2C”和“B2B2C”等进出口四种模式。

电商服务平台建设。利用出口加工区海关特殊监管区的功能优势，创新贸易业务模式和监管方式。率先启动跨境电商“保税备货进口业务”和“直购进口业务”；推行实施“先理货后报关”通关模式，完成卡口智能化管理系统与海关总署金关二期系统对接；完善跨境电商保税仓等物流设施建设，与世创大厦跨境贸易电子商务园、名城中心aoe世界风情小镇的企业对接，实现保税与非保税联动，仓储物流、展示交易、订单销售联动发展；引入菜鸟网络、网易考拉等大型电商平台，提升流量规模，拓展跨境电商出口等业务新模式。

【项目建设】 科乐通冷链物流集散中心项目。业主单位为福建省科乐通冷链物流有限公司，总投资15亿元，用地总面积200.5亩（约13.37公顷）。项目建成集港口运输、办公总部、食品包装、加工服务、多温区储存、交叉转运、订单配货、全程物流配送和增值服务等多功能、综合性为一体的大型食品加工配送和贸易集散中心。该项目于2016年11月开工建设，2018年10月9日项目（一期）竣工，新建成3栋单层钢构库、1栋6层综合楼及其他配套设施，总建筑面积为4.68万平方米；2018年12月19日普洛斯—科乐通现代物流中心项目（二期）开工建设。

汉吉斯冷链枢纽暨跨境电商项目。业主单位为福建汉吉斯冷链物流有限公司，总投资7.8亿元，用地面积73.9亩（约4.93公顷），新建10万吨级-24℃低温冷库、5万吨0～-5℃恒温温冷库、电子商务商品生产车间、欧盟认证的精深加工车间、自贸生产中心、研发及数控中心，总建筑面积约15.3万平方米。项目主要经营冷链仓储、物流、远洋捕捞、农产品、海产品、冷冻食品、酒水、饮料加工；自营和代理各类商品与技术进出口业务、电子商务、初级农产品和饮料批发。项目于2016年11月开工建设，2018年项目累计完成投资1.787亿元，已完成一期地下室工程、二期桩基工程。

【体制机制创新】 2018年，福州出口加工区“先进区，后报关”制度、“简化通关作业随附单证”制度、“批次进出、集中申报”制度、“统一备案清单”制度、“一次备案、多次使用”“特殊区域进场单电子化管理”“跨关区保税供油”“‘一日游’入境货物免查验、免收检验检疫费”“跨境电商公共管理服务”“跨境电商备案全程电子化”“跨境电商同业联合担保”等多项关检创新的举措在福州出口加工区顺利实施。

【安全生产管理】 2018年，福州出口加工区安全生产监督管理站检查经营企业和各建筑施工单位41家次，开展了生产经营场所、建筑施工企业等消防安全排查整治；2018年11月荣获马尾区2017年度安全生产目标管理责任制考核第三名。

（福州出口加工区管委会）

河北唐山海港经济开发区

【经济发展】2018 年，河北唐山海港开发区（以下简称“海港开发区”）完成财政收入 20.8 亿元，同比增长 4.98%。其中，税收收入完成 18.5 亿元，增长 9.54%。主营业务收入 1 011 亿元(为四经普数据)，增长 5.5%；外贸进口额 1.45 亿美元，增长4.8%。实际利用外资1 338万美元，增长 30.4%。当年新开工投资亿元以上产业项目 25 个，固定资产投资同比增长 13.3%，规模以上工业增加值同比增长 12%。新增规模以上企业 20 家，新增高新技术企业 4 家，新增科技型中小企业 41 家。在全省开发区 2018 年综合评价排名中，海港开发区在全省 150 多个开发区中居第四位。

【招商引资】2018 年，海港开发区充分依托港口优势，以京津、长三角、珠三角为重点，以煤化工、现代物流、装备制造、节能环保、新能源、新材料等行业为主攻方向，开发区党工委、管委会班子成员多次带队赴北京、天津、上海、重庆、大连、内蒙古等地开展招商活动，洽谈合作项目。进一步密切与京津经济部门、各类商会和重点企业联系，抽调精干人员组成 5 个专业招商工作组，在北京、天津、上海、广州等地开展驻外招商，取得明显成效。投资 100 亿元的京津冀“一带一路”智慧物流产业城、投资 300 亿元的洪泰智造社区、投资 20 亿元的安通国际多式联运智能物流园、投资 10 亿元的年产 4 万吨聚苯醚、投资 10.82 亿元的 LNG 罐式集装箱、投资 10.9 亿元的 30 万吨 / 年高温煤焦油制造新型炭素材料等 33 个项目顺利签约，涉及总投资 530.9 亿元。

【项目建设】2018 年，海港开发区坚持把重点项目建设作为稳增长、调结构的总抓手，不断强化服务意识，通过“四抓”（即抓手续节点，强力推进项目落地开工；抓机制，建立协调推进制度；抓协调，建立三级调度机制；抓服务，创最优服务环境）扎实推进项目建设步伐，为确保项目尽快落地开工、早日投产达效提供了强有力的支撑。全区共实施重点项目 74 个，涉及总投资 264.08 亿元，包括投资亿元以上项目 44 个，5 亿元以上项目 5 个，10 亿元以上项目 7 个。其中，列入市重点项目 12 个（其中安通多式联运智慧物流园项目同时为省重点项目），涉及总投资 457.8 亿元，包括 7 个新开工和 1 个续建项目。投资 1.1 亿元的首钢钢结构生产线搬迁、投资 7.2 亿元的佳和环保材料、投资 9.65 亿元的第三港池集装箱泊位扩能等 16 个项目顺利竣工。

【投资环境】2018 年，海港开发区严格落实“双创双服”各项要求，深入推进“放管服”改革，工商登记设立前置审批事项削减为 32 项，有效放宽了市场主体准入条件。全年新登记企业 473 家、个体工商户 915 户，在全市率先完成市场主体增量任务。成立行政审批局并挂牌运行，审批事项进驻率达 82%。全面实施流程再造、政府投资项目审批效能、固定资产投资项目联审联验机制等改革，大力推行“五日审批工作法”，企业和群众的满意度明显提升。

【港口建设】2018 年，海港开发区认真落实港口产城融合发展理念，把重点项目建设作为推进“一港双城”（城镇化）建设的主战场，确定重点项目 32 个。其中，港口重大基础设施项目 3 个，市政基础设施项目 5 个，大型公建项目7个，棚户区改造项目1个，房地产项目13个，园区建设类项目3个。以城市建设规划为指导，按照适度超前、功能完善、配套协调、高效可靠的要求加快推进基础设施建设，进一步完善招商项目水、电、路、讯、土方等配套设施，服务保障能力不断提升。积极抢抓“一带一路”发展机遇，23#～25#码头等港口基础设施项目稳步推进，港口结构布局得到进一步优化。内陆港增至14座，首条中欧班列成功开通，港口国际化迈出新步伐。整车进口口岸成功进口全省首批汽车，我国北方沿海港口首家甲醇交割库正式落户，港口龙头带动作用更加凸显。2018年京唐港区完成货物吞吐量3亿吨，增长3.35%；集装箱运量233.3万标箱，增长16.3%。

【生态文明建设】2018年，海港开发区狠抓生态环保治理，强力推进大气污染防治工作，健全完善预警响应预案和应急处置措施，重污染天气应对能力不断提高。深化重点行业污染治理，加大“散乱污”企业治理力度，扎实开展建筑工地及道路扬尘整治、全域治水清水润城工程、机动车污染整治、“散乱污”企业排查整治、环保驻企检查督导五项专项治理行动，扎实推进工业企业料场整治、气代煤整治等任务，着力解决粉尘和异味两大问题，全区空气质量实现明显好转。在城区主要干道和重点工业企业设置视频监测点、尾气遥感监测点，与市政府环境指挥中心联网运行。深入实施乡村振兴战略，积极发展现代农业，绿化美化乡村环境，建立了“户集、村收、镇运、区处理”的农村环境卫生整治新模式，圆满完成新海二村等省级重点村建设。全面落实“河长制”，辖区内14条河流治理取得良好成效。

【乡村振兴】2018年，海港开发区深化农村产权制度改革，成为省级农村产权制度改革试点，全面完成农村集体资产清产核资工作。积极推进土地规模化流转，发展适度规模经营，全区50亩（约3.33公顷）以上的规模流转土地面积累计达到22 041亩（1469.40公顷），规模流转率77.8%。实行保洁市场化运营，实现了农村垃圾收储及清洁一体化处理，垃圾清运和处理率均达到92%以上，农村卫生环境得到改善。全面落实扶贫攻坚各项政策，帮扶责任人积极主动、社会各界广泛参与，2018年顺利脱贫26户、67人。

【社会事业】2018年，海港开发区标准化市场建设工程等十件惠民实事扎实推进，人民群众幸福感、获得感显著提升。优先发展教育事业，第四小学建成投入使用，第三中学、第三小学、初中联校建设加快推进，海港高中、海港二中在市级同类学校中名列前茅。广泛开展“颂歌献给党”红歌会等大型文体活动，积极承办全国城市足球联赛、全国少儿足球邀请赛，人民群众文体生活得到极大丰富。把扶贫脱贫工作作为与党中央保持一致的体现，上升到政治高度，对建档立卡的贫困人口95户、154人制定一户一策的精准帮扶，对每户确定一名科级干部作为帮扶责任人，全面落实产业扶贫等各项政策，推动精准扶贫工作深入开展。

【和谐开发区】2018年，海港开发区准确把握依法治国新要求，把法治理念贯穿于经济社会发展全过程，深入开展法治海港创建活动，积极培育先进典型，不断增强“法治海港”建设的浓厚氛围，推动广大党员干部依法行政、依法办事的能力进一步提升。严格落实领导干部接访约访等规定，着力推进信访积案和疑难问题化解，圆满完成了党的十九届三中全会、全国“两会”等敏感时期信访维稳任务。积极推进“平安海港”建设，持续开展安全生产攻坚整治行动，切实加强食品药品监管，营造了安全稳定的社会环境。

【机构设置与管委会领导】2018年，海港开发区辖1个管委会、1个镇、57个村民委员会、2个居民委员会，下设党政综合办公室（人民武装部与其合署办公）、发改局（交通运输局、行政审批局）、招商局（商务局）、财政局、人社局（社会事务局）、住建局、安监局、政法委（司法局）、机关党委（党群工作部）9个内设机构及社保局、政务服务中心（公共资源交易中心）、财政集中支付中心（政府采购中心）、综合执法大队（城区办事处）、人力资源和就业服务中心、社会事业服务中心（文化体育广播电视新闻服务中心）、城市建设服务中心（住房保障服务中心）、劳动人事争议仲裁院、综合治税领导小组办公室9个财政性资金基本保证事业单位。

海港开发区党工委、管委会领导成员为：党工委书记、管委会主任黄三刚；管委会调研员王纯华；党工委委员、管委会副主任谭树强、赵书田、刘军；物流产业聚集区党组书记兼管委会主任莫辉；党工委委员、纪工委书记熊向阳。

2018年河北唐山海港经济开发区主要经济综合指标一览表

项目		单位	2017年	2018年	增减（%）
开发区生产总值		亿元	352	362	2.84
第二产业		亿元	186	202	8.60
工业		亿元	183	195	6.56
第三产业		亿元	141	131	-7.09
工业总产值（现价）		亿元	402	517	28.61
高新技术企业		亿元	398	496	24.62
销售（营业）收入		亿元	1 802	1 920	6.50
第二产业		亿元	540	576	6.67
工业		亿元	665	531	-79.80
第三产业		亿元	109	189	72.90
利润总额		亿元	30.4	34.9	14.80
第二产业		亿元	2.4	5.9	145.83
工业		亿元	2.4	5.9	149.30
区内主导产业及产值					
主导产业	1. 农副产品加工产业	亿元	47	53	12.80
	2. 炼焦产业	亿元	98	1 042	963.27
	3. 装备制造产业	亿元	76	86	13.20
进出口总额		亿美元	2.4	2.1	-12.50
出口		亿美元	1.0	0.7	-30.00
财政收入		亿元	22.6	28.1	24.34
税收收入		亿元	19.9	28.5	43.22
财政支出		亿元	9.9	11.96	19.91
新批企业数量		家	370	473	27.84
外商及港澳台企业		家	1	0	—
内资企业		家	370	473	27.84
区内世界500强企业数量		家	3	3	0.00
国家级高新技术企业数量		家	—	14	—
新批企业投资额	外商及港澳台企业	亿美元	2.9	0	—
	内资企业	亿元	35	39	11.43
规模以上企业数量		家	163	179	9.81
研究与试验发展（R&D）经费支出		万元	5.3	14.5	173.90
外商实际投资		亿美元	0.10	0.13	30.41
固定资产投资		亿元	97.1	139.4	43.63
年末从业人员数量		万人	2.3	2.5	8.70
万元GDP能耗		吨标煤/万元	0.78	0.78	0.00
水资源消耗总量		万立方米	3.39	3.32	-2.06
单位国内生产总值取水量		立方米/万元	576	593	2.95
上市企业数量		家	1	1	0.00
区内建立的创业创新平台数量		个	3	5	66.67

（河北唐山海港经济开发区管委会）

广东江门新会经济开发区

【概况】广东江门新会经济开发区（以下简称“新会开发区”）成立于1991年5月，前身为新会市今古洲经济开发试验区。1996年4月经广东省政府批准成为省级经济开发区，同年被评为广东省10个先进经济开发试验区之一。1998年11月，新会市新市区建设指挥部与开发区合并。2002年被省科技厅认定为“十五”期间全省首个民营科技园，2004年被科技部认定为重点联系民营科技园，2005年被评为全国先进民营科技园区。2007年3月通过《国家开发区审核公告目录》的审核，并更名为广东江门新会经济开发区，并于2018年再次通过复核。2017年4月，新会产业园获批在新会经济开发区范围内规划建设，并纳入省产业转移工业园，享受省产业转移政策。2017年6月，广东轨道交通产业园和原珠西化工片区纳入新会产业转移工业园统计和管理。2018年9月，新会三大万亩园区4个片区［深江产业园大泽园区和深江产业园司前园区、珠西新材料集聚区、粤澳（江门）产业合作示范区］并入新会产业转移工业园统计和管理。

新会开发区经国家发改委、国土资源部等三部委核定的总体规划面积为7.05平方公里，纳入长远发展规划面积为15.21平方公里，其中，纳入省产业转移工业园总体规划面积3.93平方公里。

【经济发展】2018年，新会开发区实现规模以上工业总产值129.17亿元，增长8.4%；固定资产投资73.09亿元，增长40%；限额以上社会消费品零售总额2 786万元，增长59%；一般公共预算收入3.64亿元，增长17.6%；外贸进出口总额和实际利用外资、民资均超额完成区级下达的任务。开发区有“四上”企业119家，其中规模以上工业企业72家。工业总产值1亿元以上骨干企业27家，其中10亿元以上企业2家（ABB新会低压开关有限公司、华冠新型材料股份有限公司），5亿元以上、10亿元以下企业4家［中车广东轨道交通车辆有限公司、广东国通克诺尔轨道车辆系统设备有限公司、宝豪塑胶五金制品（江门）有限公司、江门气派摩托车有限公司］。以轨道交通、电力器材、机械制造、钢铁深加工及五金不锈钢制品等为主导产业，主导产业规模以上工业总产值635 104.24万元，税收收入130 086.69万元，同比增长27.95%。

【产业发展】围绕《粤港澳大湾区发展规划纲要》，新会区委、区政府紧抓湾区发展机遇，结合新会区经济发展需求，对新会开发区作出提前部署，由新会开发区统筹三大万亩园区经济发展。2018年，深江产业园、粤澳（江门）产业合作示范区纳入广东省产业转移园，连同2017年纳入的珠西新材料集聚区，三大万亩园区均享受省产业转移优惠政策。三大万亩园区系列规划编制基本完成，新引入亿元以上工业项目超过10个，计划投资总额超过44亿元。

随着交通区位优势的进一步放大，轨道交通产业、三大万亩园区4个片区建设的稳步推进，新会开发区的投资吸引力和产业承载力持续提升，新会产业园正乘借粤港澳大湾区的东风，释放着巨大的发展活力。

深江产业园：位于新会区司前镇和大泽镇，规划总面积1 533.33公顷，包括司前园区和大泽园区。其中，司前园区规划总面积683.2公顷，2018年，园区基础设施PPP项目完成立项，中南高科项目首期用地完成“招拍挂”；大泽园区规划总面积859.13公顷，2018年一期基础配套设施EPC工程动工建设，唯是晶圆、星辉数控项目完成供地、立项等前期工作。

珠西新材料集聚区：位于新会区古井镇，规划总面积628.08公顷。2018年一期基础配套设施EPC工程动工建设，四方威凯、道氏、东洋油墨项目动工建设。

粤澳（江门）产业合作示范区：位于新会区崖门镇，规划总面积617.53公顷，示范区以“一区三园、一园多点”模式规划建设。2018年，欧普照明项目完成设备安装调试，宏丰电子项目定制厂房封顶，聚酰胺新材料项目签订投资协议。

【科技创新】2018年，新会开发区围绕新会区委、区政府深入实施创新驱动发展战略，全力打造以启超大道和今洲路为主轴的新会“创新走廊”。其中，中科创新广场引进、培育了一批优质科创企业和战略性新兴企业，已有超过50家科技型企业、约20家金融商业配套类企业签约进驻。2018年新认定国家高新技术企业20家，高新技术企业存量达42家。省级工程技术研发中心26家，市级工程中心43家；发明专利授权26件，实用新型授权188件，外观设计授权28件，PCT国际专利申请3件；高新技术产品进出口达18 748万元。

【投资促进】2018年，新会开发区新增外商投资企业3个，实际利用外资1 370万美元，同比增长39.09%；增资扩产项目18个，同比增长13%；投资总额54 242万元，进出口总额382 629万元，同比增长16.26%。为促进招商引资和优化营商环境，新会开发区制定了促进经济发展“黄金十条”优惠政策，开发区共有18家企业获得“黄金十条”自动兑付扶持，扶持资金达880多万元。

按照高标准、高规格、高效率的统筹规划和高质量的建设，新会产业园主园区、广东轨道交通产业园以及深江产业园、珠西新材料集聚区、粤澳（江门）产业合作示范区闪耀出璀璨生机。

作为省重点项目、省产业转型升级代表、省首批战略性新兴产业基地，广东轨道交通产业园发展速度不断加快，已形成修造基地（100公顷）有龙头企业中车带动，配套基地（308.8公顷）有国通克诺尔、江门市中车轨道等13家企业合力的蓬勃态势。

【体制机制创新】2018年，新会开发区按照省级开发区的标准和发展需要，进一步强化机构设置，明确责任，完善服务功能，逐步完善人员聘用、考评新机制等相关改革措施及实施办法。继续探索完善开发区所属的公司市场化运作的新型开发管理模式，逐步实现开发区发展由政策驱动型向市场驱动型转变。

为提高开发区经济管理、行政管理和社会管理能力，更好地服务客商、项目和企业，不断加快开发区建设步伐，开发区通过设立六办、四所、二局进一步完善开发区职能，同时为进一步推进“放管服”改革和制度改革，区委、区政府将全区涉及工业的三大万亩园区开发、统筹权限划给开发区管理，并成立园区管委会，招聘专业的招商团队，加快园区发展。

【投融资服务】新会开发区高度重视投融资服务，着力打造金融新平台，升级优化金融环境，推进园区金融迎来新面貌。2018年3月，中国建设银行股份有限公司江门今古洲支行正式更名为中国建设银行股份有限公司江门新会科技支行，为开发区企业提供科技融资、担保、投资等服务。此外，引进中国工商银行、中国银行、中国邮政储蓄银行等国家著名金融机构为企业量身订做投融资服务。截至2018年年底，新会开发区已有2家企业成功在境内“新三板”挂牌上市，分别是：江门丽宫国际食品股份有限公司（股票代码：872325）、广东百生医疗器械股份有限公司（股票代码：871404）；同时已有一批优质上市公司的分公司、全资子公司等落户园区，如中车广东轨道交通车辆有限公司（中国中车股票代码：601766）、江门中车轨道交通装备有限公司（鼎汉技术股票代码：300011）、江门耀皮工程玻璃有限公司（耀皮玻璃股票代码：600819）；还引入境外几大著名上市公司品牌企业，如瑞士ABB、宝矿力、希杰等。世界500强上榜企业投资企业、总部增至4家，同比增长33.33%。

【绿色集约】为全面贯彻落实最严格的节约用地制度，促进低效和闲置工业用地的盘活利用，提高土地节约集约利用效益，根据新府办〔2018〕26号文件要求，开发区依据因地制宜、规划统筹、政府引导、市场运作、效率优先、循序渐进、依法合规、保障权益的原则，对低效、闲置工业用地采取自行改造、兼并重组、协商回购等方式进行盘活。2018年开发区土地主营业务收入135 691.96万元/平方公里，同比增长8.09%；“四上”企业主营业务收入1 510 251.5万元，同比增长8.09%；土地投资强度65 664.87万元/平方公里，同比增长43.18%；土地开发利用率69.42%，同比增长15.7%；固定资产投资（不含农户）730 850万元，同比增长43.18%。

【管委会领导】2018年，新会经济开发区领导成员为：区委常委、党工委书记梁海标（8月任职）；党工委副书记、管委会主任吴运胜（分别于6月、2月任职）；党工委委员、管委会副主任李自明；党工委委员王萱；管委会副主任梁志广、李文斌。

（广东江门新会经济开发区管委会）

河北清河经济开发区

【经济发展】2018年，河北清河经济开发区（以下简称“清河开发区”）累计完成地区生产总值119.35亿元，同比增长9.53%；工业总产值204.96亿元，同比增长14.21%；主营业务收入657.86亿元，同比增长19.67%；财政收入13.03亿元，同比增长14.80%；进出口总额2.89亿美元，同比增长14.68%。

【产业发展】2018年，清河开发区产业升级迈出新步伐。一是工业设计成效显现。与深圳工业设计行业协会共同成立清河羊绒品质品牌提升组委会，红太、昭友工业设计成果入围河北省十大典型案例。二是创新能力不断提升。全年新增高新技术企业10家，增量位居邢台市前列。领途公司工程技术研究中心被纳入河北省省级建设计划，中航上大公司成立河北省唯一特种合金再生工程委员会，清河县成功入选“河北省创新县（市、区）试点”。三是企业实力显著增强。“宇腾”商标获批中国驰名商标，领途、宇腾2家公司入选河北省百家优秀民营企业。

【科技创新】2018年8月，清河开发区引进北京ICI中关村科技协同创新孵化中心，创建中关村科技清河创新中心。至年底，开展企业沙龙三次，对开发区内200余家企业开展业务指导和技术培训，为企业转型提升引进36项创新型技术；谋划筹建羊绒产业院士工作站和博士后科研工作站。实施人才科技创新工程，全年新增省级以上研发创新平台1家，高新技术企业30家；新增市级研发中心6家，科技型中小企业135家。基本建成大数据中心，企业数据库涵盖企业基本情况、设备、占地、产品、荣誉、产值、税收、人才、能耗等信息。完成冀南互联网信息产业基地规划方案的设计。

【投资促进】2018年，清河开发区加大招商力度，开展“强链、补链、延链”措施，通过招大引强、择优选强，不断壮大产业集群规模，培粗培壮产业链条，提升特色产业综合竞争实力。全年，对接外地客商200余次，自主外出对接客商、考察20余次，获得招商线索100余条，其中在谈有意向签约信息线索4条；共签约项目26个，总投资90.37亿元，其中亿元以上项目18个，5亿元以上项目6个，10亿元以上项目4个；拟签约项目9个，其中羊绒产业类项目4个，预计占地14公顷；汽车零部件产业类项目3个，预计占地74.33公顷；其他类项目2个，预计占地9.33公顷。

开发区对在建项目提供全程跟踪服务，从项目前期办理手续到投产达效全程审批事项实行“包办”，全程无缝隙跟踪服务。配合县产业转型升级领导小组对全县各产业发展情况进行整理汇总分析并形成简报，全年印发10余期。定期开展一线大走访活动，及时协调解决实际困难和问题，每月对新建续建项目情况进行2次走访，对重点项目每周走访1次。至年底，宏业海澜之家服饰生产基地、中和上大高新装备制造、亿利滤清器产业园等项目加快开工建设；领途第三工厂项目建设接近收尾，宇腾智能化纺织工厂项目部分设备已安装，并进行试生产；加快推进科技创业园、国家信息安全产业园和中小企业科创园“三园”建设。

【体制机制创新】唯有改革才能发展。清河开发区深入调查研究、对标先进，不断解放思想、创新举措，大刀阔斧推进各项体制机制改革。一是探索“共建园区”高效机制。清河县委、县政府坚持把开发区作为“特区”来打造，赋予开发区“特区特管、特事特办”和“工作直报”的高效运行机制。同时，对开发区权限外的事项，按照“共建、共融、共享”的理念，与相关部门双向委派人员联审联办，在全县形成配合开发区、支持企业、服务发展的良好氛围。目前，县住建、城管、国土、公安、环保、应急管理、统计等部门均在开发区设有派出机构或人员。二是持续推进“大部制”改革。按照“小机构、大服务”的原则，持续推进机构改革，不断优化整合部门职能，由最初的“五局一办两中心”（规划建设局、行政审批局、经济发展局、招商合作局、财政局、综合办公室及科技创新服务中心、综合服务中心）到“四局两办”（行政审批局、规划建设局、招商合作局、财政局及党建办公室、综合办公室），建立与经济开发区发展相适应的高效运行机制。三是构建灵活的用人机制。“鱼不激不跃，人不激不奋”。在人事改革上，开发区按照“档案封存、全员聘用、竞争上岗、绩效考核、调出激活”的原则，实行“双轨制”人事管理，构建“管委会—部门—主办”三个机构层次，建立只有岗位不同、没有级别之分的扁平化用人机制。四是赋予一级财政管理职能。良好的财政运行体制是推进各项工作的重要保障，为此，清河县政府与开发区建立了“基数核定、增长分成、分灶吃饭、激励发展”的财政管理体制，赋予开发区一级财政管理职能。

【绿色集约】2018 年，清河开发区开展低效用地回收回购，利用 1.8 亿元专项债券资金回收奇星、尚美、美纤项目，并上报 2019 年土地储备专项债券 2.12 亿元。全年省国土资源厅共批复用地 9 个批次、面积 141.628 公顷，为 40 余家企业解决用地指标问题。全年挂牌出让并办理不动产证涉及 36 家企业，用地 102.58 公顷，其中出让居住用地 40.88 公顷，实现土地出让收益 10.4 亿元；为 75 家企业审核办理变更业务；协助企业成立新公司、办理进出口权手续，核实并出具经营场所证明 46 家，协助 91 家企业办理环评手续，并出具土地预审，为 109 家企业出具融资抵押登记手续。配合县国土资源局进行双违整治和土地调规工作，拆除复耕地块 4 宗，对区内需调整用地规模的地块进行测绘、核实。完成土地集约利用评价工作，成果经省国土资源厅验收通过，并报自然资源部备案。

【基础设施规划建设】2018 年，清河开发区加快规划编制，推进经济开发区总体规划、控制性详细规划、产业发展规划和总体规划环境评价报告；完成 60 家企业新建、续建、改建审批备案；为 101 个项目出具规划意见；为 50 个项目地块出具规划设计条件；办理市政管线路由审批 88 次。加强市政工程建设，完成新世纪广场改造提升、荣誉殿堂建设、污泥处置、小屯工业区污水管网铺设、东区雨污分流及道路挖补盖被、闽江街拓宽、祁连路道路排水、地下管线勘测等建设工程。加强供热管理，先后完成对开发区供热站 2 台 20 吨、1 台 25 吨燃煤锅炉的拆除；做好 38 家企业、60 余户分散居民以及世纪新城、文化市场冬季取暖工作；维护维修供热管网 30 余次。推进完成御捷第三工厂新敷设 10 千伏电缆工程；完成 110 千伏清戈Ⅰ、Ⅱ、清江、清闵线迁建 EPC 工程；完成陆清 220 千伏电力线路迁建 EPC 工程；完成体育中心清城 35 千伏、西简线 10 千伏、西联线 10 千伏电力线路迁改工程；完成长江街高压线路改造工程；完成华博园区新敷设双电源 10 千伏电缆工程。全年新增市政供水管网 3 165 米，新建马屯供水站、青阳供水站 2 座，新增企业 43 家、水表 54 块，管网维修 59 处，开发区东区用水切换为长江水。实施雨污分流工程，完成 29 个重点涉水企业、267 个一般用水企业和用水单位的雨污分流整改工程，并完成对丰收渠以西挥公大道两侧污水管道的疏通清理。

【开展“双创双服”活动】2018 年，清河开发区深入开展“双创双服”活动，聚焦创新创业和服务发展、服务民生，大力优化投资发展和营商环境。深化“驻区助企”网格化服务机制，探索构建“线上一张网、线下一中心”服务机制，实施“三简三全”（精简机构、精简环节、精简时耗，服务对象全、服务流程全、服务要素全）、“全不见面”（企业和群众、企业和部门办事“全不见面”）服务，实现“事项办理最多跑一次、网上办理一次不用跑”的24小时全天候政务服务。实施智能审批，全年办理审批事项2 012件，其中公司设立1 590件，投资项目167件，特种设备及食品类201件，交通城管类54件。开展服务创新，全年“企业110”共接到企业诉求1 318条，涉及供水、供热、招商、项目、用地、审批等方面，全部问题得到直接或协调解决；双创服务中心接待各级领导、兄弟单位、企业高管、学生等参观115批次、2 800余人；中介服务超市“易正号—助企航母”入驻线下优秀第三方服务机构38家，涵盖17类、189个服务项目，线上服务机构183家，涵盖13类、1 000项服务内容，并对接入驻中国银行、工商银行等5家金融机构；走访宇腾、领途、红太、亿利、贵鸿等30余家重点企业，为企业开展各项业务260余项，组织银企对接会三次；举办创业分享、导师讲座、投融资路演、成功企业家分享会、企业培训会等各类活动120场次，承办邢台市创新创业大赛、开发区最美女职工评选活动；举办夏季企业职工歌手大赛；成立青阳读书会，有会员500余人，举办主题活动3期、读书沙龙15期，参加人员达300余人次；建成全国职工书屋示范点，图书存储量达3 200册，办理企业员工图书借阅证124个；成立商务英语专业培训班，筹划搭建清城房产网；加强企业家交流，成立青年企业家私董会和创业者私董会，定期开展思想交流活动。加强人才服务，举办“人才赶大集”现场招聘活动，与县职教中心联合招生对企业实行定向培训，其中夏季人才招聘会参加招聘企业112家，达成用工意向500余人次；加强人文关怀，联合县卫计局开展“大健康”服务；办理外商服务绿卡120余张，为80余名外商解决子女入学问题；开展经济普查，聘请第三方机构对1 100家法人单位进行经济数据普查。

【生态环保】清河开发区牢固树立“绿水青山就是金山银山”的理念，引进第三方环境咨询公司河北晶淼环境咨询有限公司，全面排查企业存在的问题，制定“一企一策”，加强落实整改；建设环保智慧平台，大力实施生态环境绿色行动。开展工业企业VOCs、挥发性有机物综合治理，对300家相关企业进行逐一排查，确保达标排放；完善应急减排措施，对100余家错峰生产企业进行重点摸排，制定“一企一策”精准化错峰方案，启动重污染天气预警期间，联合工信、环保部门对错峰生产企业错峰落实情况、治污设施运行情况进行重点排查。开展施工工地扬尘整治，督促在建、续建及市政基础设施项目工地严格落实“六个百分百”，提升在线监测设备使用率，实现工地降尘在线监管，安装在线项目11家。建成运营工业垃圾处置运转站，日打包工业垃圾4吨以上。聘请环保第三方专家，先后两次为400余家企业逐一把脉问诊。专项整治“散乱污”企业，对“散乱污”企业整治实行分包责任制和网格化管理制，实现“散乱污”企业摸排横向到边，纵向到底，不留死角，做到排查无遗漏。严格落实河长制，扎实做好4条河渠管控工作，严格落实河长制、湖长制要求，定期对渠道内漂浮物及垃圾进行打捞，汛期暑期安排12名专职人员值守。建立健全环保监管机制，配备工作人员25人，车辆10部，执法记录仪4台，手携式VOCs检测仪2台，有效保障环保工作开展。

【安全生产】2018年，开发区建立安监消防工作长效机制，制定《开发区安全生产“双控”机制建设工作方案》《开发区安全生产隐患排查攻坚月实施方案》《开发区深化安全生产大排查大整治攻坚行动方案》《开发区2018年春夏火灾防控工作方案》等文件。聘请第三方专业机构对300余家企业及35家幼儿园、学校进行安全生产隐患排查，先后两次对400余家企业进行安全生产隐患排查服务指导检查。联合安监、消防等部门召开企业问题整改落实会议，对排查出的问题限期整改，对50余家在建、续建及市政基础工程项目工地和35家幼儿园、学校开展专项安全生产检查，并指导企业对查出的问题进行整改。强化业务指导，聘请2名安全生产管家，对开发区工作人员进行安全知识培训及现场指导，并对企业安全生产管理和“双控”机制提供免费咨询服务；开展安全教育培训400余人次，开展“安全生产月”宣传活动，制作及发放安全生产及消防知识手册、宣传展板、彩页计400套；与县政府签订安全生产责任状，落实属地管理和安全生产监管责任，与企业签订安全生产责任书350份，实行网格化监管，所有行政执法人员分包企业，责任落实到人。加强标准化建设，组织召开企业节后复工复查安全生产大会，先后两次组织企业开展市县“安全生产风险管控和隐患治理规定”机制建立宣传贯彻会议，到石家庄正定县学习安全生产“正定模式”，进行“党政双责、一岗双责”等相关制度规范化建设，重点打造中航上大、安米诺、宇腾、益客4家企业安全生产文化标准化建设。

【党建工作】2018年，开发区抓好非公党建工作，促进创新发展，制定年度党建工作计划，统筹谋划、重点推进，定期召开专题会议，创新非公党建模式，全面提升非公党建水平。创新探索“一三四五六”非公党建工作新模式，即成立一支红星纵队、创新“三三三”工作法、打造“四个一”工程、建立“五位一体”培训体系，实施“六项创新”，全面提升非公党建工作科学化水平。在机关支部中选派88名综合素质优、政策水平高、协调能力好、奉献意识强的优秀党员，担任企业党组织负责人、党建指导员或党建联络员，成立一支新时期“红星纵队”，具体负责指导各企业开展党建工作，构建全员抓党建的新格局。强力推进新建一批、规范一批、提升一批“三个一批”工作，全年新建非公企业党组织12个，培养入党积极分子236名，发展预备党员29名，转正党员44名。创新党建工作新形式，由石家庄学院马克思主义学院和开发区非公企业党委共建党建示范基地，积极探索“1+X”联建片区党建模式，联点成片，实现组织全覆盖，建成联建党组织31个；发挥群团组织优势，以党建带群团，紧紧围绕企业发展开展活动，初步构建起以党支部为核心，群团组织积极配合的大党建格局；投资300万元高标准建设开发区党群服务中心，重点打造御捷党群服务中心和永昌、贵鸿、利意蒙、亿利、城大5个“五星”企业党支部，规范提升70个企业党员活动室；强化对党员思想的引导，全年开展党务工作者集中学习32期，企业党员培训10期，入党积极分子培训6期，组织党员到开发区学思堂学习1.5万余人次。创新开展“微视频征集大赛”“‘红星纵队’宣讲十九大”“五四主题征文”“迎‘七一’演讲比赛”“七一”表彰大会、“我为企业发展献一计”等活动，充分调动党员积极性，促进企业党务与厂务工作大融合。创新入党宣誓仪式，在开发区党群活动服务中心设立“永恒的记忆”入党宣誓厅，运用现代网络技术，记录党员入党宣誓、接受精神洗礼的瞬间，剪辑为小视频，连同党章、党徽作为入党礼物送给新发展的党员。提升党员发展质量，确保党员标准，在严格执行规定程序基础上，对纳入新发展对象严把“家庭关”“工作关”“社会关”和“法律关”。

【承办会议】1月24日，由中国开发区协会主办，清河经济开发区管委会、清河北京商会承办的清河经济开发区——京津冀产业转移承接协同创新平台投资说明会在北京举行，为清河县与各行业商协会、中外企业搭建互信沟通和联络合作的平台；4月24日，邢台市“双创双服”活动暨“两不见面”改革现场推进会议在清河县召开；8月21日，由中国开发区协会主办、清河经济开发区承办的中国开发区协会投资万里行走进清河经济开发区项目对接会在开发区召开。

【对外宣传】2018年，开发区制定活动、会议方案43个；制作项目及工作画册42套；撰写领导讲话或会议材料48篇；拍摄照片2万余张，编发微信公众平台信息843条，中央电视台、新华网、中国网、《河北日报》《邢台日报》等各级媒体报道60余次；制作“双创双服”、人事改革等宣传片；制作扶贫微视频及公众号新闻短片14部；拍摄影像素材559GB；门户网站新闻更新368篇。

【所获荣誉】2018年，开发区围绕“创建国家级开发区”的目标，强力推进创新平台建设，聚集要素资源，优化对企服务和体制机制再造，大力优化提升营商环境，被列为邢台市“两不见面”改革试点，承办邢台市“双创双服”活动暨“两不见面”改革工作现场会，省委政策研究室、省市“双创双服”活动办公室先后刊发简报推广，成为唯一被列入河北省改革案例的县域单位；被国务院办公厅通报表扬；中央电视台《经济半小时》栏目先后两次进行重点报道。被工信部认定为国家级绿色园区，被省委、省政府评为“河北省开放发展十佳开发区”以及“河北省服务贸易和服务外包示范基地”。

【机构设置与管委会领导】2018年，清河开发区设综合办公室、招商合作局、规划建设局、财政局、经济发展局、行政审批局（行政综合执法局）6个内设机构；有综合服务中心、科技创新服务中心2个下属事业单位。年底，按照“小机构、大服务”原则，进一步理顺部门职能、整合业务流程、减少办事环节，成立“四局两办”，即业务服务局、项目服务局、市政服务局、综合执法局和综合办公室、党建办公室，建立与经济开发区发展相适应的高效运行机制。管委会领导成员为：党工委副书记刘国林、郭文军；党工委委员宁景毅、王军堂、贾振奎、安文锁；管委会副主任刘国林、宁景毅、郭志强。

2018年河北清河经济开发区主要经济综合指标一览表

项目		单位	2017年	2018年	增减（%）
开发区生产总值		亿元	108.97	119.35	9.53
第二产业		亿元	55.47	61.51	10.88
工业		亿元	49.63	54.92	10.65
第三产业		亿元	50.50	56.28	11.46
工业总产值（现价）		亿元	179.46	204.96	14.21
高新技术企业		亿元	46.99	51.38	9.33
销售（营业）收入		亿元	549.73	657.86	19.67
第二产业		亿元	276.95	333.21	20.31
工业		亿元	276.95	333.21	20.31
利润总额					
第二产业		亿元	11.71	13.56	15.80
工业		亿元	11.71	13.56	15.80
区内主导产业及产值					
主导产业	1. 纺织业	亿元	70.89	80.96	14.21
	2. 新能源汽车装置、配件制造业	亿元	77.89	85.06	9.21
	3. 有色金属冶炼及压延加工业	亿元	28.73	33.41	16.29
进出口总额		亿美元	2.52	2.89	14.68
出口		亿美元	1.95	2.47	26.67
财政收入		亿元	11.35	13.03	14.80
税收收入		亿元	11.35	13.03	14.80
新批企业数量		家	279	414	48.39
外商及港澳台企业		家	15	17	13.33

续表

项目		单位	2017年	2018年	增减（%）
	内资企业	家	264	412	56.06
国家级高新技术企业数量		家	19	29	52.63
新批企业投资额	外商及港澳台企业	亿美元	0.536 6	0.505 1	-5.87
	内资企业	亿元	—	—	—
	增资企业	亿美元	—	—	—
规模以上企业数量		家	94	107	13.83
外商实际投资		亿美元	0.536 6	0.505 1	-5.87
固定资产投资		亿元	15.48	18.58	20.03
年末从业人员数量		万人	2.19	2.09	-4.57
万元GDP能耗		吨标煤/万元	0.015	0.017	13.33
水资源消耗总量		万立方米	233	308.08	32.22
上市企业数量		家	2	5	150.00
区内建立的创业创新平台数量		个	1	2	50.00
区内科研院所数量		家	1	1	0.00
区内职业教育学校数量		所	1	2	50.00

（河北清河经济开发区管委会）

河南西华经济开发区

【概况】河南西华经济开发区（以下简称“开发区”）前身为西华县产业集聚区，2015 年 2 月由河南省政府批准升格为省级经济开发区，批准开发面积 16.9 平方公里。2015 年 10 月，经中共西华县委机构编制委员会批准成立西华经济开发区管理委员会，并组建了开发区党工委和管委会领导班子，下辖皮营乡全境和清河驿乡常楼行政村，使开发区行政管辖面积扩大至 50 平方公里，区内总人口约 8.2 万人。2017 年，根据《周口市人民政府关于调整西华县部分乡镇行政区划的通知》（周政文〔2017〕12 号），周口市政府批准皮营乡撤乡设办，设立皮营街道办事处，下辖 26 个行政村，清河驿乡常楼行政村归皮营街道办事处管辖。2018 年，根据《周口市人民政府关于西华县皮营街道办事处分设华泰办事处的批复》（周政文〔2018〕73 号），周口市政府同意皮营街道办事处分设为皮营街道办事处、华泰街道办事处，其中华泰街道办事处与开发区套合管理。

【发展目标】开发区坚持发展为第一要务，以创新、协调、绿色、开放、共享发展理念为引领，以“五规合一”“四集一转”，开放带动为导向，实施“临空经济实验区、高铁经济区、经济开发区、城乡一体化示范区”互动互融、统筹发展布局，实现以产带城、以城促城、产城一体、融合发展，努力使开发区成为全县经济社会发展的强大引擎。按照“一年起步、三年变样、五年成形”的发展思路，2018 年开发区规模达到省定二星级产业集聚区的标准。

【经济指标平稳增长】2018 年，开发区规模以上工业企业共完成工业总产值 219.5 亿元，同比增长 19.6%；完成工业增加值 48.5 亿元，同比增长 18.7%；实现财政税收 5 500 万元；完成固定资产投资 25.1 亿元，同比增长 6.3%；从业人员达到 2.85 万人。

【主导产业发展】2018 年，开发区电子科技、食品加工、鞋服三大主导产业完成工业销售产值 162.4 亿元，占全区规模以上工业销售产值的 75%。规模以上工业企业 18 家，销售产值 1 亿元以上的企业 18 家。

【服务业发展】2018 年，开发区实现服务业增加值 1.8 亿元，比上年增长 22%。新增大型商业设施面积 15 万平方米，其中商业综合体 1 个。奥特莱斯商业综合体的入驻，将带动辖区商贸服务业发展。

【电子科技产业发展】2018 年，开发区电子科技产业发展势头总体平稳，完成工业产值 85 亿元，同比增长 19.2%，占全区工业销售产值的 38.7%。至年末，全区电子科技产业有规模以上企业 4 家，以钧鼎电子科技有限公司为代表，涉及综合管线制造、手机零部件等领域。

【食品加工产业发展】2018 年，开发区食品加工产业发展势头平稳，完成工业产值 59.6 亿元，同比增长 18.7%，占全区工业销售产值的 27.2%。至年末，全区食品加工产业有规模以上企业 6 家，以佰食特食品有限公司为代表，涉及熟食加工、面粉加工等领域。

【鞋服产业发展】2018 年，开发区鞋服产业发展势头平稳，完成工业产值 17.8 亿元，同比增长 19.5%，占全区工业销售产值的 8%。至年末，全区鞋服产业有规模以上企业 3 家，以凯鸿鞋业为代表。

【招商引资】截至2018年年底，开发区共签约招商项目11个，总投资151.22亿元。2018年4月，开发区与北京京台闽投资管理有限公司签订了周口·奥特莱斯文旅小镇项目的投资协议，项目总投资30亿元，总占地面积约621亩(41.4公顷)，建设规模约80万平方米；五路建设项目由京蓝北方园林有限公司投资建设，总投资10.2亿元，占地1 169亩（约77.93公顷）。

2018年6月，开发区与东方时尚国际航空发展有限公司就未来共同投资建设周口西华通用机场项目签订合作协议，总投资5亿元，占地1174亩（约78.27公顷），主要投资建设机场跑道、航站楼、机库、油料库等；2018年7月与河南美邦通用航空有限公司签订战略合作协议，计划总投资10亿元，目前已到位两架R44直升机。合作协议的主要业务是空中观光旅游、飞防及空中110等项目，已开通西华至淮阳、郑州、安阳、信阳南湾湖4条低空旅游航线；2018年7月与中国通号交通建设有限公司签订战略合作协议，包括西华开发区女娲湖景区项目、西华经济技术开发区华泰路贾鲁河大桥及附属道路和西华高铁站前绿化硬化工程项目、高铁新城森林公园项目4个项目，总投资23亿元；2018年5月11日与武汉天源环保股份有限公司签订西华开发区污水处理厂PPP项目的投资协议，项目总投资1.2亿元，总占地面积约50亩（约3.33公顷）；2018年8月与中铁十六局集团有限公司签订华泰棚户区等九大社区改造项目的投资协议，项目总投资52亿元；2018年9月27日与广西桂柳牧业集团签订桂柳牧业食品加工基地项目投资协议，项目总投资7.2亿元，总占地面积约80亩（约5.33公顷）；11月与辽宁墨特石墨烯科技有限公司签订投资协议，项目由河南墨特石墨烯科技有限公司投资建设，总投资5 000万元；2018年8月9日与周口市元坤供电有限公司签订增量配网业务改革试点项目合作协议，项目总投资12.12亿元，覆盖开发区全境；2018年9月与全经联（北京）产业孵化器有限公司签订西华幸福产业加速器战略合作协议，为西华县导入幸福产业，推动产业创新与升级，实现高质量发展。

【项目建设】2018年开发区列入省、市重点项目4个，分别是中电建河南厚德智能科技有限公司综合管线支撑系统产品项目（省重点项目)、西华县高铁配套基础设施建设项目（省重点项目)、周口西华通用机场建设项目（省重点项目)、周口市海鑫精密工业有限公司连接线连接器生产项目（市重点项目)。

【机构设置与管委会领导】作为西华县政府派驻机构，开发区管委会对开发区建设实施统一管理，履行政府各项行政管理职能；国土、工商、税务、城市管理、人社等工作，由县有关部门在开发区设立分支机构予以配套管理。管委会设主任1名，副主任3名，内设5个职能机构，行使招商引资、规划建设、财务统计、项目管理等相关行政职权。

开发区领导成员为：党工委书记程维峥；党工委副书记、主任宋广良。

（河南西华经济开发区管委会）

吉林柳河经济开发区

【概况】柳河县工业集中区于2005年9月经吉林省政府批准成立，地处吉林省东南部，位于柳河县城东出口城乡结合部，规划面积为12平方公里，建成区面积2018年发展到5.24平方公里。柳河县工业集中区南起通梅一级公路小五道路口处，北至梅河分界岭，西起柳河镇长青路，东至柳河镇柞木岗村。通梅一级公路和梅集铁路贯穿区内，交通十分便利。

柳河县工业集中区为了提升整体发展形象，打造更加优越的投资环境，对产业结构和硬件配套设施进行整合升级，2018年2月26日，成功进入国家六部委推出的《中国开发区审核公告目录》，并于2018年8月由市政府向省政府提交申请晋级文件，完成了国家开发区审核公告目录的验收并顺利通过国家部委审核，柳河经济开发区（以下简称“柳河开发区”）成功进入国家开发区目录。

【产业发展】柳河开发区主导产业为医药产业和农副产品加工产业。开发区初步形成了产业集群、项目集聚，重点突出、多点发力的良好发展态势。截至2018年年底，落户企业由开发区成立之初的11家增至45家，其中投资超亿元的企业26家。

【基础设施建设】2018年，柳河开发区新征收新区土地2 500亩（约166.67公顷），同时对所有已征收土地进行登记造册、划界定桩，并针对近期用地和远景用地进行相关规划，制作开发区整体区域鸟瞰图；完成开发区的区域环评、供热专项规划、土地集约节约利用工作；同时，配合相关部门完成区域内违规锅炉整改及取缔10吨以下燃煤锅炉工作；对开发区的两条1 500余米路网完成验收及决算审核工作，完成路网配套设施及信号灯架设工作。为进一步完善园区路网体系，打造扩展区对外出口，提升园区综合承载能力，开始策划建设3号路网。3号路网全长1 285米，宽20米，人行3米，路面14米，主要进行给水、雨水、污水、供热、电力、电信、再生水等项目建设。协调解决柳河县工业污水处理厂管网铺设期间临时占地问题，为污水处理厂的建设提供工期保障。完成供电部门对开发区新区15公里的用电线路、专线的规划和铺设、农电部门的线路迁移及新落户企业临时线路架设、开发区通讯管网铺设工作。

【经济发展】2018年，柳河开发区规模以上工业企业完成工业总产值13.57亿元，规模以上工业企业营业收入12.21亿元，规模以上工业企业上缴税金1.23亿元，占全县规模以上工业总产值的68.5%；开发区规模以上营业收入占全县营业收入的60.99%；开发区规模以上工业企业上缴税金占全县规模以上工业企业上缴税金的87.86%。

【科技创新】2018年，柳河开发区积极推进紫鑫二期异地新建、紫鑫三期医药产业园、天强制药林蛙多肽口服液、吉药集团医药产业园、修正科灵医药包材、龙泰制药GMP改造等项目加快建设；修正集团柳河制药提质升级、晶珠药业等项目相继达产达效；中晟制药蛹虫草菌粉国内独树一帜；掌握独家专利技术的吉林瑞泰医药包材易折瓶项目填补了通化地区产品项目的空白；发挥紫鑫药业药品研发中心、天强制药产学研服务体系的作用，推进中成药技术创新和研发项目攻关，综合实现医药企业中药提取后药渣等工业废弃物再利用，形成了集中药材种植，药品研发、生产和销售以及医药包材为一体的全产业链条。同时还积极推进中国航发产业园项目落地建设；加快华林电机、新天地酒精等老企业战略重组步伐；以改进工艺、装备升级为重点，推进红石石棉、佳合彩钢等企业技术改造，淘汰落后产能，提升工业科技和信息化水平；支持资源综合利用产业，促进天成建材、太平水泥管、宏广大理石等建材企业健康发展。

【投资促进】2018 年，柳河开发区持续加大项目对接洽谈力度，参加全国招商活动，充分抓住各类展会平台，宣传推介柳河开发区，主动与当地客商交流对接，诚邀客商来开发区考察、投资置业。开发区先后赴长春、北京、天津、上海、浙江、温岭等地区，开展各类招商活动。2018 年 3 月 10 日，在大有集团的邀请下，赴北京参观企业运行情况，全面了解雄安新区产业规划、园区布局等情况，为开发区提供参考。全年接待和考察企业 20 多家，对接洽谈项目 10 余个。2018 年 3 月 30 日，赴长春参加“国企吉林行”活动，在省经合局的安排下，与北京同仁堂、首农电商科技等企业进行对接和洽谈。2018 年 4 月 10 日，积极组织园区企业赴上海参加“中国药博会”，同时赴浙江温岭开展产业、企业对接交流活动。

【绿色集约】为实现园区绿化美化，提升园区区容区貌，营造良好招商环境，2018 年 4 月开发区在大健康产业园一号路、二号路、人行步道上种植五角枫 500 棵；为提升企业周边环境卫生，对益丰宝门前 2 000 平方米土地进行平整及草坪种植；为耘肯牧业门前进行场地平整，进行植树绿化。为履行河长制责任，保证园区河道环境卫生，在沿河路栽种 700 棵云杉，同时，购置水车用于每日对园区花草树木进行绿化喷灌。为了更好地对已收储土地进行管理，满足道路卫生要求，对园区管理处 312.5 平方米路面进行沥青铺设。为保护好开发区已征收的土地，避免国土流失，明确区分开发区已征收与未征收土地界限，避免与百姓耕地产生争议，对高速引线两侧已收储未落户企业土地做好分界围栏。同时，为满足企业落户达到五通一平的标准，满足企业污水排放需求，在开发区新区范围内铺设污水管网，对污水进行收集、统一处理，帮助桑德环保公司解决在污水管网铺设过程中遇到的问题。

【机构设置与管委会领导】柳河开发区党工委和管委会分别为中共柳河县委和柳河县人民政府的派出机构，代表县委、县政府领导开发区的各项工作，行使同级人民政府的行政审批、经济协调与社会管理职能，对区域内党务、经济、行政和社会事务统一领导、统一规划、统一管理。区党工委和管委会采取一套班子两块牌子的方式设置。2018 年，开发区设文秘科、安全生产科、综合科、经济运行科、园区管理科、招商项目科、党办、财务审计科 8 个职能科室。柳河开发区实行正科（局）级事业单位管理体制，核定领导职数 3 人（一正两副）；全单位在岗人员共 31 人，其中事业人员 14 人，公益岗位 17 人；在岗干部中有党员 11 人。

柳河开发区领导成员为：柳河县副县长、区主任孙国君；副主任李玮锋；副书记张鲲鹏。

（吉林省柳河经济开发区管委会）

统计资料篇

2018年国家级经济技术开发区主要经济指标情况

2018 年，219 家国家级经济技术开发区总体发展态势向好。地区生产总值、第二产业增加值、第三产业增加值、财政收入、税收收入、进出口总额和实际使用外资同比均保持增长。

一、总体情况

2018 年，全国 219 家国家级经济技术开发区（以下简称“国家级经开区”）实现地区生产总值 10.2 万亿元，同比增长 13.9%，增幅高于同期全国平均水平（6.6%）7.3 个百分点，占同期国内生产总值的比重为 11.3%。其中，第二产业增加值 6.5 万亿元，同比增长 9.6%，增幅高于同期全国平均水平（5.8%）3.8 个百分点，占同期全国第二产业增加值的比重为 17.7%；第三产业增加值 3.3 万亿元，同比增长 13.2%，增幅高于同期全国平均水平（9.6%）3.6 个百分点，占同期全国第三产业增加值的比重为 6.9%。

219 家国家级经开区实现财政收入 1.9 万亿元，同比增长 7.7%，增幅高于同期全国平均水平（6.2%）1.5 个百分点，占全国财政收入的比重为 10.6%。实现税收收入 1.7 万亿元，同比增长 10.1%，增幅高于同期全国平均水平（8.3%）1.8 个百分点，占全国税收收入的比重为 11.1%。

219 家国家级经开区实际使用外资和外商投资企业再投资额 513 亿美元，同比增长 5.5%，占全国吸收外资（含外商直接投资和其他投资）的比重约 1/5。实现进出口总额 61 937 亿元（其中，出口 34 108 亿元，进口 27 829 亿元），同比增长 10.8%，占全国进出口总额的比重为 20.3%。

二、分区域情况

东部地区 107 家国家级经开区实现地区生产总值 67 333 亿元，同比增长 14.6%。其中，第二产业增加值 40 461 亿元，第三产业增加值 22 885 元，同比分别增长 8.3% 和 12.2%；实现财政收入 13 524 亿元，税收收入 12 151 亿元，同比分别增长 5.5% 和 8.6%；进出口总额 54 281 亿元（其中，出口 29 953 亿元，进口 24 328 亿元），同比增长 9.5%；实际使用外资和外商投资企业再投资额 306 亿美元，同比增长 2.1%。

中部地区 63 家国家级经开区实现地区生产总值 21 389 亿元，同比增长 14%。其中，第二产业增加值 15 250 亿元，第三产业增加值 5 819 亿元，同比分别增长 12.8% 和 17.6%；实现财政收入 3 783 亿元，税收收入 3183 亿元，同比分别增长 16.9% 和 16.2%；进出口总额 5 681 亿元（其中，出口 3 059 亿元，进口 2 622 亿元），同比增长 23.1%；实际使用外资和外商投资企业再投资额 154 亿美元，同比增长 9.3%。

西部地区 49 家国家级经开区实现地区生产总值 13 302 亿元，同比增长 10.2%。其中，第二产业增加值 9 052 亿元，第三产业增加值 3 823 亿元，同比分别增长 10.8% 和 12.8%；实现财政收入 2 081 亿元，税收收入 2 045 亿元，同比分别增长 6.7% 和 10.6%；进出口总额 1 975 亿元（其中，出口 1 056 亿元，进口

879 亿元），同比增长 13.6%；实际利用外资和外商投资企业再投资额 53 亿美元，同比增长 15.9%。

三、高新技术产品进出口情况

国家级经开区高新技术产品出口额达到 12 531 亿元，同比增长 12.8%，占国家级经开区出口总额的 36.7%，占全国高新技术产品出口总额的 25.4%；高新技术产品进口额达到 9 001 亿元，同比增长 21.2%，占国家级经开区进口总额的 32.3%，占全国高新技术产品进口总额的 20.3%。

来源：商务部网站

2017年国家级经济技术开发区主要经济指标情况

2017 年，219 家国家级经济技术开发区总体发展态势向好。地区生产总值、第二产业增加值、第三产业增加值、固定资产投资、财政收入、税收收入、进出口总额和实际使用外资同比均保持增长。

一、总体情况

2017 年，全国 219 家国家级经济技术开发区（以下简称“国家级经开区”）实现地区生产总值 91 364 亿元人民币（如无说明，币种下同），第三产业增加值 28 511 亿元，财政收入 17 810 亿元，税收收入 15 724 亿元，同比分别增长 9.9%、17.3%、15.9% 和 12.2%，增幅分别高于全国（6.9%、8%、7.4% 和 10.7%）3、9.3、8.5 和 1.5 个百分点；第二产业增加值 61 010 亿元，同比增长 6.1%，增幅与全国（6.1%）持平；固定资产投资 53 853 亿元，同比增长 6.6%，低于全国（7.2%）0.6 个百分点；实际使用外资和外商投资企业再投资额 3 758 亿元，同比增长 13.8%；实现进出口总额 55 938 亿元（其中，出口 31 583 亿元，进口 24 355 亿元），同比增加 17.5%。国家级经开区地区生产总值、第二产业增加值、第三产业增加值、固定资产投资、财政收入、税收收入和进出口总额占全国的比重分别为 11%、18.2%、6.7%、8.5%、10.3%、10.9% 和 20.1%。

二、分区域情况

东部地区 107 家国家级经开区实现地区生产总值 58 933 亿元，其中，第二产业增加值 37 702 亿元，第三产业增加值 20 146 元，同比分别增长 10%、6.6% 和 16.3%；实现财政收入 12 525 亿元，税收收入 11 049 亿元，同比分别增长 16% 和 11.4%；进出口总额 48 462 亿元(其中，出口 27 193 亿元，进口 21 269 亿元)，同比增长 16.4%；实际使用外资和外商投资企业再投资额 2 254 亿元，同比增长 10.7%。

中部地区 63 家国家级经开区实现地区生产总值 20 450 亿元，其中，第二产业增加值 15 020 亿元，第三产业增加值 5 056 亿元，同比分别增长 8.2%、4.8% 和 16.7%；实现财政收入 3 349 亿元，税收收入 2 831 亿元，同比分别增长 17.4% 和 14%；进出口总额 4 842 亿元（其中，出口 2 584 亿元，进口 2 258 亿元），同比增长 17.7%；实际使用外资和外商投资企业再投资额 1 208 亿元，同比增长 19.2%。

西部地区 49 家国家级经开区实现地区生产总值 11 982 亿元，其中，第二产业增加值 8 288 亿元，第三产业增加值 3309 亿元，同比分别增长 12.1%、6.2% 和 25.3%；实现财政收入 1 935 亿元，税收收入 1 843 亿元，同比分别增长 12.7% 和 14.3%；进出口总额 2 634 亿元（其中，出口 1 806 亿元，进口 828 亿元），同比增长 42.3%；实际使用外资和外商投资企业再投资额 295 亿元，同比增长 17.7%。

三、高新技术产品进出口情况

国家级经开区高新技术产品出口额达到11 128亿元，同比增长11.5%，占国家级经开区出口总额的35.2%，占全国高新技术产品出口总额的24.6%。高新技术产品进口额达到7 737亿元，同比增长5.3%，占国家级经开区进口总额的31.8%，占全国高新技术产品进口总额的19.6%。

来源：商务部网站

2016年国家级经济技术开发区主要经济指标情况

2016年，219家国家级经济技术开发区总体发展态势平稳。地区生产总值、第二产业增加值、第三产业增加值、财政收入、税收收入和固定资产投资同比均保持增长。其中，地区生产总值、第三产业增加值、财政收入和税收收入增幅均高于全国平均水平。中、西部地区国家级经济技术开发区的地区生产总值、第三产业增加值、税收收入和固定资产投资增幅均高于东部地区国家级经济技术开发区。

一、总体情况

2016年，全国219家国家级经济技术开发区（以下简称“国家级经开区”）实现地区生产总值83 139亿元人民币（如无说明，币种下同），第三产业增加值24 299亿元，财政收入15 371亿元，税收收入14 018亿元，同比分别增长7.0%、18.1%、4.7%和7.2%，增幅分别高于全国（6.7%、7.8%、4.5%和4.8%）0.3、10.3、0.2和2.4个百分点；第二产业增加值57 505亿元，同比增长3.0%，低于全国（6.1%）3.1个百分点；固定资产投资50 532亿元，同比增长1.1%，低于全国（8.1%）7个百分点；实际使用外资和外商投资企业再投资额3 301亿元，同比下降10.3%；实现进出口总额47 605亿元（其中，出口26 946亿元，进口20 659亿元），同比增加0.53%。国家级经开区地区生产总值、第二产业增加值、第三产业增加值、财政收入、税收收入和进出口总额占全国的比重分别为11.2%、19.4%、6.3%、9.6%、12.1%和19.6%。

二、分区域情况

东部地区107家国家级经开区实现地区生产总值53 551亿元，第二产业增加值35 373亿元，第三产业增加值17 328亿元，同比分别增长6.2%、2.6%和14.1%；实现财政收入10 800亿元，税收收入9 922亿元，同比分别增加4.4%和5.5%；进出口总额41 641亿元(其中，出口23 480亿元，进口18 161亿元)，同比增长0.3%；实际使用外资和外商投资企业再投资额2 036亿元，同比下降11.3%。

中部地区63家国家级经开区实现地区生产总值18 900亿元，第二产业增加值14 328亿元，第三产业增加值4 331亿元，同比分别增长6.3%、1.2%和26.2%；实现财政收入2 854亿元，税收收入2 483亿元，同比分别增长3.7%和5.9%；进出口总额4 113亿元(其中，出口2 391亿元，进口1 722亿元)，同比增长2.5%；实际使用外资和外商投资企业再投资额1 014亿元，同比增长1.7%。

西部地区49家国家级经开区实现地区生

产总值 10 688 亿元，第二产业增加值 7 804 亿元，第三产业增加值 2 640 亿元，同比分别增长 12.5%、8.3% 和 34.1%；实现财政收入 1 717 亿元，税收收入 1 613 亿元，同比分别增长 8.5% 和 21.6%；进出口总额 1 851 亿元（其中，出口 1 075 亿元，进口 776 亿元），同比增长 1.15%；实际使用外资和外商投资企业再投资额 251 亿元，同比下降 35%。

来源：商务部网站

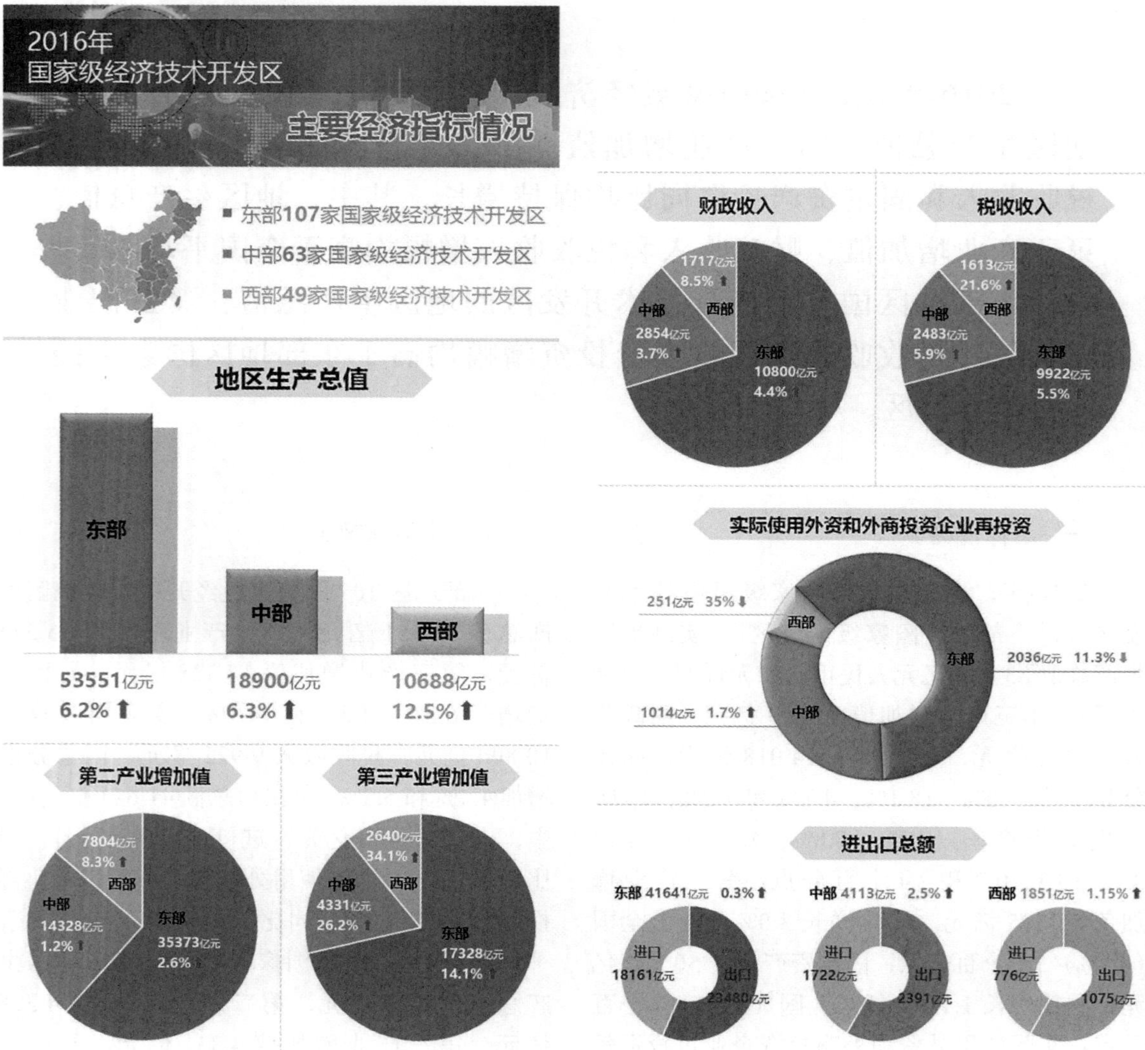

2015年国家级经济技术开发区主要经济指标情况

2015年，219家国家级经济技术开发区总体发展态势趋缓。地区生产总值、第三产业增加值、财政收入、税收收入和固定资产投资同比均保持增长（1.4%、7.8%、0.3%、4.5%和23.3%），但受国内外多重因素影响，增速放缓。中、西部地区国家级经济技术开发区的地区生产总值、第三产业增加值、财政收入、税收收入和固定资产投资增幅均高于东部地区国家级经济技术开发区。

一、总体情况

2015年，全国219家国家级经济技术开发区（以下简称“国家级经开区”）实现地区生产总值77 611亿元人民币（如无说明，币种下同），第三产业增加值20 450亿元，财政收入14 651亿元，税收收入13 062亿元，受国内外多重因素影响，增速明显放缓，同比分别增长1.4%、7.8%、0.3%和4.5%，增幅分别低于全国（6.9%、8.3%、8.4%和4.8%）5.5、0.5、8.1和0.3个百分点；第二产业增加值55 577亿元，同比下降0.2%，低于全国（6%）6.2个百分点；固定资产投资49 473亿元，同比增长23.3%，高于全国（10%）13.3个百分点；实际使用外资和外商投资企业再投资额3 668亿元，同比下降4.8%；实现进出口总额47 575亿元(其中，出口27 162亿元，进口20 413亿元)，同比下降6.5%。国家级经开区地区生产总值、第二产业增加值、第三产业增加值、财政收入、税收收入和进出口总额占全国的比重分别为11.5%、20.3%、6%、9.6%、10.5%和19.4%。

二、分区域情况

东部地区107家国家级经开区实现地区生产总值50 529亿元，第三产业增加值15 098元，税收收入9 420亿元，同比分别增长0.4%、5.3%和3.3%；实现第二产业增加值34 361亿元，财政收入10 359亿元，同比分别下降0.9%和1.5%；进出口总额41 914亿元（其中，出口23 719亿元，进口18 195亿元），同比下降5.8%；实际使用外资和外商投资企业再投资额2 314亿元，同比下降16%。

中部地区63家国家级经开区实现地区生产总值17 569亿元，第二产业增加值13 998亿元，第三产业增加值3 383亿元，同比分别增长3.7%、1.5%和16.5%；实现财政收入2 721亿元，税收收入2 314亿元，同比分别增长4.4%和8.2%；进出口总额3 845亿元(其中，出口2 267亿元，进口1 578亿元)，同比下降9.1%；实际使用外资和外商投资企业再投资额967亿元，同比增长11%。

西部地区49家国家级经开区实现地区生产总值9 512亿元，第三产业增加值1 969亿元，同比分别增长 2.7% 和 13.9%；第二产业增加值 7 218 亿元，同比下降 0.5%；实现财政收入 1 571 亿元，税收收入 1 327 亿元，同比分别增长 5.4% 和 6.8%；进出口总额 1 817 亿元(其中，出口 1 176 亿元，进口 641 亿元)，同比下降 15.5%；实际使用外资和外商投资企业再投资额 387 亿元，同比增长 69.5%。

三、高新技术产品进出口情况

国家级经开区高新技术产品出口额达到 11 670 亿元，同比下降 7.7%，占国家级经开区出口总额的 43%，占全国高新技术产品出口总额的 28.6%。高新技术产品进口额达到 8 598 亿元，同比下降 9.5%，占国家级经开区进口总额的 42.1%，占全国高新技术产品进口总额的 25.2%。

附件：2015 年国家级经济技术开发区主要经济指标情况汇总表（此处略）

来源：商务部网站

2014年国家级经济技术开发区主要经济指标情况

2014 年，215 家国家级经济技术开发区总体发展态势良好。地区生产总值、第二产业增加值、工业增加值、第三产业增加值、财政收入、税收收入、出口总额和固定资产投资同比均保持较快增长（9.1%、8%、7.9%、12.3%、10.5%、11.7%、6% 和 20%），实际使用外资和外商投资企业再投资金额同比增长 1.5%。中、西部地区国家级经济技术开发区的地区生产总值、第二产业增加值、工业增加值、第三产业增加值、财政收入、税收收入和出口总额增幅均高于东部地区国家级经济技术开发区。

一、总体情况

2014 年，全国 215 家国家级经济技术开发区（以下简称“国家级经开区”）实现地区生产总值 76 545 亿元人民币(如无说明，币种下同)，第二产业增加值 55 694 亿元，财政收入 14 607 亿元，税收收入 12 497 亿元，同比分别增长 9.1%、8%、10.5% 和 11.7%，增幅分别高于全国（7.4%、7.3%、8.6% 和 7.8%）1.7、0.7、1.9 和 3.9 个百分点；实际使用外资和外商投资企业再投资额 3 854 亿元，同比增长 1.5%；实现进出口总额 50 858 亿元（其中，出口 27 913 亿元，进口 22 945 亿元），同比增长 3.3%。国家级经开区地区生产总值、第二产业增加值、财政收入、税收收入和进出口总额占全国的比重分别为 12%、20.5%、10.4%、10.5% 和 19.2%。

二、分区域情况

东部地区 104 家国家级经开区实现地区生产总值 50 343 亿元，第二产业增加值 34 656 亿元，同比分别增长 7.4% 和 6%；实现财政收入 10 512 亿元，税收收入 9 115 亿元，同比分别增长 9.6% 和 9.9%；进出口总额 44 479 亿元（其中，出口 24 456 亿元，进口 20 023 亿元），同比增长 2.5%；实际使用外资和外商投资企业再投资额 2 755 亿元，同比增长 0.4%。

中部地区 63 家国家级经开区实现地区生产总值 16 944 亿元，第二产业增加值 13 786 亿元，同比分别增长 12.6% 和 11.9%；实现财政收入 2 605 亿元，税收收入 2 139 亿元，同比分别增长 12.4% 和 13.5%；进出口总额 4 229 亿元（其中，出口 2 251 亿元，进口 1 978 亿元），同比增长 10.3%；实际使用外资和外商投资企业再投资额 871 亿元，同比增长 8.5%。

西部地区 48 家国家级经开区实现地区生产总值 9 258 亿元，第二产业增加值 7 252 亿元，同比分别增长 12.6% 和 10.9%；实现财政收入 1 490 亿元，税收收入 1 242 亿元，同比分别增长 13.9% 和 23.4%；进出口总额 2 149 亿元(其中，出口 1 206 亿元，进口 944 亿元)，同比增长 6%，实际使用外资和外商投资企业再投资额 228 亿元，同比下降 9%。

三、高新技术产品进出口情况

国家级经开区高新技术进出口总额 22 141 亿元，同比增长 5.7%，占国家级经开区进出口总额的 43.5%，占全国高新技术产品进出口总额的 29.7%。其中，国家级经开区高新技术产品进口额达到 9 496 亿元，同比增长 8.8%，占国家级经开区进口总额的 41.4%，占全国高新技术产品进口总额的 28%。高新技术产品出口额达到 12 645 亿元，同比增长 3.5%，占国家级经开区出口总额的 45.3%，占全国高新技术产品出口总额的 31.2%。

来源：商务部网站

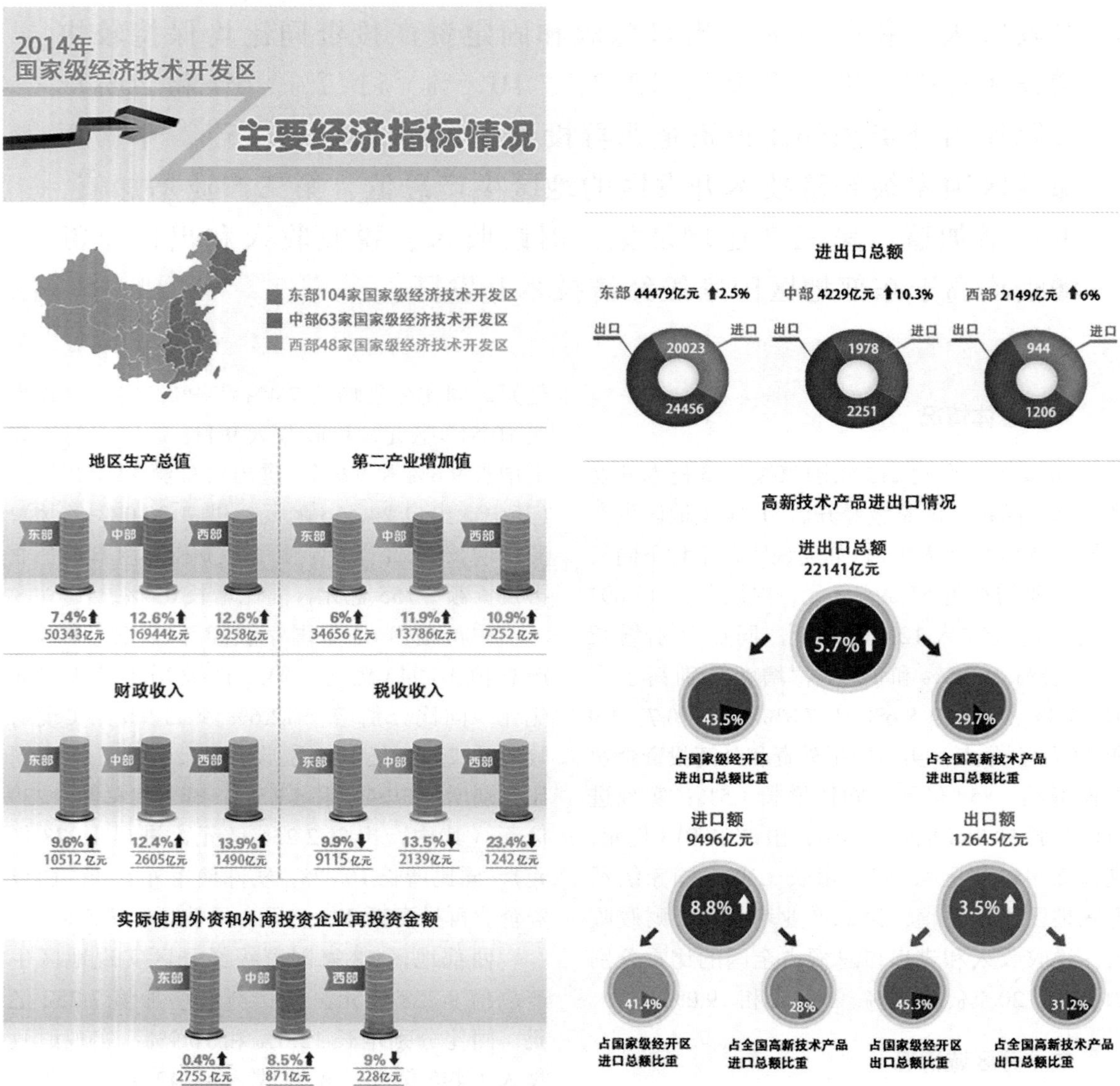

昆明新能源汽车研发中心举行首车下线仪式

经开区党工委到花箐村委会开展“献爱心、送温暖”活动

杨林经开区举行江铃新能源汽车签约暨开工仪式

SONGMINGYANGLIN

ECONOMIC & TECHNOLOGICAL DEVELOPMENT ZONE

嵩明杨林经济技术开发区

2018 年，嵩明杨林经济技术开发区紧紧围绕高质量发展的主线，坚持稳中求进总基调，贯彻新发展理念，坚决贯彻落实省、市、滇中及县委、县政府的安排部署，聚焦主责主业，奋力拼搏，攻坚克难，全力推进经济转型升级、提质增效，促进了经开区经济与社会平稳健康发展。

全年实现规模以上工业企业主营业务收入 90.08 亿元，工业总产值 92.1 亿元，规模以上工业增加值完成 21.18 亿元，规模以上固定资产投资完成 40.8 亿元，其中工业固定资产投资 34.22 亿元；地方财政总收入完成 5.68 亿元，其中，地方一般公共预算收入完成 2.79 亿元。

嵩明杨林

洛客产业园

人力资源产业园

南昌经济技术开发区

NANCHANG ECONOMIC & TECHNOLOGICAL DEVELOPMENT ZONE

2018 年，南昌经济技术开发区辖区面积 229 平方千米，下辖 1 个镇 (蛟桥镇)3 个处（白水湖、冠山、新祺周管理处），有 29 个村民委员会、25 个（社区）居民委员会，人口约 45 万人。在商务部 2018 年度全国 219 个国家级经开区综合发展水平考核评价中，南昌经开区居第 48 位，成为江西省唯一进入全国 50 强的国家级经开区；在同济大学发展研究院 2018 年中国产业园区持续发展 100 强榜单中居第 37 位，再次成为全省唯一进入全国 50 强的国家级产业园区。同时，获批财政部、科技部共同认定的“科技支撑型特色载体推动中小企业创新创业升级开发区”。在全省 100 个开发区中 2018 年度争先创优综合考评排名第二，其中开放水平和营商环境两项指标为全省第一。光电、新能源汽车及汽车零部件、家电三个省级产业基地被认定为“江西省新型工业化产业基地”。新能源汽车及汽车零部件产业基地被省工信委批准为江西省首批新型工业化产业示范基地。

江铃新能源

经开区全貌

宁波经济技术开发区

NINGBO ECONOMIC & TECHNOLOGICAL DEVELOPMENT ZONE

2018 年，宁波经济技术开发区经济实力稳步提升，全年区本级实现地区生产总值 1 155 亿元，增长 8% 左右；财政总收入 350 亿元，增长 19%；一般公共预算收入 182.6 亿元，增长 15.6%；规模以上工业总产值 3 125 亿元，增长 10.2%；实际利用外资 9.78 亿美元，约占全市的 1/4；外贸进出口总额增长 9%，进口和出口额首次双破百亿美元；银行贷款不良率下降至 0.61%，金融生态持续保持全市最优。居民人均可支配收入增长 8.7%。

金海湖公园

奔腾激光自动化车间

金海第一小学

温州经济技术开发区

WENZHOU ECONOMIC & TECHNOLOGICAL DEVELOPMENT ZONE

海创园

醉美金海湖

水产品交易市场

HANGZHOU

ECONOMIC & TECHNOLOGICAL DEVELOPMENT ZONE

杭州经济技术开发区

2018 年，杭州经济技术开发区完成新产品产值 563.3 亿元，增长 33.4%；完成信息经济增加值 104.19 亿元，增长 10.1%；完成主营业务收入 507.43 亿元，增长 12.9%。装备制造、生物医药、电子信息、食品饮料四大主导产业全年工业总产值 1 335.78 亿元，占全区规模以上工业企业总产值的 78.8%。其中：装备制造业总产值 738.76 亿元，增长 16.7%；生物医药业总产值 179.16 亿元，增长 15.1%；电子信息业总产值 284.28 亿元，增长 11.7%；食品饮料业总产值 133.48 亿元，下降 0.49%。四大主导产业产值分别占全区规模以上工业企业总产值的 43.6%、10.6%、16.8%、7.8%。全区规模以上工业企业 301 个，其中销售产值 1 亿元以上企业 191 个，全年实现销售产值 1 602 亿元。开发区完成实到外资 2.4 亿美元、浙商回归到位资金 36.33 亿元，市级产业个性化项目招引任务完成。2018 年引进实到外资 1 000 万美元以上大项目 6 个，分别是杭州裕桥电子科技有限公司、杭州康洲生物技术有限公司、杭州奕安济世生物药业有限公司、科源动力科技有限公司、百世店科技（杭州）有限公司、杭州鲸算科技有限公司，6 个大项目合计到位资金 1.59 亿美元。新引进世界 500 强项目 1 个。引进“浙商回归”1 亿元以上的项目 10 个，10 个项目合计到位资金 21.55 亿元。2018 年开发区累计实现进出口总额 688.98 亿元，增长 7.3%。其中：出口总额 349.34 亿元，增长 5.5%；进口总额 339.64 亿元，增长 9.3%。全年出口额实现 10 亿元的企业 5 个，分别是杭州中策橡胶有限公司、东芝信息机器（杭州）有限公司、杭州顾家家居有限公司、杭州默沙东制药有限公司和泰尔茂医疗产品（杭州）有限公司。

金沙湖商务区

国际创博中心

沿江景观带

广州开发区
GUANGZHOU DEVELOPMENT DISTRICT

广州经济技术开发区与广州高新技术产业开发区、广州出口加工区、广州保税区、中新广州知识城合署办公（统称“广州开发区”），实行“五区合一”的管理体制。经过 30 多年发展，广州开发区综合实力一直在全国开发区中排名前列，是广州市重要的经济发展增长极、科技创新重大引擎、创新驱动发展核心区。2018 年，黄埔区、广州开发区深度融合发展，成为广深科技走廊和粤港澳大湾区建设的重要支点。2018 年，广州开发区顶住国际环境复杂多变、区域竞争日趋激烈、环境约束持续增强的巨大压力，攻坚克难、奋发有为，全市实体经济主战场地位更加稳固，广州开发区综合考评排名全国第二、科技创新居全国第一，质量强区领跑全市。全年完成地区生产总值 2 795 亿元，增长 7.8%；固定资产投资 1 038 亿元，规模以上工业总产值 5 678 亿元，合同利用外资 41.45 亿美元，实际利用外资 22.47 亿美元，财税总收入 1 052 亿元，继续领跑全国开发区。

2018 年 1 月 18 日，广州斯坦福国际研究院项目揭牌。（贾自豪 摄）

2018 年 5 月 28 日，黄埔区、广州开发区项目集中签约和动工活动中国软件 CBD 总部项目主会场。（贾自豪 摄）

2018 年 6 月 22 日，全国首个"税链"电子发票区块链平台在广州开发区上线（钟飞兴 摄）

2018 年 11 月 7 日，粤港澳大湾区知识产权联盟在黄埔区、广州开发区成立（黄埔新时代供稿）

广州开发区核心地带风貌

山西转型综合改革示范区

SHANXI TRANSFORMATION AND COMPREHENSIVE REFORM DEMONSTRATION AREA

山西转型综合改革示范区于2017年2月25日组建成立，是省委、省政府落实中央赋予山西重大使命和习近平总书记视察山西重要讲话精神，建设资源型经济转型发展示范区、打造能源革命排头兵、构建内陆地区对外开放新高地，为加快创新驱动、转型升级、实现经济振兴崛起作出的战略决策。

山西转型综合改革示范区由太原都市区内的4个国家级开发区（太原经济技术开发区、太原高新技术产业开发区、太原武宿综合保税区、晋中经济技术开发区）、3个省级开发区（太原工业园区、榆次工业园区、山西科技创新城）以及山西大学城整合组建而成。

通过实施体制机制创新和配套措施改革，山西转型综合改革示范区将在产业升级、创新发展、体制改革、绿色发展、优化环境、党的建设等方面，为全省做示范、立标杆，打造山西经济转型升级的新动能引擎。

Shanxi Transformation and Comprehensive Reform Demonstration Area was founded on Feb. 25, 2017. In accordance with the keynote of putting the significant mission endowed by the Central Government and the important speech spirit given by Secretary Xi Jinping into practice, constructing the Demonstration Area with resource-based economic transformation and development, struggling for the leader of energy revolution, building the new highland of internal and external opening-up, Shanxi Provincial Party Committee and Provincial Government made the strategic decision to accelerate innovation driving, transformation and upgrading, and realize economic growth and development.

Shanxi Transformation and Comprehensive Reform Demonstration Area is composed of 4 national development zones (Taiyuan Economic and Technological Development Zone, Taiyuan High-tech Industrial Development Zone, Taiyuan Wusu Comprehensive Bonded Zone and Jinzhong Economic and Technological Development Zone), 3 provincial development zones (Taiyuan Industrial Park, Yuci Industrial Park and Shanxi Technology Innovation City) and Shanxi College City.

Through implementing institutional and systematic innovation, and taking corresponding reformational measures, Shanxi Transformation and Comprehensive Reform Demonstration Area will play an exemplary role for the province and build a new engine of economic transformation and upgrading in industrial upgrading, innovation development, institutional reform, green development, optimized environment and party building, etc.

山西转型综合改革示范区

SHANXI TRANSFORMATION AND COMPREHENSIVE REFORM DEMONSTRATION AREA

一颗印章管审批　一个大厅管服务

一支队伍管执法　一网通办管效能

中国最具投资价值开发区

CHINA’S MOST INVESTMENT-VALUED DEVELOPMENT ZONE

欢迎您

WELCOME YOU

CANGZHOULINGANG
ECONOMIC & TECHNOLOGICAL DEVELOPMENT ZONE

沧州临港经济技术开发区

2018 年，沧州临港经济技术开发区全面落实中央及省、市委要求，全力支持与配合黄骅新城建设，贯彻临港开发区“1118”总体工作思路，以建设“创新示范区”和“新型工业化城市”为目标，攻坚克难、砥砺奋进，全面提升园区能级和水平，奋力打造开放开发和高质量发展新平台。全年完成地区生产总值 45.9 亿元，同比增长 35%；实现主营业务收入 167 亿元，同比增长 28.7%；完成财政收入 15.6 亿元（有退税），同比增长 74%。其中，完成一般公共预算收入 5.75 亿元（有退税），同比增长 60%；完成固定资产投资 149 亿元，同比增长 15.3%；完成基础设施建设投资 15.9 亿元，同比增长 96.9%；新增“四上”企业 8 家。

循环经济促进中心

2018 年 6 月 20 日 开发区与南开大学共建“南开大学——沧州渤海新区绿色化工研究院”签约仪式

沧州市 2018 年重点项目集中开工仪式

天集克莱恩化工助剂（沧州）有限公司奠基仪式

中国医药化工产业发展大会

沧州临港经济技术开发区荣获“2018 年中国化工园区 30 强”

靖江经济技术开发区

JINGJIANG ECONOMIC & TECHNOLOGICAL DEVELOPMENT ZONE

总投资 20 亿元的“靖江港智慧物流园”项目落户开发区

英国吉凯恩智能飞机风档项目签约落户

中南高科·靖汇智造谷项目签约

库车龟兹小微企业创业园砂糖孵化企业

新疆云创智能电子产品有限公司智能手机组装车间

库车龟兹小微企业创业园手工绣

KUCHE
ECONOMIC & TECHNOLOGICAL DEVELOPMENT ZONE

库车经济技术开发区

库车经济技术开发区成立于 2004 年，位于新疆天山南麓中部，塔里木盆地北缘的库车县东城区，是西域三十六国中的龟兹国故地，是举世闻名的龟兹文化发祥地，是“国家新型工业化产业示范开发区”，新疆维吾尔自治区“两化”融合试验区之一，是西北地区工业经济集聚区、重要的石化基地和综合实力较强的国家级经济技术开发区。

库车龟兹小微企业创业园生产车间

新疆果然好生物科技有限公司果品出疆进京发车仪式

中共新疆协益纺织科技有限公司支部委员会正式揭牌成立

库车经济技术开发区已初步形成了**以能源化工产业为主，装备制造产业、冶金建材产业、轻工食品产业、纺织服装产业和战略新兴产业协同发展的“一区六园”产业格局**，初步具备了“隔墙供应就地加工”的产业配套能力和产业延伸、产业多元化的产业基础。其中，纺织服装产业园根据自治区核定的 92 万锭产能规模，7 家纺织服装企业相继开工建设，特别是新疆协益纺织科技有限公司、新疆敦化气体有限公司二氧化氮回收和新疆果然好生物科技有限公司酵素及早餐粉等重点项目的建成投产，为进一步实现产业均衡发展打下了良好的基础。

库车经济技术开发区企业投资服务中心

2018 年，库车经济技术开发区共有企业 183 家（规模以上企业 24 家），中石化、国电等 500 强企业均有入驻。**全年实现工业总产值 225.34 亿元、同比增长 23%，实现工业增加值 108 亿元、同比增长 6.9%；**完成固定资产投资 22 亿元，累计组织税收收入 46.6 亿元，实现财政收入 13 亿元；争取上级各类专项扶持资金约 6 626 万元，其中新疆协益纺织科技有限公司等 7 家企业实现"升规"；按照"岗位 + 技能 + 培训"的模式，全年辖区从业人员 10 500 人，实现新增就业 4 300 人，其中吸纳 680 名贫困人口就业，开展各类劳动就业培训约 7 800 人次；能源化工产业园、纺织服装产业园、装备制造产业园等一批重大新建、续建项目相继建成投产，中国石化塔河炼化有限公司引进顺北油田适应性改造（100 万吨 / 年乙烯及深加工）项目、40 万吨乙二醇项目、20 万吨石油液化气深加工等重点项目加快推进，开发区实体经济不断壮大，经济运行保持了较快发展态势。

TANGSHANHAIGANG

ECONOMICDEVELOPMENT ZONE

唐山海港经济开发区

2018 年，唐山海港经济开发区牢牢把握京津冀协同发展、“一带一路”等重大建设机遇，充分发挥自身优势，加快改革创新步伐，扎实推动高质量发展，圆满完成了各项目标任务。全年完成财政收入 20.8 亿元，同比增长 4.98%，其中税收收入完成 18.5 亿元，增长 9.54%。主营业务收入 1 011 亿元（四经普数据），增长 5.5%；外贸进口额 1.45 亿美元，增长 4.8%。实际利用外资 1 338 万美元，增长 30.4%。当年新开工投资亿元以上产业项目 25 个，固定资产投资同比增长 13.3%，规模以上工业增加值同比增长 12%，新增规模以上企业 20 家。新增高新技术企业 4 家，新增科技型中小企业 41 家。

海港第四小学

海港体育中心

海韵广场

湖林新河生态公园

水泥设备制造车间

集装箱码头

广东省十个先进经济开发区试验区之一

广东江门新会经济开发区

GUANGDONG JIANGMENXINHUI ECONOMICDEVELOPMENT ZONE

2018 年，广东江门新会经济开发区实现规模以上工业总产值 129.17 亿元，增长 8.4%；固定资产投资 73.09 亿元，增长 40%；限额以上社会消费品零售总额 2 786 万元，增长 59%；一般公共预算收入 3.64 亿元，增长 17.6%；外贸进出口总额和实际利用外资、民资均超额完成区级下达的任务。开发区有“四上”企业 119 家，其中规模以上工业企业 72 家。工业总产值 1 亿元以上骨干企业 27 家，5 亿元以上、10 亿元以下企业 4 家。开发区以轨道交通、电力器材、机械制造、钢铁深加工及五金不锈钢制品等为主导产业，主导产业规模以上工业总产值 635 104.24 万元，税收收入 130 086.69 万元，同比增长 27.95%。

广东省省级经济开发区